循阶渐进　登高望远

结合案例，详细介绍律师民商事业务中必须掌握的基本执业技能。

律师民商事业务必修课

（第四版）

牟驰 著

CORE COURSES FOR CIVIL AND
COMMERCIAL LEGAL SERVICES FOR LAWYERS
(FOURTH EDITION)

图书在版编目(CIP)数据

律师民商事业务必修课／牟驰著. —4 版. —北京：北京大学出版社，2022.9
（律师阶梯）
ISBN 978-7-301-33184-2

Ⅰ.①律… Ⅱ.①牟… Ⅲ.①民事诉讼—律师业务—基本知识—中国 Ⅳ.①D925.104

中国版本图书馆 CIP 数据核字(2022)第 132643 号

书　　名	律师民商事业务必修课（第四版） LÜSHI MINSHANGSHI YEWU BIXIUKE（DI-SI BAN）
著作责任者	牟　驰　著
丛书策划	陆建华
责任编辑	陆建华　陆飞雁
标准书号	ISBN 978-7-301-33184-2
出版发行	北京大学出版社
地　　址	北京市海淀区成府路 205 号　100871
网　　址	http://www.pup.cn　http://www.yandayuanzhao.com
电子信箱	yandayuanzhao@163.com
新浪微博	@北京大学出版社　@北大出版社燕大元照法律图书
电　　话	邮购部 010-62752015　发行部 010-62750672　编辑部 010-62117788
印刷者	天津中印联印务有限公司
经销者	新华书店
	730 毫米×1020 毫米　16 开本　41 印张　805 千字 2011 年 7 月第 1 版　2014 年 8 月第 2 版 2016 年 5 月第 3 版 2022 年 9 月第 4 版　2022 年 9 月第 1 次印刷
定　　价	148.00 元

未经许可，不得以任何方式复制或抄袭本书之部分或全部内容。
版权所有，侵权必究
举报电话：010-62752024　电子信箱：fd@pup.pku.edu.cn
图书如有印装质量问题，请与出版部联系，电话：010-62756370

第四版修订说明

从2011年本书第一次面市至今，不知不觉中已经过去十余年，其间先后进行了三次修订。同之前的两次修订相比，本次修订的幅度是最大的，除因《中华人民共和国民法典》（以下简称《民法典》）的颁布实施以外，还因《全国法院民商事审判工作会议纪要》（以下简称《九民纪要》）和新的民事诉讼证据规则的出台。在笔者23年的职业生涯中，最近5年法律立改废的速度是之前18年无法比拟的，这显然与党中央提出的全面依法治国的要求密切相关。从这个意义上而言，与我们这些从20世纪90年代末开始执业的律师相比，2010年之后开始执业的律师显然遇到了法律体系更完善、法律规定更完备、职业前景更美好的一个新时代。在憧憬美好前景的同时，我们更要清醒地认识到，只有保持不断学习、不断更新现有知识体系的状态，才能跟上法律更新的速度，才能更好地适应法律更新对律师执业技能和执业能力的新需求，这也是对本书进行第三次修订的初衷。

第四版修订的内容包括：

更换了1个案例，新增7个案例，新增4个文书范本，新增1个民事诉讼案件操作规范，新增5个民事诉讼案件流程方面的操作指引（立案、举证、质证、出庭、执行案件），新增3个类型案件法律规范及操作指引（民事执行案件、民事诉讼证据、代理破产企业债权人），对第三版中的5个法律文书制作指引进行了全面修订，对读者提出的文字、排版方面的4处疏漏予以更正；结合第三版（2016年）出版以来法律的立改废（特别是《民法典》及其配套司法解释的颁布实施），对部分细节进行了相应调整和修订。尤其值得推荐的是民事诉讼监督申请书的写作方法和《民法典》施行后常用担保合同的4个参考文本，前者对于代理当事人通过人民检察院启动审判监督程序的相关案件，具有较强的指导作用；后者是结合《民法典》以及《最高人民法院关于适用〈中华人民共和国民法典〉有关担保制度的解释》的相关规定制作的律师业务中经常用到的担保合同参考文本,既实现了对新法在理解基础上的适用,又兼顾了合同使用者实际使用时的需要。

为了能够及时回应新法的颁布实施和承办律师业务过程中遇到的新问题,笔者从2019年4月2日开始,开通了名为"律林笨鸟"的微信公众号,欢迎广大读者关注、交流。

由于水平有限,书中的疏漏之处在所难免,欢迎广大读者通过微博、微信、电子邮件等方式进行批评、指正。

牟 驰
2022年7月1日于哈尔滨

序 PREFACE

律师行业的特点在于专业知识和实务技能缺一不可，且不可偏废。同样学历背景、同样知识结构的律师在从业过程中的表现和业绩有着天壤之别，其原因往往就在于思维方式和实务技能的不同。律师的技能是一种经验型的知识，源于律师个人的实践摸索、感受与总结，如果将这些经验型的知识分析、归纳，凝练为一系列可操作的思维方法、行为方式和原则规范，就成为律师执业的基本技能。对年轻律师而言，尽快掌握基本技能或许不能保证业绩的突飞猛进，但势必能帮助其少走弯路，迅速提高业务能力与水平，早日完成由懵懂学徒向资深律师的蜕变。

律师执业基本技能的重要性无需赘言，但现实困境在于缺少获取这一技能的途径：法学教育更多的是传授法律专业知识，在法学院难以学到从业技能，律师在开始执业之前也无从受到执业技能方面的系统培训；即使是执业了一段时间的律师，在摸爬滚打之中摸索出一些经验，但仍然缺乏对执业技能系统和规范的了解，雾里看花；而熟谙执业技能的资深律师由于种种原因，往往无暇或无心甚至抗拒传经授道，有幸得良师者固然受益匪浅、进步显著，但大部分年轻律师仍只能在实践中艰苦跋涉、独自摸索。

所幸，我们欣喜地看到，越来越多的优秀律师不再敝帚自珍，而是将其执业历程的心得与体会、实务操作的经验与技巧无私地总结并奉献出来，与同行及后进分享，为广大年轻律师的职业之路指引方向。

本书作者牟驰就是这些优秀律师中的一员。作为全国律师协会青年律师工作委员会的委员，作者根据自己十多年来的从业经历，针对当前年轻律师成长过程中面临的突出问题，写成此书。本书以作者多年律师执业的实践心得为依托，从代理诉讼案件的方法与技巧、参加庭审的技巧、诉讼类法律文书写作、诉讼类法律文书常见错误批注与评析、复杂合同的制作和卷宗归档六个方面，结合大量案例,对诉讼案件代理及参加庭审需要掌握的基本技能和具体的注意事项进行了阐述,对代理诉讼案件相关法律文书的具体写作方法以及年轻律师在诉讼类法律文书写作中存在的常见错误进行了说明与评析,对合同的制作方法进行了介绍,并结合相关法律规定和合同使用过程中出现的现实问题,对合同条款从律师的视角进行了分析和总结,对律师业务档案卷宗的装订和归档方法进行了说明。本书紧扣实务,案例丰富,不仅对重点问题浓墨重彩,更长于针对日常可能忽略之处提出独到的见解,实用性与可读性都很强,不但对年轻律师尽快掌握民商事代理诉讼具有指导作用,而且对其他业内同人同样具有重要的参考价值。

我与年驰相识已久,他不仅在实务方面取得了成就,同时勤于思考,潜心钻研律师业务和法律实务研究,是一名成长迅速的优秀律师。本书凝聚了他多年的从业经验与心得体会,希望本书的出版能够对刚刚步入律师职业之门的年轻律师有所帮助。

和西方同行成熟的行业文化及运作方式相比,中国律师业才刚刚起步,中国律师整体职业水准的提高有待于本土律师不断地实践,总结经验,并通过在业内的分享、交流、讨论,带动年轻律师尽快成长,推动自身取长补短,从而不断提升律师行业的整体执业水平,这既是本土律师的使命,也是一名优秀律师气度与格调的体现。希望更多优秀的律师能加入这一行列,形成百家争鸣的气象,以前辈的经验与智慧,教诲和引领年轻律师在职业之路上传承衣钵、青出于蓝,为中国律师业的传承与发展贡献力量。

是为序。

中华全国律师协会副会长　蒋　敏

2011 年 5 月书于庐州

前 言

作为一名已经在律师行业中摸爬滚打了十多年的律师,回首自己走过的道路,经常想应该在一个合适的时候总结一下,既可以发现自己的优势和不足,也可以为刚加入律师队伍中的同行们提供一些可以借鉴的经验和教训,帮助他们少走弯路,尽快成长起来。

写这本书的想法,最早可以追溯到2004年3月。那时候,我刚刚成为律师事务所的管理者。俗话说:"不当家不知柴米贵。"做专职律师的时候,脑子里想得最多的是怎样把自己手中的案件办好,很少考虑别的律师是怎样办案的。但是,作为律师事务所的管理者,就必须考虑怎样提高本所全体律师的业务水平和能力,否则就不是一名合格的管理者。记得上任后的第一件事,就是检查本所律师归档的卷宗。结果不查不知道,一查吓一跳。通过检查归档卷宗中的起诉状、答辩状、代理词等法律文书以及会见笔录、调查笔录等各种工作记录,发现大部分律师在对案件事实的了解与把握,证据的收集、筛选与提供,法律文书写作等方面存在很多不规范、不严谨,甚至是不会做、做得不对的情况。其中不乏执业多年的资深律师。这种现象的普遍性引起了我的深思。

究竟是什么原因造成了这种现象呢?

回想十多年来自己的成长历程,我找到了答案:是法学学历教育与律师执业实践的脱节,造成了即使是科班出身的法学专业毕业生也可能缺乏实际技能的情况;是律师行业对新律师基本技能培训的忽略与滞后,造成了大部分律师都处于"在干中学,在学中干"的现状。

记得自己刚刚考取律师资格,在律师事务所实习时,我写的第一篇代理词被带我的老律师先后修改了7次才算过关。由于那时候(1998年)电脑还属于新生事物,会用电脑打字的人可以说是凤毛麟角。于是,每一次修改都意味着要把全部代理词重新抄写,其工作量可想而知。就是这样的磨炼,使我养成了不论案件大小,法律文书都必须字斟句酌,决不敷衍、懈怠的习惯。可以说,我是幸运的,因为在我还是实习律师的时候,遇到了一位认真负责、业务水平高的好老师,但不是所有的律师都能够像我这般幸运。

近年来,律师的流动性越来越大,律师新老更替的速度也越来越快,新律师的比例呈现逐年上升的趋势。在这种情况下,怎样提高他们的执业技能,使他们尽快进入角色、尽快成长为成熟的律师,就成为一个迫切需要解决的问题。在这方面,我所在的律师事务所做了一些有益的探索,取得了一些成功的经验。在本书中,我将近年来对本事务所新入职律师进行执业技能培训的内容进行了系统的总结和整理,希望能够对所有刚刚加入律师队伍的同行们有所裨益。

牟 驰

2011 年 5 月

凡例

1. 本书法律文件,未经特别注明,均省略"中华人民共和国",如:2021年1月1日施行的《中华人民共和国民法典》,简称《民法典》;1999年10月1日施行的《中华人民共和国合同法》(现已失效),简称《合同法》;2007年6月1日施行的《中华人民共和国企业破产法》,简称《企业破产法》;等等。

2. 1991年4月9日发布的《中华人民共和国民事诉讼法》(现已失效),简称《民诉法(1991)》;2007年10月28日发布的《中华人民共和国民事诉讼法》(现已失效),简称《民诉法(2007)》;2012年8月31日发布的《中华人民共和国民事诉讼法》(现已失效),简称《民诉法(2012)》;2017年6月27日发布的《中华人民共和国民事诉讼法》(现已失效),简称《民诉法(2017)》;2021年12月24日发布的《中华人民共和国民事诉讼法》,简称《民诉法(2021)》。

3. 2015年1月30日发布的《最高人民法院关于适用〈中华人民共和国民事诉讼法〉的解释》(现已失效),简称《民诉法解释(2015)》;2020年12月29日发布的《最高人民法院关于适用〈中华人民共和国民事诉讼法〉的解释》(现已失效),简称《民诉法解释(2020)》;2022年4月1日发布的《最高人民法院关于适用〈中华人民共和国民事诉讼法〉的解释》,简称《民诉法解释(2022)》。

4. 1992年7月14日发布并施行的《最高人民法院关于适用〈中华人民共和国民事诉讼法〉若干问题的意见》(现已失效),简称《民诉法意见》。

5. 2001年12月21日发布的《最高人民法院关于民事诉讼证据的若干规定》(现已失效),简称《民诉证据规定(2001)》;2019年12月25日发布的《最高人民法院关于民事诉讼证据的若干规定》,简称《民诉证据规定(2019)》。

6. 2020年12月29日发布的《最高人民法院关于人民法院执行工作若干问题的规定(试行)(2020)》,简称《执行规定(2020)》。

7. 2020年12月29日发布的《最高人民法院关于适用〈中华人民共和国民

事诉讼法〉执行程序若干问题的解释》,简称《执行解释(2020)》。

8. 2003年1月3日发布的《最高人民法院关于审理与企业改制相关民事纠纷案件若干问题的规定》(现已失效),简称《企业改制司法解释(2003)》;2020年12月29日发布的《最高人民法院关于审理与企业改制相关民事纠纷案件若干问题的规定》,简称《企业改制司法解释(2020)》。

9. 2011年9月9日发布的《最高人民法院关于适用〈中华人民共和国企业破产法〉若干问题的规定(一)》,简称《破产法解释(一)》;2013年9月5日发布的《最高人民法院关于适用〈中华人民共和国企业破产法〉若干问题的规定(二)》(现已失效),简称《破产法解释(二)》;2019年3月27日发布的《最高人民法院关于适用〈中华人民共和国企业破产法〉若干问题的规定(三)》(现已失效),简称《破产法解释(三)》。

10. 1988年4月2日发布的《最高人民法院关于贯彻执行〈中华人民共和国民法通则〉若干问题的意见(试行)》,简称《民法通则意见》。

11. 2000年12月8日发布的《最高人民法院关于适用〈中华人民共和国担保法〉若干问题的解释》,简称《担保法解释(2000)》。

12. 1993年12月23日发布的《中华人民共和国发票管理办法》(现已失效),简称《发票管理办法(1993)》。

13. 2020年12月31日发布的《最高人民法院关于适用〈中华人民共和国民法典〉有关担保制度的解释》,简称《民法典担保解释》。

2022年7月

目 录

第一章 代理诉讼案件的方法与技巧　001

一、怎样寻找合适的代理观点　001

案例1-1　A公司诉Y股东出资纠纷案　002

案例1-2　河南N化工厂诉北京R石化产品有限公司买卖合同纠纷案　003

案例1-3　银行诉某化工公司等金融借款合同纠纷案　006

案例1-4　H电缆厂诉S实业公司联营合同纠纷案　015

案例1-5　胡某诉银行不当得利纠纷案　021

案例1-6　某保险公司诉孙某某劳动争议纠纷案　023

案例1-7　某热力公司诉某开发公司供用热合同纠纷案　025

二、怎样举证　029

（一）代理原告举证应当注意的事项　031

案例1-8　HL化工厂诉HZ农药有限公司租赁合同纠纷案　032

案例1-9　某银行诉H集团公司及下属W公司借款合同纠纷案　034

（二）代理被告举证应当注意的事项　038

案例1-10　王某诉B公司及其分支机构C厂买卖合同纠纷案　039

案例1-11　李某诉H公司及其法定代表人张某借贷纠纷案　039

案例1-12　C公司诉Y厂、N企业集团、B公司及其所属D厂建设工程施工合同纠纷案　040

（三）证据保全　042

案例1-13　M公司诉高某委托合同纠纷案　043

案例1-14　北京R公司诉辽宁X公司承揽合同纠纷案　　044

三、案件管辖地的选择　　046
案例1-15　B公司诉翟某买卖合同纠纷案　　047

四、诉讼请求的取舍判断　　048
案例1-16　NZ公司诉DS公司借款合同纠纷案　　048

五、申请保全的时机与方法　　050

六、接受委托时应当注意的事项　　052
（一）办理委托手续应当注意的事项　　053
（二）对委托事项进行程序审查应当注意的事项　　056
（三）对委托事项进行实体审查应当注意的事项　　057

第二章　参加庭审的技巧　　059

一、庭审前的准备　　059

二、出席庭审应当注意的事项　　062
（一）参加庭审的着装　　062
（二）参加庭审的语言　　063
（三）怎样质证　　069
案例2-1　陆某诉H煤矿租赁合同纠纷案　　071
案例2-2　A公司诉B公司水稻买卖合同纠纷案　　075

三、如何在调解中发挥作用　　082
案例2-3　李某诉张某债务纠纷案　　083

四、庭审结束的后续工作　　086

第三章　诉讼类法律文书写作　　089

一、起诉状的写作要点及范例　　089

(一) 起诉状的结构	090
(二) 撰写民事起诉状应当注意的事项	090
案例3-1　甲诉乙所有权确认纠纷案	091
范本3-1　起诉状	096

二、答辩状　097

(一) 答辩状的结构	097
(二) 撰写民事答辩状应当注意的事项	098
案例3-2　J市第一建筑工程公司诉黑龙江省Q厂建设工程施工合同纠纷案	098
范本3-2　一审答辩状	098
范本3-3　二审答辩状	101

三、上诉状　103

(一) 上诉状的结构	104
(二) 撰写民事上诉状应当注意的事项	104
案例3-3　X公司诉Z公司买卖合同纠纷案	105
范本3-4　上诉状(单一当事人)	107
案例3-4　周某诉Y厂、B公司债务纠纷案	108
范本3-5　上诉状(多方当事人)	110

四、代理词　112

(一) 代理词的结构	114
案例3-5　T委诉Y公司房屋租赁合同纠纷案	116
范本3-6　代理词(一审代理原告,被告提起反诉)	116
范本3-7　代理词(一审代理被告)	120
范本3-8　代理词(二审代理上诉人)	122
范本3-9　代理词(二审代理上诉人)	126
范本3-10　代理词(二审代理上诉人)	130
范本3-11　代理词(二审代理被上诉人)	132
范本3-12　代理词(二审代理被上诉人)	136
(二) 撰写代理词应当注意的事项	139

五、再审申请书　　　　　　　　　　　　　　　　　　　　　139

（一）再审申请书的写作方法　　　　　　　　　　　　　　　　140

案例3-6　甲市LK工程技术咨询有限责任公司诉BF煤炭经销有
限责任公司、YK矿业有限责任公司煤矿承包合同纠纷案　　141

范本3-13　再审申请书　　　　　　　　　　　　　　　　142

（二）当事人通过各级法院启动审判监督程序　　　　　　　　　146

（三）案外人通过各级法院启动审判监督程序　　　　　　　　　149

（四）当事人通过检察机关启动审判监督程序　　　　　　　　　149

范本3-14　民事诉讼监督申请书　　　　　　　　　　　154

六、诉讼类法律文书写作的其他注意事项　　　　　　　　　　159

第四章　诉讼类法律文书写作常见错误批注与评析　　　　163

一、培训案例1：黑龙江省S食品公司诉黑龙江省J面粉厂供用电合同纠纷案　　　　　　　　　　　　　　　　　　　　　　　　　　164

（一）简要案情　　　　　　　　　　　　　　　　　　　　　164

（二）代理词写作及批注　　　　　　　　　　　　　　　　　164

（三）作业评析　　　　　　　　　　　　　　　　　　　　　169

（四）案件处理结果　　　　　　　　　　　　　　　　　　　170

二、培训案例2：张某诉黑龙江省B公司人身损害赔偿纠纷案（二审）　171

（一）案情简要　　　　　　　　　　　　　　　　　　　　　171

（二）上诉状写作及批注　　　　　　　　　　　　　　　　　172

（三）作业评析　　　　　　　　　　　　　　　　　　　　　181

（四）案件处理结果　　　　　　　　　　　　　　　　　　　182

三、培训案例3：黑龙江省T委员会诉黑龙江省Y医药销售有限公司房屋租赁合同纠纷案　　　　　　　　　　　　　　　　　　　182

（一）简要案情　　　　　　　　　　　　　　　　　　　　　183

（二）起诉状写作及批注　　　　　　　　　　　　　　　　　183

（三）双方举证情况及被告反诉情况 192
（四）反诉答辩状写作及批注 194
（五）代理词写作及批注 203
（六）作业评析 214
（七）案件处理结果 217

四、培训案例4：河南N化工厂诉北京R石化产品有限公司买卖合同
纠纷案 217
（一）简要案情 218
（二）答辩状写作及批注 219
（三）代理词写作及批注 229
（四）作业评析 248
（五）案件处理结果 251

第五章 法律文书制作指引 255

一、民事起诉状制作指引 255
指引5-1 北京德和衡（哈尔滨）律师事务所民事起诉状制作指引 255

二、民事答辩状制作指引 260
指引5-2 北京德和衡（哈尔滨）律师事务所民事答辩状制作指引 260

三、民事上诉状制作指引 263
指引5-3 北京德和衡（哈尔滨）律师事务所民事上诉状制作指引 263

四、民事诉讼案件代理词制作指引 267
指引5-4 北京德和衡（哈尔滨）律师事务所民事诉讼案件代理词制作指引 267

五、民事再审申请书制作指引 271
指引5-5 北京德和衡（哈尔滨）律师事务所民事再审申请书制作指引 271

六、法律文书格式排版指引 276
指引5-6 北京德和衡（哈尔滨）律师事务所法律文书格式排版指引 276

第六章 民事诉讼案件操作规范 … 279

规范 北京德和衡(哈尔滨)律师事务所民事诉讼案件操作规范 … 279

第七章 民事诉讼案件流程操作指引 … 291

一、民事诉讼案件立案指引 … 291

指引 7-1 北京德和衡(哈尔滨)律师事务所民事诉讼案件立案指引 … 291

二、民事诉讼案件举证指引 … 294

指引 7-2 北京德和衡(哈尔滨)律师事务所民事诉讼案件举证指引 … 294

三、民事诉讼案件质证指引 … 300

指引 7-3 北京德和衡(哈尔滨)律师事务所民事诉讼案件质证指引 … 300

四、民事诉讼案件出庭指引 … 305

指引 7-4 北京德和衡(哈尔滨)律师事务所民事诉讼案件出庭指引 … 305

第八章 类型案件法律规范及操作指引 … 311

一、民事执行案件操作及法律规范指引 … 312

指引 8-1 北京德和衡(哈尔滨)律师事务所民事执行案件操作及法律规范指引 … 312

二、民事诉讼证据法律规范指引 … 333

指引 8-2 北京德和衡(哈尔滨)律师事务所民事诉讼证据法律规范指引 … 333

三、代理破产企业债权人法律规范及操作指引 … 360

指引 8-3 北京德和衡(哈尔滨)律师事务所代理破产企业债权人法律规范及操作指引 … 360

四、代理破产企业债权人法律规范及操作指引 … 378

指引 8-4 北京德和衡(哈尔滨)律师事务所典型担保类合同业务操作指引 … 378

第九章 复杂合同的制作 **391**

一、制作合同前的准备 **392**
(一) 制定合同前应当了解的常识 **393**
(二) 如何通过签订合同取得交易主动权 **395**
(三) 制定合同前应当熟悉的事项 **397**

二、制作合同的具体方法 **399**
(一) 制作合同的基本要求 **401**
(二) 区域经销合同范本与批注 **406**
    范本9-1　区域经销合同(专用条款) **406**
    范本9-2　区域经销合同(通用条款) **416**
(三) 固定资产租赁合同范本与批注 **441**
    范本9-3　固定资产租赁合同 **442**
(四) 融资担保合同范本与批注 **448**
    范本9-4　担保服务合同 **449**
(五) 委托生产合同范本与批注 **456**
    范本9-5　委托生产合同 **456**
(六) 联营合同范本与批注 **468**
    范本9-6　联营合同 **469**

三、《民法典》"合同编"常用条款推荐文本 **475**
(一) 各类合同普遍适用的条款 **475**
(二) 适用于物权类合同的条款 **480**
(三) 适用于保证合同的条款 **493**
(四) 各类担保合同普遍适用的条款 **499**

四、民法典常用担保合同参考文本 **502**
(一) 保证合同 **502**
(二) 抵押合同 **510**
(三) 股权质押合同 **519**

（四）应收账款质押合同　　526

第十章　合同的审查与修改　　535

一、合同的审查　　539
（一）出具书面审查意见的合同审查　　539
（二）在电子版合同文本中批注的合同审查　　555

二、合同的修改　　560
（一）修改前的合作开发协议　　561
（二）修改后的合作开发协议　　567
（三）合作开发协议的修改建议及理由　　572

第十一章　卷宗归档　　581

一、卷宗分类　　581

二、装订入卷材料应当注意的事项　　581
（一）应当装订入卷材料的范围　　581
（二）卷宗装订应当注意的事项　　583

三、卷宗封皮的填写　　584

第十二章　《民法典》学习要点归纳　　589

一、《民法典》中的连带责任请求权基础　　589

二、《民法典》中的追偿请求权基础　　591

三、《民法典》中的"另有约定"　　594

四、《民法典》中的"未经登记"与"不得对抗"　　600

五、《民法典》合同编规定的当事人解除合同的法定理由　　601

六、《民法典》规定的权利消灭　　604

七、《民法典》中的"不影响/不受影响" 606

八、《民法典》中的"可以/应当提存" 609

九、《民法典》中的"不发生" 610

十、《民法典》中与"机关"有关的规定 612

十一、《民法典》中的"适用""参照适用"与"不适用" 615

十二、《民法典》中的"交易习惯" 624

十三、《民法典》中的"法律另有规定" 626

后记 633

第一章

代理诉讼案件的方法与技巧

一、怎样寻找合适的代理观点

> **阅读提示**
>
> ● 寻找合适的代理观点这一环节的基本操作要点包括:
> (1) 以委托人所述事实为基础,首先确定纠纷的法律性质。
> (2) 对比诉讼双方的起诉证据和抗辩证据,按照"认同争异"的原则,梳理整个案情,分析纠纷发生、演变的过程,归纳争议的焦点。"认同争异"是律师代理诉讼应当遵守的基本原则。"认同",是指对双方提供的证据共同反映出的案件事实予以法律上的承认。这不仅是诉讼策略的需要,也是民事法律的基本原则——诚实信用原则的要求。"争异",是指对双方提供的证据不能共同反映出的案件事实,在合法的前提下,尽可能地为委托人争取最大的利益。
> (3) 在熟悉常用法条的同时,对个案涉及的司法解释、行政法规、地方性法规、国务院部门规章等内容,在查询时要尽可能地穷尽每一条具体的规定。

初做律师的人可能会有这样的困惑:很多案件接手以后不知道应该从哪个角度入手,或者不知道从哪个角度入手更合适。有些律师甚至因此对自己的能力产生了怀疑。其实,这种情况在每一个新入行的律师身上都可能发生过。原因很简单——国家统一法律职业资格考试备考以及考试时所作的案例分析题目都是经过加工整理的案件,其中涉及的法律关系、争议的焦点等关键问题基本上是一目了然,不用投入太多的精力进行梳理和分析。但是,在律师执业实践中遇到的案件却与之有着天壤之别。以合同纠纷为例,1999年10月1日实施的《中华人民共和国合同法》(以下简称《合同法》)中规定了15种有名合同,2021年1月1日实施的《中华人民共和国民法典》(以下简称《民法典》)规定的典型合同也不过19种,但是在很多合同纠纷案件中,有相当多的纠纷涉及的合同都是无法归类到典型合同中的非典型合同。这样的情况该如何处理?

> **案例 1-1 A公司诉Y股东出资纠纷案**
>
> 这是一起发生在2008年的案件。
>
> A公司是由31个企业法人股东共同出资,以资产重组的方式设立的有限责任公司。Y股东将其下属的一家全民所有制的工业企业C厂注销后,以C厂原来经营管理的全部固定资产作为出资。公司设立后不久,由于Y股东在注销C厂的过程中没有对C厂的债务进行妥善处理,导致C厂的债权人B公司将A公司诉至法院,要求A公司对此承担清偿责任并胜诉。A公司依照生效的判决履行了清偿责任后,委托律师向Y股东追偿。律师需要解决的焦点问题是:向Y股东追偿的法律依据是什么?案由如何确定?

本案从简要案情来看,按照当时有效的《民事案件案由规定(试行)(2000)》的规定,属于经营合同纠纷中的出资纠纷。但是,《出资人协议》却无法归类到当时有效的《合同法》规定的有名合同之中。怎么办?在这种情况下,就需要综合运用相关法律对案件涉及的事实进行梳理、分析和归纳:

(1)本案涉及的债务属于典型的合同之债,因此,本案定性为合同纠纷没有错。

(2)《出资人协议》在法律性质上属于经营合同,应适用《合同法》。

(3)既然各股东签订《出资人协议》的目的是设立A公司,就应当同时适用《公司法》关于股东权利、义务的规定。

(4)由于《出资人协议》无法归类到《合同法》规定的有名合同之中,在确定当事人权利、义务的时候,只能适用《合同法》总则,而不能适用《合同法》分则。

(5)虽然《出资人协议》无法归类到《合同法》规定的有名合同之中,但是其案由却可以通过检索最高人民法院颁布的《民事案件案由规定(试行)(2000)》中"合同纠纷案由"的规定进行确定——出资纠纷。

通过上述对案件涉及的事实进行的梳理、分析和归纳,本案的案由、需要适用的法律、当事人应当承担怎样的民事责任等焦点问题就迎刃而解了。

如果这个案件发生在现在,根本就不用费力地进行上述分析,很容易就能够确定,第一级案由"与公司、证券、保险、票据等有关的民事纠纷",第二级案由"与公司有关的纠纷",第三级案由"股东出资纠纷"。由此,我们可以清楚地看到、感受到中国法治建设的进程。

同样以合同纠纷为例,下面的案例涉及的合同是当时有效的《合同法》规定的有名合同。但是,由于在合同履行过程中双方当事人保留相关证据的意识较差,导致纠纷发生时任何一方单独提供的证据都无法客观地反映交易的全部过程。在这种情况下,怎样说明案件事实,为委托人争取最大的合法权益?

案例 1-2 河南 N 化工厂诉北京 R 石化产品有限公司买卖合同纠纷案

北京 R 石化产品有限公司(以下简称"R 公司")与河南 N 化工厂(以下简称"N 厂")于 2005 年 5 月份开始,就某种石化产品进行连续交易,当时双方没有签订书面合同。2005 年年底,R 公司以 N 厂开具的增值税发票金额为准,向 N 厂支付了 400 万余元货款。2006 年年初,双方签订书面的买卖合同,特别约定:(1) R 公司先付款,N 厂后发货;(2) N 厂交货的数量以 R 公司出具的收货凭证为准。2006 年 9 月,N 厂突然向法院起诉,要求判令 R 公司清偿拖欠的货款 320 万余元。R 公司委托律师应诉,并要求向 N 厂提起反诉,判令 N 厂返还多收的货款 230 万余元。为证明自己的主张,双方各自提供了证据(参见表 1-1)。

■ **表 1-1 N 厂诉 R 公司买卖合同纠纷案双方证据对比**

原告 N 厂提供的证据	被告 R 公司提供的证据
N 厂开具的 14 张增值税发票,总金额 1,400 万余元	已经抵扣的、N 厂开具的 10 张增值税发票,总金额 900 万余元
R 公司出具的收货凭证(原件)7 张,记载的交货数量 300 余吨,总金额 500 万余元	出具给 N 厂的收货凭证(复印件)7 张,记载的交货数量 300 余吨,总金额 500 万余元
银行进账单 4 张,总金额 700 万余元	银行电汇凭证回单 4 张,总金额 700 万余元
双方盖章的买卖合同(原件)	双方盖章的买卖合同(原件)

虽然双方提供了大量的发票、收货凭证以及银行单据,但是,由于双方都缺乏足够的保留相关交易证据的意识,单独根据任何一方提交的证据,都无法得出全面的结论。为了快速、准确地梳理出本案的事实,分析双方各自观点正确与否,并准确地归纳出双方争议的焦点,我采取了上述列表的方法,将双方提供的证据一一对应的原则进行对比。从表 1-1 所列举的内容可以归纳出本案两方面的重要事实:

(1) 双方没有争议的事实包括以下三个:① 合同约定的条款;② R 公司的付款金额 900 万余元;③ R 公司出具的收货凭证记载的交货数量 300 余吨,总金额 500

万余元。

(2) 双方存在争议的事实包括以下三个:①R公司收到的N厂开具的增值税发票的数量及金额;②N厂以其向R公司开具的增值税发票的金额为依据计算出R公司拖欠货款的金额;③R公司以其向N厂出具的收货凭证记载的交货数量结合合同约定的单价计算出N厂多收货款的金额。

通过比较双方提交的证据梳理出的上述案件事实,我们可以非常容易地归纳出双方争议的焦点——以什么作为依据来确定双方实际交易的数量。具体地说,是以N厂向R公司开具的增值税发票的金额为依据,还是以R公司向N厂出具的收货凭证记载的交货数量结合合同约定的单价为依据。

总结出双方争议的焦点以后,为了能够让法官在庭审以及合议过程中方便、快捷地了解双方交易的具体过程,我又根据双方提供的证据,对双方的交易过程以列表的方式进行了分析(参见表1-2)。

■ 表1-2　N厂诉R公司买卖合同纠纷案双方交易过程数据

付款时间	付款金额 (单位:元)	收货数量 (单位:吨)	货物价值 (单位:元)	收货时间	发票金额 (单位:元)	发票开具时间
		36.00	559,800.00	2005-05-31		
		35.25	548,137.50	2005-06-06		
		30.00	466,500.00	2005-06-10		
		30.00	466,500.00	2005-07-01		
合计		131.25	2,040,937.50		1,118,244.40	2005-11-09
					1,118,244.40	2005-11-09
					1,118,244.40	2005-11-09
					850,664.49	2005-11-09
2005-12-19	4,205,397.69			发票金额合计	4,205,397.69	
2006-04-12	2,000,000.00					
		34.50	536,475.00	2006-04-21		
		39.75	618,112.50	2006-04-24		
		39.75	618,112.50	2006-04-26		
合计		114.00	1,772,700.00			
2006-06-13	1,500,000.00				886,350.00	2006-05-26
					886,350.00	2006-05-26
					810,000.00	2006-05-26
					830,250.00	2006-05-26
				发票金额合计	3,412,950.00	
		29.00	450,950.00	2006-06-18		

(续表)

付款时间	付款金额（单位：元）	收货数量（单位：吨）	货物价值（单位：元）	收货时间	发票金额（单位：元）	发票开具时间
		29.00	450,950.00	2006-06-19		
		38.00	590,900.00	2006-06-21		
合计		96.00	1,492,800.00		744,000.00	2006-06-27
					744,000.00	2006-06-27
				发票金额合计	1,488,000.00	
总计	7,705,397.69	341.25	5,306,437.50		9,106,347.69	

通过表1-2对双方交易过程中有关数据的对比分析，可以归纳出如下六个案件事实：

（1）2005年度双方交易行为的顺序是：N厂交货——→N厂开具发票——→R公司根据N厂开具的发票金额付款。

（2）2006年度双方交易行为的顺序是：R公司预付货款——→N厂交货——→N厂开具发票。

（3）N厂开具发票的行为与交货行为并不一一对应。

（4）2005年，在双方没有书面合同对交易规则进行明确约定的情况下，R公司分毫不差地按照N厂开具的增值税发票金额履行了付款义务。

（5）2006年，在签订了书面合同以后，R公司始终按照合同中关于"R公司先付款，N厂后发货"的约定履行付款义务，而N厂开具的增值税发票金额却从未与R公司的付款金额吻合过。

（6）以R公司出具的收货凭证记载的数量计算，N厂向R公司交货的金额每次都没有超过R公司的付款金额。但是，以N厂出具的增值税发票金额计算，N厂向R公司"交货"的金额每次都超过R公司的付款金额。

分析到这里的时候，想必不仅仅是法官，就是任何一个稍稍具备社会常识的人，都能预测到案例1-2的结果——N厂的败诉在所难免。

如果这个案件发生在现在，R公司可以直接以《最高人民法院关于审理买卖合同纠纷案件适用法律问题的解释》第8条（注：2020年修改为第5条）第1款关于"出卖人仅以增值税专用发票及税款抵扣资料证明其已履行交付标的物义务，买受人不认可的，出卖人应当提供其他证据证明交付标的物的事实"的规定作为抗辩理由就可以了。但是，这个司法解释是2012年5月发布的，这个案件发生的时候还没有这样明确的法律依据。值得骄傲的是，笔者当时提出的代理观点是："R 公司与 N 厂签订的是一份买卖合同，交付标的物是作为卖方的 N 厂最主要的义务，开具增值税发票只是其附随义务。因此，N 厂应当就其是否向 R 公司履行了交货义务承担举证责任，具体地说，就是应当根据双方在合同中确定的'双方在交接单上签字确认，视为交货'的交易规则的约定，提供证明自己已经向 R 公司交付了价值 9,106,347.69 元货物的交接单，而不应仅仅提供相同金额的增值税发票。"这一观点为上述司法解释的规定所吸收。由此，笔者也感受到了作为律师能够为我们国家的法治进步作出些许贡献的自豪感。

在执业过程中，还会经常遇到这样的案件：被起诉的事实看上去很清楚，也没有什么有力的证据，作为被告的委托人，该从哪里着手呢？

案例 1-3　银行诉某化工公司等金融借款合同纠纷案

原告银行于 2018 年 1 月份向一审法院黑龙江省 H 市中级人民法院起诉称：2015 年 8 月 13 日，银行同生资公司签订《综合授信协议》（编号：36001505100006），约定银行向生资公司提供银行授信业务，最高授信额度为 4,000 万元，有效使用期限为 2015 年 8 月 13 日至 2016 年 8 月 12 日。同日，化工公司、科技公司、案外人王某向银行分别签订《最高额保证合同》（编号分别为 36001505100006-1、36001505100006-2、36001505100006-3），分别约定化工公司、科技公司、案外人王某对生资公司在上述《综合授信协议》项下欠银行的所有债务承担连带保证责任，所担保的主债权最高本金余额为《综合授信协议》约定的最高授信额度即 4,000 万元，保证范围包括受信人在主合同项下应向授信人偿还或支付的债务本金、利息、违约金、实现债权的费用（包括但不限于诉讼费用、律师费用、执行费用）等。银行于 2016 年 1 月 27 日同生资公司签订《流动资金贷款合同》（编号为：36001604100002），约定银行向生资公司提供贷款用于购买化肥，共计贷款 4,000 万元，贷款期限为 2016 年 1 月 27 日至 2016 年 7 月 26 日，贷款年利率为 5.4375%，若生资公司未按约定偿还贷款，银行有权自贷款逾期之日起按照逾期罚息利率计收利息，逾期罚息利率在贷款利率水平上加收 50%。银行于 2016 年 1 月 27 日履行了 4,000 万元贷款的支付义务。根据《流动资金贷款合同》第 46 条第 1 款、第 47 条第 2 款之约定：借款人未按本合同规定按期支付利息或归还本金构成本合同项下的违约事件，贷款银行有权宣布所有已发放的贷款立即到期，并要求借款人立即偿还全部已发放的贷款本金、利息或其他实现债权的费用。2016 年 6 月 21 日，生资公司逾期未付利息，已构成《流动资金贷款合同》项下的违约事件，银行已于 2016 年 7 月 1 日向生资公司送达《贷款到期通知书》，宣布所有已发放的贷款立即到期，生资公司已签收并出具回执。2016 年 7 月 1 日、7 月 12 日，银行分别向化工公司、科技公司、案外人王某送达《履行连带责任保证通知书》。现银行已按照约定履行了支付 4,000 万元贷款的义务,由于生资公司的违约行为导致贷款合同提前到期。截至2016年7月21日,生资公司欠付银行贷款本息共计40,390,223.84元,银行为本案诉讼实际已支付律师代理费9.6万元,符合黑龙江省律师服务收费标准,故第二、三、四被告应按照《最高额保证合同》约定对上述全部贷款本息及由此给银行造成的损失承担连带偿还责任。

化工公司辩称:一、本案债务人欺诈,债权人明知,根据法律规定,保证人应当免责;二、本案所涉贷款合同具有借新还旧且保证人不知道的情形,保证人应当免责;三、在保证人不知情的情况下,主合同被债权人和债务人进行变更,保证人应当免责;四、本案所涉保证合同没有成立;五、本案所涉保证合同具有超越权限签署的情节,且债权人明知超越权限,根据《合同法》第50条规定,合同无效;六、最高额保证合同在没有利息最高限额的情况下,根据最高人民法院的指导性案例的裁判规则,其最高额只限本金,无限开放的利息约定没有具体限额的情况下无效,保证人不承担保证责任,只在最高额本金范围内承担责任;七、本案所涉保证合同因债务人涉嫌合同诈骗罪,已被化工公司所在地县公安局立案侦查,刑事诉讼程序尚在进行过程中。

黑龙江省H市中级人民法院经审理认为:银行与生资公司签订《综合授信协议》《流动资金贷款合同》系双方当事人的真实意思表示,且不违反法律法规的强制性规定,合法有效。双方当事人应按合同约定履行义务行使权利。银行发放贷款后,生资公司未按约支付自2016年1月27日至2016年7月21日的利息共计390,223.84元,构成违约。生资公司未到庭参加诉讼,系放弃抗辩权利。

银行现诉讼主张生资公司还本付息及支付实现债权的费用,符合合同约定及法律规定,本院予以支持。科技公司与银行签订的《最高额保证合同》不违反法律法规的强制性规定,合法有效。科技公司未到庭参加诉讼,系放弃抗辩权利。银行主张科技公司对生资公司拖欠的借款本息及实现债权的费用承担连带保证责任,未超过保证期间,符合法律规定,本院予以支持。

一、关于化工公司与银行签订的《最高额保证合同》是否成立、有效,化工公司是否应承担保证责任的问题。

化工公司与银行于2015年8月13日签订的《最高额保证合同》,加盖了化工公司公章和化工公司法定代表人名章,化工公司对合同的真实性未持异议。化工公司辩称银行明知保证合同缺少总经理和财务总监的联签,法定代表人越权,代表行为无效,不是化工公司真实意思表示,合同未成立。《合同法》第32条规定:"当事人采用合同书形式订立合同的,自双方当事人签字或者盖章时合同成立。"据此,化工公司关于"最高额保证合同未成立"的抗辩明显有悖法律规定,不能成立。根据《最高额保证合同》第21条"本合同自保证人和授信人双方的法定代表人或其委托代理人签字或盖章并加盖公章之日起生效"的约定,该《最高额保证合同》已于签订之日生效。化工公司抗辩称"保证合同具有超越权限签署的情节,且债权人明知超越权限",保证合同无效。化工公司对《最高额保证合同》上加盖的化工公司公章的真实性未持异议,故化工公司加盖公章的行为体现的是公司的意志,即便其法定代表人名章的加盖存在超越权限的问题,亦不足以影响加盖公司公章行为的法律效力。

据此,案涉《最高额保证合同》并不存在《合同法》第52条规定的5种合同无效的法定情形,应属合法有效。

化工公司抗辩称,一是生资公司欺诈,银行明知,保证人应免责;二是案涉贷款合同具有借新还旧且保证人不知道的情形,保证人应当免责。但化工公司提交的证据均不能证明银行明知生资公司欺诈以及案涉贷款合同属于借新还旧的事实,故化工公司的抗辩不能成立。

化工公司抗辩称,最高额保证合同在没有利息最高限额的情况下,其最高额只限本金,无限开放的利息约定在没有具体限额的情况下无效,保证人不承担保证责任,只在最高额本金范围内承担责任。化工公司的此项抗辩明显与双方签订的《最高额保证合同》第4条"本合同项下担保的范围包括:受信人在主合同项下应向授信人偿还或支付的债务本金、利息(包括法定利息、约定利息及罚息)、复利、手续费、违约金、损害赔偿金、实现债权的费用(包括但不限于诉讼费用、律师费用、公证费用、执行费用等)和所有其他应付的费用"的约定不符,其抗辩不能成立。

综上,化工公司与银行签订的《最高额保证合同》自双方签字盖章时成立,双方形成担保法律关系。该合同不违反法律法规的强制性规定,合法有效。现银行主张化工公司承担保证责任,未超过保证期间,故化工公司应对生资公司拖欠银行的借款本息及实现债权的费用承担连带清偿责任。

二、关于化工公司主张本案系《商通赢业务三方协议》(以下简称《商通赢三方协议》)项下的配套合同的问题。

银行虽然确认了《商通赢三方协议》的真实性,但化工公司并不能证明案涉《流动资金贷款合同》系《商通赢三方协议》项下的配套合同,且即便属于配套合同亦不能据此免除各方当事人的实体责任。

三、关于本案是否应中止审理的问题。

化工公司抗辩称,生资公司骗取其签订保证合同,涉嫌合同欺诈犯罪,江苏省新沂市公安局在侦查中,本案应中止审理。《最高人民法院关于在审理经济纠纷案件中涉及经济犯罪嫌疑若干问题的规定》第10条规定:"人民法院在审理经济纠纷案件中,发现与本案有牵连,但与本案不是同一法律关系的经济犯罪嫌疑线索、材料,应将犯罪嫌疑线索、材料移送有关公安机关或检察机关查处,经济纠纷案件继续审理。"具体到本案中,化工公司与银行签订最高额保证合同,双方系担保民事法律关系。而化工公司在为生资公司借款提供担保时,生资公司是否存在欺诈行为、是否构成犯罪与本案借款合同纠纷不属于同一法律关系。虽然化

> 工公司举示了公安部门已立案侦查的证据,但该刑事案件的认定与否并不影响本案借款纠纷的实体审理。据此,化工公司的此项主张并不符合《民事诉讼法(2012)》第150条第1款第(五)项①"本案必须以另一案的审理结果为依据,而另一案尚未审结的"的规定,本院不予支持。
>
> 综上所述,银行的诉讼请求符合法律规定,本院予以支持。

笔者在化工公司提起上诉后,接受委托代理二审。经过反复研究一审判决、庭审笔录、双方提交的证据材料。笔者认为,一审判决有一个关键事实没有查清,那就是《商通赢三方协议》与本案借款合同及其从合同——化工公司签订的《最高额保证合同》的关系。对于化工公司而言,只要能够确定该公司签订的《最高额保证合同》与《商通赢三方协议》有关,即使其保证责任不能免除,也有机会拉进来一个垫背的,即《商通赢三方协议》项下卖方的供货商。

在确定了案件的突破口之后,笔者在二审的庭审过程中集中"火力"向与《商通赢三方协议》有关的事实发起攻击,提出了如下代理观点:

首先,原审判决关于"化工公司并不能证明案涉《流动资金借款合同》系《商通赢业务三方协议》项下的配套合同"的观点,明显是错误的。一审卷宗中,由银行提供的、原审法院未组织上诉人质证的部分贷款档案资料明确记载了包括案涉《流动资金借款合同》在内的7笔贷款均系根据《商通赢三方协议》发放的,据此完全可以确认,银行主张化工公司承担最高额连带保证责任的保证合同,确实是《商通赢三方协议》和《综合授信协议》的配套合同。原审法院在收到这些事关本案基本事实的证据后,既没有在原审过程中通知化工公司进行质证,也没有在原审判决中做出任何记载,是一种严重地违反诉讼程序的行为,严重地损害了化工公司的合法权益。

其次,上述7笔贷款发放的过程以及本案纠纷形成的过程足以证实,生资公司在化工公司提供担保时确实采取了欺诈手段,并且银行对此是明知的。从商通赢业务的操作规则来看,如果相关的业务操作完全合规,银行基本上不存在坏账的法律风险。上述贷款档案资料显示,生资公司与银行的商通赢业务合作模式始于2014年2月。截至2015年8月13日,化工公司与银行签订编号为36001505100006-2的

---

① 注:本书在表述法律条文时,统一采用了"第×条第×款第(×)项"的格式,但需提示读者,法律文书的写作规范应参考全国人民代表大会常务委员会法制工作委员会发布的《立法技术规范》。如《立法技术规范(试行)(一)》第9.1条规定:"引用某项时,该项的序号不加括号,表述为:'第×项',不表述为:'第(×)项'。"

《最高额保证合同》时,生资公司与银行的商通赢业务合作已经发生过5次,生资公司从未发生过违约的情况。而恰好在这个时候,生资公司找到化工公司要求为商通赢业务提供担保,银行的工作人员梁某还为此专程到化工公司就商通赢业务模式进行了详细的说明并提供了相关合同及其附件的模板。在生资公司和银行相关工作人员的解说下,化工公司自认为已经了解了商通赢业务模式,不会承担法律风险,这才由化工公司的法定代表人在未经总经理和财务负责人联签的情况下签订了《最高额保证合同》。

在本案纠纷形成的过程中,银行作为贷款人,不但自己没有按照商通赢业务模式依规操作(既未收取生资公司缴存的保证金,也未要求生资公司的供货商B公司退款),而且十分清楚生资公司并未依规操作(向银行缴存保证金)。银行在意识到相关贷款即将出现不良的情况下,为了转嫁风险,帮助生资公司取得化工公司的信任,使化工公司提供了最高额保证。

综上所述,银行与化工公司签署的编号为36001505100006-2的《最高额保证合同》确实是《商通赢三方协议》和《综合授信协议》的配套合同,银行明知生资公司采取欺诈手段,使化工公司在违背真实意思的情况下提供了保证。根据《最高人民法院关于适用〈中华人民共和国担保法〉若干问题的解释(2000)》第40条和《中华人民共和国担保法》第30条的规定,化工公司不应对生资公司不能清偿的贷款承担民事责任。同时,原审法院对于事关本案基本事实的部分证据,既没有在原审过程中通知化工公司进行质证,也没有在原审判决中做出任何记载,是一种严重地违反诉讼程序的行为,导致了原审判决认定的基本事实不清,依法应当撤销原判、发回重审。

此后,黑龙江省高级人民法院作出裁定,将本案发回H市中级人民法院重审。至此,一起银行作为原告的金融借款合同纠纷案件以发回重审的结果,完成了它的第一次审理程序。

总结本案到此环节的成功经验,笔者认为,最重要的一点在于,律师的思维要跟上金融机构产品创新的步伐,从金融产品的规则中寻找代理观点的突破口。之所以将《商通赢三方协议》作为二审的突破口,原因在于笔者在分析一审判决的时候发现,一审法院没有认真研究该协议在整个交易结构中的地位,也没有认真分析该协议在整个交易过程中的作用,而是想当然地认为就是一个简单的欠债还钱、保证人承担连带保证责任的案子。在这种明显"轻敌"的思想指引下,一审法院不但没有认真查阅贷款档案中与《商通赢三方协议》有关的内容,而且在经过化工公司一再要求后,银行才提交了贷款档案的情况下,连质证的程序都没有组织。

对于律师而言,《商通赢三方协议》不仅是一份陌生的合同,也是一款陌生的金融产品,只有吃透这份协议的精髓,才能清晰、完整地构建起法律依据体系,从而确立准确的代理观点。从近年律师业务的实践来看,金融机构的业务创新、产品创新始终走在法律更新的前面,有些领域甚至把法律更新落得很远。本案涉及的《商通赢三方协议》就是一个典型。根据该协议的条款内容和银行开展该项业务的操作规则,笔者对该协议项下的交易框架进行了解构:

协议主体由三方构成:银行、买方(生资公司)、卖方(B公司)。

各方主体的义务设定:银行→生资公司(授信);B公司→银行(退款承诺或回购货物);生资公司→银行(保证金)。

流程:生资公司与B公司签订货物买卖合同→三方共同签订《商通赢三方协议》→银行与生资公司签订授信协议→银行将贷款支付给B公司→生资公司向银行缴存相当于该次提货金额的保证金→B公司根据银行通知的金额向生资公司发货。

通过上述解构我们发现,在这个交易框架下,化工公司就是一个吃瓜群众,真的没有它什么事儿。但是,它确确实实提供了连带责任保证。这就是本案中,作为化工公司代理人的笔者所面临的尴尬局面。

2018年9月,H市中级人民法院又一次对本案进行了一审。在这次审理中,发生了对化工公司有利的两个变化。变化之一是,原告由银行变成了HR资产管理有限公司(以下简称"HR公司"),原因在于,银行觉得案件被发回重审说明前景不妙,通过不良资产处置的方式把这笔贷款的债权转让给了资产管理公司;变化之二是,HR公司也感觉到事情不太妙,主动申请追加B公司为被告,要求判令其与生资公司共同承担还款责任。

遗憾的是,H市中级人民法院再次作出的一审判决仍然没有对《商通赢三方协议》给出准确的评价,除了判决生资公司偿还借款本金4,000万元及利息、化工公司对此承担连带清偿责任之外,又判决B公司向HR公司退还货款4,000万元及利息。如果生资公司先期偿还上述第一、二项款项后,有权在4,000万元本息范围内向化工公司追偿。

这次一审判决后,化工公司和B公司都提起了上诉。

二审中,笔者提出了如下代理观点:

一、原审判决关于"银行签订的《综合授信协议》《流动资金贷款合同》及《商通赢三方协议》均合法有效"(原审判决第20页第3段第1行至第4行)的观点不符合相关法律规定首先,《综合授信协议》《流动资金贷款合同》《最高额保证合同》均为《商通赢三方协议》项下的配套合同,与之构成一个完整的贸易金融借款合同体系。B公司、生资公司、银行共同订立的《商通赢三方协议》的第2条第(一)项中明确约定:"丙方(即银行)与乙方(指生资公司)签订《综合授信协议》。"该协议第11条约定,有效期限起始日为2015年8月13日。生资公司与银行订立的《综合授信协议》第30条载明,该协议订立的时间为2015年8月13日。据此可以确认,《综合授信协议》的订立,完全是建立在《商通赢三方协议》生效并得以实际履行的基础之上,二者是从合同与主合同的关系。《综合授信协议》第4条约定:"最高额授信额度的有效使用期限为2015年8月13日至2016年8月12日。"第11条约定,"为保证本协议项下的债权得到清偿,采取如下担保方式:(一)保证人……化工公司……签订编号为36001505100006-2……的《最高额保证合同》。"第23条约定:"乙方(指银行)与甲方(指生资公司)根据本协议签订的每一笔具体业务合同均为本协议的有效组成部分,并构成一个协议整体。"化工公司与银行订立的《最高额保证合同》第一章约定:"为了确保2015年8月13日生资公司与授信人(指银行)签订的编号为36001505100006《综合授信协议》的履行,保证人(指化工公司)愿意向授信人提供最高额连带责任保证担保……"据此可以确认,化工公司与银行订立的《最高额保证合同》是《综合授信协议》的从合同。生资公司与银行订立的《流动资金贷款合同》第21条约定:"本合同项下贷款的担保方式为保证。由……化工公司……(保证人)提供连带责任保证担保;保证合同编号为……36001505100006-2……"据此可以确认,生资公司与银行订立的《流动资金贷款合同》也是《综合授信协议》的从合同。通过上述分析可以看出,本案的贸易金融借款合同体系分为三个层级,第一个层级是作为主合同的《商通赢三方协议》,第二个层级是作为第一级从合同的《综合授信协议》,第三个层级是作为第二级从合同的《最高额保证合同》和《流动资金贷款合同》。《综合授信协议》《流动资金贷款合同》《最高额保证合同》均与《商通赢三方协议》具有直接的、明显的关联性,构成一个不可分割的整体。

其次,作为本案主合同的《商通赢三方协议》是行为人(即银行)与相对人(B公司、生资公司)以虚假的意思表示实施的民事法律行为的产物,存在以合法形式掩盖非法目的的情形。在银行的贷款档案中,不但有生资公司于2016年1月27日出具给银行的《提货申请书》,同时还有银行于同日出具给B公司的《发货通知书》、B公司于同日出具给银行的《发货通知书收到确认函》以及生资公司于2016年1月29日出具给银行的《货物收妥告知函》。而B公司在原审和今天的庭审中均承认,该公司订立《商通赢三方协议》并非为了实际履行该协议,只是为了帮助生资公司从银行取得贷款,该公司在该协议签订后也并未实际履行交付货物的义务,只是按照生资公司的指令将银行发放的4,000万元贷款支付给了案外人。HR公司在原审和今天的庭审中也承认,银行只是按照《流动资金贷款合同》的约定履行了发放4,000万元贷款的义务,但由于生资公司并未按照《商通赢三方协议》的约定就该笔贷款提交《提货申请书》,因此该笔贷款并未发生《商通赢三方协议》项下的货物交易。上述事实表明,本案中实际上并未发生《商通赢三方协议》约定的交易行为,但银行却发放了贷款。据此,本案主合同《商通赢三方协议》的订立,明显属于"行为人与相对人以虚假的意思表示实施的民事法律行为",成立在该行为基础上的《商通赢三方协议》明显属于《合同法》第52条第(三)项规定的"以合法形式掩盖非法目的"中具有"合法形式"的合同,由于《商通赢三方协议》的订立系伪装行为,依据《民法总则》第146条第1款的规定,该协议应归于无效。在整个贸易金融借款合同体系中,作为主合同的《商通赢三方协议》无效,其他各层级的从合同作为配合主合同伪装真实意思表示的附属合同,也应归于无效。

二、原审判决关于"化工公司与银行签订的《最高额保证合同》亦为有效合同"(原审判决第20页第3段第6行至第7行)的观点依法不能成立

如上所述,化工公司与银行订立的《最高额保证合同》是《商通赢三方协议》和《综合授信协议》的从合同,《最高额保证合同》中没有对该合同效力独立于主合同做出约定。因此,根据《担保法》第5条第1款关于"担保合同是主合同的从合同,主合同无效,担保合同无效。担保合同另有约定的,按照约定"的规定,由于《商通赢三方协议》无效,《最高额保证合同》也应随之无效,原审判决的上述观点依法不能成立。

三、原审判决认定化工公司应当对生资公司的债务承担连带保证责任的观点罔顾事实、适用法律错误

除了前文提到的由于主合同《商通赢三方协议》无效,作为从合同的《最高额保证合同》也随之无效的理由之外,化工公司还存在其他不应承担连带保证责任的合法理由:

首先,化工公司章程第42条第2款明确规定,"提供贷款保证、债务担保、资产抵押等担保行为"实行总经理和财务总监联签制度。化工公司与银行订立的《最高额保证合同》中,并无化工公司总经理和财务总监的签名。虽然上述章程的规定属于化工公司的内部规定,但是根据《最高额保证合同》第7条的约定,在该合同订立时,银行已经收到了化工公司提交的作为该合同附件的公司章程,对章程中的上述规定应当明知。从B公司在上诉状中叙述的事实(上诉状第8页第9行至第13行、第9页第5行至第11行、第10页第2行至第6行和第11行至第13行)来看,银行在整个交易过程中存在明显的恶意,因此,原审判决引用的《民法总则》第61条第3款关于"法人章程或者法人权力机构对法定代表人代表权的限制,不得对抗善意相对人"的规定,对于化工公司并不适用。

其次,按照最高人民法院民二庭的观点(《最高人民法院民事审判第二庭法官会议纪要》第913页),"公司的法定代表人、其他人员等行为人未按《公司法》第16条的规定以公司名义为他人提供担保……依法不构成表见代表、表见代理或者公司不予追认的,应认定该担保合同对公司不发生效力。"本案中,化工公司法定代表人为生资公司提供担保的行为违反了该公司章程的相关规定,其行为依法不构成表见代表、表见代理,该公司也从未予以追认,因此,应当根据最高人民法院民二庭的上述观点认定《最高额保证合同》对化工公司不发生效力。

综上所述,原审判决在认定事实、适用法律方面均存在明显的错误,HR公司对化工公司提出的诉讼请求的请求权基础并不成立,依法应当予以驳回。

黑龙江省高级人民法院经审理认为:

一、B公司应否向HR公司承担退款责任及违约责任。……B公司未按《商通赢协议》约定向生资公司交付货物,亦未向银行退回差额款项,生资公司亦未偿还案涉借款,致使案涉4,000万元借款出现逾期。B公司应当按照《商通赢协议》约定退回差额款项即4,000万元本金,并承担相应违约责任……应以生资公司所承担的利息数额为限。……因《商通赢协议》并未就B公司的违约责任及生资公司的还款责任清偿顺序作出约定,对于银行而言,既有权基于《商通赢协议》要求B公司承担违约责任,亦有权基于《流动资金贷款合同》要求生资公司承担清偿责任,但银行不得重复实现债权,故B公司应与生资公司承担共同清偿责任。

二、化工公司的诸项上诉主张能否成立。……化工公司的案涉担保的行为业经股东会决议,其法定代表人代表公司对外担保的行为已依法取得公司权力机构的授权。虽然化工公司的章程约定了重大事项的联签制度,但根据《民法总则》第61条第3款的规定,"法人章程或法人权力机构对法定代表人代表权的限制,不得对抗善意相对人"。该联签制度仅为化工公司的内部规定,并不构成对股东会权利的限制。银行作为善意相对人,对化工公司股东会决议的审查仅为形式上的审查义务,化工公司的章程对法定代表人的限制不得对抗善意相对人,因此化工公司的此节上诉请求缺乏事实根据和法律依据,本院不予支持。

……判决如下:

一、维持 H 市中级人民法院(2018)黑 01 民初 567 号民事判决主文第二项;

二、变更 H 市中级人民法院(2018)黑 01 民初 567 号民事判决第一、三项为:生资公司、B 公司于本判决送达后十日内共同偿还 HR 公司欠款本金 4,000 万元及利息……

三、化工公司在本判决第一、二项债务数额范围内承担连带清偿责任;

四、驳回 HR 公司其他诉讼请求。

至此,本案画上了终审的句号。虽然仍未达到免除化工公司连带清偿责任的目的,但能够拉进来一个比化公司更具有偿还能力的 B 公司"垫背",也算是给化工公司加上了一道保险。

案例 1-4　H 电缆厂诉 S 实业公司联营合同纠纷案

这是一起马拉松式的诉讼,时间跨度长达 7 年。但是,最终解决的时候,双方当事人都发现,7 年里走了太多的弯路,关键原因在于这 7 年里双方先后聘请的 5 名律师谁都没有找到诉讼中真正的焦点问题。

事情还得从 1996 年说起。黑龙江省 E 市 T 电缆厂(以下简称"T 厂")系黑龙江省 E 市 S 实业公司(以下简称"S 公司")下属具有法人资格的国有企业。自 1996 年起由该厂法定代表人范某租赁经营。

1997 年 5 月,T 厂与河南省 B 市 H 电缆厂(以下简称"H 厂")签订了联营协议,约定由 T 厂投入厂房、办公室并负责产品销售,H 厂提供生产和检测设备以及流动资金;联营期从 1997 年 5 月 15 日至 2002 年 5 月 15 日;每年年底分红一次,比例为 H 厂 85%、T 厂 15%,亏损时按照相同比例分担。

2001 年 3 月 20 日,H 厂与 T 厂签订了《分家协议》,其中约定:"联营终止,双方的债权债务自理。其中胡某欠款 35 万元、唐某欠款 50 万元,根据实际情况要回各自一半。T 厂法定代表人范某除给 H 厂法定代表人王某 50 万元外,其他所有固定资产和库存产品、半成品、原材料等都归 T 厂所有。协议自签订之日起生效。50 万元不付清不生效。"

2003 年 5 月,H 厂以 S 公司为被告向黑龙江省 E 市中级人民法院(以下简称"E

中院")起诉称:2001年与T厂终止联营时,没有依协议约定取回自己的投资。2002年,T厂将原属于H厂的资产卖给了S公司。经查,T厂已经被S公司在工商局办理了注销手续。因此,S公司侵犯了H厂的利益,请求法院判令S公司赔偿损失50万元,并对联营终止后的资产状况进行清算和分配。

2004年10月,E中院作出了(2003)E商初字第47号民事判决书(以下简称"2003年判决"),判令由S公司在判决生效后15日内与H厂共同成立清算组织,并在成立后6个月内对T厂进行清算;同时,驳回了H厂要求S公司赔偿50万元损失的诉讼请求。

2003年判决送达后,H厂和S公司均未在法定期限内上诉,判决发生法律效力。随后,H厂向E中院申请强制执行。在强制执行过程中,由于无法取得联营期间的财务账册,E中院于2006年6月裁定终止执行。

由于诉讼的目的没有达到,H厂在E中院裁定终止执行后,又以S公司为被告向E中院起诉,请求判令S公司返还其投资及资产500万余元,并赔偿损失100万余元。E中院于2008年6月作出了(2006)E民二初字第44号民事裁定书(以下简称"2006年裁定"),以H厂的起诉违反了"一事不再理"原则为由,驳回了H厂的起诉。至此,H厂的两次诉讼均没有达到预期目的。事情本来到此应该画上句号了。但是,H厂的法定代表人王某抱定了"咬住青山不放松"的决心,开始了漫长的上访之路。

在王某的努力下,E中院分别于2008年8月和2009年2月,决定对上述两起案件进行再审,并分别于2009年11月和12月作出了(2008)E商再字第5号民事判决书(以下简称"2008年判决")和(2009)E民再字第13号民事判决书(以下简称"2009年判决"),分别撤销了2003年判决和2006年裁定。

2008年判决虽然撤销了2003年判决,但是同样驳回了H厂的诉讼请求,S公司对此没有提出异议。而2009年判决却让S公司感觉无法接受:不但撤销了2006年裁定,还判令S公司赔偿H厂损失240万余元。在这种情况下,S公司决定上诉。

在一审代理律师代为制作了上诉状并办理完上诉的相关手续后,S公司决定委托笔者代理本案的二审。接受委托后,笔者与本案一审的代理律师和S公司的法定代表人当面沟通了案件的相关情况,理清了案件的来龙去脉,制订了"全面反击、重点突破"的二审诉讼策略。所谓"全面反击",是指要对2009年判决中存在的片面解释"一事不再理"原则的含义、超出原告诉讼请求范围进行判决、混淆侵权责任与违约责任以及事实认定等方面的错误逐一进行反击;所谓"重点突破",是指要抓住本案以及其他3次诉讼中均被E中院忽略的一个重要事实——H厂与T厂签订的《分家协议》在纠纷中的作用,争取最终解决争议。

之所以如此确定二审的诉讼策略,是因为笔者发现,E中院6年内先后作出的4份裁判文书,都没有对H厂与T厂签订的《分家协议》作出正确的评价,以至于4次审理只是在"H厂的诉讼请求是否合理"这样的枝节问题上花费力气,而根本没有去考虑诉讼的关键——根据联营协议双方当事人的约定,H厂是否享有这一系列案件的诉讼请求的请求权。换言之,在双方已经对联营终止事宜作出了明确约定的情况下,H厂是否还有权对联营的相关事项提起诉讼?

笔者认为,纵观本案,无论是H厂提出的要求清算的诉讼请求,还是要求赔偿损失、返回投资及资产的诉讼请求,其根源都在于联营协议。因此,H厂是否有权就联营的相关事项提起诉讼,应当结合联营协议的签订和履行的过程进行分析。

对于联营协议的内容,双方没有争议。如此一来,分析"H厂是否有权对联营的相关事项提起诉讼"这个关键问题的重点,自然就落在了《分家协议》上。由于《分家协议》的内容比较凌乱,为了便于分析,笔者将其内容划分为下列7个条款:① 联营终止;② 双方的债权债务自理;③ 联营期间的两笔债权——胡某欠款35万元、唐某欠款50万元,根据实际情况要回各自一半;④ T厂法定代表人范某应当给付H厂法定代表人王某50万元;⑤ 其他所有固定资产和库存产品、半成品、原材料等都归T厂所有;⑥ 协议自签订之日起生效;⑦ 50万元不付清不生效。

如此划分之后,可以从合同内容的角度对双方的约定进行分类:条款①是提前终止联营的意思表示;条款②是对联营期间双方各自的债权债务如何处理的约定;条款③是对联营期间的共同债权如何处理的约定;条款④和⑤,是对善后事宜如何处理的约定;条款⑥和⑦,是对合同生效条件的约定。在这个基础上,再反过来考量H厂两次起诉的诉讼请求是否应当得到支持。

2003年H厂的诉讼请求有两个:一个是要求S公司赔偿损失50万元,另一个是要求对联营终止后的资产状况进行清算和分配。从诉讼策略或者诉讼技巧的角度看,这两个诉讼请求的顺序明显是不合适的,应当调换顺序才对。道理很简单,在清算未完成的情况下,根本无法确定H厂是否遭受了损失。而在法律上,因侵权行为遭受的损失必须是已经发生的,要求赔偿可能发生的损失的诉讼请求,不可能得到支持。同时,由于双方签订的《分家协议》的条款④和⑤已经对联营终止后的资产如何处置作出了约定,H厂以诉讼的方式再要求"进行清算和分配"的行为,显然违背了诚实信用原则,不应得到支持。

此外，虽然双方在联营协议中确实约定了"联营期满乙方（指 H 厂）收回所有的投资"的内容。但是，结合本案事实来看，想实现这样的约定存在两个障碍：一是联营协议的终止是双方在联营期限未满的情况下协商一致达成的，而双方约定 H 厂"收回所有的投资"的条件——"联营期满"这一条件并未成就；二是双方在终止联营协议时，《分家协议》中关于"所有固定资产和库存产品、半成品、原材料等都归 T 厂所有"的约定，实际上是以协商一致的方式变更了原来作出的"联营期满乙方收回所有的投资"的约定。因此，H 厂的诉讼请求不可能得到支持。

2006 年 H 厂的诉讼请求也是两项：一是要求判令 S 公司返还其投资及资产 500 万余元，二是要求 S 公司赔偿损失 100 万余元。从诉讼请求的顺序上看，这次起诉显然是吸取了 2003 年起诉失败的教训，把顺序进行了调整。但是，仍然忽略了一个问题——损失从何而来？或者说，损失是不是 S 公司造成的？从诉讼请求的内容来看，正如 2006 年判决所指出的那样："从原告第一次起诉和第二次起诉的内容来看，所依据的事实是一致的，所提供的证据也是一致的，只是第一次起诉的时候其诉讼请求为要求法院判令被告赔偿损失 50 万元、对原告与 T 厂联营终止后的资产状况进行清算、分配，并承担本案的诉讼费用。本次诉讼请求要求被告直接返还其投入及资产并赔偿其损失。实质上也是根据解除联营后，解除协议之前双方的经营状况进行清算。根据双方联营协议的约定，得到应有的财产。两次诉讼请求实际也是相同的。"显然违反了民事诉讼"一事不再理"的原则。

既然两次起诉的诉讼请求都不合理，那么，合理的诉讼请求应当是什么呢？笔者认为，应当在《分家协议》的基础上确定。这里又涉及一个关键问题，而且是一个 E 中院先后 4 次审理均未引起重视的问题——《分家协议》是否生效？

根据当时有效的《合同法》第 32 条关于"当事人采用合同书形式订立合同的，自双方当事人签字或者盖章时合同成立"（《民法典》第 490 条第 1 款规定，"当事人采用合同书形式订立合同的，自当事人均签字、盖章或者按指印时合同成立。"）的规定，和第 44 条第 1 款（《民法典》第 502 条第 1 款）关于"依法成立的合同，自成立时生效"的规定，只要 H 厂和 T 厂盖章，或者王某与范某签字，《分家协议》就会生效。但是，《分家协议》的条款⑥和⑦却就合同生效的条件作出了两个不同的约定：依条款⑥的约定，"协议自签订之日起生效"；而依条款⑦的约定，"50 万元不付清不生效"。因此，"50 万元不付清不生效"的约定能否作为合同生效的条件，就成为能否依据《分家协议》划分双方责任的关键——如果可以，则 H 厂的诉讼请求成立；如果不可以，H 厂的诉讼请求就不成立。

听取了笔者的上述分析之后,S公司领导班子非常满意,一致表示同意笔者的二审代理策略。

2010年3月9日,本案在黑龙江省高级人民法院开庭审理。由于准备充分,二审法官的注意力自然地被吸引到"50万元不付清不生效"能否作为合同生效的条件这个焦点问题上来。笔者指出,虽然双方在《分家协议》中作出了"50万元不付清不生效"的约定。但是,该约定不能作为合同生效的条件:首先,支付50万元是《分家协议》约定的义务,如果把合同义务作为合同生效条件的话,一旦债务人不履行义务,则合同就不会生效,也就失去了签订合同的意义。其次,在法理上,民事法律行为所附的条件必须是尚未发生的客观事实。这种"客观事实是不依当事人的意思改变而变化的客观存在的事实。若单为当事人主观意志就可以决定的事实,不能成为条件"。据此,应当认定《分家协议》已经生效。在《分家协议》已经生效的前提下,H厂只对T厂享有50万元的债权。扣除原审判决认定的王某已经得到的12万元,H厂只能再主张38万元的债权。

在庭审中,王某及其代理人均承认范某确有将唐某所欠25万元直接给付王某的行为。但是,王某却以"《分家协议》不生效"为由而拒绝承认。这一事实表明,T厂和范某在主观上始终想按照《分家协议》的约定履行自己的义务,而王某却在以自己的行为设法阻止生效条件的成就。在这种情况下,根据《合同法》第45条第2款关于"当事人为自己的利益不正当地阻止条件成就的,视为条件已成就"的规定,应当认定《分家协议》已经生效。

2010年8月16日,黑龙江省高级人民法院作出了(2010)黑商终字第22号民事判决书。该判决书指出:"虽然双方之间通过联营协议建立起联营关系,但双方又于2001年3月20日签订了《分家协议》,对联营期间的债权债务进行清理。由于该协议不违反法律法规等强制性规定,而且明确约定自协议签订之日起生效,而双方随之在该协议上签字,故《分家协议》已生效。虽然王某辩称该《分家协议》是在范某的胁迫下签订,但王某并未提供证据证实,故王某的该抗辩主张不能成立。尽管该协议又约定'50万元不付清不生效'。此约定与前述自协议签订之日起生效相矛盾,但从《分家协议》的内容来看,范某应给付王某50万元,支付该50万元属于范某应承担的法定义务、法定负担,而且民事法律行为所附的条件必须是属于合同的特别生效要件,有控制合同效力的功能,而非合同义务。所以,合同义务,特别是可以强制履行的合同义务不能成为合同所附的生效条件。故《分家协议》约定的'50万元不付清不生效'不能作为该《分家协议》的生效条件,故S公司主张《分家协议》已生效的理由成立。"

据此,结合 S 公司作出的愿意向 H 厂给付 38 万元未付款项的意思表示。

黑龙江省高级人民法院作出了终审判决:

(1)维持 E 市中级人民法院(2009)E 民再字第 13 号民事判决主文第一项、第三项;

(2)变更 E 市中级人民法院(2009)E 民再字第 13 号民事判决主文第二项为,S 公司自本判决送达之日起 10 日内给付 H 厂 38 万元(利息按照中国人民银行同期贷款利率从 2001 年 3 月 20 日计算至本判决确定的履行期限最后一日止)。

在收到终审判决后,S 公司在笔者的建议下,主动向 H 厂履行了上述判决确定的给付义务,王某对此也表示接受。至此,一桩历经 7 年的诉讼终于画上了圆满的句号。

通过上述四个案例,我们可以总结出**寻找合适的代理观点这一环节的基本操作要点**(参见图1-1)。

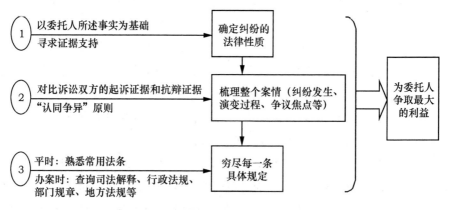

图 1-1　寻找合适代理观点的基本操作要点

(1)以委托人所述事实或者法院查明的事实为基础,首先确定纠纷的法律性质。是债权之争,还是物权之争?是合同之债,还是侵权之债?需要注意的是,这里所说的"委托人所述事实"必须有相应的证据支持。如果委托人不能提供相应的证据,收集并对收集到的证据进行筛选就成为律师的首要任务。关于证据的收集、筛选与提供将在后文详细介绍,这里不再赘述。这里所说的"法院查明的事实",是指经过二审或者再审的案件,法院在审理过程中查明并确认的事实。这里需要注意的是,相关事实应当在任何一个审级中都没有被改变过。如果有被改变的情况,应当以改变后的事实为准。以案例1-4为例,该案虽然经过了E中院的两次一审,但每次审理确认的联营的相关事实都是一致的,只不过是判决的结果不同。在这种情况下,以"法院查明的事实"为基础来确定纠纷的法律性质,是十分妥当的。

近年来,随着上海市高级人民法院原副院长邹碧华先生(已故)所著《要件审判九步法》逐渐为法律职业群体所推崇,请求权基础思维正在成为处理民事诉讼案件的一个新的方法。鉴于本书以律师实务为主,在此不涉及请求权基础思维的理论问题阐述,只从实际运用的角度进行分析和介绍。

案例1-5 胡某诉银行不当得利纠纷案

这是一起A银行前员工因职务犯罪在刑满释放后向原工作单位主张"债权"的案件。由于事发时间久远,A银行已无法提供有力的物证,了解整个事情经过的时任行长李某由于患有脑血栓已经无法正常表达,给案件的代理造成了极大的困难。

2004年4月,案外人王某先后分两次向A银行借款40万元、36万元。年底,借款期限届满,王某未能如期还款。胡某当时任A银行某分理处主任职务,该两笔借款的发放是由他负责审核的。时任A银行行长的李某认为胡某对此负有一定责任,责令其代为归还王某所欠款项。胡某先后于2004年12月23日、2005年6月21日偿还了案外人王某拖欠的借款本息合计57万余元。

2006年12月底,经时任A银行行长李某同意,A银行起诉了案外人王某,要求其履行还款义务,胡某作为经办人与另外一名同事李某志和分理处所在地法庭的两名法官一起到已经迁居至外地的王某住处,将其劝回A银行所在地,与该行达成了调解协议。至此,案外人王某与A银行之间的债权债务关系处理完毕。

2010年12月,胡某因职务犯罪被判刑入狱,2016年6月刑满释放。2016年12月,胡某将A银行诉至法院,理由是:他替王某还款的行为属于代偿,银行在王某和他之间已构成不当得利之债。最近在他准备找案外人王某索要此债的时候,才从A银行工作人员处得知A银行于2006年起诉王某并以调解方式结案的事实。胡某主张,在此情况下,他已无法向案外人王某主张权利,A银行收取他代偿的57万余元属重复获得债权,对于他已构成不当得利之债,故请求法院判令A银行返还不当得利款项57万余元并支付占用期间的利息,合计180余万元。

收到胡某的诉状后,A银行着手准备应诉。在委托笔者之前,他们联系了多个律所的多位律师,多数的答复是赢不了,还有律师居然建议他们就当年与案外人王某达成的调解协议申请再审！在这种情况下，笔者在研究了胡某的起诉状，并向2006年一起与胡某处理起诉王某案件的同事李某志了解了相关情况后，接受了A银行的委托。笔者的思路是：胡某起诉的理由是不当得利，从请求权基础的角度来说，可以从胡某与A银行之间是否构成不当得利来进行抗辩，再加上诉讼时效的抗辩理由，胜诉的把握还是很大的。

在庭审中，笔者提出了如下代理观点：

一、关于诉讼时效。胡某庭审时承认，其之所以持有案外人王某一笔40万元借款的借款凭证和收货凭证，是因为在其代偿了王某的债务之后，A银行将这些本应入账的财务凭证交给胡某，以便其向王某主张权利。据此可以确认，胡某早在2004年就已经知道与案外人之间存在不当得利之债，而据胡某在起诉状中诉称，他是在2016年刑满释放之后才向王某主张这笔债权的。同时，证人李某志、肖某某（当年审理案件的法官，已经退休多年并迁居南方）均证实胡某在2006年年末至2007年年初，参与了A银行起诉案外人借款合同纠纷一案送达、调解的过程。因此，胡某现在提起不当得利之债诉讼的行为已经明显超过了法定的诉讼时效，依法丧失了胜诉权。

二、关于A银行与胡某之间是否存在不当得利之债。无论是《民法通则》第92条关于"没有合法根据，取得不当利益，造成他人损失的，应当将取得的不当利益返还受损失的人"的规定，还是《民法总则》第122条（现为《民法典》第122条）关于"因他人没有法律根据，取得不当利益，受损失的人有权请求其返还不当利益"的规定，构成不当得利之债的法定前提之一是，"没有合法或者法律根据，取得不当利益"。通过庭审查明的事实可以确认，A银行从胡某处获得利益的前提有两个：一个是A银行与案外人王某签订的借款合同，王某因此对银行负有债务；另一个是胡某向A银行代偿了王某在借款合同项下所负的债务。从合法性的角度分析，A银行与王某签订的借款合同合法有效；同时，虽然胡某在A银行与王某签订的借款合同中不存在偿还义务，但法律并不禁止合同以外的第三人为合同的债务人代偿债务，而且胡某代偿的行为是自愿的，并不存在任何违法情形。据此，A银行从胡某处获得利益的行为是具有法律根据的，取得的也是正当利益，双方之间并不存在不当得利之债。

最终，法院支持了笔者的上述代理观点，判决驳回了胡某的诉讼请求。胡某也没有提起上诉。

> **案例 1-6　某保险公司诉孙某某劳动争议纠纷案**
>
> 　　某保险公司黑龙江省分公司(以下简称"保险公司")向 H 市劳动人事争议仲裁委员会申请仲裁称:被申请人孙某某(以下简称"劳动者")在与该公司存在劳动关系期间,一直在建设银行某分理处从事代理保险销售工作。公司内查发现,劳动者在任职期间通过误导方式销售保险产品,导致有 22 名客户先后以存在误导销售为由向保险公司提出退保,导致公司遭受经济损失高达 1,070 余万元。通过提起劳动争议仲裁,要求劳动者予以赔偿。

　　这起案件是笔者 20 多年执业生涯里代理的第一起劳动争议纠纷案件,之所以突破业务领域的限制决定接受委托,唯一的原因就是本案的典型性。多年以来,在劳动法领域,用人单位向劳动者主张赔偿的金额如此之高的不是没有,但以航空公司与飞行员之间的纠纷居多,因为这些案件一般都会涉及高额的飞行员培训费用和竞业限制赔偿。据我了解,像本案这样,由用人单位向一名普通的销售人员主张上千万损失的案件,在黑龙江省内实属罕见。

　　孙某某找到我的时候,距离开庭的时间只有两天,虽然时间很紧,但是多年来形成的职业直觉和近年来形成的请求权基础思维告诉我,本案的胜算很大。为什么这么说？因为本案的基础法律关系是用人单位和劳动者之间的劳动关系,在这个框架下,可以支持保险公司仲裁请求的请求权基础只有《劳动法》第 102 条和《劳动合同法》第 99 条,而这两条法律规定确定的规则是,保险公司有权向劳动者主张赔偿责任的情况只有两种:一是孙某某违法解除劳动合同;二是孙某某违反劳动合同中约定的保密义务或者竞业限制,给保险公司造成损失。而从保险公司主张的事实来看,孙某某既没有违法解除劳动合同,也没有违反劳动合同中约定的保密义务或者竞业限制。因此,保险公司提出仲裁请求的请求权基础并不存在。

　　此外,保险公司提供的证据不能证明其所遭受的损失与孙某某的销售行为之间存在因果关系。在退保的 22 个客户中,保险公司只提供了两份《客户沟通记录表》,从数量上看,只占不到 10% 的比例,并不具有高度盖然性。从证据内容上看,投保人为李某某的《客户沟通记录表》明确记载,退保原因是李某某的母亲看到了媒体关于所购保险产品存在欺诈的报道,并未提及孙某某在销售过程中存在销售误导。投保人为张某某的《客户沟通记录表》明确记载,她接听了保险公司的回访电话,但并未反馈孙某某在销售过程中存在销售误导;而且张某某投诉的理由是孙某某唆使她进行保单质押贷款,也不是销售误导。更为重要的是,保险公司提供的客户退保材料(证据三)中,除了投保人张某某存在投诉情况以外,其他 21 个客户并未对孙某某进行投诉（张某某是否投诉也并不确定，因为保险公司提供的证据中只有张某某的《撤销投诉申请单》，并没有投诉的书面记录）。由此可见，保险公司提供的上述证据只能证明退保后果的存在，并不能证明退保后果的发生与孙某某的销售行为之间存在因果关系。也就是说，保险公司提供的证据并不足以证明其遭受的损失与孙某某履行劳动合同的行为之间存在因果关系。

两天之后，本案在H市劳动人事争议仲裁委员会开庭。一个月后，H市劳动人事争议仲裁委员会作出非终局裁决，驳回了保险公司的仲裁请求。2019年11月底，保险公司向H市N区人民法院提起了诉讼，被N区人民法院以"双方之间的争议已不适宜用劳动争议予以解决，保险公司应当依据侵权责任的相关规定对孙某某提起侵权纠纷诉讼"为由，驳回了起诉。

上述两个案例带给我们的启示是，被告在一些无法举证的情况下，以请求权基础作为抗辩的理由，可以成为一种捷径。但走这种捷径的前提绝不是投机取巧或者随心所欲，而是在制订应诉策略、选择抗辩的观点和方法时，通过对原告的请求权基础确定、解构，然后结合事实加以反击的战术来实现的。

（2）对比诉讼双方的起诉证据和抗辩证据，按照"认同争异"的原则，梳理整个案情，分析纠纷发生、演变的过程，归纳争议的焦点。案件的审理与判决，实质上是案件当事人以外的第三人（法官）对能够通过证据证明的争议事实进行定性，并根据法律规定确认案件当事人是否应当承担法律责任、承担什么样的法律责任的过程。在这个过程中，由于起决定作用的法官没有亲身经历纠纷发生、演变的过程，其只能通过分析、确认争议双方提交的证据来对争议事实进行定性。作为诉讼代理人的律师，为最大限度地维护委托人的合法权益，必须在争议提交给法官解决之前，尽量迅速、准确地梳理出争议的事实，依法分析双方各自的观点正确与否，并准确地归纳出双方争议的焦点，为委托人是否或者如何采取下一步行动提供专业的参考意见。

在提供参考意见时，"认同争异"是律师代理诉讼应当遵守的基本原则。

"认同"，是指对双方提供的证据共同反映出的案件事实予以法律上的承认。这不仅是诉讼策略的需要，也是民事法律的基本原则——"诚实信用原则"的要求。在律师执业实践中，经常出现明明双方提供的证据都能够证明案件事实的本来面目，而个别律师为了迎合委托人的意图或者哗众取宠，以种种令人不齿的理由百般狡辩。这样做使矛盾进一步激化，无形中增加了当事人的诉讼成本和纠纷的解决难度，同时也可能会引起法官的反感。

"争异"，是指对双方提供的证据不能共同反映出的案件事实，在合法的前提下，尽可能地为委托人争取最大的利益。比如,案例1-1中,作为A公司的代理人就可以根据A公司的具体情况,在追究Y股东违约责任的时候进行选择:是只要求Y股东对其由于履行出资义务存在瑕疵给A公司造成的直接经济损失(即法院执行的金额)承担赔偿责任,还是对全部损失(即法院执行的金额以及应诉发生的诉讼费、律师费、差旅费等相关费用)都承担赔偿责任。

就国家设立律师制度的目的而言,律师在民商事案件中的作用,就是在社会化分工的背景下,为委托人提供专业的法律服务。既然是服务,为委托人争取最大利益当然无可厚非。从律师与委托人之间的法律关系看,二者是代理与被代理的关系。根据《民法典》的相关规定,代理人的一切代理行为均来源于委托人的授权。此时,代理人按照委托人的要求或者根据委托人的意愿开展代理活动是有充分法律依据的。但是,所有这一切都必须在合法的前提下进行,否则,既违背了国家设立律师制度的初衷,又没有尽到代理人的职责。

(3)在熟悉常用法条的同时,对个案涉及的司法解释、行政法规、地方性法规、国务院部门规章等内容,在查询时尽可能穷尽每一条具体的规定。这不但有利于准确地认定案件的性质,在合法的前提下为委托人争取最大的利益,而且可以帮助委托人尽可能地规避法律风险。

在笔者2017年代理的一起供用热合同纠纷案件二审程序中,对地方性法规的检索、查询和运用,直接推动了案件的改判。

案例1-7 某热力公司诉某开发公司供用热合同纠纷案

原告热力公司起诉称:2013年10月24日,与被告开发公司签订《并入集中供热管网合同书》(以下简称《并网合同》),将开发公司开发的某商业广场并入供热管网集中供热,开发公司应当在每年9月30日前支付当年度(当年10月至次年4月)的热费,否则,自次年1月1日起按照欠费总额每日1‰支付违约金。合同签订后,热力公司自2013年10月开始为开发公司供热。2016年1月30日,开发公司向热力公司出具《承诺书》,确认拖欠热费10,713,220元,按实际缴费时间确定违约金。同年3月1日,开发公司支付热费100万元。同年10月20日,热力公司关闭了向开发公司供热的一级管网的开关,开发公司自行供热。热力公司请求法院判令开发公司支付拖欠的热费9,713,220元及相应违约金,并承担诉讼费用。

开发公司就此提出反诉,请求法院判令热力公司返还已经收取的集中供热工程费10,400,000元及相应利息,并承担诉讼费用。

黑龙江省H市中级人民法院经审理认为：案涉《并网合同》系双方当事人的真实意思表示并已实际履行，双方之间形成供用热合同关系。根据《并网合同》《承诺书》的内容，开发公司应支付热费并承担违约金。双方因供热温度、供热面积等问题发生争议，开发公司拖欠热费，造成热力公司关闭热网开关、开发公司自行供热的现状。开发公司的反诉请求包含了解除合同的诉讼请求，依据《合同法》第94条的规定，确认双方已实际解除供用热合同关系。合同解除后应根据过错程度，依据《合同法》第97条规定，公平处理损失赔偿和财产返还问题。集中供热基础设施是热力公司基于经营热力自身需要，根据城市规划，为向社会不特定对象销售热力而建设，集中供热基础设施应是长期使用，双方解除供热关系并不影响热力公司利用设施向其他服务对象供热。故开发公司在只使用了集中供热基础设施三个采暖期、另向政府有关部门交纳了城市基础设施配套费的情况下，要求返还为长期使用设施而交纳的集中供热工程费的反诉请求具有部分合理性。诉讼中，热力公司没有举证证明专门为开发公司建设的供热设施数量和价值。根据合同履行情况兼顾公平原则，酌情判定由热力公司退还开发公司70%的集中供热工程费即7,280,000元。

热力公司上诉后，委托笔者代理二审。在研究了一审判决和双方的观点、证据之后，笔者认为，一审判决忽略了一个关键问题——本案的纠纷虽然由一份合同所引发，但这一份合同中实际上包含了两个法律关系，一个是集中供热工程施工合同关系，另一个是供用热合同关系。前一个合同在开发公司建设的某商业广场项目并入供热管网的时候，就已经履行完毕了；后一个合同由其标的决定了是一个需要长期履行的合同。在理清了案涉的法律关系之后，本案二审的核心问题也就清晰了：一是热力公司关闭一级管网开关的行为是否属于当时有效的《合同法》第94条第（二）项规定的"在履行期限届满之前，当事人一方明确表示或者以自己的行为表明不履行主要债务"的违约情形？二是开发公司反诉提出的退还集中供热工程费的请求是否具有事实依据和法律依据？

焦点找到了，怎么解决？思来想去，最稳妥的办法当然是寻找法律依据。正如前面提到的，司法解释、行政法规、地方性法规、国务院部门规章（有些时候还需要用到地方政府规章）都要进行检索、查询，就连规范性文件也不能放过，因为关于集中供热工程费的收取，只有在规范性文件中才有规定。方向确定了以后，在互联网+大数据的技术支持下，很快就有了令人欣喜的结果：首先，热力公司停止供热符合《黑龙江省城市供热条例》和《H市城市供热办法》的相关规定，而开发公司自行供热的行为却违反这两部地方性法规；其次，经检索黑龙江省物价监督管理局下发的一份规范性文件可以确认，热力公司根据《并网合同》收取的集中供热工程费，属于经营性收费,是法律允许的,并不是开发公司所主张的违法收费。

基于上述法律依据方面的基础,笔者在二审中提出了如下代理观点:

一、原审判决解除热力公司与被上诉人开发公司签订的《并网合同》的做法,属于典型的适用法律错误,依法应当予以撤销

热力公司在开发公司长期拖欠热费的情况下关闭供热网开关的行为,是依据《黑龙江省城市供热条例(2015年)》第45条第1款和《H市城市供热办法》第43条第2款的规定实施的,具有明确的法律依据,并不属于《合同法》第94条第(二)项(现《民法典》第563条)规定的"在履行期限届满之前,当事人一方明确表示或者以自己的行为表明不履行主要债务"的违约情形,而是一种合法行为。同时,开发公司自行供热的行为违反了《黑龙江省城市供热条例(2015)》第38条和《H市城市供热办法》第33条关于"未经供热单位同意,用户不得改变供热采暖方式"的规定,属于违法行为。在热力公司不存在违约情形,而开发公司却在合同履行过程中存在违法情形的情况下,原审判决以《合同法》第94条第(二)项的规定为理由解除双方签订的《并网合同》的做法,不但损害了热力公司的合法权益,还剥夺了《黑龙江省城市供热条例》《H市城市供热办法》两部地方性法规赋予供热单位的法定权利,属于典型的适用法律错误,依法应当予以撤销。

此外,原审判决在开发公司提出的反诉请求并未要求解除双方签订的《并网合同》的情况下,判令解除该合同的行为属于明显的滥用裁判权,依法也应当予以纠正。

二、开发公司提出的退还集中供热基础设施配套费的主张依法不能成立

首先,热力公司根据《并网合同》收取的费用是集中供热工程费,并不是开发公司主张的城市基础设施配套费,这一点在《并网合同》第2.1条款和黑龙江省物价监督管理局发布的《黑价经(2011)309号文件》《黑价经(2013)296号文件》中均有明确的记载,特别是上述两份文件中均已写明:"集中供热工程费属经营性收费,收费主体为集中供热企业。"因此,开发公司主张的热力公司向其收取集中供热基础设施配套费违法的理由明显缺乏事实和法律依据,依法不能成立。

其次,开发公司提供的《国家计委、财政部关于全面整顿住房建设收费取消部分收费项目的通知(2001)585号》的附件中列明的"经国务院批准取消的涉及住房建设的行政事业性收费项目"中,并不包括集中供热基础设施配套费。《黑龙江省城市供热条例》和《H市城市供热办法》也并未禁止热源企业或者供热企业向用户收取集中供热工程费。因此,开发公司提出的黑龙江省物价监督管理局发布的上述两份文件违反上位法的主张依法也不能成立。

最后,热力公司根据《并网合同》收取的集中供热工程费已经用于从热源通往开发公司建设的商业广场项目所在地的施工过程中所花费的人工、物料等方面的费用和成本支出,相关施工早已完成并投入使用三个供暖期。即使开发公司自愿放弃使用热力公司提供的热源,实际上也根本无法恢复原状。因此,开发公司提出的退还集中供热基础设施配套费的主张并不具有可行性。同时,从集中供热工程施工合同关系的角度来看,该合同已经履行完毕,开发公司提出的这一反诉请求的请求权基础已经不复存在。

三、热力公司的诉讼请求合理、合法,依法应当予以支持

原审判决以"诉讼中,热力公司没有举证证明专门为开发公司建设的供热设施数量和价值"为由,酌情判定由热力公司退还开发公司70%的并网费的做法,既没有考虑判决的社会效果,也没有考虑开发公司自行供热的违法性质,这种判决一旦得到终审判决的确认,将可能会给H市乃至全省的供热企业与用户的关系造成一系列的不良影响。恳请合议庭对此给予足够的重视。

双方签订的《并网合同》系双方的真实意思表示,合法有效并且已经实际履行,双方之间的供用热关系依法成立。在此基础上,根据《合同法》《黑龙江省城市供热条例》《H市城市供热办法》等法律、地方性法规的相关规定,开发公司依法负有向热力公司支付热费的义务。在开发公司未能履行相关义务的情况下,热力公司要求其履行支付热费的义务并承担相应的违约责任具有充分的事实和法律依据,依法应当予以支持。

黑龙江省高级人民法院经审理认为:热力公司在开发公司欠缴热费情况下停止供热的行为,属于行使案涉《合同书》《承诺书》赋予的权利,亦不违反《合同法》《黑龙江省城市供热条例》的上述规定,因此热力公司停止供热行为不应视为解除案涉合同。现热力公司亦不同意解除合同,开发公司的反诉请求也不包括解除合同,同时案涉《合同书》约定,在合同履行过程中,任何一方不得单方变更、修改、解除合同。且热力公司已按照案涉《合同书》的约定将开发公司并入其热网,开发公司亦按照约定向热力公司支付了集中供热工程费,双方关于开发公司并入集中供热管网的约定已经履行完毕,故一审判决解除案涉合同,并由热力公司返还部分集中供热工程费不当,本院予以纠正。至此,热力公司的上诉请求全部得到了支持。

在案例1-2中,由于R公司对N厂提供的多出实际交易金额的增值税发票进行了抵扣,其行为已经违反了《中华人民共和国发票管理办法(1993)》[①]第36条第1

---

① 已被修改,现行有效为《中华人民共和国发票管理办法(2009)》于2009年3月2日发布。

款第(四)项和《中华人民共和国发票管理办法实施细则(1993)》[①]第49条的规定,可能受到税务机关的行政处罚。

在接受委托准备应诉时,笔者将上述法律规定向R公司的法定代表人进行了详细解释,提示面临的法律风险。在提起反诉之前,笔者又专门就上述问题与R公司的法定代表人交换了意见。因为从双方提交的证据来看,R公司在本诉中获得胜诉的可能性极大。由于反诉与本诉有着直接、必然的联系,如果本诉胜诉,R公司提起的反诉也会随之取得胜诉。这样的结果对N厂来讲,可以说是"赔了夫人又折兵"。在这种情况下,极有可能促使N厂采取极端的手段进行报复,(N厂极有可能)向税务机关举报R公司在增值税发票抵扣过程中存在的违法情形。在充分交换意见之后,R公司的法定代表人采纳了笔者提出的"主动将此情况向税务机关通报并求得谅解"的建议,解除了R公司的后顾之忧,使诉讼能够顺利进行。

由此可见,**在了解相关的法律规定之后,根据案件的具体情况及时调整诉讼策略,尽量防范和化解相应的法律风险,并在必要时向委托人予以提示的做法,是律师在诉讼中必须掌握的基本技能之一**,只有这样才能充分体现出律师在解决和预防纠纷方面的重要作用。

二、怎样举证

阅读提示

- 在收集证据的过程中应当注意:不论是对委托人有利的,还是对委托人不利的证据都要收集。
- 如果委托人在办理委托手续时能够提供证据,律师应当从证据的形式、取得的来源、证明的内容、与纠纷的关联程度等方面进行审查,以确定证据的证明力。同时,还要综合考虑这些证据是否足以支持原告的诉讼请求。
- 在对收集到的证据进行筛选的时候,常常会遇到对证据如何取舍的问题。在这种情况下,可以从以下五个角度加以考虑:(1)证据证明的问题是否对委托人有利?(2)如果证据对委托人不利,对方是否有可能收集到这份证据?(3)如果证据既对委托人有利,又对对方有利,不提

---

① 已被修改,现行有效为《中华人民共和国发票管理办法实施细则(2019)》于2019年7月24日发布。

供这份证据,是否会影响诉讼请求的成立?(4)如果不提供这份证据会影响诉讼请求的成立,会影响到什么程度?(5)是否还有比这份证据的证明力更强的其他证据?

- 在没有绝对把握的情况下,尽量不要仅以"原告的起诉已经超过了诉讼时效"为由进行抗辩。
- 在作为被告的诉讼代理人收集证据时,必须将被告提出的抗辩观点和原告在《起诉状》中叙述的事实结合起来进行。
- 在代理案件时,一定要先站在局外人的角度审视案件事实,全面收集证据,切忌偏听偏信、先入为主。
- 在代理案件过程中遇到证据可能灭失或者以后难以取得的情况下,作为诉讼代理人,必须依法向法院提交保全证据或者调取证据的书面申请,由法院出面进行调查取证。应当注意的是,在书面申请中必须列明证据的名称、能够证明的问题、该证据现存于何处,以便法院根据申请,决定采取何种具体的方式和方法来进行证据保全。

1991年4月9日颁布施行的《中华人民共和国民事诉讼法》[以下简称《民诉法(1991)》]确立了"谁主张,谁举证"的举证责任分配原则。最高人民法院2001年12月21日发布,并于2002年4月1日起施行的《最高人民法院关于民事诉讼证据的若干规定》[以下简称《民诉证据规定(2001)》],在此基础上,完善了举证责任的分配规则,进一步明确了民事诉讼的证明要求和证明标准,对当事人在诉讼过程中如何收集并提供证据提出了更高的要求。2019年12月25日,《最高人民法院关于修改〈关于民事诉讼证据的若干规定〉的决定》[以下简称《民诉证据规定(2019)》]发布,这是对《民诉证据规定(2001)》施行18年来首次、全面修改。《民诉证据规定(2019)》以2012年修正的《中华人民共和国民事诉讼法》[以下简称《民诉法(2012)》]为根据,在《民诉法解释(2015)》①的基础上,结合民事审判实践,对《民诉证据规定(2001)》施行以来有关民事诉讼证据的司法解释、司法文件进行了全面梳理,对审判实践中积累的经验进行了全面总结,对实践中暴露出的问题进行了有针

---

① 为便于阅读和理解,在本书中,自2022年4月10日起施行的《最高人民法院关于适用〈中华人民共和国民事诉讼法〉的解释》与自2015年2月4日起施行的《最高人民法院关于适用〈中华人民共和国民事诉讼法〉的解释》,条款序号没有变化的,统一简称为《民诉法解释》;条款序号有变化的,根据特定的语境,分别简称为《民诉法解释(2022)》《民诉法解释(2015)》。

对性的回应,既是对《民诉法解释》的完善、补充,也是对《民诉法(2012)》有关证据制度的规定在审判实践中如何适用的进一步解释。

在这种背景下,很多民商事案件,特别是案情复杂、证据繁杂或者法律关系众多并相互交叉的重大、复杂的民商事案件的当事人,都不约而同地放弃了自己直接参加诉讼的方式,转而选择委托律师代理诉讼。理由很简单,在如何收集、筛选并提供证据方面,作为法律专业人士的律师更有优势。前文已经提到,以委托人所述事实为基础,确定纠纷的法律性质,是确立合适的代理观点的首要环节。因此,如何收集、筛选与提供证据,就成为律师民商事诉讼业务最基础的内容。

(一) 代理原告举证应当注意的事项

之所以把本节的主题确定为代理"原告",主要是考虑到举证是一审程序的重头戏,二审程序虽然也可以举证,但受到证据规则的限制,举证的范围和数量在绝大多数情况下远劣于一审程序。在一审程序中,原告是主动进攻的一方。为了尽可能达到诉讼目的,进攻前的准备工作尤为重要。通常情况下,作为原告的诉讼代理人,需要做好以下六个方面的工作:

1. 审查并确定原告的诉讼主体资格

《民诉法(2021)》第 51 条第 1 款规定:"公民、法人和其他组织可以作为民事诉讼的当事人。"据此,律师应当根据委托人主体身份的不同,来审查并确定委托人是否具备原告的诉讼主体资格:

(1) 委托人是自然人的,应当注意审查其是否具有完全民事行为能力。限制民事行为能力人和无民事行为能力人作为原告起诉的,应当将其法定代理人在《民事起诉状》中列明。在向法院举证时,应当将自然人原告的身份证复印件作为证据提交。

(2) 委托人是非自然人的,应当注意审查其是否具有法人资格。具有法人资格的,应当以其《营业执照》(适用于企业)或者《统一社会信用代码证书》(以下简称《信用代码证书》)记载的名称作为原告的名称;不具有法人资格的,根据《民诉法解释(2022)》第 52 条①和第 53 条②的规定,确定是否以其名义作为原告。符合上述规定

---

① 《民诉法解释(2022)》第 52 条规定:"民事诉讼法第五十一条规定的其他组织是指合法成立、有一定的组织机构和财产,但又不具备法人资格的组织,包括:(一) 依法登记领取营业执照的个人独资企业;(二) 依法登记领取营业执照的合伙企业;(三) 依法登记领取我国营业执照的中外合作经营企业、外资企业;(四) 依法成立的社会团体的分支机构、代表机构;(五) 依法设立并领取营业执照的法人的分支机构;(六) 依法设立并领取营业执照的商业银行、政策性银行和非银行金融机构的分支机构;(七) 经依法登记领取营业执照的乡镇企业、街道企业;(八) 其他符合本条规定条件的组织。"

② 《民诉法解释(2022)》第 53 条规定:"法人非依法设立的分支机构,或者虽依法设立,但没有领取营业执照的分支机构,以设立该分支机构的法人为当事人。"

的,应当以其《营业执照》或者《信用代码证书》中记载的名称作为原告的名称。在向法院举证时,应当将原告的《营业执照》或者《信用代码证书》的复印件作为证据提交。

(3) 委托人是否与案件存在直接的利害关系。在我国还没有明确规定公益诉讼制度的情况下,各地各级法院在立案过程中一直都以《民诉法(2021)》第 122 条规定的"原告是与本案有直接利害关系的公民、法人和其他组织"内容为原则,审查原告是否适格。如果委托人与案件并不存在直接的利害关系,在接受委托时一定要慎重,否则可能面临法院不予立案的尴尬局面。此处需要注意公益诉讼原告的主体资格问题。根据《民诉法(2021)》第 55 条和第 58 条第 2 款的规定:"人民检察院在履行职责中发现破坏生态环境和资源保护、食品药品安全领域侵害众多消费者合法权益等损害社会公共利益的行为,在没有前款规定的机关和组织或者前款规定的机关和组织不提起诉讼的情况下,可以向人民法院提起诉讼。前款规定的机关或者组织提起诉讼的,人民检察院可以支持起诉。"据此,人民检察院可以作为破坏生态环境和资源保护、食品药品安全领域公益诉讼的原告。

在有些案件中,需要注意从实体法的角度考虑原告的主体资格。2016 年,笔者就遇到一起由于原告主体确定不当,导致花了 8 年时间,终审却被驳回起诉的案件。

> **案例 1-8**　**HL 化工厂诉 HZ 农药有限公司租赁合同纠纷案**
>
> HL 化工厂(以下简称"HL 厂")是 H 市区属国有企业,由于经营不善,自 20 世纪 90 年代初开始就处于停产状态。1997 年,HZ 农药有限公司(以下简称"HZ 公司")与该厂签订了《租赁合同》,租赁该厂的设备、设施、厂房及土地用于经营活动。2007 年,HJ 投资管理有限公司(以下简称"HJ 公司")与 H 市某区经济贸易局(HL 厂设立时的开办单位,即《民法典》规定的营利法人的出资人)签订了《关于兼并 HL 厂协议书》,以"承债式兼并"的方式收购 HL 厂。自此,该厂的全部资产以及债权、债务均由 HJ 公司享有、承担。
>
> 由于 HZ 公司自 2002 年起,即开始拖欠 HL 厂的租金,在上述兼并协议履行完毕后,HJ 公司开始筹划设法将 HZ 公司从原 HL 厂的厂区迁出,以便实施自己的投资计划。遗憾的是,HJ 公司当时委托的律师没有考虑该公司已以兼并方式取得 HL 厂的债权、债务的情况,直接以 HL 厂作为原告向法院提起了诉讼。令所有人都没有想到的是,就这样一起简单的租赁合同纠纷,竟然整整打了 8 年! 直到 2015 年,H 市中级人民法院以原告主体不适格为由,终审裁定驳回了 HL 厂的起诉。

暂不讨论本案诉讼过程中的各种特殊情况,仅就确定原告主体这个关键环节,HJ 公司当时委托的律师就犯了由于忽略实体法上的事实,而没有注意到权利主体发生变化的错误。在 HJ 公司与 HL 厂的开办单位签署兼并协议时，HL 厂的主体资格实际上就已经丧失了，况且协议中也已明确约定该厂的"全部资产以及债权、债务均由 HJ 公司享有、承担"。在这种情况下，显然以 HJ 公司作为原告主张权利才是正确的，最起码要比以 HL 厂作为原告更有胜诉把握。

2. 审查并确定被告的诉讼主体资格

对原告而言，起诉的被告是否适格关系到案件的最终结果。因此，在确定被告的诉讼主体资格时，一定要非常慎重。《民诉法解释（2022）》第 52 条至第 72 条的规定，是确定被告时必须依据的程序方面的规定。除此之外，还需要注意一些特殊的诉讼主体。曾经，有一位当事人向笔者咨询：强制执行的申请被一审法院驳回了怎么办？当时有些惊讶，执业 20 多年第一次听说这种情况。继续沟通后，了解了案件经过：本案的被告是一个临时性机构，系某县政府专为某项工程所设，即我们生活中常见的"××工程指挥部"（以下简称"指挥部"），当事人与指挥部之间存在债务关系。当事人提起诉讼时，指挥部已经撤销，并委托了县政府法制办的工作人员应诉。当事人的代理律师并没调查核实该事项。案子经高级人民法院二审终审，判决生效。此后，当事人凭生效判决向一审法院申请执行。执行过程中，当事人另外聘请了一位律师代理执行事宜，该律师不知道出于什么原因，向一审法院提交了县政府撤销指挥部的文件，遂发生了上文所述的强制执行申请被一审法院驳回的一幕。

从专业的角度看，这个案例给律师提供了多个警示：一是对于指挥部这种临时性机构，在起诉或者应诉时，一定要核实、确认其当前的存续状态，否则可能就会出现被告或者原告主体不存在的被动局面。二是提交相关材料的时机。这个案例中，执行代理律师在申请执行时提交县政府撤销指挥部文件的行为，直接导致强制执行的申请不符合《最高人民法院关于人民法院执行工作若干问题的规定（试行）（2020）》[以下简称《执行规定（2020）》]第 16 条规定的"被执行人明确"和《民诉法解释（2022）》第 461 条规定的"权利义务主体明确"的执行立案的标准。笔者不是提倡在代理案件中隐瞒真相，而是此处其实存在一个操作技巧的问题。依笔者意见，可以尝试根据《最高人民法院关于民事执行中变更、追加当事人若干问题的规定（2020）》第 22 条"作为被执行人的法人或非法人组织，被注销或出现被吊销营业执照、被撤销、被责令关闭、歇业等解散事由后，其股东、出资人或主管部门无偿接受其财产，致使该被执行人无遗留财产或遗留财产不足以清偿债务，申请执行人申请变更、追加该股东、出资人或主管部门为被执行人，在接受的财产范围内承担责任的，人民法院应予支持"的规定，在执行立案以后的执行过程中再提交上述文件，申请执行法院将被执行人变更为设立指挥部的部门,这样就能够避免出现连执行程序的门槛都进不去的被动局面。

在案件的实际操作过程中,还经常会遇到违约责任与侵权责任竞合的情形。当这种情形出现时,根据《民法典》第 186 条关于"因当事人一方的违约行为,损害对方人身权益、财产权益的,受损害方有权选择请求其承担违约责任或者侵权责任"的规定,原告需要在追究违约责任或者侵权责任之间进行选择。如果遇到这样的案件,应当以"委托人利益最大化"的原则决定追究何种责任,并以此确定被告。

案例 1-9　某银行诉 H 集团公司及下属 W 公司借款合同纠纷案

W 公司是 H 集团公司下属的具有法人资格的企业。2002 年 3 月,W 公司从银行借款 3,000 万元用于生产经营,借款期限 1 年。借款期限届满后,W 公司没有按时清偿借款本息。2003 年 4 月,银行向 W 公司送达了《逾期借款催收通知书》,要求在 3 个月内清偿借款本息,否则将向法院提起诉讼。2003 年 5 月,H 集团公司以"完善经营管理体制,加强流动资金管理"为由下发文件,要求包括 W 公司在内的集团所属全部企业的流动资金都上交到 H 集团公司设立的集团财务结算中心账户统一管理。文件下发后,W 公司将该公司名下所有银行账户中的资金全部转移到 H 集团公司财务结算中心的账户,造成了 W 公司"无钱还债"的既定事实。得到上述消息后,银行决定先向法院申请诉前财产保全,然后根据 W 公司的反应决定是否起诉。但是,由于 W 公司名下所有银行账户中的资金都已经被转移,如果申请对该公司的固定资产采取保全措施将使银行陷入被动,因为 W 公司的意图就是"以物抵债"。在这种情况下,银行向律师寻求帮助。

分析了相关案情之后,笔者提出了"先以 H 集团公司为被申请人向法院申请诉前财产保全,后以 W 公司和 H 集团公司为共同被告提起诉讼"的方案。理由是:在程序上,根据《民诉法(1991)》第 93 条①的规定,法院对申请人提出的诉前财产保全的申请只进行形式审查但有严格的时限要求。因此,以 H 集团公司为被申请人申请诉前财产保全可以达到立即冻结 H 集团公司财务结算中心账户资金的目的。在实体上,W 公司和 H 集团公司将 W 公司的流动资金统一到 H 集团公司账户的行为,客观上已经形成了"恶意串通,损害第三人利益"的事实,共同损害了银行的金融债权,应当根据

---

① 《民诉法(1991)》第 93 条规定:"利害关系人因情况紧急,不立即申请财产保全将会使其合法权益受到难以弥补的损害的,可以在起诉前向人民法院申请采取财产保全措施。申请人应当提供担保,不提供担保的,驳回申请。人民法院接受申请后,必须在四十八小时内作出裁定;裁定采取财产保全措施的,应当立即开始执行。申请人在人民法院采取保全措施后十五日内不起诉的,人民法院应当解除财产保全。"

《民法通则(1986)》第130条①(现《民法典》第1168条:二人以上共同实施侵权行为,造成他人损害的,应当承担连带责任。)的规定承担连带责任。银行经过领导班子集体讨论,决定采纳笔者提出的解决方案。随后,笔者向省高级人民法院递交了《诉前财产保全申请书》,要求冻结被申请人H集团公司财务结算中心账户中的3,200万元资金。省高级人民法院依法采取保全措施之后,H集团公司迫于法律和现实的压力,主动向银行清偿了W公司拖欠的借款本息。

3. 注意审查案件所涉事实的诉讼时效、除斥期间以及特别的起诉期限

民事诉讼的一般诉讼时效为3年,这是基本的法律常识。但是,还有很多法律对诉讼时效作出了特别的规定(本书只列举部分常见的法律规定,在处理具体案件时,需要检索具体相关的法律规定),在审查案件诉讼时效时应当特别加以注意。

《民法典》第五百九十四条　因国际货物买卖合同和技术进出口合同争议提起诉讼或者申请仲裁的时效期间为四年。

《仲裁法》第五十九条　当事人申请撤销裁决的,应当自收到裁决书之日起六个月内提出。

《劳动争议调解仲裁法》第四十八条　劳动者对本法第四十七条规定的仲裁裁决不服的,可以自收到仲裁裁决书之日起十五日内向人民法院提起诉讼。

《劳动争议调解仲裁法》第四十九条　用人单位有证据证明本法第四十七条规定的仲裁裁决有下列情形之一,可以自收到仲裁裁决书之日起三十日内向劳动争议仲裁委员会所在地的中级人民法院申请撤销裁决:

(一) 适用法律、法规确有错误的;

(二) 劳动争议仲裁委员会无管辖权的;

(三) 违反法定程序的;

(四) 裁决所根据的证据是伪造的;

(五) 对方当事人隐瞒了足以影响公正裁决的证据的;

(六) 仲裁员在仲裁该案时有索贿受贿、徇私舞弊、枉法裁决行为的。

人民法院经组成合议庭审查核实裁决有前款规定情形之一的,应当裁定撤销。

仲裁裁决被人民法院裁定撤销的,当事人可以自收到裁定书之日起十五日内就该劳动争议事项向人民法院提起诉讼。

《公司法(2018)》第二十二条第二款　股东会或者股东大会、董事会的会

---

① 《民法通则(1986)》第130条规定:"二人以上共同侵权造成他人损害的,应当承担连带责任。"

议召集程序、表决方式违反法律、行政法规或者公司章程,或者决议内容违反公司章程的,股东可以自决议作出之日起六十日内,请求人民法院撤销。

《公司法(2018)》第七十四条第二款 自股东会会议决议通过之日起六十日内,股东与公司不能达成股权收购协议的,股东可以自股东会会议决议通过之日起九十日内向人民法院提起诉讼。

《公司法(2018)》第一百五十一条第二款 监事会、不设监事会的有限责任公司的监事,或者董事会、执行董事收到前款规定的股东书面请求后拒绝提起诉讼,或者自收到请求之日起三十日内未提起诉讼,或者情况紧急、不立即提起诉讼将会使公司利益受到难以弥补的损害的,前款规定的股东有权为了公司的利益以自己的名义直接向人民法院提起诉讼。

《民诉法解释(2022)》第一百二十七条 民事诉讼法第五十九条第三款、第二百一十二条以及本解释第三百七十二条、第三百八十二条、第三百九十九条、第四百二十条、第四百二十一条规定的六个月,民事诉讼法第二百三十条规定的一年,为不变期间,不适用诉讼时效中止、中断、延长的规定。

4. 围绕原告介绍的案件事实收集能够支持其起诉理由的证据

在收集证据阶段,由于律师不是纠纷的当事人,不可能了解纠纷的形成过程以及双方争议的焦点在哪里。因此,接受委托后,只能先假设原告介绍的案件事实是真实的,并以此为中心收集能够支持其起诉理由的证据。**在收集证据的过程中应当注意:不论是对委托人有利的,还是对委托人不利的证据都要收集。**只有这样,才有助于律师全面、准确地把握案情,从而制订出切实、可行的诉讼方案。千万不要自作聪明,只收集对委托人有利的证据,而无视对委托人不利证据的存在。因为只要有这样的证据存在,即使我方不收集,对方当事人或者律师也会收集,那样将会更加被动。还不如在全面收集的基础上进行客观的分析,权衡利弊之后再作选择。

如果委托人在办理委托手续时能够提供证据,律师应当从证据的形式、取得的来源、证明的内容、与纠纷的关联程度等方面进行审查,以确定证据的证明力。同时,还要综合考虑这些证据是否足以支持原告的诉讼请求。如果委托人提供给律师的证据与诉讼请求还有差距,律师应当抓紧时间按照上述原则收集相关的证据。

5. 对收集到的证据进行筛选

证据收集完毕后,应当以"委托人利益最大化"为原则,对收集到的证据进行筛选。这里所说的"委托人利益最大化",是指在合法并且不违反公序良俗的前提下为委托人争取最大的利益。在对收集到的证据进行筛选时,常常会遇到对证据如何取

舍的问题。在这种情况下,可以从以下五个角度加以考虑:

(1) 证据证明的问题是否对委托人有利?

(2) 如果证据对委托人不利,对方是否有可能收集到这份证据?

(3) 如果证据既对委托人有利,又对对方有利,不提供这份证据,是否会影响诉讼请求的成立?

(4) 如果不提供这份证据会影响诉讼请求的成立,会影响到什么程度?

(5) 是否还有比这份证据证明力更强的其他证据?

6. 整理证据,制作《证据目录》

根据《民诉证据规定(2019)》第19条第1款①的规定,将筛选后的证据逐一分类编号,并制作一份《证据目录》(参见表1-3),按照对方当事人人数加1的数量准备副本,在办理立案手续的时候提交给受理案件的法院。如果有些证据需要申请法院调查收集,可以先将符合《民诉法(2021)》第122条②规定的证据在办理立案手续的时候提交,待案件分配至主审法官手中之后,根据《民诉证据规定(2019)》第20条的规定,在举证期限届满前提交由法院调查收集证据的书面申请。

■ 表1-3 证据目录参考格式

证 据 目 录

提交人:黑龙江省××××有限公司
诉讼地位:原告
委托代理人:×××,××××律师事务所律师
联系电话:×××××××××××

证据清单(均为复印件):

序号	证据名称	份数	证据来源	证明内容
证据一	原告营业执照	1份(1页)	原告提供	原告诉讼主体资格
证据二	《区域经销合同》	1份(12页)	同上	1. 双方之间存在买卖合同关系; 2. 双方对交易过程中相关事项的具体约定。

---

① 《民诉证据规定(2019)》第19条第1款规定:"当事人应当对其提交的证据材料逐一分类编号,对证据材料的来源、证明对象和内容作简要说明,签名盖章,注明提交日期,并依照对方当事人人数提出副本。"

② 《民诉法(2021)》第122条规定:"起诉必须符合下列条件:(一)原告是与本案有直接利害关系的公民、法人和其他组织;(二)有明确的被告;(三)有具体的诉讼请求和事实、理由;(四)属于人民法院受理民事诉讼的范围和受诉人民法院管辖。"

（续表）

序号	证据名称	份数	证据来源	证明内容
证据三-1	《应收账款对账单》	1份(1页)	同上	被告对截至2005年11月3日欠款数额的确认。
证据三-2	《关于"往来账务未达账项遗留问题"的报告》	1份(3页)	同上	1. 被告对证据三-1中原告记载的欠款数额予以部分确认；2. 被告与原告争议的焦点问题。
证据四-1	《合同订货单》	2份(4页)	同上	2005年11月3日后原告向被告发送货物的单价。
证据四-2	《接验货回执单》	13份(12页)	同上	2005年11月3日后原告向被告发送货物的数量。
证据五	《交通银行××分行记账回执》	11份(11页)	同上	2005年11月3日后被告向原告支付货款的金额。

（二）代理被告举证应当注意的事项

相对于原告而言，被告是被动应诉的一方。但是，由于"谁主张，谁举证"原则的规制，原告必须在起诉时明确自己的诉讼请求并提供相关证据。也就是说，原告在发起进攻的时候就已经将自己的意图清楚地暴露了出来。在这种情况下，虽然被告是被动应诉的一方，但是却因此享有了发起反击的优势。

通常情况下，作为被告的诉讼代理人需要做好以下五个方面的工作：

1. 审查提起诉讼的"原告"是否具备法定的原告主体资格

虽然根据《民诉法(2021)》第51条①的规定，公民、法人和其他组织可以作为民事诉讼的当事人。但是，《民诉法(2021)》第122条同时规定，"原告是与本案有直接利害关系的公民、法人和其他组织"。在办案实践中，原告主体是否适格，应当依据《民诉法解释(2022)》第52条至第72条的规定予以确定。对被告而言，这一条是"不战而屈人之兵"的最好切入点。如果原告不符合上述规定，对于被告而言，意味着不费吹灰之力就赢得了诉讼。

2. 审查被起诉的"被告"是否具备法定的被告主体资格

上文已提到，《民诉法解释(2022)》第52条至第72条，是关于确定被告时程序方面的规定。因此，对于被起诉的"被告"来讲，如果不符合上述司法解释的规定，就

---

① 《民诉法(2021)》第51条规定："公民、法人和其他组织可以作为民事诉讼的当事人。法人由其法定代表人进行诉讼。其他组织由其主要负责人进行诉讼。"

不具备法定的被告主体资格,当然也不应当承担被告应当承担的法律责任。在律师执业实践中,经常会遇到错列被告的情况,主要有以下三种:

(1) 本应将依法领取了营业执照的法人的分支机构作为被告,却以设立该分支机构的法人作为被告。

案例 1-10　王某诉 B 公司及其分支机构 C 厂买卖合同纠纷案

C 厂是 B 公司依法设立并领取营业执照的分支机构,主要从事药品原料的收购和药品的生产。王某于 2016 年 6 月向 C 厂出售了 3 吨药品原料,由于当时正值生产旺季,C 厂的收购资金有限,就与王某达成了先支付 60% 的原料款,3 个月后付清余款的协议。2006 年 7 月,王某与人赌博欠下赌债无法偿还,遂拿着与 C 厂签订的协议要求其付清剩余款项。C 厂以协议没有到期为由拒绝付款,王某于是将 B 公司作为被告,向法院提起诉讼。法院在审查立案材料时提示王某,根据《民诉法(2012)》第 48 条①和民诉解释(2015)第 52 条[现行有效《民诉解释(2022)》第 52 条②]的规定,应当以 C 厂作为本案的被告。王某却坚持认为,B 公司是 C 厂的上级单位,C 厂现在没有钱给自己,B 公司就应该替 C 厂还债。在再三解释无效的情况下,法院最终以"被告的主体资格不符合法律规定"为由,裁定驳回了王某的起诉。

(2) 将法人、其他组织的工作人员的职务行为与个人行为相互混淆。应当以法人、其他组织作为被告的,却以工作人员作为被告;或者应当以工作人员作为被告的,却以法人、其他组织作为被告。

案例 1-11　李某诉 H 公司及其法定代表人张某借贷纠纷案

张某是 H 公司的法定代表人。2014 年 2 月,由于公司资金紧张,在无法从金融机构取得贷款的情况下,张某找到朋友李某商量借款事宜。碍于朋友的情面,李某同意借给张某 300 万元。在签订了《借款协议》后,李某将 300 万元汇入了 H 公司的账户。2015 年 3 月,

---

① 《民诉法(2012)》第 48 条规定:"公民、法人和其他组织可以作为民事诉讼的当事人。法人由其法定代表人进行诉讼。其他组织由其主要负责人进行诉讼。"

② 现行有效《民诉法解释(2022)》第 52 条规定:"民事诉讼法第五十一条规定的其他组织是指合法成立、有一定的组织机构和财产,但又不具备法人资格的组织,包括:(一) 依法登记领取营业执照的个人独资企业;(二) 依法登记领取营业执照的合伙企业;(三) 依法登记领取我国营业执照的中外合作经营企业、外资企业;(四) 依法成立的社会团体的分支机构、代表机构;(五) 依法设立并领取营业执照的法人的分支机构;(六) 依法设立并领取营业执照的商业银行、政策性银行和非银行金融机构的分支机构;(七) 经依法登记领取营业执照的乡镇企业、街道企业;(八) 其他符合本条规定条件的组织。"

《借款协议》约定的还款期限届满,但是 H 公司并没有按照约定偿还借款。李某遂与张某取得联系,要求他履行还款义务。张某答复说:"我现在不是公司的法定代表人了,只是公司的股东之一,还款的事情我说了不算。"李某见状,决定委托律师立即起诉。

在确定被告时,李某与律师发生了分歧:李某要求以张某作为本案的被告,因为张某是借款的经手人,而且他是冲着张某与他是朋友的面子才决定借款的。律师认为,虽然上述因素客观存在,但是该笔借款汇入的账户是 H 公司的,而不是张某个人的,而且《借款协议》中写得也很清楚:由于 H 公司资金紧张向李某借款。因此,张某找李某借款的行为是其作为 H 公司法定代表人的职务行为,不是张某的个人行为。在这种情况下,只能以 H 公司作为被告。虽然律师再三解释,但是仍然不能说服李某。无奈之下,律师只好将张某和 H 公司都作为被告向法院提起诉讼。法院经审理认为,张某找李某借款的行为是其作为 H 公司法定代表人的职务行为,不是张某的个人行为。因此,判决由 H 公司承担清偿借款的责任,并驳回了李某对张某的诉讼请求。

(3) 原告无法确定谁是适格的被告或者是出于省事的考虑,将所有与案件事实有关联的当事人都作为了被告。

案例 1-12　C 公司诉 Y 厂、N 企业集团、B 公司及其所属 D 厂建设工程施工合同纠纷案

2016 年 2 月,C 公司与 Y 厂签订了《建设工程施工合同》为 Y 厂扩建厂区,具体包括厂区水泥地面、两栋钢筋混凝土结构的厂房以及相关附属设施,工程总价款 760 万元。2017 年 4 月,全部工程竣工,经验收合格并交付使用,Y 厂先后支付了 350 万元工程款,剩余的 410 万元承诺在 2017 年年底前支付完毕。2017 年 11 月,Y 厂的上级主管单位 N 企业集团,由于无法偿还从 B 公司借出的价值 1,400 万元的生产原料,将 Y 厂的全部固定资产经评估后全部转让给了 B 公司。接收了 Y 厂的全部固定资产后,B 公司在 Y 厂原来的地址成立了分支机构 D 厂,并领取了营业执照。

知道了上述情况后,C 公司找到 D 厂的负责人,要求 D 厂偿还原来 Y 厂拖欠的工程款。D 厂的负责人以"我们与 Y 厂不是一个单位,Y 厂的账由 Y 厂自己承担"为由,予以拒绝。C 公司又找到 Y 厂的法定代表人要求偿还工程款,得到的答复是:"我们厂值钱的东西都被 N 集团拿走还债了,现在就剩下一块牌子,你们要是喜欢就拿走。"无奈之下,C 公司又辗转找到 N 集团进行交涉,N 集团的答复很干脆:"你们和谁签的合同找谁去!"眼看着400多万的工程款就要没有着落,C公司只好决定起诉。可是,告谁呢?D厂、Y厂、N集团三家单位说的都有道理,怎么办?情急之下,C公司决定将这三家单位,加上D厂的总公司——B公司都作为被告起诉到了法院。

在诉讼过程中,笔者作为B公司和D厂的诉讼代理人参加诉讼。在法庭审理过程中,笔者提出了如下代理观点:第一,D厂是B公司依法设立并领取了营业执照的分支机构,根据《民诉法(2012)》第48条①和《民诉法解释(2015)》第52条②的规定,D厂完全具备本案被告的主体资格。C公司同时将B公司列为本案被告的做法是错误的。第二,N集团将Y厂的全部固定资产用于清偿拖欠B公司的债务的行为,符合民事法律行为的成立要件,合法有效。D厂的设立既不是Y厂的分立,也不是对Y厂进行的企业改制。因此,D厂不应对Y厂的债务承担任何法律责任。第三,本案中,C公司与Y厂之间是合同关系,双方签订的《建设工程施工合同》足以证明这一点。而C公司与N集团之间是侵权关系,因为N集团将Y厂的全部固定资产用于抵债,客观上造成了Y厂丧失偿债能力的事实,侵害了C公司的债权。在这种情况下,应当由Y厂承担合同约定的支付工程款的义务,如果Y厂无力清偿,应当由N集团清偿。最终,法院采纳了笔者的代理意见,判决由Y厂向C公司清偿410万元工程款及相应利息。如果Y厂不能清偿,则由N集团清偿;同时,驳回了C公司对D厂和B公司的诉讼请求。

3. 注意审查案件的诉讼时效

在没有绝对把握的情况下,尽量不要仅以"原告的起诉已经超过了诉讼时效"为由进行抗辩。有相当多的律师都认为,以超过诉讼时效作为抗辩的理由是最简便易行的。但是,理智地思考一下,这种做法也是具有很大风险的:首先,根据《民法典》对诉讼时效的相关规定,诉讼时效不但可以有中断或者中止的情形,而且"有特殊情况,人民法院可以延长诉讼时效期间"。也就是说,**诉讼时效虽然原则上是固定的,但在实践中却是不固定的**。其次,债权人主张权利的时间超过了诉讼时效的法

---

① 《民诉法(2012)》第48条规定:"公民、法人和其他组织可以作为民事诉讼的当事人。法人由其法定代表人进行诉讼。其他组织由其主要负责人进行诉讼。"

② 《民诉法解释(2015)》第52条规定:"民事诉讼法第四十八条规定的其他组织是指合法成立、有一定的组织机构和财产,但又不具备法人资格的组织,包括:(一) 依法登记领取营业执照个人独资企业;(二) 依法登记领取营业执照的合伙企业;(三) 依法登记领取我国营业执照的中外合作经营企业、外资企业;(四) 依法成立的社会团体的分支机构、代表机构;(五) 依法设立并领取营业执照的法人的分支机构;(六) 依法设立并领取营业执照的商业银行、政策性银行和非银行金融机构的分支机构;(七) 经依法登记领取营业执照的乡镇企业、街道企业;(八) 其他符合本条规定条件的组织。"

律后果,只是丧失了胜诉权,而不是丧失了债权。在没有绝对把握的情况下,仅仅以此为理由进行抗辩,会使法官觉得你的辩解苍白无力。因此,在代理案件的过程中,可以将诉讼时效作为进行抗辩的理由之一,但不应是唯一的理由。

4. 结合原告在《起诉状》中叙述的事实和被告提出的抗辩观点收集证据

与代理原告时不同,在**作为被告的诉讼代理人收集证据时,必须将被告提出的抗辩观点和原告在《起诉状》中叙述的事实结合起来进行**。特别是在双方对案件事实的叙述存在明显差异的情况下,这种做法就显得尤为重要。因为当事人出于为自己赢得更多利益或者尽量减轻自己责任的目的,在很多时候都会有意无意地"遗漏"一些事实,而这些事实可能会对案件的结果产生直接的影响。因此,**律师在代理案件时,一定要先站在局外人的角度审视案件事实,全面收集证据,切忌偏听偏信、先入为主**。

5. 对证据进行筛选及制作《证据目录》

如何对收集到的证据进行筛选以及《证据目录》的制作,在前文已经进行了详细的介绍,在此不再赘述。

(三) 证据保全

证据法学上的证据保全,是指"在证据可能灭失或者以后难以取得的情况下,执法机关根据当事人的请求或者依照职权主动采取一定措施加以固定的调查取证措施"①。笔者在这里提到的证据保全,与上述学理概念既有重合,又有区别。与上述学理概念重合的部分比较好理解,只要在代理案件过程中遇到证据可能灭失或者以后难以取得的情况下,作为诉讼代理人必须依法向法院提交保全证据或者调取证据的书面申请,由法院出面进行调查取证。应当注意的是,**在书面申请中必须列明证据的名称、能够证明的问题、该证据现存于何处,以便法院根据申请,决定采取何种具体的方式和方法来进行证据保全**。

与上述学理概念有区别的部分,是指证据所能够证明的事实客观存在,但该证据在形式上不是客观存在,而是存在于当事人的主观意识中;或者虽然该证据客观存在,但是,一方当事人不知道或者无法知道该证据的存在,也就无法通过学理概念中的证据保全取得。这类证据,如果能够通过适当的方式取得,就可以将客观事实与法律事实加以完美的统一。否则,就只能根据客观存在的证据推定出法律事实,而无法还原成客观事实。一旦这种情况出现,就可能造成"有人欢喜有人愁"的后

---

① 樊崇义主编:《证据法学(第 2 版)》,法律出版社 2003 年版,第 165 页。

果,导致再审、申诉甚至反复上访的现象。

作为执业律师,虽然我们的能力和权力有限,但是,在代理案件的过程中,也应当尽最大努力防止这种情况发生,尽量争取客观事实与法律事实的完美统一,以我们微薄的力量为减少再审、申诉或者反复上访现象,为建设社会主义和谐社会贡献一份力量。在这里,向大家介绍两个案例,希望能够对大家理解"证据保全"有所帮助。

案例 1-13 M公司诉高某委托合同纠纷案

2001年7月,住所地在H市的M公司与Q市居民高某签订了《代理销售合同》,双方约定:高某在Q市销售M公司的产品,M公司负责将产品以汽车运输的方式送到高某租赁的门市;每个月的月底结算一次,高某以产品的出厂价格与M公司结算,加价销售的利润归高某。合同签订以后,双方的合作非常顺利,高某每个月都及时与M公司结算,从不拖延。随着时间的推移,精于算计的高某逐渐发现了M公司的漏洞:由于M公司送货的车辆是通过配货站雇用的,每一次送货的车辆都是不固定的,而且卸货以后不一定立即返回H市。这样,M公司就不能及时得到他已经收到产品的收货回执。此后,高某开始实施他的"赚钱计划":仍然保持及时结算的现状,但是,每次结算时都故意少计算收到的数量。这种做法果然奏效,M公司在很长的一段时间里都没有发现高某的"手段"。2002年9月,M公司的大股东委托会计师事务所对M公司进行审计时发现,记在高某名下的应收账款已经达到180万余元。了解到上述情况后,M公司多次派人与高某进行交涉,希望他实事求是地进行对账并结算。但是,高某却矢口否认。无奈之下,M公司委托笔者准备对高某提起诉讼。笔者在认真审核了M公司提供的往来账目和相关证据后认为,现有证据确实不能证明高某收到产品的确切数量,因为有相当一部分产品发出后都没有收到高某签字确认的收货回执。如果以账目中记载的欠款金额起诉的话,败诉的可能性很大。但出于种种考虑,M公司坚持以账目中记载的欠款金额作为起诉的标的额。

案件的转机发生在庭审过程中。在笔者代表M公司陈述完案件事实并且举证完毕之后,高某语出惊人:应当从起诉的标的额中减去14万元。

审判长随即问道:"为什么?"

高某回答说:"M公司的杨总答应过,每销售一件产品,给我10元的返利。"

听到这里,笔者意识到"证据保全"的机会来了。在得到审判长的同意后,笔者向高某问道:"杨总什么时候说的这个话?还有谁能证实?"

听到这样的提问,高某得意扬扬地拿出了M公司销售部的一份文件,上面确实有相关的内容。为了进一步固定案件事实,笔者又问道:"你计算的金额准确吗?"

高某回答:"当然准,我这里有账!收到多少货、什么时候收到的、哪辆车送来的,我都记着呢!"为了证明自己的说法,还随手拿出了一个记事本展示给法庭内的人看。

高某的上述举动,无疑为"证据保全"提供了极为有利的条件。笔者当即向合议庭提出:为了证明高某提出的抗辩理由的真实性,对其展示的记事本中记载的账目进行计算。合议庭同意了笔者的请求,当庭进行计算并对其金额予以确认。至此,在被告的"配合"下,作为原告的 M 公司顺利地完成了"证据保全"。

随后,笔者提出了自己的代理意见:虽然 M 公司提供的证据只能证明被告高某收到了 1 万余件产品,与该公司账目中记载的欠款金额不符,但是,被告高某当庭提供的记事本中记载的账目经过计算,能够证明其确实收到了 M 公司交付的 1.4 万件产品,以此计算的金额与 M 公司账目中记载的欠款金额吻合。因此,M 公司的诉讼请求成立,依法应当予以支持。同时,由于 M 公司以销售部文件的形式,向各地代理商作出了"每销售一件产品,给予 10 元返利"的承诺,在被告提出抵消的情况下,应当从起诉的 180 万余元标的额中予以抵消。合议庭最终采纳了笔者的代理意见,判决高某清偿欠款 160 万余元。

案例 1-14　北京 R 公司诉辽宁 X 公司承揽合同纠纷案

2005 年 2 月,北京的 R 公司与辽宁省 P 市的 X 公司签订了一份《加工合同》,约定由 X 公司在黑龙江省 D 市交付货物。合同签订后,R 公司先后向 X 公司支付了 1,700 万余元货款,而 X 公司只交付了价值 1,400 万余元的货物。2005 年底,R 公司致函 X 公司,要求返还剩余的 260 万余元货款。X 公司回函表示,尽快派人与 R 公司对账。2007 年 12 月初,X 公司始终没有任何对账或者解决欠款问题的举动。眼看诉讼时效即将届满,R 公司委托北京某律师事务所的律师向黑龙江省 D 市中级人民法院提起诉讼。不料,在立案时遇到了麻烦。由于 R 公司的疏忽,合同中对协议管辖的约定出现了疏漏:"因履行本合同发生争议,协商不成时,由本合同执行地黑龙江省 D 市中级人民法院管辖。"负责立案的法官表示:法律中没有"合同执行地"的说法。如果想在这里立案,必须有证据证明对方是在 D 市交付货物的。由于 R 公司保存的所有货物交接手续中都没有注明交货地点,根本无法证明 D 市是合同履行地。在这种情况下,R 公司解除了与北京某律师事务所律师的合同,欲委托笔者代理。了解到上述情况后,笔者表示,先设法解决立案管辖的问题,然后再协商委托代理事宜。随后,笔者以 R 公司的名义制作了一份《货款催收函》并同时附上了一份《对账单》(参见表 1-4)用特快专递邮寄至 X 公司。收到《对账单》后,X 公司不但在上面加盖了公章、填写了账目差异的金额,还专门致函 R 公司,对账目差异形成的原因进行了详细的解释。这样,笔者以 X 公司盖章确认的《对账单》作为证据,顺利地解决了 R 公司在合同履行地黑龙江省 D 市起诉的问题。

■ 表1-4 R公司与X公司对账单

对 账 单				
1. 截至2007年12月17日你公司送货情况列表				
送货地点	送货时间	送货数量/吨	送货车辆车牌号码	
黑龙江省D市	2005-03-18	38.25	辽L35888\辽L09904\辽L10921	
	2005-03-19	74.25	辽L35888\辽L09904\辽L10921	
	2005-03-23	31.50	辽L35888\辽L09904\辽L10921	
	2005-03-24	28.50	辽L35888\辽L09904\辽L10921	
	2005-03-30	72.00	辽L35888\辽L09904\辽L10921	
	2005-03-31	63.00	辽L35888\辽L09904\辽L10921	
	2005-04-01	63.00	辽L35888\辽L09904\辽L10921	
	2005-04-04	31.50	辽L35888\辽L09904\辽L10921	
	2005-04-05	31.50	辽L35888\辽L09904\辽L10921	
	2005-04-06	31.50	辽L35888\辽L09904\辽L10921	
	2005-04-09	31.50	辽L35888\辽L09904\辽L10921	
	2005-04-12	63.00	辽L35888\辽L09904\辽L10921	
	2005-04-14	31.50	辽L35888\辽L09904\辽L10921	
	2005-04-15	39.00	辽L35888\辽L09904\辽L10921	
	2005-04-27	31.50	辽L35888\辽L09904\辽L10921	
	2005-04-28	4.50	辽L35888	
	2005-04-29	63.00	辽L35888\辽L09904\辽L10921	
	2005-04-30	63.00	辽L35888\辽L09904\辽L10921	
	2005-05-09	37.50	辽L35888\辽L09904\辽L10921	
	2005-05-18	30.75	辽L35888\辽L09904\辽L10921	
合计		860.25	—	

2. 截至2007年12月17日我公司付款情况列表

付款时间	付款金额/元	付款方式	付款地点
2005-02-21	1,500,000		
2005-02-28	2,480,000		
2005-03-16	1,000,000		
2005-03-17	520,000		
2005-03-24	1,000,000		
2005-03-31	1,500,000	电汇	北京
2005-04-07	2,700,000		
2005-04-27	1,400,000		
2005-04-28	3,000,000		
2005-05-13	2,000,000		
合计	17,100,000		

按照上述列表内容及合同约定的价格计算，你公司多收我公司2,561,775（贰佰伍拾陆万壹仟柒佰柒拾伍）元货款。

（1）你公司账面记载的金额为_____元。

（2）双方账面记载的差额为_____元。

如果你公司对上述内容有异议请在15日内将上述2项空格处填写后寄回我公司以便联系对账。否则，将视为对上述内容的认可，我公司将进一步采取法律措施以维护我公司的合法权益。

本对账单一式两份，我公司存档一份。

R公司

三、案件管辖地的选择

阅读提示

● 选择在何地法院提起诉讼，对案件当事人而言至关重要，选择一个合适的管辖法院，不但可以节省当事人的诉讼成本，还可以争取到公正与效率兼备的判决并顺利执行。

由于历史和现实的原因,目前在全国各地、各行各业都普遍存在"地方保护"的现象,法院系统也不例外。甚至有些时候,"地方保护"的现象在法院系统表现得更加明显。因此,律师在代理民事诉讼案件的时候,必须要在如何选择对委托人有利的案件管辖地方面给予高度的重视。

《民诉法(2021)》第21条至第34条和《民诉法解释(2022)》第5条至第28条,对民事案件的级别管辖、地域管辖和专属管辖作出了详细的规定。但是,在实践中如何灵活应用这些条款,特别是地域管辖方面的规定,争取对委托人有利的案件管辖地,是每一名执业律师必须掌握的基本技能。

> **案例1-15 B公司诉翟某买卖合同纠纷案**
>
> 翟某是N省H市人,其家族中很多人都在实权部门工作,因此,在H市很有势力。2012年4月,翟某以个体工商户的身份取得了B公司经销商的资格,开始在H市经销B公司的产品。2013年年底,由于市场行情低迷,产品的销售每况愈下,翟某开始占用B公司的货款到L省S市经营其他公司的产品。2015年5月开始,B公司在了解到翟某已经到L省S市经营其他公司的产品并且在当地购买了一处150平方米的住房之后,多次指派工作人员与翟某协商清偿欠款一事。但是,都被翟某以没钱为由拒绝。2015年9月,由于翟某长期拖欠货款150万余元不予清偿,B公司欲对翟某提起诉讼。但是,考虑到翟某家族在H市的势力,B公司的领导一直难以下决心起诉,因为他们知道,如果在H市起诉,即使能够胜诉,执行起来也会遇到很大的阻力。

笔者了解到上述情况后,建议B公司在L省S市起诉。B公司的领导很不理解:法律不是规定"对公民提起的民事诉讼,由被告住所地法院管辖"吗?翟某是N省H市人,其住所地当然也在N省H市。笔者解释道,"对公民提起的民事诉讼,由被告住所地法院管辖"是地域管辖的一般原则,在被告住所地与经常居住地不一致的情况下,根据《民诉法(2012)》第21条①的规定,由经常居住地法院管辖。根据《民法通则意见》第9条②、《民诉法意见》第5条[现为《民诉法解释(2022)》

---

① 《民诉法(2012)》第21条规定,"对公民提起的民事诉讼,由被告住所地人民法院管辖;被告住所地与经常居住地不一致的,由经常居住地人民法院管辖。对法人或者其他组织提起的民事诉讼,由被告住所地人民法院管辖。同一诉讼的几个被告住所地、经常居住地在两个以上人民法院辖区的,各该人民法院都有管辖权。"

② 《民法通则意见》第9条规定:"公民离开住所地最后连续居住一年以上的地方,为经常居住地。但住医院治病的除外。公民由其户籍所在地迁出后至迁入另一地之前,无经常居住地的,仍以其原户籍所在地为住所。"

第4条①]的规定,翟某在L省S市已经居住了将近2年的时间,在L省S市起诉有确切的法律依据。听完笔者的解释,B公司的领导终于下定决心在L省S市起诉。此后的事情十分顺利,由于缺少了家族的庇护,加之B公司对翟某在L省S市购买的住房采取了财产保全措施,翟某不但很快清偿了欠款,还支付了欠款的利息。

四、诉讼请求的取舍判断

诉讼请求是民商案件审判过程中需要解决的核心问题,法官的审判活动需要围绕诉讼请求展开,律师的代理活动(尤其是对案情的描述和举证)也必须以达到提出诉讼请求为目的。多数情况下,民商案件诉讼请求的确定是不需要律师过多关注的,因为委托人会根据自己的想法和目的来确定诉讼请求。但是,在一些比较特殊的情况下,由于案件所涉法律关系的复杂性,委托人只能表达出自己想通过诉讼达到的目的,对于具体的诉讼请求却无法确定。在这种情况下,代理律师就需要根据案件的具体情况,对诉讼请求作出取舍判断。

> **案例1-16** NZ公司诉DS公司借款合同纠纷案
>
> 2014年8月,NZ公司与DS公司签订了一份金额为4,000万元的借款合同,约定还款期限为2014年10月31日前。HD公司的股东蒋某、赵甲、李某以各自持有的HD公司的股权为上述债务提供连带抵押担保,但三人并未办理出质登记,且在此后不久将上述股权质押给了中国建设银行黑龙江省分行并办理了质押登记。NZ公司如约向DS公司支付了借款;但DS公司却没有在约定的时间内履行还款义务。2014年12月初,经NZ公司与DS公司法定代表人赵乙协商,约定将还款期限延长至2015年1月31日。由于上述股权质押的担保存在表述不清并且没有办理出质登记的情况,出于充分保障NZ公司权益的考虑,笔者建议,NZ公司要求赵乙承诺为上述债务提供连带责任保证并将赵乙持有的DS公司的股权出质给NZ公司,由赵乙实际控制的DT公司提供连带责任保证并以厂房和土地使用权作为抵押并尽快办理抵押登记。此后,NZ公司指派专人办理相关事宜,赵乙出质的其持有的DS公司的股权很快办理了出质登记;但由于种种原因,DT公司只向NZ公司提供了愿意为上述债务承担连带保证责任的承诺函,没有办理抵押登记。NZ公司与DS公司约定延长的借款期限届满后,DS公司仍未能如期清偿借款,DS公司遂委托笔者代理该公司提起诉讼。

---

① 《民诉法解释(2022)》第4条规定:"公民的经常居住地是指公民离开住所地至起诉时已连续居住一年以上的地方。但公民住院就医的地方除外。"

接受委托后,笔者组织律所内部分律师就如何确定诉讼请求的问题进行讨论。在讨论过程中,对于 DS 公司和赵乙应当承担何种法律责任不存在任何争议,但是,对于应当向 DT 公司主张抵押责任还是连带保证责任,HD 公司的股东蒋某、赵甲、李某的出质责任是否成立,成为讨论的焦点。

对于应当向 DT 公司主张哪种担保责任,存在争议:如果主张连带保证责任,就不能再主张抵押责任,在这种情况下,DT 公司的经营状况是否能够满足胜诉后执行的需要?如果主张抵押责任,由于抵押并未登记,抵押合同虽然成立,但并不具有对抗第三人的效力。一旦 DT 公司恶意逃避债务,将可能导致 NZ 公司无法实现抵押权,也就可能会导致债权落空。

对于 HD 公司的股东蒋某、赵甲、李某的出质责任,争议的焦点有两个方面:一是借款合同中约定的"以股权作为连带抵押担保"的意思表示如何定性?二是"以股权作为抵押担保"既没有办理抵押登记,也没有办理出质登记,在这种情况下,NZ 公司的质权是否成立?

面对上述争议,笔者做出了如下决定:

第一,对 DT 公司主张其应承担连带保证责任;同时申请财产保全,查封该公司提出的抵押财产。笔者的考虑是:在诉讼中最大限度地维护委托人的利益,是律师的首要任务。相对于连带责任保证,抵押严重地限制了债权人的权利行使范围,使得债权人只能在抵押物的范围内行使权利。而连带责任保证虽然不能指向具体的财产,但一旦被判决认可,却可以在可知或者可控财产的范围内自由选择。此外,如果主张 DT 公司承担物保的清偿责任,则债权的实现仅限于该担保物范围内,差额部分则无权向其主张;而要求其承担连带保证责任,则不受担保物的局限,主张可以及于全部债权。具体到本案,不具有对抗第三人效力的抵押和连带责任保证相比,显然后者更具有优势。同时,为了进一步确保委托人的利益,通过申请财产保全,查封抵押财产,可以将起诉时可知、可控的财产置于委托人的掌控之中,实现最大限度保护委托人利益的目的。

第二,对 HD 公司的股东蒋某、赵甲、李某主张各自承担出质责任。因为:首先,从本案书证材料来看,蒋某、赵甲、李某以各自持有的 HD 公司的股权为 DS 公司的债务提供担保的意思表示是真实的,至于"连带抵押担保"的说法,既可能是由于对相关法律规定了解得不够准确造成的,也可能是故意为之;但不论什么原因,都不能成为三人躲避担保责任的理由。其次,三人的股权均未办理出质登记,根据当时有效的《物权法》的相关规定,质权尚未设立,NZ 公司对于上述股权不享有优先受偿的权利。加之上述股权已经被质押给中国建设银行黑龙江省分行并办理了质押登记，在此情况下，如果向上述三人主张以其承诺出质的股权承担清偿责任，无论在法律上还是事实上，都存在严重的法律障碍。但是，出于尽最大可能维护委托人利益的考虑，可以通过主张债权的途径进行尝试。

黑龙江省哈尔滨市中级人民法院审理后判决，赵乙、DT公司对DS公司的债务承担连带清偿责任，驳回NZ公司要求HD公司的股东蒋某、赵甲、李某各自承担出质责任的诉讼请求。判决送达后，双方当事人均未提起上诉。

五、申请保全的时机与方法

阅读提示

- 我国律师的调查取证手段极为有限，一些掌握相关信息的机关或者部门在法律有明确规定的情况下，仍然对律师的调查取证行为作出种种不合理的限制，使得律师在掌握与被告的资信状况有关的信息方面经常处于被动状态。但是，被动并不代表无计可施，只要做到认真、细心，通过现有的调查取证手段，还是可以获取一些有用的信息的。
- 通过查阅双方交易过程中资金往来的财务凭证，可以非常容易地掌握对方银行账户的相关信息，而银行账户的相关信息也正是申请财产保全必需的线索。
- 利用人民银行监管企业账户开立情况的职能，通过人民银行设在企业所在地的办事机构可以很容易地查询到被告企业的账户开立情况。

根据《民事诉讼法》的规定和民事诉讼法学上的学理解释，财产保全是保证判决得以顺利执行的保证。从立法的角度看，这种对财产保全作用的认识无疑是正确的。但是，从律师实务的角度或者从谋略学的角度看，财产保全还是一种切实可行的诉讼策略。在代理案件的过程中，如果采取财产保全措施的时机与方法得当，可以很轻易地达到"城下之盟"的效果。在前文列举的案例1-9中，H集团公司之所以主动向银行清偿了W公司拖欠的借款本息，就是因为银行申请诉前财产保全的时机和方法得当。因此，如何掌握申请财产保全的时机，熟练地运用财产保全的方法是值得我们认真研究和学习。在实际办案过程中，应当把握以下三个方面：

1. 在收集证据的过程中，注意收集调查与申请财产保全必需的相关信息

主要包括以下两方面的内容：

（1）被告的资信状况。被告的资信状况如何，直接关系到原告胜诉后，判决能否顺利执行。在绝大多数情况下，被告的资信状况是原告在起诉前必须考虑的。由于国情所限，我国律师的调查取证手段极为有限，一些掌握相关信息的机关或者部门在法律有明确规定的情况下，仍然对律师的调查取证行为做出种种不合理的限制，使得律师在掌握与被告的资信状况有关的信息方面经常处于被动状态。但是，**被动并不代表无计可施，只要做到认真、细心，通过现有的调查取证手段还是可以获取一些有用的信息的**。例如，调阅被告的工商档案，其中记载的出资方式和出资额、每一年度年检时报送的《资产负债表》《损益表》和经营场所等信息，可以作为了解被告资产状况的重要参考，也是进一步调查取证的线索依据。又如，虽然被告的工商档案中没有关于固定资产的记载，但是，通过观察被告实际占有和使用的固定资产（例如车辆、办公场所、生产经营场地），结合到相关权属登记部门（例如车辆管理所、房屋产权登记中心）调查的方法，也可以获取相关的信息。

（2）双方交易过程中资金往来的财务凭证。在合同纠纷案件中，一般情况下，原、被告双方都会频繁地发生资金往来。由于受到财政金融法律、法规和部门规章的规定以及《企业财务通则》和《会计准则》等会计核算规范的限制，绝大多数的资金往来都需要从市场主体的银行账户中划转，而不能直接进行现金交易。在这种情况下，**通过查阅双方交易过程中资金往来的财务凭证，可以非常容易地掌握对方银行账户的相关信息，而银行账户的相关信息也正是申请财产保全必需的线索**。

2. 除律师可以直接采取的调查取证手段外，在采取保全措施之前，还可以请求受理案件的法院依职权到相关部门调查被告的资信状况

（1）根据中国人民银行颁布的《人民币银行结算账户管理办法》的规定，存款人开立基本存款账户、临时存款账户和预算单位开立专用存款账户实行核准制度，经中国人民银行核准后由开户银行核发开户登记证。因此，**利用人民银行监管企业账户开立情况的职能，通过人民银行设在企业所在地的办事机构可以很容易地查询到被告企业的账户开立情况**。但是，由于个人银行结算账户无须经中国人民银行核准，如果被告是自然人，只能到其住所地每一家商业银行支行以上的分支机构，根据其身份证号码信息进行查询。

（2）利用不动产登记、车辆管理、海事船舶管理等部门管理土地、房产、车辆和船舶所有权登记的职能，可以查询被告固定资产的权属情况。

3. 如果是申请诉讼财产保全，应当尽量争取受理案件的法院在采取保全措施后再向被告送达起诉状、应诉通知书等法律文书

道理很简单，如果向被告送达起诉状、应诉通知书等法律文书之后再采取保全措施，就会给对方留下转移财产的时间，反而导致判决无法执行。

《民诉法（2012）》的颁布实施，扩大了保全的范围，由此，保全的对象不再仅仅局限于财产，对于某些行为也可以依法申请保全措施。例如：限制行使股东权利等。

六、接受委托时应当注意的事项

阅读提示

- 在委托人签署《授权委托书》时，应当着重向委托人介绍诉讼代理和特别代理之间的区别，帮助委托人正确选择授权的方式和内容。
- 委托人是自然人的，应当要求其在《授权委托书》的尾部签名，同时加盖名章或者摁手印；委托人是单位的，应当要求经办人员在《授权委托书》的尾部加盖单位公章和法定代表人/负责人的名章，以确认其授权的合法性。
- 《授权委托书》中的日期是确认律师对一起案件承担责任的期限的起点，从律师接受委托人的授权那一刻起，案件的每一步进展都与律师产生了直接联系。
- 一定要如实填写《授权委托书》中的日期，千万不能倒签。
- 在接受委托时，一定要充分考虑案件的实际情况和可能面临的风险，从最坏处着想，向最好处争取。千万不要为了多拿案源而不计后果地乱承诺。

按照正常的办案程序，应当把接受委托这一环节放在本章的最前面介绍。之所以放在这里，主要是为了让大家能够先进入代理人的角色，然后再从建立委托、代理关系的角度重新审视案件。通过阅读前文的内容，相信各位对操作具体案件有了一些感性认识。在这一节里，着重介绍律师在接受委托时必须注意的一些事项，有些是律师业务程序方面的，关系到律师的代理人身份是否合法，代理权限是否明确；有些是案件程序方面的，涉及案件的管辖、当事人主体身份是否合法；还有一些是案件

实体方面的,会直接影响案件的审理结果。

(一) 办理委托手续应当注意的事项

在民事诉讼案件中,律师的身份是诉讼代理人,律师参加诉讼的权利来自案件当事人的委托。因此,**要想充分发挥律师在诉讼中的作用,最大限度地维护委托人的合法权益,正确办理委托手续是必不可少的环节。**

按照行业惯例,接受委托时,应当办理的手续包括:委托人签署《授权委托书》,以确认委托人对律师参加诉讼的授权及其具体内容;委托人和律师事务所签订《委托代理协议》,以约定委托人和律师事务所之间关于代理委托事项的相关内容,其中最主要的就是承办律师和代理费用;此外,委托人是非自然人的,还须提供法定代表人/负责人身份证明,用于证明法定代表人/负责人的身份。

(1) **在委托人签署《授权委托书》时,应当着重向委托人介绍诉讼代理和特别代理之间的区别,帮助委托人正确选择授权的方式和内容。** 当委托人选择诉讼代理时,可以在《授权委托书》"受托人的代理权限"一栏中填写:"代为处理与诉讼相关的全部程序性事务";当委托人选择特别代理时,则应当在《授权委托书》"受托人的代理权限"一栏中填写:"代为处理与诉讼相关的全部程序性事务,以及代为承认、放弃、变更诉讼/上诉请求,进行和解,提起反诉/上诉。"

委托人是自然人的,应当要求其在《授权委托书》的尾部签名,同时加盖名章或者摁手印;委托人是非自然人的,应当要求经办人员在《授权委托书》的尾部加盖公章和法定代表人/负责人的名章,以确认其授权的合法性。同时,还应当要求自然人委托人提供身份证复印件,非自然人委托人提供《营业执照》复印件,以确认委托人的身份。在委托人提供上述证件后,应当认真核对相关内容,尽量避免出现不必要的麻烦,特别是无权代理的情况。在非自然人委托人不便或者无法提供《营业执照》的情况下,可以通过查询"国家企业信用信息公示系统"或者"企查查""启信宝""天眼查"等平台查询相关信息。

这里有两个细节需要特别提醒:

其一,《授权委托书》中的日期一定要如实填写。笔者经常发现有相当一部分律师不填写《授权委托书》中的日期,而这个看似很小的疏忽,可能带来很大的风险。因为**《授权委托书》中的日期是确认律师对一起案件承担责任的期限的起点,从律师接受委托人授权的那一刻起,案件的每一步进展都与律师产生了直接联系。** 举证期限何时开始、何时截止、是否需要申请延期举证、是否需要申请鉴定、是否需要申请法院调取证据、是否需要申请财产保全或者先予执行、是否需要提起反诉等,一系列直接影响案件结果的法律问题都需要代理律师思考并及时和委托人协商、沟通。如果接受委托时,举证期限已经届满,律师仅能参加出庭。在这种情况下,如果律师刚好没有在《授权委托书》中注明日期,刚好委托人又对这个案子的结果非常不满意,准备向律师协会投诉或者起诉律师事务所要求赔偿,那么律师面临的后果就可想而知了。因此,**一定要如实填写《授权委托书》中的日期,千万不能倒签**。

其二,司法解释的颁布实施给律师执业带来潜在的执业风险。《民诉证据规定(2019)》自2020年5月1日起实施。对于律师群体而言,司法解释是承办诉讼案件的必备知识,一部新的司法解释出台,必然会在律师群体中引发一股学习热潮,特别是像《民诉证据规定(2019)》这样在民事诉讼业务中发挥基础性作用的司法解释,对于以民事诉讼业务为主要收入来源的律师而言,其重要性不言而喻。

和所有同行一样,《民诉证据规定(2019)》出台后,笔者也是先对照修改前内容,了解、理解新增内容,并利用各种碎片时间浏览各种自媒体和中华人民共和国最高人民法院官网上的相关内容。经过一段时间后,笔者发现,《民诉证据规定(2019)》给委托代理人挖了一个坑,始终未见有人提及。《民诉证据规定(2019)》的第5条第1款规定:"当事人委托诉讼代理人参加诉讼的,除授权委托书明确排除的事项外,诉讼代理人的自认视为当事人的自认。"但在《民诉证据规定(2001)》中是这样规定的:"当事人委托代理人参加诉讼的,代理人的承认视为当事人的承认。但未经特别授权的代理人对事实的承认直接导致承认对方诉讼请求的除外。"经对比可以发现,修改后的内容可能看起来更加贴近民事诉讼案件的实际,但是,却明显增大了律师执业的风险——一旦律师对事实掌握不准、在庭审时又不经思考,张口就说,那么案件一旦败诉,当事人可能就认为不利的后果就是律师造成的,因为是律师的自认给对方的胜诉造成了机会。

说到这里,可能有人会说,没那么严重吧?《民诉证据规定(2019)》第5条第2款不是有"当事人在场对诉讼代理人的自认明确否认的,不视为自认"的规定吗?没错,确实有这样的规定,问题是:第一,有多少案件在开庭的时候当事人在场?第二,就算当事人在场,又有多少当事人能意识到代理律师的陈述构成自认,然后及时作出否认?第三,很多当事人是非自然人,在开庭的时候确实有人在场,但在场的人多为要么不了解案件事实,要么了解案件事实但不能坐到出庭的位置上。上述情况下,如何及时作出否认?归结为一句话,《民诉证据规定(2019)》一旦开始实施,上述法律风险必然由律师群体承担。因此,只有结合相关规定拿出应对方案才是解决之道。

我们还是回到条文的内容,从条文文义的角度加以解构。《民诉证据规定(2019)》第5条第1款"诉讼代理人的自认视为当事人的自认",必要的前提包括两个:一个是"当事人委托诉讼代理人参加诉讼的",另一个是"除授权委托书明确排除的事项外"。也就是说,只要《授权委托书》没有明确排除的事项,诉讼代理人的自认就视为当事人的自认。在这种情况下,律师为了规避因此可能带来的执业风险,恐怕只有以下两个方案可以选择:

第一,要求当事人在开庭时必须到场,凡是涉及案件事实的内容(指对方当事人或者证人陈述的案件事实以及其他证据证明的事实),都让当事人自己来陈述、承认或者否认。在这种方案之下,需要更多地考虑委托人是非自然人的情况。因为自然人委托人到庭,不存在能否坐到出庭位置的问题。而在委托人是非自然人的情况下,按照民事诉讼法的相关规定,能够坐到出庭位置的只有三个人:委托人的法定代表人或者负责人以及两名诉讼代理人。如果委托人的法定代表人或者负责人不了解案件事实,出庭没有作用,而且实践中无论委托人的规模大小,很少有法定代表人或者负责人开庭时到庭的,那就只有两个出庭的位置可供使用。这种情况下,只能让非自然人委托人了解案件事实的员工担任诉讼代理人,最终形成一名律师和一名员工出庭的情况。对于简单的案件来说,这种情况不会对律师履行代理人职责造成不利影响,但对于一些重大、疑难、复杂的案件来说,这种情况必然会给庭审造成不利影响。而且从某种角度考虑,非自然人委托人普遍不愿意到庭参加庭审。所以,这个方案在实践中能够被使用的概率不大。

第二,根据上述司法解释的上述规定,通过明确《授权委托书》的授权事项加以解决。这才是律师代理民事诉讼案件的常态,因此,我们应该把更多的注意力放在这个方案上。《最高人民法院新民事诉讼证据规定理解与适用〔上〕》对于"授权委托书明确排除的事项"所给出的范例是:"不得代为承认对方当事人陈述。"由此,我们可以衍生出诸如"不得代为承认起诉状/反诉状/答辩状/上诉状所述内容以外的事实"等内容;也可以在《授权委托书》中写明,"下列事项代理律师不能代为承认:起诉状/反诉状/答辩状/上诉状所述内容以外的事实,对方当事人或者证人陈述的事实,书证、电子数据、视听资料记载、显示的事实",等等。从尽可能规避执业风险的角度来说,对"授权委托书明确排除的事项"列举得越详细越好。即使如此,有一些细节还需要根据个案的具体情况采取个性化的应对方式。例如,如果在《授权委托书》中写明"对于起诉状/反诉状/答辩状/上诉状所述内容以外的事实,代理人不能代为承认",那么,上述法律文书中所表述的事实就应当交由委托人确认,否则,也可能会形成代理人自认不利的后果。

为了帮助广大律师同行们尽可能避免这一执业风险带来的不利后果,现将笔者所就职的律师事务所采取的应对措施分享同行们参考:

第一,修改《民事诉讼案件委托代理合同》,增加了如下内容:"委托人应当按照《最高人民法院关于民事诉讼证据的若干规定(2019)》的第5条的规定,对承办律师在诉讼过程中可以自认的事项在《授权委托书》中予以明确;未予明确的,视为没有明确排除的事项。因此可能导致的不利后果,委托人承诺不会因此提出任何异议、投诉或者索赔。"

第二,在我们律所自己制作的《民事诉讼案件操作规范》中增加了如下内容:"为避免自认不当造成的执业风险,无论是一般授权,还是特别授权,均应当在授权委托书中写明代理律师不能代为承认的事项,例如:起诉状、反诉状、答辩状、上诉状、代理词等诉讼过程中形成的法律文书所载明的内容以外的事实,对方当事人或者证人陈述的事实,书证、电子数据、视听资料记载、显示的事实,等等。具体事项应当根据个案的具体情况确定。"

上述内容一方面从律所与委托人关系的角度进行了规范,另一方面从律所内部管理的角度进行了规范,基本能够满足规避相关执业风险的需要。随着《民诉证据规定(2019)》的深入实施,需对上述内容进行相应的调整。

(2)在签订《委托代理协议》时,一定要对代理费的支付方式和差旅费的承担以及支付方式约定清楚,因为经常有一些委托人在这些问题上和律师玩文字游戏,导致律师的工作完成了却收不到代理费或者垫付的费用无法收回。

(3)律师应当注意核对"法定代表人/负责人身份证明"中注明的非自然人委托人的法定代表人/负责人的姓名,与委托人提供的《营业执照》中登记的内容是否相符。

上述三种法律文书应当一式两份,其中《委托代理协议》由委托人和承办律师各执一份,《授权委托书》和"法定代表人/负责人身份证明"由承办律师各保留一份,与《委托代理协议》一并装入业务档案卷宗。另外各一份交受理案件的法院或者仲裁机构备查。在与委托人办理完毕上述手续后,应当按照司法部颁布的《律师事务所收费程序规则》和所在律师事务所财务制度的规定办理交费事宜。

(二)对委托事项进行程序审查应当注意的事项

(1)委托人为原告或者上诉人的,应当对委托人的诉讼请求是否超过诉讼时效或者上诉期限进行审查。对于超过诉讼时效的，应当明确告知超过诉讼时效起诉的法律后果并拒绝接受委托；如果委托人提出有诉讼时效中断的情形或者有能够证明诉讼时效中断的证据线索的，为慎重起见，应当在进一步调查或者收集相关证据后再决定是否接受委托。对于超过上诉期限的，应当明确告知已经丧失了提起上诉的权利，但可根据具体情况建议委托人申请再审。

(2) 注意审查当事人主体资格的有关情况，发现当事人不具备相应诉讼主体资格时，应当向委托人说明情况及时进行变更或调整。

(3) 对委托事项是否属于人民法院管辖进行审查；对于已经进入诉讼程序的案件，应当就受理案件的法院的管辖级别、地域进行审查。经审查，发现委托事项不属于人民法院管辖或者受理案件的法院没有管辖权的，应当及时告知委托人进行变更或者提出管辖权异议。

(三) 对委托事项进行实体审查应当注意的事项

1. 应当按照中华全国律师协会发布的《律师执业行为规范》的有关规定进行利益冲突审查

如果委托人的委托事项存在下列情形，应当明确告知委托人，并制作《告知利益冲突笔录》请委托人签收：

(1) 委托人委托律师代理诉讼或仲裁时，诉讼或仲裁的相对方是委托人拟委托律师的近亲属或者其他利害关系人的；

(2) 委托人委托律师代理诉讼或仲裁时，诉讼或仲裁的相对方是委托人拟委托律师的常年法律顾问单位或者是拟委托律师其他法律事务的委托人的；

(3) 委托人委托律师代理诉讼或仲裁以外的其他法律事务时，该事务的利益冲突方是委托人拟委托律师的近亲属或其他利害关系人的；

(4) 委托人委托律师代理诉讼或仲裁以外的其他法律事务时，该事务的利益冲突方是委托人拟委托律师的常年法律顾问单位或者相对方是拟委托律师其他法律事务的委托人的；

(5) 律师的常年法律顾问单位作为同一案件的诉讼相对方时，该律师和本所其他律师均不得作为其中任何一方的诉讼代理人。

2. 根据委托人的陈述以及通过对委托人提供的资料进行分析

认为委托事项的审理结果可能无法达到委托人预期目的的，应当明确告知委托人。委托人坚持委托的，应当就告知内容制作《告知诉讼风险笔录》并请委托人签收,然后再办理相关委托手续。

3. 委托事项紧急的,应当制作《收案笔录》

在笔录中明确告知可能发生因接受委托时间紧迫、相应工作准备不充分导致对委托人不利的后果,如果委托人坚持委托,应当在笔录中注明"上述情况委托人已知晓",并请委托人在每一页的结尾部分和修改过的部分签字或者盖章以示确认。笔者所在律所的管理制度对"委托事项紧急"是这样规定的——委托事项紧急包括但不限于下列情形:

(1)案件在本市所辖各区审理时,委托人在开庭日期前3日之内委托的,或者委托人在举证期限届满之后委托的;

(2)案件在本市所辖各区之外的地方审理时,委托人在开庭日期前7日之内委托的,或者委托人在举证期限届满之后委托的;

(3)其他由于律师没有充分准备时间可能导致给委托人造成不利后果的情形。

总之,**在接受委托时,一定要充分考虑案件的实际情况和可能面临的风险,从最坏处着想,向最好处争取。千万不要为了多拿案源而不计后果地乱承诺。**

第二章

参加庭审的技巧

一、庭审前的准备

阅读提示

- 虽然庭审不是决定案件结果的唯一因素,但是,律师在庭审中的表现却会直接影响委托人、法官以及其他参加旁听的人对律师业务素质、职业道德等方面的评价。
- 在抗辩式的审判模式中,《代理词》是法庭辩论的基础。没有一篇成型的、书面的《代理词》,可能会使你在法庭辩论中因语无伦次、词不达意而陷入被动,使你的形象在委托人和法官面前大打折扣。
- 将案件可能用到的法律条款收集、整理并单独打印出来备用。
- 涉及计算利息或者违约金的案件,一定要准备好相应的计算方法,特别是计算公式和计算的过程。
- 如果需要提交的证据数量较多,一定要提前分类并做好标记,以便举证时能够容易、快速地找到。

出席庭审是律师诉讼业务最关键的环节,也是检验律师综合素质和应变能力最好的考场。由于受到影视作品,特别是港台影视剧的影响,很多委托人都把律师在庭审中的表现作为衡量律师是否合格、是否够得上"大律师"的标准。对于律师来讲,虽然庭审不是决定案件结果的唯一因素,但是,律师在庭审中的表现却会直接影响委托人、法官以及其他参加旁听的人对律师业务素质、职业道德等方面的评价。

因此，任何一名从事诉讼业务的律师，都不能对出席庭审掉以轻心。

根据《民诉法（2021）》《民诉法解释（2022）》《民诉证据规定（2019）》的相关规定以及各地法院的实践，庭审至少在被告收到《起诉状》《应诉通知书》15日以后进行。因此，即使受理案件的法院没有提前通知开庭时间，也应当按照这样的时限做好出席庭审的准备。为了便于自己明白、无误地阐述委托人的诉讼请求和自己的代理观点，下列工作在开庭之前必须完成：

1. 准备好书面的《代理词》

《代理词》是律师作为民事、行政以及刑事附带民事诉讼案件的代理人，在上述诉讼活动中，为全面阐述关于诉讼焦点问题的事实认定与法律适用的观点而制作的法律文书。**在抗辩式审判模式中，《代理词》是法庭辩论的基础。没有一篇成型的、书面的《代理词》，可能会使你在法庭辩论中因语无伦次、词不达意而陷入被动，使你的形象在委托人和法官面前大打折扣。**特别是在那些当事人对事实争议较大、证据数量繁多、法律关系错综复杂的案件中，即使你拥有比计算机的运转速度还快的头脑，也可能会出现顾此失彼、表达不甚完整的情况。笔者经常遇到一些律师由于事先没有准备好书面《代理词》，在法庭辩论的时候对法官提出"简单说一下，庭后提交书面材料"请求的情况。此时，法官一般不会拒绝律师这样的要求，因为是否当庭提交书面的《代理词》不会影响法官的工作。但是，如果委托人在场，可能会对律师产生不满，因为律师的准备工作不够充分。

2. 重新熟悉案情，争取做到对双方当事人的证据和争议的焦点了如指掌

在执业过程中，每一名律师几乎都是在穿插办案，不可能每天都只面对某一起案件。在这种情况下，当一起案件要开庭审理的时候，必须静下心来重新熟悉案情，重新审视案件的举证、质证提纲和代理意见，多角度考虑对方当事人及其代理人的抗辩观点，多方面设计应对方案，只有这样才能在庭审过程中从容应对随时可能出现的各种状况。

3. 将案件可能用到的法律条款收集、整理并单独打印备用

在举证、质证以及进行辩论的过程中，引用与案件事实相关的法律条款，是庭审过程中经常遇到的情况。很多律师都习惯于口头表达，没有整理成书面形式的习惯，在某些特殊的场合可能会遇到"意想不到的打击"。

2017年，笔者在代理一起担保合同纠纷案件时遇到过这样的情况：对方律师与本案合议庭中的一名法官个人关系非常好。在庭审过程中，这位法官虽然不是审判长，也不是主审法官，却越俎代庖行使起审判长的职责，在辩论结束后直接围绕案件

争议的焦点向笔者连续发问。由于事先做了充分的准备,笔者对他提出的问题对答如流。本以为发问到此结束了,这位法官突然又提出一个问题:"你说的'保证期间约定不明的,为主债务履行期届满之日起两年'的法律依据在哪里?"其实这个问题对于律师和法官来讲都是一个基本的法律常识,当时有效的《担保法解释(2000)》第 32 条规定得非常清楚,根本没有必要作为一个问题提出。听到这样的提问,意识到这位法官可能是要检验一下笔者的应对能力和准备是否充分。笔者非常自然地顺手拿出事先打印好的法条递给这位法官,答道:"《担保法解释》第 32 条①就是这样规定的。"这位法官接到手里以后连看都没看,就转身对审判长说:"我没有问题了。"随后,审判长宣布:庭审到此结束,合议庭评议后择日宣判。就这样,由于开庭前的充分准备,笔者有效地避免了可能遭到的"无情打击"。②

4. 涉及计算利息或者违约金的案件,一定要准备好相应的计算方法,特别是计算公式和计算的过程

在涉及利息或者违约金金额的案件中,法官为了保证判决结果的准确,往往都要求原告提供诉讼请求金额的计算方法。而这个问题正是相当多的律师都容易忽略的。笔者经常遇到在法官再三追问"你们主张的金额是怎么计算出来的"的时候,对方的代理律师无奈地回答说:"不是我算的,让当事人的财务人员庭后提供计算方法。"其实,只要在庭审前自己动手或者要求委托人的财务人员将计算公式和计算的过程详细列明,就不会出现这样尴尬的局面了。

5. 如果需要提交的证据数量较多,一定要提前分类并做好标记,以便举证时能够容易、快速地找到

在笔者代理的一起借款合同纠纷案件中,对方的代理律师来自北京一家著名的律师事务所,看其着装和谈吐确实透着一种大家风范。在开庭之前,笔者不断地告诫自己:一定不要被对方的气势压倒。令笔者感到意外的是,庭审开始后,每当法官询问案件事实时,这位律师都很有礼貌地回答:"对不起,我找一下。"然后就在银行提供的将近 20 本的财务资料中翻来翻去。反复几次,不仅笔者对这位律师的印象大打折扣,就连坐在审判席上的 3 位法官也频频皱起了眉头。其实,只要在开庭之

---

① 《担保法解释(2000)》第 32 条规定:"保证合同约定的保证期间早于或者等于主债务履行期限的,视为没有约定,保证期间为主债务履行期届满之日起六个月。保证合同约定保证人承担保证责任直至主债务本息还清时为止等类似内容的,视为约定不明,保证期间为主债务履行期届满之日起二年。"
② 《民法典》第 692 条第 2 款规定:"债权人与保证人可以约定保证期间,但是约定的保证期间早于主债务履行期限或者与主债务履行期限同时届满的,视为没有约定;没有约定或者约定不明确的,保证期间为主债务履行期届满之日起六个月。"即从 2021 年 1 月 1 日起,对于保证期间的约定,无论是"没有约定"还是"约定不明",保证期间一律为"主债务履行期届满之日起六个月"。

前早一些到达法院,与委托人的工作人员一起,将需要举证的材料按照证据目录的顺序排好并做好标记,就完全可以避免出现上述尴尬局面。

二、出席庭审应当注意的事项

阅读提示

- 律师的仪容打扮要相对传统和保守,并且应当注意一些礼仪方面的细节。
- 每一名律师都应当在头脑中有这样一种观念——形象重于生命。因为你代表的不仅仅是你自己,而是整个律师群体。
- 尽量促成案件和解,防范和化解社会中的各种矛盾也是律师应尽的义务。
- 庭审是一个调查、辩论的过程,作为诉讼代理人,不但要让自己的委托人和对方当事人弄清案件的来龙去脉和应当适用的法律,更重要的是让庭审的主持者——合议庭的法官们弄清楚案件的事实和双方争议的焦点。
- 在庭审中不要与对方当事人或者其代理人发生语言冲突,在其他场合也应当尽量本着有理、有利、有节的原则,在不违背法律规定、不损害委托人利益的前提下,与对方当事人或者其代理人融洽相处。
- 在发言时尽量对着审判席的方向说话,而不要直接对着对方当事人及其代理人的方向说话。

庭审是诉讼案件的必经环节,也是最能体现律师价值的环节。因为委托人很少能够知道或者了解如何选择诉讼主体、确定诉讼请求、根据案情进行调查取证、准备起诉状、答辩状、财产保全申请书等一系列的庭审前准备工作。通常情况下,委托人都只对庭审的过程和效果予以高度关注。因此,以诉讼业务为主的律师在庭审中的表现如何,就成为关系律师名誉的关键环节。

(一)参加庭审的着装

根据中华全国律师协会的要求,律师出庭时应当着律师袍。但是,由于客观条件的限制,很少有法院为律师设置更衣室,律师出庭时,律师袍的穿着就成为一个不该出现的难题。在这种情况下,**男律师穿着西装、女律师穿着西装或者西装套裙就成为律师参加庭审时的着装首选。**

首先,无论参加庭审时是着律师袍,还是着西装,服装要整洁、熨烫有型。俗话说:人靠衣装马靠鞍。衣服穿得整洁,人看上去就有精神。其次,仪容打扮要与律师职业相称。在社会公众眼中,律师职业应当是庄严而神圣的。与之相对应,**律师的仪容打扮也要相对传统和保守,并且应当注意一些礼仪方面的细节。**例如,男律师的头发既不能过长,也不宜过短。头发过长会让人感觉到有一些玩世不恭,头发过短则会让人感觉到有一些匪气。又如,女律师不宜浓妆艳抹,也不宜在工作时间(特别是出席庭审的时候)穿着过于薄、透、露、短的服装,否则会让人觉得有些轻佻。再如,应当注意服装的搭配。身上穿着西装,脚上一定要穿正装的皮鞋,如果穿一双布鞋或皮凉鞋甚至是拖鞋,显然是不合适的。

上述这些方面,虽然与庭审没有直接关系,但是,却会影响到委托人及其亲朋好友、对方当事人及其亲朋好友、其他旁听庭审的人对你和整个律师群体的印象,也会影响到合议庭成员和书记员、法警对你和整个律师群体的印象。这个时候,每一名律师都应当在头脑中有这样一种观念——形象重于生命。因为你代表的不仅仅是你自己,而是整个律师群体。

(二) 参加庭审的语言

每一名律师都想得到非常好的庭审效果——既能够让法官采纳自己的辩护意见或者代理意见,又能让所有旁听的人领略到律师在法庭上仗义执言、慷慨陈词的风采。这种效果的取得,显然离不开律师的发言。记得相声大师侯宝林说过:"相声是一门语言的艺术。"其实,律师在参加庭审时的发言也是一门语言的艺术,要想取得好的庭审效果,至少要做到以下四个方面:

1. 语气平缓,态度坚决

语气平缓,会让对方当事人觉得你没有对自己的委托人偏听偏信,在心理上对你少一分敌意,这对促成案件的和解是十分有利的。也许有人会问,怎么一上来就谈和解?这样的律师是不是水平有问题?其实,这个问题很好理解。在民事诉讼中,和解是贯彻诉讼乃至执行程序始终的一个基本原则。古人经常讲"和为贵",党中央也提出了建设社会主义和谐社会的目标。因此,**尽量促成案件的和解,防范和化解社会中的各种矛盾也是律师应尽的义务。**在民事诉讼中,当事人为了争取自己的利益最大化,向律师隐瞒案件事实的情况时有发生。如果律师不对委托人介绍的案件事实进行客观分析就偏听偏信,不按照证据能够证明的案件事实提出解决方案,而一味迎合委托人的意愿,正常的诉讼可能就会因此演变成一场旷日持久的"诉讼战",使双方当事人陷入"不蒸馒头争口气"的怪圈之中。

态度坚决,会让所有的诉讼参加人都感觉到你对案件的事实和适用法律等问题已经胸有成竹,不达目的决不罢休。律师对代理的案件持坚决态度,也会使对方当事人产生一定的心理压力。特别是对那些指望采取种种不正当手段赢得诉讼的对方当事人来讲,对方律师的坚决态度会让他们对自己的行为效果产生怀疑,在权衡利弊之后转而放弃自己的非分之想。笔者曾经就遇到过这样的案子:一审时对方当事人利用在当地的社会关系轻而易举地赢得了诉讼。接到一审判决后,笔者继续代理委托人提起上诉。由于对方当事人心中有鬼,并且在一审时已经付出了很大的代价,接到二审法院送达的进入二审程序的法律文书之后,对方当事人通过朋友找到笔者,以给笔者好处费为条件,希望笔者能够放弃二审的代理。笔者义无反顾地拒绝了。令笔者没有想到的是,就在二审开庭的前一天,二审法院通知笔者:对方当事人在向二审法院提交的上诉答辩状中放弃了一审中对笔者委托人的诉讼请求,二审开庭已经失去意义,可以前去办理撤诉手续。这件案子就这样在进入二审程序后"轻而易举"地结案了。

2. 表达准确,言简意赅

表达准确,是律师庭审发言时最基本的要求,不但用词要准确,句式也要准确。比如,在对对方当事人的起诉或者上诉进行答辩时,对方当事人的称谓应当是"被答辩人";在对对方当事人提供的证据进行质证或者进行辩论时,对方当事人的称谓应当是"原告""被告""上诉人"或者"被上诉人"。又如,在民事或者行政诉讼中,应当使用"诉讼参加人",而在刑事诉讼中,必须使用"诉讼参与人";在民事诉讼中应当使用"隐私",而在刑事诉讼中,应当称为"阴私"。再如,民事诉讼中评价某一行为时应当用"显失公平",而在行政诉讼中则应当用"显失公正"。上述词语虽然都只是一字之差,却在不同的法律中使用,体现着诉讼地位或者法律含义的区别。在句式上应当注意,能够使用单句表达清楚的,就不用复句;能够使用陈述句表达清楚的,就不用反问句;能够简单表达的,尽量少用转折词。

言简意赅,既是提高庭审效率的需要,也是迎合人的心理的需要。由于国情的限制,中国的法官不仅要审理案件,还要处理很多事务性的工作,而一个人的精力毕竟是有限的,因此,每一个法官都希望能够在查清事实的基础上,尽可能地缩短庭审时间,从而提高庭审效率。另外,一项心理学的研究表明,一个人能够完全集中注意力聆听别人发言的时间不超过 8 分钟。因此,律师在庭审发言时,一定要兼顾上述两种需要。唯一有效并且可行的办法就是发言要做到言简意赅。首先,在法庭调查阶段,起诉/上诉状、答辩状按照书面材料宣读即可,不要掺杂辩论的内容。这一点,被告或者被上诉人的代理律师应当特别注意。其次,在举证、质证时,发言要紧紧围绕证据的形式、来源和证明内容进行,可说可不说的,坚决不说。最后,在法庭辩论阶段,应当结合合议庭成员的肢体和语言方面的反应,决定辩论发言时间的长短。但是切记,发言时间尽量不要超过 8 分钟。如果觉得 8 分钟的时间不够用,可以采取重点的内容口头发言,其他内容作简要概括后提示合议庭"以书面代理词为准"即可。

特别是法庭调查阶段,律师一定要紧紧围绕合议庭提出的问题,阐明事实、说清法律依据,切不可含糊其词,甚至顾左右而言他。2019 年 4 月,笔者出席了一个最高院指定省高院再审案件的重审,对方代理人(简称为"L 律师")据了解绝对是前辈级别的,曾经在特大型国企工作了几十年,但是在法庭上的表现却让笔者对前辈的内心评价降到了极点。在此笔者不想指责某些同行令人唏嘘的业务能力,只想把同行们在法庭上作出的某些可能令法官反感、令当事人不满的行为展示出来,以帮助同行们有则改之无则加勉,共同改进我们的工作,更好地树立律师群体专业、敬业的职业形象。

场景一:

审判长发问:各方当事人是否有新证据提交?L 律师:我方有四份证据提交……当他说完第四份证据的名称和待证事实的时候,没等笔者开始质证,审判长直接问 L 律师:你提供的这些证据与本案事实有什么关系?L 律师:有啊,这些证据能够证明两个被告的股东的股权被转让了。审判长:本案是××合同纠纷,不是股权转让纠纷。被告的股东的股权被转让,与本案事实有关系吗?L 律师:我方认为有……

场景二:

审判长发问:你方主张两个被告应当互负连带责任的法律依据是什么?L 律师:他们是关联企业。审判长又问:原审判决依据哪一条作出的两个被告应当互负连带责任的判决?L 律师:《公司法》第 20 条第 3 款。审判长再问:你认为根据这一条的规定,两个被告就应当互负连带责任吗?L 律师:他们是关联企业,关联企业就应当承担连带责任。

场景三:

审判长:现在开始法庭辩论……,法庭调查环节和质证环节已经表达过的观点就不要再重复了。L律师开始发表辩论意见,笔者拿起笔准备记录,听了几句,实在记不下去,就注意观察三位法官的表情和书记员的动作。刚开始的时候,三位法官还是认真听的状态,书记员也在紧张地敲击键盘。随着L律师不断地重复再审申请书的内容、不断地偏离再审请求、不断地追加一些没有证据证明的与再审请求和理由无关的事实,三位法官有的开始翻看卷宗,有的开始闭目养神,但脸上满满的都是一副无奈的表情。而书记员那边,键盘声停止了,脸上的表情……笔者找不出合适的词语来形容。

外行看热闹,内行看门道,咱们在这儿就说说有关门道的事儿。

场景一涉及举示的证据与待证事实的关联性问题。律师在诉讼案件的举证环节中普遍存在的问题就是"所举非所证",也就是所举证据与待证事实之间的关联程度不够,导致所举证据不能证明待证事实的后果。例如,本案的案由是××合同纠纷,案件事实与各方当事人的股权结构、股东变动没有任何关系,L律师却要举示证据证明两个被告的股东的股权被转让的情况。再如,举示的证据是一份合同,却要证明对方当事人违约。

场景二涉及两个具有独立企业法人资格的公司之间,一个公司对另一个公司的债务是否应当承担连带责任的法律依据问题。现行法律没有关于关联企业之间应当对债务互负连带责任的规定,L律师的说法实际上是对关联企业的误解。同时,《公司法》第20条第3款的规定其实就是公司法原理上的"刺破公司面纱原则",根据该条款和该原则的规定,对公司债务承担连带责任的应当是"滥用公司法人独立地位和股东有限责任,逃避债务,严重损害公司债权人利益的"公司股东。而本案中两个被告的控股股东是同一个公司,属于关联公司,不存在两被告之间一个是另外一个的股东的情况,并不符合适用《公司法》第20条第3款的前提条件。

场景三涉及庭审辩论时的技巧问题。此处的技巧,主要指的是辩论发言时的内容、时间等事项。正如笔者上文所述,"切记发言时间尽量不要超过8分钟"。因为法官们的精力是有限的,每一个法官都希望能够在查清事实的基础上,尽可能地缩短庭审时间,从而提高庭审效率。如果不能把握好辩论发言的时间,势必会使法官们产生厌烦情绪,反而会降低法庭辩论的效果。

3. 声音洪亮,控制语速

法庭发言时的音量,对庭审效果的影响也是不容忽视的。俗话说:有理不在声高。**在法庭发言时,要做到声音洪亮、吐字清楚,让法庭内所有的人都能听清你所说的内容。**有的律师在法庭发言时的声音很小,以至于审判长或者主审法官总是以

"请再说一遍"或者"能不能大点声"的方式进行提示。这种情况给人的第一印象就是明显的底气不足,即使你说的话是真实的,也会让人产生怀疑;有的律师则在法庭发言时给人的感觉是"声嘶力竭"或者是"歇斯底里",好像用尽了全身的力气。这种情况给人的第一印象是这位律师很不理智,没有站在代理人的角度看待问题,而是把自己当作了案件的一方当事人。虽然这些问题不会对案件的结果产生直接影响,但却会在一定程度上影响法官对案件事实的判断,以及对律师形象和业务素质的评价。

可能是由于工作节奏的原因,大多数律师说话时的语速非常快。这说明身体健康、思维敏捷,是一件好事。特别是在熟悉了案情之后,谈论案情的语速快,说明你已经掌握了案件的脉络,可以把握案件的发展方向。但是,在庭审发言时如果不加以控制,可能会影响庭审效果。因为**庭审是一个调查、辩论的过程,作为诉讼代理人不但要让自己的委托人和对方当事人弄清案件的来龙去脉和应当适用的法律,更重要的是让庭审的主持者——合议庭的法官们弄清楚案件的事实和双方争议的焦点**。上文已经说过,由于国情的限制,中国的法官不仅要审理案件,还要处理很多事务性工作。因此,法官在开庭之前通常只有限的时间研究案卷。在这种情况下,发言时控制语速可以帮助并引导法官逐步进入角色、熟悉案情。另外,庭审是需要记录的。如果语速过快,负责记录的书记员可能会跟不上你发言的速度,从而导致书记员对你的发言内容漏记或者有选择地记录,影响庭审笔录的完整性。

4. 既不要与对方当事人或者其代理人发生语言冲突,也应尽量避免与法官发生激烈的辩论

由于诉讼的对抗性,即使是民事诉讼的当事人也会在心理上存在抵触情绪。如果再加入利益之争、脸面之争甚至深层次的宿怨,民事诉讼的当事人在法庭上或者法院门前大打出手的事情并不鲜见,也曾出现过律师由于代理民事案件被对方当事人伤害的极端案例。虽然出现这些现象的主要原因在于国民的法律意识和素质、修养不足,但是,如果律师不能摆正自己的位置,把自己诉讼代理人的身份等同于己方当事人,与对方当事人或者其代理人发生语言冲突的可能性就会大大增加。因此,**不仅在庭审中不要与对方当事人或者其代理人发生语言冲突,在其他场合也应当尽量本着有理、有利、有节的原则,在不违背法律规定、不损害委托人利益的前提下,与对方当事人或者其代理人融洽相处**。如果在庭审中对方当事人或者其代理人存在明显的挑衅语言和动作,可以要求审判长予以制止,避免矛盾的激化。同时,还应当注意,**在发言时尽量对着审判席的方向说话,而不要直接对着对方当事人及其代理**

人的方向说话。因为庭审的目的,是为了让审理案件的法官调查清楚案件的事实,而不是给双方当事人创造一个吵架、互相指责甚至是互相攻击、谩骂的机会。

通常情况下,法官是不会与作为诉讼代理人的律师发生辩论的。根据笔者的经验,法官与律师就审理的案件如果发生辩论,原因主要有两个:一是对律师在庭审中的表现不满,想打击一下你的"锐气"或者是"傲气";另一个是法官已经受到对方当事人或者其代理人的种种影响,在主观上已经先入为主地认为你的委托人的理由是不成立的。

第一种原因,主要是由于律师在庭审发言时的语气或者肢体语言不当引起了法官的反感。比如,有一些律师依仗自己在律师界或者当地有一些名气或者社会地位,口出狂言、出言不逊,或者觉得自己是某一方面法律问题的专家,在发言时口若悬河、旁若无人,这些做法不但会让法官反感,也会让对方当事人以及旁听者反感。

第二种原因,很多时候是由于客观存在的"司法腐败"现象造成的。无论是哪一种原因,作为律师都应当时刻提醒自己,尽量避免与法官发生激烈的辩论。因为委托人聘请律师作为诉讼代理人的目的,是为了利用律师的专业技能说服法官,不是为了一睹律师与法官辩论到面红耳赤的"风采"。现在,律师界中确实存在一些这样的律师,他们的专业水平和业务素质一般,却以"敢与法官对着干"而著名。这是一种病态的执业心理,不应当提倡。当然,如果关系到自己的人格尊严或者律师行业的整体形象时,必要的反击也是应该的。

笔者曾经在北京一家基层法院遇到这样一件事情:案件是一起简单的买卖合同纠纷,对方当事人是当时国内一家知名的超市。在庭审开始前,笔者按照正常程序向书记员提交了委托人出具的《授权委托书》和事务所出具的《出庭函》。主审法官从书记员手中接过上述材料时嘀咕了一句:"这么简单的案子还找律师?"由于声音不大,笔者没有在意。在接下来的法庭调查过程中,出现了一个委托人意想不到的情况:开庭前 3 天,委托人的财务人员刚刚到这家超市的采购部对过账,并且打印了账单。但是,这家超市的代理人却否认账单的真实性,理由是上面没有超市的印章。对于这种情况,笔者早有准备,随即拿出了此前委托人每一次从这家超市取得的账单,反驳道:这上面同样也没有印章,但是被告此前每一次都按照上面的金额支付了货款。超市的代理人接过这些账单,看了很长时间没有说话。这时,主审法官说道:原告做一些让步,案子就调解下来了。委托人的法定代表人表示不能让步,笔者又接着说道:现在不是差多少货款的问题,而是被告是否讲诚信的问题。超市的合同条款已经对原告做了很多限制,扣了很多不该扣的费用,在这种情况下,再让原告少主张一些权利,对原告是不公平的。如果被告始终以诚信为本,原告此次起诉本都可以考虑暂缓。"

笔者说这番话的目的,是为了解释原告不同意接受调解的原因,也是为了促使被告能够以诚信为本,承认自己出尔反尔的错误。可是,没等超市的代理人说话,主审法官又冒出了一句:"你们东北人说话的声音就是大!"听到这句话,联想到此前主审法官嘀咕的"这么简单的案子还找律师?"笔者觉得必须反击一下,随即说道:"这位法官,请注意你的态度。你说的这些话,即使是我们黑龙江偏远的乡村法庭的法官也说不出来,没想到在号称'首善之区'的首都北京的法官却对律师、对北京以外的人民有着这样的偏见。如果你再说出这样的话,我要代表我的委托人依法申请你回避。如果因为我现在说的这些话导致你作出对我的委托人不利的判决,我会向有关部门投诉。"这时,超市的代理人打了一个圆场:"我回去和采购部再核实一下,如果确实都是以没有印章的账单作为付款依据的话,我们愿意承担还款责任。"此后,虽然超市方面承认了欠款的事实,但是表示不能立即还款,调解协议无法达成,法院最终判决完全支持了笔者的委托人的诉讼请求。

(三)怎样质证

近年来,随着法院系统司法理念的改进和法官队伍素质的提高,如何解决"法律事实"和"客观事实"之间的冲突,已经不再是审判工作中的难题。因此,证据在决定案件结果方面起到的作用越来越大。《民诉法(2021)》第71条规定,"证据应当在法庭上出示,并由当事人互相质证"。《民诉法解释(2022)》第103条第1款规定:"证据应当在法庭上出示,由当事人互相质证。未经当事人质证的证据,不得作为认定案件事实的根据。"《民诉证据规定(2019)》第85条第1款规定:"人民法院应当以证据能够证明的案件事实为根据依法作出裁判。"上述法律规定给出的指向性十分明确——掌握一定的质证技巧对于赢得诉讼是至关重要的。

在运用上述指引的同时,还应当对下列三种类型的证据加以特别的注意:

1. 以单位名义出具的书证

在诉讼案件中,以单位名义出具的书证被大量采用。在形式上,这种证据是以单位的名义提供的;在内容上,往往是对案件事实的陈述。因此,它具有书证和证人证言的双重属性。对这种证据进行质证时,应当注意,根据《民诉法解释(2022)》第115条的规定,"单位向人民法院提出的证明材料,应当由单位负责人及制作证明材料的人员签名或者盖章,并加盖单位印章"。据此,在审查以单位名义出具的书证时,不但要注意审查是否有单位的公章、单位负责人和制作证明材料的人员的签章,还应当注意审查在书证中签章的该单位的负责人是否属实。如果出具书证的单位级别或者知名度较高，无需特别证明就可以知道其负责人是谁，则可以不要求提供该证据的当事人同时提供证明负责人身份的证据。否则，应当要求提供这方面的证据——营业执照或者统一社会信用代码证书。

2. 偷拍、偷录的视听资料

在调查取证过程中，特别是民事诉讼的调查取证过程中，有些时候不采取偷拍、偷录的手段可能无法取得相关证据，从而对诉讼造成不利的影响。例如，发生在熟人之间的借贷案件，由于彼此很熟悉，碍于情面，在发生借贷关系时没有留下书面的证据。当债务人久借不还，债权人准备向债务人主张权利时，在没有旁证的情况下，只能通过偷拍、偷录双方对话的方式加以证明；又如，在合同纠纷中，债务人可能会由于疏忽，没有保留能够证明自己已经履行债务的证据，当债权人向其主张权利时，在无法通过其他途径取得能够证明自己已经履行债务的证据的情况下，也只能通过偷拍、偷录双方对话的方式加以证明；再如，在离婚诉讼中，无过错的一方出于多分财产的目的，需要证明对方违反了夫妻互负的忠实义务，在通过雇用私人侦探跟踪、捉奸在床等极端或者非法手段取得证据不被法律确认时，也只能通过偷拍、偷录的方式加以证明。

在类似案件中，如果遇到对方提供这方面的证据，除应遵守上文提到的质证原则之外，还应遵守《民诉法解释（2022）》第106条关于"对以严重侵害他人合法权益、违反法律禁止性规定或者严重违背公序良俗的方法形成或者获取的证据，不得作为认定案件事实的根据"的规定，从证据的取得方式、手段等方面进行质证。

3. 鉴定意见

由于鉴定意见的专业性和对案件结果有重大影响，《民诉法（2021）》第81条①、《民诉证据规定（2019）》第38条第1款②都明确规定了鉴定人应当履行出庭接受当事人质询的义务。这一规定对于增强鉴定人的责任心、树立鉴定意见的权威起到了积极的作用。但是，作为需要质证的一方，如果准备不够充分，即使鉴定意见存在瑕疵，在对鉴定人进行质询时也可能达不到预期效果。因此，在提出要求鉴定人出庭接受质询的申请后，应当做好下列准备：

（1）向鉴定事项方面的专业人士咨询鉴定意见涉及的内容，特别是那些直接影

---

① 《民诉法（2021）》第81条规定，"当事人对鉴定意见有异议或者人民法院认为鉴定人有必要出庭的，鉴定人应当出庭作证"。

② 《民诉证据规定（2019）》第38条第1款规定，"当事人在收到鉴定人的书面答复后仍有异议的，人民法院应当根据《诉讼费用交纳办法》第十一条的规定，通知有异议的当事人预交鉴定人出庭费用，并通知鉴定人出庭"。

响鉴定意见是否成立的内容。结合专业人士对相关内容的答复,与鉴定意见进行对比,找出其中的差异或者矛盾之处,然后结合相关的法律规定寻找鉴定意见在法律、事实、专业技术等方面存在的缺陷,尽量破坏鉴定意见成立的基础。

(2)在代理律师能够明晰对鉴定人进行相关内容质询的情况下,尽量不要聘请专家证人出庭对鉴定人进行质询,而是由代理律师自己来做。原因在于:首先,对鉴定人进行质询是质证的一种特殊方式,律师在设问、发问、归纳鉴定人回答等方面比专家证人更具优势。其次,由于专业和地域等方面的联系,专家证人与鉴定人可能存在某种直接或者间接的关系。在法庭审理这种对抗性较强的场合,由于这种直接或者间接的关系的存在,可能无法达到预期的庭审效果。再次,代理律师自己质询鉴定人可以给对方当事人及其代理人造成一种强烈的心理暗示——本方的代理律师在这方面比较专业。使得在其后的法庭辩论过程中,对方当事人及其代理人不敢在鉴定意见方面进行过多的辩论。

(3)如果必须由专家证人出庭对鉴定人进行质询,代理律师一定要事先向专家证人介绍清楚庭审的注意事项,使专家证人在开庭前了解庭审的基本程序。在质询开始后,一定要把握住质询的内容和发问的方式,根据质询情况适时从法律角度对专家证人的发问进行补充。

(4)质证结束后,最好将质证意见整理成书面形式与代理词一同交给书记员,以最大限度地表达自己的看法。

在执业过程中,我们应当尽量减少对鉴定意见进行质证的畏难情绪。其实,**有些鉴定意见即使没有专家证人,依靠律师的专业技能及把握、分析案件事实和相关证据的能力也是可以取得成功的。**当然,这需要律师在掌握法律专业知识之外,具备一些其他专业的基础知识。

案例 2-1　陆某诉 H 煤矿租赁合同纠纷案

陆某于 2006 年 11 月与 H 煤矿签订了一份《租赁经营合同》,约定由陆某租赁经营 H 煤矿下属的两个井口,租赁期 3 年。2007 年 11 月,由于国家政策调整,H 煤矿与陆某经协商解除了《租赁经营合同》,并于 2008 年 3 月对包括陆某曾经租赁经营的两个井口在内的 5 个井口进行拍卖。得知这一消息后,陆某向 J 市中级人民法院提起诉讼,要求法院判令 H 煤矿赔偿因合同解除遭受的经济损失 2,200 万元。为了证明自己的主张,陆某委托 K 会计师事务所对损失金额做出了鉴定。虽然有充分的依据表明陆某的损失并没有起诉金额那么大,但是,看着会计师事务所出具的将近 200 页的鉴定结论,H 煤矿的领导们还是感觉到了巨大的压力。在这种情况下,笔者和同事接受了 H 煤矿的委托参加诉讼。

庭审过程中,双方辩论的焦点完全围绕陆某主张的损失金额展开。因此,鉴定结论也就成为焦点中的焦点。由于大学时期笔者学过会计专业知识,故并没有申请专家证人出庭,而是选择了自己对会计师事务所出具的鉴定结论进行质证。在质证过程中,笔者选择了先程序、后实体的质证策略。

首先,从鉴定结论的形式和鉴定人的资格两个方面发起攻击:

笔者向合议庭指出,根据《司法鉴定程序通则(2007)》(已失效,现行有效的为2016年修订版)第34条第1款和第2款的规定:"司法鉴定机构和司法鉴定人在完成委托的鉴定事项后,应当向委托人出具司法鉴定文书。司法鉴定文书包括司法鉴定意见书和司法鉴定检验报告书。"而原告提交的这份鉴定结论的名称是《司法会计鉴定书》,不符合《司法鉴定程序通则(2007)》的上述规定。鉴于这份鉴定结论在形式上存在常识性的错误,需要对鉴定人的身份进行核对。合议庭同意了笔者的请求。

接下来,笔者要求出庭接受质证的两名鉴定人出具他们的执业证书。经过核对,笔者向合议庭指出其中一名鉴定人的执业资格存在瑕疵——在鉴定结论中盖章的名字是×晓艳,而其持有的执业证书中的名字却是×晓燕;此外,两名鉴定人的执业证书显示,另外一名鉴定人同时具有司法会计和工程造价两个执业资格,而×晓艳只具有司法会计执业资格。在鉴定结论中,既包括了财务审计的内容,又包括了工程造价的内容。根据《司法鉴定程序通则(2007)》第18条第1款关于"司法鉴定机构受理鉴定委托后,应当指定本机构中具有该鉴定事项执业资格的司法鉴定人进行鉴定"的规定,和第19条关于"司法鉴定机构对同一鉴定事项,应当指定或者选择二名司法鉴定人共同进行鉴定"的规定,K会计师事务所出具的鉴定结论明显违法,不应予以采信。

在对程序问题充分表达了质证意见之后,笔者又从以下七个方面,对鉴定结论的实体内容提出了质证意见:

1. 停产期间的利润损失5,417,721.31元的各项基础数据存在不实之处

鉴定结论显示,原告在经营期间的主营业务收入为16,972,893.77元。其依据是鉴定书第8—10页中"主营业务收入明细表(查证核实一)"所列的106张增值税发票,鉴定书中只列举了相关数据,没有将全部发票作为附件提供。从数据列表来看,其真实性存疑:第一,其中27张发票没有具体日期,不符合增值税发票的开具规范。《中华人民共和国发票管理办法实施细则》第28条规定:"单位和个人在开具发票时,必须做到按照号码顺序填开,填写项目齐全,内容真实,字迹清楚,全部联次一次打印,内容完全一致,并在发票联和抵扣联加盖发票专用章。"

第二,是否开出增值税发票不能作为认定收入的依据。因为在增值税发票的使用过程中,发票被退回的现象非常普遍。另外,在税务实践中还存在虚开增值税发票的情况。

2. 会计资料记录"生产成本 6,604,888.36 元"存在不实之处

(1) 结合鉴定书中的"经营期间生产成本明细表"和"经营期间煤炭安全费用提取计算明细表"的数据计算,"经营期间生产成本明细表(查证核实二)"的数据存在明显的不实之处(参见表2-1)。

■ 表 2-1 吨煤成本明细表

时间	材料	人工费	电费	煤检费	其他	合计
2006 年	61.44	93.06	170.65	8.07	3.65	336.87
2007 年	10.41	19.99	6.76	1.34	0.21	38.71

两年数据对比,吨煤成本合计相差近 10 倍,单项计算最多的(电费)相差 25 倍,最少的(人工费)也相差近 5 倍。另外,煤检费按照国家规定应当按照销售量每吨 4.2 元定额收取,在鉴定书中却成为变量。

(2) 鉴定书(第 3 页)称:"陆某经营期间应提未提维简费为 821,732.40 元,但经营期间应由维简费列支的矿井开拓延伸工程、矿井改造工程、固定资产更新改造零星购置均在成本中列支。且金额大于应计提的维简费金额,因此不再补提。"但是,在鉴定书中列举的"经营期间生产成本明细表(查证核实二)"中并未包含相关支出。

(3) 鉴定书(第 3 页)称:"陆某生产经营期间对巷道工程共投入 5,804,225.00 元,并已列入经营期间费用,因未进行采掘,应将其资本化计入递延资产中,形成递延资产。"根据上述情况应将这部分费用从生产成本中剔除。第一,原告对巷道工程投入的 5,804,225.00 元应当进行造价鉴定,不能仅凭原告财务资料中的原值就予以确认;第二,是否进行采掘应当经过实地勘验;第三,如果将上述 5,804,225.00 元从原告的生产成本中剔除,如此一来,原告的生产成本只剩下 800,663.36 元。也就是说,在原告实际进行生产的 11 个月里,只花费了 800,663.36 元就开采了 94,452 吨原煤,照此计算,原告每开采 1 吨原煤的成本只有 8.48 元,别说是地下的掘进开采,就是露天开采也是根本不可能实现的。

(4) 鉴定书(第 4 页)将双方约定的年租金 860 万元以月为单位,折算出每个月租金额为 716,666.67 元。并且将其作为成本进行摊销,摊销金额为 7,883,333.37

元。但是，原告实际上只支付了 747.6 万元租金。鉴定书摊销的金额多于原告实际支付的金额。

3. 原告经营期间管理费用总额为 867,456.31 元计算不实

鉴定书（第 13 页）"经营期间管理费用明细表（查证核实七）"列出的数字为 867,456.31 元。但是，根据鉴定书"案情简介"的内容，原告在 2006 年实际生产 8 个月，2007 年实际生产 3 个月。从"经营期间管理费用明细表（查证核实七）"的数据来看，2006 年应当计入管理费用的工资支出为零，而工伤费用却支出了 16 万余元。另外，还有 3 笔工伤费用（总额为 354,725.65 元）没有在鉴定书中体现，这些金额也应当计入原告经营期间的管理费用并冲减利润。

4. 原告经营期间主营业务税金及附加总额为 118,530.00 元计算不实

鉴定书（第 13 页）"经营期间主营业务税金及附加明细表（查证核实八）"列出的原告经营期间主营业务税金及附加总额为 118,530.00 元。而黑龙江省的煤炭资源税标准为每吨 2.3 元。根据鉴定书所列"经营期间煤炭生产安全费用提取计算明细表"的数据，原告应当缴纳的资源税税额应为 217,239.60 元。而该明细表中包括城市维护建设税和教育费附加，总计才 118,530 元。另外，根据 H 煤矿所在地 D 县国税局的要求，原告还有 1,494,655.50 元税款和截至 2008 年 6 月 25 日的 222,379.02 元滞纳金没有依法缴纳。这些金额也应当计入原告经营期间主营业务税金及附加之中并冲减利润。

5. 鉴定书计算出的 5,417,721.31 元的原告停产期间利润损失额根本不具备科学性和合理性，并且违反法律规定

（1）《企业会计准则》（已废止）第八章第 54 条规定，利润是企业在一定期间的经营成果。《会计法》第 11 条规定，会计年度自公历 1 月 1 日起至 12 月 31 日止。据此，利润应当是每一会计年度核算一次。而鉴定书中"经营期间实现利润（查证核实十）"的数据却是将 2006 年和 2007 年两个年度的数据合并计算的。

（2）根据鉴定书中"经营期间实现利润（查证核实十）"给出的计算方法，2006 年原告经营期间的主营业务收入是 1,808,575.19 元，生产成本是 3,331,285.03 元，主营业务税金及附加是 68,530.00 元，管理费用是 182,835.00 元，营业外支出是 15,000.00 元。由此计算出 2006 年度的利润是 −1,789,074.84 元。如果不是 2006 年度发生了停产的情况，原告的亏损可能会更大。在这种情况下，利润损失根本无从谈起。

6. "停产期间实际支付成本及管理费用"属于重复计算。因为原告主张的停产

期间的利润损失中已经包含了停产期间实际支付成本及管理费用

7. 双方共同委托 G 资产评估事务所有限责任公司作出的评估报告书中,将原告占有的 15 项资产列为长期待摊费用,金额为 1,047,100.00 元。但是,在鉴定书中,对该笔费用是否摊销却没有提及

最后,笔者对质证意见进行了简要的总结:"通过上述分析不难看出,鉴定结论是通过夸大原告的营业收入、尽量降低原告的经营成本和费用的手段,设法达到虚增原告租赁经营期间利润的目的。因此,由于出具鉴定书的鉴定人员不具备相关的鉴定资格、鉴定结论明显依据不足,建议合议庭对原告提交的这份《司法会计鉴定书》作出的鉴定结论不予采信。"

经过长达两个半小时对鉴定人的询问,笔者从司法鉴定原则、会计准则到鉴定的过程,从会计制度基础、应缴税费的依据到作出鉴定结论的依据等方面,向鉴定人提出了共计 28 个问题(其中还包括了 17 个小项)。鉴定人对笔者提出的很多问题都无法自圆其说。在这种情况下,审判长当庭宣布:对原告提交的这份鉴定结论不予采信。

由于笔者的上述质证意见与对方律师相比显得"非常专业",在下午的庭审中,凡是涉及财务方面或者鉴定意见方面的问题,只要笔者发表意见,对方律师就不再提出任何相反的观点。这种情况正好印证了笔者在前文提到的,在代理律师能够明了对鉴定人进行质询的相关内容的情况下,尽量不要聘请专家证人出庭对鉴定人进行质询,而是由代理律师自己来做的好处——给对方当事人及其代理人造成一种强烈的心理暗示,本方的代理律师在这方面比较专业,使得在后续的法庭辩论过程中,对方当事人及其代理人不敢在鉴定意见方面进行过多的辩论。

从实际效果的角度来说,在做足充分准备的情况下,质证效果的好坏,也会对赢得诉讼产生直接影响。

案例2-2　A公司诉B公司水稻买卖合同纠纷案

A 公司诉称:2011 年,双方签订水稻采购合同(以下简称"2011 年合同"),A 公司为卖方,B 公司为买方,采购数量共计 6,500 吨,单价 3,100 元/吨。合同签订后,A 公司向 B 公司足额交付了 6,500 吨水稻,B 公司于 2014 年 12 月 30 日付清尾款 1,530 万元,合同履行完毕。2012 年,双方再次签订水稻采购合同(以下简称"2012 年合同"),A 公司为买方,B 公司为卖方,采购数量共计 22,000 吨,单价 3,020 元/吨。合同签订后,A 公司先后付款 7,400 万元,而 B 公司只发运了 12,351 吨水稻,此后仅退还给 A 公司货款 1,200 万元。A 公司请求判令 B 公司返还 2,520.3 万元货款。

> B公司辩称：2012年合同签订后共计向A公司交付水稻21,957吨，退款1,200万元，已经完全履行了合同义务，不存在A公司所诉的违约情形。
>
> 与案件事实密切相关的背景：
>
> 1. 两家公司发生交易期间，证人杨某甲系A公司的实际控制人，同时担任B公司的总经理职务。
>
> 2. 杨某甲手中掌握一枚B公司的合同专用章，案件中所有对B公司不利的书证材料均盖有这枚印章。
>
> 3. 在2012年合同履行过程中，A公司向B公司出具了一份授权书，指定包括杨某甲的弟弟杨某乙在内的五人作为A公司接收水稻的经手人。
>
> 4. 在一审程序中，杨某甲始终否认与杨某乙存在任何关系。
>
> 5. 为了证明己方的主张，A公司提供了B公司的车辆出入库登记本、大量的资金流水、粮食出库凭证、铁路货票等书证资料，欲证明B公司违约。

A公司由于一审被判决驳回诉讼请求，更换了代理律师，向黑龙江省高级人民法院提起了上诉，并且提供了大量"新证据"。B公司委托笔者代理本案的二审。笔者深知，在一审完胜的情况下，B公司决定在二审更换代理律师，说明案件并不简单。通过阅读一审判决书、A公司的上诉状，认真研究一审的证据，结合一审判决认定的事实，笔者得出了如下分析结论：

第一，双方对2011年合同已经履行完毕的事实没有争议。

第二，争议的焦点是B公司是否交付了22,000吨水稻。在这个问题上存在一个矛盾：A公司起诉的理由是，B公司只交付了12,351吨水稻，依据是185份铁路货票。回答这个问题的关键，应该是铁路货票能否作为B公司交货的证据。B公司抗辩的理由是，已经交付了22,000吨水稻，依据是366份《粮食出库凭证》。回答这个问题的关键，是现有证据能否证明该公司完全履行了交货义务。

找到了上述主要矛盾之后，笔者确定了"以逸待劳""以子之矛攻子之盾"的二审代理策略。"以逸待劳"是指，原则上不再提供新证据，视对方提供新证据的情况适当提供反驳证据；"以子之矛攻子之盾"是指，从对方提供的新证据当中寻找漏洞加以利用。确定这一策略的原因主要在于：一方面，B公司提供的366份《粮食出库凭证》中均有A公司向B公司出具的授权书中的相关人员的签名，而且其中杨某乙的签名数量占到了308份；另一方面，A公司二审提供的"新证据"要么是一审中B公司提供的证据，要么存在诸多与其他证据明显冲突的内容。在这种情况下，通过质证来赢得诉讼是有把握的。

二审中，笔者质证的火力集中在了以下几个方向：

1. 铁路货票。笔者着重指出，铁路部门的《货票》是证明铁路货运合同关系成立的书面文件，只能证明铁路货运合同的托运人是谁，并不能证明托运货物的所有权属于谁。因此，A公司提供的铁路货票只能证明通过铁路运走了12,351吨的水稻，并不能证明B公司交货的数量，更不能证明B公司向A公司交货的时间。

2. B公司的车辆出入库登记本。首先，从这份《车辆出入库登记本》记录的内容来看，存在诸多不合常理之处：(1)2013年2月20日至26日期间没有出入记录；(2)最后一页在不是纸张用尽的情况下，却只记录到2013年3月8日；(3)一个名叫"王某"的司机居然在2012年11月19日19点同时开着两辆车入库；(4)同样是在2012年11月19日，一个名叫"沈某"的司机驾驶的货车在18点25分入库，却在17点48分出库，与沈某一样可以让时间倒流的还有李某雨，在2012年12月20日下午4点20分入库，14点1分出库；(5)门卫连续10多天不换班(从笔迹来看，2012年11月18日到11月30日、2013年1月11日到1月18日、2013年2月27日到3月8日的记录分别为同一个人)。这些不合常理之处(特别是笔迹方面存在的疑点)充分说明，这份证据很可能是A公司在上诉期间编造的，其真实性不应得到确认。其次，假如这份证据是真实的，那么：(1)它属于B公司重要的经营档案，应当由B公司保管并存档备查，现在却由A公司掌握了原件，这说明杨某甲在任职期间利用职务便利隐匿了B公司的档案资料，证据的来源不具备合法性。也再次证明了杨某甲在担任B公司的高管期间，存在公司高管违反忠实、勤勉义务的情况。(2)B公司一审提供的366份《粮食出库凭证》显示，B公司第一次向A公司交货是在2012年10月10日，而A公司提交的这份《车辆出入库登记本》的初始时间是2012年11月18日，并不能反映合同履行的全过程。

3. B公司出具给杨某乙的确认拖欠运费的《欠据》。笔者对此的质证意见是：首先，从内容上来看，这份《欠据》形成的时间正是杨某甲在B公司担任经理职务期间，鉴于二人的兄弟关系，且没有B公司其他管理人员的佐证，这份欠据的真实性、合法性无法确定。其次，即使存在B公司拖欠杨某乙运费的事实，也不能证明杨某乙是承运人，他在此过程中的身份还可能是B公司的代理人，或者是装卸劳务的中介。再次，从内容上来看，这份证据形成的时间是2013年3月10日，也就是诉讼发生之前，鉴于杨某乙与杨某甲的兄弟关系，A公司完全有能力在一审时提供，但却没有提供，原因不外乎两个：一是主观上不想提供，二是客观上不能提供。如果是主观上不想提供，那么这份证据依法不属于新证据，不应在二审中予以认定；如果是客观上不能提供，原因可能只有一个，那就是一审时这份证据并不存在，在一审A公司败诉后，这份证据恰好出现了。特别是这份证据中B公司的印章又是由杨某甲掌控的涉案的那枚合同专用章，因此，这份证据是不具有真实性、合法性的。

4. 盖有B公司公章的《个人户资金情况说明》一份。笔者对此的质证意见是：首先，经过对比可以较为明显地看出，这份证据中B公司的公章与B公司实际使用的公章并不一致，特别是数字与文字的距离表现得尤为明显。本代理人将在庭后与B公司进行沟通，以确定是否就此申请鉴定。其次，从这份说明形成的时间来看，正是杨某甲在B公司担任经理职务期间，即该证据是在杨某甲实际掌控B公司日常经营活动的情况下形成的，其真实性、合法性、合理性均无法确认。再次，从这份说明的内容来看，其中"李某甲已调走"的记载，与李某甲出具的声明中所称其"是A公司的现金员"（A公司本次提交的第3组证据第36页）的内容不符；其中"杨某乙职工"的记载，也与A公司一再提供证据证明的杨某乙系B公司的承运人的主张不符。这些前后矛盾的内容充分说明，A公司的主张不但不能形成完整的体系，而且是漏洞百出。

5. 杨某乙持有的尾号为1834的银行卡流水。笔者对此的质证意见是：从流水记载的信息来看，B公司不但向杨某乙支付过运费，还支付过粮款，按照A公司的主张，支付运费就是承运人的话，那支付粮款算什么？况且，按照《个人户资金情况说明》的说法，"杨某乙是B公司的职工，其支付的运费应该是替单位垫付的"。总之，这份银行卡流水关于支付运费的记载，不能证明杨某乙是B公司的承运人。

6. B公司的8份收粮凭证。笔者对此的质证意见是：首先，从这些证据记载的内容上看，化验员、检斤员的签名都是复写形成的，而保管员处"郝某乙"的签名是直接书写形成的，应该是后补上去的。因此，这些证据不具有真实性。其次，这些证据与《车辆出入库登记本》同样属于B公司重要的管理档案，应当由B公司保管并存档备查，现在却由A公司掌握了原件，这再次说明杨某甲在任职期间利用职务便利隐匿了B公司的档案资料，证据的来源不具备合法性。最后，A公司提供这8份收粮凭证的目的是证明证据4-1——A公司出具的声明书中所记载的"郝某甲"应该是B公司的保管员"郝某乙"。B公司并不否认有一个名字叫做"郝某乙"的保管员，但是，请问A公司，确认"郝某甲"就是"郝某乙"的根据是什么？难道名字差一个字，就是同一个人？

7. 杨某甲与B公司签订的聘用合同。笔者对此的质证意见是：B公司从未否认杨某甲受聘担任公司的经理职务这一事实,但其任职程序合法并不代表其履职过程中所有的行为都是合法的,更不代表其能够按照《公司法》第147条关于高级管理人员"应当遵守法律、行政法规和公司章程,对公司负有忠实义务和勤勉义务"的规定,忠实、勤勉地履行经理的职责。从本案诉讼过程中已经查明的事实(特别是A公司提交的证据)来看,杨某甲在担任B公司的经理职务期间,未经股东会同意,自营与所任职公司同类的业务;未经股东会同意,与本公司订立合同、进行交易;利用职务便利,隐匿公司业务档案;未经股东会和公司其他高管同意,利用职务便利,擅自与自己实际控制的公司签署明显不利于自己任职的公司的债务确认及清偿协议,杨某甲的上述行为表明,他没有尽到公司高管应尽的对公司忠实、勤勉的义务,他代表B公司与A公司签署的明显对B公司不利的《商品交易数量确认书》和《结算协议》因其在履职过程中存在违法行为而不具有真实性,这一点请合议庭在评议案件时重点予以考虑。

最终,黑龙江省高级人民法院于2017年10月终审驳回了A公司的上诉请求。之后,最高人民法院第二巡回法庭于2018年5月驳回了A公司的再审申请。

这个案例告诉我们,在质证过程中,如果能够善于抓住对方证据中的漏洞、证据之间相互矛盾之处进行反击,其效果往往比绞尽脑汁搜集一些并不十分具有对抗性的证据来举证要好得多。同时,也在提示我们,证据的数量和证据的证明力并不是正相关的关系,正如古人所云"言多必失"。

再看一个对公证的电子数据进行质证的案例。

BL公司是一家A股主板的化工行业上市公司,2016年,为某化工产品升级改造项目配套建设一个污水处理厂,通过招标与ND公司签署了一份《建造合同》和《技术协议》,在《建造合同》中约定BL公司付款条件为"污水调试合格",同时在《技术协议》中约定了不同污水经过处理后出水的水质指标。项目建成后,双方由于合同履行过程中的诸多问题产生争议,由于矛盾无法调和,ND公司向法院起诉,要求BL公司履行付款义务;BL公司以合同约定的"污水调试合格"的付款条件尚未成就为由提出抗辩。

由于不能提供直接证明"污水调试合格"的证据,ND公司采取了迂回提供间接证据的方式,意图达到证明目的。他们向公证机关申请了两份证据保全公证,一份是从巨潮资讯网下载的BL公司2018年度报告,其中关于环保的部分提到了"公司建有污水处理装置一套。报告期内,设备运转正常,各项技术指标正常"。另一份是从××爱好者网站下载的内容为"某化工产品升级改造项目的环评验收意见",其中对于污水处理的评价是"技术指标合格"。ND公司代理人的逻辑是：第一，污水处理厂是为升级改造项目而配套建设的，项目整体环评验收合格，就说明"污水调试合格"。第二，上市公司的年报内容都应当是真实的，年报承认了"设备运转正常，各项技术指标正常"，就说明"污水调试合格"。虽然从证明力的角度来说，这两份证据的内容并不能证明"污水调试合格"，但其"杀伤力"却不容小觑：其一，这两份证据的表现形式是公证书，无论内容如何，公证的形式已经足以给法官造成一种这两份证据的内容真实、可靠的强大心理暗示；其二，既然项目整体环评验收都是合格的，作为污染物组成部分的污水怎么可能不合格？其三，如果否定上市公司年报内容的真实性，就意味着BL公司存在"虚假陈述"行为，这对于一家上市公司而言，绝对是一个杀手锏——如果为了赢得诉讼而否认年报内容，不但会面临证监会的处罚，还可能因此导致股民的集体诉讼。不得不承认，ND公司代理人在举证的思路、角度和方式上绝对做到了"准"和"狠"。

作为BL公司的代理人，笔者面临的困境不是用一个"难"字来形容的：不能承认这两份证据的证明力，否则，结果必然是败诉；不能否认这两份证据的真实性，否则，不但BL公司的商誉会受到重大损害，还可能因此陷入一系列的被动局面。怎么办？笔者经过反复考虑，决定还是从证据的自身属性、证据与案件事实的关系这两个角度进行质证，并在现有条件下提供反证。

什么是证据的自身属性？根据《民诉法（2012）》第63条[现为《民诉法（2021）》第66条]第1款的规定，证据一共有八种类型，但公证过的证据并不是八种类型之一。也就是说，公证过的证据仅仅是证据的一种表现形式，只能证明其形成的过程是经过公证的，与内容是否真实无关，与证明力大小也不存在必然联系。因此，在对这样的证据进行质证时，就证据的内容和与待证事实的关系而言，是可以忽视"公证"这个证据形式的外衣的。至于"证据与案件事实的关系"，其实《民诉法（2012）》第63条[现为《民诉法（2021）》第66条]第2款已经规定得很清楚了："证据必须查证属实，才能作为认定事实的根据。"在绝大多数情况下，很多律师都觉得这是一句套话，没有实际意义，但在本案中，在面对如此不利的证据的时候，以这一规定为依据进行质证，才会让我们深刻认识到，其实法条中的每一句话都有它存在的价值。为什么这么讲？因为本案争议的焦点是双方约定的"污水调试合格"付款条件是否成就，举证、质证都应当围绕这个焦点来展开，这才是解决本案争议的主要矛盾的主要方面。

在解决了上述质证的指导思想问题以后，笔者在庭审中提出了如下质证意见：

第一，ND公司提供的第一份公证书——某化工产品升级改造项目的环评验收意见,其来源并不可靠,因为××爱好者网站是一个自然人注册的网站(网站注册人的相关信息可以通过点击网站首页右下角的"×公网安备……"进行查询),既不是政府网站,也不是环保方面的权威机构开设的企业网站,其信息来源的真实性根本无法保证。但是,经过本代理人向 BL 公司了解,确认 BL 公司确实已经根据原环境保护部(现为生态环境部)发布的《建设项目竣工环境保护验收暂行办法》的规定,在"全国建设项目竣工环境保护验收信息平台"上传了案涉项目的整体环评验收意见,但验收意见中给出的污水处理"技术指标合格"的评价结论,与待证事实即"污水调试合格"之间并不存在必然联系。

第二,ND 公司提供的第二份公证书——BL 公司 2018 年年报,不能证明"污水调试合格"。理由是:首先,该年报的报告期起止时间为 2018 年 1 月 1 日至 12 月 31 日。案涉污水处理装置在 2018 年 11 月底才完成中交,在 2018 年年底前并未投入使用。因此,该年报所称的"报告期内,设备运转正常,各项技术指标正常"显然与本案争议焦点不具有关联性。其次,在案涉污水处理装置投入建设之前,BL 公司还建有另外一套污水处理装置,年报的上述内容是对这套污水处理设施运行状况的描述,ND 公司如此举证是在移花接木。

为了增强法官对 BL 公司主张的相关事实的信任程度,笔者还对整个项目环评验收意见的基础性文件——《建设项目竣工环境保护验收监测报告》中与污水处理相关的部分进行了认真研究,从中找出了多处能够证明并未达到"污水调试合格"条件的内容。经过全面权衡利弊并征得 BL 公司的同意后,笔者把该报告作为反证提交给法庭,着重指出,这份《建设项目竣工环境保护验收监测报告》能够充分证明,合同约定的"污水调试合格"的付款条件并未成就。理由如下:第一,该报告是对转型升级项目的整体验收,不能据此认为案涉污水处理工程的技术指标当然也是合格的;第二,监测报告据以评价水质是否合格的标准,低于《技术协议》约定的标准。该报告对污水处理出水水质监测适用的标准是《城市污水再生利用 城市杂用水水质》(GB/T18920-2002),而 ND 公司与 BL 公司签订的《技术协议》中的设计出水水质,不但约定了污水处理的总体出水水质指标,即"除含盐量外其余均应满足《污水再生利用工程设计规范》(GB50335-2002)中规定的再生水用作循环水补充用水水质标准;同时还应满足污水脱盐装置进水水质要求"(见《技术协议》第 20 页),而且根据不同的污水处理单元约定了不同的标准。其中,脱硫废液单元约定的是通行标准,即"水经处理后,水质指标执行《火电厂烟气脱硫工程技术规范 石灰石/石灰-石膏法》(HJ/T179-2005)及《火力发电厂废水治理设计技术规程》(DL/T5046-2006)的要求";中水回用和石墨烯废水两个单元,另外约定了不同的污水处理出水水质标准(见《技术协议》第23页、第24页)。《技术协议》中约定的上述出水水质指标,在范围上远远超过监测报告适用的验收标准。第三,从水质技术指标的涵盖范围来看,监测报告与《技术协议》存在三个不同之处:一是监测报告包含的水质技术指标是12项,《技术协议》是18项;二是监测报告包含的12项指标中,有3项指标,分别是色度、溶解性固体(TDS)、溶解氧,均未包括在《技术协议》中;三是《技术协议》中约定的 CODcr(重铬酸钾作为氧化剂测定出的化学耗氧量)、氯离子、硅酸、总硬度、总碱度、硫酸盐、总磷、石油类、SDI(污染指数)等9项指标,在监测报告中并未涉及。第四,从监测报告的内容来看,氨氮、浊度、五日生化氧(BOD5)等3项指标均超出《技术协议》约定的指标控制范围,据此,可以认定案涉工程污水调试并未合格。

这份证据提交后,ND公司的代理人除了重复此前的"项目整体验收合格就说明污水调试合格"的观点以外,再未提出其他任何新的观点。

这个案例告诉我们,无论是举证还是质证,都不要拘泥于证据的外在形式,只有抓住"能否作为认定案件事实的根据"这个关键,才是要害所在。

三、如何在调解中发挥作用

阅读提示

- 从本质上讲,调解就是诉讼双方当事人在法院的主持下,就讼争事项进行妥协的一种解决方式。虽然决策是由当事人作出的,但决策是否合法、合理,是否具有可操作性却通常应当由律师予以考虑。
- 在调解过程中,双方当事人为了使自己的利益最大化,同时又尽量不使调解破裂,一般都会设定一个底线。如果这个底线过早暴露,就会让对方当事人占得先机。

调解是我国民事诉讼制度有别于其他国家诉讼制度的显著特征之一,也是化解人民内部矛盾的有效手段。随着建设和谐社会的理念逐渐深入人心,通过调解结案成为民事诉讼活动中越来越普遍的纠纷解决方式。由于调解过程中的对抗性较弱,当事人和律师往往都忽视了律师在调解过程中能够发挥的作用,习惯于当事人之间就讼争的事项进行协商。在一般情况下,没有律师的参与,调解也是可以完成的,但是,在实践中也出现了一些当事人利用"调解不能上诉"这一法律规则,先以调解方式争取到对方当事人的让步,然后不主动履行和解协议的情况。

笔者就曾经接待过这样一位前来咨询的当事人。

案例2-3　李某诉张某债务纠纷案

2004年2月,李某的朋友张某提出借款200万元做生意。碍于情面,李某很快就把200万元现金交给了张某。6个月后,张某偿还了30万元。此后就不再主动与李某联系了。

转眼到了2006年,眼看两年的时间即将过去,李某担心超过了诉讼时效无法再主张权利,就多次给张某打电话要求还款。张某不是不接电话,就是今天说在国外,明天说在港澳。无奈之下,李某只好到法院起诉。

2006年7月4日开庭的那天,张某仍然没有出现,而是委托律师到庭参加诉讼,并主动提出调解方案:如果李某少要50万元,其余的120万元保证在月底前还清。

李某刚开始并不同意,在张某的律师的再三劝说下,李某和张某通了电话。在电话里,张某信誓旦旦地许诺:如果这120万元在月底前不能还清,他就再也不回老家了。因为李某知道张某父母的身体不太好,而张某又非常孝顺,即使再忙,每年都要抽出至少1个月的时间回老家陪陪父母。听到张某把话说到这个份儿上,李某同意只要求张某再归还120万元,本月底前一次性付清。法院根据双方达成的和解协议制作了调解书。让李某十分恼火的是,到了2006年7月31日,李某再次给张某打电话的时候,张某的电话却欠费停机了。李某这时候才意识到又被张某耍了一把,为了要回属于自己的钱,只好找到律师咨询,希望能够得到帮助。

听了李某介绍的情况后,笔者告诉李某,由于调解协议是在双方自愿的前提下达成的,并且其中没有附加任何条件,在对方不主动履行的情况下,只能申请强制执行。虽然李某的遭遇是一个比较极端的案例,却充分反映出调解过程中律师发挥作用的必要性。

从本质上讲,调解就是诉讼双方当事人在法院的主持下,就讼争事项进行妥协的一种解决方式。既然是妥协,就需要双方尽量搁置争议,在充分表达自己的愿望和要求的前提下,本着互谅互让的原则,就争议的事项进行协商甚至是讨价还价。在这个过程中,**虽然决策是由当事人作出的,但决策是否合法、合理,是否具有可操作性却通常应当由律师予以考虑**。在很多案件中,委托人还会给予律师特别授权,把调解的权利也交给律师来行使。在这种情况下,案件的结果如何将与律师的工作产生直接联系。因此,律师如何尽其所能促成调解协议的达成,也是考验律师执业能力和业务水平的一个重要方面。

在参加调解的过程中,应当重点注意以下四个方面:

1. 不要过早地暴露己方达成调解意愿的底线,否则可能会无意中损害委托人的利益

笔者领取律师执业证书的第二年,代理过一起人身损害赔偿案件。受害人辛某在一个休息日里被某行政执法机关传唤并被限制人身自由。第二天早上,辛某从该行政执法机关的楼上坠地身亡。辛某的亲属委托笔者作为代理人向该行政执法机关索赔。由于对方聘请的律师在律师界内非常有名气,初出茅庐的笔者感觉到压力很大。但是,俗话说:初生牛犊不怕虎,在事务所主任的鼓励下,笔者怀着一种大义凛然的心情坐到了谈判桌前。为了给受害人亲属争取尽可能多的利益,笔者在第一轮发言中只是提出希望对方能够根据受害人生前的收入情况和需要抚养、扶养和赡养的亲属的情况,充分考虑赔偿的数额。接下来是对方的一位负责人发言,这位负责人明确答复,只能给付 5 万元,还特意强调是出于人道主义的考虑给予的补偿而不是赔偿。还没有等笔者作出反应,对方聘请的律师接着说道:"在协商不成的情况下,受害人亲属到法院去起诉,或者通过其他法律之内或者法律之外的途径主张权利是可以理解的,但是,也希望你们能为这几位领导考虑,他们还很年轻,如果这件事情处理不好,耽误了他们的前途,这种损失是无法计算的。听到这些,笔者找到了对方的软肋,当即表示回去后和受害人亲属再好好商量一下。"此后,又经过了几次面对面的谈判,对方最终同意"补偿"23 万元。这个金额在当年已经是创纪录的数字了。这个事例告诉我们,**在调解过程中,双方当事人为了使自己的利益最大化,同时又尽量不使调解破裂,一般都会设定一个底线。如果这个底线过早暴露,就会让对方当事人占得先机。**

2. 在调解过程中除非确有必要,尽量不要再纠缠争议的事实

前文已经说过,调解的实质就是妥协,既然是妥协,纠缠争议的事实只能使双方的对抗性增强而不是淡化。而对抗性的增强对于调解是有害而无利的。这一点,《民诉法解释(2022)》第 107 条①也作出了相应规定。

3. 要根据案件的具体情况,争取对委托人最有利的调解结果

以"第四章培训案例 1"为例,庭审结束后,笔者专门与 J 厂的领导班子就案件如何处理交换了意见。笔者提出:从法律角度讲,我们的观点没有问题。但是,需要考

---

① 《民诉法解释(2022)》第 107 条规定:"在诉讼中,当事人为达成调解协议或者和解协议作出妥协而认可的事实,不得在后续的诉讼中作为对其不利的证据,但法律另有规定或者当事人均同意的除外。"

虑工厂面临的现实情况。J厂和S公司所处的位置属于J市郊区,J厂自20世纪50年代末建厂以来,始终处于电力供应不足的状态,并且用电价格要比市区其他企业的用电价格高出近40%。自20世纪90年代初S公司成立以来,J厂的生产规模不断扩大,对电力供应的需求也随之增加。在这种情况下,使用S公司生产的电力就成为必然选择。因为S公司的供电价格比J市电业部门的供电价格还要低将近20%。从有利于企业经营的角度考虑,对于产品本身不具有较强竞争力的企业来讲,供电价格便宜近20%就给产品在成本和价格方面无形中创造了一种竞争优势。因此,以调解方式结案,既能够解决争议,又能够创造继续合作的机会。J厂的领导们也表示,根据双方合作的惯例,电费一直都是每半年结算一次,S公司起诉是由于该公司分管领导最近做了调整,可能是出于"新官上任三把火"的考虑才诉至法院的,J厂以前从未拖欠过电费。了解了上述情况后,笔者又与S公司新任的分管领导以及代理律师进行了多次沟通,最终促成双方调解协议的达成。

4. 在达成调解协议时,要充分考虑协议内容的可操作性,争取一次性解决问题,不留后患。同时,还要充分注意维护委托人的合法权益。

以案例1-15为例,该案最终在黑龙江省高级人民法院二审过程中以调解方式结案。在达成调解协议时,笔者和X公司的代理律师因为两个问题发生了争执:

一个问题是,R公司在诉讼请求中提出X公司应当为其开具与已收货物等值的增值税发票。一审法院对此的判决结果是:"被告为原告开具尚欠货款的增值税发票。"这样就产生了一个问题——X公司应当返还的货款金额(也就是一审判决所称的"被告尚欠原告的货款金额")是2,548,871.25元,而按照R公司的诉讼请求计算,X公司应当开具的增值税发票金额是1,444,950.00元。鉴于这种情况,笔者主张在调解协议中写明"按照1,444,950.00元的金额开具增值税发票",而X公司的代理律师却主张只写明"X公司为R公司开具增值税发票"即可,金额由双方当事人自己对账后确定。笔者当即表示反对:如果不写明金额,双方当事人能够对账确定当然是最好的,但是,如果双方当事人不能够对账确定,这份调解书就会由于缺乏可操作性而失去意义。

另一个问题是,笔者提出应当在调解协议中明确:"如果X公司不能按照协议约定履行债务,应当按照一审判决的数额返还货款。"X公司的代理律师对此表示反对,理由是如果加入这样的内容就是对该公司的不信任。对此,笔者没有进行直接的反驳,而是把前文提到的李某的案例讲给了法官和X公司的代理律师。听了这个案例之后,法官明确表示:R公司的担心是有道理的,一旦调解达成后,X公司不主动履行,既会让R公司受到损失,也是对法律的亵渎。

最终,双方就本案达成了如下调解协议:

(1) X公司于2009年3月31日前一次性返还R公司货款1,688,621.00元;

(2) X公司于2008年12月25日之前给R公司开具1,444,950.00元的增值税发票;

(3) 如果X公司逾期履行上述两项约定,仍需返还R公司2,548,871.25元货款。

调解达成后,笔者担心的情况发生了:X公司只按照上述约定在2008年12月25日之前给R公司开具了1,444,950.00元的增值税发票,其余的1,688,621.00元货款根本没有在约定的时限内支付。R公司只好向法院申请强制执行。当笔者再和X公司的代理律师见面,谈及此事时,这位曾信誓旦旦"我的当事人不可能违约"的律师界前辈,俨然一副事不关己,高高挂起的神态……

四、庭审结束的后续工作

阅读提示

- 在开庭之前准备的代理词只能是草稿,最后定稿的内容,必须根据庭审过程的具体情况进行相应的调整,以增强代理词的针对性。
- 律师在庭审结束后,还应当与主审法官保持联系,尽可能地在第一时间掌握案件的进展情况,以便与委托人及时就诉讼策略以及应对措施进行协商调整。
- 在签收判决书之后应当立即告知委托人,并将判决书原件及时交给委托人。

有很多律师认为,庭审结束就意味着律师的辩护或者代理任务已经完成,一切都万事大吉了,其实不然。由于我国法院系统的审判方式由以前的"纠问式"转变为目前的"抗辩式",诉讼的对抗性越来越强。在相当多的案件中,即使作为一方代理人的律师庭前准备工作做得很充分,在庭审过程中也会出现开庭之前没有预料到的情况。这种情况出现后,事先准备好的质证意见、代理观点等,都要随之变动。合议庭成员也可能会针对双方争议的焦点,提出庭审前没有预料到的问题或者要求提供在所举证据中没有的新证据。因此，在庭审结束后，还应当做好以下五项工作：

1. 根据庭审时对方当事人的质证意见和代理观点，对自己的代理词做适当的调整

代理词是律师代理民事案件时，对双方争议的焦点在认定事实、适用法律等方面进行全面总结和论述的书面法律文书。一篇条理清晰、言简意赅、观点全面、说理到位的代理词，对于帮助法官理清案件事实、正确适用法律起到十分重要的作用。在律师的执业实践中，无论是作为原告/上诉人的代理人，还是作为被告/被上诉人的代理人，在庭审之前，都不可能完全把对方的代理观点了解清楚。因此，**在开庭之前准备的代理词只能是草稿，最后定稿的内容，必须根据庭审过程的具体情况进行相应的调整，以增强代理词的针对性。**

2. 根据合议庭成员的要求，补充提供相关的证据

由于律师代理案件时，是站在一方当事人的角度，难免会出现考虑问题不够全面的情况。同时，出于诉讼策略的考虑，有些对委托人不利的证据或者虽然对委托人有利，但也对对方当事人有利的证据，在举证时一般都不会向合议庭提交。而法官在审判过程中，考虑得更多的是尽量实现公平和正义，尽可能促成纠纷的和谐解决。因此，通过庭审，合议庭成员也许会发现当事人持有却没有提交的证据可能会对案件的处理结果产生直接影响。在这种情况下，合议庭成员往往会要求持有这种证据的当事人在指定的时限内将该证据提交给合议庭。

3. 根据合议庭成员的要求，补充提供审理案件可能适用的具有法律约束力的规范性文件

由于立法工作的滞后性和局限性，有很多案件在作出判决时的依据不是法律、行政法规，而是部门规章、地方性法规，甚至是地方政府的规范性文件。在这种情况下，由于部门规章、地方性法规以及地方政府的规范性文件在公示程度上与法律、行政法规存在很大的差异，很多法官对这些文件并不了解，甚至并不掌握。律师在发表代理意见或者进行质证时如果涉及这些内容，出于公平处理案件的需要，合议庭成员必然要求律师提供这些审理案件可能适用的具有法律约束力的规范性文件。这时，作为一方代理人的律师，应当根据合议庭成员的要求，及时提供完整、清晰的文件。

4. 及时与主审法官沟通，尽可能在第一时间掌握案件的进展情况

律师与案件的当事人相比，除了在专业知识方面具有优势之外，还有一个很重

要的方面,就是因为职业的特点,能够并且有条件与法官直接沟通。因此,**律师在庭审结束后,还应当利用这一优势继续与主审法官保持联系,尽可能地在第一时间掌握案件的进展情况**,以便与委托人及时就**诉讼策略以及应对措施进行协商调整**。实践中,有很多律师都觉得庭审结束等着法院送达判决书就可以了,以至于经常出现委托人都已经知道了判决结果或者已经拿到判决书了,而作为代理人的律师对此却毫不知情的尴尬局面。换个角度想一下,如果你是委托人,还会再聘请这样的律师吗?

5. 委托人的授权事项中包含"代收法律文书"内容的,在签收判决书之后应当立即告知委托人,并将判决书原件及时交给委托人

案件是一审的,此项工作尤为重要。因为涉及委托人是否上诉、能否有足够的时间提起上诉的问题。特别是金融系统的案件,一审结束后是否上诉在很多时候都需要逐级请示,如果判决书送达后不能及时得知相关信息,就会耽误作出反应的时间,直接影响委托人的利益。因此,律师在代理诉讼案件时,对这一点应当给予足够的重视。

第三章

诉讼类法律文书写作

法律文书写作是每一名律师必须具备的基本技能。特别是对于从事诉讼业务的律师而言，即使你在法庭上的应变能力再强，也离不开结构完整、内容严谨的法律文书作为支撑，否则就是信口开河、胡言乱语。一份好的法律文书，能够让法官在阅读之后很容易地了解纠纷的形成过程和双方当事人争议的焦点，能够帮助法官迅速掌握案情、进入角色。从这个角度讲，法律文书写作是律师的基本功和必修课，只有熟悉法律文书写作的基本知识、熟练掌握法律文书写作的基本技能，才能为开展律师业务奠定坚实的基础。

一、起诉状的写作要点及范例

阅读提示

- 标题不要写成"民事起诉书"或者"起诉书"。
- 由于汉语中同音不同字或者同字不同音的情况较多，在确定当事人姓名或者名称时一定要多加注意。
- 在确定诉讼请求事项时，首先，应当根据诉的类型确定诉讼请求事项。其次，诉讼请求的表述要明确、具体，一定要使用规范的法律用语。再次，要认真校对诉讼请求所列的各项内容，以免由于笔误给委托人带来不利后果。最后，诉讼请求要全面、合理，既要考虑可执行性，也要考虑现有的证据在多大程度上可以支持诉讼请求。
- 为了便于叙述纠纷形成的过程，应当尽量按照时间顺序简要叙述事实经过。根据诉的种类不同，事实部分的重点要有相应的区别。

起诉状,是自然人、法人或者其他组织,在认为自己的合法权益受到侵害或者与他人发生争议时,向人民法院提出通过诉讼途径解决纠纷的法律文书。

(一) 起诉状的结构

起诉状的结构通常由标题、当事人基本情况、诉讼请求、事实与理由、致送法院以及具状人签章等六个部分组成。无论是正规的法学教育,还是司法考试科目中,对于上述内容都有详细的介绍,在此不再赘述。

(二) 撰写民事起诉状应当注意的事项

1. 标题可以是"民事起诉状""民事诉状"或者"起诉状"

一定注意不要写成"民事起诉书"或者"起诉书"。因为根据《中华人民共和国刑事诉讼法》(以下简称《刑事诉讼法》)及其相关司法解释的规定,只有人民检察院在提起公诉的刑事案件中使用的法律文书,才能称为"起诉书"。因此,一字之差,代表的法律含义、适用的程序法和实体法都有着天壤之别。法律文书的标题是否准确,也可以从一个侧面反映出律师的专业素养和业务水平。

2. 当事人的相关信息由于其诉讼地位的不同而有所区别

根据《民诉法(2021)》第124条的规定,原告是自然人的,应当记明"姓名、性别、年龄、民族、职业、工作单位、住所、联系方式";被告是自然人的,应当记明"姓名、性别、工作单位、住所等信息"。原告是法人或者其他组织的,应当记明"名称、住所和法定代表人或者主要负责人的姓名、职务、联系方式";被告是法人或者其他组织的,应当记明"名称、住所等信息"。二者相比,对被告相关信息的要求,显然比原告要少,符合便利诉讼的原则。

但是,作为律师,为了尽可能地提高工作效率,对于被告是自然人的,如果能够提供身份证号码的,最好同时提供身份证号码,以尽可能准确地确定当事人的诉讼主体资格。对于被告是法人或者其他组织的,应当写明单位名称和法定代表人或者负责人的姓名。单位是企业的,应当根据营业执照登记的地址,写明其住所地。营业执照登记的地址与实际经营场所不一致的,还应当写明实际经营场所的地址,以方便法院的送达。当然,这都是在起诉前能够调查、了解清楚的情况下。

根据《国家工商行政管理总局关于停止企业年检工作的通知》,自2014年3月1日起,工商行政管理总局(现已改为国家市场监督管理总局)取消了企业年检制度。同时,开放了企业信用信息查询系统(近年来兴起的"企查查""启信宝""天眼查"等平台也基本上可以替代这个系统的功能,但从证据的合法性角度考虑,在举证时还是应该选择从官方网站下载相关信息),需要查阅企业基本信息(包括名称、法定代表人/负责人姓名、经营范围、注册资本、股东构成、股东出资形式及出资额)的,可以非常方便地通过互联网进行查询,这为我们代理诉讼业务时的相关准备工作提供了极大的便利。

由于汉语中同音不同字或者同字不同音的情况较多,在确定当事人姓名或者名称时一定要多加注意。另外,由于历史的原因,有些企业的名称中含有所在行政区划的名称(如××省××有限责任公司),有些企业的名称中不含有所在行政区划的名称(如××××有限责任公司)。在当事人是单位的情况下,一定要注意区分,尽量避免弄错诉讼主体。

3. 在确定诉讼请求时,需要注意下列事项

首先,应当根据诉的类型确定诉讼请求事项。例如,提起给付之诉的,一定要有要求被告履行给付义务的内容;提起确认之诉的,一定要有要求确认何种事实或者权属的事项。其次,诉讼请求的表述要明确、具体,一定要使用规范的法律用语。例如,在合同纠纷中,违约金和赔偿金要分清,利息和逾期付款违约金也要分清。再次,要认真校对诉讼请求所列的各项内容,以免因笔误给委托人带来不利后果。最后,诉讼请求要全面、合理,既要考虑可执行性,也要考虑现有的证据在多大程度上可以支持诉讼请求。

案例3-1　甲诉乙所有权确认纠纷案

甲与乙各出资一半共同购买了一处房产,当时签订书面协议约定,所购房产的产权各自拥有50%,暂时登记在乙的名下,房产产生的收益、发生的费用由双方各自享有、各承担50%。若干年后,甲离婚,甲、乙与甲的前妻丙共同签署一份协议,约定将甲拥有的上述房产的50%的份额及相关权利、义务一并转让给丙。此后,丙向乙提出将其登记为房产按份共有人的要求,乙采取各种方式躲避、拖延并将出租房产取得的收益全部占为己有。丙遂决定对乙提起诉讼。

案情比较简单,经过检索最高人民法院发布的《民事案件案由规定》可以确定案由为"物权确认纠纷"项下的"所有权确认纠纷",但对于如何提出诉讼请求以及提出的诉讼请求如何表述却是代理律师需要重点关注和考虑的问题。

首先,关于诉讼请求如何提出的问题。对于一个所有权确认纠纷而言,要求确认丙对案涉房产拥有所有权毋庸置疑,但问题是,丙的最终目的是要求登记为案涉房产的共有人(按份共有),在这种情况下,是否需要提出判令乙配合办理将丙登记为按份共有人的诉讼

请求,是代理律师必须要考虑的问题。根据《物权法》第28条的规定,"因人民法院、仲裁委员会的法律文书或者人民政府的征收决定等,导致物权设立、变更、转让或者消灭的,自法律文书或者人民政府的征收决定等生效时发生效力"。《最高人民法院关于适用〈中华人民共和国物权法〉若干问题的解释(一)》第7条也对《物权法》第28条规定的"导致物权设立、变更、转让或者消灭的人民法院、仲裁委员会的法律文书"的范围作出了解释:"人民法院、仲裁委员会在分割共有不动产或者动产等案件中作出并依法生效的改变原有物权关系的判决书、裁决书、调解书,以及人民法院在执行程序中作出的拍卖成交裁定书、以物抵债裁定书,应当认定为物权法第二十八条所称导致物权设立、变更、转让或者消灭的人民法院、仲裁委员会的法律文书。"但这些规定只是基本的法律规定,我们在代理案件过程中,特别是确定诉讼请求的时候,必须考虑委托人的最终目的如何实现,从这个角度来说,仅仅有上述这些基本的法律规定是不够的,还需要检索不动产登记方面的具体规定。经过检索《不动产登记暂行条例》可以确认,该条例第14条第2款明确规定:"属于下列情形之一的,可以由当事人单独申请:……(三)人民法院、仲裁委员会生效的法律文书或者人民政府生效的决定等设立、变更、转让、消灭不动产权利的;……"也就是说,即使在起诉状中不提出判令乙配合丙办理将丙登记为按份共有人的诉讼请求,丙也可以凭法院的生效判决向不动产登记机关申请将自己登记为案涉房产的共有权人。

其次,确认所有权的诉讼请求如何表述。从法律文书写作的方法角度来说,既然是确认之诉,使用"确认"作为诉讼请求的第一个关键词无须争论。但"确认"什么需要我们斟酌。在此以一个比较典型的表述方式为例进行分析:"确认原告占有案涉房产百分之五十的份额。"这个表述的不妥之处主要在于两个方面:一是"占有",二是"案涉房产百分之五十的份额"。根据《物权法》第39条的规定,"占有"只是所有权的一个组成部分,并不是全部。同时,在《物权法》体系下,"占有"还是一种单独的法律制度,区别于所有权、用益物权和担保物权。因此,在"所有权确认纠纷"的诉讼请求中使用"占有"一词显然是不合适的。而"案涉房产百分之五十的份额"的主要问题在于,未能强调所有权的性质,只强调了份额。因此,比较准确的表述应当是"确认案涉房产的百分之五十的所有权归原告所有",或者是"确认案涉房产的百分之五十的所有权属于原告"。

4. 在表述诉讼请求内容时,需要注意下列事项

(1)对诉讼请求内容的表述,须使用"判令"(给付之诉)、"确认"(确认之诉)等动词作为谓语,但不要加入"请求法院"等类似的内容。因为起诉状本身就是将纠纷提交给法院处理,加入上述内容明显是画蛇添足。

(2)诉讼请求的内容中有数字的,应当注意分节号与小数点的用法。根据会计记账的规范,小数点以前的数字每三位需要加入分节号以方便读数。例如,100万元应当写作"1,000,000元"(这里的分节号应当使用英文或者中文半角输入法中的逗号)。在笔者接触到的司法文书中,均采用分节号进行分隔。因此,建议律师在制作法律文书时,也采用分节号进行分隔,以避免不必要的麻烦。小数点在诉讼请求中通常都是在涉及数字,特别是金额时使用。根据一般的计数规则,小数通常保留小数点后两位。例如,一百五十七万四千九百六十三元两角三分应当写作"1,574,963.23元"。

(3)如果一项诉讼请求中包括两项或者两项以上的金额,应当在该项诉讼请求中注明合计数。同时,还要注意这两项或者两项以上的金额的计数方法保持一致。例如,该项诉讼请求中包括本金1,000万元,利息96万元。要么表述为"本金1,000万元,利息96万元",要么表述为"本金10,000,000元,利息960,000元"。注意不要写成"本金1,000万元,利息960,000元",或者"本金10,000,000元,利息96万元"。

5. 在事实与理由部分,应当先叙述事实再写明理由

为了便于叙述纠纷产生的过程,应当尽量按照时间顺序简要叙述事实经过。根据诉的种类的不同,事实部分的重点要有相应的区别。例如,提起给付之诉的,要叙述清楚给付义务形成的时间、数量或者金额;提起确认之诉的,要叙述清楚目前争议的事实或者权属的状态,以及要求确认的理由。"事实与理由"是起诉状的核心内容,在写这部分内容时,既要用简练的语言把争议的事实经过叙述清楚,又要通过事实的叙述对纠纷的性质作出准确的分析。因此,需要掌握下列基本原则:

(1)用词要简练、准确,尽量不要使用形容词,特别是带有夸张、攻击性质或者贬低对方当事人的形容词。

(2)与案件事实相关的名词应当统一。例如,在买卖合同纠纷中,对于买受人应当支付的对价,应当统一称为"货款"或者"价款"。不要将"货款"和"价款"交替使用。这一原则同样适用于其他法律文书的写作。

(3)在叙述案件事实的时间顺序上,应当以顺叙的方式进行,不要倒叙或者插叙。因为起诉状不是文艺作品,"事实与理由"的唯一任务就是把纠纷的来龙去脉表述清楚,不需要使用其他写作技巧来吸引阅读者的眼球。

6. 准确表述当事人在诉讼中的地位

原告或者被告为两个以上时,在"事实与理由"部分为了陈述事实方便,最好使用当事人名称的简称,尽量不用称"第×原告""第×被告"或者"原告×""被告×",特别是在当事人数量较多、起诉状页数较多、当事人名称相近的情况下,因为在这种情况下很容易把当事人的序号与当事人姓名或者名称混淆,以至于自己都不知道"第×原告"是谁了。

7. 其他需要注意的事项

（1）如果起诉状的页数超过1页，应当在每一页中加入页码，以方便法官或者委托人阅读。

（2）起诉状排版时的格式。"起诉状"名称应当居中，"诉讼请求"和"事实与理由"应当居中或者前面空两格，结尾部分的"此致"，应当在前面空两格，致送人民法院的名称应当左侧顶格，起诉状日期应当右侧顶格，上述各项内容之间以及当事人基本情况之间应当各空一行。

（3）除了"起诉状"名称应当使用比其他内容大一些的字号之外（通常为二号字），其他内容的字号应当统一（通常为四号或者小四号）。使用的字体最好是宋体或者楷体，因为这两种字体是平时使用频率最高的，排版时考虑阅读者的阅读习惯是非常重要的。个别需要特别标注或者引起阅读者注意的部分可以将该部分字体加粗、加黑或者使用黑体字。为了美观和突出，其中的数字最好使用罗马数字，尽量不要使用与字体相同的数字字体。

8. 关于诉讼请求中是否应当包括诉讼费用的问题

诉讼费用是诉讼案件中一个绕不开的话题，在我们接触到的《起诉状》《上诉状》等法律文书中，类似"诉讼费用由被告/被上诉人承担"的内容已经成为标配。甚至有律师因为在上述法律文书的诉讼/上诉请求部分遗漏了"诉讼费用由被告/被上诉人承担"的内容而追悔莫及，绞尽脑汁设法补救。

人的思维方式和行为方式经常存在一种惯性，这种惯性使得我们在实施某一个行为的时候，不由自主地被这种惯性所驱使。当我们用心去思考的时候，你可能会发现，原来这种惯性并不一定是正确的。诉讼费用的问题就是如此。

从民事诉讼理论的角度看，诉讼费用的负担不是诉讼标的，也就不能成为原告或者上诉人提出诉讼/上诉请求的基础。一个完整的诉，是由当事人（原告/上诉人和被告/被上诉人）、诉讼标的、诉讼请求以及案件事实构成的。其中，诉讼/上诉请求是指原告或者上诉人在诉讼中以诉讼标的为基础所提出的具体请求。例如，A公司按照买卖合同的约定向B公司交付了价值100万元的货物，此前双方在合同中约定，B公司应当在A公司交付货物并验收合格后7日内支付价款。但B公司在接收货物并验收合格后的7日内，没有按照约定及时支付价款，A公司遂对B公司提起合同违约之诉。此案的诉讼标的是B公司拖欠A公司的货款；A公司可以提出的诉讼请求，应当是要求B公司支付100万元货款及相应的逾期付款违约金。而诉讼费用是民事诉讼的一方当事人（原告或者上诉人）在提起诉讼或者上诉时向法院缴纳的为进行诉讼所必需的法定的费用，属于国家规费性质，体现当事人与法院之间的公法上的关系，不属于民事法律关系，不能成为诉讼标的，因此也就不能作为诉讼请求的基础。

从法律依据的角度看，相关法律规定也不支持将诉讼费用的负担作为诉讼请求的基础。首先，诉讼费用缴纳与承担的法律依据是《诉讼费用交纳办法》（以下简称《办法》），由国务院于2006年12月19日发布，自2007年4月1日起施行。根据《办法》第29条的规定："诉讼费用由败诉方负担，胜诉方自愿承担的除外。部分胜诉、部分败诉的，人民法院根据案件的具体情况决定当事人各自负担的诉讼费用数额。共同诉讼当事人败诉的，人民法院根据其对诉讼标的的利害关系，决定当事人各自负担的诉讼费用数额。"从这一规定可以得出这样两个结论：结论一，承担诉讼费用是败诉方的法定义务，除非胜诉方自愿承担；结论二，不能完全胜诉的案件，诉讼费用如何分担由法院决定。据此，我们有理由认为，将类似"诉讼费用由被告/被上诉人承担"的内容写入诉讼/上诉请求中实在没有必要，也不应该。其次，《办法》关于"当事人不得单独对人民法院关于诉讼费用的决定提起上诉"的规定，佐证了"诉讼费用的负担"不应当成为诉讼请求的观点。《办法》第43条明确规定："当事人不得单独对人民法院关于诉讼费用的决定提起上诉。当事人单独对人民法院关于诉讼费用的决定有异议的，可以向作出决定的人民法院院长申请复核。复核决定应当自收到当事人申请之日起15日内作出。当事人对人民法院决定诉讼费用的计算有异议的，可以向作出决定的人民法院请求复核。计算确有错误的，作出决定的人民法院应当予以更正。"据此，当事人不得单独对法院关于诉讼费用的决定提起上诉，法院对诉讼费用的负担所作的决定确实有错误的，当事人只能通过申请启动复核程序予以纠正。言外之意，诉讼费用的负担不能成为判决主文的内容，不属于法院的判决项，原因在于当事人仅针对一审判决的主文内容有权提出上诉请求。而一审判决主文是一审法院针对当事人的诉讼请求，根据认定的事实和适用的法律，对当事人之间争议的权利义务关系所作出的实体性的处理决定。判决主文确定的权利义务应当与当事人的诉讼请求相对应，不得超出或者小于当事人诉讼请求的范围。据此，诉讼费用的负担既然不属判决主文的内容，也就不应当作为诉讼请求提出来。

以上是从解读《办法》的正向角度得出的结论。我们还可以从判决书的角度进行反向解读。律师同行们一定接触过原告的诉讼请求被驳回的判决，其中的判项自然是"……判决如下：驳回原告的诉讼请求"，除此之外，判决书还会另起一行，对诉讼费用的负担做出决定，内容通常为，"案件受理费××元，由原告××负担"。这也说明，诉讼费用由谁负担不应当作为诉讼请求中的一项内容。

上述内容纯属理论探讨，法官们是否认同，目前尚不得而知。在掌握审判权的法官没有认同之前，还请律师同行们暂时按照多年来延续的习惯，即将诉讼费用作为单独一项写入诉讼请求中，以免给委托人造成不必要的损失，也避免给自己和自己所在的律所带来不必要的麻烦。

下面以案例 1-15 为例，介绍《起诉状》的写作方法。

范本 3-1　起诉状

民事起诉状

原告：北京 R 公司
住所地：北京市 PM 工业区 177 号
法定代表人：×××

被告：P 市 X 公司
住所地：辽宁省 P 市 X 区工业开发区
法定代表人：×××

诉讼请求：

1. 判令被告返还原告多支付的货款 2,561,775.00 元，利息 336,617.64 元，两项合计 2,898,392.64 元。
2. 判令被告为原告开具与已收货物等值的增值税发票。
3. 判令被告承担本案全部诉讼费用。

事实与理由：

2005 年 2 月 20 日，原告与被告签订合同约定：原告以每吨 16,900.00 元的价格向被告购买产品，质量须达到国家标准。合同签订后，原告共计向被告支付了 17,100,000.00 元货款，但是被告只向原告交付了 860.25 吨产品，货物总值仅为 14,538,225.00 元。发现此情况后，原告于 2005 年 12 月 15 日以邮政特快专递的方式致函被告，要求返还多支付的 2,561,775.00 元货款，但时至今日被告始终没有返还。

此外，被告未按照向原告实际交付货物的金额，足额向原告开具增值税发票，目前尚有价值 1,444,950.00 元的货物未开具增值税发票。导致原告在 2005 年度多缴纳了 209,950.00 元的增值税。为维护企业的合法权益，原告依法向贵院提起诉讼。请贵院查明事实后，依法判如所请。

此致
黑龙江省 D 市中级人民法院

具状人：北京 R 公司
2007 年 11 月 30 日

需要说明的是,这份《起诉状》中没有提及双方签订的合同名称,也没有提及合同的性质。之所以这样处理,主要是基于以下两种考虑:一是在双方履行合同的过程中,由于履行方式的改变(合同约定应当由原告提供原料,合同履行过程中是被告自己购买的原料),使得合同的性质发生了变化,在没有完全展示相关证据之前,很难用简洁的语言将此表达清楚;二是本案属于典型的给付之诉,只要将事实经过叙述清楚,就能够反映出诉讼请求与案件事实的关联性。由于《起诉状》的作用就是把当事人之间的争议提交给法院进行裁决,在不影响诉讼请求确立的前提下,尽量在起诉阶段简化案情可以尽快地进入审理程序,从而提高解决纠纷的效率。

二、答辩状

阅读提示

- 制作一审民事答辩状时,应当围绕原告在民事起诉状中叙述的事实和理由进行。
- 原告不一定都是有理的,被告也不一定都是无理的,应诉能否成功的关键在于是否能够在熟悉案情的基础上提供有力的证据,从而进行有理、有力、有节的辩驳。
- 在进行二审答辩时,不仅要对上诉人提出的上诉事实和理由作出反驳和辩解,还要对一审判决的程序是否合法,认定的事实是否清楚、准确,采信的证据是否符合证据规则的要求等方面作出适当的回应。
- 无论是一审答辩状还是二审答辩状,在写作时都要做到内容简短、精练,不要长篇大论,不要对原告或者上诉人及其代理人进行人身攻击,切忌受委托人的影响而感情用事。

答辩状,是在诉讼活动中,被告人、被上诉人针对原告的诉讼请求、反诉原告的反诉请求或者上诉人的上诉请求进行反驳和辩解的法律文书。

(一)答辩状的结构

答辩状的结构通常包括标题、当事人基本情况、答辩事由、答辩内容、致送法院以及答辩人签章等六个部分。

（二）撰写民事答辩状应当注意的事项

1. 制作一审民事答辩状时，应当围绕原告在民事起诉状中叙述的事实和理由进行

起诉状中的内容存在明显错误的，可以针锋相对，直接指出并予以反驳；没有明显错误的，可以根据被告的观点进行立论。

> **案例 3-2**　**J 市第一建筑工程公司诉黑龙江省 Q 厂建设工程施工合同纠纷案**
>
> 2002 年 7 月初，原告 J 市第一建筑工程公司与被告黑龙江省 Q 厂签订了《建设工程施工合同》，约定由原告承建国道主干线至被告厂区的公路施工工程，工期为 60 天，工程质量应当达到合格标准，工程价款以路面面积为计算单位，每平方米 180 元。由于勘查不到位，施工路段存在的软基路段没有事先勘查出来，导致在合同履行过程中出现了设计变更。设计单位在作出设计变更决定时，只对工程量作出了预算，没有对工程价款作出预算。原告按照设计变更继续施工。到 2002 年 9 月 21 日，路面工程完工，路肩、边沟、桥涵、路灯安装工程没有全部完工。2002 年 11 月 5 日，原告向法院提起诉讼，要求被告支付工程价款 101 万元。

接受被告的委托后，笔者认真审阅了双方签订的《建设工程施工合同》，到施工路段实地察看了施工现场的现状，还到设计单位咨询了工程施工方面的一些专业问题。在基本了解案情和理清双方争议焦点的基础上，代被告制作了答辩状。

> **范本 3-2**　**一审答辩状**
>
> 民事答辩状
>
> 答辩人：黑龙江省 Q 厂
> 住所地：J 市××路××号
> 法定代表人：××，职务：厂长
>
> 被答辩人：J 市第一建筑工程公司

住所地:J市××路××号

法定代表人:××,职务:经理

答辩人因被答辩人所诉建设工程施工合同纠纷一案,提出答辩如下:

第一,双方在《建设工程施工合同》中约定的"合同价款"是"以水泥路面面积为计算单位,每平方米180元",而不是被答辩人在《起诉状》中诉称的"工程价款路面三层以上每平方米180元"。

第二,被答辩人的确是在2002年9月21日完成了水泥路面的施工。但是,并不能因此就认为被答辩人"依约履行了合同义务","提前竣工"。理由如下:一方面,截至2002年9月21日,被答辩人只是完成了水泥路面的施工。而按照合同的约定,工程的内容除路面以外还包括"路肩、边沟、桥涵和路灯"等附属工程,也就是说,被答辩人实际上并没有完全履行合同约定的义务。另一方面,合同约定的工程竣工日期是2002年9月30日(含养生期)。按照公路施工技术规范的要求,养生期一般在14至21天。照此计算,被答辩人应当在2002年9月16日完成合同约定的工程内容才可以说是"依约履行了合同义务"。可是,截至2002年9月21日,被答辩人只完成了路面工程的施工,究竟是谁违约显而易见。

第三,被答辩人诉称,答辩人"并未按照施工进度付工程款"也并非事实。按照双方代表于2002年10月18日签字确认的《Q厂支路路面实测结果》可以确认:路面面积是8,246.32平方米。按照每平方米180元的价格计算,合同价款总额应当是1,484,337.60元。而截至2002年10月底,答辩人已经向被答辩人累计支付工程款120万余元。这怎么能说答辩人没有按照工程进度支付工程款呢?况且,该项工程并没有通过黑龙江省JF公路工程指挥部组织的统一验收,因此,双方也没有进行最后的工程结算。在这种情况下,被答辩人向答辩人主张支付剩余工程款显然是于法无据的。

第四,答辩人承认设计变更部分导致了工程价款的增加,但是,在设计单位没有提供预算资料之前,答辩人无法确认该部分价款。答辩人承诺,在设计单位提供预算资料或者工程经过指挥部验收合格并确认工程量之后,答辩人可以先参照去年的工程定额费用拨付工程款,待统一决算后进行最后的结算。

綜上所述，被答辩人的诉讼请求是一种明显的恶意诉讼行为，应当依法予以驳回。同时，答辩人保留提起反诉或者另行起诉的权利。

此致
黑龙江省J市中级法院

答辩人：黑龙江省Q厂
2002年12月12日

由于向法院递交答辩状之前，已经将需要举证的证据全部收集完毕，在制作答辩状时，很快就找到了双方争议的焦点，也非常容易地提出了与原告的诉讼请求针锋相对的答辩意见。令人费解的是，在收到被告的答辩状之后，原告不但没有认真考虑被告的答辩意见，反而又将诉讼请求变更为146万余元。最后，法院判决被告给付原告工程款38万余元，也就是未结算的28万余元加上设计变更部分的10万余元。从这个数字来看，原告的诉讼实际上是失败的，因为法院判决的金额就是其应得的金额，而且被告并没有拒绝支付的意思表示，实际上也没有不履行支付义务。这起案件告诉我们，**原告不一定都是有理的，被告也不一定都是无理的**，应诉能否成功的关键在于**是否能够在熟悉案情的基础上提供有力的证据，从而进行有理、有力、有节的辩驳**。

另外，在办理这起案件过程中遇到的律师队伍中存在的两种现象，有必要在此予以介绍并表示坚决反对。一种现象就是笔者前文提到的，在收到被告的答辩状之后，原告不但没有认真考虑被告的答辩意见，反而又将诉讼请求变更为146万余元。原告这一做法的指导者，就是该公司聘请的本案的第一位代理律师（为了叙述方便，暂且称他为S律师）。S律师出于什么样的目的非要在被告已经明确了答辩意见并且提供了相关证据的情况下，还坚持把诉讼请求的金额由小变大？这其中的缘由应该是不言自明的。令笔者感到欣慰的是，本案第一次开庭之后，原告就与这位S律师解除了代理关系。

另一种现象也是发生在S律师身上。第一次开庭过程中，原告申请工程监理单位的一名监理工程师作为原告方的证人出庭作证。根据庭审规则，出庭的证人应当由申请方首先询问。S律师从这位证人口中得到了原告需要的证言。接下来，由笔者代表被告对证人进行询问。令笔者没有想到的是，在笔者询问完毕之后，S律师居然向合议庭提出，这位监理工程师的证言不应予以采信。理由是监理公司是被告聘请的，与被告有利害关系。笔者当时立即予以反驳：第一，监理公司是被告聘请的不假，但这位监理工程师是由原告申请作为本方证人出庭作证的，他前来作证的行为并未事先征得单位的同意，刚才我对他进行询问的时候，他已经明确承认了这一点。因此，证人作证的行为只是他的个人行为，与监理公司没有任何关系。既然证人不是代表监理公司前来作证的，他与被告之间有利害关系的说法是不能成立的。第二，既然原告代理人主张对自己申请出庭的证人提供的证言不予采信，申请这位证人出庭岂不是多此一举？第三，在自己找来的证人作出了对自己不利的证言的情况下，想方设法否定证言的做法是违背诚信原则的。

上述两种现象是目前律师队伍中存在的恶习的集中体现，它反映出部分律师在职业道德方面的缺失，为了达到增加收入的目的，不惜损害自己名誉调词架讼；为了片面地追求有利于委托人的诉讼结果，而无视诉讼的客观规律和律师的价值。这些恶习对于年轻律师的成长是十分有害的，虽然对年轻律师进行职业道德和执业纪律方面的教育不是写作本书的初衷，但笔者始终认为，职业道德和执业纪律方面的教育不应孤立于律师的执业实践，也不应是空洞的说教和长篇的理论，而应当和律师执业活动的点点滴滴紧密结合起来，只有这样，才能造就一支"坚持信念、精通法律、维护正义、恪守诚信"的律师队伍。

2. 制作二审民事答辩状时，内容要全面

由于上诉人的上诉不仅针对被上诉人，往往也会针对一审判决，因此，**在进行二审答辩时，不仅要对上诉人提出的上诉事实和理由作出反驳和辩解，还要对一审判决的程序是否合法、认定的事实是否清楚和准确、采信的证据是否符合证据规则的要求等方面作出适当的回应**。

下面以案例1-15为例，介绍二审答辩状的写作方法。

范本3-3　二审答辩状

民事答辩状

答辩人：北京R公司
住所地：北京市PM工业区177号
法定代表人：×××

被答辩人：P市X公司
住所地：辽宁省P市X区工业开发区

法定代表人：×××

答辩人因被答辩人不服 D 市中级人民法院（2008）D 商初字第 9 号民事判决书提起的上诉作出答辩如下：

第一，双方之间的合同关系如何定性并不会对本案产生任何程序上或者实体上的影响，况且被答辩人在原审答辩状中已经自认了"实际履行时双方并未按照加工合同之约定履行"的事实。因此，原审以买卖合同纠纷立案并判决并不违反任何法律规定。

第二，被答辩人在原审中提供的证据不足以证明"原料价格上涨"的事实，因此，原审判决根据被答辩人开具的增值税发票显示的价格，认定双方交易的单价为每吨 16,900 元是正确的。

第三，由于被答辩人是在其设在 D 市的加工厂将原料加工成成品的，该加工厂距离约定交货的地点不足 3 公里，被答辩人的代理人在原审过程中自认两地点之间的运费是每吨 15 元。原审判决在被答辩人自认的基础上作出相关认定并无不当。

第四，被答辩人已经在原审答辩状中自认："在合同期间我公司提供的货物其中有一批 36 吨，以抽检不合格为由被退回，我公司提出异议后，并请原告检验人员重新检验为合格。"但是，被答辩人并未提供能够证明被退回的 36 吨货物再次交付给原告的证据。因此，原审判决认定的事实也是正确的。

综上所述，原审判决认定事实清楚、适用法律正确、审判程序合法，应当予以维持。

此致
黑龙江省高级人民法院

答辩人：北京 R 公司
2008 年 8 月 29 日

3. 答辩状写作规则

无论是一审答辩状还是二审答辩状，在写作时都要做到内容简短、精练，不要长篇大论，不要对原告或者上诉人及其代理人进行人身攻击，切忌受委托人的影响而感情用事。有些时候，可能由于接受委托的时间较短，准备时间不足而造成对案件事实不甚熟悉或者情况不明的被动局面。在这种情况下，答辩的内容可以围绕诉讼主体是否适格、管辖是否符合法律规定、诉讼请求或者上诉请求是否合法、合理等不涉及案件事实的次要方面进行准备，以免在情况不明时涉及事实而构成自认。

4. 按时提交答辩状

在律师的执业实践中,经常有律师主张在答辩期内不提交答辩状,以免对方当事人事先摸清委托人的底牌再重新组织证据或者变换诉讼策略。笔者认为,这种做法在一定程度上固然可以达到出其不意的效果,但是,它不仅违反了诚实信用的原则,还在一定程度上贬损了律师形象,歪曲了诉讼在解决平等民事主体之间纠纷的作用,不应当提倡。

三、上诉状

阅读提示

- 《民诉法解释(2022)》第315条和第317条的规定,是为了解决法院裁判文书中当事人的诉讼地位如何确定的问题。律师在制作上诉状时,不能完全照搬规定,因为其只能代理其中的一方当事人,对方当事人就应当表述为被上诉人;如果案件当事人不仅仅是两方,还要根据上诉人与其他当事人之间存在的利益冲突的具体情况将其他当事人确定为被上诉人、原审原告或者原审被告。
- 在确定上诉请求时,对于"原判决认定事实错误,或者原判决认定事实不清,证据不足"的案件,以要求改判为宜。
- 上诉状中"事实与理由"部分的内容,应当重点围绕原审判决的不当之处进行论述,针对的对象应当是"原审判决",不能是"原审法院";内容的中心应当是"驳论",可以从审判程序、证据的认定与审核、事实的认定、法律的适用等可能影响案件结果的各个方面进行充分的论述。
- 由于民事诉讼"不告不理"的特点,在确定上诉请求时一定要全面。如果漏项,可能会给委托人造成不必要的损失。

上诉状,是案件当事人或其法定代理人不服一审人民法院的裁判,在法定的上诉期内按照法定程序,请求上一级人民法院撤销、变更原审判决或者发回原审法院重新审理而制作的法律文书。

（一）上诉状的结构

上诉状的结构与起诉状完全相同，在此不再赘述。

（二）撰写民事上诉状应当注意的事项

1. 准确确定当事人在二审中的诉讼地位

二审程序中，由于所有案件当事人都有可能对一审的裁判结果不服而提起上诉，在这种情况下，如何准确确定案件当事人的诉讼地位就成为二审程序中必须解决的首要问题。《民诉法解释（2022）》第315条和第317条对此作出了相应规定。但是，必须注意，上述规定是为了解决法院裁判文书中当事人的诉讼地位如何表述而作出的，律师在制作上诉状时，不能完全照搬规定，因为其只能代理其中的一方当事人，对方当事人就应当表述为被上诉人；如果案件当事人不仅仅是两方的话，还要根据上诉人与其他当事人之间存在的利益冲突的具体情况将其他当事人确定为被上诉人、原审原告或者原审被告（参见案例3-4和诉讼类法律文书范本3-5）。

2. 准确表述上诉请求

由于上诉是因为不服一审的裁判而提起的，在表述上诉请求时，应当与起诉状中的诉讼请求有所区别。根据《民诉法（2021）》第177条的规定，人民法院对上诉案件的处理可能存在三种结果：维持原判、改判或者发回重审。第一种结果是上诉人不希望得到的，上诉请求也就不可能提出要求维持原判。因此，准确的上诉请求的表述只能从改判或者发回重审这两种可能中选择其中的一种。

这里需要注意的是，从字面上理解《民诉法（2021）》第177条第1款第（三）项的规定，对于"原判决认定基本事实不清"的案件提起的上诉请求可以是"发回原审法院重审，或者查清事实后改判"，但是，作为律师应当从最大限度地维护委托人合法权益的角度出发。因此，**在确定上诉请求时，对于"原判决认定基本事实不清"的案件，以要求改判为宜。**

3. 上诉状中"事实与理由"部分的写作方法

上文已经提到，上诉是因为不服一审的裁判而提起的，因此，**上诉状中"事实与理由"部分的内容应当重点围绕原审判决的不当之处进行论述，针对的对象应当是"原审判决"，不能是"原审法院"；内容的中心应当是"驳论"**，可以从审判程序、证据的认定与审核、事实的认定、法律的适用等可能影响案件结果的各个方面进行充分的论述。

4. 上诉状起草完成后在定稿之前,还应当注意下列事项:

(1) 上诉状中涉及的当事人的称谓前后要一致;

(2) 认真核对文字、标点符号以及数字,文字不能存在错字、别字,标点符号的位置应当准确,用法应当符合使用规范,数字必须准确无误;

(3) 由于民事诉讼"不告不理"的特点,在确定上诉请求时一定要全面。

如果漏项,可能会给委托人造成不必要的损失。因此,再次确认上诉请求是否全面是此阶段必须做好的一项工作。

案例3-3　X公司诉Z公司买卖合同纠纷案

2001年6月,黑龙江省A市X制粉有限公司(以下简称"X公司")与黑龙江省B市Z商贸有限公司(以下简称"Z公司")签订了买卖合同并开始供货。2001年6月至2002年10月3日期间,交易方式是X公司通过空车配货的方式向Z公司送货,Z公司收到货物后再向X公司付款。2002年10月3日,Z公司出具了欠款确认书,承认欠款金额为89万余元。此后,双方的交易方式改变为Z公司先支付货款,X公司根据付款的金额确定发货数量。但是,由于X公司在管理上存在明显的疏漏,导致交易过程中没有保留Z公司全部的收货凭证。到2003年8月底,根据X公司的财务资料记载,Z公司共计拖欠货款53万余元。此时,由于管理层变动,X公司开始了大规模的清欠工作,Z公司被列为清欠的重点对象。在公司指派员工上门催收无效的情况下,X公司委托笔者代理本案,准备向B市中级人民法院提起诉讼。

接受委托后,笔者在仔细核对双方往来账目的基础上,对X公司能够提供的证据进行了梳理和分析。针对本案的特殊情况,笔者向X公司的有关领导提出了初步的代理意见:由于交易过程中没有保留Z公司全部的收货凭证,能够提供的证据不足以证明对方收货的数量。虽然2002年10月3日Z公司曾经确认过欠款金额,但是,此后双方的交易行为在延续,而这期间Z公司的收货凭证也没能保留齐全,导致无法完整证明交易的全部数量。如果对方配合,还可以做到账目清楚;如果对方不配合,则完全胜诉的可能性不大。而且从对方对待清欠工作的态度来看,不配合的可能性很大。听了笔者的分析意见之后,X公司的领导表示,出于清欠的需要,不论是否能够完全胜诉,都要按照财务资料记载的欠款金额起诉。在这种情况下,笔者代理X公司向B市中级人民法院提起了诉讼。

Z公司在一审中的表现正如笔者预料的那样,在明知X公司掌握的收货凭证不全的情况下,极力否认收到货物的数量,并且把一笔与X公司有争议的汇给案外人的140,000元的货款连同2002年10月3日确认欠款金额之前的支付给X公司的货款都计入了2002年10月3日之后的付款金额。但是,假的毕竟是假的,Z公司在庭审中还是暴露出一些明显不能自圆其说之处:

(1) Z公司的法定代表人在庭审中提出,X公司当时的法定代表人Q总答应过其每销售一袋面粉给该公司返利1元,但是至今没有兑现。因此,应当从X公司起诉的金额中减去87,413元。

(2) 对于汇给案外人的140,000元,Z公司的法定代表人拿出了一张X公司当时的法定代表人Q总签字的字条,内容是要求财务部对这笔款项"合理解决"。Z公司对此的解释是,此笔款项是经Q总同意由Z公司垫付给Z省某厂家用于为X公司购买包装物的。因此,也应当冲减X公司起诉的金额。

对Z公司在庭审过程中出现的上述漏洞,笔者立即抓住机会予以反击:

(1) 在对原告提供的证据进行质证时,被告否认原告有关证明双方交易数量的证据,并且表示不清楚双方的交易数量到底是多少。但是,被告却能够根据销售出去的面粉的数量计算出应当得到的返利,这说明被告至少收到了87,413袋面粉。而这个数字和原告提供的财务资料中记载的数量是吻合的。因此,应当确认原告提供的证据的效力。

(2) 被告提供的X公司的Q总对支付给案外人的140,000元的字条,只能证明Q总知道此事的存在,不能证明这笔款项与双方的交易有任何关系,而且X公司从未使用过Z省的某厂生产的包装物。因此,这140,000元货款与本案不具有关联性。

庭审在明显对X公司有利的气氛中结束。当笔者在庭审笔录上签字的时候,正在走出法庭的审判长对另外两名法官说的话被笔者听得清清楚楚:原告的律师够厉害,一下子就把被告的漏洞给抓住了。听到这些,笔者和一起出庭的X公司的几名中层管理人员都长长地舒了口气。然而,当X公司收到B市中级人民法院寄来的一审判决书时,我们都惊呆了——驳回X公司的诉讼请求!在这种情况下,笔者继续接受委托代理二审,制作了上诉状。

范本 3-4　上诉状(单一当事人)

民事上诉状

上诉人(原审原告):黑龙江省 A 市 X 制粉有限责任公司

住所地:A 市 D 区××街×号

法定代表人:×××,公司董事长

被上诉人(原审被告):黑龙江省 B 市 Z 商贸有限公司

住所地:B 市 J 区××街×号

法定代表人:×××,公司董事长

上诉人因买卖合同拖欠货款纠纷一案,不服 B 市中级人民法院(2003)B 民商初字第×××号民事判决书的判决,现提起上诉。

上诉请求:

1. 撤销原审判决,判令被上诉人清偿拖欠的货款 537,060.00 元,利息 25,798.00 元,两项合计 562,858.00 元。

2. 诉讼费用由被上诉人承担。

事实与理由:上诉人认为,原审判决认定事实不清、证据不足。

首先,原审判决认定事实不清:

第一,在原审第一次庭审过程中,被上诉人在法庭调查时并没有否认上诉人提供的有关于其发货的记录的真实性,只是认为其中有一些费用应当由上诉人给予核销,而不应当由其承担,并向法庭提供了相应的证据。上诉人的诉讼代理人也对被上诉人提供的证据一一进行了质证。令人不解的是,在原审判决中对上述证据和双方举证、质证的情况却只字未提,是法官忽略了还是没有必要论述呢?

第二,在原审前后三次的法庭调查过程中,被上诉人均承认自 2002 年 10 月 3 日出具还款计划以后,与上诉人的交易一直是现金运作。也就是说,从 2002 年 10 月 3 日至今,一直是被上诉人先向上诉人支付货款,上诉人收到货款后再向被上诉人发货。原审判决对此却视而不见,把 2002 年 10 月 3 日以后被上诉人向上诉人提前支付的货款统统认定为清偿以前的欠款;

第三,上诉人提交的被上诉人出具的还款计划清楚地表明:截至2002年10月3日,仍然拖欠货款899,677.40元。可是,原审判决却把被上诉人在此之前的两笔回款——2002年9月8日的42,000.00元、9月17日的30,000.00元都认定为应当冲减89万余元的欠款,显然是错误的;

第四,原审判决认定,2003年1月9日被上诉人向上诉人汇款1,000,000.00元。仅此一笔,被上诉人就不但还清了以前的欠款,还使上诉人变成了他们的债务人。原审判决对此却没有任何说法,岂不是对被上诉人的不公?

其次,原审判决依据的证据不足。关于被上诉人向Z省汇款14万元的事实,在原审过程中,被上诉人只是提供了上诉人前任法定代表人Q总出具的一份书面情况说明,要求上诉人对此"合理解决",并不能证明该笔汇款是他指示被上诉人汇往Z省的。因此,仅凭这份情况说明不能得出该笔汇款是Q总指示被上诉人汇往Z省的结论。同时,根据《最高人民法院关于民事诉讼证据的若干规定(2001)》[以下简称《证据规则(2001)》]第55条的规定,证人应当出庭作证,且Q总不存在《证据规则(2001)》第56条规定的可以不出庭作证的情形。原审判决对此规定置若罔闻,仅凭一纸"合理解决"的情况说明就认定该笔汇款应当计入被上诉人的汇款,显然也是错误的。

综上所述,原审判决认定事实不清、证据不足。为维护上诉人的合法权益,现依法向贵院提起上诉,请结合本案事实予以改判。

此致
黑龙江省高级人民法院

上诉人:黑龙江省A市X制粉有限责任公司
2004年1月21日

案例3-4　周某诉Y厂、B公司债务纠纷案

黑龙江省B公司是2002年8月通过资产重组方式组建的一家有限责任公司。在资产重组过程中,B公司的股东之一——Y厂,在没有经过法定清算程序的情况下,就把下属的一家全资子公司——YZ公司的全部固定资产以Y厂的名义作为出资,投入B公司,并在工商机关办理了YZ公司的注销登记手续。2006年4月,原告周某从某资产管理公司处购得了 YZ 公司的银行债权,随即向黑龙江省 S 市中级人民法院提起诉讼,要求 Y 厂清偿 YZ 公司拖欠的银行贷款 400 万元,并要求 B 公司对 Y 厂所欠债务承担连带责任。笔者作为 B 公司的代理人参加了本案一审的诉讼活动。在应诉过程中,虽然形式上是两个被告,B 公司只处于第二被告的位置,但是,由于 B 公司刚刚组建,具有较强的经济实力,加之 Y 厂近年来经济效益下滑,履行能力有限,实际上形成了原告和第一被告都试图将责任推给第二被告的局面。

由于 B 公司组建时有 31 个股东,许多股东在资产重组时的操作方式都与 Y 厂的做法近似,如果本案中被判承担连带责任,其后果对于刚刚组建的 B 公司来讲无疑是灾难性的。收到 S 市中级人民法院送达的应诉材料后,笔者仔细研究了原告周某和第一被告 Y 厂提供的相关证据,结合《最高人民法院〈关于审理与企业改制相关的民事纠纷案件〉若干问题的规定(2003)》[以下简称《企业改制司法解释(2003)》]以及《合同法》的相关法律规定,对 B 公司的答辩意见和举证的证据做了精心的准备,并在与所内部分骨干律师进行充分讨论的基础上撰写了代理词。

2007 年 8 月 22 日,本案在 S 市中级人民法院一审开庭审理。笔者从以下两个角度对原告的诉讼请求进行了反驳:第一,原借款合同的债务人 YZ 公司已经被其上级主管机关——Y 厂注销,并在《企业申请注销登记申请书》中承诺:"对于归属前的有关账目已经清理完结,如再发生债务纠纷均由 Y 厂承担。"第二,Y 厂是 B 公司的股东。《公司法》只规定了股东对公司的出资义务,既没有规定公司对股东出资的审查义务,也没有赋予公司对股东的出资是否合法进行审查的权利。因此,B 公司从 Y 厂手中接收 YZ 公司资产的行为是一种民事法律行为,不存在违法性;Y 厂在履行出资义务时,已经向答辩人声明:保证对出资的资产"拥有完全的所有权",并且"任何第三人对上述资产主张权利而造成的一切损失,都将由出资人承担全部责任"。同时,由于 YZ 公司《企业申请注销登记注册书》的存在,在接收 YZ 公司资产时,B 公司并不知道 Y 厂在组织清算时遗漏了债务。因此,原告所诉债权的清偿责任应当由 Y 厂而不是 B 公司承担。

庭审过程中的形势和笔者事先预料的一样,作为第一被告的 Y 厂的答辩意见和原告周某的起诉理由出奇的一致——根据《企业改制司法解释(2003)》确立的"债务随资产变动"的原则,因为 YZ 公司的资产被 B 公司接收了,B 公司就应当承担 YZ 公司的债务。面对原告和第一被告一致的理由,笔者在代理词中对他们这种把法律规定生搬硬套的做法做出了有理有据的反驳(此处只摘录要点,具体内容作为范本在后面全文摘录):第一,从承担民事责任的角度看,应当由Y厂清偿YZ公司的遗漏债务,B公司不应对此承担任何责任。第二,从行为性质的角度看,Y厂将YZ公司的固定资产作为出资投入B公司的行为,是Y厂按照《公司法》的规定进行的股东出资行为,不是对YZ公司的公司制(股份制)改造。第三,从适用法律的角度看,不应适用《企业改制司法解释(2003)》第7条①的规定追究B公司的民事责任。

S市中级人民法院在开庭4个月之后,作出了一审判决:Y厂对原告所诉债务承担清偿责任,B公司在接收的YZ公司的财产范围内对上述债务承担连带清偿责任。在这种情况下,B公司继续委托笔者向黑龙江省高级人民法院提起上诉。下面是笔者撰写的本案上诉状。

范本3-5　上诉状(多方当事人)

民事上诉状

上诉人(原审第二被告):黑龙江省B有限公司

住所地:A市经济技术开发区××路××号

法定代表人:×××,职务:董事长

被上诉人(原审原告):周某,男,19××年×月×日出生,汉族,住Y县Y镇,××公司职员。

被上诉人(原审被告):黑龙江省Y厂

住所地:Y县Y镇

法定代表人:×××,职务:厂长

上诉人因被上诉人所诉债务纠纷一案,不服S市中级人民法院(2006)S民商初字第××号民事判决书的判决,依法提起上诉。

上诉请求:

1. 驳回被上诉人对上诉人的诉讼请求。
2. 上诉费用由被上诉人承担。

---

① 《最高人民法院〈关于审理与企业改制相关的民事纠纷案件〉若干问题的规定(2003)》第7条规定:"企业以其优质财产与他人组建新公司,而将债务留在原企业,债权人以新设公司和原企业作为共同被告提起诉讼主张债权的,新设公司应当在所接收的财产范围内与原企业共同承担连带责任。"

事实与理由：上诉人认为，原审判决认定的事实有误，导致适用法律错误，并且对上诉人提出的抗辩理由是否成立没有作出明确的判决。

首先，原审判决作出的"被告Y厂以出资人身份将YZ公司的有效资产入股被告B公司，被告B公司接收被告Y厂入股，接收YZ公司的有效资产，在法律意义上实为企业的吸收合并行为"的事实认定是错误的。理由如下：

第一，上诉人在原审过程中提交的4组证据在原审判决中已经被全部采信。综合这些证据，不能得出上诉人接收YZ公司的有效资产是"企业的吸收合并行为"的结论。

第二，根据《全民所有制工业企业转换经营机制条例（1992）》第16条、第34条的规定和《最高人民法院〈关于审理与企业改制相关的民事纠纷案件〉若干问题的规定（2003）》第七章关于"企业兼并"的相关规定，企业的吸收合并作为企业兼并方式的一种，应当同时具备形式和实质两个要件：形式上，要有兼并协议，即兼并方与被兼并方原资产管理人（出资人）就兼并事宜达成的合意；实质上，要履行相关的批准手续，即必须报经政府主管部门批准。结合本案事实，上诉人与原审第一被告并未签订兼并协议，因为双方的真实意图是以出资入股的方式进行的资产重组。因此，也就当然没有必要履行相关的批准手续。从这个角度衡量，原审判决作出的"被告Y厂以出资人身份将YZ公司的有效资产入股被告B公司，被告B公司接收被告Y厂入股，接收YZ公司的有效资产，在法律意义上实为企业的吸收合并行为"的事实认定显然是错误的。

第三，被上诉人在原审过程中提交的证据13——S市中级人民法院(2004)S民再字第××号民事判决书已经确认了上诉人接收YZ公司的有效资产的行为是原审第一被告的出资入股行为。原审判决在没有其他证据能够推翻S市中级人民法院(2004)S民再字第××号民事判决书已经认定的事实的情况下，又得出了上诉人的同一行为是另外一种性质的结论。同一家法院对相同的案件事实却作出了定性不同的结论，充分说明了原审法院对本案事实在定性上存在模糊认识，上诉人恳请二审法院对本案事实作出客观、准确、合理、合法的定性。

其次，上诉人在原审过程中提出了"即使原告提出的诉讼请求能够成立，由于B公司已经先后为YZ公司承担了1,949,699.74元的债务，一审法院也应当在判决时，将B公司已经承担了的1,949,699.74元债务从接收的评估价值为

4,493,084.00 元的固定资产中减去，在剩余的 2,543,384.26 元价值范围内追究 B 公司的责任，而不应当判决 B 公司承担原告全部 4,000,000.00 元的诉讼请求"的抗辩理由，并且提供了相应的证据。原审判决也采信了这些证据，但是，却没有支持上诉人的抗辩理由。证据予以采信，证据证明的抗辩理由却得不到支持，法律应当体现的公平何在？

综上所述，原审判决认定的事实有误，导致适用法律错误；对上诉人提出的抗辩理由是否成立没有作出明确的判决。恳请二审法院查明事实后予以改判。

此致
黑龙江省高级人民法院

上诉人：黑龙江省 B 有限公司
2007 年 1 月 4 日

四、代理词

阅读提示

- 代理词是一份综合性的法律文书，不仅要对案情进行全面的分析，还要在全面分析案情的基础上树立己方的观点、驳斥对方的观点。在写作过程中，不但要努力把案件事实和法律规定有机地结合起来，还要注意文风质朴，不能哗众取宠、过多地使用修饰性的语言；力争做到动之以情、晓之以理，同时还要语言流畅、言简意赅。

- 一篇合格的代理词应当达到这样的标准：条理清晰、言简意赅、观点全面、说理到位。

- 在开庭前准备的代理词只能是一种基本的观点。大多数情况下，都需要根据庭审过程中对方进行答辩、举证、质证以及辩论观点的实际情况，对开庭之前准备的代理词的内容进行必要的调整。

- 根据委托人诉讼地位的不同，代理词的正文在写作方法上应当有所区别：(1) 作为原告的代理人，应当以"立论"为主、"驳论"为辅。(2) 作为被告的代理人，可以根据原告构筑的证据体系是否坚固以及双方举证能力和举证责任的分担等具体情况,采取以"立论"为主,"驳论"为辅或者以"驳论"为主,"立论"为辅的方法。(3) 作为上诉人的代理人,由于不仅要驳斥被上诉人的观点和原审判决的观点,还要确立自己的观点,因此应当采取"立论"和"驳论"并重的写作方法。(4) 作为被上诉人的代理人,由于原审判决已经支持了己方的观点,通常情况下只要反驳上诉人的上诉观点即可,不必再在二审过程中过多地进行"立论"。

- 在写代理词时可以不考虑法庭是否能够采信己方提供的证据,但一定要注意,不要为了迎合委托人的意图和口味,不顾法律事实一味地信口开河。
- 代理词中引用的法律依据应当尽可能穷尽所有法律法规。

代理词是诉讼代理人在民事诉讼中,为全面阐述关于诉讼焦点问题的事实认定与法律适用的观点而制作的法律文书。在诉讼业务中,代理词的地位非常重要。它不仅是律师作为诉讼代理人对案件涉及的证据、通过证据能够确认的事实以及在此基础上如何划分案件当事人法律责任的书面分析和论证,更是评价律师作为诉讼代理人完成委托事项质量好坏的重要依据,同时也是法官对案件进行裁决的参考。

基于上述原因,在所有的诉讼类法律文书中,代理词的写作难度是最大的。因为,**代理词是一份综合性的法律文书,不仅要对案情进行全面分析,还要在全面分析案情的基础上树立己方的观点、驳斥对方的观点。在写作过程中,不但要努力把案件事实和法律规定有机地结合起来,还要注意文风质朴,不能哗众取宠,过多地使用修饰性的语言**;要力争做到动之以情、晓之以理,同时还要语言流畅,言简意赅。

相当一部分律师与社会公众一样,都认为律师是"靠嘴吃饭"的,只要口齿伶俐、能言善辩就能"有理走遍天下"。殊不知,"善辩"才是"有理走遍天下"的基础,而"善辩"的前提是对案情的熟悉和把握程度以及结合法律规定、公序良俗对案情是非作出的分析和判断,在分析和判断的基础上形成的书面代理词才是"善辩"的基础。况且,我国现阶段抗辩式审理模式还不够成熟,对言辞辩论的重视程度和实际庭审过程中言辞辩论的激烈程度与英美法系国家相比相去甚远,法官更习惯于庭后研究代理人提交的书面材料。现实中,一篇条理清晰、说理透彻的代理词显然会在书面审理中抢得先机。

2014年1月1日,《最高人民法院关于人民法院在互联网公布裁判文书的规定》正式实施,中国裁判文书网正式开通运行。随着"互联网+"时代的来临,各级法院的裁判文书已经被硬性要求全部上网。在此背景下,北京天同律师事务所主任蒋勇(已故)律师曾呼吁"律师代理词、辩护词应当上网公开"(2015年12月10日《人民法院报》第五版"实务周刊")。试想,一旦把代理词放到网上,如果你的写作水平一般甚至低劣,今后在律师行业将如何立足?所以,赶快抓紧修炼内功吧!

一篇合格的代理词应当达到这样的标准:**条理清晰、言简意赅、观点全面、说理到位**。

要做到条理清晰,最重要的是要合理确定代理词的结构。合理的结构是条理清晰的前提和基础,也是条理清晰的具体体现。在设计代理词的结构时,可以采取先驳后立、先立后驳、边立边驳或者边驳边立的方法。"先驳后立"和"边驳边立"多用于委托人是被告/被上诉人的情况;"先立后驳"和"边立边驳"多用于委托人是原告/上诉人的情况。需要注意的是,"边立边驳"和"边驳边立"的方法,对写作技能以及对案件把握的能力要求较高,建议不要轻易采用,否则可能会适得其反。

要做到言简意赅,就是在答辩时"点到为止"的基础上予以展开和延伸。基本要求是:该说到的,一定要说到,不啰唆,没有废话,没有语法和用词方面的错误。要达到这样的要求,需要具备一定的文字能力和相当一段时间的历练。建议大家有时间阅读一些《中国口报》《人民日报》等新闻稿,从中体会一下什么是言简意赅。

要做到观点全面,需要从以下三个方面下功夫:第一,熟悉案情,全面了解双方的观点,并在此基础上准确找出双方争议的焦点;第二,围绕双方争议的焦点,从案件事实和法律依据两个角度进行全面分析,不要漏过任何一个立论或者驳论的要点;第三,在确定己方的代理观点时,还要注意换位思考,以检验代理观点能否真正经受住对方的反驳。

说理到位与观点全面是相辅相成的,只有观点全面才能做到说理到位;只有说理到位,观点全面才能发挥作用。要做到说理到位,需从以下三个方面着手:第一,在观点全面的基础上把握案情;第二,要善于从对方提供的证据中寻找对己方有利的事实,把证据和案件事实紧密结合起来,充分发挥证据的证明力;第三,要在证据能够证明法律事实的基础上适当、准确地运用法条。

(一) 代理词的结构

代理词的结构主要分为三个部分:首部、正文和结尾。在写作代理词时,律师经常犯的错误主要有以下三个方面:

(1) 将代理词的标题写为"×审代理词"或者"补充代理意见"。第一个错误忽视了审判程序的法定性,实为画蛇添足。因为代理词主要是提交给法官的,而审理案件的法官理所当然地知道案件是哪一个审理程序,因此,没有必要在代理词的标题中写明"×审代理词"。第二个错误通常是律师懒惰或者说是缺乏敬业精神的典型表现。由于诉讼的对抗性,在开庭审理之前,任何一方的代理律师都不可能完全清楚地知道对方当事人的观点及其诉讼代理人的代理观点。因此,**在开庭前准备的代理词只能是基本观点**。在大多数情况下,都需要根据庭审过程中对方进行答辩、举证、质证以及辩论观点的实际情况,**对开庭之前准备的代理词的内容进行必要的调整**,在此基础上形成一篇完整的代理词之后再提交给法官。在实际办案过程中,相当一部分律师都是在庭审结束之后就立即将事先准备好的代理词提交给法官,然后再将代理词进行调整的部分内容形成所谓的"补充代理意见"提交给法官。从表面上看,这种做法似乎无可厚非,但是,这样做的律师往往忽视了一个重要的细节,那就是代理词的连贯性。因为所谓的"补充代理意见"是独立于代理词之外的,其内容补充得再多、再完整,也会因和代理词分离而缺乏连贯性。

(2) 忽略相关法律关于"律师承办案件必须由律师事务所统一收案,律师不得以自己的名义与委托人签订代理合同"的规定,在代理词前言部分对自己依法履行职务的依据进行错误的表述。根据《中华人民共和国律师法》(以下简称《律师法》)第25条和《律师执业管理办法》第26条的规定①,律师承办案件必须由律师事务所统一收案,律师不得以自己的名义与委托人签订代理合同。因此,在代理词的前言部分通常都应当有"××律师事务所接受本案当事人××的委托,指派本人担任其诉讼代理人"的内容。但是,在执业过程中有很多律师的代理词将此表述为"本人接受本案当事人××的委托担任其诉讼代理人"。虽然这种错误不会对案件的结果产生直接的影响,但是正如俗话所说,"外行看热闹,内行看门道",法官或者对方律师从你提交的代理词的内容就能对你的专业素养和业务水平做出初步的判断。因此,对于刚刚从事律师职业的人来说,只有处处注意细节才能逐步成熟。

(3) 代理词正文的写作方法不适当,不能根据委托人诉讼地位的不同选择合适的写作方法。正文是代理词内容最核心的部分,正文内容的质量如何,将直接影响法官对案件事实的判断,从而对如何适用法律产生重大影响。**根据委托人诉讼地位的不同,代理词的正文在写作方法上应当有所区别**,以一审案件为例,原告的代理

---

① 《律师法》第25条第1款规定:"律师承办业务,由律师事务所统一接受委托,与委托人签订书面委托合同,按照国家规定统一收取费用并如实入账。"
《律师执业管理办法》第26条规定:"律师承办业务,应当由律师事务所统一接受委托,与委托人签订书面委托合同,并服从律师事务所对受理业务进行的利益冲突审查及其决定。"

人,应当以"立论"为主,"驳论"为辅。以"立论"为主,是指要把自己的诉讼请求成立作为重点进行论述;同时,还要对被告的辩解予以反驳。

案例 3-5　T 委诉 Y 公司房屋租赁合同纠纷案

黑龙江省 T 委员会(以下简称"T 委")是一家在民政部门登记的社团法人。为了弥补经费不足,该单位将办公楼旁边的附楼和地下室整体出租给 Y 医药销售有限公司(以下简称"Y 公司")。合同履行半年后,Y 公司以冬季供暖温度不达标为由,拒绝按照合同约定支付房屋租金,并多次阻止 T 委的工作人员到出租房屋核对水电使用情况。无奈之下,T 委决定委托律师向法院提起诉讼。Y 公司收到法院送达的相关法律文书之后,以 T 委未按照合同约定向其开具发票并且未能正常供热为由提起反诉。2008 年 8 月 5 日,本案在 H 市 N 区人民法院开庭审理。

范本 3-6　代理词(一审代理原告,被告提起反诉)

代　理　词

审判长、审判员:

黑龙江远东律师集团事务所依法接受本案原告——黑龙江省 T 委员会的委托,指派我担任其诉讼代理人参加本案诉讼活动。通过开庭前的调查取证和今天的法庭审理,本案的事实已经非常清楚。下面,我结合本案事实和相关法律规定发表如下代理意见,供合议庭评议案件时参考:

首先,原告的诉讼请求符合合同约定和法律规定,应当予以支持。本案中原告一共提出了四项诉讼请求,现分别陈述理由如下:

第一,关于解除《租房协议》。双方在《租房协议》第 4 条"付款方式"中对付款金额和付款时间做出了如下约定:1."每半年一次性付年租金的一半款项"。2."自合同签订之日乙方(即被告)首付甲方(即原告)半年租金后,乙方提前一个月向甲方支付下半年租金"。《中华人民共和国合同法》(以下简称《合同法》)第 226 条也规定:"承租人应当按照约定的期限支付租金。"而被告在实际履行合同过程中却违反了上述合同约定和法律规定,本应于今年 2 月底之前支付的第二笔半年租金 400,000.00 元,经原告一再督促,也未能在合同约定的时间内履行支付义务。另外,被告违反协议第 8 条的约定,未经原告书面同意擅自在租赁范围内加装暖气片。被告的上述行为都属于《租房协议》第14条约定的原告可以行使解除权的情形。在多次交涉无果的情况下,原告只好根据《租房协议》第14条关于"乙方出现不按时交纳租金或其他的维护费用的情况时"以及"违反第8条及第12条的规定",甲方"可以不经协商解除本协议"的约定,和《合同法》第93条第2款关于"当事人可以约定一方解除合同的条件。解除合同的条件成就时,解除权人可以解除合同"的规定,提出解除《租房协议》的诉讼请求。

第二,关于被告应当自2008年3月1日起,至迁出租赁房屋之日止,按照每月66,667.00元的金额支付房屋租金,按照实际使用量支付水电费。由于目前无法确定被告迁出租赁房屋的准确时间,根据双方签订的《租房协议》第4条第2项关于租金为"第一年和第二年80万元"的约定,在租赁期前两年平均每月的租金为66,667.00元。所以原告诉请要求被告按照每月66,667.00元的标准支付自2008年3月1日起至其迁出之日期间的房屋租金。同时,根据双方签订的《租房协议》第7条第1项关于"乙方应按指定时间将租用范围内使用的电费、水费(按计量表实际收取费用)支付给甲方"的约定,原告诉请要求被告根据水、电费的实际使用量按国家相关收费标准交纳水、电费用。

第三,关于被告应当支付违约金。通过今天的法庭调查,被告存在的违约行为已经一目了然。根据双方在《租房协议》中第19条的约定:"任何一方有违约行为,由违约方承担经济和法律责任,并支付给另一方双倍违约金(以当年合同总额的10%为基数)。"该约定符合《合同法》第114条第1款关于"当事人可以约定一方违约时应当根据违约情况向对方支付一定金额的违约金,也可以约定因违约产生的损失赔偿额的计算方法"的规定,是双方的真实意思表示,合法有效。因此,原告在被告屡次出现违约行为的情况下,有权依据合法有效的约定,要求被告承担违约责任。

第四,关于被告承担诉讼费用。根据《诉讼费用交纳办法》第29条的规定,"诉讼费用由败诉方承担"。因此,原告预交的案件受理费和财产保全费等诉讼费用依法应当由被告全部承担。

其次,被告的抗辩理由和反诉请求缺乏事实和法律依据,依法应当予以驳回。根据被告的答辩、提交的抗辩证据以及提出的反诉请求,归纳起来主要有以下三个方面,现分别反驳如下:

第一,原告未能向被告开具收取房屋租金的发票是否构成违约。本代理人认为,向被告开具收取房屋租金的发票既不是双方在《租房协议》中的约定义务,也不是法律规定的义务,因此,不构成违约。理由是:(1)双方在签订《租房协议》之初,原告已经向被告明确告知原告属于事业单位,享受税收优惠政策,无法提供税务发票的事实。正是在这个前提下,双方签订的《租房协议》中才做出了"甲方收到乙方租金后,及时向乙方出具票据"的约定。这里所称"票据"的含义,应当是指发票以外的收款凭证,而不是被告要求的发票。这一点,从被告与原告签订的《租房协议》以及被告与装修公司签订的《装修工程合同》中可以得到印证。因为在后者中,被告与装修公司明确约定的是要求装修公司向被告"提供完税发票",而不是与原告约定的"出具票据"。(2)根据财政部于1993年12月23日发布的《发票管理办法》的规定,从税务机关领购发票是依法办理税务登记的单位和个人的义务。而原告属于社会团体法人,不是营利性单位,无须依法办理税务登记。因此,从税务机关领购发票并向被告开具发票也不是原告的法定义务。

第二,原告"没有按合同约定的期限将地上一层门市交给被告"是否构成违约。本代理人认为,被告以此作为抗辩理由纯属无中生有。因为双方在《租房协议》第2条第3款中已经明确约定:"如果因原租户问题,甲方不能在9月1日将地上一层交乙方使用,租赁期限相应顺延,届时双方签订租用时间顺延的补充协议,其他条款不变。"在作出上述约定的时候,双方都已经预见到可能会发生在9月1日不能将地上一层交给被告使用的情况,并已经约定了补救措施。在被告对此情况表示认可的前提下,原告"没有按合同约定的期限将地上一层门市交给被告"并不构成违约。

第三,被告以原告不能向其正常供热作为拒交取暖费的抗辩理由,以及以原告不能向其正常供热作为反诉请求的理由是否成立?双方在《租房协议》第6条中明确约定:"乙方按国家规定的标准向甲方交取暖费用,并在每年取暖期前的10月20日前交给甲方。"上述约定确定的合同履行规则是:被告先交纳取暖费用,原告收到被告交纳的取暖费用后履行供热义务。而直到今天(距上一个供暖期已经结束3个多月),被告也没有交纳1分钱的取暖费,还以此作为理由责怪原告没有完全履行供暖义务,其违背诚信原则的做法由此可见一斑。在被告违约的情况下,原告完全可以参照《黑龙江省城市供热条例》的规定,对被告暂缓供热或者停止供热。但是,出于与被告维持良好合作关系的考虑,原告一方面多次向被告催交取暖费用,另一方面只是参照《黑龙江省城市供热条例》的规定采取了限热措施,以尽量避免双方因此发生纠纷。令原告没有想到的是,本来是为被告着想的做法,今天却成为被告反咬一口的把柄。《合同法》第67条规定:"当事人互负债务,有先后履行顺序,先履行一方未履行的,后履行一方有权拒绝其履行要求。先履行一方履行债务不符合约定的,后履行一方有权拒绝其相应的履行要求。"据此,原告在被告交纳取暖费用的情况下,对其进行限热的行为合情、合理、合法,被告以此提出的抗辩理由和反诉请求均不能成立。

综上,被告长期无故拖欠原告房屋租金、取暖费及水、电费的行为,严重侵犯了原告的合法权益,违反了双方签订的《租房协议》的约定及相关法律规定,依法应当承担违约责任,被告的抗辩理由及反诉请求缺乏事实和法律依据,依法应当予以驳回。这里需要特别指出的是,原告起诉之后,双方进行庭外和解的过程中,在被告始终没有支付水电费的情况下,原告保持了最大限度的克制,一直没有中断对被告的水电供应,其初衷也是为了促使纠纷的圆满解决。遗憾的是,被告一方面表示愿意进行和解,另一方面却不断就和解提出无理要求,同时延续着拖欠房租和水电费的违约行为。在这种情况下,原告根本看不到被告愿意和解的诚意,只能对以判决的方式结束本案表示深深的遗憾。

原告、反诉被告诉讼代理人:牟驰

2008年8月5日

作为被告的代理人,可以根据原告构筑的证据体系是否坚固以及双方的举证能力和举证责任的分担等具体情况,采取以"立论"为主,"驳论"为辅或者以"驳论"为主,"立论"为辅的方法。下面,以案例3-2为例,介绍被告代理词的写作方法。

范本 3-7　代理词(一审代理被告)

代 理 词

各位法官:

　　刚才,审判长总结了本案争议的四个焦点问题,如下:(1)合同内价款与已付工程款差额是否应当继续履行?(2)合同变更软弹部分及砂石路部分的工程款被告应当给付多少?(3)被告已付款是否含有合同变更部分的工程价款?(4)由谁来承担本案的违约责任?

　　下面,我对上述四个焦点问题逐一发表代理意见:

　　关于第一个问题,由于原告代理人已经明确表示对该部分诉讼请求另行起诉,应当认为是原告放弃了在本案中的相应诉讼请求。因此,我不再对此发表意见。

　　关于第二个问题,由于原告聘请的中介机构已经作出了造价鉴定,该鉴定意见经过双方聘请的专业人员质证,不存在法定的不应认可的情形。因此,应当以鉴定意见为准。

　　关于第三个问题,本代理人认为,被告已付款中包含了合同变更部分的工程款。理由是:第一,从被告提供的结算说明的构成内容来看,其计算方式中已经包含了这部分工程款;第二,从付款时间上看,被告一直在持续支付工程款,并没有因为合同的变更而中断支付。

　　关于第四个问题,双方代理人在庭前交换证据的过程中,对双方签订的《建设工程施工合同》及其附件、工程设计部门提供的《工程设计》和《工程预算》均没有异议。因此,应当首先肯定上述证据的效力。根据双方签订的《施工合同》的约定,原告应当在2002年9月30日之前完成《施工合同》约定的工作内容。原告在《起诉状》中说自己是"依约履行了合同义务,于9月21日提前竣工"。证人孙××的证言也证实了原告确实是在9月21日完成了主体工程,也就是路面的施工这一点。

　　但是,能就此认为原告依约履行合同义务的说法成立吗?不能。该工程的设计部门——黑龙江××勘测设计院提供的《黑龙江省××混凝土路面工程设计》的第5页中对该工程的施工提出了如下要求:"养护时间应根据混凝土强度增长情况而定，一般宜为14至21天。养护期满方可将覆盖物清除，板面不得留有痕迹。"同时，在双方签订的《施工合同》中，对"合同工期"是这样约定的："竣工日期为9月30日(含养生期)。"

结合前面黑龙江××勘测设计院关于路面养生期的说明，可以计算出原告符合合同约定的结束路面施工的时间最早是9月9日，最晚是9月16日，而原告却是在9月21日才完成了路面施工。究竟是谁违约，显而易见。

这里应当强调一点：原告在9月21日完成的只是路面施工，而《施工合同》中约定的其他工程内容——路肩、边沟、路缘石、桥涵和路灯等项都没有完成。这一点从被告提供的证据三——由工程监理同时也是本案原告方证人的孙××和被告的工程负责人杜×、庄××于2002年10月14日共同签字确认的《××支路未完部分记录》和被告提供的证据七——××照相馆拍摄的照片中可以得到证实。

被告提供的证据八——由黑龙江省××油脂有限责任公司出具的为被告垫付的工程款《证明》和相关的原始财务凭证可以证明，被告并没有如原告所诉称的那样："并未按照施工进度付工程款"，而是随时根据原告施工的需要支付了工程款。截至2002年11月1日，已经向原告支付了120万余元的工程款。原告在庭审中也承认了这一点。特别应当提到的是：2002年10月22日，由于原告拖欠雇工的工资与部分雇工发生冲突，被告积极帮助解决困难，在原告没有完全履行合同的情况下，拿出了5万元钱以解原告的燃眉之急。而现在，原告却反过来起诉被告拖欠工程款，诚信何在？

被告提供的证据四——××设计院出具的书面证明证实，该工程是由黑龙江省××市政府统一组织建设的，具体工作由××市交通局统一安排。被告提供的证据六——由黑龙江省××公路××段工程指挥部出具的书面证明证实，该工程目前尚未通过验收。验收工作应当由××市交通局和××市工程监理站统一组织验收。

《施工合同》通用条款32.1规定："工程具备竣工验收条件，承包人按国家工程竣工验收有关规定，向发包人提供完整竣工资料及竣工验收报告。"32.2规定："发包人收到竣工验收报告后28天内组织有关单位验收，并在验收后14天内给予认可或提出修改意见。"33.1规定："工程竣工验收报告经发包人认可后28天内,承包人向发包人递交竣工结算报告及完整的结算资料,双方按照协议书约定的合同价款及专用条款约定的合同价款调整内容,进行工程竣工结算。"通过以上合同条款的规定可以看出这样的结算程序:工程完工后,承包人向发包人提供竣工资料及竣工验收报告——发包人对竣工验收报告作出认可——发包人认可后28天内承包人向发包人递交竣工结算报告及完整的结算资料,双方进行结算。可是,原告只是向被告提交了一份竣工图,根本没有提供竣工验收报告。其原因何在?因为实际上原告并没有完全履行合同约定的义务。

根据双方签订的《建设工程施工合同》的约定,原告应当承担下列违约责任:第一,按照合同补充条款的约定,工程每超期一天,向被告支付工程总价款3%的违约金;第二,向被告交纳工程总价款5%的质量保证金。另外,由于原告未全部履行合同义务,被告曾组织自己的员工对附属工程进行了收尾工作,因此发生的费用,待被告结算清楚后,一并向原告追偿。

综上所述,恳请合议庭以鉴定意见为依据,在分清原告违约责任的基础上公正处理本案。

被告委托代理人:牟驰
2003年12月18日

作为上诉人的代理人,不仅要驳斥被上诉人的观点和原审判决的观点,还要确立自己的观点,因此应当采取"立论"和"驳论"并重的写作方法。

下面,以案例3-3和案例3-4为例,介绍上诉人的代理词的写作方法。

在案例3-3中,黑龙江省B市中级人民法院一审判决,驳回X公司的诉讼请求。X公司继续委托笔者代理本案的二审。下面是本案二审的代理词。

范本3-8 代理词(二审代理上诉人)

代 理 词

审判长、审判员:

黑龙江远东律师集团事务所接受本案上诉人的委托,指派我担任其诉讼代理人参加诉讼。作为上诉人的常年法律顾问,我参加了本案一审的诉讼活动。

可以说,对本案的事实有着比较清楚的了解。同大多数的欠款纠纷案件不同,作为本案债权人的上诉人几乎没有被上诉人收到其货物的任何直接证据。于是,这一对上诉人不利的事实被原审法院当成了驳回上诉人诉讼请求的冠冕堂皇的理由。

但是,本代理人认为,只要认真分析原审过程中双方当事人对案件事实的陈述和原审法院的判决,就不难发现其中的矛盾之处,也就不难查清本案的事实。

我们先来看一下被上诉人在原审法庭调查时是怎样陈述本案事实的。

1. 第一次庭审笔录首页。在回答主审法官关于对上诉人提供的116页提货单有无疑问时,被上诉人的法定代表人郑某说:不准,说不清楚;被上诉人的经理高某说:有我签字的我收到了,没签字的没有收到。

2. 第一次庭审笔录第4页。主审法官问:"原告提供的提货单是否都有被告的签字?"上诉人代理人的回答是:"被告自己去提货时,是他们自己签字。不是他们自己提货时,是别人代签的。货车司机签过、原告的销售人员也代签过。"被上诉人的法定代表人郑某回答:"我们是这样做过。但是不是我们全收到,我不知道。"并且说自己有收货记录。

3. 第一次庭审笔录第5页。主审法官问:"被告对回款有无疑问?回款的最后时间?"被上诉人的法定代表人郑某的回答是:"回款金额为1,998,000.00元,回款的最后时间为2003年1月8日。"主审法官问:"原告的Q总说每袋补贴1元,有多少款?"郑某的回答是:"87,413.00元。"主审法官问:"数量是多少袋?"郑某的回答是:"87,413袋。"主审法官问:"根据是什么?"郑某的回答是:"根据收货记录。"

4. 第二次庭审笔录第1页。主审法官问:"关于原告提供的116页提货单,你的异议有哪些?"被上诉人的法定代表人郑某回答:"对这116页提货单,我们现在记不清具体收多少货,原告的提货单不准确。"

5. 第二次庭审笔录第1页。郑某在回答主审法官的提问时说:"从2002年10月起,我们与原告是先付款后付货。本代理人也承认对先付款后付货的部分没有争议。"

通过以上从庭审笔录中节选的片段中可以看出下列问题:

第一,上诉人关于"向被上诉人发货时,由被上诉人自己提货的,由其自己在提货单上签字;相反,则由货车司机或者上诉人的销售人员代为签字"的主张是客观存在的事实。

第二,被上诉人隐瞒了其实际收到货物数量的事实。表现在:(1) 被上诉人的法定代表人郑某和经理高某都坚持说上诉人提供的116页提货单的记录不准确,同时又说自己有收货记录,共计收到货物87,413袋,主张应当享受销售政策补贴87,413.00元;(2) 根据对上诉人提供的116页提货单中面粉数量的计算,这些提货单记载的面粉数量总计是86,638袋,比被上诉人自己的收货记录少了775袋,确实"不准确"。但却从另外一个角度说明上诉人提供的提货单记载的数量、金额是真实的,因此,上诉人的诉讼请求是合理、合法的;(3) 上诉人提供的116页提货单中,有被上诉人经理高某签字的只有4张,数量是6,600袋;高某却坚持说没有她签字的没有收到。一方面有被上诉人签字的提货单只有6,600袋的数量,另一方面又根据收货记录主张87,413袋面粉的销售补贴,被上诉人的无赖之举可见一斑。

第三,被上诉人一直在隐瞒回款金额和先款后货的相关事实。因为他们既承认自2002年10月3日开始先付款后收货,又把预先支付的货款说成是回款。(上文第一次庭审笔录第5页)。

根据《最高人民法院关于民事诉讼证据的若干规定(2001)》[以下简称《证据规定(2001)》]第75条关于"有证据证明一方当事人持有证据无正当理由拒不提供,如果对方当事人主张该证据的内容不利于证据持有人,可以推定该主张成立"的规定,应当认定上诉人的诉讼请求成立。

接下来,我们再来看一下原审判决的矛盾和错误之处。

原审判决在作出了"2002年10月3日,被告法定代表人郑某给X公司出具一份还款计划,内容为:截至2002年10月3日,B市代理商Z公司赊欠X公司货款899,677.40元"的认定后,却把在此之前的9月8日的回款42,000元和9月17日的回款3万元,认定为应当冲减899,677.40元的欠款,显然是想借此把被上诉人在《还款计划》中确认的欠款金额冲平。但是,原审判决的认定与法庭调查的情况自相矛盾:

首先,根据原审判决对被上诉人"自2002年10月3日向上诉人回款的金额为582,020.00元"的认定,加上上诉人自愿核销的323,370.40元,总额应为905,390.40元,比被上诉人承认的欠款金额899,677.40元多出了5,713元,并不仅仅是冲平了欠款,而是上诉人多收了被上诉人5,713.00元。

其次,被上诉人在第一次庭审时承认最后一次回款的时间是 2003 年 1 月 8 日(实际时间为 2003 年 1 月 9 日,金额为 100,000.00 元),总计回款金额为 1,998,000.00 元。如果照此推算,即使被上诉人自 2002 年 10 月 3 日还款的金额确实是原审判决认定的 582,020.00 元,那么,仍然欠上诉人 709,146.00 元(2,707,146.00 元-1,998,000.00 元),也不是冲平了欠款。这说明原审判决认定的事实并不清楚。

关于被上诉人向 Z 省汇款 140,000 元的事实,在原审过程中,被上诉人只是提供了上诉人前任总经理 Q 出具的一份书面情况说明,Q 总在这份情况说明中要求上诉人对此事"合理解决",并没有证明该笔汇款是他指示被上诉人汇往 Z 省的。因此,仅凭这份情况说明并不能得出该笔汇款是 Q 总指示被上诉人汇往 Z 省的结论。同时,根据《证据规定(2001)》第 55 条的规定,证人应当出庭作证,而且 Q 总根本不存在《证据规定(2001)》第 56 条规定的可以不出庭作证的情形。原审判决对此规定置若罔闻,仅凭一纸"合理解决"的情况说明,就认定该笔汇款应当计入被上诉人的回款,显然是错误的。

另外,通过贵院两次开庭审理可以认定:(1) 原审认定的被上诉人于 2002 年 12 月 5 日的回款 42,500.00 元并不存在;(2) 原审认定的被上诉人于 2002 年 10 月 9 日的回款 48,000.00 元、2002 年 10 月 16 日的回款 43,120.00 元、2002 年 10 月 27 日的回款 38,400.00 元、2002 年 11 月 21 日的回款 98,000.00 元均为被上诉人预先支付的货款,上诉人已经如数向被上诉人发运了货物。

综上所述,由于上诉人管理上的漏洞和对被上诉人的过于信任,导致在诉讼过程中无法主动提供充分的证据证明自己的诉讼请求。但是,通过对双方当事人关于本案事实的陈述以及相关间接证据的判断,可以得出上诉人诉讼请求成立的结论。

恳请二审法院本着对当事人负责的态度,站在积极维护国有企业合法权益、维护社会信用和司法公正的角度,认真考虑本代理人的代理意见,依法公正处理本案。

上诉人诉讼代理人:牟驰
2004 年 3 月 4 日

在案例 3-4 中,S 市中级人民法院一审判决:Y 厂对原告所诉债务承担清偿责任,B 公司在接收的 YZ 公司的财产范围内对上述债务承担连带清偿责任。B 公司继续委托笔者代理本案的二审。下面是本案二审的代理词。

范本3-9　代理词（二审代理上诉人）

代　理　词

审判长、审判员：

黑龙江远东律师集团事务所接受本案上诉人黑龙江省B有限公司（以下简称"B公司"）的委托，指派我担任其诉讼代理人参加本案二审的诉讼活动。下面，我结合本案事实，着重就原审判决的不当之处、如何区分本案当事人之间的民事责任和如何适用法律等问题发表代理意见：

第一，原审判决存在两方面不当之处。

首先，原审判决作出的"被告Y厂以出资人身份将YZ公司的有效资产入股被告B公司，被告B公司接收被告Y厂入股，接收YZ公司的有效资产，在法律意义上实为企业的吸收合并行为"的性质认定是错误的。

理由之一——根据《全民所有制工业企业转换经营机制条例（1992）》第34条的规定和《最高人民法院〈关于审理与企业改制相关的民事纠纷案件〉若干问题的规定（2003）》（以下简称《企业改制司法解释》）第七章关于"企业兼并"的相关规定，企业的吸收合并作为企业兼并方式的一种，应当同时具备形式和实质两个要件：在形式上，要有兼并协议，即兼并方与被兼并方原资产管理人（出资人）就兼并事宜达成的合意；在实质上，要履行相关的批准手续，即必须报经政府主管部门批准。而在本案中，上诉人与原审第一被告黑龙江省Y厂（以下简称"Y厂"）并未签订兼并协议，因为双方的真实意图是以出资入股的方式进行资产重组，因此，当然不会履行相关的批准手续。既然形式要件和实质要件都不具备，认定该行为属于"企业的吸收合并"的结论显然是不成立的。

理由之二——被上诉人在原审过程中提交的证据13——S市中级人民法院（2004）S民再字××号民事判决书已经确认了上诉人接收YZ公司固定资产的行为是Y厂的出资入股行为。原审判决在没有其他证据能够推翻这份生效的民事判决书已经确认为事实的情况下，又得出上诉人的同一行为是另外一种性质的结论。同一家法院对相同的案件事实却作出了不同的定性结论，充分说明了原审法院对本案事实在定性上存在模糊认识。上诉人恳请二审法院对本案中B公司从 Y 厂手中接收 YZ 公司固定资产的行为作出客观、准确、合理、合法的定性。

其次,上诉人在原审过程中提出了"即使原告提出的诉讼请求能够成立,由于 B 公司已经先后为 YZ 公司承担了 1,949,699.74 元的债务,不应当判决 B 公司承担原告全部 4,010,000.00 元的诉讼请求"的抗辩理由,并且提供了相应的证据。原审判决采信了这些证据,但是,却没有支持上诉人的抗辩理由。证据予以采信,而其证明的抗辩理由既没有得到支持,也没有说明不支持的理由,原审判决的合理和公正不得不令人怀疑。

第二,从承担民事责任的角度看,应当由 Y 厂清偿 YZ 公司遗漏的债务,B 公司对此不应承担任何责任。

理由之一——根据《最高人民法院关于贯彻执行〈中华人民共和国民法通则〉若干问题的意见》第 59 条关于"企业法人解散或者被撤销的,应当由其主管机关组织清算小组进行清算"和第 60 条关于"清算组织是以清算企业法人债权、债务为目的而依法成立的组织。它负责对终止的企业法人的财产进行保管、清理、估价、处理和清偿"的规定,YZ 公司的清算责任应当由 Y 厂承担。虽然 Y 厂的代理人一再回避谁是 YZ 公司的主管机关的问题,但是,从 YZ 公司《企业申请注销登记注册书》中 YZ 公司作出的"按 Y 厂要求,取消 YZ 公司法人资格"、Y 厂作出的 YZ 公司印章"由 Y 厂办公室收存"和 YZ 公司"解体前经 Y 厂审计,债权、债务已经结算完毕"等情况说明的内容来看,Y 厂是 YZ 公司的主管机关的事实是不容置疑的。根据上述法律规定和清算义务人的承诺,Y 厂应当对 YZ 公司遗漏的债务承担清偿责任。

理由之二——被上诉人取得的债权源于 YZ 公司与建设银行的《借款合同》,该合同的债务人是 YZ 公司。根据民法理论对债发生的原因进行的分类,YZ 公司对建设银行所负的债务属于合同之债。根据合同的相对性原则,YZ 公司才是本案适格的被告。之所以没有将 YZ 公司列为本案被告,是因为 YZ 公司被注销后,其诉讼主体资格已经不复存在。综合上诉人、被上诉人、Y 厂在原审中提供的证据,可以确定这样一个事实:由于 Y 厂和 B 公司既不是《借款合同》的借款人,在 YZ 公司与 Y 厂和 B 公司之间也没有发生《合同法》第 90 条规定的债的概括转移的情形。因此,被上诉人要求 Y 厂和 B 公司清偿的债务属于侵权之债而非合同之债。

根据民法理论,构成侵权之债必须具备以下要件:(1) 有侵权损害的结果发生;(2) 侵权行为人主观上有过错;(3) 侵权行为人的加害行为具有违法性;(4) 侵权行为人的违法行为与损害结果之间有因果关系。那么,谁是侵权行为人呢?已经生效的S市中级人民法院(2004)S民再字第××号民事判决书中已经认定"Y厂在办理YZ公司注销企业法人登记时,对YZ公司的债权、债务未作清算,并以自己的名义将YZ公司的有效资产投入B公司,其行为存在逃避债务的过错"。因此,Y厂是侵权行为人,因其侵权行为造成被上诉人受让的债权无法得到清偿的损害结果依法应当由Y厂承担。

理由之三——B公司虽然从Y厂手中接收了YZ公司的财产,但并未构成侵权行为。因为Y厂是B公司的股东。《中华人民共和国公司法》(以下简称《公司法》)只规定了股东对公司的出资义务,既没有规定公司对股东出资的审查义务,也没有赋予公司对股东的出资是否合法进行审查的权利。因此,B公司从Y厂手中接收YZ公司资产的行为是一种民事法律行为,不存在违法性;同时,Y厂在履行出资义务时,已经向B公司声明:保证对出资的资产"拥有完全的所有权",因此,在接收Y厂的出资时,B公司并不知道Y厂在进行清算时遗漏了债务。由于B公司在接收Y厂的出资时,主观上没有过错,接收资产的行为也不违法,不具备侵权行为的构成要件。因此,被上诉人要求B公司对YZ公司遗漏的债务承担清偿责任没有任何法律依据。

第三,从行为性质的角度看,Y厂将YZ公司的固定资产作为出资投入B公司的行为,是Y厂按照《公司法》的规定进行的股东出资行为,不是对YZ公司的公司制(股份制)改造。

既然不是公司制改造,当然也就不能适用《企业改制司法解释(2003)》第7条的规定追究上诉人的法律责任。最高人民法院民事审判第二庭对"企业公司制改造"是这样定义的:"企业公司制改造,是指根据公司法的有关规定,对企业采取由法人、其他组织或者自然人投资入股,将企业改造成有限责任公司或者股份公司的法律行为。"① 通过原审判决采信的证据,显然不能得出"Y厂将YZ公司的固定资产作为出资投入B公司的行为,是对YZ公司进行公司制(股份制)改造"的结论。

---

① 最高人民法院民事审判第二庭编著:《最高人民法院关于企业改制司法解释条文精释及案例解析》,人民法院出版社2003年版,第21页。

被上诉人的代理人和Y厂的代理人一直在强调所谓"债务随资产转移"的原则。其实,他们的上述观点只是对法律原则的片面理解。"债务随资产转移"原则的适用是有特定前提的,它只适用于企业分立的情况,是《合同法》第90条关于"当事人订立合同后分立的,除债权人和债务人另有约定的以外,由分立的法人或者其他组织对合同的权利和义务享有连带债权,承担连带债务"的原则性规定在企业改制这一特定背景下派生出的特殊原则,并不能普遍适用。《企业改制司法解释(2003)》第7条规定:"企业以其优质财产与他人组建新公司,而将债务留在原企业,债权人以新设公司和原企业作为共同被告提起诉讼主张债权的,新设公司应当在所接收的财产范围内与原企业共同承担连带责任。"从该条文的内容来看,适用该条必须同时具备以下两个条件:(1)直接债务人(即该条所称的"原企业",下同)与新设公司同时存在;(2)将优质财产与债务分离的主体是直接债务人,也就是必须符合企业分立的条件。

而本案中,《借款合同》的直接债务人——YZ公司的法人资格已经被注销,并未与新设公司同时存在,并且将直接债务人的财产投入B公司的是YZ公司的上级主管机关Y厂,并不是直接债务人。因此,不应适用《企业改制司法解释(2003)》第7条的规定追究B公司的民事责任。进一步讲,"债务随资产转移"的原则不能作为用来追究B公司民事责任的依据。

第四,请合议庭特别予以关注,即中国建设银行黑龙江省分行将原告所诉债务剥离给中国信达资产管理公司A市办事处时,该笔债权已经超过了诉讼时效,属于无效债权。YZ公司一直在Y县建设银行开设账户。作为开户银行,Y县建设银行应当知道YZ公司在2002年6月被注销的情况。根据中国人民银行发布的《贷款通则》第53条关于"贷款人对产权有偿转让或申请解散的借款人,应当要求其在产权转让或解散前必须落实贷款债务的清偿"的规定和YZ公司与Y县建设银行在《借款合同》中第9条第4款的约定,Y县建设银行应当在知道YZ公司被注销的情况后及时采取相关措施,以免债务落空。但是,Y县建设银行不但没有采取任何措施,又在两年后的2004年7月报请黑龙江省分行将该笔债权作为不良资产进行了剥离。

前文已经谈到,被上诉人起诉要求Y厂、B公司清偿的债务属于侵权之债而非合同之债,Y县建设银行应当自知道或者应当知道权利被侵害之日起向侵权人主张权利,即Y县建设银行应当自2002年6月28日起向Y厂主张权利,而

2004年7月将该笔债权作为不良资产进行剥离时,已经超过了诉讼时效。

以上代理意见请合议庭在评议案件时给予充分考虑。

上诉人诉讼代理人:牟驰
2007年3月13日

再以案例1-7为例,介绍代理上诉人时代理词的写作方法。

范本3-10 代理词(二审代理上诉人)

代 理 词

审判长、审判员:

北京德和衡(哈尔滨)律师事务所接受本案上诉人××热力有限公司(以下简称"热力公司")的委托,指派本律师担任其诉讼代理人参加诉讼。现根据合议庭总结的二审争议焦点和相关法律规定,发表如下代理意见,望合议庭予以采纳。

一、原审判决解除热力公司与被上诉人哈尔滨××房地产开发有限公司(以下简称"开发公司")签订的《并入集中供热管网合同书》(以下简称《并网合同》)的做法,属于典型的适用法律错误,依法应当予以撤销。

热力公司在开发公司长期拖欠热费的情况下关闭供热网开关的行为,是依据《黑龙江省城市供热条例(2015)》第45条第1款和《哈尔滨市城市供热办法》第43条第2款的规定实施的,具有明确的法律依据,并不属于《合同法》第94条第(二)项规定的"在履行期限届满之前,当事人一方明确表示或者以自己的行为表明不履行主要债务"的违约情形,而是一种合法行为。同时,开发公司自行供热的行为违反了《黑龙江省城市供热条例(2015)》第38条和《哈尔滨市城市供热办法》第33条关于"未经供热单位同意,用户不得改变供热采暖方式"的规定,属于违法行为。在热力公司不存在违约情形,而开发公司却在合同履行过程中存在违法情形的情况下,原审判决以《合同法》第94条第(二)项的规定为理由解除双方签订的《并网合同》的做法,不但损害了热力公司的合法权益,还剥夺了《黑龙江省城市供热条例》《哈尔滨市城市供热办法》两部地方性法规赋予供热单位的法律权利,属于典型的适用法律错误,依法应当予以撤销。

此外，原审判决在开发公司提出的反诉请求并未要求解除双方签订的《并网合同》的情况下，判令解除该合同的行为属于明显的滥用裁判权，依法也应当予以纠正。

二、开发公司提出的退还集中供热基础设施配套费的主张依法不能成立。

首先，热力公司根据《并网合同》收取的费用是集中供热工程费，并不是开发公司主张的城市基础设施配套费，这一点在《并网合同》2.1条款和黑龙江省物价监督管理局发布的《黑价经（2011）309号文件》《黑价经（2013）296号文件》中均有明确的记载，特别是上述两份文件中均已写明："集中供热工程费属经营性收费，收费主体为集中供热企业。"因此，开发公司主张的热力公司向其收取集中供热基础设施配套费违法的理由明显缺乏事实和法律依据，依法不能成立。

其次，开发公司提供的《国家计委、财政部关于全面整顿住房建设收费取消部分收费项目的通知（2001）585号》的附件中列明的"经国务院批准取消的涉及住房建设的行政事业性收费项目"中，并不包括集中供热基础设施配套费。《黑龙江省城市供热条例》和《哈尔滨市城市供热办法》也并未禁止热源企业或者供热企业向用户收取集中供热工程费。因此，开发公司提出的黑龙江省物价监督管理局发布的上述两份文件违反上位法的主张依法也不能成立。

最后，热力公司根据《并网合同》收取的集中供热工程费已经用于支付从热源通往开发公司建设的××广场项目所在地的施工过程中所花费的人工、物料等方面的费用和成本，相关施工早已完成并投入使用三个供暖期。即使开发公司自愿放弃使用热力公司提供的热源，实际上也根本无法恢复原状。因此，开发公司提出的退还集中供热基础设施配套费的主张并不具备可行性。

三、热力公司的诉讼请求合理、合法，依法应当予以支持。

原审判决以"诉讼中，热力公司没有举证证明专门为开发公司建设的供热设施数量和价值"为由，酌情判定由热力公司退还开发公司70%的并网费的做法，既没有考虑判决的社会效果，也没有考虑开发公司自行供热的违法性质，这种判决一旦得到终审判决的确认，将可能会给哈尔滨市乃至全省的供热企业与用户的关系造成一系列的不良影响。恳请合议庭对此给予足够的重视。

双方签订的《并网合同》系双方的真实意思表示，合法有效并且已经实际履行，双方之间的供、用热关系依法成立。在此基础上，根据《合同法》《黑龙江省城市供热条例》《哈尔滨市城市供热办法》等法律、地方性法规的相关规定，开发公司依法负有向热力公司支付热费的义务。在开发公司未能履行相关义务的情况下,热力公司要求其履行支付热费的义务并承担相应的违约责任具有充分的事实和法律依据,依法应当予以支持。

综上所述,原审判决适用法律错误,依法应当予以撤销;开发公司的上诉请求缺乏事实和法律依据,依法不应予以支持;热力公司的上诉请求合理、合法,依法应当予以支持。恳请二审法院撤销原审判决,改判支持热力公司的全部诉讼请求。

上诉人委托诉讼代理人:牟驰
2017年11月28日

而作为被上诉人的代理人,由于原审判决已经支持了己方的观点,通常情况下只要反驳上诉人的上诉观点即可,不必再在二审过程中过多地进行"立论"。

下面,以案例1-15为例,介绍被上诉人的代理词的写作方法。北京R公司向黑龙江省D市中级人民法院起诉后,D市中级人民法院作出了如下一审判决:

(1) X公司向R公司返还多收的货款2,548,871.25元,从2006年1月1日起按照人民银行同期存款利率给付利息损失;

(2) X公司为R公司出具与所欠货款等额的增值税发票。

X公司不服一审判决,向黑龙江省高级人民法院提起上诉。笔者继续代理R公司参加本案二审的诉讼活动。2008年11月21日,本案在黑龙江省高级人民法院开庭审理。

下面是本案二审的代理词。

范本3-11 代理词(二审代理被上诉人)

代 理 词

审判长、审判员:

黑龙江远东律师集团事务所接受本案被上诉人——北京R公司的委托,继续指派我担任其代理人参加本案的诉讼活动。下面,我根据上诉人的上诉观点,结合原审判决认定的证据和事实、今天的庭审过程中上诉人提交的新证据以及相关法律规定发表如下代理意见:

第一,关于双方之间的合同关系如何定性。

本代理人认为,原审以买卖合同纠纷立案并判决是正确的。

首先,《中华人民共和国合同法》(以下简称《合同法》)第130条规定:"买卖合同是出卖人转移标的物的所有权于买受人,买受人支付价款的合同。"《合同法》第251条第1款规定:"承揽合同是承揽人按照定作人的要求完成工作,交付工作成果,定作人给付报酬的合同。"《合同法》第251条第2款同时规定:"承揽包括加工、定作、修理、复制、测试、检验等工作。"因此,加工合同是承揽合同的一种表现形式,应当适用《合同法》对承揽合同的定义对本案双方当事人之间的合同关系予以衡量。

其次,上诉人在原审答辩状中已经自认了"实际履行时双方并未按照加工合同之约定履行"的事实。在合同履行过程中,被上诉人向上诉人支付货款时,也没有区分每一笔货款的用途是购买原料还是购买产品;上诉人只向被上诉人开具了产品的增值税发票,并未提供原料的增值税发票。从上述双方履行方式的变化来看,双方之间实际形成的合同关系恰恰是"上诉人转移标的物的所有权于被上诉人,被上诉人支付价款"。这一合同关系完全符合买卖合同的特征。因此,本案涉及的合同关系应当定性为买卖合同。

第二,关于上诉人供货价格的问题。

首先,原审判决在上诉人没有提供充分证据证明"原料价格上涨"这一事实的情况下,以上诉人开具的增值税发票显示的价格认定双方交易的单价的做法是正确的。原审过程中上诉人只提交了一份××化学工业集团公司开具的增值税发票。这份证据只能证明上诉人曾经在2005年从××化学工业集团公司购买过原料,当时双方的成交价格是每吨13,650.00元,而国内生产并销售这种石化原料的石化企业至少有10家,当时其他企业原料的售价是多少,是否存在低于每吨13,650.00元的情况不得而知。请各位法官看一下我呈给各位的《X公司增值税发票开具情况列表》。这份表格显示,从2005年3月31日上诉人向被上诉人开具第一张增值税发票开始,到2005年5月27日开具最后一张增值税发票为止,上诉人在增值税发票中开具的货物单价始终是合同中约定的每吨16,900.00元。原审判决在上诉人没有提供能够证明"原料价格上涨"的相关证据的情况下,根据被答辩人开具的增值税发票显示的价格,认定双方交易的单价为每吨 16,900.00 元是正确的。

其次,在刚才的法庭调查过程中,上诉人提供了两份所谓的能够证明当时"原料价格上涨"的"新证据"。对于上诉人提供的所谓"新证据",本代理人持有异议。因为根据《最高人民法院关于民事诉讼证据的若干规定(2001)》第41条的规定,二审程序中的新证据包括"一审庭审结束后新发现的证据"和"当事人在一审举证期限届满前申请人民法院调查取证未获准许,二审法院经审查认为应当准许并依当事人申请调取的证据"。而上诉人提供的这两份所谓的"新证据"并不符合上述司法解释规定的情形,而是上诉人在一审过程中怠于行使举证权利导致没有提供的证据。

鉴于上诉人的住所地远离本市,为了避免给上诉人造成讼累,同时也是出于方便二审法院查清案件事实的考虑,本代理人在庭审时还是同意对上诉人提供的所谓的"新证据"进行了质证。这里应当强调的是,本代理人同意质证的行为并不代表对这些所谓的"新证据"的认可。对于上诉人提供的所谓的"新证据"是否符合相关司法解释的规定,是否应当采信,还请合议庭在评议案件时,结合双方当事人的具体情况予以充分考虑。

从上诉人提供的所谓"新证据"的内容来看,在同一时间的2005年5月9日,同样是D市炼化生产的原料,××资讯(上海)有限公司提供的证据证明的价格是12,800元/吨,而××化工产品信息中心提供的证据证明的价格却是13,500元/吨,二者相差700元/吨。而上诉人提供的发票显示的购买价格却都高于13,500元/吨。对此,本代理人认为,即使二审法院最终采信上诉人提供的所谓的"新证据"认定"原料价格上涨"的事实,也应当以××资讯(上海)有限公司提供的证据证明的价格12,800元/吨作为确认涨价后的价格,而不应以上诉人提出的所谓"购买原料的平均价"或者××化工产品信息中心提供的证据证明的价格作为涨价后的价格。因为上诉人就是从D市购买的原料,根据《合同法》规定的诚实信用原则,上诉人有义务以尽可能低的价格购买原料,否则,由此造成的一切不利后果均应由其自己承担。

最后,上诉人提出的"产品的价格应当与原料的价格同比增长"的观点是错误的。(1)如果按照上诉人的上述观点计算,产品的单价就不仅仅是"随原料单价变化而变化"了,只要辅助材料、水电气冷维修等其他方面的单价发生变化,产品的单价也都会随之变化。这显然违背双方签订合同时的本意。(2)上诉人始终主张双方之间的合同关系是加工合同。照此观点,上诉人通过履行合同获取的利益应当是加工费。根据上诉人法定代表人在今天的法庭调查中所作的陈述,"合同中约定的产品价格减去原料价格的差价就是上诉人应当收取的加工费"。而在承揽合同关系中,加工费应当是固定不变的。但是,如果上诉人提出的产品的价格应当与原料的价格同比增长的观点成立,产品价格减去原料价格的差价就不是固定的。因此,无论从哪一个角度衡量,上诉人提出的"产品的价格应当与原料的价格同比增长"的观点都是错误的。

第三,关于上诉人供货的运费价格问题。

首先,原审判决认定上诉人供货的运费为每吨15元,是根据上诉人在原审中提交的《民事答辩状内容更改说明》中自认的"我公司D市库房到原告指定地点的短途运费每吨15元"的事实,和上诉人原审代理人×××在庭审中陈述的"在其设在D市的加工厂将原料加工成产品"的事实做出的。今天的法庭调查过程中,上诉人又改称:"D市的加工厂没有能够将原料加工成产品的装置,是将从D市购买的原料运到辽宁省P市,而后又将产品运到D市的。"对此,本代理人认为,上诉人还应当提供能够证明将从D市购买的原料运到P市的相关证据,否则,只能认为上诉人是在D市将原料加工成产品的。

其次,由于上诉人今天提供的从辽宁省P市向D市运输产品的运费发票的收货人是"××有限责任公司",而不是被上诉人,因此,这些发票不能证明是被上诉人应当承担的运费金额。

第四,其他问题。

由于上诉人当庭放弃了上诉状第4项上诉理由涉及的被退回的36吨产品应当视为已经交付的上诉请求,对于该问题在此不再发表意见。特别需要强调的是,本代理人对本案的观点在庭审笔录中没有涉及或者与庭审笔录中的记载不一致的,均以本代理词的内容为准。

综上所述,原审判决认定事实清楚、适用法律正确、审判程序合法,应当予以维持。恳请二审法院依法驳回上诉人的上诉请求。

被上诉人诉讼代理人:牟驰
2008年11月21日

再以案例2-2为例,介绍被上诉人的代理词的写作方法。

范本 3-12 代理词(二审代理被上诉人)

代 理 词

审判长、审判员：

北京德和衡(哈尔滨)律师事务所接受本案被上诉人 B 公司(以下简称"被上诉人")的委托，指派本律师担任其诉讼代理人参加诉讼。现根据合议庭总结的二审争议焦点和相关法律规定，发表如下代理意见，望合议庭予以采纳。

一、关于本案证据认定的问题。

之所以把证据认定的问题单独加以论述，原因在于证人杨某甲的特殊身份。通过本案已经查明的事实可以确认，杨某甲既是本案上诉人的实际控制人，又在本案交易行为发生期间担任被上诉人的经理职务，属于被上诉人的高级管理人员。大量的证据表明，杨某甲在被上诉人任职期间，未经股东会同意，自营与所任职公司同类的业务；未经股东会同意，与本公司订立合同、进行交易；利用职务便利，隐匿公司业务档案；未经股东会和公司其他高管同意，利用职务便利，擅自与自己实际控制的公司签署明显不利于自己任职的公司的债务确认及清偿协议，杨某甲的上述行为违反了《公司法(2005)》第 148 条的相关规定，完全没有尽到公司高管对公司负有的忠实、勤勉义务。因此，他代表被上诉人与上诉人签署的明显对被上诉人不利的《商品交易数量确认书》和《结算协议》以及其在一审过程中所作的证言，因其在履职过程中存在违法行为而不具有真实性、合法性，这些证据的效力依法不应予以确认。同时，鉴于涉案的合同专用章始终由杨某甲掌控，上诉人二审提供的"新证据"中加盖了合同专用章的那些证据的效力依法也不应予以确认。

二、上诉人以铁路货票作为认定被上诉人交货数量的主张缺乏事实和法律依据。

首先，从铁路货票记载的内容来看，它是证明铁路货运合同关系成立的书面文件，只能证明铁路货运合同的托运人是谁，并不能证明托运货物的所有权属于谁，更不能证明货物所涉交易行为的性质、托运人是否为货物所涉交易行为的一方当事人。因此，仅凭上诉人提供的 185 份铁路货票，不能得出被上诉人只向上诉人交付了相应数量水稻的结论。

其次，通过铁路将水稻运至上诉人指定的到站并不是合同约定的被上诉人的义务。上诉人出具给被上诉人的《声明书》中明确记载，"我公司指派杨某乙"

等同志"作为我公司粮食接收人员,在前进火车站接收贵公司的水稻",据此可以确认,被上诉人向上诉人交付水稻的地点应当是前进火车站。同时,在上诉人提供的、被上诉人否认其真实性的2012年度《稻谷购销合同》(以下简称《2012年合同》)中,也没有要求被上诉人将水稻运至上诉人指定的车站,而是在其中的第8条约定"乙方(即被上诉人)承担自乙方库内至火车站发运站台的所有费用",这一约定明显属于"站台交货"。因此,被上诉人只需将水稻运至前进火车站站台就已经完成了合同约定的交货义务。

最后,经过清点上诉人在二审中提供的182份铁路货票(一审中提供的185份中的一部分),其中托运人为上诉人的有154份(其中抚远东站发出的10份,前进站发出的144份),托运人为被上诉人的只有28份(其中抚远东站发出的11份,前进站发出的17份),根本不能证明被上诉人通过铁路发运198车(一审证据交换笔录第5页杨某甲证言、一审第2次开庭笔录第17页、第29页代理人陈述)的事实。

通过上述分析可以得出这样的结论,那就是上诉人通过提供185份铁路货票来证明被上诉人只交付了12,350.69吨水稻的主张,明显缺乏事实和法律依据,不足为信。

三、被上诉人一审过程中提供的366份《粮食出库凭证》足以证实其已经向上诉人完全履行了交货义务,并不存在上诉人所主张的没有足额交货的违约行为。

纵观一、二审过程中上诉人举证、质证的行为不难发现,这366份《粮食出库凭证》是认定本案中被上诉人是否存在违约行为的核心问题。为了否定这些证据,在一审过程中,上诉人置杨某甲与杨某乙的兄弟关系于不顾,公然否认杨某乙与上诉人存在身份关系和利害关系(一审第2次庭审笔录第15页、一审第3次庭审笔录第6页);在二审过程中,上诉人虽然承认了杨某甲与杨某乙的兄弟关系,但却又抛出了杨某乙是被上诉人的承运人的说法,意图否认杨某乙作为上诉人的代理人接受交付的事实。而从上诉人二审过程中提供的所谓的"新证据"来看,很多证据在形式上存在伪造的嫌疑,在内容上也是前后矛盾、漏洞百出,主要体现在:从证据表现形式的角度分析,上诉人二审提供的第五组证据中的《水稻中转协议》和《欠据》加盖的被上诉人的印章都是涉案的合同专用章,本代理人已经多次强调,这枚合同专用章始终由杨某甲掌控,用于何时、何事都不为被上诉人所控制。另外一份《个人户资金情况说明》中被上诉人的印章倒是公章,但经过简单的对比就可以较为清晰地看出,这枚公章与被上诉人实际使用的公章并不一致,特别是数字与文字的距离表现得尤为明显。因此,这三份证据的真实性根本无从谈起。从证据记载内容的角度分析,首先,从这三份证据形成的时间以及杨某乙与杨某甲的兄弟关系来看,上诉人在一审时是有能力提供这些证据的,但却没有提供,原因不外乎两个:一是主观上不想提供,二是客观上不能提供。如果是主观上不想提供,那么这些证据依法不属于新证据,不应在二审中予以认定;如果是客观上不能提供,原因可能只有一个,那就是一审时这些证据并不存在,在一审上诉人败诉后,这些证据"恰好出现"了。其次,《水稻中转协议》的内容中关于乙方(即被上诉人)按每个货位收取中转站台费和装卸车费用的约定,恰恰与上诉人想证明杨某乙是承运人的身份的想法相反,反而体现出被上诉人是承运人。最后,从证人杨某乙在今天庭审时陈述的证言来看,不但印证了这份《个人户资金情况说明》所记载的事实纯属无中生有,而且也证明了杨某乙只是为被上诉人代办铁路托运事务,既不是上诉人一审所称的"被告自行委托的汽车承运方"和"个体独立的汽车运输单位",也不是上诉人在二审中极力证明的被上诉人的"承运人"。

反观被上诉人提供的 366 份《粮食出库凭证》,绝大多数都有杨某乙在"接货单位经手人"处签名,虽然在联次上是第五联,但因为这一联次是被上诉人与短途运输的车辆结算运费的凭证,由短途运输车辆的司机或者车主在将水稻从被上诉人所在地运至前进火车站后,交给被上诉人的财务用于结算短途运费,进而保存在被上诉人的财务资料中,这才避免了像上诉人二审提供的第二组证据中的 25 份《粮食出库凭证》(第二联发货单位保管凭证)、第五组证据中的《车辆出入库登记本》《个人户资金情况说明》《收粮凭证》等其他重要的业务档案被杨某甲隐匿的后果。结合上诉人出具给被上诉人的《声明书》中记载的"我公司指派杨某乙"等同志"作为我公司粮食接收人员,在前进火车站接收贵公司的水稻"的内容,杨某乙等人分别在这 366 份《粮食出库凭证》中签字的行为足以证明被上诉人已经向上诉人履行了交付约定数量水稻的义务,并不存在违约行为。

综上所述,上诉人以铁路货票作为认定被上诉人交货数量的主张缺乏事实和法律依据,被上诉人提供的 366 份《粮食出库凭证》足以证实其已经向上诉人完全履行了交货义务,并不存在上诉人所主张的没有足额交货的违约行为。恳请合议庭依法驳回上诉人的上诉请求,以维护被上诉人的合法权益和法律的尊严。

被上诉人委托诉讼代理人:牟驰
2017 年 9 月 14 日

(二)撰写代理词应当注意的事项

除了上述三个方面之外,还有一些事项需要在写作的过程中加以注意:

第一,在案件当事人的称谓上,尽量使用当事人在本案所处诉讼程序中的诉讼地位名称。例如,在一审程序中当事人的称谓应当是"原告、被告",在二审程序中当事人的称谓应当是"上诉人、被上诉人、原审原告或者原审被告"。

第二,代理词中叙述的事实应当以是否有证据证明为标准进行表述。这里提到的证据应当是通过依法取证的环节取得的证据。需要再次强调的是,**在写作代理词时可以不考虑法庭是否能够采信该证据,但一定要注意,不要为了迎合委托人的意图和口味,不顾法律事实一味地信口开河**。

第三,**代理词中引用的法律依据应当尽可能穷尽所有法律法规**,从地方性法规、部门规章到行政法规再到法律,应当逐级逐条查阅,引用其中最合适、最有利于支持代理观点的条文。这里面可能会存在法条之间互相冲突的情况,这是我国现阶段法治建设的特色,在短时间内不可能得到根本解决。各级法院在遇到类似问题的时候,通常都采取"特别法优于普通法"的原则。因此,是否能够找到层级较低但是规定更加具体的法条,有时候就成为法律依据是否充分的关键。

第四,代理词的结尾不应有"此致 ××法院"字样。在文书写作习惯中,"此致××(人或单位)"用于没有抬头的情况,例如,起诉状、答辩状、上诉状、再审申请书、申请执行书。而代理词是有抬头的,再在结尾加上"此致××法院"明显属于画蛇添足了。

五、再审申请书

阅读提示

● 用于申请再审的法律文书的名称应当称为"再审申请书",不应使用诸如"再审申请"或者"申请书"等其他不规范的文书名称。
- 在制作再审申请书时,不仅仅要像起诉状那样叙述事实和理由,更重要的是要把理由与《民诉法(2021)》第 207 条的 13 项条件相对应,让受理再审申请的法院通过阅读再审申请书,能够快速地判断是否符合该条规定?符合该条规定的 13 项条件中的哪一项或者哪几项?
- 只有最高人民法院发布的指导性案例确定的裁判规则才可以在各级法院的审判活动中"参照"适用。
- 《民诉法解释(2022)》第 376 条第 1 款第(三)项规定的"具体的再审请求",是指在案件进入再审程序后,再审申请人希望对案件进行再审的法院(可能是受理再审申请的法院,也可能不是)对于原审判决如何处理、对于己方的诉讼请求、上诉请求如何处理的具体要求;而不是"对本案进行再审"或者"中止原判决的执行"。
- 审判监督程序的理念是有限再审,即只对存在重大错误的生效裁判进行再审,而不是有错必纠。所谓"重大错误",就是指《民诉法(2021)》第 207 条规定的 13 项具体情形。

再审申请书,是指案件当事人认为已经发生法律效力的判决、裁定(以下统称"终审裁决")存在错误,在法定期限内依据法定理由请求做出终审裁决的人民法院(以下简称"终审法院")或者终审法院的上一级人民法院对终审裁决予以撤销、变更或者重新审理的法律文书。此处需要注意:根据《民诉法(2021)》第 210 条和《民诉法解释(2022)》第 375 条的规定,用于申请再审的法律文书的名称应当称为"民事再审申请书",不应使用诸如"再审申请"或者"申请书"等其他不规范的文书名称。

与起诉相比,申请再审的门槛要高得多,主要体现在《民诉法(2021)》第 207 条的规定。从具体内容上来看,只有至少符合其中的 13 项条件之一的,才有可能进入再审程序。因此,在制作再审申请书时,不仅仅要像起诉状那样叙述事实和理由,更重要的是要把理由与上述 13 项条件相对应,让受理再审申请的法院通过阅读再审申请书,能够快速地判断是否符合该条的规定?符合该条规定的 13 项条件中的哪一项或者哪几项?

(一)再审申请书的写作方法

以案例 3-6 为例,介绍再审申请书的写作方法。

> **案例 3-6**　甲市 LK 工程技术咨询有限责任公司诉 BF 煤炭经销有限责任公司、YK 矿业有限责任公司煤矿承包合同纠纷案
>
> 2009 年 9 月,注册地均为黑龙江省甲市的 LK 工程技术咨询有限责任公司(以下简称"LK 公司")与 BF 煤炭经销有限责任公司(以下简称"BF 公司")签订了《煤矿托管协议》,约定由 LK 公司负责 BF 公司下设的鸿祥煤矿(后更名为"YK 煤矿")的煤炭生产、矿井安全管理和技术服务。2010 年 6 月,YK 矿业有限责任公司(以下简称"YK 公司")成立。2011 年 1 月,LK 公司、BF 公司签订了《YK 煤矿托管补充协议》,约定:双方在不提高吨煤成本的情况下,将全岩和半煤岩掘进量单独分离出来计价,由 BF 公司支付费用。委托评估机构对煤矿井巷掘进工程进行成本评估,对掘进单价及支护单价进行了约定。
>
> 2015 年 10 月,BF 公司将 YK 煤矿承包给案外人经营,终止了与 LK 公司的合同关系。此后,LK 公司以 BF 公司违约为由诉至法院,要求解除其与 BF 公司签订的《煤矿托管协议》和《YK 煤矿托管补充协议》并承担相应的违约责任;同时要求 YK 公司对 BF 公司的违约责任承担连带责任,理由是两家公司的控股股东是同一家外资企业。
>
> H 省甲市中级人民法院一审判决:一、解除 LK 公司与 BF 公司签订的《煤矿托管协议》和《YK 煤矿托管补充协议》;二、YK 公司向 LK 公司给付 790 余万元;三、BF 公司对判决第二项的债务承担连带清偿责任。
>
> 一审判决送达后,LK 公司与 BF 公司都提起了上诉,而作为一审判决确定的主债务人的 YK 公司却没有提起上诉。H 省高级人民法院二审维持了一审判决第一项,变更一审判决第二项的金额为 720 余万元。

2018 年 8 月,BF 公司和 YK 公司共同的股东(以下简称"BY 股东")委托笔者代理申请再审事宜。经过研究两审判决、了解案件审理的相关过程,笔者认为,从案件事实来看,基本可以确定存在当时有效的《民诉法(2021)》第 207 条中第(二)项规定的"原判决、裁定认定的基本事实缺乏证据证明的"和第(十三)项规定的"审判人员审理该案件时有贪污受贿,徇私舞弊,枉法裁判行为的"两种法定应当再审的情形(具体论述见再审申请书)。

从总体上考虑,首先需要解决的一个棘手的问题是,由谁来作为再审申请人。从现行法律规定来看,这本来不是个问题,但是,由于近年来大数据技术在法律领域的大范围应用,在方便法律职业人员工作的同时,也造成了一定程度的麻烦,那就是各种以大数据名义进行的案例观点归纳。很多法律方面的自媒体通过这种方式总结、归纳出最高人民法院审结的一些案件的观点进行发布,不仅很多律师、企业法务人员在关注,一些案件的当事人也在关注。在关注的过程中,不可避免地形成了两个极端:一是只

看其中对自己有利的,二是只看其中对自己不利的。本案中 BY 股东就属于后者,他们的担心来源于《最高人民法院(2016)最高法民申 2505 号民事判决书》。法律自媒体(第一来源目前无法确定)将该判决的观点归纳为:"再审程序是针对生效判决可能出现的重要错误而赋予当事人的特别救济程序。如在穷尽了常规救济途径之后,当事人仍然认为生效裁判有错误的,其可以向人民法院申请再审。对于无正当理由未提起上诉且二审判决未改变一审判决对其权利义务判定的当事人,一般不应再为其提供特殊的救济机制,否则将变相鼓励或放纵不守诚信的当事人滥用再审程序,从而使得特殊程序异化为普通程序。这不仅是对诉讼权利的滥用和对司法资源的浪费,也有违两审终审制的基本原则。"而本案中,恰恰是被确定为主债务人的 YK 公司没有提起上诉,BF 公司和 YK 公司共同的股东担心会因此被驳回再审申请。对此,笔者做出了如下回应:首先,中国不是判例法国家,**只有最高人民法院发布的指导性案例确定的裁判规则才可以"参照"适用**,而(2016)最高法民申 2505 号案件并不是指导性案例。其次,向最高人民法院申请再审只是再审程序的进门环节,如果最高人民法院认为本案应当再审,或者指令黑龙江省高级人民法院再审,或者进行提审。无论是前者还是后者,都相当于得到了第二次二审的机会,因此,YK 公司究竟是否应当被确定为主债务人,在再审程序中还是有机会得到纠正的。最后,鉴于上述实际情况,建议将 YK 公司和 BF 公司都作为再审申请人,同时提出再审申请。

除了上述程序方面的问题之外,本案还涉及一个很重要的实体问题,那就是一审程序中,YK 公司和 BF 公司对于鉴定意见均未从鉴定机构、鉴定人的角度进行质证,上诉时也没有对鉴定意见提出任何异议,导致二审判决根本没有涉及鉴定意见的效力问题。在申请再审时,以鉴定机构、鉴定人不具备相应资格来否定鉴定意见进而认为两审判决存在"原判决、裁定认定的基本事实缺乏证据证明"的法定再审情形的做法,存在相当程度的风险。笔者对此向 BY 股东进行了充分的提示,他们对此表示出了乐观的态度,认为只要能够重审本案,这个问题应该可以得到纠正。在这种情况下,笔者作为 BF 公司的代理人制作了本案的再审申请书。

范本 3-13	再审申请书

再审申请书

再审申请人(一审被告、二审上诉人)[1]:甲市 BF 煤炭经销有限责任公司,住所地:H 省甲市乙区 TY 公寓 806 室

法定代表人:L某,该公司董事长

被申请人(一审原告、二审上诉人)[2]:甲市 LK 工程技术咨询有限责任公司,住所地:H 省甲市乙区××街××号

法定代表人:G某,该公司董事长

一审被告、二审被上诉人:甲市 YK 矿业有限责任公司,住所地:H 省甲市乙区××路××号

法定代表人:L某,该公司董事长

一审被告、二审被上诉人[3]:甲市 TB 煤炭有限责任公司,住所地:H 省甲市丙区××路××号

法定代表人:F某,该公司董事长

再审申请人甲市 BF 煤炭经销有限责任公司因与被申请人甲市 LK 工程技术咨询有限责任公司煤矿承包合同纠纷一案[4],不服 H 省甲市中级人民法院于 2017 年 11 月 2 日作出的(2016)H××民初 6 号一审民事判决书、H 省高级人民法院于 2018 年 7 月 24 日作出的(2018)H 民终 216 号二审民事判决书[5],现依据《中华人民共和国民事诉讼法(2017)》第 200 条第(二)项、第(十三)项[6]之规定,特向贵院申请再审。

再审请求:

一、撤销 H 省甲市中级人民法院(2016)H××民初 6 号一审民事判决书、H 省高级人民法院(2018)H 民终 216 号民事判决书,发回 H 省甲市中级人民法院重审[7];

二、本案一审、二审的诉讼费用由被申请人承担。

事实和理由[8]:

首先,原判决认定的基本事实缺乏证据证明[9]。H 省甲市中级人民法院(以下简称"一审法院")在一审中据以认定案件基本事实的证据,是《甲旭价估字〔2016〕第 051 号价格评估结论书》(以下简称"051 号评估结论")、《甲旭价估字〔2016〕第 052 号价格评估结论书》(以下简称"052 号评估结论")和甲旭司鉴字〔2017〕第 013 号《价格评估司法鉴定意见书》(以下简称"013 号鉴定意见")。据上述两份评估结论记载,一审法院委托评估的标的分别是"甲市 TB 煤炭有限责任公司一矿托管后 LK 公司施工工程总造价"(该评估结论第 3 页)和"甲市 TB 煤炭有限责任公司一矿托管后架钢棚工程造价"(该评估结论第 3 页)。上述两个评估事项均属于工程造价鉴定,依法应当由具有工程造价鉴定执业资格的鉴

定人进行。而同时在两份鉴定结论上署名的鉴定人名单中,王×明、林×斌均为价格鉴证师,其执业范围为涉案物品价格的鉴定、认证、评估,不具有工程造价鉴定执业资格;杨×彦只具有高级工程师(采煤专业)职称,不具有工程造价鉴定的执业资格;在052号评估结论中署名的鉴定人李×丽是价格鉴证师,与王×明、林×斌一样,其执业范围为涉案物品价格的鉴定、认证、评估,也不具有工程造价鉴定执业资格。据013号鉴定意见记载,一审法院的鉴定要求是"对原告在接受托管施工期间TB煤矿采出煤量结算价格进行评估"(该鉴定意见第20页)。而鉴定机构最终给出的结论不是结算价格,而是采出煤量的价值,该价值是根据出煤量乘以双方协议约定的158元/吨的协议价格的方法计算得来。也就是说,鉴定机构所做的鉴定工作实际上是对出煤量的鉴定,并不是对价格的鉴定。这一鉴定行为明显超出了鉴定机构的执业范围,并不具有合法性。此外,本案的鉴定机构——甲市旭×价格评估有限责任公司持有的《价格评估机构资质证书》中批准的执业范围仅为"价格评估及当事人委托的涉诉讼财物价格评估",并不包括工程造价鉴定。据此可以确定,一审判决采信的据以认定本案基本事实的两份评估结论和一份鉴定意见,均存在明显违反司法部颁布的《司法鉴定程序通则》第15条关于"司法鉴定机构不得受理委托鉴定事项超出本机构司法鉴定业务范围"的规定,和第18条关于"司法鉴定机构受理鉴定委托后,应当指定本机构具有该鉴定事项执业资格的司法鉴定人进行鉴定"规定的情形,不具有合法性,依法不应当予以采信。因此,本案明显存在"原判决认定的基本事实缺乏证据证明"的情形,依法应当再审[10]。

其次,本案一审法院的审判长牛×在审理本案过程中收受了被申请人的贿赂[11]。

牛×因受贿罪已经被检察机关提起公诉,中共H省甲市纪律检查委员会、H省甲市监察委员会也分别以牛×在审理本案过程中非法收受被申请人的股东刘×东所送财物金额共计16万元为由,分别给予牛×开除党籍、开除公职的处分。据此,牛×在审理本案过程中的受贿行为已经由纪律处分决定所确认,符合《民事诉讼法(2017)》第200条第(十三)项以及《民诉法解释(2015)》第394条的相关规定,依法应当再审。

综上所述,原判决认定的事实缺乏证据证明,本案一审法院的审判人员在审理案件时有受贿行为。再审申请人的申请符合《民事诉讼法》的相关规定,望贵院依法尽快再审本案,以维护再审申请人的合法权益。

此致
中华人民共和国最高人民法院[12]

再审申请人:甲市BF煤炭经销有限责任公司[13]

2018年10月25日

笔者批注：

〔1〕根据《民诉法解释(2022)》第 375 条的规定,启动再审程序的一方当事人应当称为"再审申请人",不应使用"申请人"的名称。

〔2〕申请再审时的"被申请人",应当是在终审裁决中,与委托人存在直接利益冲突的一方当事人,即如果终审程序是一审,再审申请人和被申请人应当是一审程序中的原告和被告;如果终审程序是二审,再审申请人和被申请人应当是二审程序中的上诉人和被上诉人。特殊情况下,也可能是有独立请求的第三人。

〔3〕应当将其他各方当事人按照其在一审、二审中的地位依次列明。

〔4〕案由应当予以写明,有助于受理再审申请的法院理清双方的请求权基础、快速确定案件的争议焦点。

〔5〕应当写明对哪一个程序的裁判不服(特别是在经过两审程序的情况下),以便受理再审申请的法院在进行审查时,快速确定需要审查的重点事项。

〔6〕为便于受理再审申请的法院快速确定再审的理由是否符合《民诉法(2021)》第 207 条的规定,应当在理清案件事实的基础上,在《再审申请书》的序言部分将申请再审的理由与该条规定的 13 项具体情形对应起来。

〔7〕根据《民诉法解释(2022)》第 376 条第 1 款的规定,"再审申请书应当记明下列事项：……(三)具体的再审请求……"。此处所说的"具体的再审请求",是指在案件进入再审程序后,再审申请人希望对案件进行再审的法院(可能是受理再审申请的法院,也可能不是)对于原审判决如何处理、对于己方的诉讼请求、上诉请求如何处理的具体要求；而不是"对本案进行再审"或者"中止原判决的执行"。原因在于：首先,根据《民诉法解释(2022)》第 393 条第 1 款关于"当事人主张的再审事由成立,且符合民事诉讼法和本解释规定的申请再审条件的,人民法院应当裁定再审"的规定,"裁定再审"只是审判监督程序的进门环节,类似于行政案件的复议前置,只有迈过了这个门槛,案件才算是正式进入再审程序。因此,不应把"对本案进行再审"作为再审请求。其次,根据《民诉法解释(2022)》第 394 条关于"人民法院对已经发生法律效力的判决、裁定、调解书依法决定再审,依照民事诉讼法第二百零六条规定,需要中止执行的,应当在再审裁定中同时写明中止原判决、裁定、调解书的执行……"的规定,中止"已经发生法律效力的判决、裁定、调解书"的执行,是法院的法定职责,即使再审申请人不对此提出请求,法院也会根据上述规定主动进行处理。因此,在制作再审申请书时应注意避免出现上述理解和操作上的误区。

具体而言,"再审请求"的内容应当包括：(1)依据法定事由(《民诉法(2021)》

第 207 条规定的 13 项中的哪一项或者哪几项)撤销生效裁决并对案件进行再审；(2)具体的再审请求(即撤销终审裁决后如何处理)以及应当提出的其他主张。"再审请求"可以按照下列格式表述：(1)请求撤销二审裁决维持一审裁决的，可以表述为，"依法撤销'二审法院全称'+'案号'+'终审裁决名称'，改判维持'一审法院全称'+'案号'+'一审裁决名称'"。(2)请求同时撤销二审裁决和一审裁决并进行改判的，可以表述为，"依法撤销'二审法院全称'+'案号'+'终审裁决名称'和'一审法院全称'+'案号'+'一审裁决名称'，依法改判……(写明要求改判的具体内容)"。

〔8〕《再审申请书》的"事实与理由"应当围绕再审请求组织事实与理由，理由应当重点围绕终审裁判的不当之处进行论述，针对的对象应当是"终审裁判"，不应是"终审法院"；表达理由的方法应当以"驳论"为首选，以"立论"为辅助。

〔9〕每一个与再审请求有关的焦点问题均应当从事实认定、法律适用两方面进行充分论证。

〔10〕为了突出重点、便于受理再审申请的法院快速检索、确定再审理由，在"事实与理由"的每一个组成部分结尾的部分都应当对该组成部分的内容进行理由上的归纳总结，使之与《民诉法(2021)》第 207 条规定的 13 项理由一一对应。

〔11〕事实与理由的顺序安排应当以重点优先为基本原则。

〔12〕结尾部分应当注明"此致"的具体受案法院。法院名称应当使用全称，不得使用简称；应当特别注意法院名称中是否包含"人民"字样。

〔13〕结尾部分应当写明再审申请人及签署日期。再审申请人是法人或者非法人组织的，落款应当使用全称，不得使用简称；落款的名称应当与公章的名称一致；应当在落款的名称上加盖公章。再审申请人是自然人的，应当由其本人签名并摁手印，签名应当与身份证等能够证明身份的证件中标注的名字一致。

(二) 当事人通过各级法院启动审判监督程序

根据《民诉法(2021)》第 205 条、第 206 条的规定，审判监督程序是对已经发生法律效力的判决、裁定、调解书(以下统称"生效裁判")进行纠错的一个特别程序。特别是从《民诉法(2021)》第 205 条的规定内容来看，审判监督程序的理念是有限再审，即只对存在重大错误的生效裁判进行再审，而不是有错必纠。对于当事人通过各级法院启动审判监督程序而言，所谓"重大错误"，就是指《民诉法(2021)》第 207 条列举的 13 项具体情形。因此，在当事人向法院申请再审时提出的事实与理由，紧扣这13项具体情形就显得尤为重要。从内容来划分,这13项具体情形可以分为三类:第一类是事实认定错误(第1项至第5项),第二类是法律适用错误(第6项),第三类是程序严重违法(第7项至第13项)。关于相关的判断标准,《民诉法解释(2022)》第385条至第392条作出了较为明确的规定,在检索对应的申请再审的法律依据时,应当将《民诉法(2021)》第207条的规定和《民诉法解释(2022)》中这8条的规定结合起来综合加以考虑。

归纳《民诉法(2021)》和《民诉法解释(2022)》对审判监督程序的程序方面的规定,结合律师实务和司法实践,可以把当事人通过法院启动审判监督程序划分为三个环节:第一个环节——审查环节(即接收再审申请环节)。根据《民诉法(2021)》第205条至第210条、第212条,《民诉法解释(2022)》第373条、第375条至第382条的相关规定对当事人提出的再审申请进行形式审查。这个环节结束后,接收再审申请的法院对于形式上不符合上述法律规定的案件,将作出驳回再审申请的裁定;对于形式上符合上述法律规定的案件,会将案件转入下一个环节。第二个环节——实体审查。在实体审查环节,接收再审申请的法院将结合《民诉法(2021)》第207条、第208条、第211条第2款,《民诉法解释(2022)》第384条至第392条的相关规定,对再审申请的事实与理由进行实体审查。这个环节结束后,接收再审申请的法院将根据《民诉法(2021)》第211条、《民诉法解释(2022)》第393条的相关规定,作出指令再审或者提审的裁定。得到了这个结果,当事人申请再审的案件才算是正式打开了审判监督程序的大门,进入了下一个环节。第三个环节——再审审理阶段,也只有到了这个环节,才算是法院接受了当事人提出的再审申请。

关于进行再审审理的法院(以下简称"再审法院")的确定。根据《民诉法(2021)》第211条第2款的原则性规定,在地域上,可能是接收再审申请的法院、原审法院或者接收再审申请的法院指定的原审法院以外的其他法院;在级别上,除了再审申请人向原审的基层法院申请再审的以外,应当是中级及其以上级别的法院。从实际数量情况来看,由原审法院进行再审审理的最多,提级进行再审审理的其次,原审法院以外的其他法院进行再审审理的最少。

关于确定再审法院的具体问题。根据《最高人民法院关于民事审判监督程序严格依法适用指令再审和发回重审若干问题的规定》(以下简称《指令再审和发回重审规定》)的规定,一般情况下,应当由裁定再审的人民法院进行再审审理;特殊情况下,应当指令原审人民法院再审(即指令再审)或者提审(即提级进行再审审理)。

根据《指令再审和发回重审规定》第2条第1款的规定,有下列情形之一的,最高人民法院、高级人民法院可以指令原审人民法院再审：（一）依据民事诉讼法第二百条第（四）项、第（五）项或者第（九）项裁定再审的；（二）发生法律效力的判决、裁定、调解书是由第一审法院作出的；（三）当事人一方人数众多或者当事人双方为公民的；（四）经审判委员会讨论决定的其他情形。

根据《指令再审和发回重审规定》第 3 条的规定，符合上述可以指令再审的条件，但有下列情形之一的，应当提审：（一）原判决、裁定系经原审人民法院再审审理后作出的；（二）原判决、裁定系经原审人民法院审判委员会讨论作出的；（三）原审审判人员在审理该案件时有贪污受贿，徇私舞弊，枉法裁判行为的；（四）原审人民法院对该案无再审管辖权的；（五）需要统一法律适用或裁量权行使标准的；（六）其他不宜指令原审人民法院再审的情形。其中第（一）项的规定，仅适用于当事人根据《民诉法（2021）》第 216 条的规定向检察院申请提出检察建议或者提起抗诉的案件。因为根据《民诉法解释（2022）》第 381 条第 1 款的规定，再审申请被驳回后再次提出申请的，对再审判决、裁定提出申请的，在人民检察院对当事人的申请作出不予提出再审检察建议或者抗诉决定后又提出申请的，法院不予受理。

关于再审案件的程序问题。根据《民诉法（2021）》第 214 条的规定，在审判组织上，再审法院审理再审案件，应当另行组成合议庭。在审级上，生效裁判是由一审法院作出的，按照一审程序审理，再审所作的判决、裁定（以下简称"再审裁判"），当事人可以上诉；生效裁判是由二审法院作出的，按照二审程序审理，再审裁判是终审裁判。上级法院提审的案件，按照二审程序审理，所作的再审裁判是终审裁判。在审理形式上，根据《民诉法解释（2022）》第 401 条的规定，以开庭审理为原则，书面审理为例外。

关于再审案件的实体问题。根据《民诉法解释（2022）》第 403 条和《指令再审和发回重审规定》第 7 条的规定，再审案件应当围绕再审请求进行审理和裁判；再审请求超出原审诉讼请求的，不予审理。因此，无论是代理再审申请人，还是代理被申请人，都应当首先注意再审请求不能超出原审的诉讼请求，特别是一审原告申请再审的，更要注意在一审的诉讼请求范围内提出再审请求。同时，鉴于《指令再审和发回重审规定》第 4 条、第 5 条对按照二审程序审理再审案件什么情况下可以发回重审作出了明确规定，在申请再审时，应当充分分析要求再审所依据的事实和理由是否符合上述两个条款的规定，审慎决定是否提出发回重审的再审请求。

根据《指令再审和发回重审规定》第 8 条的规定，经再审发回重审的案件，应当围绕当事人原诉讼请求进行审理。当事人申请变更、增加诉讼请求和提出反诉的，法院将根据《民诉法解释（2015）》第252条的规定进行审查。因此，在代理再审裁定发回重审案件的原告的时候，要结合上述两个条款的规定，审慎决定是否申请变更或者增加诉讼请求；在代理再审裁定发回重审案件的被告的时候，要结合上述两个条款的规定，审慎决定是否提起反诉。

此外，根据《民诉法解释（2022）》第420条的规定，必须共同进行诉讼的当事人因不能归责于本人或者其诉讼代理人的事由未参加诉讼的，可以根据《民诉法（2021）》第207条第（八）项规定，自知道或者应当知道之日起六个月内申请再审，但符合该解释第421条规定情形的除外。对于由于此种原因申请的再审，法院应当裁定再审。在进行再审审理时，按照一审程序进行的，应当追加再审申请人为当事人，作出新的判决、裁定；按照二审程序进行的，如果经调解不能达成协议，应当撤销原判决、裁定，发回重审，重审时应追加再审申请人为当事人。

（三）案外人通过各级法院启动审判监督程序

根据《民诉法解释（2022）》第421条的规定，执行过程中，对执行标的提出书面异议的案外人，对驳回其执行异议的裁定不服，认为生效裁判内容错误损害其民事权益的，可以自执行异议裁定送达之日起六个月内，向作出生效裁判的法院申请再审。需要注意的是，案外人对执行标的提出的书面异议与生效裁判无关的，不应对生效裁判申请再审，可以自裁定送达之日起十五日内通过提起执行异议之诉的途径解决。

（四）当事人通过检察机关启动审判监督程序

《民诉法（2021）》第216条是当事人通过检察机关启动审判监督程序的最高层级的法律依据。根据该条第1款的规定，以下三种情况下，当事人可以向人民检察院申请检察建议或者抗诉：一是法院驳回再审申请的；二是法院逾期未对再审申请作出裁定的；三是再审判决、裁定有明显错误的。从上述规定可以看出，当事人向检察机关申请检察建议或者抗诉的前提，必须是当事人此前已经通过各级法院启动过审判监督程序，只不过没有达到预期目的，其中第一种情况是没有通过法院的形式审查环节；第二种情况是法院在法定时限内（根据《民诉法（2021）》第211条的规定，一般情况下，法院应当自收到再审申请书之日起三个月内，作出再审或者驳回申请的裁定）没有对当事人提出的再审申请，作出再审或者驳回申请的裁定；第三种情况是经过了再审审理，但没有得到预期的结果。根据该条第2款的规定，在人民检察院作出提出或者不予提出检察建议或者抗诉的决定后,当事人不得再次向人民检察院申请检察建议或者抗诉。也就是说,当事人向检察机关申请启动审判监督程序和向法院申请再审一样,也只有一次机会。

根据《民诉法(2021)》第216条第1款的规定,当事人通过启动审判监督程序的途径有两种:一是向人民检察院申请再审检察建议;二是向人民检察院申请抗诉。这两种途径的区别,在于法院在对待两种途径时所采取的不同程序。

人民检察院提出再审检察建议时,法院将根据《民诉法解释(2022)》第414条第1款规定的5项条件,对再审检察建议进行审查,发现生效裁判确有错误,需要再审的,依照《民诉法(2021)》第205条的规定裁定再审;经审查,决定不予再审的,应当书面回复人民检察院。也就是说,提出再审检察建议的途径与当事人申请再审的途径相类似,法院有可能裁定再审,也有可能决定不予再审(与对待当事人申请不同,不是驳回再审申请,而是"决定不予再审")。检察机关提出抗诉时,只要符合《民诉法解释(2022)》第415条第1款规定的4项前提条件,法院就"应当在三十日内裁定再审"。

通过比较《民诉法解释(2022)》第414条和第415条的规定可以发现,从启动审判监督的检察机关的级别上来看,通过检察建议的途径时,提出检察建议的检察机关,应当是与作出再审终审裁判的法院同级的检察机关;而通过抗诉途径时,提出抗诉的检察机关,应当是与作出再审终审裁判的法院的上一级法院同级的检察机关。例如,再审终审裁判是由高级人民法院作出的,根据《民诉法(2021)》第215条第1款的规定,提出再审检察建议的应当是省级检察院;而根据该条第2款的规定,此时应当由省级检察院提请最高人民检察院向最高人民法院提出抗诉。从《民诉法解释(2022)》对检察机关内部业务流程设定的条件上来看,提出检察建议需要由检察委员会讨论决定;而提出抗诉,则不需要经过这个环节。

鉴于检察建议和抗诉两种途径的不同特点和难易程度,律师应当根据案件和当事人的具体情况,有针对性地提出解决方案供当事人选择。

对于大多数律师来说,《民诉法(2021)》关于检察建议和抗诉的相关规定比较熟悉,因为这些都规定在最高人民法院发布的司法解释中,也是律师们学习的重点。但是,由于提出检察建议和抗诉的主体是检察机关,为了提升这方面的业务能力,我们还需要了解和掌握最高人民检察院颁布的相关司法解释。在写作本节内容的过程中,笔者犯了经验主义的错误而走了一段小小的弯路。2016年的时候,笔者代理过几件申请检察院抗诉的民事案件,习惯性地检索了《人民检察院民事行政抗诉案件办案规则》[高检发(2001)17号]的有效性,得到的查询结果是"现行有效",当时的感觉很失望,在几个微信群里面跟同行们吐槽说"检察机关这是以不变应万变"。此后很不甘心,觉得如果本次修订不把检察建议和抗诉的相关内容加入进来会有些遗憾,就习惯性地又做了一次法律检索,结果发现了新大陆——《人民检察院民事诉讼监督规则(试行)(2013)》(以下简称《民诉监督规则》),这部由最高人民检察院于2013年11月18日发布的司法解释,详细地规定了检察机关根据《民诉法(2012)》的相关规定向法院提出再审检察建议或者抗诉的工作程序,正是律师办理申请检察机关提出民事再审检察建议案件和民事抗诉案件所需要了解的相关规定(现已修改,于2021年7月26日发布了修订后的《人民检察院民事诉讼监督规则》,自2021年8月1日起施行。)*

从《民诉监督规则》的框架来看,检察机关对民事诉讼的监督包括对生效裁判(判决、裁定、调解书)的监督(即再审检察建议和提请抗诉)、对审判程序中审判人员违法行为的监督、对执行活动的监督等三个方面。本节仅就民事再审检察建议和抗诉的相关问题进行归纳、总结。

关于职责分工,根据《民诉监督规则(2021)》第5条的规定,民诉监督案件的受理、办理、管理工作由检察机关内设的控告申诉检察部门、民事检察部门、案件管理部门分别负责。因此,律师代理申请民诉监督案件时,应当向控告申诉检察部门提交材料,具体承办事宜需要与民事检察部门进行沟通。

关于管辖,《民诉监督规则(2021)》删除了《民诉监督规则(2013)》"管辖"一章的规定,分别在第29条对于对生效裁判的监督,在第30条对于对民事审判程序中审判人员存在违法行为或者民事执行活动存在违法情形的监督作出了规定,适用的原则都是由相应的法院所在地同级检察院受理。

关于需要提交的材料,根据《民诉监督规则(2021)》第21条的规定,应当提交监督申请书、身份证明、相关法律文书及证据材料;提交证据材料的,应当附证据清单。第22条规定,监督申请书应当记明下列事项:(一)申请人的姓名、性别、年龄、民族、职业、工作单位、住所、有效联系方式,法人或者非法人组织的名称、住所和法定代表人或者主要负责人的姓名、职务、有效联系方式;(二)其他当事人的姓名、性别、工作单位、住所、有效联系方式等信息,法人或者非法人组织的名称、住所、负责人、有效

---

* 注:为了便于读者阅读、理解本书相关内容,关于这部司法解释,不涉及具体条款时,直接简称为《民诉监督规则》;涉及具体条款时,根据具体情况分别简称为《民诉监督规则(2013)》和《民诉监督规则(2021)》。

联系方式等信息;(三)申请监督请求;(四)申请监督的具体法定情形及事实、理由。

根据《民诉监督规则(2021)》第 27 条的规定,当事人根据《民诉法(2021)》第 209 条第 1 款的规定向人民检察院申请监督,有下列情形之一的,人民检察院不予受理:(一)当事人未向人民法院申请再审的;(二)当事人申请再审超过法律规定的期限的,但不可归责于其自身原因的除外;(三)人民法院在法定期限内正在对民事再审申请进行审查的;(四)人民法院已经裁定再审且尚未审结的;(五)判决、调解解除婚姻关系的,但对财产分割部分不服的除外;(六)人民检察院已经审查终结作出决定的;(七)民事判决、裁定、调解书是人民法院根据人民检察院的抗诉或者再审检察建议再审后作出的;(八)申请监督超过本规则第二十条规定的期限的;(九)其他不应受理的情形。

从《民诉监督规则》第 76 条至第 80 条规定的内容来看,最高人民检察院规定的符合《民诉法(2021)》第 207 条相关各项规定的标准,要比最高人民法院规定得更加细化(见下表),在制作监督申请书时应当予以特别注意。

《民诉法(2021)》	《民诉监督规则(2021)》	《民诉法解释(2020)》
第 207 条第(二)项"原判决、裁定认定的基本事实缺乏证据证明的"	第 77 条 (一)认定的基本事实没有证据支持,或者认定的基本事实所依据的证据虚假、缺乏证明力的; (二)认定的基本事实所依据的证据不合法的; (三)对基本事实的认定违反逻辑推理或者日常生活法则的; (四)认定的基本事实缺乏证据证明的其他情形。	无
第 207 条第(六)项"原判决、裁定适用法律确有错误的"	第 78 条 (一)适用的法律与案件性质明显不符的; (二)确定民事责任明显违背当事人约定或者法律规定的; (三)适用已经失效或者尚未施行的法律的; (四)违反法律溯及力规定的; (五)违反法律适用规则的; (六)明显违背立法原意的; (七)适用法律错误的其他情形。	第 388 条 (一)适用的法律与案件性质明显不符的; (二)确定民事责任明显违背当事人约定或者法律规定的; (三)适用已经失效或者尚未施行的法律的; (四)违反法律溯及力规定的; (五)违反法律适用规则的; (六)明显违背立法原意的。

《民诉法(2012)》	《民诉监督规则(2021)》	《民诉法解释》
第207条第(七)项"审判组织的组成不合法"	第79条 (一)应当组成合议庭审理的案件独任审判的; (二)人民陪审员参与第二审案件审理的; (三)再审、发回重审的案件没有另行组成合议庭的; (四)审理案件的人员不具有审判资格的; (五)审判组织或者人员不合法的其他情形。	无
第207条第(九)项"违反法律规定,剥夺当事人辩论权利的"	第80条 (一)不允许或者严重限制当事人行使辩论权利的; (二)应当开庭审理而未开庭审理的; (三)违反法律规定送达起诉状副本或者上诉状副本,致使当事人无法行使辩论权利的; (四)违法剥夺当事人辩论权利的其他情形。	第389条 (一)不允许当事人发表辩论意见的; (二)应当开庭审理而未开庭审理的; (三)违反法律规定送达起诉状副本或者上诉状副本,致使当事人无法行使辩论权利的; (四)违法剥夺当事人辩论权利的其他情形。

根据《民诉监督规则(2021)》第81条的规定,地方各级人民检察院发现同级人民法院已经发生法律效力的民事判决裁定有下列情形之一的,可以向同级人民法院提出再审检察建议:

(一)有新的证据,足以推翻原判决、裁定的;

(二)原判决、裁定认定的基本事实缺乏证据证明的;

(三)原判决、裁定认定事实的主要证据是伪造的;

(四)原判决、裁定认定事实的主要证据未经质证的;

(五)对审理案件需要的主要证据,当事人因客观原因不能自行收集,书面申请人民法院调查收集,人民法院未调查收集的;

(六)审判组织的组成不合法或者依法应当回避的审判人员没有回避的;

(七)无诉讼行为能力人未经法定代理人代为诉讼或者应当参加诉讼的当事人,因不能归责于本人或者其诉讼代理人的事由,未参加诉讼的;

(八)违反法律规定,剥夺当事人辩论权利的;

(九)未经传票传唤,缺席判决的;

(十)原判决、裁定遗漏或者超出诉讼请求的;

(十一)据以作出原判决、裁定的法律文书被撤销或者变更的。

根据《民诉监督规则(2021)》第82条的规定,符合本规则第81条规定的案件有下列情形之一的,地方各级人民检察院一般应当提请上一级人民检察院抗诉:

(一)判决、裁定是经同级人民法院再审后作出的;

(二)判决、裁定是经同级人民法院审判委员会讨论作出的。

《民诉监督规则(2021)》第83条同时规定,地方各级人民检察院发现同级人民法院已经发生法律效力的民事判决、裁定有下列情形之一的,一般应当提请上一级人民检察院抗诉:

(一)原判决、裁定适用法律确有错误的;

(二)审判人员在审理该案件时有贪污受贿、徇私舞弊、枉法裁判行为的。

上述三条是对于提出再审检察建议或者提起抗诉的标准的具体规定,特别要注意到,第82条的意思是,符合第81条规定的11项情形的案件同时具有第82条规定的三种情形之一的,就"应当"抗诉。在制作监督申请书或者与委托人讨论通过人民检察院启动审判监督程序的方案时,应当结合案件的具体情况予以充分考虑。

为案例3-6制作的范本3-13提交给最高人民法院第二巡回法庭(沈阳)后,该院于2018年12月22日作出了(2018)最高法民申6067号《民事裁定书》,指令H省高级人民法院对本案进行再审。遗憾的是,H省高级人民法院再审维持了(2018)H民终216号《民事判决书》。笔者只好继续接受BY股东的委托向H省人民检察院申请对本案进行民事诉讼监督。2020年5月20日,H省人民检察院作出了H检十部控民受〔2020〕25号《民事监督案件受理通知书》,对BY股东提出的民事诉讼监督申请予以受理①。

范本3-14	民事诉讼监督申请书

民事诉讼监督申请书[1]

申请人(一审被告、二审上诉人、再审申请人)[2]:甲市BF煤炭经销有限责任公司,住所地:H省甲市乙区TY公寓806室

法定代表人:L某,该公司董事长

被申请人(一审原告、二审上诉人、再审申请人)[3]:甲市LK工程技术咨询有限责任公司,住所地:H省甲市乙区××街××号

---

① 注:这个范本的写作时间为2019年,适用《民诉监督规则(2013)》。

法定代表人：G某，该公司董事长

一审被告、二审被上诉人、再审申请人[4]：甲市YK矿业有限责任公司，住所地：H省甲市乙区××路××号

法定代表人：L某，该公司董事长

一审被告、二审被上诉人[4]：甲市TB煤炭有限责任公司，住所地：H省甲市丙区××路××号

法定代表人：F某，该公司董事长

申请人因不服H省高级人民法院(2019)H民再190号民事判决书(以下简称"再审判决")的判决，现依据《中华人民共和国民事诉讼法(2017)》第209条第1款第(三)项之规定，申请人民检察院对本案提起抗诉[5]。

抗诉请求：

一、撤销H省甲市中级人民法院(2016)H××民初6号一审民事判决书、H省高级人民法院(2018)H民终216号民事判决书，发回H省甲市中级人民法院重审[6]；

二、本案一、二审诉讼费用由被申请人承担。

事实和理由[7]：

一、再审判决认为本案评估机构具有相应资质进而确认一审所做的评估结论的合法性，否认一审判决认定的基本事实缺乏证据证明的做法存在明显错误[8]。

首先，再审判决认为"旭×公司及进行评估鉴定人员均具有相应的司法鉴定资质"的观点(再审判决第17页第9行至10行)[9]没有证据支持。本案的鉴定机构——甲市旭×价格评估有限责任公司持有的《价格评估机构资质证书》中批准的执业范围仅为"价格评估及当事人委托的涉诉讼财物价格评估"，并不包括工程造价鉴定。H省甲市中级人民法院(以下简称"一审法院")在一审中认定案件基本事实的证据，是《甲旭价估字〔2016〕第051号价格评估结论书》(以下简称"051号评估结论")、《甲旭价估字〔2016〕第052号价格评估结论书》(以下简称"052号评估结论")和甲旭司鉴字〔2016〕第013号《价格评估司法鉴定意见书》(以下简称"013号鉴定意见")。据上述两份评估结论记载，一审法院委托评估的标的分别是"甲市TB煤炭有限责任公司一矿托管后龙矿施工工程总造价"(该评估结论第3页)[9]和"甲市TB煤炭有限责任公司一矿托管后架钢棚工程造价"

(该评估结论第3页)[9]。上述两个评估事项均属于工程造价鉴定,依法应当由具有工程造价鉴定执业资格的鉴定人进行。而同时在两份鉴定结论中署名的鉴定人名单中,王某明、林某斌均为价格鉴证师,其执业范围为涉案物品价格的鉴定、认证、评估,不具有工程造价鉴定执业资格;杨某彦只具有高级工程师(采煤专业)职称,不具有工程造价鉴定的执业资格;在052号评估结论中署名的鉴定人李某丽是价格鉴证师,与王某明、林某斌一样,其执业范围为涉案物品价格的鉴定、认证、评估,也不具有工程造价鉴定执业资格。

其次,再审判决一方面承认鉴定机构采取了"根据现场勘验、送鉴图纸资料、听证笔录及证人证言等资料"的方法,"综合确认出TB公司一矿托管期间回采煤量与掘进出煤量总数数量",另一方面又把根据出煤量×双方协议约定的158元/吨的协议价格的方法计算得来的原煤价值认定为"按协议单价确定出煤量结算价格"的做法,混淆了价值和价格的概念,存在明显的常识性错误。据013号鉴定意见记载,一审法院的鉴定要求是"对原告在接受托管施工期间TB煤矿采出煤量结算价格进行评估"(该鉴定意见第20页)[9]。而鉴定机构最终给出的结论不是结算价格,而是采出煤量的价值。也就是说,鉴定机构所做的鉴定工作实际上是对出煤量的鉴定,并不是对价格的鉴定。鉴定机构的这一鉴定行为明显超出了鉴定机构的执业范围,并不具有合法性。

综上可以确定,一审判决采信的据以认定本案基本事实的两份评估结论和一份鉴定意见,均存在明显违反司法部颁布的《司法鉴定程序通则》第15条第1款关于"司法鉴定机构不得受理委托鉴定事项超出本机构司法鉴定业务范围"的规定,和第18条关于"司法鉴定机构受理鉴定委托后,应当指定本机构具有该鉴定事项执业资格的司法鉴定人进行鉴定"规定的情形,不具有合法性,依法不应当予以采信,本案明显存在"原判决认定的基本事实缺乏证据证明"的情形。再审判决认为本案评估机构具有相应资质,进而确认一审所做的评估结论的合法性的做法,存在明显错误[8]。

二、一审判决关于"被告BF公司与被告YK公司存在财产、财务混同,被告TB公司与被告YK公司存在业务、财务混同,三个公司之间实际上属于关联公司,被告BF公司和被告TB公司应对被告YK公司的债务承担连带清偿责任"(一审判决第24页)[9]的事实认定没有法律依据,再审判决支持上述观点的做法明显错误[8]。

根据《民法总则》第178条第(三)款的规定,"连带责任,由法律规定或者当事人约定"。申请人与YK公司之间虽然存在关联关系,但申请人并不是YK公司的股东,YK公司也不是申请人的股东。现行法律并没有关于关联公司之间应当互相对彼此的债务承担连带责任的规定,一审判决以《公司法(2013)》第20条第3款关于"公司股东滥用公司法人独立地位和股东有限责任,逃避债务,严重损害公司债权人利益的,应当对公司债务承担连带责任"的规定,判决申请人对YK公司的债务承担连带责任的做法,属于明显的适用法律错误。**再审判决对一审判决中明显的适用法律错误的判项仍然予以维持,存在明显的适用法律错误**[8]。

综上所述,再审判决存在明显的错误,符合《中华人民共和国民事诉讼法(2017)》第209条第1款第(三)项规定的应当提起抗诉的情形。恳请贵院根据《人民检察院民事诉讼监督规则(试行)》第84条之规定,就本案提请中华人民共和国最高人民检察院抗诉[10],以维护当事人的合法权益。

此致

H省人民检察院[11]

申请人:甲市BF煤炭经销有限责任公司[12]

2019年12月1日

笔者批注:

〔1〕根据《民诉监督规则(2013)》第25条第1款的规定,"当事人向人民检察院申请监督,应当提交监督申请书……"。据此,向检察机关申请进行民事诉讼监督时提交的监督申请书的正式名称应为《民事诉讼监督申请书》,正如《民诉法(2021)》第155条第1款虽然只是规定"判决书应当写明判决结果和作出该判决的理由……"而并未规定"民事判决书应当……",但所有的判决书的正式名称都是《民事判决书》一样。

〔2〕申请启动民事诉讼监督程序的一方当事人应当称为"申请人",不应再使用"再审申请人"的名称。后面括号中的内容主要是为了帮助检察机关快速了解双方当事人在不同程序中的地位,有助于他们对争议的过程形成基本判断。

〔3〕申请启动民事诉讼监督程序时的"被申请人",应当是在再审裁判中,与申请人存在直接利益冲突的一方当事人。可能是再审程序的再审申请人,也可能是再

审程序的被申请人。在有些极端情况下，也存在再审裁判的双方当事人都向检察机关申请启动民事诉讼监督程序的可能性。

〔4〕根据《民诉监督规则（2013）》第 26 条第 1 款第（二）项的规定，"其他当事人的姓名、性别、工作单位、住所、有效联系方式等信息，法人或者其他组织的名称、住所、负责人、有效联系方式等信息"均是监督申请书应当记明的事项。

〔5〕在引言部分应当写明提出抗诉请求的具体法律依据和进行民事诉讼监督的具体途径。

〔6〕"抗诉或者再审检察建议请求"的内容应当包括：明确请求依据的法定事由、撤销再审裁判、明确提出抗诉请求，诉讼费用如何承担以及应当提出的其他主张。

〔7〕《民事诉讼监督申请书》的"事实与理由"应当围绕抗诉请求组织事实与理由，理由应当重点围绕再审裁判的不当之处进行论述，针对的对象应当是"再审裁判"，不应是"再审法院"；表达理由的方法绝大多数情况下都应当以"驳论"为首选，以"立论"为辅助。

〔8〕《民事诉讼监督申请书》的每一个论点都应当紧扣《民诉监督规则（2013）》第 83 条、第 84 条和第 85 条规定的每一项具体情形进行论述，建议采取总括式归纳一级论点，然后分层次论述分论点的方法。同时需要注意，论点的层级不宜超过三级，每一级论点不宜超过五个。

〔9〕这种列明相关内容在哪一份材料中的页码和位置的表达方式，便于阅读者快速检索相关材料，能够有效地提升工作效率，也会无形中增加阅读者对写作者的好感，强烈推荐使用。

〔10〕在结语中写明进行民事诉讼监督的具体方式和操作依据，对于展现律师的专业化程度、提高办案检察官工作效率都很有帮助。

〔11〕此处需要注意，《民事诉讼监督申请书》致送的检察机关应当是提出抗诉的检察机关的下一级检察机关。

〔12〕结尾部分应当写明申请人及签署日期。申请人是非自然人的，落款应当使用全称，不得使用简称；落款的名称应当与公章的名称一致；应当在落款的名称上加盖公章。申请人是自然人的，应当由其本人签名并摁手印，签名应当与身份证等能够证明身份的证件中标注的名字一致。

六、诉讼类法律文书写作的其他注意事项

阅读提示

● 以上简要介绍了各种常用诉讼类法律文书的写作方法,并且着重指出了各种法律文书应当注意的事项。除此之外,还有一些共性的事项须强调。

1. 要理解和掌握不同诉讼程序中,有别于其他诉讼程序的法律名词的准确含义,并且能够熟练、正确地运用

例如:刑事诉讼中的"被告人供述""被害人陈述""诉讼参与人""讯问";民事/行政诉讼中的"当事人的陈述""询问""诉讼参加人",等等。

2. 要准确地掌握政府机关和司法机关的名称,避免出现常识性的错误

以法院的名称为例,名称中没有"人民"二字的属于专业法院,通常是按照经济区域划分的,常见的有:××铁路运输法院、××铁路运输中级法院、××农垦法院、××农垦中级法院、××海事法院;名称中有"人民"二字的属于地方法院,通常是按照行政区域划分的,按照对应的审级分别为:××县/区/市人民法院对应的是基层法院;××市/地区/州/盟中级人民法院对应的是中级法院;××省/市/自治区高级人民法院和新疆维吾尔自治区高级人民法院生产建设兵团分院对应的是高级法院。而检察院的名称,特别是省级以下检察院的名称,却很难轻易地判断出其级别,需要从其他角度进行辅助判断。比如,可以根据检察院提起公诉时对应法院的级别进行判断:如果提起公诉时对应的法院是基层法院,则该检察院应当是基层检察院;如果提起公诉时对应的法院是中级法院,则该检察院应当是地市级的检察院。还可以根据检察院所属行政区域的行政级别判断:如果所属行政区域的行政级别是县或者县级市,则该检察院应当是基层检察院,以此类推。但是,直辖市的法院和检察院却不适用这个规则。以北京为例,市一级有北京市高级人民法院、北京市人民检察院;区县一级有各区县人民法院、人民检察院;居中的是,北京市第一中级人民法院、北京市第二中级人民法院和北京市人民检察院第一分院、北京市人民检察院第二分院。再比如政府机关,由于各地在行政管理体制上有所不同,政府机关的名称和行政职能不一定完全统一。需要提及相关单位时,一定要事先弄清楚准确的名称和职权范围。

严格讲,上述内容并不完全是法律常识,很大程度上属于社会常识。但法律本身就是社会科学的一个分支,律师职业更是一个典型的交叉学科的实践型职业。一名出色的律师不但应当是一名法律专家,至少还应当是社会学方面的知情人士。特别是在代理案件时,要特别注意了解和掌握上述常识,否则,会对律师作为法律专业人士的形象产生负面影响。

3. 在内容上要少用形容词,尽量避免感情色彩,应当做到用证据和事实说话,用法条和法理服人,切忌对对方当事人或者代理人进行人身攻击

诉讼类法律文书在体裁上都属于议论文。既然是议论文,就应当以"议论"为主,在记叙文中常用的修辞手法以及形容词用在议论文中显然是不合适的。由于诉讼的对抗性和双方当事人利益之争的矛盾性,在诉讼过程中,双方当事人在行为和言辞上出现对抗乃至摩擦都是正常现象。遇到这种情况,首先,作为律师要冷静,尽力保持克制。俗话说,冲动是魔鬼,一时的冲动可能会造成难以纠正的错误。其次,律师要摆正自己的位置——你是委托人的诉讼代理人,你的职责是通过诉讼这一法律手段解决双方当事人的纠纷,进而化解矛盾;不能冲动地与委托人一起站到对方当事人的对立面上。最后,律师应当善于淡化双方当事人的对抗和冲突,尽量将其化解于无形之中。律师应当做到的,就是在写作法律文书的时候尽量用平和的语气、中性的词语叙述案件的事实,通过自己的妙笔使双方当事人淡忘相互间的对立,从而达到矛盾的和谐解决。

4. 在时间允许的情况下,最好将写好的书面材料放置一段时间再重新斟酌一遍,或者请同事阅读后提出意见

很多律师在撰写法律文书时喜欢一气呵成,这是一种值得提倡的职业习惯,也符合人的思维惯性。但是,法律文书毕竟不是文学作品,可以任由读者评论、猜想甚至争论、批判。法律文书的作用和性质要求律师必须能够通过法律文书达到以理服人、依法维权的目的,任何用词不当、用语失范甚至是自认不利的情况都不能发生,否则不但要受到法官和同行的轻视,还可能会给委托人造成不利后果。因此,尽量使法律文书达到近乎完美是每一名律师都应当做到的。前文提到的两种方法是律师执业实践中比较简便、实用的方法,大家不妨尝试一下。

5. 使用标点符号的格式应当统一

在电脑程序中,汉字输入法和英文输入法的标点符号的格式是有区别的。在汉字输入法中,每一个标点符号通常需要占用一个汉字的位置,而英文输入法的标点符号不需要占用一个汉字的位置。因此,在法律文书完成后,要注意校对标点符号

的格式,使之全部保持统一。

6. 注意一些常用词、常用字的用法,尽量避免语法上的错误

由于语文基础的不同,有相当一部分律师在常用词、常用字方面存在明显的错误,而这些错误的存在,会使律师辛勤劳动的成果打折扣,影响律师在法官和委托人乃至对方当事人心目中的形象,同时也会对律师自身的发展造成不利影响。

下面,着重介绍一些法律文书写作中常用词、常用字的用法。

(1) "的、地、得"的用法

"的"通常用在名词之前。例如,在代理词的前言部分经常使用的"××律师事务所接受本案原告的委托";再如,"我的衣服""他的钥匙"。

"地"通常用在动词之前。例如:"高兴地跳了起来""他从外面急急忙忙地进来了"。

"得"通常用在动词和形容词之间。例如,"说得好""干得不错"。

(2) 合同的"约定"与"规定"

通常情况下,对于合同的内容都应称为"约定",因为合同本身是合同当事人在意思自治基础上协商一致的产物。但是,对于格式合同或者合同中的部分格式条款称其为"规定"更加恰当。因为格式合同或者合同中的部分格式条款是由合同一方当事人事先拟定好的,其中的内容并未与对方当事人进行充分的协商。在法律文书写作中注意区分"合同约定"与"合同规定"的区别,对于准确把握当事人的法律责任和应尽的合同义务将会起到相当重要的作用。

(3) 律师"参加诉讼"与"参与诉讼"

在《民事诉讼法》和《行政诉讼法》中,当事人和代理人均称为"诉讼参加人";而在《刑事诉讼法》中,"诉讼参与人"是指当事人、法定代理人、诉讼代理人、辩护人、证人、鉴定人和翻译人员。因此,诉讼中各种主体称谓的不同,代表适用的程序法是有所区别的。律师在写作法律文书、发表对案件的意见或者评论案件时,应当对此给予足够的注意,这样才能显示出专业人士与当事人的不同,从而赢得委托人的信任和法官的尊重。

7. 合同条款的正确引用

引用合同条款时,应当用双引号把合同条款的内容加以标注,以此表示是合同条款的原文。同时,双引号中的内容应当与合同条款的原文保持一致,不要用双方当事人在诉讼中所处地位的名称代替双方当事人在合同中所处地位的名称。

第四章
诉讼类法律文书写作常见错误批注与评析

由于法学教育与法律实践的脱节,加之律师行业现有的实习律师入职培训缺乏针对性和实用性,使得刚刚步入律师行业的年轻律师缺乏法律文书写作方面的基础知识和基本技能。这种现象直接导致了律师行业整体文字水平偏低,也直接影响了办案质量和律师行业的整体形象。

针对这一现状,笔者从 2007 年冬天开始,在本所开展了法律文书写作的培训工作。从 2009 年 6 月份开始,又将本所执业年限在 3 年以下的全体年轻律师组织起来,进行法律文书写作的专门培训。在培训过程中,以笔者承办的典型案件作为案例,从起诉状、答辩状、上诉状、代理词等常用法律文书的写作入手,进行最基础的法律文书写作培训。选择的案例涉及的案件事实和相关证据在内容上从易到难、由浅入深,使年轻律师在培训过程中不仅学习了律师常用法律文书的写作方法,而且在分析案情、理顺案件涉及的法律关系、如何举证和质证等方面得到了实战锻炼。本部分的内容,以培训中年轻律师完成的部分作业为实例,通过批注和评析的方式,指出格式、观点、语法、修辞、标点符号等方面的常见错误,供同行们参考、借鉴。

■ 表 4-1　批注符号与所代表含义的对照表

批注符号	含义
××××××(波浪线)	此处有错误或者表述不当
××××××(双下划线)	笔者批注时添加的文字或者标点
××××××(虚线)	从被删除的地方移转而来
××××××(方框)	内部的文字或者标点应当删除

一、培训案例1:黑龙江省S食品公司诉黑龙江省J面粉厂供用电合同纠纷案

阅读提示

- 从应诉策略出发,从当事人的诉讼主体是否适格的角度进行抗辩,解决的是应该由谁来起诉的问题,只能起到拖延时间的作用,不能从根本上解决是否应当承担责任的问题。因此,主体是否适格可以作为一条抗辩理由,但不应作为唯一的理由。
- 在司法实践中,即使合同被确认无效,其后果也不会是驳回原告要求给付合同价款的诉讼请求。
- 律师在处理纠纷的时候,原则上应就事论事,千万不要引出其他的事端。

(一)简要案情

原告黑龙江省S食品公司(以下简称"S公司")与被告黑龙江省J面粉厂(以下简称"J厂")是相邻的两家工业企业,J厂一直使用S公司自备电厂生产的电力。由于J厂拖欠电费,2001年5月,S公司将J厂诉至法院,要求J厂履行支付电费的义务。2001年6月28日,黑龙江省J市D区人民法院,适用简易程序开庭审理本案。

(二)代理词写作及批注

1. 误例:代理词1

代　理　词

审判长、审判员:

依照法律规定,受被告黑龙江省J厂的委托和××律师事务所的指派,由我担任被告黑龙江省J厂[1]的诉讼代理人,参与[2]本案诉讼活动。开庭前,我听取了被代理人[3]的陈述,查阅了[4]本案的卷宗,现结合本案事实,发表以下代理意见:

本案中，原、被告两个单位系相邻的两个企业，原告实为一个生产食品的私营[5]企业，其生产经营的产品主要是其在营业执照中所列明的种类，但原告在起诉书[6]中却诉称"被告因生产使用原告生产的电资源，累计欠原告电费214,000.00元"。众所周知，[7]电资源是国家电力部门统一生产并销售的，是一种特殊的商品，原告企业显然没有生产并[8]销售电力的资质，被告企业也无向其交纳电费款[9]的义务。原告请求被告向其支付电费款[9]显然是于法无据的。

　　综上所述，原告并非本案适格的诉讼主体，请法院依法驳回原告的诉讼请求，[10]保护当事人的合法权益。

　　以上意见，谨请合议庭考虑。

代理人：[11]××
××××年×月×日

笔者批注：

　　〔1〕在文字材料中，需要两次以上使用同一个单位名称的，应当使用简称。在当事人只有两方的情况下，一审中可以使用"原告""被告"；二审中可以使用"上诉人""被上诉人"。

　　〔2〕此处应当使用"参加"一词。因为根据《民诉法（2021）》第五章的规定，民事诉讼的当事人和诉讼代理人均是民事诉讼活动的参加人，而不是参与人。

　　〔3〕为了叙述简便和内容前后的连贯，当事人的称谓前后应当统一。因此，此处应当使用"被告"一词。

　　〔4〕从培训情况来看，很多律师在助词的使用方面存在很大的问题。在这里，添加一个"了"，表示查阅卷宗的行为是已经发生过的，类似于英语中的过去完成时。如果没有这个"了"，不但会使句子变得不够通顺，而且会改变原意。

　　〔5〕本案所涉事实以及争议的焦点问题，均与原告的企业性质无关。因此，"私营"一词根本没有必要使用。

　　〔6〕这一表述同样暴露出部分律师法律理论的基础不够扎实。只有刑事案件中，检察机关提起公诉时的法律文书才能称为"起诉书"。除此之外，刑事附带民事诉讼、民事诉讼和行政诉讼中的原告据以起诉的法律文书均应称为"起诉状"。

〔7〕此处用词不当。虽然《中华人民共和国电力法》(以下简称《电力法》)已经颁布并实施多年,但是,绝大多数公众对法律规定的供电企业需要具备一定的主体资格问题并不了解。否则,原告也不会理直气壮地要求被告支付电费。

〔8〕《电力法》《电力供应与使用条例》等法律、行政法规对电力销售企业的主体资格有明确的限制,但并未对电力生产企业的主体资格做出限制。相反,在特定的时期和特定的地区,为了改变电力供应不足的情况,国家反而鼓励有条件的企业尽量建设自备电厂。因此,此处的"生产"一词以及连词"并"均应删去。

〔9〕在词义上,"费"和"款"都有钱的含义。二者的区别在于,"费"的收取通常需要取得行政许可,而"款"的收取只要具备经营的主体资格即可。因此,此处只能称为"电费",而不能称为"电费款"。

〔10〕此处存在两个错误。第一,从程序的角度讲,如果原告不具备诉讼主体资格,根据当时的《民诉法意见》第139条的规定,"立案后发现起诉不符合受理条件的,裁定驳回起诉"①。因此,既然认为"原告并非本案适格的诉讼主体",作为被告代理人提出的正确代理意见应当是要求法院驳回原告的起诉,而不是驳回原告的诉讼请求。第二,从实体的角度讲,即使原告不具备供电企业的主体资格,也不应因此丧失要求被告给付对价的请求权。因为,被告毕竟实际使用了原告生产的电力。仅仅由于原告不具备供电企业的主体资格,就驳回其要求给付对价的诉讼请求,对原告而言显然是不公平的。

〔11〕此处应当注明是"原告代理人"还是"被告代理人"。

2. 误例:代理词2

代 理 词

审判长、审判员:

　　××律师事务所接受黑龙江省J厂(以下简称"被告")的委托,指派我担任黑龙江省J厂[1]的原审[2]代理人。现在符合事实与法律的基础上,发表如下代理意见,如无不当,望合议庭予以采纳。

　　<u>本代理人认为,</u>[3]本案原告黑龙江省S公司(以下简称"S公司")对J厂的诉讼请求属非法之债,不应受到法律保护。

---

① 2022年4月1日发布的《民诉法解释(2022)》第208条第3款规定:"立案后发现不符合起诉条件或者属于民事诉讼法第一百二十七条规定情形的,裁定驳回起诉。"

根据《电力市场运营基本规则》第5条:发电企业、输电企业和供电企业按照有关规定取得电力业务许可证后,方可申请进入区域电力市场,参与区域电力市场交易。以及《电力业务许可证管理规定》第7条:电力业务许可证分为发电、输电、供电三个类别。从事发电业务的,应当取得发电类电力业务许可证。第8条:下列从事发电业务的企业应当申请发电类电力业务许可证:(一)公用电厂;(二)并网运行的自备电厂;(三)电监会规定的其他企业[4]。[5]可以明确[6],电资源的生产及销售应当通过国家主管部门的许可,而S公司在不具备生产、销售电资源相应资质的情况下,却从事电资源的生产及销售活动,这种行为本身即是违法的。其对J厂提出支付214,000.00[7]元的诉讼请求即为其非法牟利所得,不具有合法性。

民法理论中有"恶债非债"的学说,即非法债权不受法律保护。那么就本案而言,S公司要求给付的214,000.00[7]元系非法债权,不应受到法律保护,反而应当给予其相应的惩罚措施[8]。因此,请法院驳回S公司对J厂的诉讼请求。

此致[9]

黑龙江省J市××区人民法院[9]

被告代理人:××

××××年×月×日

笔者批注:

〔1〕此处存在两个不当之处:第一,在一个句子中连续两次出现同一个当事人名称的时候,为避免啰唆,应当用"其"代替;第二,前面已经在括号中注明了简称,在后面的内容中就应当使用简称。

〔2〕在一审程序中,没有原审、终审之分。

〔3〕后面的内容是律师的代理观点。如果不表明后面的观点是谁提出的,让人读起来会觉得突兀。因此,需要以这个句子进行过渡。

〔4〕此处的引用方法不对。正确的引用方法应当是:根据《电力市场运营基本规则》第5条关于"发电企业、输电企业和供电企业按照有关规定取得电力业务许可证后,方可申请进入区域电力市场,参与区域电力市场交易"的规定,和《电力业务许可证管理规定》第8条关于"下列从事发电业务的企业应当申请发电类电力业务许可证:(一)公用电厂;(二)并网运行的自备电厂;(三)电监会规定的其他企业"的规定……

〔5〕前面引用了相关法律规定之后,后面需要根据引用的法律依据得出结论。也就是说,这句话还没有表述完整。因此,此处不应用句号,而应当用逗号。

〔6〕"明确"作为动词时的含义是"使……清晰明白而确定不移"。而此处是想根据引用的法律依据得出结论,因此,此处使用"可以明确"不够恰当。可以考虑使用"可知"或者干脆不用更为合适。

〔7〕在法律文书写作过程中经常需要用到数字。在书写数字时,首先应当注意分节号和小数点的区别。根据会计记账的规范,小数点以前的数字每三位需要加入分节号以方便读数。例如,100万元应当写作"1,000,000元"。这里的分节号应当使用英文输入法中的逗号,注意不要使用汉语输入法中的逗号。根据一般的计数规则,小数通常保留小数点后两位。例如,一百五十七万四千九百六十三元两角三分应当写作"1,574,963.23元"。此外,为了书写简便,对于数字最高位超过万位的数字,可以以万为单位进行缩写。例如,此处的"214,000.00"就可以缩写成"21.4万"。

〔8〕这里应当强调的是"惩罚"而不是"措施"。如果不将"措施"一词删除的话,这句话的宾语就会由"惩罚"变成了"措施",从而失去了原意。

〔9〕"此致 ××法院"的格式应当用在起诉状、上诉状、答辩状、申请书等需要明确致送法院的文书的结尾部分,在代理词和辩护词的结尾均不应当使用。

3. 笔者范例:代理词3

代 理 词

审判员:

　　黑龙江省远东律师事务所依法接受黑龙江省J面粉厂(以下简称"J厂")的委托,指派我担任其代理人参加本案的诉讼活动。

　　现在,我就本案的事实发表如下代理意见,供审判员参考:

　　第一,原、被告之间形成的事实上的供用电合同不是依法成立的合同,不应当受到法律的保护*理由有二:

　　首先,原告不是供电企业,不具有供用电合同中供电人的主体资格。根据《中华人民共和国合同法》(以下简称《合同法》)和《中华人民共和国电力法(1995)》(以下简称《电力法(1995)》)的相关规定,供用电合同是供电人向用电人

＊ 注:之所以未提出合同无效的观点,是因为不管我怎么解释,J厂的领导们都不能接受这一观点。厂长更是明确表示,"就算是无效,也不能这么说"。在这种情况下,只好采取了这种折中的说法。

供电,用电人支付电费的合同。而其中的供电人只能是国家管理的特定的电力供应部门,即具有法人资格的供电局,除此之外,其他任何部门无权与用电人签订供用电合同。根据《电力法(1995)》第25条和《电力供应与使用条例(1996)》第8条的规定,供电企业只有在取得省级电力管理部门颁发的《供电营业许可证》和工商行政管理部门颁发的营业执照后,方可营业。本案的原告没有相关的证照,显然不具有合法的供用电合同的主体资格。

其次,原告的这一合同行为是一种应当受到法律制裁的违法行为。《电力法(1995)》第63条和《电力供应与使用条例(1996)》第38条均明确规定:"未经许可,从事供电或者变更供电营业区的,由电力管理部门责令改正、没收违法所得,可以并处违法所得五倍以下的罚款。"

《合同法》第8条第2款明确规定:"依法成立的合同,受法律保护。"依法成立的合同是指合同在各个方面都符合法律的要求,即在合同的主体、内容及形式等方面都合法。而本案中的原告既不具备订立供用电合同的主体资格,合同的内容又违反了相关法律法规的强制性规定,因此,原、被告之间虽然形成了事实上的供用电合同关系,但是,其主体和内容等合同要件违反了相关的法律规定,不是依法成立的合同,不应当受到法律的保护。

第二,对本案应当如何处理的两点意见。

本案从本质上讲,是因合同之债产生的债权、债务关系。作为债务人的诉讼代理人,我认为:虽然本案的供用电合同不是依法成立的,不应当受到法律的保护。但是,法律应当保护自然人、法人和其他组织的合法权益。基于以上认识,我建议对本案作如下处理:

首先,对原告的诉讼请求中,向被告请求支付供应电力的生产成本部分予以支持,具体数额应当在原告提供的财务报表基础上结合司法会计鉴定予以确认;

其次,对剩余的利润部分的诉讼请求不应当予以支持。

被告委托代理人:牟驰
2001年6月28日

(三) 作业评析

参加培训的11名律师在代理观点方面均一致认为,S公司和J厂之间实际上的供用电合同关系属于无效合同。这一点说明,全体律师对合同效力的理解是非常到位的。在本案如何处理的思路上,一部分律师提出了"诉讼主体不适格"的观点,另一部分律师提出了"驳回S公司诉讼请求"的观点。虽然这两种观点存在形式上的差别，但实质上都是一致的——J厂不应支付电费。下面，对上述两种观点分别评述如下：

1. 关于"诉讼主体不适格"的观点

正如批注中所指出的，如果原告不具备诉讼主体资格的话，根据当时的《民诉法意见》第139条的规定，"立案后发现起诉不符合受理条件的，裁定驳回起诉"。因此，既然认为"原告并非本案适格的诉讼主体"，作为被告代理人提出的正确代理意见应当是要求法院驳回原告的起诉，而不是驳回原告的诉讼请求。此外，从应诉策略出发，从当事人的诉讼主体是否适格的角度进行抗辩，解决的是应该由谁来起诉的问题，只能起到拖延时间的作用，不能从根本上解决是否应当承担责任的问题。因此，主体是否适格可以作为一条抗辩理由，但不应作为唯一的理由，否则，一旦败诉，委托人会觉得除了拖延一些时间之外，律师没有在诉讼中起到任何作用。

2. 关于"驳回S公司诉讼请求"的观点

在司法实践中，即使合同被确认无效，其后果也不会是驳回原告要求给付合同价款的诉讼请求。这一原则，在2005年1月1日起施行的《最高人民法院关于审理建设工程施工合同纠纷案件适用法律问题的解释》中已经得到了确认。该解释第2条明确规定："建设工程施工合同无效，但建设工程经竣工验收合格，承包人请求参照合同约定支付工程价款的，应予支持。"因此，本案中的供用电合同虽然无效，但也不应由于合同无效而不支持原告关于支付电费的诉讼请求。

还有的律师主张，在代理词中应将此事以涉嫌非法经营罪为由，移交公安机关处理。这更是一种极端的解决问题的方式，抛开是否构成犯罪不讲，单单这一行为或者是一个表态，就可能会激化双方的矛盾，从而使一起简单的民事纠纷复杂化。因此，律师在处理纠纷的时候，原则上应就事论事，千万不要引出其他的事端。

（四）案件处理结果

最终，双方达成如下调解协议并经法院确认：

1. J厂支付S公司电费214,000元。

2. 诉讼费用13,010元，由S公司承担。

3. 上述两项相抵，J厂应支付S公司款项合计200,990元，以产品面粉冲抵（价格随行就市，质量执行国标）于2001年12月31日前履行完毕。

二、培训案例2:张某诉黑龙江省B公司人身损害赔偿纠纷案(二审)

阅读提示

- 上诉是针对原审判决提起的,在叙述事实和理由时,驳斥的对象应当是原审判决而不应是原审法院。
- 在立论的同时对原审判决的错误之处进行反驳,会使这种错误显得更加突出,方便二审的承办法官尽快找到原审的错误究竟在哪里,以提高办案效率。
- 上诉状的主要作用,在于以尽可能短的篇幅、尽可能精练的语言,准确地指出原审判决在程序上和实体上存在的不当之处,使二审的承办法官能够在最短的时间里以最快的速度认识到原审判决存在的问题,然后带着这些问题去研究原审的卷宗材料。

(一)案情简要

2006年11月,黄某从B公司包下了为该公司苫粮囤的零活。由于一个人无法完成,黄某找到了包括张某在内的另外5人一起到B公司干活。6人的报酬由黄某统一从B公司领取后,分发给其他人。2007年3月14日,在干活过程中,张某从粮囤上摔下受伤,造成左腿股骨干粉碎性骨折、左尺骨支骨骨折。经鉴定,张某的伤情为6级伤残。张某受伤后,黄某支付了1,600元医疗费,B公司分文未付。为此,张某将B公司和黄某诉至法院,要求B公司和黄某赔偿医药费、误工费、护理费、交通费、营养费、被抚养人生活费、残疾用具费以及后期治疗费用共计15万余元。

原审法院认为:

被告B公司将苫粮囤的工作发包给被告黄某,分包人黄某雇用原告张某做苫囤工作,所以,原告张某与被告B公司及被告黄某存在雇佣关系。原告张某在从事雇佣活动中不慎从囤上摔下,造成人身损害,发包人B公司及分包人黄某应当承担连带赔偿责任。根据《民法通则》第98条、第119条、第130条的规定,判决如下:

(1)被告黄某与被告B公司共同承担赔偿原告张某医药费、误工费、护理费、交通费、营养费、被抚养人生活费、残疾用具费以及后期治疗费用共计15万余元,于判决生效后10日内给付原告。

(2) 案件受理费由二被告承担。

(二) 上诉状写作及批注

1. 误例：上诉状1

民事上诉状

上诉人(原审被告)：黑龙江省B有限公司

住所地：黑龙江省××县××镇

法定代表人：×××

被上诉人(原审被告)：黄某[1]，男，××××年×月×日出生，汉族，无职业，住黑龙江省××县××镇

被上诉人(原审原告)：张某，男，××××年×月×日出生，汉族，无职业，住黑龙江省××县××镇

上诉人不服黑龙江省××人民法院(2007)×民初字第××号民事判决书的判决，现依法提起上诉。

上诉请求：

1. 撤销原审判决，改判由被上诉人黄某对原审原告张某<u>遭受</u>[2]的民事损害承担全部赔偿责任，<u>上诉人无民事赔偿责任</u>。[3]

2. <u>一、二审诉讼费用由被上诉人黄某和原审原告张某共同承担</u>。[4]

事实和理由：

一、原审判决适用法律错误。

1. 共同侵权损害赔偿和雇佣活动中的损害赔偿是两种完全不同的法律关系。原审适用了《中华人民共和国民法通则》第130条关于"二人以上共同侵权造成他人损害的，应当承担连带责任"的规定。而同时原审判决又认为被上诉人是在从事雇佣活动中受到的损害，但雇佣活动中的损害赔偿应适用《最高人民法院〈关于审理人身损害赔偿案件适用法律若干问题〉的解释(2003)》第9条。<u>上诉人实在是不明白原审判决到底是认为本案属共同侵权损害赔偿还是认为本案属雇佣活动中的损害赔偿</u>。[5]

2. 原审认为,因为上诉人和原审被告黄某[6]是发、分包关系,而被上诉人与黄某之间是雇佣关系,所以,被上诉人就既与黄某(分包人)存在雇佣关系也与上诉人(发包方)存在雇佣关系,但原审判决却没有告诉我们这样认定的法律依据是什么![7]

二、原审判决认定事实错误。

原审判决称:"被告B公司将苫囤工作发包给被告黄某,分包人黄某雇用原告张某做苫囤工作,所以,原告张某与B公司及被告黄某存在雇佣关系。原告张某在从事雇佣活动中不慎从囤上摔下,造成人身损害,发包人B公司及分包人黄某应当承担连带赔偿责任。"这段话认定了两个事实:第一,被告B公司与另一被告黄某、原告张某[8]存在雇佣关系。第二,B公司与黄某是发包与承包的关系。然而,事实并非如此。

1. 上诉人与原审被告黄某[9]之间是加工承揽的合同关系,而并非本案原审法院认定的雇佣关系。判断雇佣关系和承揽关系的标准可以从以下两个方面来区分:(1)工作对于雇主的商业行为而言是否完整和不可缺少。如果是,就意味着这些工作不是临时应急,应当认定是雇员。本案中,上诉人主要的、必不可少的商业行为是加工水稻,而苫粮囤只是临时性的辅助工作,所以,应认定为承揽关系。(2)报酬的给付以工作时间还是工作效果为标准。本案中,被上诉人黄某的报酬给付标准是以件计算,即完成一个粮囤多少钱,是以工作效果为标准计算报酬的,应认定为承揽关系。[10]

2. 上诉人与原审被告黄某[11]之间是加工承揽的合同关系,而并非本案原审法院认定的发包与分包关系。区分承包经营与承揽合同,主要看其承包的内容是否属于发包方生产经营范围内的业务,同时注意该业务是临时性的、一次性的还是持续、反复进行的。从本案看,上诉人是从事水稻制品生产、加工的企业,苫粮囤不是其经营范围内的业务,而是其生产经营的条件,是企业为了正常经营而临时接下的工作,并且这种工作不是持续进行的状态。因此,上诉人与被上诉人黄某双方实质上签订的是承揽合同[12],不应认定为是发、分包关系。[13]

根据上述事实和有关法律规定[14],恳请二审法院撤销原判,予以改判[15]。

此致
黑龙江省××中级人民法院

上诉人:黑龙江省B有限公司
××××年×月×日

笔者批注：

〔1〕将原审被告黄某作为被上诉人存在以下两个错误：第一，从程序法的角度看，只有原审的原告和被告双方才能构成二审程序的对立双方，也即上诉人和被上诉人。在二审中，原审被告把原审的共同被告列为被上诉人，显然忽略了诉讼主体的对立性和诉讼的本质。第二，从实体法的角度看，这种做法只能解决共同被告之间责任如何分担问题，却无法解决是否应当承担责任问题，不能从根本上解决纠纷。

〔2〕如果不做添加，会因缺少谓语使句子不够通顺。

〔3〕这种写法是对法院文书写作的方法不够了解造成的。正确的写法应当是："改判驳回被上诉人对上诉人的诉讼请求"。

〔4〕这种写法的错误在于：由于被上诉人只有黄某一人，根据《诉讼费用交纳办法》第29条关于"诉讼费用由败诉方承担"的规定，如果二审改判，则只能判决由上诉人黄某承担，不可能判决未被提起上诉的原审原告张某承担。通常情况下，在此处只写明要求被上诉人承担即可。

〔5〕由于这一部分的标题已经作出了适用法律错误的结论，在进行论证时，使用这种设问式论证方法的效果，远远不如直接表达的效果。因此，此处应当直接得出适用法律错误的结论。

〔6〕这是业务不熟练的典型表现，在写作过程中不自觉地就混淆了当事人所处的诉讼地位。因此，法律文书写完之后，一定要多看几遍，尽量避免笔误。

〔7〕现阶段，法院的判决论述不清、引用法律依据不充分或者干脆不引用的现象十分普遍。这种现象产生的原因除了法官自身素质有待加强之外，还有很多深层次的原因。没有必要在法律文书中将这种不满表达出来，一方面不会起到任何作用，另一方面还会使阅读者觉得你不够成熟。因此，这一段应当删除。

〔8〕在写作法律文书的过程中，需要时刻注意当事人称谓的准确性。双引号中的内容由于是引用的原审判决的原文，可以使用原审的当事人称谓；而在双引号之外，是对二审过程的论述，应当使用二审的当事人称谓。

〔9〕错误同〔6〕，不再赘述。

〔10〕这一段存在以下三个不当之处：第一，观点错误。根据学理上的解释，加工合同需要由定做人提供原材料或者半成品，承揽人按照具体要求进行加工制作，然后将工作成果交付给定做人。而本案中所谓的"苫粮囤"，只是将储存粮食的粮囤用苇席或者苫布等物品遮盖严实，不存在加工制作的问题。第二，提出的区分雇佣关系和承揽关系的标准不准确。如果用这两个标准衡量的话，还可能存在第三种关

系——劳动关系。第三,从案情来看,B公司与黄某之间确实存在雇佣关系,关键问题是,B公司与张某之间是否也存在雇佣关系。这位律师忽略了一个案件事实——B公司只是雇用了黄某,并未雇佣张某。因为B公司只是将报酬支付给黄某,黄某领取报酬后再与包括张某在内的另外5人进行结算。据此可以认定,本案中实际上存在两个层次的雇佣关系,即B公司雇佣黄某,黄某雇佣张某。在这种情况下,如果是黄某受伤,则B公司理应根据《最高人民法院关于审理人身损害赔偿案件适用法律若干问题的解释(2003)》第11条关于"雇员在从事雇佣活动中遭受人身损害,雇主应当承担赔偿责任"的规定承担赔偿责任。而B公司与张某之间并不存在雇佣关系,张某的赔偿责任不应由B公司承担。

〔11〕错误同〔6〕,不再赘述。

〔12〕此处表述不当。这位律师始终论述的都是事实上的合同关系,而上诉人与黄某并未签订书面合同。因此,此处修改为"承揽合同关系"更为通顺。

〔13〕这种说法显然是不成立的。因为B公司与黄某之间并没有书面合同的存在,否则,原审法院也不至于作出如此矛盾的事实认定。抛开观点是否正确不谈,单纯从表述方式的角度看,这句话这样修改更为合适:"因此,上诉人与被上诉人之间实质上是承揽合同关系,而不是雇佣关系。"

〔14〕上诉状结尾时应当对上诉观点进行简要的总结,指出原审判决中不当之处的集中表现有哪些。通常的写法应当是:"综上所述,原审判决认定事实不清、适用法律错误。"

〔15〕此处应当写明要求怎样改判——"改判驳回被上诉人对上诉人的全部诉讼请求",或者"改判驳回被上诉人对上诉人的某项诉讼请求"。

2. 误例:上诉状2

上 诉 状

上诉人[1]:黑龙江省B有限公司
住所地:黑龙江省××县××镇
法定代表人:×××
被上诉人[2]:张某,男,××××年×月×日出生,汉族,住黑龙江省××县××镇被上诉人(原审被告):黄某,男,××××年×月×日出生,汉族,住黑龙江省××县××镇。

原审被告[3]上诉人因张某人身损害赔偿一案,不服黑龙江省××法院(2007)×民初字第××号民事判决书,现提出上诉。

上诉请求:

一、请求[4]撤销黑龙江省××法院(2007)×民初字第××号民事判决书并依法改判上诉人不承担赔偿责任[5]。

二、判决[6]本案诉讼费用由败诉方[7]承担。

事实和理由:

一、原审法院[8]认定事实错误,原审被告黄某与上诉人之间是承揽关系而不是雇佣关系[9]。

1. 原审被告黄某辩称:[10]为B公司干活是计件支付工资,苫一个粮囤多少钱,[11]从这一点可以看出:原审被告和上诉人是以完成一定工作成果进而支付报酬的承揽关系,而并[12]不是一审法院[13]认定的雇佣关系。[14]

2. 原审被告的辩护人[15]称:[16]原审被告除为上诉人苫粮囤外还做一些零活,并欲[17]以此证明原审被告和上诉人之间是雇佣关系,[18]上诉人认为有失偏颇[19],因为原审被告为上诉人干零活的工资是另付的,这完全独立于二者之间的承揽关系以外,原审被告承揽了上诉人苫粮囤的工作后仍然可以以其他方式为上诉人完成其他工作,工资另付也可以说明苫粮囤和干零活是两个[20]相互没有关系的两个工作,因此[21]不能因此证明二者之间是雇佣关系。[22]

3. 原审法院[8]认为上诉人将苫囤工作是发包给了原审被告黄某,从发包和分包的关系上也可以认定二者之间是承揽关系。[23]

二、原审法院[8]适用法律不当,上诉人不应当承担赔偿责任。

如上所述,上诉人和原审被告是承揽关系,[24]根据《最高人民法院〈关于审理人身损害赔偿案件适用法律若干问题〉的解释(2003)》第10条关于"[25]承揽人在完成工作过程中对第三人造成损害或者造成自身损害的,定作人不承担赔偿责任"的规定,[26]无论原审被告和被上诉人之间是什么关系,都不应由上诉人对被上诉人承担赔偿责任,原审法院[8]适用法律不当。

　　综上所述,上诉人认为原审法院[8]认定事实不清,[27]适用法律错误,特根据《中华人民共和国民事诉讼法(1991)》第147条[28]的规定[29]提起上诉,请求撤销黑龙江省××法院(2007)×民初字第××号民事判决书原审判决[30],并依法改判上诉人不承担赔偿责任[5],维护上诉人的合法权益。

　　此致
黑龙江省××中级人民法院

　　　　　　　　　　　　　　　　上诉人:黑龙江省B有限公司
　　　　　　　　　　　　　　　　××××年×月×日

笔者批注:

　　〔1〕和〔2〕上诉状中的各个当事人名称后应当用括号标明该当事人在原审中的诉讼地位。

　　〔3〕在首部标明各当事人在原审中的诉讼地位后,在上诉状的正文中,仅应使用该当事人在二审程序中的诉讼地位名称,不应再使用原审中的诉讼地位名称。因此,此处"原审被告"一词应当删除。

　　〔4〕这一部分内容在标题中已经注明是"上诉请求",在正文的内容中不必再使用"请求"一词,否则会显得啰唆。

　　〔5〕这种写法同样是由于对法院文书写作的方法不够了解造成的。正确的写法应当是:"改判驳回被上诉人对上诉人的诉讼请求。"

　　〔6〕诉讼费用由哪一方承担并不包括在判决书的判项中。换言之,诉讼费用的承担是由《诉讼费用交纳办法》直接规定的。因此,在上诉请求中对诉讼费用的承担作出判决的说法是错误的。

　　〔7〕诉讼费用由败诉方负担是《诉讼费用交纳办法》的明文规定,即使当事人对此不提出要求,只要当事人未做出自愿承担诉讼费用的表示,法院也会根据上述法律规定作出决定。显然,这种说法是错误的。正确的说法应当是:"本案诉讼费用由被上诉人承担。"

　　〔8〕由于上诉是针对原审判决提起的,在叙述事实和理由时,驳斥的对象应当是原审判决而不应是原审法院。

　　〔9〕在立论的同时对原审判决的错误之处进行反驳,会使这种错误显得更加突

出,方便二审的承办法官尽快找到原审的错误究竟在哪里,以提高办案效率。如果不做上述添加的话,会使二审的承办法官感到疑惑——上诉人说是承揽关系,原审判决是怎么认定的呢?

〔10〕不会使用标点符号是律师在法律文书写作方面普遍存在的不足之处。在这里,"为B公司干活是计件支付工资,苦一个粮囤多少钱"是黄某辩解的内容。因此,在"辩称"这一动词之后应当加入冒号,以起到提起下文的作用。

〔11〕在引用了黄某辩解的内容之后,这位律师对黄某辩解的内容从法律关系的角度进行了分析。在这种情况下,由于前后的内容是完全不同的,这时候就需要使用句号进行断句。因此,此处的逗号应当改为句号。

〔12〕从用词的角度分析,"而"在此处的用法属于"插在主语和谓语中间,有'如果'的意思"。(参见《现代汉语词典2002年增补本》第332页)但是,从前后的内容来分析,此处实际是要反驳原审判决将B公司与黄某之间的法律关系认定为雇佣关系的说法。因此,在此处使用"并"才是正确的。(参见《现代汉语词典2002年增补本》第92页:"并"的第3种用法)

〔13〕此处存在两个错误:一个同〔8〕,在此不再赘述。另一个是"一审"一词。在《民事诉讼法》及相关的配套司法解释中,凡是涉及一审程序的,均使用"原审"一词,例如,原审法院、原审判决。因此,为保证法律用语的规范性,此处应当使用"原审判决"。

〔14〕此处以"完成一定工作成果进而支付报酬"的表现形式,作为确认B公司与黄某之间的法律关系是承揽关系的前提,在逻辑上显然是不严密的。因为单凭这一表现形式,不能排除双方之间存在其他的法律关系。例如,《中华人民共和国劳动法》和《中华人民共和国劳动合同法》均规定了用人单位和劳动者之间可以签订以完成一定的工作为期限的劳动合同。"完成一定工作成果进而支付报酬"也是这种类型的劳动合同的表现形式之一。

〔15〕这是法律基础知识不扎实的典型表现。在三部诉讼法中,只有《刑事诉讼法》中有"辩护人"的称谓,而且限于为刑事案件的被告人提供法律服务的情形。除此之外,律师为案件当事人提供法律服务时的称谓,均应为"代理人"。

〔16〕此处"称"后面的内容,是黄某的代理人所述的内容。应当加冒号,以起到提起下文的作用。

〔17〕从内容来看,这位律师想要表达的是黄某的代理人所作陈述的意图。在此情况下,以"欲"代替"并",能更准确地表达想要表达的内容。

〔18〕此前的内容是黄某的代理人所作的陈述,此后的内容是这位律师的上诉观点。前后内容的主体不同,需要使用句号以示区别。

〔19〕"偏颇"一词的本义是"偏于一方面、不公平"。本身就具有否定的含义。如果用"有失"这一同样具有否定含义的词来修饰,就把否定变成了肯定,从而改变了想要表达的本意。

〔20〕和〔21〕将这两个词删除后,句子读起来才通顺。

〔22〕这位律师在这一段中试图通过分析"苦粮囤"和"做零活"之间存在的关系,来否定黄某的代理人提出的"黄某与B公司之间存在雇佣关系"的观点。这一做法存在以下不当之处:第一,从黄某与B公司之间存在何种法律关系的角度看,无论是"苦粮囤"还是"做零活",都不能因此说明双方之间存在何种法律关系;第二,在上诉状中根本没有必要花如此多的笔墨来分析黄某与B公司之间的法律关系,只要抓住原审判决本身论述中存在的漏洞即可。从这个角度讲,第2点这一整段都没有存在的必要。

〔23〕这一观点明显错误。因为如果B公司与黄某之间存在发包和承包的关系,从各自所处的法律地位分析,可能存在两种法律关系——建设工程施工合同关系或者是劳务合同关系。再结合黄某等6人干活内容的案件事实来看,显然不存在建设工程施工合同关系;那就只剩下劳务合同关系。

〔24〕此前的内容是这位律师对本案法律关系所作的分析,此后的内容是对分析法律关系所依据的法条的引用,两句话的内容是相互独立的,需要使用句号断开。

〔25〕和〔26〕在法律文书写作中,常常需要引用法律或者司法解释的原文。而很多律师在写作中都不会使用正确的引用方法,使得法律文书的这部分内容显得十分混乱或者读起来特别别扭。这两处批注使用的是引用方法的一种,另外一种引用方法是:根据《最高人民法院关于审理人身损害赔偿案件适用法律若干问题的解释(2003)》第10条的规定,"承揽人在完成工作过程中对第三人造成损害或者造成自身损害的,定作人不承担赔偿责任"。

〔27〕顿号用于句子内部并列词语之间的停顿;逗号用于表示句子中较小的停顿。在这里,"事实不清"和"适用法律错误"之间是并列的关系,因此应当使用顿号。

〔28〕"147"是基数词,"第147"是序数词。一字之差,代表的含义是不同的。

〔29〕"《中华人民共和国民事诉讼法(1991)》第147条"只是一个序数词,其规定的具体内容才是提起上诉的依据。

〔30〕被删除的内容在上诉请求的第一项内容已有体现,在此只需以"原审判决"简而代之即可。

3. 笔者范例:上诉状3

民事上诉状

上诉人(原审第一被告):黑龙江省B有限公司

住所地:黑龙江省××县××镇

法定代表人:×××,公司董事长

被上诉人(原审原告):张某,男,××××年×月×日出生,汉族,住黑龙江省××县××镇

被上诉人(原审第二被告):黄某,男,××××年×月×日出生,汉族,住黑龙江省××县××镇

上诉人因被上诉人所诉人身损害赔偿纠纷一案,不服黑龙江省××法院(2007)×民初字第××号民事判决书的判决,现依法提起上诉。

上诉请求:

1. 撤销原审判决,改判驳回被上诉人对上诉人的诉讼请求。
2. 本案诉讼费用由被上诉人承担。

事实与理由:原审判决认定事实错误、适用法律错误,上诉人依法不应对被上诉人遭受的损害后果承担赔偿责任。

原审判决确认了上诉人与原审第二被告之间存在的劳务承包关系。在这个前提下,根据合同的相对性原则,上诉人只是与原审第二被告存在劳务承包合同关系,与受雇于原审第二被告的被上诉人并不存在任何法律关系。而原审判决却在没有任何事实和法律依据的情况下,认为"原告张某与B公司及被告黄某存在雇佣关系",显然是错误的。在这个错误事实的前提下,以《中华人民共和国民法通则》第130条关于"二人以上共同侵权造成他人损害的,应当承担连带责任"的规定为依据,判决上诉人对被上诉人的损害后果承担连带责任当然也是错误的。

综上所述，原审判决认定事实错误、适用法律错误。恳请贵院依法撤销原审判决，驳回被上诉人对上诉人的诉讼请求。

此致

黑龙江省××中级人民法院

上诉人：黑龙江省 B 有限公司
××××年×月×日

(三) 作业评析

参加这个案例培训的律师共有 9 人。这里批注的两份作业，是其中暴露问题较多并且比较典型的。除了批注中存在的问题之外，从 9 份作业的内容来看，没有一位律师能够抓住原审判决存在的两个主要问题：一是确认了 B 公司与黄某之间存在的劳务承包关系；二是适用《民法通则》关于共同侵权的规定判决 B 公司与黄某承担连带责任。

从写作方法的角度看，上诉状的写作要比其他法律文书容易一些。因为它针对的是原审判决。只要准确地指出原审判决在程序上的违法之处或者实体上事实不清、适用法律错误等项中的任何一项，就可能达到上诉目的。但是，如何才能做到"准确地指出"，却不是一件容易的事情。以本案为例，这两份上诉状都在 B 公司与黄某之间究竟存在怎样的法律关系上花费了很多心思，力图通过立论的方式来否定原审判决认定的事实。但是，并未达到预期的效果。究其原因，就在于采取的方法不当。上诉状不同于代理词，需要洋洋洒洒成百上千字才能把观点表述到位、说清说透。**上诉状的主要作用，在于以尽可能短的篇幅、尽可能精练的语言，准确地指出原审判决在程序上和实体上存在的不当之处，使二审的承办法官能够在最短的时间里以最快的速度认识到原审判决存在的问题，然后带着这些问题去研究原审的卷宗材料。**

笔者在写作本案上诉状时，采用的是归谬法。具体做法是：根据原审判决认定的"被告 B 公司将苦粮囤的工作发包给被告黄某"这一事实，得出 B 公司与黄某之间是一种合同关系的结论；从 B 公司只与黄某结算报酬，而不同时与张某在内的其他 5 人一同结算的情况分析，可以得出这种合同关系只存在于 B 公司与黄某之间的结论。在这种情况下，由于张某是黄某找来的，即使如原审判决所认定的存在雇佣关系，这种雇佣关系也只存在于黄某与张某之间，而不存在于 B 公司与张某之间。

笔者之所以没有在究竟是哪一种合同关系上花费更多的笔墨,是想从债发生的原因这个角度,反驳原审判决适用《民法通则》第130条的规定判决B公司承担责任的说法。大家都知道,从债发生的原因这一角度进行分类,包括合同之债、侵权之债、不当得利之债和无因管理之债4种类型。如果B公司与黄某之间是一种合同关系,由于B公司并未与包括张某在内的其他5人形成合同关系,这种合同关系(无论属于哪一种合同类型)就成为张某向B公司主张权利的一种"天然"的障碍。

此外,原审判决在适用法律方面确实犯了一个非常低级的错误——适用《民法通则》第130条的规定判决B公司与黄某承担连带赔偿责任。因为《民法通则》第130条的规定是对共同侵权情形下,共同侵权人如何承担赔偿责任的规定。在已经确认了合同关系的情况下,再适用共同侵权责任的条款进行判决显然是不合适的。况且B公司与张某之间并不存在合同关系,根本不符合请求权竞合的前提。

从解决纠纷的角度考虑,笔者认为,原审适用《最高人民法院〈关于审理人身损害赔偿案件适用法律若干问题〉的解释》第11条第2款关于"雇员在从事雇佣活动中因安全生产事故遭受人身损害,发包人、分包人知道或者应当知道接受发包或者分包业务的雇主没有相应资质或者安全生产条件的,应当与雇主承担连带赔偿责任"的规定进行判决更为合适。当然,要在查清案件事实的前提下。

(四)案件处理结果

黑龙江省××中级人民法院经审理认为:"原审判决认定事实不清、证据不足。依照《中华人民共和国民事诉讼法(1991)》第153条第1款第(三)项的规定,裁定如下:1.撤销黑龙江省××法院(2007)×民初字第××号民事判决;2.发回黑龙江省××法院重审。"

三、培训案例3:黑龙江省T委员会诉黑龙江省Y医药销售有限公司房屋租赁合同纠纷案

阅读提示

- 答辩的目的和作用,是反驳被答辩人的诉讼/上诉请求或者起诉/上诉的事实和理由。
- 在答辩状的尾部注明双方在反诉中的诉讼地位,主要是出于方便相关使用者对答辩状的整理。

- 作为律师必须注意，无论是在口头发言中，还是在文字材料中，对每一个用词的表述都要力争准确，尽量避免因用词不够准确而引发歧义。
- 很多年轻律师在写作法律文书时，习惯大量、频繁地引用法律条款，这种做法实际上是不必要的。
- 为了使文字尽量简练，在动词谓语之后应当尽量使用名词作宾语。
- 通过了国家统一法律职业资格考试只能证明你过了这道门槛，很多方面还需继续提高，千万不要因此而骄傲自满、目中无人，因为律师这个职业就是一个需要终身学习的职业，年轻律师尤其要清楚这一点。

（一）简要案情

黑龙江省T委员会(以下简称"T委")是一家在民政部门登记的社团法人单位。为了弥补经费不足，T委将办公楼旁边的附楼和地下室整体出租给了Y医药销售有限公司(以下简称"Y公司")。合同履行半年后，Y公司以冬季供暖温度不达标为由，拒绝按照合同约定支付房屋租金，并多次阻止T委的工作人员到出租房屋核对水电使用情况。无奈之下，T委委托律师向法院提起诉讼，要求通过诉讼达到以下目的：第一，解除房屋租赁合同；第二，Y公司必须按照房屋租赁合同的约定承担违约金并且全额支付拖欠的水电、取暖等费用。

在答辩期内，Y公司以T委未向其开具租金发票、未及时交付租赁房屋以及冬季供暖温度不达标等为由提起了反诉，其反诉请求包括(以下为反诉状原文)：

（1）责令被反诉人立即为反诉人开具已支付的37万元租金的发票；

（2）责令被反诉人支付违约金16万元；

（3）责令被反诉人承担本案全部诉讼费用。

（二）起诉状写作及批注

1. 误例：起诉状1

起 诉 状

原告：黑龙江省T委员会

住所地：H市N区××街××号

法定代表人：××，职务：主任

被告：黑龙江省Y医药销售有限公司

住所地:H市N区××街××号

法定代表人:×××,职务:董事长

诉讼请求:

1. 请求法院[1]判令解除原告与被告双方[2]签订[3]的房屋租赁合同。

2. 请求法院[1]判令被告支付拖欠原告[4]的房租40万元[5]。

3. 请求法院[1]判令被告支付拖欠原告[4]的包烧费206,743.83元。

4. 请求法院[1]判令被告支付拖欠原告[4]至起诉之日的水电费69,772.82元,其后发生的[6]实际发生的水电费仍包含在诉请之内。

5. 请求法院[1]判令被告支付违约金16万元[5]。

6. 本案的诉讼费用由被告承担。

事实和理由:

2007年9月1日,[7]原[8]被告经过协商达成房屋租赁协议,该协议[9]约定原告将自己[10]位于H市N区东大直街211号的地下门市租给被告,租期7年,第一、二年年租金80万元,第三、四、五年每年以5万元递增,第六、七年分别以7%递增租金,每半年一次性付年租金的一半款项,水电费及包烧费由被告支付。但租房协议[11]签订后,被告仅按照协议[12]约定支付了第一年租期的上半年租金,其余费用均未给付。截止到2008年4月1日,被告还拖欠原告租金、水电费、包烧费及违约金共计836,516.65元。

现根据《中华人民共和国合同法》[13]的[14]有关规定,请求法院判令被告支付拖欠的房租、水电费、包烧费及租房协议约定的违约金并依法解除该租赁合同[15]。[16]

此致

H市N区人民法院

具状人:黑龙江省T委员会

××××年×月×日

笔者批注：

〔1〕这一部分内容在标题中已经注明是"诉讼请求"，在正文的内容中不必再使用"请求法院"，否则显得啰唆。

〔2〕本案中没有第三人的存在。为了尽可能使表述更加简练，将"原告与被告"修改为"双方"更为合适。

〔3〕缺少了"签订"一词，整个句子显得不够通顺。

〔4〕在案件只有两个当事人的情况下，被拖欠费用的一方在起诉状中必然是原告。因此，没有必要强调被拖欠费用的一方是原告。

〔5〕在多项诉讼请求中均涉及数字的时候，各项请求中的数字单位应当统一。以本案为例，这两处均写成"400,000元和160,000元"；或者分别把第3项和第4项诉讼请求中的"206,743.83元"和"69,772.82元"换算成"××万元"。实践中，为了便于法院计算诉讼费以及便于读数，最好还是采取前一种方法。

〔6〕此处是为了强调将案件未审结之前仍在继续发生的水电费用也包括在诉讼请求之内。将前一部分删去，也能表达清楚这一意思，并且显得更加精练。在实际操作过程中，经常会遇到一些在案件审理过程中仍在继续发生的费用。除此处涉及的水电费之外，典型的还有借款的利息、逾期付款的违约金等。对于这些"敞口"的费用，在确定诉讼请求时一定要加以注意，否则，就会造成诉讼请求不完整的被动后果。

〔7〕句子开头有具体时间的，应当将时间与后面的内容断开，以便引起阅读者对时间的注意。

〔8〕此处的"原被告"一词，指的是原告和被告两个主体，应当用顿号断开。如果"原被告"指的是"原来的被告"，则无须用顿号断开。

〔9〕"该"作为指示词使用时，通常用来指上文说过的人或者事物。但是，此处是一个还没有表述完整的句子，没有构成"上文"。因此，应当将"该协议"一词删除。

〔10〕案件中根本没有第三人的存在。在只有原告和被告双方并且对租赁房屋的所有权归属没有争议的情况下，无须强调租赁房屋的所有权属于哪一方。

〔11〕和〔12〕在同一份法律文书中，同一份证据或者同一份文件的名称应当统一，以免引起阅读者的误解。对于本案的房屋租赁合同，这位律师在"事实与理由"的开头部分对其使用的名称是"房屋租赁协议"，在未注明简称的情况下，这两处又分别使用了"租房协议"和"协议"两个不同的名称，这就形成了在同一份法律文书

中,同一份证据却出现了三个不同名称的情况。

〔13〕起诉状的结尾部分可以概括地说"依法提起诉讼"。如果必须引用法律条款,最适当的方法应当是将程序法和实体法的名称以及相关条款同时列举。同时,要注意先引用程序法,后引用实体法。

〔14〕在这句话中,"《中华人民共和国合同法》"是"有关规定"的定语,在这种情况下,应当加入"的"作为助词以符合中文的语言习惯。

〔15〕至此,在这份《起诉状》中,同一份证据先后出现了4个不同的名称,出现的先后顺序分别是:"房屋租赁协议""租房协议""协议"和"租赁合同"。这种说法会使不了解案情的阅读者以为存在4份不同的合同,不利于清晰地说明案情。对于刚刚从业的年轻律师来讲,这一点必须给予足够的重视。

〔16〕起诉状的结尾部分没有必要重复具体的诉讼请求,用一句"恳请贵院依法判如所请"即可。

2. 误例:起诉状2

起 诉 状

原告:黑龙江省 T 委员会
住所地:H 市 N 区××街××号
法定代表人:××,职务:主任

被告:黑龙江省 Y 医药销售有限公司
住所地:H 市 N 区××街××号
法定代表人:×××,职务:董事长

诉讼请求:

1. 确认[1]解除原、被告于2007年6月签订的《租房协议》;
2. 判令[2]被告向原告支付16万元违约金;
3. 诉讼费用由被告承担。[3]

事实与理由:

2007年6月,原告与被告签订《租房协议》。协议约定:原告将位于 N 区东大直街211号的地下门市一层及地上一层租给被告,租赁期限为7年,第一年租金为80万元,被告在营业前付清第一年前半年的租金,其余租金被告采取在每半年租期届满日的一个月之前一次性付清的付款方式。除此之外,协议还约定了原告单方解除协议的事由,以及违约金等条款。

协议履行的过程中,被告严重[4]违约[5]。第一,被告于 2007 年 10 月支付的前半年租金为 37 万元,数额小于协议约定的半年 40 万元;第二,被告未按协议约定于 2008 年 2 月 14 日前交付后半年租金,并拖欠至今;第三,被告拒不给付水电费、包烧费。被告以上的违约行为符合《租房协议》第 14 条原告可以单方不经协商解除协议的第二种情形的约定,"不按时交纳租金,或其他的维护费用"。[6]被告应当按照《租房协议》第 19 条的约定,向原告支付违约金 16 万元。[7]

为维护原告的合法利益,现依据《中华人民共和国合同法》[8]第 93 条[9]、第 107 条的规定,向贵院提起诉讼,请贵院依法判如所请。

此致

H 市 N 区人民法院

具状人:黑龙江省 T 委员会

××××年×月×日

笔者批注:

〔1〕这位律师混淆了确认之诉和变更之诉的概念。在民事诉讼中,确认之诉,是指当事人要求人民法院确认某种法律关系存在或不存在的诉讼;变更之诉,是指当事人要求改变或消灭某种民事法律关系的诉讼。而解除合同的途径是"消灭某种民事法律关系",显然属于变更之诉。

〔2〕如果不添加"判令"一词,会使句子由于缺少谓语而不够通顺。

〔3〕诉讼请求中遗漏了应当请求的水电、取暖等项费用。

〔4〕在法律文书中,除非确有必要,尽量少用不属于法律术语的形容词。在案情需要时,可以使用"根本违约"这样的法律术语。

〔5〕写作合同纠纷的起诉状时,在描述对方的违约情形之前,应当首先介绍一下己方履行合同的情况,以便于法官清楚地了解是否存在双方违约的情况。

〔6〕这句话的表述在语序、用词等方面都存在不当之处。这句话的本意是想强调被告的违约行为达到了双方约定的行使合同解除权的条件。但是,由于表述问题,使阅读者不能立刻理解其真实意图。首先,在语序上,应当把双方约定的行使合同解除权的条件——第 14 条第 2 项约定的"不按时交纳租金,或其他的维护费用"

放在句子的开头;其次,不应当使用"符合"一词,而使用"达到"更为准确。下面提供两种修改方式作为参考:① 根据《租房协议》第 14 条的约定,被告"不按时交纳租金,或其他的维护费用"的,原告可以解除协议。被告以上的违约行为达到了上述约定的条件;② 被告以上的违约行为达到了《租房协议》第 14 条约定的"不按时交纳租金,或其他的维护费用"时,原告可以解除协议的条件。

〔7〕这句话表达的是要求被告支付违约金的合同依据,与前一句表达的内容存在较大的区别。在这种情况下,应在两个句子之间使用"此外""同时"等连接词,以使前后读起来更加通顺和自然。

〔8〕起诉状的结尾部分可以概括地说"现依法提起诉讼"。如果非要引用法律条款,最适当的方法应当是将程序法和实体法的名称以及相关条款同时列举。同时,要注意先引用程序法,后引用实体法。

〔9〕在引用法条时,指向一定要精确到最小的条款单位,即根据条、款、项、目的层级分类,应当精确到最低的层级。《合同法》第 93 条一共有两款,此处适用的是第 2 款。因此,将此处的"第 93 条"修改为"第 93 条第 2 款"才符合上述"指向一定要精确到最小的条款单位"的要求。

3. 误例:起诉状 3

起 诉 状

原告:黑龙江省 T 委员会
住所地:H 市 N 区××街××号
法定代表人:××,职务:主任

被告:黑龙江省 Y 医药销售有限公司
住所地:H 市 N 区××街××号
法定代表人:×××,职务:董事长

诉 讼 请 求

1. 请求[1]判令[2]解除原、被告之间的房屋租赁合同;
2. 请求[1]判令[2]被告给付原告拖欠房屋租金 400,000.00 万[3]元;

3. 请求[1]判令[2]被告给付原告水费、电费截止到起诉之日共计 69,772.82 元(起诉之日起至判决执行之日止的水电费仍在本诉请之内);[4]

4. 请求[1]判令[2]被告给付原告租赁房屋取暖费共计 206,743.83 元;

5. 请求[1]判令[2]被告支付违约金 160,000 万[3]元;

6. 本案诉讼费用由被告承担。

事实与理由

2007 年 6 月,原告与被告签订《租房协议》,将原告位于 H 市 N 区××街 211 号的地下门市一层及地上一层租给被告,房屋租赁期为 7 年,租期前两年的租金为 80 万元,每半年一次性付年租金的一半款项,自合同签订之日被告首付原告半年租金后,被告须提前一个月向原告支付下半年租金,原告收到被告租金后,及时向被告出具票据。被告租用范围内使用的电费、水费等,由原告预先支付,被告应按指定时间支付给原告。同时,被告应按国家规定的标准向原告交取暖费用,并在每年取暖期前的 10 月 20 日前交给原告,当被告不按时交纳租金或其他的维护费用时,原告可以不经协商,解除租房协议,由此产生的一切经济损失由被告承担。合同同时约定,如果合同一方违约,由违约方支付未违约方双倍违约金(以当年合同总金额的 10%为基数)。租房协议签订后,被告按协议约定支付了第一年租期上半年的租金,[5]但是,被告却未按协议约定向原告支付第一年租期下半年的租金,并且拒不给付原告水费、电费及取暖费共计 676,516.65[6]元。被告的一系列违约行为不仅使原告的租房目的无法实现,同时使原告遭受较大的经济损失。[7]

综上所述,根据原、被告签订《租房协议》的约定,原告要求被告立即支付拖欠的房屋租金、水费、电费、取暖费等各项费用及违约金,共计 836,516.65 元。[8]

此致
H 市 N 区人民法院

原告[9]黑龙江省 T 委员会

××××年×月×日

笔者批注:

[1] 这一部分内容在标题中已经注明是"诉讼请求",在正文的内容中不必再使

用"请求",否则显得啰唆。

〔2〕如果不添加"判令"一词,会使句子由于缺少谓语而不够通顺。

〔3〕马虎是律师执业的大忌。这两处低级错误会让当事人和法官觉得很不专业。除此之外,这两个数字虽然计数单位相同,数字的写法却不一致。通常情况下,如果诉讼请求中有一个数字有小数点以后的位数,其他的数字也应与之保持相同的位数。

〔4〕这句话的表述有两个不当之处:第一,前面的69,772.82元已经是计算到起诉之日的数字了,而此处又把起诉之日计算在内,显然是占了对方一天的便宜;第二,使用"判决执行"这一词组不够严谨。因为诉讼的解决方式不只判决一种,况且对方也有可能在案件审结后自动履行。这样表述比较合适:"起诉之后至相关义务履行完毕之日止发生的水电费仍包括在诉讼请求之内",也可以使用"培训案例3"起诉状1的写法——"其后实际发生的水电费仍包含在诉请之内"。

〔5〕写作合同纠纷的起诉状时,在描述对方的违约情形之前,应当首先介绍一下己方履行合同的情况,以便于法官清楚地了解是否存在双方违约的情况。

〔6〕此处明显是计算错误——第3项和第4项诉讼请求相加之和是276,516.65元,不是676,516.65元。

〔7〕这一部分内容是对合同签订后履行情况的介绍,与前一部分的内容有很大的区别,此处应当另起一段。

〔8〕起诉状的结尾部分没有必要重复具体的诉讼请求,用一句"恳请贵院依法判如所请"即可。

〔9〕根据法律文书写作的惯例,起诉状的结尾落款时应当使用"具状人"而不是"原告"。

4. 笔者范例:起诉状4

民事起诉状

原告:黑龙江省T委员会

住所地:H市N区××街××号

法定代表人:××,职务:主任

被告:黑龙江省Y医药销售有限公司

住所地:H市N区××街××号

法定代表人:×××,职务:董事长

诉讼请求：

1. 判令解除双方签订的《租房协议》；
2. 判令被告给付截至起诉之日拖欠的房屋租金66,667.00元、拖欠的包烧费41,085.00元、拖欠的水电费3,928.08元，以上三项合计111,680.08元；
3. 判令被告承担违约金160,000.00元；
4. 本案诉讼费用由被告人承担。

事实与理由：

2007年6月，原、被告签订《租房协议》，约定：被告租赁原告位于南岗区东大直街211号的地下门市一层及地上一层；租赁期限7年，自2007年9月1日起至2014年8月31日止；房屋租金第一年和第二年分别为800,000.00元……每半年一次性付年租金的一半款项，自合同签订之日被告首付原告半年租金后，被告须提前一个月向原告支付下半年租金；被告按国家规定的标准向原告交取暖费，并在每年取暖期前的10月20日交给原告；被告应按指定时间支付原告租用范围内使用的电费、水费（按计量表实际收取费用）……原被告任何一方有违约行为，由违约方承担经济和法律责任，并支付给另一方双倍违约金（以当年合同金额的10%为基数）。

原告已按约定期限将租赁房屋交付给被告，被告一直拖延至2007年10月才支付首期租金。原、被告签订的《租房协议》已履行7个月，按约定被告应提前一个月支付下半年租金，而被告经原告多次催要，无理拒不给付。

按照双方的约定，被告应于2006年10月20日前给付包烧费，而原告多次催要，被告至今未给付包烧费。被告租赁房屋面积为1,100.00平方米，按国家规定包烧费的收费标准为37.35元/平方米，故被告应该给付包烧费41,085.00元。原告已按实际抄取水、电表数，但被告无理拒不给付，并且拒绝在确认单上签字。

被告的上述行为违反了双方签订的《租房协议》的相关约定，应当承担相应的违约责任。

综上，依据《中华人民共和国民事诉讼法(2007)》第108条之规定，为维护原告的合法权益，特向贵院提起诉讼，请依法判如所请。

此致
H市N区人民法院

具状人：黑龙江省T委员会

××××年×月×日

(三)双方举证情况及被告反诉情况

1. 原告黑龙江省 T 委员会提交的证据目录(具体证据略,下同)

证 据 目 录

提交人:黑龙江省 T 委员会

诉讼地位:原告

委托代理人:××,黑龙江远东律师集团事务所律师

联系电话:13×××××××××

证据清单(均为复印件):

序号	证据名称	证据来源	证明内容
证据一	社会团体法人登记证书及组织机构代码证 2份2页		原告的诉讼主体资格
证据二	黑龙江省 Y 医药销售有限公司企业法人营业执照及药品经营许可证 2份2页		被告的诉讼主体资格
证据三	租赁协议 1份5页		双方存在租赁关系以及相关内容的具体约定
证据四	租赁房屋的图纸 1份2页	原告提供	租赁房屋的位置和面积
证据五	建设工程规划许可证和规划图纸 2份2页		原告房屋建筑面积为5,535平方米
证据六	照片 3份7张		被告在2007年冬季经常敞开门窗通风,导致室内温度下降
证据七	被告使用的水表和电表的表示数抄报表 1份1页		被告拖欠的水、电计量数

2. 被告黑龙江省 Y 医药销售有限公司提交的证据目录。*

反诉人黑龙江省 Y 医药销售有限公司提交的反诉证据

序号	页数	证据名称	来源	证明内容
证据 1	5	租房协议	反诉人	1. 该协议依法成立、合法有效 2. 根据该协议约定，被反诉人存在一系列违约行为
证据 2	9	支付租金收据	被反诉人	被反诉人收取租金后，没有按照租房协议的约定给被告开具发票，已构成违约
证据 3	10	装修证明	装修公司	1. 被反诉人没有按合同约定的期限将地上一层门市交给被告，已经构成违约 2. 由于被反诉人原因，使装修工程顺延至 2007 年 10 月 18 日才交工，致使被告开业被推迟
证据 4	1	图片	反诉人	1. 原告使用电锅炉供暖 2. 原告电锅炉热功率为 0.23, MW
证据 5	3	专业机构证明及供暖期用电量	省建设技术设计院 ××供电局	1. 被反诉人的电锅炉热功率、用电量不可能达到政府规定的供热最低标准 2. 被反诉人的电锅炉热功率保证不了全楼的供热
证据 6	4	图片	反诉人	由于被反诉人没有按照合同约定和政府规定的最低供热标准，致使被告被迫添置取暖设施，同时严重影响企业形象

3. 被告向法院递交的反诉状**

民事反诉状

反诉人(本诉被告)：黑龙江省 Y 医药销售有限公司

住所地：H 市 N 区××街××号

法定代表人：×××，职务：董事长

---

* 注：被告提供的证据目录中部分用语不符合法律规范和法律文书写作的规范，为保持原状，未作修改和批注。

** 注：该反诉状中格式及文字内容均存在错误，为保持原状，笔者未作修改和批注。

被反诉人(本诉原告)黑龙江省T委员会

住所地:H市N区××街××号

法定代表人:××,职务:主任

反诉请求:

1. 责令被反诉人立即为反诉人开具已支付的37万元租金的发票;

2. 责令被反诉人支付违约金16万元;

3. 责令被反诉人承担本案全部诉讼费用。

事实与理由:

2007年6月,反诉人和被反诉人签订《租房协议》。该租房协议约定:被反诉人将位于H市××街××号的地下门市一层及地上一层租给反诉人,租期7年,头两年的租金为每年80万元,每半年付一半租金。租房协议签订后,反诉人按照协议约定支付了第一年租期上半年的租金,但是被反诉人却始终不按协议约定和法律规定为反诉人开具正式收取房租的发票,而且不为反诉人正常供热。被反诉人的一系列违约行为,不仅使反诉人的租房目的无法实现,使反诉人的经营活动受到很大影响,同时使反诉人的企业形象受到严重影响。

综上所述,根据反诉人与被反诉人签订的《租房协议》的约定,反诉人要求被反诉人立即为反诉人开具已支付的37万元租金的发票,责令被反诉人支付违约金16万元,责令被反诉人承担本案全部诉讼费用,以维护反诉人的合法权益。

此致

H市N区人民法院

反诉人:黑龙江省Y医药销售有限公司

××××年×月×日

附:1. 本诉状副本1份。

2. 证据2份8页。

(四) 反诉答辩状写作及批注

1. 误例:反诉答辩状1

民事答辩状

答辩人(反诉被告)[1]:黑龙江省T委员会

住所地:H市N区××街××号

法定代表人:××,职务:主任

被答辩人(反诉原告)[2]:黑龙江省Y医药销售有限公司

住所地:H市N区××街××号

法定代表人:×××,职务:董事长

因原告[3]黑龙江省T委员会诉被告[4]黑龙江省Y医药销售有限公司房屋租赁合同纠纷一案,现被告[4]提出反诉请求,故提出答辩如下:

1. 2007年6月,[5] 原被告 [6]双方签订的《租房协议》第4条第4款约定:"原告[7]收到被告[7]租金后,及时向被告[7]出具票据",由于双方此时未约定票据的范围、种类,故此处的票据并非仅指被告[4]所诉称的发票。由被告[4]提交的证据2"支付租金收据"可以看出,原告[3]已经向被告[4]出具了相应的票据。

另外,被告[4]提交的其与装修公司的装修合同中第6条这样表述,"乙方给甲方提供完税发票",由此可以进一步看出,在《租房协议》中所约定的原告[3]提供给被告[4]的票据并非指完税发票。

2. 由原告[3]提交的证据6可以看出,被告[4]于2007年冬季经常敞开门营业及敞开厕所窗户通风,严重影响了室内温度,并且原告[3]就此问题多次与被告[4]交涉,被告[4]都置之不理。可见,被告[4]诉称的供暖问题,并非由于原告[3]的原因所致,而是由于被告[4]自己的行为造成的。并且,时至今日,被告[4]也不曾履行支付包烧费的义务。

基于上述事实,原告[3]认为:被告[4]违约在先,其反诉我方[8]的请求缺乏事实依据和法律依据,也是推卸责任的表现。请法庭查明事实真相,按照合同约定的双方权利义务,依法秉公处理。

此致

H市N区人民法院

答辩人:黑龙江省T委员会

××××年×月×日

笔者批注:

〔1〕和〔2〕由于反诉答辩状是基于本诉被告提起的反诉做出的,为了使阅读者能够对双方的诉讼地位一目了然,在答辩状首部双方自然情况部分,应当以括号注解的方式注明双方在反诉中的诉讼地位。这是反诉答辩状与本诉答辩状的最大区别。

〔3〕和〔4〕无论是本诉答辩状还是反诉答辩状，双方当事人的称谓只能使用"答辩人"和"被答辩人"，不应使用"原告"和"被告"。

〔5〕句子开头有具体时间的时候，应当将时间与后面的内容用逗号断开，以便引起阅读者的注意。

〔6〕在没有第三人的情况下，签订《租房协议》的双方肯定是原、被告双方。因此，此处的"原被告"一词应当删除。此外，此处的"原被告"一词，指的是原告和被告两个主体，应当用顿号断开。如果"原被告"指的是"原来的被告"，则无须用顿号断开。

〔7〕在使用双引号的情况下，其中的内容应当是合同中的原文。而合同原文中，不应有"原告"和"被告"，应当有的是"甲方"和"乙方"。很多律师在写作法律文书或者其他文章的时候，都容易出现类似的错误。这一点请大家务必注意。

〔8〕作为一起诉讼中对立的双方，一方当事人的诉讼请求显然是针对另一方的。因此，没有必要在此强调被答辩人的诉讼请求是针对己方的。

2. 误例：反诉答辩状2

答　辩　状

答辩人(反诉被告)[1]：黑龙江省T委员会
住所地：H市N区××街××号
法定代表人：××，职务：主任

被答辩人(反诉原告)[2]：黑龙江省Y医药销售有限公司
住所地：H市N区××街××号
法定代表人：×××，职务：董事长

现就被答辩人提出的 诉讼 反诉[3] 请求及所依据的事实和理由提出如下答辩意见：

一、关于答辩人未开具正式收取房租的发票[4]。

答辩人不否认收取房租应该出具正规发票[5]，但该项理由是不 可[6] 能成为被答辩人拒付房租的依据[7]，出具正规发票的义务在本案中仅为附随义务，主义务 仍旧[8] 是交付房屋与交付房屋租金。

二、关于答辩人推迟交付房屋[9]。

根据被答辩人与答辩人签订的《租房协议》第2条,"如果因租户问题,甲方不能在9月1日将地上一层交给乙方使用,租赁日期相应顺延,届时双方签订租用时间顺延的补充协议,其他条款不变"。此条款说明,[10]在签订合同时双方已经预见到原租户可能推迟交房日期,并且已经对于此风险 进行 [11]约定[12]了相应的补救措施,所以对于答辩人迟延交房的行为不能认定为违约。

三、关于被答辩人提交的供热《情况说明》[13]。

首先,答辩人曾提出照片证实被答辩人经常在冬季敞开门营业及敞开厕所窗户通风,这种情况在冬季已经严重影响了室内的供暖温度,虽然答辩人发出整改通知,但被答辩人却置若罔闻。所以,对于室内温度过低的原因,被答辩人负有不可推卸的责任。其次, 被答辩人 出具 的 [14]《情况说明》[13]的主体没有 法定 合法[15]的鉴定资格,其出具的《情况说明》[13]及供热时间计算表是没有法律效力的,[16]被答辩人 不能 [17]以其作为认定答辩人不能保证全楼供热的依据的做法是错误的。并且,在《情况说明》[12]中,计算热负荷值是以建筑面积7,000.00平方米来进行计算的[18],但 本案房屋 答辩人整个办公楼[19]的建筑面积仅为5,535.31平方米,以这样错误的数据进行计算得出的结论也必然是错误的。

此致

H市N区人民法院

答辩人(反诉被告)[20]:黑龙江省T委员会

××××年×月×日

笔者批注:

〔1〕和〔2〕由于反诉答辩状是基于本诉被告提起的反诉做出的,为了使阅读者能够对双方的诉讼地位一目了然,在答辩状首部双方自然情况部分,应当以括号注解的方式注明双方在反诉中的诉讼地位。这是反诉答辩状与本诉答辩状的最大区别。

〔3〕诉讼请求和反诉请求在法律上的意义是不同的,在写作相关法律文书时一定要加以注意。

〔4〕**答辩的目的和作用,是反驳被答辩人的诉讼/上诉请求或者起诉/上诉的事实和理由。**因此,答辩状中的每一个答辩要点都应当与起诉状、反诉状或者上诉状

中的每一项诉讼请求或者上诉请求形成对抗。这种对抗性,既是答辩行为本身的需要,也是被告或者被上诉人表明态度的需要,同时也是帮助法官直接了解案情的需要。因此,这位律师的这种写法明显缺乏与反诉请求的针对性,会给阅读者造成一种反诉被告底气不足的印象。从这个角度讲,答辩不仅是对法定义务的履行,也是诉讼这场没有硝烟的战斗中一次必要的火力侦察。

〔5〕在案件实际操作时,千万不要采取这种答辩方式。先不说这种观点是否正确,单从气势上来讲,就感觉到答辩人明显底气不足。再从这一观点来看,其本身就存在不当之处。根据《中华人民共和国发票管理办法(2019)》第15条的规定,需要领购发票的单位和个人,应当持税务登记证件等材料,向主管税务机关办理发票领购手续。也就是说,只有需要办理税务登记的单位和个人才能向主管税务机关申请领购发票。而像T委这样的社会团体法人单位是不需要办理税务登记的。

〔6〕和〔7〕在语义上,"可能"对应的是或然性,"能"对应的是必然性。此处,在对方已经把支付房租与开具房租发票联系到一起的情况下,再说这是不可能的就没有任何意义了。作为出租人,此时应当做的是,反驳其理由的不合理以及不合法之处,而不应当再去分析有没有这种可能性。从后面的内容来看,这位律师实际上也是在反驳对方的观点,错误是由于没有找准表述的角度以及对文字的使用不到位造成的。

〔8〕"仍旧"在词典中有两种解释:一是照旧;二是仍然。显然,此处的"仍旧"应当是后一种意思。而"仍然"是一个副词,表示情况继续不变或者恢复原状。在没有任何对比的情况下,无论是表示情况"继续不变"还是"恢复原状",都没有意义。因此,此处无须使用"仍旧"一词。

〔9〕同〔4〕。

〔10〕由于这段话后面紧跟着的内容是对合同条款含义的分析,表述方式应当加以修改,否则会破坏前后的衔接。在使用"根据……"句式时,省略号应当是根据的内容,紧接着应当从根据的内容得出一个结论,这才构成一句完整的话。而这段话只是说出了根据的内容,并未得出结论就结束了;接着又用"此条款说明"来引起下文。这样的表述方式显然是不合适的。出现这种情况的主要原因,还是在于写作能力不足。这种现象,在年轻律师中普遍存在,在执业多年的资深律师中也时有发生。下面提供两种表述供参考:

第一种表述:根据《租房协议》第2条关于"如果因租户问题,甲方不能在9月1日将地上一层交给乙方使用,租赁日期相应顺延,届时双方签订租用时间顺延的补充协议,其他条款不变"的约定可以看出……

第二种表述:双方在《租房协议》第 2 条中约定:"如果因租户问题,甲方不能在 9 月 1 日将地上一层交给乙方使用,租赁日期相应顺延,届时双方签订租用时间顺延的补充协议,其他条款不变。"此条款说明……

〔11〕从语法的角度看,在这个句子中,宾语是"措施",而且从上下文的内容来看,这个宾语是不能改变的。在这种情况下,如果用"进行"作谓语的话,"进行措施"显然是不合适的。从意思表达的角度看,"进行"通常用于表示动作处于连续性的状态。而签订合同只是一个短暂的动作,用表示动作处于连续性状态的"进行"来修饰,显然也是不合适的。

〔12〕这里之所以使用"约定"而没有使用"规定",主要出于两点考虑:一是为了突出合同双方当事人的意思自治;二是为了强调此合同是在双方充分协商的基础上签订的,不存在单方提供格式条款的情况。

〔13〕这里的"情况说明"是一份证据的名称。在法律文书的内容中提到案件涉及的证据名称时,应当用书名号或者双引号把证据的名称加以标注,以突出与其他内容的区别。

〔14〕和〔16〕这句话的本意是想说出具《情况说明》的单位不具备合法的鉴定资格。而"出具"的含义是"开出;写出"。在本案中,就是指《情况说明》的制作。如果不如此修改的话,出具《情况说明》的单位就变成 T 委了。

〔15〕在词义上,"法定"是指"由法律、法令所规定";"合法"是指"符合法律规定"。显然,此处使用"合法"更为合适。

〔17〕在前面的〔5〕和〔6〕中已经提到,"能"对应的是必然性。在必然性已经存在的情况下,作为对立的一方应当做的是评价这种做法是否合理、合法,而不是一味地用语言表示反对。

〔18〕这句话读起来很别扭。主要原因在于既以"计算"开头,又以"计算"结尾。此处提供两种修改方法供参考,第一种修改方法:热负荷值是以建筑面积 7,000 平方米为基数来进行计算的……第二种修改方法:计算热负荷值是以建筑面积 7,000 平方米为基数的……

〔19〕这位律师忽略了一个细节,即本案发生争议的出租房屋只是 T 委整个办公楼的一小部分。

〔20〕**在答辩状的尾部注明双方在反诉中的诉讼地位,主要是为了方便相关使用者对答辩状的整理。**例如,法院在对卷宗进行归档时,需要根据诉讼主体在诉讼中所处的不同诉讼地位决定其提交的诉讼材料的排列顺序。而在答辩状的开头和

结尾都注明双方在反诉中的诉讼地位,可以有效地减少这方面的重复劳动。

3. 误例:反诉答辩状3

答 辩 状

答辩人(反诉被告):黑龙江省T委员会

住所地:H市N区××街××号

法定代表人:××,职务:主任

被答辩人(反诉原告):黑龙江省Y医药销售有限公司

住所地:H市N区××街××号

法定代表人:×××,职务:董事长

答辩人因房屋租赁合同一案,对反诉人[1]提出的反诉进行如下答辩:

答辩人不存在违约行为[2],不应该支付违约金,理由如下:

1. 反诉人[1]在诉状中自述其按照协议约定支付了第一年上半年的房屋租金,但是按照租房协议第一年上半年的租金为40万元,在反诉人[1]提供的支付租金的收据中也可以证明反诉人[1]支付的租金为37万元。在本案中,答辩人即使在9月14日把地上一层交付给反诉人[1],也不违反双方签订的《租房协议》,根据该协议第2条第3款的规定,只是双方的租用房屋时间相应顺延,其他条款不变,反诉人[1]还是应当按照约定缴纳房屋租金40万元,由此可见,反诉人[1]还有3万元租金未给付答辩人,按照《租房协议》第4条第4项的规定,只有反诉人[1]按照约定支付了上半年的全部租金后,答辩人才能为其开具正式的发票[3],所以反诉人[1]不存在违约情况。

2. 反诉人[1]诉称答辩人没有为其正常供热,然而,事实并非如此。[4]按照《租房协议》第6条的规定,反诉人[1]应当在2007年10月20日前把取暖费交付给答辩人,但是反诉人[1]确却[5]一直拖欠答辩人供暖费,即使反诉人[1]存在违约行为,答辩人还是正常为反诉人[1]供热,但是由于反诉人[1]经常开门营业及敞开厕所窗户通风,严重影响室内供暖,答辩人就此问题向反诉人[1]发出过整改通知,但是反诉人[1]确却[5]不予改正,从而导致在供热达到标准的情况下,由于反诉人[1]自身的行为导致室内温度下降,在反诉中反诉人[1]主张答辩人供热达不到标准，完全没有事实和法律依据，其出示的黑龙江省建设技术发展中心设计院的鉴定报告，完全是在没有到达现场的情况下的估算，并且反诉人[1]也没有出示证据证明该机构有合法的鉴定资质，所以该鉴定意见并不能证明答辩人的供热是否达标。

综上，答辩人不存在违约行为，请贵院依法驳回反诉人的诉讼请求，维护答辩人的合法权益。

此致
H市N区人民法院

答辩人（反诉被告）：黑龙江省T委员会
××××年×月×日

笔者批注：

〔1〕在《民事诉讼法》及与之相关的司法解释中，均没有"反诉人"的称谓。在反诉中，双方当事人的正确称谓应当是"反诉原告"和"反诉被告"。对于律师来讲，在诉讼业务中准确地使用当事人在不同的诉讼阶段中的称谓，是一项基本功。它一方面可以表现出律师对案件性质的把握，另一方面也是律师业务素质的体现。遗憾的是，有相当一部分年轻律师，甚至是一些所谓的资深律师在这方面做得也不够。本案中，Y公司的代理律师就是一家全国知名律师事务所的老律师，而在他制作的《反诉状》和《反诉证据目录》中，大家可以看到，也使用了"反诉人"的称谓。

〔2〕这种答辩方法存在两处缺陷：首先，答辩的内容不够全面。因为Y公司的反诉请求不仅仅是要求T委支付违约金，如果在答辩时不反驳对方提出的其他反诉请求，会让法官觉得你对其他的反诉请求是认可的，也会给对方及对方的代理人创造一个对你进行攻击的好机会。其次，这种答辩方式在态度上不够坚决。从赢得诉讼、为委托人争取最大合法利益的角度考虑，在委托人一方没有任何违约行为的情况下，或者说，没有确切和足够的证据能够证明委托人一方存在违约行为的情况下，此处应当直截了当地要求法院"驳回反诉原告的反诉请求"。

〔3〕这是没有认真研究案情，特别是没有认真研究合同条款造成的错误。双方在所签的《租房协议》中只是约定了开具"票据"而不是"发票"。一字之差，含义是不同的。

〔4〕有些律师在写材料的时候，经常出现话说一半的情况。此处就是非常突出

的表现。从后面的内容来看,是在反驳反诉原告所述的反诉事实,在这种情况下,前面的内容需要对后面的内容有一个概括,然后在后面的内容中详细阐述。而此处现有的内容显然没有表述完整,所以笔者根据前后的内容做了上述添加。

〔5〕这样的错别字在一篇法律文书中先后出现了两次,说明不是笔误造成的。律师职业在很多情况下都需要靠文字材料说话,文字功底,对律师业务的开展有着直接、明显的影响。因此,年轻律师一定要注意在学习业务的同时,也要不断提高文字表达能力。

4. 笔者范例:反诉答辩状4

民事答辩状

答辩人(反诉被告):黑龙江省 T 委员会

住所地:H 市 N 区××街××号

法定代表人:××,职务:主任

被答辩人(反诉原告):黑龙江省 Y 医药销售有限公司

住所地:H 市 N 区××街××号

法定代表人:×××,职务:董事长

答辩人因被答辩人反诉租赁合同纠纷一案,提出答辩如下:

一、被答辩人要求答辩人开具发票的诉讼请求缺乏事实和法律依据,依法应予以驳回。

双方在签订《租房协议》之初,答辩人已向被答辩人明确告知其享受税收优惠政策,无法提供税务发票的事实。正是在这种情况下,双方签订的《租房协议》中才作出了"……甲方收到乙方租金后,及时向乙方出具票据"的约定。这里的票据的含义应当是除税务发票以外的收款凭证。此外,根据财政部发布的《发票管理办法》的规定,从税务机关领购发票是依法办理税务登记的单位和个人的义务。而答辩人属于社会团体法人,不是营利性单位,无须依法办理税务登记。因此,被答辩人要求答辩人为其开具发票的诉讼请求缺乏法律依据。

二、被答辩人要求答辩人支付违约金16万元的诉讼请求同样缺乏事实和法律依据,也应依法予以驳回。

如上文所述,双方已经在签订《租房协议》时,对是否开具发票作出了具体的约定。该约定是双方的真实意思表示,并且不违反相关法律规定,应当认定为合法有效。因此,答辩人没有向反诉原告开具发票的行为并未违约。

关于被答辩人诉称答辩人不为其正常供热的事实,由于被答辩人提供的证据不足以证明该事实的存在,其要求答辩人支付违约金的诉讼请求不能成立。

综上所述,被答辩人的反诉请求缺乏事实及法律依据,依法应当予以驳回。

此致
H市N区人民法院

答辩人(反诉被告):黑龙江省T委员会
××××年×月×日

(五)代理词写作及批注

1. 误例:代理词1

代 理 词

审判长、审判员:

受本案原告黑龙江省T委员会的委托,黑龙江远东律师集团事务所指派我担任其诉讼代理人参加诉讼。经过认真调查案件事实和准确核算数据材料,代理人坚持原告的诉讼主张,发表如下代理意见,请合议庭予以<u>采信</u>[1]。

一、原告本诉的诉请有事实和法律依据,应予支持。

1. 被告未按合同约定履行给付义务,已构成根本违约,符合双方约定的解除合同的条件,该合同理应解除。

本案原、被告双方于2007年6月签订了房屋租赁合同,合同中对相关事项作出[2]明确约定,:[3](1)[4]"房屋租金第一年和第二年为80万元,每半年一次性付清年租金一半的款项。首付半年租金后,乙方(本案被告)须提前一个月向甲方(本案原告)支付下半年租金。"(2)[4]"乙方按国家规定的标准向甲方交取暖费用,并在每年取暖期前的10月20日前交给甲方"。(3)[4]"租用范围内使用的水、电费,乙方应按指定时间,支付给甲方"。但在双方履行合同过程中,被告拖欠房屋租金、水电费、包烧费等合计461,410.83[5]元,经原告多次催告至今仍未予支付,其行为已违反了合同中的上述约定,构成违约。根据双方合同解除条款的约定,"乙方不按时交纳租金,或其他的维护费用,甲方可以不经协商,解除协议,由此产生的一切经济损失由乙方承担"。据此,原告有权行使解除权,该主张应予支持。

2. 被告应当支付拖欠的各项费用并承担违约责任。

《中华人民共和国合同法》第 97 条规定:"合同解除后,尚未履行的,终止履行;已经履行的,根据履行情况和合同性质,当事人可以要求恢复原状、采取其他补救措施,并有权要求赔偿损失。"根据原告提供的相关证据,足以证实被告拖欠房租等费用的事实 足以证实[6],按合同约定和法律规定,被告应当支付上述拖欠费用,并且原告有权要求赔偿损失。同时,租赁合同中也已明确约定了违约责任条款,即"任何一方有违约行为,由违约方承担经济和法律责任,并支付给另一方双倍违约金(以当年合同总金额的 10% 为基数)"。

鉴于此, 被告存在上述违约行为,[7]合同解除后被告按当年房租 80 万元的 10% 的双倍[8]计算,向原告支付 16 万元违约金有事实和法律依据,应予支持。

二、被告的反诉理由不能成立,应对其反诉讼请求予以驳回。

被告在反诉中提出,"原告未向其开具房租正式发票及未能正常供热,应承担违约责任"。代理人认为,该说法与事实不符,反诉请求不能成立,理由如下:

1. 原告已向被告开具收据,合同义务已履行完毕,不应承担违约责任。

双方在合同中明确约定,"在原告收到租金后,向被告出具票据"。[9]并未 要求 约定[10]原告出具 正式[11]房租发票的合同义务,相关法律也没有规定 ,[12]出租人 必须[13]有向承租人出具 正式[11]发票的法定义务。因而,原告向被告开具收据的行为符合合同的约定,合同已全面、适当履行,原告不存在违约 的[14]行为,不应承担违约责任。

2. 原告按约定已保证了被告租赁房屋的正常使用,被告所称供热未达标的情况与事实不符,因此 造成 遭受[15]的损失与原告无关,要求 被告[16]承担违约责任于法无据。

原告不是供热单位,被告若出现供热不达标的情况,应及时与原告联系,共同协商解决供热问题。但事实并非如此,原告出租的房屋在供热上并未出现异常,完全符合供热标准。虽然被告在庭审中提供了由省建设技术设计院和南岗供电局出具的两份证明材料,但因出具证明的单位没有鉴定资质和认定资格,上述证明材料不具有证据效力,因而不能证实其主张的事实,不能作为定案的依据使用。而且原告发现被告在冬季经常开门营业、开窗通风,严重影响室内供暖温度时,曾多次向其发出整改通知,可被告却未给予高度重视,即使室温降低未达标准,也是其自身原因所致,与原告无关。故要求原告承担违约责任的反诉主张不能成立。

综上,[17]原告的诉请有事实和法律依据,被告的反诉请求有违事实[18],恳请合议庭充分考虑原告代理人的上述意见,作出支持原告诉请的 公正[19] 裁决。

原告、反诉被告代理人:×××

××××年×月×日

笔者批注:

〔1〕"采信"一词通常用于法院的裁判文书中对当事人提供的证据表示是否认可的情况。此处使用"采纳"更为合适。

〔2〕如果后面引用的合同内容只有一个条款,则原来的引用方法是可以的。但是,后面引用了合同的三个条款,如果不加以修改,会使内容显得凌乱、没有条理。

〔3〕后面引用了合同的三个条款,使用冒号更为合适。如果只引用一个条款的话,使用逗号也是可以的。

〔4〕为了方便阅读者分清不同条款的内容,使引用的合同条款显得更加有条理,应当在各个条款之前加上序号以示区别。

〔5〕此处数字的分节号应当使用英文输入法中的逗号。

〔6〕"证实"是一个动词,在这个句子中是谓语,应当放在"被告拖欠房租等费用的事实"的前面。如果后置的话,这句话应该这样表述:"被告拖欠房租等费用的事实,根据原告提供的相关证据足以得到证实。"

〔7〕该处的主要内容是肯定被告存在违约情形时,对其应该承担什么样的违约责任进行的论述。因此,在结尾时,不必再强调被告是否存在违约情形,而是应当对其应承担什么样的违约责任加以强调。

〔8〕如果此处不作修改,计算得出的金额是8万元,而不是16万元。在涉及计算方法时,一定要将计算的过程表述清楚。

〔9〕在使用双引号的情况下,其引用的内容应当是合同中的原文。而合同原文中,不应有"原告"和"被告",应是"甲方"和"乙方"。类似的问题在前面对反诉答辩状进行批注时已经指出过。但是,这位律师是在已经知道先前提示的情况下,仍然

犯同样的错误,说明部分律师的认真程度还需要加强。

〔10〕在"并未要求原告出具正式房租发票的合同义务"这句话中,宾语是"合同义务",而且,从表达的意图来看,"合同义务"这个宾语是不能更改的。而把"要求"作为谓语显然是不合适的,因为"要求……合同义务"的说法显然是不通顺的。

〔11〕无论是在法律上,还是实际生活中,发票就是发票,没有正式和非正式之分。**作为律师必须注意,无论是在口头发言中,还是在文字材料中,对每一个用词的表述都要力争准确,尽量避免因用词不准确而引发歧义。**

〔12〕此处不需使用任何标点符号,否则会使表述的内容不够连贯。

〔13〕从法理的角度讲,法定义务具有强制性,必须履行,否则就会受到法律的制裁。因此,此处无须使用"必须"一词。

〔14〕"的"作为助词用在谓语动词之后的时候,应当是为了强调动作的实施者或者时间、地点、方式等。而这里的"违约"和"行为"之间无须强调。同时,"违约行为"本身是一个法律术语,在合同法中特指合同当事人违反合同义务的行为。因此,此处无须在"违约"和"行为"之间加入"的"作为助词。

〔15〕这里存在一个主动和被动关系的问题,同时涉及语序调整的问题。如果用"造成",由于该词是一个主动性的动词,从语义表达的角度分析,反诉被告应当是主动的一方,反诉原告是被动的一方,即反诉被告给反诉原告造成了损失;在语序上,则应当是反诉被告在前,反诉原告在后。如果不调整语序,则应当使用"遭受"这样的被动性的动词,以保证语义表达的准确。

〔16〕此处的"被告"应当指的是本诉原告、反诉被告,而由于这位律师没有准确地使用当事人在不同诉讼程序中的称谓,导致表述出现了失误,不但会使法官觉得这个代理人有些语无伦次,还会给对方代理人创造一个对你进行无情打击的绝好机会,因为作为原告的代理人,你自己都承认"要求被告承担违约责任于法无据"了,这个官司还有必要打下去吗?这就是笔者在本书中一再强调用词要严谨、规范的原因所在。

〔17〕文章中黑体字的使用,主要是为了起到提示、提醒的作用。通常在文章中每一个章节的题目、每一个段落中能够起到总结作用或者是需要引起读者特别注意的那几句话,才需要使用黑体字。此处"综上"一词的作用是承上启下,既不会起到提示、提醒的作用,也不需要引起读者的特别注意,因此,没有必要使用黑体字。

〔18〕此处"有违事实"的表述不够全面,因为被告也就是反诉原告的反诉请求不仅仅与事实不符,同时也不符合双方在合同中对各自权利义务的约定和法律对当

事人义务的规定。在最后进行总结时,一定要准确、全面地将自己的代理意见表达清楚,否则,可能会留下虎头蛇尾的遗憾。

〔19〕这里的"公正"一词必须删除,如果不删除的话,等于给一审判决设定了一个前提——支持原告的诉讼请求,判决就是公正的;反之,不支持原告的诉讼请求,判决就是不公正的。这种说法显然是不合适的,而且容易引起法官的反感,反而对己方不利。

2. 误例:代理词2

代 理 词

审判长、审判员:

受本案原告的委托,黑龙江远东律师集团事务所指派我担任其与被告拖欠房租纠纷一案的诉讼代理人,参加本案诉讼活动。开庭前,我听取了被代理人[1]的陈述,查阅了本案案卷材料,进行了必要的调查。现依据事实和法律,发表代理意见如下:

一、按照合同约定,[2]被告应当给付原告拖欠房租[3]66,700.00元。

按照根据[4]《租房协议》第3条关于"房租租金第一和第二年分别为800,000.00元,房租每半年一次性付年租金的一半款项"的约定,以及第4条关于"自合同签订之日乙方首付甲方半年租金后,乙方须提前一个月向甲方支付下半年租金"的约定,被告在2007年10月支付第一年租期上半年的租金后,便开始拖欠从2008年3月1日起至起诉之日止的房屋租金共计66,700.00元[5]。被告的[6]拖欠房屋租金的行为,已经违反了《租房协议》第3条、第4条的上述[7]约定。同时,根据《中华人民共和国合同法》(以下简称《合同法》)第8条的规定:"依法成立的合同,对当事人具有法律约束力。当事人应当按照约定履行自己的义务,不得擅自变更或者解除合同。"综上,根据《合同法》的规定和《租房协议》的约定因此,[8]被告应当给付原告拖欠房租[3]66,700.00元。

二、原告有权解除双方间的[9]《租房协议》。

按照原、被告[10]《租房协议》第14条约定:"当乙方不按时交纳租金或其他的维护费用时,甲方可以不经协商,解除本协议,由此产生的一切经济损失由乙方承担。"被告从2008年3月1日起,至起诉之日止,拖欠 原告房屋 [11]租金共计66,700.00元 。所以,按照双方合同的约定 已经构成了双方约定的合同解除的条件。据此,[12]原告有权要求解除 原、被告之间的 [13]《租房协议》。

三、被告应当按照合同[14]约定,支付拖欠 原告 的[15]水、电费用及租赁房屋取暖费用,共计234,743.83元。

《租房协议》第6条约定:"乙方应按国家规定的标准向甲方交取暖费用,并在每年取暖期前的10月20日前交给甲方。"第7条约定:"租用范围内使用的电费、水费等,乙方应按指定时间,支付给甲方。" 本案中,[16] 截 止至[17]原告起诉之日 止[18],被告共租用 原告[19]房屋7个月,拖欠水电费用28,000.00元,拖欠包烧费206,743.83元,共计拖欠234,743.83元。按照 合同 上述[20]约定,被告应当支付拖欠原告的水、电费用及租赁房屋取暖费用共计234,743.83元 这些费用应当由被告承担。

四、被告应当向原告支付违约金160,000.00元。

《租房协议》第19条约定:"甲乙双方应严格遵守租房协议的各项条款,任何一方有违约行为,由违约方承担经济和法律责任,并支付给另一方双倍违约金(以当年合同总金额的10%为基数)。" 本案中,[16]被告多次违反《租房协议》[21]的约定,经原告多次催告,仍无故拖欠房屋租金、水电费用及取暖费用 共计301,443.83元 [22],属严重违反合同约定的行为,给原告造成了较大的经济损失。因此,按照合同[12]约定,原告有权要求被告支付违约金160,000.00元。

五、被告提出的反诉请求没有法律及事实[23]依据,依法应当予以驳回。

(一)原告已经[24]严格按照《租房协议》履行了[25]义务,被告无权要求原告开具房屋租金发票。

《合同法》第60条第1款规定:"当事人应当按照约定全面履行自己的义务。"由此条可以看出,《合同法》对于合同双方当事人履行合同行为的规定是, 要求双方按照"合同约定的内容"履行合同义务。[26]

而根据[27]《租房协议》第4条第4项 的[28]约定:"乙方以现金或支票方式支付,甲方收到乙方租金后,及时向乙方出具票据。"

本案中,[13]原告在收到被告支付的第一年租期上半年租金后,立即向被告开具了支付房屋租金的收据。原告的行为完全符合租房协议的约定,被告无权要求原告开具房屋租金发票。[29]

(二) 被告诉称[30]原告没有给其提供[31]正常供热与事实不符,不应该予以支持[32]。

2007年冬季,被告在使用出租房屋的过程中,经常敞开房门营业,并将厕所的窗户打开通风,被告的这种行为必然影响室内温度。原告就此问题多次向被告发出过整改通知,但被告始终置若罔闻。

同时,被告申请检测室内温度的机构不具有合法性[33],由此,该机构出具的检测报告不具有法律效力。

(三) 原告并无违约行为,不应当承担违约责任。

违约行为是违约责任的基本构成要件,没有违约行为,也就没有违约责任。本案中,[13]原告严格履行了租房协议约定的合同义务,不应当承担任何违约责任。

以上意见,请合议庭合议时予以充分考虑。

原告、反诉被告代理人:×××

××××年×月×日

笔者批注:

〔1〕为了叙述简便和前后内容的连贯,当事人的称谓应当前后统一。因此,此处应当使用"原告"一词。这一点,笔者已经多次指出过。这种错误重复发生,说明我们的年轻律师还不够细心,而律师这个职业是很难容忍总犯同样错误的。

〔2〕删除这句话基于两个原因:一是《租房协议》中并未直接约定承租人给付拖欠房租的义务,也不可能约定拖欠房租的金额,这一诉讼请求是在结合《租房协议》和《合同法》相关规定的基础上推导出来的结论;二是在本案的证据体系中并不存在名为"合同"的证据,在没有任何过渡的情况下,突然冒出一个"合同"来,会使阅读者不明就里。

〔3〕这句话的表述不够准确,读起来既不通顺,又让人觉得有些糊涂——到底是谁欠谁的? 产生这种结果的原因在于对介词和助词的运用不够熟练。实际上,只

要对这句话稍作修改,就能达到既通顺,意思又明了的效果——"被告应当向原告给付拖欠的房租"。

〔4〕"按照"的意思是"依据、依照";"根据"的意思有两个,一个是"把某种事物作为结论的前提或者语言行动的基础",另一个是"作为根据的事物"。显然,这里使用"根据"一词更为准确。

〔5〕前面一段引用合同条款的目的,是为了指出被告的履约行为违反了合同的约定。而这位律师的表述方式,让人读起来有一种被告之所以违约,是因为合同有约定的感觉。修改的方法有两种,一种方法是,在现有段落顺序不变的前提下,将这段话的内容作相应的修改,即根据《租房协议》第3条关于"房租租金第一和第二年分别为800,000元,房租每半年一次性付年租金的一半款项"的约定,以及第4条关于"自合同签订之日乙方首付甲方半年租金后,乙方须提前一个月向甲方支付下半年租金"的约定,被告应当在2008年2月29日之前支付下半年租金。但是,被告在2007年10月支付第一年租期上半年的租金后,并未按照上述约定履行支付下半年租金的义务,至起诉之日止已经拖欠租金66,700元。另一种方法是,改变现有段落的顺序,并对原有文字作适当的调整,即被告在2007年10月支付第一年租期上半年的租金后,并未按照上述约定履行支付下半年租金的义务,至起诉之日止已经拖欠租金66,700元,违反了《租房协议》第3条关于"房租租金第一和第二年分别为800,000元,房租每半年一次性付年租金的一半款项"的约定,以及第4条关于"自合同签订之日乙方首付甲方半年租金后,乙方须提前一个月向甲方支付下半年租金"的约定。

〔6〕从语法的角度分析,这句话实际上是一个复杂的偏正词组,即定语+名词的典型结构——"被告"是定语,"行为"是名词,"拖欠房屋租金"这一动宾词组的作用是为了说明"行为"的具体状态。即使把"拖欠房屋租金"这个动宾词组删去,也不会改变偏正词组的意思。但是,如果不删除这个"的",就会使偏正词组的中心从"被告"变成"拖欠房屋租金",从而偏离了这句话的本意。

〔7〕为了达到语言精练的目的,上文已经提到的合同条款,没有必要再重新提示条款的序号,使用"上述"一词代替更为合适。

〔8〕做这样的修改和调整,同样是出于语言精练的考虑。刚入行的律师在写作法律文书时,经常会没有必要地重复法律依据,这样的做法不仅不会达到预期的效果,还显得啰唆。

〔9〕本案争议的事实不涉及双方当事人以外的第三人,《租房协议》签订和履行

的过程也同样不涉及双方当事人以外的第三人。因此,没有必要强调《租房协议》在双方当事人之间的相对性。

〔10〕删除这几个字的原因在于,引用《租房协议》第14条的内容是为了说明原告行使合同解除权的合法性,特别是指明根据合同的哪一个条款来行使合同解除权,也就是指明行使合同解除权的具体合同依据。在引用时,直接引用条款内容即可,无须使用过渡性的语言。如果确实需要使用过渡性语言,此处这种引用方法显然是错误的,不符合引用原文的习惯做法。应当做如下修改:"根据《租房协议》第14条关于'当乙方不按时交纳租金或其他的维护费用时,甲方可以不经协商,解除本协议,由此产生的一切经济损失由乙方承担'的约定……"此外,"按照"一词使用不当,具体理由参见〔4〕。

〔11〕删除这两个词,是因为本案的案由就是房屋租赁合同纠纷,无须多言,阅读者就能够想到债权人是谁,被拖欠的是租赁哪一种标的物的租金。在这种情况下,如果不作删除,会让阅读者感觉不够简练。

〔12〕〔10〕已经指出,"引用《租房协议》第14条的内容,是为了说明原告行使合同解除权的合法性,特别是指明根据合同的哪一个条款来行使合同解除权,也就是指明行使合同解除权的具体合同依据"。在已经明确指出"行使合同解除权的具体合同依据"的情况下,再笼统地说"按照双方合同的约定",就使得前面的引用变得毫无意义。因此,应当在已经引用具体条款内容的基础上,进一步指出被告的违约行为已经达到了约定的解除合同的程度,这样才能做到有理、有节。

〔13〕除了〔9〕所指的原因以外,此处还暴露出一个问题,就是对当事人的称谓前后不一致——标题中说的是"双方",这里又说是"原、被告",这样前后不一致的称谓,会使阅读者感到糊涂。

〔14〕在前面的批注〔2〕中已经提到,本案的证据体系中并不存在名为"合同"的证据,只有一份《租房协议》。在这种情况下,要么以适当的方式注明"《租房协议》(以下简称'合同')";要么就一直使用"《租房协议》"的名称。总之,不能两个名称交替使用。

〔15〕参见〔11〕。

〔16〕"本案中"一般用在非当事人对一起案件进行评述的时候。作为案件一方当事人的代理人,不宜在起诉状、答辩状或者代理词等法律文书中使用这个词语,否则,会让委托人感觉律师没有真正进入角色,也会让法官觉得律师没有设身处地为当事人考虑。

〔17〕和〔18〕从这句话的意思推断,这位律师想表达的意思是"到原告起诉的时候为止"。但是,由于对词语含义的理解不够准确,或者是词汇量掌握不够,导致在用词上出现错误。根据《现代汉语词典》的解释,"截止"的意思是"(到一定期限)停止";"截至"的意思是"截止到(某个时候)"。因此,将"截止"修改为"截至",同时将最后一个"止"字删除是最合适的修改方法。出现这种现象,说明很多律师在词汇量的掌握、对词语含义的准确理解等方面还存在一定的欠缺,需要不断地学习和实践。

〔19〕参见〔11〕。

〔20〕为什么不宜使用"合同"一词,在〔2〕中已经做出过论述,在此不再赘述。用"上述"代替"合同"一词,既可以起到承前启后的作用,又可以使内容显得简练,这样的代词使用方法需要大家在法律文书的写作过程中多加体会。

〔21〕在之前和之后的"租房协议"都使用了书名号,为了保持前后一致,凡是提及同一份证据的情况下,均应使用书名号。

〔22〕这一段的中心是论证被告是否应当承担违约责任。从合同约定的具体内容来看,被告是否应当承担违约责任与拖欠租金的多少以及费用金额无关,因此,无须提及其拖欠租金以及费用的金额。否则,会淡化被告违约的程度。

〔23〕此处的语序应当调整为"事实及法律"。因为,**在任何一起案件中,法律的适用都不是抽象的、独立的,而是具体的、与案件事实有密切联系的,清楚的事实和确实、充分的证据是正确适用法律的必要前提。因此,在任何情况下,都应当把事实放在法律之前,先固定事实再谈如何适用法律,这才是一名执业律师应有的职业素养**。

〔24〕和〔25〕做此修改是为了强调原告履行合同义务的行为已经完成。如果不修改,从原来的表述无法看出原告是否已经履行了合同约定的义务,就会给被告的反诉造成一种可能性,同时也会使法官产生一种对原告是否如约履行的疑问。这一修改虽然只是添加了3个字,但是却把原告履约的状态清楚、准确地描述出来,使阅读者能够通过这样的表述对案件事实一目了然。

〔26〕**很多年轻律师在写作法律文书时,习惯大量、频繁地引用法律条款,这种做法实际上是不必要的**。特别是像《合同法》第60条这样的原则性规定,无论从法理的角度,还是从法律具体规定的角度,即使不引用原文,任何一个法律职业共同体中的成员,都清楚地知道有这样的规定。在这种情况下,引用原文无疑是多余的。大家应当掌握引用法条的原则:内容属于原则性规定的法条,可用可不

用时,尽量不用;但是,其中不常用或者不易懂的法条,应当尽量引用。内容属于特殊性规定或者不常使用的法条,应当尽量引用。以《合同法》为例,总则中第一章、第三章至第六章的全部内容,就属于原则性规定的法条,在可用可不用时,应当尽量不用。第二章中关于"要约"和"承诺"的相关规定以及第七章中关于"预期违约"和"损害赔偿的范围"的规定,虽然属于原则性规定的法条,但是由于不常用也不易懂,就应当尽量引用。

〔27〕和〔28〕在删除上文相关内容的情况下,这一段的文字也需要作出相应调整,否则会显得不够通顺。

〔29〕原告是否应当向被告开具租金发票是反诉中的一个焦点问题,应当重点加以反驳。这位律师的反驳方式,既缺少针锋相对的气势,也缺少充分的论述,让阅读者感觉不够理直气壮。正确的做法应当是:从开具发票是不是合同约定义务和法定义务的角度加以论述。

〔30〕"诉"在法律上是有特定含义的。程序意义上的"诉",是指当事人根据民事诉讼法的规定,向人民法院提出的进行审判的请求;实体意义上的"诉",是指当事人关于保护民事权益或解决民事纠纷的请求。也就是说,程序意义上的"诉"可以理解为提起诉讼的行为,实体意义上的"诉"指的就是在诉讼中提出的诉讼请求。而"原告没有正常供热"只是被告在提起的反诉中所叙述的案件事实(这里暂且不论事实是否真实、是否成立),既不是程序意义上的"诉",也不是实体意义上的"诉"。因此,此处对"诉"的使用显然是错误的。

〔31〕**为了使文字尽量简练,在动词谓语之后应当尽量使用名词作宾语**。此处"给其提供"的后面如果跟着一个名词的话也是可以的,但是,"正常供热"是一个短语,而且在文字上与"给其提供"有重复,读起来就显得十分别扭。在此情况下,考虑到诉称的事实与供热有关,将"给其提供"删除后,不但没有改变原意,还使文字更加简练了。

〔32〕在法院的裁定或者判决中,能够得到"支持"的只有诉讼请求,不能表述为事实"不应支持"。而这段话叙述的恰恰是被告在提起的反诉中诉称的事实,并不是被告在反诉中提起的请求。因此,使用"不应该予以支持"的字眼显然是错误的。

〔33〕此处"合法性"一词不够严谨。从质证的角度来讲,对于鉴定机构的主体资格有异议时,正确的做法应当是质疑鉴定机构是否具有合法的鉴定资质,以及许可其从事鉴定业务的范围,不能笼统地以"不具有合法性"来表述。

3. 笔者范例:代理词3

此案中笔者审定的代理词,可参见第三章"诉讼类法律文书写作"范本3-6:代理词(一审代理原告,被告提起反诉)。

(六) 作业评析

1. 起诉状

综合批注的内容来看,起诉状的写作存在以下三个方面的共性问题:

(1) 对起诉状的写作方法了解和掌握不够

这种现象集中体现在《起诉状1》的〔1〕、〔5〕、〔6〕、〔13〕、〔16〕,《起诉状2》的〔4〕、〔5〕、〔8〕、〔9〕,《起诉状3》的〔1〕、〔5〕、〔8〕、〔9〕和〔10〕等处。

(2) 运用文字的能力对于律师职业至关重要,需要在实际工作中逐步提高

在《起诉状1》的批注中,属于文字运用方面的有11处,占批注数量的68.75%;在《起诉状2》的批注中,有3处,占批注数量的33.33%;在《起诉状3》的批注中,有3处,占批注数量的30%。

(3) 细心程度不够,因粗心出现的错误较多

《起诉状2》在诉讼请求中遗漏了应当请求的水电、取暖等费用,《起诉状3》把16万元写成了"160,000.00万元"、把各项合计"276,516.65元"写成了"676,516.65元"。这些现象必须引起我们的高度重视,并且应当在工作中尽量避免。虽然这些错误无法杜绝,但是对于律师来讲,一旦出现这种情况,法律可没有赋予你用裁定"补正判决书中的笔误"的权利。因此,为了委托人的利益,为了律师的声誉,一定要细心、细心、再细心。除了上述三个方面的共性问题之外,这次作业还暴露出一些问题:

第一,法律功底不够扎实。《起诉状2》中出现的"确认解除原、被告于2007年6月签订的《租房协议》"的现象提醒我们,**通过了国家统一法律职业资格考试只能证明你过了这道门槛,很多方面还需继续提高,千万不要因此而骄傲自满、目中无人,因为律师这个职业就是一个需要终身学习的职业,年轻律师尤其要清楚这一点。**

第二,"事实与理由"中的内容不够完整。《起诉状1》的第一项诉讼请求就是要求解除合同,但是在"事实与理由"中却没有提及双方当事人在合同中对约定解除权已经作出的约定。这样的起诉状在立案时就会遇到麻烦,更别说进入审理程序后可能会面临法官的质问和委托人的指责了。

第三,在诉讼请求的归纳方面处理不当。《起诉状1》和《起诉状3》一共列出了

6项诉讼请求,让人感觉眼花缭乱。而其中的第2项、第3项和第4项完全可以合并成为一项。《起诉状2》恰恰与之相反,第2项、第3项和第4项的诉讼请求涉及的被告拖欠的房租、包烧费和水电费竟然只字未提,应当主张的合法权益就这样轻易地放弃了。这样的律师哪一个当事人敢请?

2. 反诉答辩状

与起诉状相比,反诉答辩状的写作存在的问题更多些,共性的问题主要表现在以下方面:

(1) 与起诉状相比,对反诉答辩状写作方法的了解和掌握更为生疏。集中体现在:①《反诉答辩状1》和《反诉答辩状2》的首部均未注明双方当事人在反诉中的地位,以及《反诉答辩状3》中"反诉人"称谓的使用;②《反诉答辩状1》中出现了"原告"和"被告";③《反诉答辩状2》中出现了"被答辩人提出的诉讼请求"。

除此之外,《反诉答辩状2》的〔4〕、〔5〕、〔9〕和〔20〕,《反诉答辩状3》的〔2〕都是在写作反诉答辩状过程中需要特别注意的。

(2) 与起诉状的写作相比,同样存在运用文字的能力不够的问题。《反诉答辩状1》的〔5〕、〔6〕、〔7〕,《反诉答辩状2》的〔6〕、〔7〕、〔8〕、〔10〕至〔18〕,《反诉答辩状3》的〔4〕和〔5〕等处,都是运用文字的能力不够的具体表现。

(3) 细心程度不够的问题也同样存在。《反诉答辩状2》的〔19〕和《反诉答辩状3》的〔3〕和〔5〕等处就是这类问题。

(4) 在细节方面,存在处理不当或者不知道应当如何处理的问题。被告在提起反诉时所持的理由是未开具租金发票和不正常供热。《反诉答辩状2》虽然在答辩中反驳了被告提出的"不为反诉人正常供热"的理由,但是从答辩的角度仍存在问题——答辩应当是针对原告的诉讼请求或者反诉原告的反诉请求做出的,而《反诉答辩状2》作出的答辩却是针对反诉原告在反诉中提交的一份证据进行的,这种做法实际上是质证,不是答辩。这一点需要特别注意。

3. 代理词

从文章结构的角度看,《代理词1》基本上做到了结构合理、条理清晰。而《代理词2》在这方面就有所欠缺——代理意见的观点顺序未能与起诉状中的诉讼请求的顺序保持一致。虽然没有成文的规则要求代理词中代理意见的观点顺序必须与起诉状中的诉讼请求的顺序保持一致,但是,为了保证代理词条理清晰,这种做法无疑是必要的。

从表述方法是否适当的角度看,《代理词1》也比《代理词2》明显高出一个层次。

这一点,在本案的关键问题——合同是否应当解除上表现得尤为明显。《代理词1》对此的表述是"被告未按合同约定履行给付义务,已构成根本违约,符合双方约定的解除合同的条件,该合同理应解除",而《代理词2》对此的表述却是"原告有权解除双方间的《租房协议》"。之所以说《代理词1》的表述更为合适,是因为在起诉状中已经明确了双方当事人约定的解除合同的条件。在这种情况下,通过论述被告的违约行为已经达到了合同约定的解除合同的条件,显然要比论述原告是否有权解除合同更为直截了当。

从文章内容的角度看,这两篇代理词都有很大的欠缺。

(1) 案件事实与双方提交的证据以及相关法律规定之间结合得不够紧密。例如,对于被告应当及时支付租金的义务,既是双方在合同中明确约定的义务,也是《合同法》第226条明确规定的。在应当说明事实和法律依据的场合,这两篇代理词的作者却都没有引用法律依据。再如,对于原告是否负有开具发票的义务,不但应当从当事人约定的角度来谈,还应当结合具体的法律规定加以详细的论述。而这两篇代理词在笔者已经作出提示的情况下,仍然没有提及发票方面的具体法律规定。

(2) 代理观点不够全面。代理词的地位和作用决定了它在内容上的综合性。这种综合性体现在既要综合起诉、上诉的观点和答辩的观点,也要综合反驳对方的观点。简而言之,就是观点要全面。反过来看这两篇代理词,共同的缺陷在于,没有对被告提出的原告未能及时交付租赁房屋的抗辩理由加以反驳。在诉讼中出现这种失误,一方面会使委托人觉得你没有全面了解案情,另一方面也会使法官觉得你没有进行反驳,可能是无话可说。无论哪一个方面,对律师来讲都是危险的,也是不应该的。

总体来看,这次作业的代理词没有出现观点错误或者有偏差的情况,值得肯定。但是,由于存在前文多次提到的运用文字的能力不够的问题,导致代理词的质量不高,这是需要引起我们重视的。

从表4-2的统计数据可以看出,"表述方法不当"是代理词的写作存在问题中所占比重最高的。究其原因,除了前文总结的运用文字的能力不够之外,对证据的掌握程度、对案件事实的熟悉和了解程度以及怎样应对双方当事人之间的矛盾等方面的因素,对于表述方法是否适当也有一定程度的影响。

■ 表4-2 本案两篇代理词"误例"存在问题的统计分析

存在的问题	代理词1		代理词2	
	数量	比例	数量	比例
用词不当	6	31.58%	7	21.21%
表述方法不当	9	47.37%	25	75.76%
标点符号使用不当	4	21.05%	1	0.03%
合计	19	100%	33	100%

（七）案件处理结果

双方最终在法院主持下达成如下调解协议：

（1）被告给付原告租金400,000元（截至2008年9月1日的租金）。

（2）被告给付原告包烧费41,085元。

（3）被告从原告地下室设备间左侧50米场地迁出。

案件受理费5,375元、反诉费3,500元及诉讼保全费1,878元由被告承担。

四、培训案例4：河南N化工厂诉北京R石化产品有限公司买卖合同纠纷案

阅读提示

- 答辩的目的和作用，是反驳被答辩人的诉讼/上诉请求或者起诉/上诉的事实和理由。因此，在答辩状的每一个地方都要注意体现这种对抗性。
- 答辩状的功能，是对诉讼请求、反诉请求或者上诉请求进行反驳和辩解。
- 在法律文书中，除非有需要特别说明的情况，否则，只需概括说明即可。
- 每一位律师在刚入行时都会被前辈告知，在法庭审理、接待当事人咨询、代书或者写作法律文书时一定要使用"法言法语"。
- 刚入行的律师在法律文书写作中存在的一个通病，就是动不动就引用法条。殊不知，在很多情况下，引用法条不但起不到任何作用，还会使阅读者感到厌烦。
- 在法律文书的写作中应当把握这样一个原则：能够用一句话说清楚的，就尽量不用两句。

- 在诉讼类法律文书写作的过程中一定要注意,不要轻易对双方当事人和审理案件的法院以及承办案件的法官的行为作出是否公正、是否正义的评价。
- 民事诉讼中的反驳就是"说出自己的理由,来否定被答辩人的诉讼/上诉请求或者据以起诉/上诉的事实和理由"。
- 理由的对抗性要体现在事实和证据上,不能体现在语言上。特别是不能借答辩之机侮辱被答辩人的人格或者对被答辩人进行人身攻击。

(一)简要案情

北京 R 石化产品有限公司(以下简称"R 公司")与河南 N 化工厂(以下简称"N 厂")于 2005 年 5 月份开始就某种石化产品进行交易,当时没有签订书面合同。双方口头约定:

(1) N 厂以每吨 1.555 万元的价格向 R 公司销售产品;

(2) 交货地点为黑龙江省 D 市。

2005 年年底,R 公司以 N 厂开具的增值税发票金额为准,向 N 厂支付了 400 万余元货款。

2006 年 3 月 22 日,双方签订书面的买卖合同,除确认了上述口头约定的内容之外,还特别增加了"双方在交接单上签字确认视为交货"以及"乙方(R 公司)付款后,甲方(N 厂)发货"两项约定内容。合同签订后,N 厂共计向 R 公司开具了 14 张增值税发票,总金额为 9,106,347.69 元,R 公司将这 14 张发票中的 10 张予以抵扣。同时,R 公司共计向 N 厂出具了交接单 7 份,合计货物数量为 341.25 吨。双方交易过程数据见表 1-2。

2007 年 10 月 21 日,N 厂向黑龙江省 D 市中级人民法院提起诉讼,诉讼请求如下:

(1) 判令被告向原告支付货款 361 万元,并支付违约金;

(2) 诉讼费由被告承担。

收到 N 厂的起诉状后,笔者接受 R 公司的委托进行应诉,向法院提供了相应证据(详见下文)。同时,向 N 厂的律师指出了该厂提交的证据中,有 4 张增值税发票 R 公司并未收到的事实,并提示他重新确定诉讼标的额。

同年 12 月 26 日,N 厂又向黑龙江省 D 市中级人民法院递交了《变更诉讼请求申请书》称:R 公司将 10 张增值税发票全部予以抵扣,"说明被告已经确实收到原告向其发送这 10 张增值税发票所代表的,总价值为 9,106,347.69 元的货物,扣除被告已经支付的7,705,397.69元后,被告尚欠货款1,400,950.00元。因此,本案的原诉讼请求有误。另外,原告分别于2004年4月6日和7月22日向被告法定代表人的账户上汇了3笔款,共计2,000,000.00元整,该笔款项未加入诉讼请求中。故现依据民事诉讼法的规定,要求变更诉讼请求,即要求被告支付拖欠的货款3,400,950.00元(被告尚欠货款1,400,950.00元+2,000,000.00元)。望法院予以准许,以维护原告的合法权益"。

■ 表4-3 原告增加诉讼请求之前双方提交的证据

原告N厂提供的证据	被告R公司提供的证据
N厂开具的14张增值税发票,总金额1,400万余元	已经抵扣的、N厂开具的10张增值税发票,总金额900万余元
R公司出具的收货凭证(原件)7张,记载的交货数量300余吨,总金额500万余元	出具给N厂的收货凭证(复印件)7张,记载的交货数量300余吨,总金额500万余元
银行进账单4张,总金额700万余元	银行电汇凭证回单4张,总金额700万余元
双方盖章的买卖合同(原件)	双方盖章的买卖合同(原件)

(二) 答辩状写作及批注

1. 误例:答辩状1

答 辩 状

答辩人:北京R石化产品有限公司

住所地:北京市××区××工业区×××号

法定代表人:×××

被答辩人:河南N化工厂

住址:××县××开发区

法定代表人:×××

答辩人因被答辩人所诉买卖合同纠纷一案,现提出以下答辩意见:

一、答辩人已按合同约定支付相应货款,被答辩人要求偿还货款1,400,950.00元没有事实根据和法律依据,法院应当依法驳回[1]。

首先,被答辩人诉称"被告已将10张原告对其开具的增值税发票抵扣税款,这说明被告已经确实收到总价为9,106,374.69元的货物,扣除被告已经支付的7,705,397.69元后,被告尚欠1,400,950.00元"[2]。被答辩人仅依据答辩人抵扣税款推定货物已收的行为是不具有说服力的[3]。

况且其次[4],双方已签署了购销合同,对各自履行付款和交货义务的规则做出了明确的约定,[5]在合同履行等[6]的事实认定方面应严格依据合同条款处理。根据双方2006年3月22日[7]签署的补充合同,第5条约定[8]"甲方将货物运送至D市乙方指定的地点,双方在交接单上签字确认,视为交货"[9]可知,为保证交货过程明细[10]准确,双方已经约定,对交货认可后必须在交货单据上签字确认,方视为被答辩人完成交货义务。因此,具有双方当事人签字是判断收货单据有效性的关键[11]。由答辩人所提供的7份有效收货单据可知[12],答辩人从2005年至2006年共收到341.25吨货物。在被答辩人所提供证据中,一份只有被答辩人签名的货物收据,应视为无效,法院不应采信。根据上述事实以此计算[13],答辩人实际应支付货款总额为5,306,437.50元(单价15,550.00元/吨[14] × 341.25吨)。

其次,[15]答辩人于2005年12月19日、2006年4月12日、2006年6月13日分别向被答辩人支付货款4,205,397.69元、2,000,000.00元、1,500,000.00元,共计7,705,397.69元[16]。对此事实被答辩人在《变更诉讼申请书》[17]中也[18]已明确承认,双方对此均无争议[19]。可见,答辩人不存在拖欠货款行为。

二、合同双方不存在被答辩人所提诉[20]2,000,000.00元的债权债务关系,被答辩人无权要求答辩人偿还的此项诉讼请求不应予以支持[21]。法院应依法驳回[22]。

被答辩人提出诉称[23],曾向答辩人法定代表人的账户上汇款2,000,000.00元,现要求答辩人返还。可以确定的是,此2,000,000.00元是被答辩人汇入答辩人法定代表人私人账户的,而非答辩人的账户。根据《公司法(2015)》第3条规定"公司是企业法人,有独立的法人财产,享有法人财产权。公司以其全部财产对公司的债务承担责任"。答辩人作为一独立主体,拥有独立的法人财产,并以其自身财产承担义务。显然,[24]答辩人与其法定代表人是两个不同的主体,他们的财产是相互独立的[25]。被答辩人的汇款并未进入答辩人的企业[26]账户,也就是说双方并不存在此2,000,000.00元的债权债务关系。所以被答辩人无权要求答辩人返还。

综上,被答辩人主张的货款总额与实际不符,答辩人并未拖欠任何货款。同时,对于2,000,000.00元汇款,被答辩人无权要求答辩人偿还。因此被答辩人的诉讼请求应予以驳回。

此致
D市中级人民法院

答辩人:北京R公司
××××年×月×日

笔者批注:

〔1〕"法院应当依法驳回"是一个省略句,被省略的内容是被答辩人的诉讼请求。如果这段话修改为"被答辩人要求偿还货款1,400,950.00元没有事实根据和法律依据,法院应当依法驳回"还是可以的,因为"驳回"的宾语是被省略的原告的诉讼请求。但是,这句话逗号之前的内容不仅包括被答辩人的诉讼请求,还包括答辩人反驳的内容——"答辩人已按合同约定支付相应货款"。如果连同答辩的内容也驳回的话,答辩还有什么意义?

〔2〕**答辩的目的和作用,是反驳被答辩人的诉讼/上诉请求或者起诉/上诉的事实和理由。因此,在答辩状的每一个地方都要注意体现这种对抗性**。为了与后面否定被答辩人所述理由的说法相互配合,此处作如下修改更为合适:"被答辩人在没有充分证据和法律依据的情况下,诉称'被告已将原告对其开具的10张增值税发票抵扣税款,这说明被告已经确实收到总价为9,106,374.69元的货物,扣除被告已经支付的7,705,397.69元后,被告尚欠1,400,950.00元'。"

〔3〕这句话存在明显的语病。这是一个典型的"……是……的"句式。在这样的句式中,后一个省略号的内容是前一个省略号的内容的定语。在这个句子中,"不具有说服力"是定语,而"不具有说服力"这个定语能够修饰"行为"这个名词吗?显然是不合适的。在这种情况下,有两种修改方式可供参考:一种方式是修改主语,以适应定语;另一种方式是修改定语,以适应主语。采取哪一种修改方式,要视表达的目的而定。批注〔2〕已经提到,这段话主要目的是反驳被答辩人据以起诉的理由,因此,为了保证反驳的效果,只能选择第一种方式——修改主语,以适应定语。因此,把这句话这样进行修改更为合适:"这种依据答辩人抵扣税款的行为来推定货物已

收的说法是不具有说服力的。"

〔4〕"况且"应当用在前后有递进关系之处,而从表达的意图来看,后面的内容与前面的内容不是递进关系,而有明显的转折。因此,在"首先"之后延续使用"其次"更为合适。

〔5〕在此处强调双方对付款和交货的规则已经做出约定,是为了给后面强调的"严格依据合同条款处理"做必要的铺垫。如果没有这样的铺垫,则会使"严格依据合同条款处理"的观点由于缺少具体内容而显得空洞。

〔6〕此处的"等"应当属于"表示列举未尽"的用法。而本案中双方的争议除了合同履行环节以外,没有其他争议。也就是说,没有"列举未尽"的情况。因此,此处对"等"的使用是不合适的。

〔7〕人称代词和时间名词之间应当使用介词连接。

〔8〕在引用原文时,正文的内容和引用的原文之间应当有必要的过渡。

〔9〕这句话这样修改更为合适:"根据双方于 2006 年 3 月 22 日签署的合同第 5 条关于'甲方将货物运送至 D 市乙方指定的地点,双方在交接单上签字确认,视为交货'的约定可知……"

〔10〕两个形容词连续使用时,应当使用顿号分开。

〔11〕这个观点显然是错误的。从其内容本身来讲,在合同的实际履行过程中,除非双方有特别约定,否则,只要有收货方的签章即具有证明货物已经交付的效力。从对争议焦点的判断来讲,此处提出的"判断收货单据有效性"并不是本案争议的焦点。关于本案争议焦点的分析,在第一章第一部分已经有详细的论述,在此不再赘述。需要强调的是,无论是代理原告,还是代理被告,在案件开庭之前,准确地分析和判断出双方争议的焦点是十分重要的。否则,会在法庭调查和辩论阶段陷入被动。对于案情复杂、证据繁多的案件,可以要求法院在开庭前组织证据交换,以尽可能地了解和掌握双方的举证情况,争取尽可能准确地分析和判断出双方争议的焦点。

〔12〕这句话有三处不当:① 被告提交的收货凭证是复印件,而原告提交了原件。从证据形式的角度考虑,显然原件的证明力比复印件的证明力要高;从证据证明力的角度考虑,当事人的自认要比通过证据证明的证明力更大。在这种情况下,应当利用原告提交了证据原件的良机,从既是书证原件,又已构成自认的角度,来论述收货凭证的证明力和能够证明的问题,这样的效果显然要比从被告提交的收货凭证复印件的角度来论述更具有说服力。② 在确定了"判断收货单据有效性"并不是本案争议焦点的情况下,再使用"有效"一词毫无意义,而且容易使审理和辩论的方

向发生偏离。③"由……可知"句式属于推理性的用法,在已经有确实、充分的证据能够证明案件事实的情况下,不应使用。综上,这句话可以修改为:"被答辩人提供的7份收货凭证能够证明。"

〔13〕**答辩状的功能,是对诉讼请求、反诉请求或者上诉请求进行反驳和辩解**。因此,答辩状的各项内容均应以诉讼请求、反诉请求或者上诉请求是否成立为中心,也应以诉讼请求、反诉请求或者上诉请求是否成立作为反驳的出发点和落脚点。删除的这部分内容属于质证的内容,放在答辩状中显然是不合适的。

〔14〕括号中的这部分内容是对5,306,437.50元这一结果的注解。既然是注解,就应当尽量使内容一目了然。此处如果不把"元/吨"这一计价单位加入的话,一方面会直接导致计算结果的错误,使本来可以完美的事情留下些许遗憾,另一方面也会让人觉得你这位律师不够严谨。

〔15〕下面这一段的内容,是对前面两段内容的归纳和总结,不应再用表示顺序的词语。

〔16〕**在法律文书中,除非有需要特别说明的情况,否则,只需概括说明即可**。这一段话这样修改更为合适:"双方共同提供的证据均显示,答辩人在纠纷发生之前向被答辩人支付货款共计7,705,397.69元。"之所以强调"双方共同提供的证据",是为了确定双方没有争议的内容,以便法官尽快了解双方争议究竟在哪里。

〔17〕此处使用书名号,是为了强调这份法律文书的特定性。

〔18〕此处存在两个问题:①"在……中"是一个固定模式的介词词组,需要注意正确使用。②"已"在此处单独使用,应当是副词"已经"的意思,表示事情完成。但是,结合原告做出的"明确承认"的行为,此处对"明确承认"加以肯定效果更好。因此,笔者将"已"修改为"也已",是表示肯定的语气助词。

〔19〕〔16〕的修改中,已经有了"双方共同提供的证据"的内容,即已经表示双方对被告付款的金额没有争议。此处没有必要再重复这一观点。

〔20〕**每一位律师在刚入行时都会被前辈告知,在法庭审理、接待当事人咨询、代书或者写作法律文书时一定要使用"法言法语"**。什么是"法言法语"?通俗地讲,就是符合法律规范的语言。此处就是一个典型的例子。我们是在写作法律文书,不是人与人之间的书信往来。如果是后者,使用"提""提出"或者"提到的"都是可以的,也是正常的;但是,我们此时是在对原告的起诉进行答辩,在这种情况下,使用"提"显然是不合适的。

〔21〕笔者在〔2〕和〔13〕中已经明确指出"答辩的目的和作用,是为了反驳被答

辩人的诉讼请求或者起诉的理由",而"答辩状的功能,是对诉讼请求、反诉请求或者上诉请求进行反驳和辩解。因此,答辩状的各项内容均应以诉讼请求、反诉请求或者上诉请求是否成立为中心,也应以诉讼请求、反诉请求或者上诉请求是否成立作为反驳的出发点和落脚点"。有鉴于此,此处的反驳应当从原告的诉讼请求是否成立的角度进行,而不应当从原告是否有权主张债权的角度进行。此外,从应诉策略的角度看,"被答辩人无权要求答辩人偿还"的说法还容易给对方造成反击的机会——你说"被答辩人无权要求答辩人偿还",谁有权要求答辩人偿还呢?

〔22〕即使不按照〔21〕的内容进行修改,此处的"法院应依法驳回"也应当删除。因为这里"驳回"的宾语,应当是被省略的原告的诉讼请求。而这句话前面的内容——"合同双方不存在被答辩人所提2,000,000.00元的债权债务关系,被答辩人无权要求答辩人偿还"并不是原告的诉讼请求,而是被告的答辩观点。同样的错误在〔1〕中也同样存在,需要特别加以注意。

〔23〕同〔20〕。

〔24〕、〔25〕和〔15〕这些被删除的内容是年轻律师在业务上不够成熟的典型表现。原告提出的关于2,000,000.00元的诉讼请求,只是对由于第一次举证不够严谨而造成了一部分诉讼请求落空的情况下进行的补救。况且,原告也没有在"诉讼请求"或者"事实与理由"中提及被告的财产与被告法定代表人的财产发生混同的情况。在这种情况下,只要从"被告与被告法定代表人"不是同一个主体的角度进行答辩就足以达到目的,没有必要再去论及别的问题。遇到类似情况,应当把握一个基本的处理原则——"就事论事"。

〔26〕答辩人本身就是一个企业,没有必要再另外加以强调。

2. 误例:答辩状2

答　辩　状

答辩人:北京R公司

住所地:北京市××区××工业区×××号

法定代表人:×××

被答辩人:河南N厂

住所地:河南省××县××开发区

法定代表人:×××

因被答辩人所诉答辩人买卖合同纠纷一案,答辩人提出答辩如下:

一、答辩人无义务向被答辩人支付货款3,400,950.00元(1,400,950元+2,000,000元)[1]。具体理由分述如下：

(一) 答辩人未拖欠被答辩人货款1,400,950.00元。

2005年初，答辩人与被答辩人口头订立了买卖合同。其中双方约定:答辩人收货后,通知被答辩人如数开具增值税发票,然后由答辩人向被答辩人支付货款[2]。合同订立后，被答辩人于2005年11月9日开具了4张货款[3]总金额为4,205,397.69元的增值税专用发票(发票号码分别为:NO.01171474、NO.01171475、NO.01171479、NO.01171477)[4]。2005年12月19日，答辩人通过中国建设银行向被答辩人支付了4,205,397.69元的货款。由上述合同约定和事实可以看出，答辩人与被答辩人2005年间的货款已经结清[5]。

2006年3月22日，答辩人与被答辩人重新补签[6]了《产品购销合同》。《产品购销合同》其中的[7]第8条约定："乙方(答辩人)付款后,甲方(被答辩人)发货。[8]"；[8]第5条第2项约定："双方在交接单上签字确认,视为交货。"由此可以看出，被答辩人向答辩人发货，以答辩人预先支付货款为前提。同时，被答辩人的交货数量和答辩人的收货数量应当以双方的收货签收单为准。

根据双方提供的两张中国建设银行电汇凭证及6份收货签收单证据(证据名称:收到条)[9]显示，2006年4月12日，答辩人通过中国建设银行向被答辩人预付货款2,000,000.00元后，被答辩人先后3次向答辩人共发出了1,772,000元的货物；2006年6月13日，答辩人向被答辩人预付货款1,500,000万[10]元后，被答辩人先后3次向答辩人共发出了1,492,800.00元的货物。由上述合同约定和事实可以看出，答辩人与被答辩人2006年间的货款已经结清[11]。

因此，答辩人并未拖欠被答辩人货款1,400,950.00元。

(二) 被答辩人要求答辩人支付货款2,000,000.00元，没有事实和法律的依据。

根据[12]被答辩人提供的证据显示：诉讼请求中涉及的2,000,000.00元的汇款人为被答辩人[13]，收款人并不是答辩人。由此可以看出，被答辩人诉讼请求中涉及的2,000,000.00元的义务主体并不是答辩人。

《民法通则(1986)》第84条的规定:"债是按照合同的约定或者依照法律的规定,在当事人之间产生的特定的权利和义务关系,享有权利的人是债权人,负有义务的人是债务人。债权人有权要求债务人按照合同的约定或者依照法律的规定履行义务。"[14]

因此,依据《民法通则(1986)》第84条的规定和[15]债的相对性原则,被答辩人要求答辩人支付货款2,000,000.00元,没有事实和法律的依据。

二、答辩人无义务向被答辩人支付违约金。

首先,答辩人并无违反2005年双方口头合同及《产品购销合同》的行为,被答辩人要求答辩人支付违约金没有事实的依据。

其次,根据《民法通则(1986)》第112条第2款的规定:"当事人可以在合同中约定,一方违反合同时,向另一方支付一定数额的违约金;也可以在合同中约定对于违反合同而产生的损失赔偿额的计算方法。"由此可以看出,违约金合同条款适用的前提是,除法律明确规定外,一般主要由当事人在合同中约定。而本案中,答辩人与被答辩人并未在2005年双方口头[16]合同及《产品购销合同》[16]中约定违约金的赔偿数额以及计算方法,答辩人要求被答辩人支付违约金没有法律的依据。

因此,答辩人无义务向被答辩人支付违约金。

综上,被答辩人主张答辩人返还货款、支付违约金的诉讼请求不具有事实及法律依据,依法应予以驳回。

此致

D市中级人民法院

答辩人:北京R公司

××××年×月×日

笔者批注:

[1] 在上一篇答辩状的[13]中,笔者已经明确指出:"答辩状的功能,是对诉讼请求、反诉请求或者上诉请求进行反驳和辩解。因此,答辩状的各项内容均应以诉讼请求、反诉请求或者上诉请求是否成立为中心,也应以诉讼请求、反诉请求或者上诉请求是否成立作为反驳的出发点和落脚点。"这种写法本身没有任何问题。但是,

由于其离开了原告的诉讼请求，无形中降低了答辩的对抗性和针对性。

〔2〕此内容是原告在《起诉状》中诉称的内容，对被告明显不利，并且与双方提交的证据有矛盾。在这种情况下，被告在答辩时千万不能引用为己方的观点。否则，等于承认了对方的说法，将使己方陷于被动。

〔3〕之所以删除"货款"一词，是因为此处存在两个错误：① 从发票本身作用的角度看，发票上记载的金额与该笔交易的货款金额并不存在当然的对应关系；② 从案件事实的角度看，这4张增值税发票记载的总金额4,205,397.69元与原告交付的货物价值并不相符。因此，如果不将"货款"一词删除的话，将给法官造成一种"原告交付的货物价值与发票记载的金额完全相符"的错觉，会对被告后面作出的辩解产生不利影响。

〔4〕双方对增值税发票的真伪没有争议，无须在相关的法律文书中注明增值税发票的编号。

〔5〕这句话对被告明显不利，关键在于其中的"货款"一词。如果说"货款已经结清"，说明双方对2005年的交易过程并无争议。而事实上并非如此，从双方提交的证据看，原告在2005年只交付了131.25吨货物，价值仅为2,040,937.50元。在付款数额高于交付货物价值的情况下，用"货款已经结清"来描述案件事实显然是不准确的。更为严重的是，这种不准确的说法有造成自认的危险，为其后的法庭审理带来麻烦。因此，在写作法律文书的过程中，一定要字斟句酌，特别是在涉及案件事实的相关内容时在遣词造句方面一定要慎之又慎。此外，之所以将"合同约定"删除，是因为合同约定只是一种约定，是否已实际履行，是需要案件事实来证明的。因此，得出上述结论的基础只能是案件事实，与合同约定无关。

〔6〕此处对"重新"一词的使用，明显属于用词不当。因为双方在此之前并不是没有订立合同，只不过是没有以书面形式订立。因此，这里使用"补签"更为合适。

〔7〕在前面刚刚提到一份文件的名称，紧接着还要提到的时候，应当用"其""该文件""该合同"等代词代替这份文件的名称。

〔8〕删去句号，是因为接下来还要引用另外一个条款；将分号放到双引号的外面，是因为分号是根据上下文的需要自行添加的，不是合同原文的内容。

〔9〕删去"证据"一词，是因为双方以及法官都知道这6份签收单是双方提交的证据，没有强调的必要，而且显得啰唆；删去括号中的内容，是因为即使不注明证据名称，双方以及法官也都知道前面提到的6份签收单就是这6份名为"收到条"的证据。在此，需要强调一点：正确指明证据的方法，是直接引用证据的名称，而不应给

每一份证据另外再起一个名字。

〔10〕这是律师在法律文书写作中经常出现的错误,在数额后带错单位,应对的方法只有细心。

〔11〕此处"货款已经结清"的说法同样对被告不利。因为根据双方提供的证据计算,此时被告支付的货款金额已经远远超过原告交付货物的价值,用"货款已经结清"来描述案件事实与〔5〕所指出的一样,显然是不准确的。

〔12〕"根据"一词有两种词性,一种是名词,另一种是介词。作名词使用时,是指作为根据的事物;作介词使用时,是指把某种事物作为结论的前提或语言、行动的基础。显然,此处的"根据"应当是作为介词使用。在这种情况下,"根据"与后面的"被答辩人提供的证据"这一偏正词组构成了一个介宾结构。但是,句尾的"显示"一词却又与"被答辩人提供的证据"这一偏正词组构成了一个主谓结构,这样就出现了语法上的错误。结合上下文的内容,将"根据"删去是最为简便的修改方法。

〔13〕这位律师忽略了一个细节——相关证据中显示的汇款人是一个名叫"王××"的自然人,并不是被答辩人。这种错误看似不大,却失去了一个很好的抗辩要点,也暴露了部分律师在质证能力方面存在明显的不足。

〔14〕刚入行的律师在法律文书写作中存在的一个通病,就是动不动就引用法条。殊不知,在很多情况下,引用法条不但起不到任何作用,还会使阅读者感到厌烦。此处就是一个典型的例子。《民法通则》第 84 条的规定,是对"债"的定义。无论是律师,还是法官,凡是从事法律职业的人,都知道这一条,对此的理解也不会存在任何偏差。可以说,这一条是法律职业群体必备的基本常识。把一个基本常识的具体内容引用到法律文书中不但不会起到预期的效果,还会使阅读者产生一种被轻视的感觉——难道我连这个都不懂吗? 这一点,刚入行的律师一定要给予足够的重视。

〔15〕前面刚刚提到,《民法通则》第 84 条的规定,是对"债"的定义。而"债的相对性原则"是从"债"的定义中派生出来的。因此,在已经删除了相关法条具体内容的情况下,只提及"债的相对性原则"即可。

〔16〕无论是 2005 年的口头约定,还是 2006 年的书面合同,都是合同的形式之一。因此,没有必要提及合同的具体形式,统称为"合同"即可。

3. 笔者范例:答辩状 3

民事答辩状

答辩人:北京 R 石化产品有限公司

住所地:北京市××区××工业区×××号

法定代表人:×××

被答辩人:河南N化工厂

住所地:××县××开发区

法定代表人:×××

答辩人因被答辩人所诉买卖合同纠纷一案,提出答辩如下:

第一,双方签订的《产品购销合同》第5条第2款明确约定:"双方在交接单上签字确认,视为交货。"根据双方共同提供的,由答辩人向被答辩人出具的《收到条》记载的数量显示,被答辩人实际向答辩人交付货物341.25吨,并不是被答辩人诉称的"10张增值税发票代表的,总价值为9,106,347.69元的货物"。

第二,在被答辩人主动开具多出实际交易数量的发票金额的情况下,答辩人确实已经进行了抵扣。但是,发票金额与双方的实际交易情况并无直接、必然的联系,增值税发票不能证明双方实际交易的数量。被答辩人以增值税发票金额作为主张债权的理由缺乏事实和法律依据。

第三,被答辩人实际向答辩人交付货物341.25吨,价款合计为5,306,437.50元。而答辩人向被答辩人支付的货款金额合计为7,705,397.69元。因此,答辩人并不拖欠被答辩人的货款。

综上所述,答辩人并不拖欠被答辩人的货款,恳请贵院查明事实,依法驳回被答辩人对答辩人的诉讼请求。

此致
黑龙江省D市中级人民法院

答辩人:北京R石化产品有限公司

2007年11月2日

(三) 代理词写作及批注

1. 误例:代理词1

代 理 词

审判长、审判员:

黑龙江远东律师集团事务所受本案被告北京R公司的委托,指派我担任其

诉讼代理人参加诉讼,经过庭前的认真调查和阅卷,现结合事实及相关法律法规,提出以下代理意见:

一、被告不存在拖欠货款的行为,原告主张偿还货款1,400,950元的诉求诉讼请求[1]没有事实根据和法律依据。

判断被告是否拖欠货款的[2]关键是要确定原告在纠纷发生前对被告的实际供货数量。现有证据表明,被告并不存在拖欠货款的行为。[3]

首先,原被告于2006年3月22日签订[4]了《产品购销合同》,其中对供货、付款等相关事宜已作了明确约定。根据合同第5条第2款"甲方将货物运至D市乙方指定地点,双方在交接单上签字确认,视为交货"的约定,就该买卖合同来说,[5]具有双方签字的收货单据是原被告用以[6]确定货物数量的重要凭证。由此可以看出,在纠纷发生前,原告的[7]实际供货数量并不难确定。被告所提供的"收到条"[8]即为双方约定的确认收货的单据。经计算可得,被告已收到原告货物总计341.25吨。根据合同约定的货物单价,原告所供货物实际价值为5,306,437.50元(15,550元/吨×341.25吨)。同时,被告提供的三张汇款单据可证,其已向原告支付货款总计7,705,397.69元,对此原告在《变更诉讼请求申请书》已予确认[9]。结合[10]上述事实表明,[10]被告实际付款已超出应付价款,不存在拖欠货款的行为。

其次,原告依据所开增值税发票的数额来推定被告所收货物数量的行为没有法律依据。原告作为合同的卖方,按时在约定地点交付货物才是其主要义务。而开据开具[11]增值税发票只是作为一种附随义务,可以依据买方的请求在合法范围内调整变更,不能作为推定主要义务是否履行的依据。

二、合同双方不存在2,000,000.00元的债权债务关系,原告无权要求被告偿还。

原告在《变更诉讼申请书》中提出:"曾向被告法定代表人账户汇款总计2,000,000.00元,并要求被告作为货款一并偿还。"值得注意的是,原告已明确表明,此2,000,000.00元乃汇入被告法定代表人个人账户的款项。因被告的法定代表人与被告作为属于[12]不同法律主体,此2,000,000.00元理应是原告与被告法定代表人之间的债权债务关系,与被告以及本案所要解决的合同纠纷无实际联系。所以此纠纷发生前,原被告之间不存在2,000,000.00元的债权债务关系,原告无权要求被告偿还。

　　综上,原告要求被告偿还货款 3,400,950.00 元的诉求诉讼请求[1]违背事实和法律规定, 恳求法院 应当依法[13]予以驳回。

被告代理人:××
××××年×月×日

笔者批注：

　　〔1〕"诉求"是近几年在各种媒体中频繁出现的一个新词。从使用的语境来看,是指人们通过某种途径表达的某种愿望。从这个角度看,把这个词用在诉讼类的法律文书中显然是不合适的。因为无论是起诉状还是上诉状,都有"诉讼请求"一项。在有规范的法律用语的情况下,再去使用其他词语,显然是不合适的。

　　〔2〕对助词,特别是结构助词和时态助词的使用方法掌握得不好,是参加培训的律师普遍存在的一个问题。集中表现在两个方面:一是不会正确使用,另一个是不知道在什么地方使用。从定义上看,助词是附着在词、短语、句子的前面或后面,表示结构关系或某些附加意义的虚词。既然如此,在涉及词、短语、句子的结构或者需要体现附加意义的地方就需要使用助词。此处就是一个典型的涉及句子结构的地方。这是一个单句,主语是"关键","判断被告是否拖欠货款"是用于说明"关键"的作用。因此,在两者之间需要使用结构助词"的"来保证这个词组的结构向"关键"倾斜。如果不在此处添加结构助词"的",也可以在"判断被告是否拖欠货款"之后、"关键"之前使用逗号断开,把单句改成一个复句,同样可以使这句话的意思不变,还可以避免出现语法上的错误。

　　〔3〕前面的这句话指出了原告的诉讼请求是否成立的关键所在,后面的两段话是对第一部分的代理观点(被告并未拖欠货款)的具体分析。而这两部分之间,在内容上缺少必要的过渡,无法使阅读者形成连贯的思维。因此,笔者添加的这些内容,可以使上下文之间的过渡自然、合理。

　　〔4〕此处使用"补签"一词更为准确。因为从合同成立的角度讲,双方的买卖合同关系在 2005 年就已经成立,2006 年签订的《产品购销合同》只不过是在合同的形式上发生了变化,与此前成立的合同并无实质的改变。因此,使用"签订"一词显然是不准确的。

　　〔5〕我们在这里讨论的本来就是原、被告双方之间的买卖合同,而不是别人的。

因此,无须再做过多地强调。

〔6〕本案中没有任何第三人的存在,无须对履行合同的主体做过多地强调。

〔7〕同〔2〕一样,这里又涉及了助词使用的问题。从语义上分析,这句话的重心应当在"实际供货数量"上,但是还需要强调"实际供货数量"的主体是谁。因此,此处应当加入一个"的"字,一方面对"实际供货数量"的主体加以强调,另一方面使重心向"实际供货数量"上倾斜。

〔8〕此处应当强调"收到条"这份证据是双方共同提供的,以此作为确定双方对交货数量没有争议的立论基础。

〔9〕此处有两个方面的错误:① 语法上的错误:"在《变更诉讼申请书》"的表述有语病,应当表述为"在《变更诉讼申请书》中";② 法律用语上的错误:此种情况已经构成自认,此处不应再使用"确认"。

〔10〕此前的内容,是在现有证据的基础上对案件事实做出的分析。在分析之后,需要对最终的结论做出总结和概括。从表达效果的角度看,用"上述事实表明"显然要比用"结合上述事实"更流畅;从词语运用的角度看,如果用"结合上述事实",还需要有另外一部分事实以外的内容存在,才能构成两者之间的"结合"。而从此前的内容来看,"另外一部分事实以外的内容"并不存在。因此,此处应当作出修改。

〔11〕"开具"在词典中的解释,是"写出""开列"的意思。而词典中并不能查到"开据"这个词,通常的理解应当是"开出单据"或者是"开具单据"的意思。由于后面跟着的宾语是"增值税发票",因此,此处应当用"开具"这个动词作谓语。

〔12〕在词典中,"作为"一词有五种含义:① 所作所为,行为;② 做出成绩;③ 可以做的事;④ 当做;⑤ 就人的某种身份或事物的某种性质来说。结合上下文的内容来看,这位律师在此处是想强调被告与被告的法定代表人在主体上的区别。而"作为"一词的上述五种含义均不能起到这种作用,因此,用"属于"替代"作为"更为合适。

〔13〕"恳求"也好,"恳请"也罢,都是请求的意思。如果用在是非并不十分明朗的情况下,还是可以的。但是,经过质证和双方的辩论,本案的是非曲直已经十分清楚——原告的诉讼请求既没有事实依据,也缺乏法律依据。在这种情况下,应当用十分肯定的口气要求驳回原告的诉讼请求,而不应当去"恳求法院予以驳回"。这不仅仅是语气和态度的问题,还关系到律师的尊严——既然有理,为什么要去"求"他支持呢?

2. 误例:代理词2

代 理 词

审判长、审判员:

我受被告北京R公司的委托,黑龙江远东律师集团事务所的指派,担任原告一般买卖合同纠纷一案的代理人[1],参加本案诉讼活动。开庭前,我听取了 被代理人 被告相关工作人员[2]的陈述,进行了必要的调查,现发表如下代理意见:

一、原告提供的证据并不足以证明被告欠款361万元的事实。

民事诉讼基本原理:"谁主张,谁举证。"[3]原告仅凭出具的发票数额并不能证明发货数量和价款。原告诉称的"10张增值税发票代表的,总价值为9,106,347.69元的货物",并没有其他证据相印证,证明力薄弱。[4]

二、原告向被告发货数量和货款的确定[5]。

原[6]购销合同已经[7]约定"甲方将货物运至乙方指定的地点,双方在交接单上签字确认,视为交货"。从[8]双方提供的证据足以证明:原告向被告发货数量为341.25吨,总计货款为人民币:[9]5,306,437.50元。

三、被告向原告支付的货款:从银行电汇的票据证明2005年12月至2006年4月,被告先后向原告支付货款7,705,397.69元。[10]

从以上证据分析 通过分析以上证据[11] 可以[12] 得出[13]事实是,[14]原告向被告发货341.25吨,总计 价款总计[15]5,306,437.50元。被告向原告支付货款7,705,397.69元。民诉的基本原理是"谁主张,谁举证"[16]。原告没有充分的证据证明自己的主张,其诉讼请求理应得不到支持。因此,原告的主张不能成立,被告并不拖欠原告货款。以上意见请法庭考虑。

被告[17]代理人:××

黑龙江远东律师集团事务所[18]

××××年×月×日

笔者批注：

〔1〕这是新入行的律师普遍并且经常会出现的错误，原因在于没有弄清楚委托人与律师事务所以及律师之间的法律关系。从合同性质上讲，委托人与律师事务所之间是委托合同关系，律师事务所作为受托人，其主要义务是代理委托人处理涉诉案件的相关事宜。而律师作为律师事务所的员工，作为案件的承办人，是履行职务的行为，与委托人之间并不存在直接的合同关系。因此，这句话通常应当这样表述："××律师事务所受原告/被告（或者是上诉人/被上诉人）××的委托，指派我担任本案的诉讼代理人参加诉讼活动。"

〔2〕此处存在两个错误：① 同一个案件当事人的称谓，前后不统一。此处的"被代理人"应当统一使用"被告"。② 忽略了证据形式与主体的一致性。根据《民事诉讼法》的规定，"当事人的陈述"是民事诉讼证据的种类之一。但是，所谓"陈述"应当是自然人对案件事实的叙述。而法人是法律拟制的人，并不具有自然人的生理功能，其对案件事实的叙述只能通过法人发挥功能的重要载体——本单位的员工来实现。

〔3〕删去这句话，出于两个原因：① 因为稍具法律常识的人都知道，而且也理解这句话的含义，根本没有必要在此处引用。② 这句话与上下文之间没有过渡，显得突兀，影响表达的效果。

〔4〕这句话的论述不够透彻：① 需要结合案件事实和相关法律规定说明为什么不能仅凭增值税发票确定交易数量；② 还要指出需要什么证据来与增值税发票相互印证。笼统地说"证明力薄弱"明显缺乏说服力，而且会给法官造成底气不足的印象。

〔5〕在驳论的前提下，这种表达方式欠妥，不能引起阅读者足够的注意。按照文体分类，代理词属于议论文。既然是议论文，每一部分的标题就应当是一个论点。什么是论点呢？《现代汉语词典》是这样解释的："议论中的确定意见以及论证这一意见的理由。"反过来再看这句话——"原告向被告所发货数量和货款的确定"，既不是议论中的确定意见，也不是论证这一意见的理由。因此，用这句话作为一个部分的标题显然是不合适的。需要提醒注意的是，上述评价是有前提的，即"在驳论的前提下"。如果在立论的前提下，这种表达方式还是可以采用的，但是，应当做相应的修改，以便能够引起阅读者足够的注意——"原告交付货物的数量及价款应当如何认定"。

〔6〕本案中只存在一份合同，不存在原合同、现合同之分。在法律文书的写作

过程中,一定要注意用词的准确性。

〔7〕添加"已经"一词,是为了强调全部合同条款是在双方协商一致的基础上达成的既成事实,当事人理应遵循诚实信用的原则严格履行合同条款约定的义务。如果不做此修改,则语气会显得过于平淡,表达的效果不好。

〔8〕"从"字在用于"从……"句式时,最常见的意思是"以……做起点";也可以用于未得出确切结论而进行推测的情况下,例如,"从我们现在掌握的情况看……""从现有证据来看……"等等。而下文"双方提供的证据足以证明"的内容,说明已经得出了确切的结论,并不需要推测。因此,应当将"从"字删去,才能使想要表达的意思更加准确无误。

〔9〕这是对标点符号使用方法掌握不好的典型表现。冒号应当用在提示性的话语之后,用来提示下文。具体包括以下五种情形:① 用在称呼语的后面,表示提起下文。② 通常用在"说""想""是""证明""宣布""例如""如下"等词语的后边,表示提起下文。但是,当某某人说的前后都有他的原话时,后面就不能用冒号,而应该用逗号。③ 用在总说性话语的后边,表示引起下文的分说。但是也有例外,如果句中没有较长的停顿,就不要用冒号。④ 用在需要解释的词语后边,表示引出解释或说明的内容。⑤ 用在总括性话语的前边,以总结上文。

此外,在使用时还需要注意:① 运用冒号时要注意其提示范围。冒号提示的内容的末尾用句号。如果一个句号前的内容不全是冒号提示的,则这个冒号用得不正确。② 没有特别提示的必要就不要用冒号。③ 在一个句子的内部,不能用冒号。④ "某某说""某某想"等后边常用冒号。但有时不想强调提示语,或不直接引述别人的话,则不用冒号而用逗号。此处的错误属于典型的"在一个句子的内部使用冒号"的情况。

〔10〕双方对被告的付款金额并没有争议。在代理词中,没有必要对双方并不存在争议的事实再加以论述,特别是不应该将此作为一个部分的标题。此外,这句话还存在两处错误:一处是冒号的使用方法不当;另一处是"从"字的用法不当,详见〔8〕。

〔11〕这是这篇代理词第三次出现对"从"字使用不当的情况。此处的错误与〔8〕一样,由于下文的内容已经得出了确切的结论,再使用"从"字不但读起来不通顺,还会削弱表达的效果。

〔12〕删去"可以"是为了强调得出的结论的唯一性。

〔13〕此处加入"的"作为助词,在语法上,是为了构成没有中心词的"的字结

构";在表达效果上,是为了强调"从以上证据分析可以得出"什么样的结论。

〔14〕这也是对标点符号使用方法掌握不牢固的典型表现。逗号的作用就是用来表示句子中较小的停顿的。这句话如果不在此处加入逗号稍做停顿,会使句子显得过于冗长而影响表达的效果。

〔15〕从语法的角度看,"总计"的意思是"合起来计算",在句子中的成分应当是谓语。按照中文的语法习惯,谓语应当放在主语之后;从表达效果的角度看,"价款'合起来计算'"显然要比"'合起来计算'价款"的表达效果更好。

〔16〕此处应当引用《民诉证据规定(2001)》第5条第2款的规定,"对合同是否履行发生争议的,由负有履行义务的当事人承担举证责任"。在需要明确指出案件当事人的权利或者义务时,应当遵循"最适合案件事实"的原则。具体规则是:有相应法条的,引用法条;没有相应法条的,引用相应的法律原则;没有相应法律原则的,引用法理。相应的法条在法律层级上不同的,引用层级最高的;与层级高的法条的内容相比,层级较低的法条更适合案件事实的,则应引用更适合案件事实的层级较低的法条。

〔17〕由于代理词是律师作为代理人向法庭提交的,必须在结尾处注明是哪一方当事人的代理人,以方便法官阅读和装订卷宗。

〔18〕此处无须再写明所属律师事务所的名称。因为在此之前提交给法院的《授权委托书》和《出庭函》都已经告知了相关内容。

3. 误例:代理词3

代 理 词

审判长、审判员:

黑龙江远东律师集团事务所接受本案被告北京R公司的委托,指派我担任其代理人。经阅卷及今天的庭审,现发表代理意见如下:

一、关于货物数量及货款[1]。

1. 双方签订[2]的《产品购销合同》第5条第2款明确约定:"甲方将货物运至D市乙方指定的地点,双方在交接单上签字确认,视为交货。"本案中,双方提交的"收到条"均显示被告共向原告交付了共计 :[3] 341.25吨(即 价值[4] 5,306,437.50元) 的货物,而不是原告在变更诉讼请求申请书中所诉称的9,106,347.69元的货物。并且,除"收到条"以外,原告也无法提出其他证据证

明其 发送 交付[5] 货物的数量。

2. 根据双方在"收到条"中所确认的货物数量及在《产品购销合同》所约定的货物价款,可以计算出被告应向原告支付5,306,437.50元的货款,而从被告所提供的3份"中国建设银行电汇凭证"可以计算得出被告以"预付货款"的名义向原告电汇了 共计[6] 金额合计为7,705,397.69元的货款,通过以上两份证据便可得出结论,即被告不仅及时向原告支付了相应的货款并且超额支付了部分预付货款。[7]

二、关于发票金额[1]。

本案中,原告在未受到任何来自被告胁迫的情况下自愿为被告出具了增值税发票,并且被告也用这些发票抵扣了税款。[8] 但[9] 被告将原告开具的所有增值税发票 抵税 抵扣[10] 的行为,并不能认定被告承认了原告在增值税发票中填写的金额等同于被告应付的货款,被告的这种行为只是遵守财会制度将增值税发票抵扣税款而已[11],所以,被告以增值税发票抵扣税款的行为与 实际的应付 是否拖欠货款[12] 并无必然联系。

三、关于2,000,000.00元借款[1]。

本案中原告诉请的2,000,000.00元借款,实为被告单位员工以私人名义向原告公司预借的款项,其性质为私人间的借贷合同[13],不应由被告 公司[14] 来承担还款义务。所以,对于此项诉请,请法院依法驳回。

被告代理人:××
××××年×月×日

笔者批注:

〔1〕"标题"是标明文章、作品等内容的简短语句。代理词的标题,在起到"标明内容"的作用的同时,还应当具有表明观点的作用。特别作为被告代理人的代理词,每一部分的标题,都应当与原告的诉讼请求针锋相对,这样才能体现出诉讼的对抗性,让法官在阅读时感觉到被告的反驳有理、有力、有据。而这位律师的写法过于平淡,不但会降低阅读者的兴趣,还会淡化代理词应有的作用。

〔2〕此处使用"补签"一词更为准确。因为从合同成立的角度讲,双方的买卖合同关系在2005年就已经成立,2006年签订的《产品购销合同》只不过是合同的形式

发生了变化,与此前成立的合同并无实质的改变。因此,使用"签订"一词显然是不准确的。

〔3〕这又是对标点符号使用方法掌握不牢固的典型表现。关于冒号的使用方法,详见上一篇代理词的批注。

〔4〕"即"在此处的意思是"就是"。而"341.25 吨'就是' 5,306,437.50 元"的说法显然是错误的。在写作中,一定要注意避免这样的低级错误。其实,事先搞清楚词义,就能够轻易避免类似错误的发生。

〔5〕合同第 5 条第 2 款是对原告交付货物的约定。本案中,由于双方当事人的上述约定,"发送"和"交付"在法律意义上存在本质上的区别。换言之,根据合同的约定,原告的主要义务是将货物发送至被告指定的地点并交给被告,而不仅仅是"发送"。无论是在代理词等诉讼类的法律文书中,还是在合同等非诉讼的法律文书中,用词的准确性都是至关重要的。

〔6〕"共计"与仅相隔两个字的"合计"的词义是相同的,使用其中的一个即可。

〔7〕此说法不妥。因为合同并未约定预付货款的金额,"超额支付"的说法没有事实和法律依据。

〔8〕删去这句话基于两个原因:① 即使没有这句话,后面的内容也足以清楚表达其意思;② 在双方均未对原告是否自愿开具金额多出实际交易金额的增值税发票的事实提出异议的情况下,"原告在未受到任何来自被告胁迫的情况下自愿为被告出具了增值税发票"的说法可能会节外生枝,同时也偏离了双方争议的焦点。为了保证案件审理的方向准确,在形成代理意见时,对于双方当事人均未提及或者均无争议的案件事实不要涉及。

〔9〕在前面一句话删去的情况下,此处已无转折的必要。

〔10〕此处混淆了"抵扣"和"抵税"这两个不同的税收方面的名词。"抵扣"一词,在我国的税收法律体系中,特指增值税的抵扣,即根据销售商品或劳务的销售额,按规定的税率计算出销项税额,然后扣除取得该商品或劳务时所支付的增值税款,也就是进项税额,其差额就是增值部分应缴的税额。根据《中华人民共和国增值税暂行条例(1993)》的规定,在中华人民共和国境内销售货物或者提供加工、修理修配劳务以及进口货物的单位和个人,为增值税的纳税义务人。纳税人销售货物或提供应税劳务的计税依据为其销售额。增值税的计算公式是:应缴增值税税额=销项税额-进项税额。而"抵税",通常是指将企业运营过程中的支出计入企业的成本和费用科目,以合法地达到少缴税款的目的。因此,在代理每一起案件的过程中,都要

根据遇到的新情况和新问题，不断地学习和了解相关的专业知识，以避免由于对相关专业知识缺少足够的了解造成代理观点的错误。

〔11〕这种观点是错误的，原因在于对增值税专业知识，特别是相关的税收行政法规掌握和了解得不够。增值税的抵扣，必须以交易真实为前提。也就是说，如果只持有增值税发票，而并未发生实际交易时，凭持有的增值税发票进行抵扣的做法也是违法的。了解了上述基本的专业知识之后，也就不会出现这种错误观点了。

〔12〕原告起诉的理由就是被告有拖欠货款的事实存在。在反驳对方的观点时，应当紧紧围绕双方争议的焦点，不要偏离或者曲解对方的观点。同时，原来的表述明显过于啰唆，照此修改的效果更好。

〔13〕这句话有以下几个不妥之处：① 2,000,000.00元的收款人李××，既是被告的法定代表人，又是被告的股东之一。用"被告员工"来称呼显然是不合适的。② 原告提供的证据——汇款单显示，2,000,000.00元是以王××个人的名义汇出的。而原告既没有提供证据证明2,000,000.00元的所有权属于原告，也没有提供证据证明王××系该单位员工。在这种情况下，仅凭原告单方面的说法是不能够确定"原告向被告法定代表人的账户汇款"的事实的。③ 如此表述等于在给对方创造新的攻击己方的机会。因为原告并不认为这是个人之间的借贷。作为被告的代理人，从合法地维护自己的委托人的利益的角度出发，只要结合事实和法律反驳原告的观点即可，没有必要对原告的观点作出另外的定性。

〔14〕被告本身就是一个有限责任公司，没有必要特别加以强调。

4. 误例：代理词4

代 理 词

审判长、审判员：

黑龙江远东律师集团事务所接受本案被告北京R公司（以下简称"被告"）的委托，指派我担任其代理人参加诉讼。现结合本案事实和相关法律规定，就双方当事人争议的焦点问题发表如下代理意见：

一、被告依合同约定已全面履行了合同义务，其[1]不存在违约行为，[2]原告要求被告其[3]支付拖欠货款的诉请没有事实和法律依据。

首先，双方在签订[4]的《产品购销合同》中，就发货、付款等相关事宜已做出明确约定。其中,该合同第8条约定:"乙方(被告)付款后,甲方(原告)发货。"被告在合同履行过程中,先后以电子汇款的方式先后向原告汇款支付了[5]总计7,705,397.69元,用于支付的[5]货款。对该事实原告在诉状及当庭审理中均予以认可,并且通过原告已提交相应证据也足以证实[6]。

同时,该合同第5条第2款明确约定:"双方在交接单上签字确认,视为交货。"根据双方共同提供的由被告向原告出具的"收到条"记载的数量显示,原告实际向被告交付货物341.25吨,合计货款价[7]值仅有5,306,437.50元,并非原告诉称的"10张增值税发票代表的货物,其总价值为9,106,347.69元"。鉴于,被告已支付货款7,705,397.69元,因此被告已经履行了支付货款的合同义务,并未拖欠[8]。

其次,原告以为向[9]被告开具了标有货物数量及金额的[10]增值税发票并且被告[11]已经被告[11]抵扣的事实[12]为由,主张被告实际收到货物的总价值为9,106,347.69元的说法不能成立。代理人认为,原告向被告开具增值税发票的行为与是否收到货物并无直接、必然的联系,被告收货的数量应以收货验收记录为准,不应以开具发票的金额作为计算双方实际交易数量的依据[13]。因此,原告以增值税发票金额作为其主张债权的理由缺乏事实和法律依据。

二、原告增加的2,000,000.00元的诉讼请求与本案诉讼标的无关,应予驳回。

本案诉争的焦点为欠付货款的数额[14],然而我们注意到,[15]原告在增加的诉请中主张了给付2,000,000.00元个人汇款的请求[16],此2,000,000.00元系汇至被告法定代表人的个人账户中的,并非被告欠付的货款,也没有相关证据证实该款与本案的购销合同有关,原告将与本案事实无关的个人汇款2,000,00.00元列入诉讼请求之中,没有法律依据[17],应予驳回。

综上,被告不存在欠付货款的事实,不应承担支付货款及违约金的责任,原告的诉讼请求没有事实和法律依据[18],请合议庭充分考虑本[19]代理人的[20]上述代理意见,作出[21]驳回原告的诉请[21]的公正裁决。

被告代理人:×××

××××年×月×日

笔者批注：

〔1〕"其"在此处的词性，应当是人称代词。在使用人称代词时应当注意，只有在一句话结束，下一句话需要提到刚才的这个人物时，才能使用人称代词来代称这个人物。此处之所以删去这个"其"字，是因为这句话还没有结束，不应使用人称代词。代词、助词和标点符号使用不当，是年轻律师在法律文书写作中普遍存在的问题。究其根源，笔者认为主要有以下几个方面的原因：① 文字功底较差，对最基本的中文基础知识掌握得不好。这种情况，与个人在接受小学、中学等基础教育时语文课的学习有很大的关系，改变需要较长的时间，也需要付出更多的努力。② 与每个人的写作风格有关。有的人喜欢多用单句，虽然结构简单，但是一般不会造成表达不清的情况。有的人愿意多用复句，想让阅读者产生非同寻常的感受。应当承认，同样一篇文章，多用复句，在气势和效果上肯定要高出一等。但前提是，律师必须具有相当程度的文字功底，否则会适得其反。

〔2〕这里之所以把逗号改成句号，是因为这两句话表达的是两个不同的意思——此前说的是被告未违约，此后说的是原告的诉请没有事实和法律依据。

〔3〕在这里用"其"代替"被告"，恰好符合〔1〕中提到的"其"的正确用法。

〔4〕此处使用"补签"一词更为准确。因为从合同成立的角度讲，双方的买卖合同关系在2005年就已经成立，2006年签订的《产品购销合同》只不过是合同的形式发生了变化，与此前成立的合同并无实质的改变。因此，使用"签订"一词显然是不准确的。

〔5〕**在法律文书的写作中应当把握这样一个原则：能够用一句话说清楚的，就尽量不用两句。**要始终牢记，言简意赅和开门见山是法律文书写作的两个基本原则。按照这样的原则衡量，这句话的缺陷就显露无遗了：这句话的中心意思是被告支付了7,705,397.69元的货款，其他的内容都是用于补充说明付款的方式、频率以及用途的，原来的表达显得过于啰唆。下面具体说明对这句话修改的原因：① 改变"先后"一词的位置，是因为使用该词是为了强调付款7,705,397.69元不是一次完成的，而不是为了强调使用何种方式进行支付的。换言之，"先后"一词应当用来修饰被告付款的金额，而不是付款的方式。② 删去"汇款"一词的原因有二：一是因为距离前面的"电子汇款"一词太近，读起来显得别扭；二是为了与后面的表述保持连贯，以体现句子的完整性。③ 加入"了"字的目的，是强调付款行为已经完成。④ 加入"的"字，是为了构成一个"的"字结构，使句子变得更加通顺。

〔6〕"原告在诉状及当庭审理中均予以认可"的事实和证据，根据《民诉证据规

定(2001)》第 74 条关于"诉讼过程中,当事人在起诉状、答辩状、陈述及其委托代理人的代理词中承认的对己方不利的事实和认可的证据,人民法院应当予以确认,但当事人反悔并有相反证据足以推翻的除外"的规定,已经构成了自认。在这种情况下,原告是否提交相关的证据已无关紧要,也就没有必要再对此加以评论。

[7]"价值"是一个具有多重含义的概念。从上下文的内容来看,此处的"价值"应当指的是"交换价值",即某种商品和另一种商品互相交换时的量的比例,是商品价值的表现形式。在这种情况下,关于货款的价值是多少的说法显然是错误的,因为货款的金额实际上就是商品价值折算成货币的表现形式。因此,只能说货物价值是多少。

[8] 在上一段的内容中已经提到了被告支付了 7,705,397.69 元货款的事实,这一段中只需反驳其"以原告开具的增值税发票金额确定双方实际交易金额"的观点即可,无须再重复此前已经表达清楚的观点。此外,从表述内容的来看,这句话至少存在三个错误:① "鉴于"是一个介词,通常用在表示因果关系的偏句里,前边一般不用主语。因此,用逗号把它与后面的句子隔开的做法是错误的。② 在以"鉴于"开头的句子中,不能使用"因此""所以"之类表示因果关系的转折词。正确的用法应当是,"鉴于……应当……"或者"鉴于……决定……"等。③ 如果想强调被告已经履行了付款义务并未拖欠货款的话,就不应当使用"鉴于"。在句式不变的情况下,这样表述更好一些:"由于被告支付的 7,705,397.69 元货款已经超出了原告实际交付的货值,原告所谓'被告拖欠货款'的说法是不成立的。"

[9]"为"在词义上也有"对,向"的意思。此处之所以把"为"修改成"向",主要是考虑到"为"的前面有一个"以"字,如果不做修改,容易使阅读者误认为"以"和"为"应当连读成"以为",对表达的意思做出错误的理解和判断。由于汉语的大多数字和词都具有多重含义,相互组合起来后,其含义更具有多样化。因此,在遣词造句时,必须尽量避免由于用字或者用词不慎而产生歧义的情况。

[10] 根据财政部发布的《发票管理办法(1993)》的规定,"货物数量和金额"是发票必须标明的项目,作为有着特殊用途和严格管理制度的增值税发票,这些内容更是必不可少的。因此,无需在此特别加以强调。

[11] 同[9]提到的"以为"一样,"已经"也具有多重含义:"已经"表示事情完成或时间过去了;"已"除了有"表示过去"的意思之外,还有至少另外四种词义;"经"则有至少七种词义。当"已"和"经"组合在一起不作为"已经"的"表示事情完成或时间过去了"理解的话,则应当是"已经通过……"的意思,后面通常应当跟一个名

词或者代词,或者是具有名词或者代词性质的词组。从上下文的内容来看,这里需要强调的,应当是"被告已经将原告开具的增值税发票全部予以抵扣"而不是"将原告开具的增值税发票全部予以抵扣的被告"。因此,此处"已经"的意思应当是"表示事情完成或时间过去了",而不是"已经通过……"。移动"被告"一词的位置,无疑是符合上述表达原意最简便的方法。

〔12〕"向被告开具了增值税发票并且被告已经抵扣"本身就是一个客观事实,再对此总结为"……的事实"既没有必要,也显得啰唆。

〔13〕这句话的不当之处在于论述不够充分,这是年轻律师在代理词写作中常犯的错误,在执业多年的资深律师中也十分常见。原因不外乎有两个:① 对代理词的作用认识得不够到位,导致在主观上没有对论述是否透彻和准确引起足够的重视。② 不知道从哪个角度将观点表达得透彻和准确。从双方提交的证据以及起诉和答辩的观点来看,本案争议的焦点只有一个——以什么作为确定双方交易数量的依据?进一步讲,是以被告出具的收货凭证记载的数量还是以原告开具的增值税发票记载的数量来确定双方交易的数量?在这种情况下,此处需要对"被告收货的数量应以收货验收记录为准,不应以开具发票的金额作为计算双方实际交易数量的依据"这一观点进行详尽和深入的分析,不能这样一带而过。否则,会使法官觉得你的观点并没有足够的事实和法律依据。

〔14〕这样的说法显然是错误的,因为在〔13〕中,笔者已经指出了本案争议的焦点——以什么作为确定双方交易数量的依据?从下文的内容分析,这句话的原意应当是"原告的诉讼标的是基于买卖合同关系产生的'欠付'的货款,而不是与买卖合同无关的借款"。之所以发生这样的错误,是由于混淆了"诉争的焦点"和"诉讼标的"这两个不同的法律概念。由此可见,法律功底对律师执业的重要性。

〔15〕这也是对标点符号使用方法掌握不牢固的典型表现。逗号的作用就是用来表示句子中较小停顿的。这句话如果不在此处加入逗号稍做停顿,会使句子显得过于冗长而影响表达效果。同时,从内容来看,在此使用逗号也是最佳的断句方法。

〔16〕这句话的第一个错误之处在于"增加的诉请"。原告提及 2,000,000.00 元汇款的事实,是在其向法院提交的《变更诉讼请求申请书》中。从法律概念的角度讲,这种诉讼标的额增多的情况,确实应当属于"增加诉讼请求",而不是"变更诉讼请求"。也就是说,这位律师混淆了"增加诉讼请求"和"变更诉讼请求"的概念,犯了一个常识性的错误。但是,在事先未指出这种错误的情况下,贸然提出"增加的诉

请"这样一个说法,会让法官、对方当事人及其代理人感到茫然——原告不是变更诉请吗?这怎么出来一个"增加的诉请"呢?面对这种情况,有两种处理方法:第一种方法,先从法理的角度解释"增加诉讼请求"和"变更诉讼请求"的概念,进而指出诉讼标的额的增多应当是"增加诉讼请求",而不是"变更诉讼请求",然后,再就这2,000,000.00元的问题进行论述;第二种方法,对诉讼标的额的增多是"增加诉讼请求"还是"变更诉讼请求"的问题避而不谈,直接论述这个诉讼请求能否成立。相比之下,第二种方法的风险较小,而且不会由于对"增加诉讼请求"和"变更诉讼请求"这两个概念的解释而分散法官对争议焦点的注意力。笔者比较推荐第二种方法。

这句话的第二个错误之处在于用词的搭配。"主张"作为动词使用时,其宾语通常应当是"权利",而不应是"请求"。因此,如果使用"主张"作谓语,则宾语应当由"请求"修改为"债权"或者"权利";如果使用"请求"作宾语,则谓语应当修改为"提出"。

〔17〕这一段标题的论点是诉请与本案的关联性,通过论述以后却变成了诉请的合法性,明显不符合原意。此外,这一段内容忽略了汇款的时间和汇款的主体,失去了两个抗辩要点——汇款发生时,被告还未成立,这样的债权怎么能与被告有关系呢?原告并未提供证据证明汇款人王××与原告的关系,也未提供证据证明此款系原告所有。在这种情况下,原告凭什么主张权利?

〔18〕如此修改有两个原因:① 内容不够简练;② 内容不够全面——原告的诉讼请求是由两部分组成的,一部分是被告欠付的货款,另一部分是2,000,000.00元汇款。而删除的内容只是反驳了"被告不存在欠付货款的事实",却没有涉及2,000,000.00元汇款的问题。

〔19〕如果不加入这个"本"字,后面的"代理人"就不只是你自己,还包括对方的。辛苦了半天,却恳请法庭连对方代理人的代理意见也一同采纳,岂不是白费力气?这可不是讲风度、讲谦让的时候。

〔20〕此处又是一个涉及助词使用的问题。助词是附着在词、短语、句子的前面或后面,表示结构关系或某些附加意义的虚词。在涉及词、短语、句子的结构或者需要体现附加意义的地方就需要使用助词。在"故请合议庭充分考虑本代理人上述代理意见"这句话中,中心词是"上述代理意见","本代理人"是它的定语。因此,需要在此处加入一个"的"来突出和强调"上述代理意见"的中心词地位。

〔21〕如果不删去"公正裁决"的说法,容易引起法官的反感——难道不采纳你的代理意见,作出的判决就不公正吗?**在诉讼类法律文书中一定要注意,不要轻易**

对双方当事人和审理案件的法院以及承办案件的法官的行为作出是否公正、是否正义的评价。因为在合同纠纷中,没有绝对的对与错,很多案件的当事人在纠纷结束后,甚至在纠纷还未解决之前就又开始合作了。在这里,只有利益是永恒的,诉讼只是平衡利益的一个手段而已。因此,律师在代理案件的过程中,最理性的做法就是就事论事,不带任何感情色彩。否则,一旦双方和好如初,你的处境会很尴尬。对法院和法官更是如此,众所周知,在法院和法官面前,再知名的律师也只能自认是弱势群体,动辄评价法院和法官的行为是否公正、是否正义,无异于自寻烦恼。当然,在必要的时候,适当的反击也是可以的。

5. 笔者范例:代理词5

代 理 词

审判长、审判员:

　　黑龙江远东律师集团事务所接受本案被告——北京R公司的委托,指派我担任其代理人参加本案诉讼活动。经过开庭前交换证据和今天的法庭调查,我认为,本案争议的焦点有以下三个:一是是以原告开具的增值税发票还是以被告出具的《收到条》为依据确认双方的交易数量;二是原告在《变更诉讼请求申请书》中提到的"向被告法定代表人的账户汇款2,000,000.00元"一事与本案是否具有关联性;三是被告提出的反诉请求是否成立。

　　根据原告在《变更诉讼请求申请书》中自认的事实以及双方向法庭提交的证据,本代理人认为,原告的诉讼请求不能成立,依法应当驳回;被告的反诉请求合理、合法,应当予以支持:

　　第一,关于"以原告开具的增值税发票还是以被告出具的《收到条》为依据确认双方的交易数量"的问题。本代理人认为,应当以被告出具的《收到条》为依据确认双方的交易数量。理由如下:

　　首先,双方在《产品购销合同》中以当事人意思自治原则为基础,确定了"双方在交接单上签字确认,视为交货"的交易规则。在合同履行过程中,被告共计向原告出具了7张《收到条》,记载原告累计交货数量为341.25吨。被告的上述行为符合合同约定,合法有效。

　　其次,从本代理人根据现有证据整理的双方交易情况列表(已经同时提交给合议庭和原告代理人)中的内容来看,原、被告的交易行为有以下6个特点:

1. 2005年的交易顺序是原告交货——原告开具发票——被告根据原告开具的发票金额付款。

2. 2006年的交易顺序是被告预付货款——原告交货——原告开具发票。

3. 原告开具发票的行为与交货行为并不一一对应。

4. 2005年,在双方没有书面合同对交易规则进行明确约定的情况下,被告分毫不差地按照原告开具的增值税发票金额履行了付款义务。

5. 2006年,在《产品购销合同》签订以后,被告始终按照合同第8条"乙方付款后,甲方发货"的约定履行付款义务,而原告开具的增值税发票金额却从未与被告的付款金额吻合过(一次多于,一次少于)。

6. 以被告出具的《收到条》记载的数量计算,原告向被告交货的金额每次都没有超过被告的付款金额。但是,以原告出具的增值税发票金额计算,原告向被告"交货"的金额每次都超过被告的付款金额。通过对原、被告交易行为上述特点的分析,可以得出这样的结论:除了原告起诉的理由之外,被告在整个交易过程中始终是严格遵守交易规则的。

按照一般的交易习惯,在买方预付货款的情况下,卖方完全可以根据买方付款的金额决定发货的数量。但是,本案中,在原告自己完全掌握交易主动权的情况下,却出现了两种截然相反的情况:以被告出具的《收到条》记载的数量计算,原告向被告交货的金额每次都没有超过被告的付款金额。但是,以原告出具的增值税发票金额计算,原告向被告"交货"的金额每次都超过被告的付款金额。原告应当对其每次"交货"的金额都超过被告付款金额的反常现象作出合理的解释,而不能仅凭原告在《变更诉讼请求申请书》中根据"被告已经抵扣税款"这一表面现象,作出"被告已经确实收到10张增值税发票代表的,总价值为9,106,347.69元的货物"的推断。

再次,1993年12月23日财政部发布的《中华人民共和国发票管理办法》对发票做出的定义是:"在购销商品、提供或者接受服务以及从事其他经营活动中,开具、收取的收付款凭证。"据此,原告开具的增值税发票只能作为证明交易双方存在收、付款行为的依据,不能单独作为证明双方交易数量的依据。《最高人民法院关于民事诉讼证据的若干规定(2001)》第5条第2款明确规定:"对合同是否履行发生争议的,由负有履行义务的当事人承担举证责任。"双方签订的是一份买卖合同,交付标的物是作为卖方的原告最主要的义务,开具增值税发票只是其附随义务。因此,原告应当就其是否向被告履行了交货义务承担举证责任,具体地说,就是应当根据双方在《产品购销合同》中确定的"双方在交接单上签字确认,视为交货"的交易规则的约定,提供证明自己已经向被告交付了价值9,106,347.69元货物的交接单,而不应仅仅提供相同金额的增值税发票。①

最后,原告开具增值税发票的行为违反了部门规章关于开具发票的相关规定,不具有合法性。因此,原告提交的用于证明其履行了交货义务的10张增值税发票根本不具有证据效力。2005年,原告是在被告确认收到交付的货物之后开具的增值税发票,但是,其金额明显超出了向被告交付货物的金额;2006年,原告是在收到被告付款之后开具的增值税发票,但是,其开具增值税发票的金额明显超出了被告付款的金额。根据国家税务总局1993年12月28日发布的《中华人民共和国发票管理办法实施细则》第48条的规定,"虚构经营业务活动,虚开发票"属于未按规定开具发票的行为,是应当受到行政处罚的行政违法行为。证据的合法性是证据的必备条件之一,不具备合法性的证据当然不具有证据效力。

第二,关于原告在《变更诉讼请求申请书》中提到的"原告分别于2004年4月6日、2004年7月22日向被告法定代表人的账户汇款2,000,000.00元"一事与本案是否具有关联性的问题。本代理人认为,原告的上述理由以及提供的相关证据与本案没有任何关联性,不能作为认定本案事实的证据:

首先,原告的上述说法违背正常的交易习惯。在买卖合同中,付款是买受人的义务。而本案中,被告是买受人。如果原告向被告付款,就是颠倒了出卖人与买受人的权利义务。再从原告提供的汇款的相关证据看,2,000,000.00元款项不是从原告的账户中汇出的,也没有汇入被告的账户。如果是两个公司之间正常的交易行为,为什么要在两个个人账户中往来?

其次,原告的上述说法明显与本案的相关事实不符。被告的营业执照显示,被告成立的时间是2004年12月15日。而原告提到的2,000,000.00元汇款是在2004年4月和7月发生的。也就是说,原告提到的2,000,000.00元汇款的事实发生的时候,被告还没有成立,双方并未发生本案争议的交易行为。在这种情况下发生的收、付款的事实显然与本案没有任何关联。

最后,根据民事诉讼"谁主张、谁举证"的举证原则,原告若想证明其诉讼请求成立,至少应当同时提供下列3组证据:(1) 王××汇给李××的这2,000,000.00元现

---

① 《最高人民法院〈关于审理买卖合同纠纷案件适用法律问题〉的解释(2020)》(2021年1月1日起施行)第5条第1款对此问题作出了明确规定:"出卖人仅以增值税专用发票及税款抵扣资料证明其已履行交付标的物义务,买受人不认可的,出卖人应当提供其他证据证明交付标的物的事实。"

金的所有权属于原告;(2) 李××从原告处借用上述2,000,000.00元汇款的借款合同或者借据;(3) 李××借款的用途是作为被告设立时的注册资金。而从现有证据看,原告只提供了王××个人向李××个人账户汇款的凭证,没有其他证据。因此,原告这方面的诉讼请求显然是无本之木,根本没有事实依据。

第三,关于被告的反诉请求是否成立的问题。结合原、被告双方提供的证据可以固定以下本案事实:(1) 被告共计向原告付款7,705,397.69元;(2) 原告能够直接证明向被告交货的数量为341.25吨,价款合计为5,306,437.50元。由于原告提供的增值税发票不能单独作为证明双方交易数量的依据,根据双方在《产品购销合同》中确定的"双方在交接单上签字确认,视为交货"的交易规则的约定,只能以双方共同提供的7张《收到条》记载的341.25吨的数量确认双方的交易数量。照此计算,上述货物价值5,306,437.50元,原告多收了被告货款2,398,960.19元。在原告没有完全履行交货义务的情况下,被告主张其返还多收货款的诉讼请求合理、合法,应当予以支持。

综上所述,原告作为出卖人不能提供足以证明其履行了出卖人交付货物义务的证据,其主张被告违约的诉讼请求不能成立;被告提出的反诉请求合理、合法,应当予以支持。

被告、反诉原告诉讼代理人:牟驰
2008年1月9日

(四) 作业评析

1. 答辩状

从写作方法的角度看,对答辩的目的和作用的认识不够到位,对答辩状的写作技巧掌握得不好,主要体现在:《答辩状1》的〔2〕、〔13〕、〔21〕和《答辩状2》的〔1〕等处。

从写作技能的角度看,暴露出的语法错误、用词不当、对标点符号的用法掌握不够熟练等问题更是比比皆是,主要体现在:《答辩状1》的〔1〕、〔3〕、〔4〕、〔6〕、〔15〕、〔17〕、〔20〕和《答辩状2》的〔6〕、〔7〕、〔9〕、〔12〕等处。

从处理案件能力的角度看,对答辩的方法不得要领、对有利于己方的事实和证据不能很好地把握和利用的现象非常突出,主要体现在:《答辩状1》的〔5〕、〔11〕、〔12〕、〔13〕、〔16〕、〔19〕、〔21〕、〔24〕、〔25〕和《答辩状2》的〔2〕、〔3〕、〔5〕、〔11〕、

〔13〕、〔14〕等处。

从具体内容和文章结构的角度看,这两篇答辩状都显得不够成熟。之所以说不够成熟,是因为话说得太多了,很多内容已经超出了答辩的范围,属于代理词的范围。这也是为什么前面说"对答辩状的写作技巧掌握得不好"以及"对答辩的方法不得要领"的原因。在《答辩状1》的〔2〕中,笔者曾经指出,"答辩的目的和作用,是为了反驳被答辩人的诉讼请求或者起诉的事实和理由",这里的关键词是反驳。什么是反驳?怎样反驳呢?《现代汉语词典》对反驳的解释是:"说出自己的理由,来否定别人跟自己不同的理论或意见。"套用这种解释方法,**民事诉讼中的反驳就是"说出自己的理由,来否定被答辩人的诉讼/上诉请求或者据以起诉/上诉的事实和理由"**。既然是反驳,就需要掌握一些方法和技巧:

(1)为了起到"否定被答辩人的诉讼/上诉请求或者据以起诉/上诉的事实和理由"的作用,需要对"被答辩人的诉讼/上诉请求或者据以起诉/上诉的事实和理由"提出针锋相对的事实和理由,要充分体现出对抗性。需要注意的是,**理由的对抗性要体现在事实和证据上,不能体现在语言上。特别是不能借答辩之机侮辱被答辩人的人格或者对被答辩人进行人身攻击。**

(2)提出的理由应当以双方提交的证据或者己方能够提供的证据为依据,其范围应限于与本案有关的事实。在这里,首先,必须正确理解提出的理由"以证据为依据"的含义——有证据支持的理由可以提出来进行反驳,没有证据支持的理由不要提出来进行反驳。其次,之所以强调以"己方能够提供的证据"为依据,是因为实践中经常会遇到客观事实明明存在,却由于缺少证据而无法实现法律事实与客观事实的统一。在这种情况下,作为律师尤其要保持理性,不能感情用事。如果在穷尽了各种方法之后仍然无法取得证据,就只能根据实际情况进行答辩。此外,还要注意在答辩时不要对证据进行具体的分析,特别是不要对证据进行质证。因为前文已经强调过答辩过程中反驳的重心是提出理由,而不是具体的分析。

(3)提出的理由在内容上既要全面,又要精练。所谓全面,是指提出的理由与"被答辩人的诉讼/上诉请求或者据以起诉/上诉的事实和理由"要做到基本上一一对应,但不必强求必须一一对应。因为"被答辩人的诉讼/上诉请求或者据以起诉/上诉的事实和理由"也会存在没有条理或者重复、啰唆的情况,遇到这种情况时,就应当对相关内容进行必要的梳理和归纳,以梳理和归纳后的"被答辩人的诉讼/上诉请求或者据以起诉/上诉的事实和理由"为准进行反驳。所谓精练,是指提出的理由在具体内容上应当点到为止,不要长篇大论。这既是由答辩的目的和作用决定的,也是为了配合庭审的需要。具体地说,"点到为止"就是要求在答辩时提出的每一个理由只要具备纲要形式的内容即可,不必具体加以论述。这是由诉讼程序的特点决定的——答辩对于法院来讲,就是初步了解双方的观点,为法庭调查和法庭辩论做铺垫的过程。

2. 代理词

从具体内容的角度看,代理词与答辩状恰好形成了鲜明的对比。代理词中话说得太少了,该说的没有说或说得不到位、不透彻,这是年轻律师的通病,是其业务不够熟练的具体表现。笔者在介绍代理词的写作方法时曾经指出,"代理词是一份综合性的法律文书,不仅要对案情进行全面的分析,还要在全面分析案情的基础上树立己方的观点、驳斥对方的观点"。短短的一句话,说起来容易,做起来却很难。

从写作方法和写作技巧的角度讲,代理词与答辩状的写作是有相通之处的,进一步讲就是,代理词中的观点是答辩要点的展开和延伸,代理意见应当以答辩要点为基础进一步展开。这也是笔者在上文主张答辩的理由要"点到为止"的重要原因。就像是一场战斗,答辩只是战斗正式开始前的火力侦察,目的是摸清对方的火力点到底有多少,以便己方作出相应的准备。而代理词则是最后的总攻,此时应当一鼓作气拿下对方所有的据点和堡垒。如果在火力侦察阶段就把全部的弹药都用上,必然会导致总攻的时候没有后劲而功亏一篑。

现在用笔者此前提到的代理词应当达到的"条理清晰、言简意赅、观点全面、说理到位"的标准来对这4篇代理词进行评判:

在"条理清晰"方面,《代理词1》《代理词3》和《代理词4》做得较好。而《代理词2》的缺陷在于,论述方法选择不当。诉讼中的被告/被上诉人通常处于被动的地位,在面对起诉/上诉时,首先要做的应当是保护自己,然后才是进行反击。就像一个人遇到突然袭击时,通常会先抱住头进行躲避,然后再看准机会反击一样。因此,作为被告的代理人,采取"先立后驳"的方法,才是明智的选择。就本案而言,应当先指出以什么作为依据来认定原告交货的数量,然后再反驳对方提交的证据及其欲证明的事实;而不应当在没有任何过渡的情况下直接进行反驳。此外,与《代理词1》和《代理词4》相比,《代理词3》的标题没有充分体现诉讼的对抗性,在一定程度上弱化了反驳的效果(详见《代理词3》的批注)。

在"言简意赅"方面,这4篇代理词都有不足之处,最突出的表现就是该说的没有说到。此外,还存在语法和用词方面的错误(详见各篇代理词的批注)。

在"观点全面"和"说理到位"方面,这4篇代理词存在的问题非常严重,如果拿着这样的代理词出庭,肯定会受到委托人的埋怨甚至投诉:

(1)没能准确地判断出双方争议的焦点——"以原告开具的增值税发票还是以

被告出具的《收到条》为依据确认双方的交易数量"。这4篇代理词都把"被告并未违约,因此不应承担违约责任"作为反驳的论点,这种做法根本没有抓住问题的本质。因为原告主张被告拖欠货款的前提和基础,是建立在增值税发票记载的数量的基础上的。要想彻底粉碎原告的进攻,必须采取釜底抽薪的方法,驳倒其提出的"R公司将10张增值税发票全部予以抵扣,说明被告确实已经收到原告向其发送的10张增值税发票所代表的、总价值为9,106,347.69元的货物"的说法。但是,由于没能抓住问题的本质,导致整个反驳只是在围绕双方约定的交易规则来论述交易数量如何确定,对于能否"以增值税发票为依据确认双方的交易数量"的问题却避而不谈,连"观点全面"都没有做到,更别谈"说理到位"了。

(2)由于质证能力不足,导致失去了更多有利的反驳的论点。这一点体现在原告增加的2,000,000.00元的诉讼请求的问题上。原告提供的证据是3份中国工商银行的"存款凭证",上面记载的汇款人是王××,收款人是李××,时间分别是2004年4月和7月。对于上述证据,至少可以从以下三个角度进行反驳:① 汇款人是王××而不是原告。原告主张这笔债权需要证明款项的所有权属于原告而不是王××;② "存款凭证"只能证明王××把钱付给了李××,是否属于借款还需要提供其他辅助证据;③ 被告领取营业执照的时间是2004年12月(作为证据提交的营业执照中有记载),汇款时间在此之前,不可能是业务往来。遗憾的是,这三个角度没有一篇代理词提及。《代理词1》从李××与被告是不同的法律主体的角度进行反驳;《代理词2》根本没有提及2,000,000.00元的问题;《代理词3》承认是王××与李××个人之间的借贷;《代理词4》以与本案无关进行反驳。显然,这四位律师对案情并没有吃透。在这种情况下写作的代理词,出现观点不够全面、说理不够到位的现象就是必然的。

(五)案件处理结果

黑龙江省D市中级人民法院于2009年3月10日作出了一审判决:

原告分别于2004年4月6日、2004年7月22日向被告法定代表人个人账户汇款2,000,000.00元,系个人行为,与本案无关,对该项请求本院不予支持。

本院认为,原、被告在实际买卖合同的履行过程中,原告分3次为被告出具货物发票10张,被告在税务机关进行了抵扣,根据双方多年的交易习惯,原告不能提供和被告收到货物相吻合的证据证明与开具发票相等的货物证据。仅凭被告抵扣发票来证明被告所收到的货物数量属间接证据,只能证明双方曾经发生过业务往来的事实,不足以证明开票金额即为所欠货款的事实,因此,对原告的诉讼请求不予支持。关于被告北京R公司(反诉原告)要求按货物《收到条》结算货款的请求,本院认为,双方在买卖交易履行过程中双方补签了买卖合同,在合同签订时双方没有对在合同签订之前的交易数量进行对账,因此货物《收到条》的数额与所抵扣的发票数额不相吻合,仅凭《收到条》认定双方交易货物数量证据不足,本院不予支持。依据《中华人民共和国民事诉讼法(2007)》第 64 条之规定,判决如下:

(1)驳回原告(反诉被告)河南 N 化工厂的诉讼请求;

(2)驳回被告北京 R 公司(反诉原告)的诉讼请求。

案件受理费 35,680.00 元由原告河南 N 化工厂负担,反诉案件受理费 26,637.00 元由被告北京 R 公司负担。保全费 46,630.00 元由原告河南 N 化工厂负担。

黑龙江省高级人民法院于 2009 年 12 月 14 日作出了二审判决:

本院认为,河南 N 化工厂与北京 R 公司签订的买卖合同系双方当事人的真实意思表示,内容不违反法律、行政法规的强制性规定,又不存在其他导致买卖合同无效的法定情形,故该合同应认定为合法有效。对本案涉及的问题处理如下:

1. 关于如何确认双方交易的数量以及所涉货款问题。根据《中华人民共和国发票管理办法(1993)》第 3 条的规定,发票是指在购销商品、提供或者接受服务以及从事其他经营活动中,开具、收取的收付款凭证。而增值税发票作为发票的一种,虽然与普通发票相比还可以用作购买方扣除增值税的凭证,但其主要作用还是一种证实已收付款的凭证。双方对其作用亦未作特殊约定,因此,该增值税发票非但不能证实货款双方已实际结算完毕,亦不能作为确认双方实际交付货物数量的依据。北京 R 公司虽然将该增值税发票向税务机关抵扣税款,但该行为并不足以证明双方交易货物数量的实际情况。河南 N 化工厂主张应以其开具的增值税发票记载数量为准确认双方实际交付的货物数量,缺乏法律依据和事实依据。由于双方于 2006 年 3 月 22 日签订的买卖合同第 5 条已经明确约定有,"双方在交接单上签字确认,视为交货",而且在实际履行中,北京 R 公司与河南 N 化工厂对 2006 年 3 月 22 日签订的买卖合同前的交易货物的数量已经对账确认,对此后的收货亦向河南 N 化工厂出具了《收到条》,河南 N 化工厂在诉讼中也已向法院进行了举示,因此,该《收到条》连同此前双方的对账凭证可以作为确认双方实际交接货物的依据。

2. 关于河南 N 化工厂主张北京 R 公司偿还 2,000,000.00 元借款问题。据河南 N 化工厂提供的 3 份银行汇款单显示,本案所涉及的 2,000,000.00 元借款系由河南 N 化工厂的出纳员王××汇入北京 R 公司法定代表人李××的个人银行卡账户,且汇款时间在北京 R 公司设立之前,河南 N 化工厂未能提供证据证明双方之间存在借款关系或者该 2,000,000.00 元款项应由北京 R 公司偿还的其他依据。因此,原审判决认定王××向李××的个人银行卡账户汇款 2,000,000.00 元的行为与本案无关并无不当。

3. 关于北京 R 公司的反诉主张应否支持问题。鉴于河南 N 化工厂提供的 7 张收货条载明其累计交货数量为 341.25 吨,另据买卖合同第 3 条约定的产品价格即每吨 15,550 元计算,河南 N 化工厂向北京 R 公司共交付 341.25 吨货物,合款 5,306,437.50 元。而北京 R 公司共计向河南 N 化工厂支付了 7,705,397.69 元货款,对于多收的 2,398,960.19 元货款,河南 N 化工厂应当予以返还并按照中国人民银行同期存款利率给付相应利息。

综上,原审判决认定事实不清,部分适用法律不当。河南 N 化工厂的上诉理由不能成立,本院不予支持。北京 R 公司的上诉理由成立,本院予以支持。依照《中华人民共和国民事诉讼法(2007)》第 153 条第 1 款第(二)、第(三)项之规定,判决如下:

(1)维持 D 市中级人民法院(2007)D 商初字第 89 号民事判决主文第 1 项;

(2)变更 D 市中级人民法院(2007)D 商初字第 89 号民事判决主文第 2 项为河南 N 化工厂自本判决送达之日起 10 日内,向北京 R 公司返还货款 2,398,960.19 元(利息按照中国人民银行活期存款利率从 2007 年 3 月 23 日计算至本判决确定的自动履行期最后一日)。

如果河南 N 化工厂未按本判决指定的期间履行给付金钱义务,应当依照《中华人民共和国民事诉讼法(2007)》第 229 条之规定,加倍支付迟延履行期间的债务利息。

一、二审案件受理费合计 124,634.00 元,保全费 46,630.00 元,由原告河南 N 化工厂负担。

第五章 法律文书制作指引

本章中的6个指引源自笔者现在任职律所的管理手册。为了强化律师业务操作的规范化、标准化,我们在业务管理上已经制订并实施了16项指引,以帮助律师,特别是年轻律师尽快适应律师工作。

一、民事起诉状制作指引

指引 5-1　北京德和衡(哈尔滨)律师事务所民事起诉状制作指引

1. 总则

1.1 本指引适用于民事诉讼案件一审程序起诉/反诉状的制作。

1.2 行政起诉状、刑事附带民事起诉状的制作可以参照适用本指引。

1.3 制作民事起诉状(以下简称"诉状")之前,应当对案件进行策略和趋势分析,明确委托人的诉讼目的并以此确定切实、可行的诉讼方案。确定后的诉讼方案有两种或者两种以上的,应当对每个方案的优势、劣势、风险和机会进行分析与对比,以供委托人选择。

1.4 制作诉状时,在保证表述内容真实性和完整性的基础上,应当进行反自认审查。

1.5 诉状的内容确定前,应当充分模拟被告可能采取的抗辩策略并对此提出应对方案。在对被告的抗辩策略没有提出有效的应对方案前,原则上不提起诉讼;但经向委托人充分披露风险后,委托人仍选择提起诉讼的除外。

1.6 诉状的内容确定后,应当按照本所《案件流程管理与质量监控制度》的规定,在与委托人进行必要、充分的沟通后制作《诉请/再审/仲裁请求确认书》交由委托人签章确认。

1.7 诉讼过程中,应当依据案情的变化与委托人共同对原定的诉讼策略进行调整。

1.8 委托人处于可能或者确定的诉讼劣势地位时,诉状的内容设置应当有利于促使委托人与被告进行和解或者调解,以避免败诉风险。

2. 准备工作

2.1 制作诉状前,应当先行确定案件涉及的基础法律关系、案由以及请求权基础,并据此展开制作诉状的准备工作。

2.2 应当查询和确认委托人及被告的基本信息,保证诉状中列明的当事人的基本情况真实、准确、有效。

2.3 应当对委托人提供的证据及其可证明的事实进行全面分析,依据案件需要选定提交法院的证据并制作证据清单。拟提交法院的证据和证据清单确定后,再制作诉状。

2.4 诉状内容初步确定后,应当与拟提交法院的证据清单和证据进行比对,以保证诉状所记载的事项和所提交的证据相一致。

2.5 应当向委托人核实和确认诉状中陈述的事实是否有证据证实,相关证据能否提供原件;应当对证据出示的效果进行分析并拟定应对措施。

2.6 就案件涉及的法律适用问题,应当查询如下资料并制作电子文档备查(同时,应当根据案件情况制作纸质文档以备开庭时使用):

2.6.1 通过中国裁判文书网等各种法律方面的权威网站检索并了解案件可能涉及的焦点问题的各种不同观点以及法律适用方面的相关线索。

2.6.2 通过法律专业知识系统查询案件可能涉及的相关法律规定、司法解释、司法政策以及案例。

2.6.3 最高人民法院发布的指导性案例和《最高人民法院公报》登载的案例。

2.6.4 最高人民法院民事审判第一庭、第二庭在各自编写的《民事审判指导与参考》和《商事审判指导》以及最高人民法院各巡回法庭编撰的出版物中登载的裁判观点与案例。

2.6.5 拟受案法院及其上级法院、再审法院对案件所涉法律问题的司法政策、裁判观点与案例。

2.6.6 其他有关法律适用方面的文件资料。

2.7 对案件涉及的事实问题和法律问题充分论证后方可开始撰写诉状。

3. 结构及内容

3.1 结构。诉状应当包括名称、各方当事人的基本信息、诉讼请求、事实与理由、致送法院以及具状人签署等6个组成部分。

3.2 诉状的名称应当统一称为"民事起诉状"或者"起诉状",不得使用"民事诉状""诉状"等其他名称。

3.3 确定诉讼主体时,应当根据《最高人民法院关于适用〈中华人民共和国民事诉讼法〉的解释(2022)》第55条至第72条的规定以及与案由相关的其他司法解释中对诉讼主体的相关规定,对诉讼主体进行单独的合法性审查,确保诉讼主体选择正确。

3.4 各方当事人的基本信息。

3.4.1 原告是自然人的，应当写明姓名、性别、年龄、民族、职业、工作单位、住所、联系方式；原告是非自然人的，应当写明法人或者其他组织的名称、住所和法定代表人或者主要负责人的姓名、职务、联系方式。

3.4.2 在诉状中不得将"原告"称为"原告人"。如果提起反诉，居于原告地位的一方应当称为"反诉原告（本诉被告）"，不得称为"反诉人"。如果案件中有多个原告，不得使用"原告一""原告二"的表述方式，而应当通过简称进行区分。

3.4.3 被告是自然人的，至少应当写明姓名、性别、工作单位、住所；被告是非自然人的，至少应当写明法人或者其他组织的名称、住所。如果通过调查或者通过分析案件相关资料能够达到原告基本信息标准的，应当按照 3.4.1 的规定写明。

3.4.4 在诉状中不得将"被告"称为"被告人"。如果提起反诉，居于被告地位的一方表述为"反诉被告（本诉原告）"，不得表述为"被反诉人"。案件中有多个被告的，不得使用"被告一""被告二"的表述方式，而应当通过简称进行区分。

3.4.5 诉状中，原告和被告的名称应当与法定名称相符。原告或者被告为自然人的，其姓名应当与其身份证上的姓名一致；原告或者被告为非自然人的，其名称应当与营业执照上记载的名称一致。

3.4.6 审查确定各方当事人名称时，应当注意区分在证据上使用的名称、印章中体现的名称以及法定名称。三者间存在不一致的，应当提供相应的证据证明证据中体现的或者印章所代表的民事主体，与本案当事人属于同一民事主体。

3.4.7 诉讼主体有第三人的，按照 3.4.3 的规定操作。

3.4.8 各方当事人基本信息的表述，应当满足裁判文书的制作需要。同时，还应当满足下列条件：

3.4.8.1 当事人是自然人的，应当写明其身份证号码；当事人是非自然人的，应当写明统一社会信用代码。

3.4.8.2 当事人的住所地及有效的通讯地址。当事人住所地的确定应当满足确定管辖法院的需要。原告预留的通讯地址应当保证能够收到法院送达的法律文书；被告及第三人营业执照登记的地址与实际经营场所不一致的，还应当写明实际经营场所的地址，以方便法院送达。

3.4.8.3 应当注明被告及第三人的联系人及联系电话，以保证法院能够及时联系到被告及第三人。原告的联系人及联系电话应当注明承办律师的姓名和联系方式，以便承办律师能够第一时间得到法院的反馈信息。

3.5 可以按照如下方式获得各方当事人的有效联系方式：

3.5.1 要求委托人提供原告与被告的有效联系方式，以便标注在诉状中。

3.5.2 如果原告无法提供被告的联系方式,承办律师应当通过合法渠道进行查询。被告是自然人的,可以通过公安机关查询;被告是非自然人的,可以通过市场监督管理机关或者民政、机构编制委员会办公室等其他行政机关查询,也可以通过相关行政机关的官方网站以及网络上的搜索引擎查询线索。

3.5.3 无论通过何种方式获得的联系电话,均应当通过拨打的方式进行校验,以保证其有效性。

3.5.4 如果确实无法确定联系方式的,应当向委托人告知由此可能产生的后果。

3.5.5 在诉状正文中需要使用当事人的名称简称的,应当在"事实和理由"部分第一次出现时设置。简称应当注明在全称后面的括号内。简称的设置格式为:全称+(以下简称"xx")。简称确定后,应当在正文内容中统一、连贯使用,不得改变;务必保证正文中各方当事人称谓的一致性。

3.5.6 立案后发现需要追加第三人参加诉讼的,应当在审判阶段单独向法院提出申请追加,原则上不得直接在诉状中列明第三人。法律规定或者受案法院要求将第三人在诉状中列明的,从其规定。

3.6 诉讼请求

3.6.1 "诉讼请求"部分的标题,不得称为"请求事项"。

3.6.2 确定诉讼请求时,应当明确各项诉讼请求的请求权基础及相应的证据;应当通过法律专业知识系统查询相关案例并进行表述有效性和准确性的比对;确定的诉讼请求应当全面、合理,既要考虑到可执行性,也要考虑到在现有证据的基础上能够在多大程度上获得支持。

3.6.3 诉讼请求的表述应当使用规范的法律用语(例如,在合同纠纷中,"违约金"和"赔偿金"要分清,"利息"和"逾期付款违约金"也要分清),尽量做到表述准确、没有歧义;表述时使用的方式及名词应当与法律规定和所依据的证据保持一致。

3.6.4 诉讼请求的确定应当区分为给付之诉、确认之诉和变更之诉。给付之诉,应当明确给付标的的名称、范围、数量及品质等;确认之诉,应当明确确认权利的范围;变更之诉,应当明确变更权利的对象。对诉讼请求内容的表述,应当使用"判令"(给付之诉)、"确认"(确认之诉)等动词作为谓语,不得加入"请求法院"等类似的内容。

3.6.5 诉讼请求的内容中有数字的,应当注意分节号与小数点的用法。根据会计记账的规范,小数点以前的数字每三位需要加入分节号以方便读数。例如,100 万元应当写作"1,000,000 元"(这里的分节号应当使用英文或者中文半角输入法中的逗号)。根据一般的计数规则,小数通常保留小数点后两位,例如,一百五十七万四千九百六十三元两角三分应当写作"1,574,963.23 元"。

3.6.6 如果一项诉讼请求中包括两项或者两项以上的金额,应当在该项诉讼请求中注明合计数。同时,还要注意这两项或者两项以上的金额的计数方法保持一致。例如,一项诉讼请求中包括本金1,000万元,利息96万元,要么表述为"本金1,000万元,利息96万元",要么表述为"本金10,000,000元,利息960,000元"。不得写为"本金1,000万元,利息960,000元",或者"本金10,000,000元,利息96万元"。

3.6.7 诉讼请求中,如果涉及欠款本金、利息或者违约金等各项内容计算的,应当由承办律师独立计算或者对委托人提交的计算方式和结果进行复核。委托人提交的计算方案未经承办律师审查、复核的,不得使用;如果涉及利息或者违约金等随时间变动的请求的,应当计算至提起诉讼前一天,以便立案时确定案件受理费用。本条款规定不适用于银行作为委托人的不良贷款清收案件。

3.6.8 针对利息或者违约金的请求,如下情形应当分别表述:

3.6.8.1 有约定利息或者违约金标准的,表述为:"以××为本金,按合同约定的××标准,自×年×月×日,计算至被告实际还清之日止,现暂计至×年×月×日,合计×元。"

3.6.8.2 没有约定利息或者违约金标准,需要按照法定的利率标准计算的,表述为:"以××为本金,按合同成立时一年期贷款市场报价率,自×年×月×日,计算至被告实际还清之日止,现暂计至×年×月×日,合计××元。"

3.6.9 诉讼请求中应当明确诉讼费用的承担方式,标准的表述方式为:"本案的诉讼费用由被告承担。"

3.6.10 除了法律明确规定或者合同约定被告应当承担原告因处理纠纷而支付的律师费以外,原则上原告不得要求被告承担律师费。委托人坚持要求被告承担律师费的,承办律师应当告知其诉讼风险;委托人坚持提出该主张的,承办律师可以将相关诉讼请求写入诉状。

3.7 事实和理由

3.7.1 "事实和理由"的内容应当围绕诉讼请求进行组织。诉状选定的事实和理由应当以促成诉讼请求成立为目标。为了便于叙述纠纷产生的过程,应当按照时间顺序简要叙述事实经过。根据诉的种类的不同,事实部分的重点要相应有所区别。例如,提起给付之诉的,要叙述清楚给付义务形成的时间、数量或者金额;提起确认之诉的,要叙述清楚目前争议的事实或者权属的状态以及要求确认的理由。

3.7.2 "事实"部分的撰写应当遵循下列原则:

3.7.2.1 用词要简练、准确,尽量不要使用形容词(特别是带有夸张、攻击性质或者贬低对方当事人的形容词)。

3.7.2.2 与案件事实相关的名词、当事人的称谓应当前后统一。

3.7.2.3 在时间顺序上,应当以顺叙的方式进行,不要倒叙或者插叙。

3.7.2.4 对事实经过的叙述应当脉络清晰,并且应当通过事实的叙述对纠纷的性质作出准确的分析。

3.7.3 "理由"部分原则上应当描述诉讼请求成立所适用的主要法律法规、司法解释以及参照的指导性案例和借鉴的其他案例,并应当简要论述法律适用的逻辑过程。

3.8 致送法院和签署

3.8.1 结尾部分应当注明"此致"的具体受案法院。法院名称应当使用全称,不得使用简称;应当特别注意法院名称中是否包含"人民"字样。

3.8.2 签署时应当写明具状人及签署日期。具状人应当使用全称,不得使用简称。具状人是自然人的,签名应当与身份证等能够证明身份的证件中标注的名字一致;具状人是非自然人的,落款应当与公章的名称一致。

3.8.3 具状人是自然人的,应当由其本人签名并摁手印;具状人是单位的,应当加盖单位公章。

4. 其他

4.1 诉状的排版应当严格执行《法律文件格式排版指引》。应当特别注意:"起诉状"名称应当居中;"诉讼请求"和"事实与理由"应当居中或者前面空两格;结尾部分的"此致"应当在前面空两格,致送法院的名称应当左侧顶格,起诉状日期应当右侧顶格;上述各项内容之间以及当事人的基本情况之间应当各空一行。

4.2 在仲裁案件中,仲裁申请书的制作,在严格执行相应仲裁机构的仲裁规则基础上,可以参照本指引。

二、民事答辩状制作指引

指引 5-2　北京德和衡(哈尔滨)律师事务所民事答辩状制作指引

1. 总则

1.1 本指引适用于民事诉讼案件一审和二审程序答辩状的制作。

1.2 行政诉讼案件、刑事附带民事诉讼案件的答辩状的制作可以参照适用本指引。

1.3 民事答辩状(以下简称"答辩状"),是在诉讼活动中,被告人/被上诉人针对原告的诉讼请求、反诉原告的反诉请求或者上诉人的上诉请求进行反驳和辩解的法律文书。

1.4 答辩状应当发挥如下作用:

1.4.1 直接反驳被答辩人提出诉讼/上诉请求所主张的事实和法律依据,根本性否定被答辩人的诉讼/上诉请求。

1.4.2 在不能根本性否定被答辩人的诉讼/上诉请求的情况下,尽最大可能减轻答辩人的法律责任。

1.4.3 通过策略性否定被答辩人主张的重要事实的途径转移举证责任,增加被答辩人举证不能的诉讼风险。

1.4.4 策略性降低被答辩人的胜诉预期,在案件整体对答辩人不利的情况下,为通过调解方式结案创造有利条件。

1.5 制作答辩状的基本要求

1.5.1 答辩状的内容应当与己方的证据组织、举证意见、质证意见、代理意见保持一致;尽量避免对案件事实的叙述,以免因此构成自认。

1.5.2 一审答辩状应当围绕原告在起诉状中叙述的事实和理由进行:起诉状的内容存在明显错误的,可以针锋相对,直接指出并予以反驳;起诉状的内容没有明显错误的,可以以答辩人的观点为依据进行立论。

1.5.3 二审答辩状不仅要对上诉人提出的上诉事实和理由作出反驳和辩解,还要对一审判决的程序是否合法、认定的事实是否清楚和准确、采信的证据是否符合证据规则的要求等方面作出适当的回应。

1.5.4 答辩状的内容应当尽量简化,达到最有效地阻止被答辩人的诉讼/上诉请求的成立即可。

2. 结构及内容

2.1 结构。答辩状的结构应当包括标题、当事人的基本情况、答辩事由、答辩内容、致送法院以及答辩人签署等6个部分。

2.2 答辩状的名称应当统一称为"民事答辩状"或者"答辩状",不得使用"答辩书""答辩意见"等其他名称。

2.3 答辩状中,提交答辩状的一方当事人称为"答辩人",对方当事人称为"被答辩人";不得使用"原告与被告""上诉人与被上诉人"的称谓。

2.4 答辩状中各方当事人的信息应当按照《民事起诉状制作指引》3.4条款的规定操作。

2.5 答辩状的"答辩事由"可以以"答辩人因被答辩人所诉××纠纷一案,提出答辩如下:……"的表述方式引入答辩内容。

2.6 答辩内容。

2.6.1 答辩内容应当包括:

2.6.1.1 对被答辩人提出的诉讼/上诉请求的总体反驳意见。
2.6.1.2 对被答辩人主张事实的反驳意见。
2.6.1.3 对被答辩人主张的法律适用方面的反驳意见。
2.6.1.4 对被答辩人主张的诉讼/上诉请求的计算方式及计算结果的反驳意见。

2.6.2 答辩内容原则上应当与最终提交法庭的证据一一对应,应当尽可能地避免自认对己方可能产生不利后果的事实,应当充分利用被答辩人在起诉/上诉状及举证的证据中自认的对答辩人有利的事实。

2.6.3 确认答辩内容,应当充分预测其对被答辩人及法庭产生的影响以及被答辩人可能采取的应对措施,并确定可行的反应对策略;最终确认的答辩内容,应当有多层次证据支持,具有足够的兼容性,足以应对案件审理过程中出现的各种变化。

2.6.4 确认答辩内容时,应当就证据进行策略分析,确认被答辩人能够最大限度地收集到的证据的范围;确认答辩人能够最大限度地收集到的证据范围以及能够最大限度地提交证据原件的范围。

2.7 结尾和签署

2.7.1 结尾部分应当注明"此致"的具体受案法院。法院名称应当使用全称,不得使用简称;应当特别注意法院名称中是否包含"人民"字样。

2.7.2 签署时应当写明答辩人姓名/名称及签署日期。答辩人应当使用全称,不得使用简称。答辩人是自然人的,签名应当与身份证等能够证明身份的证件中标注的名字一致;答辩人是非自然人的,落款应当与公章的名称一致。

2.7.3 答辩人是自然人的,应当由其本人签名并摁手印;答辩人是非自然人的,应当加盖单位公章。

3. 其他

3.1 制作答辩状时,应当以被答辩人提出的诉讼/上诉请求及其依据的事实和法律条款为基础分析上述各要素之间的关联性,并以此确认影响被答辩人提出的诉讼/上诉请求的关键性事实及法律依据。

3.2 制作答辩状时,应当要求答辩人就全案提交证据,并依据提供的证据最大限度地归纳案件事实。

3.3 在仲裁案件中,仲裁答辩书的制作,在严格执行相应仲裁机构的仲裁规则基础上,可以参照本指引。

三、民事上诉状制作指引

指引 5-3　北京德和衡(哈尔滨)律师事务所民事上诉状制作指引

1. 总则

1.1　民事上诉状(以下简称"上诉状"),是案件当事人不服地方各级人民法院的一审裁判,在法定的上诉期内按照法定程序,请求上一级人民法院撤销、变更原审判决或者重新审理的法律文书。

1.2　本指引适用于民事诉讼案件二审程序上诉状的制作,行政诉讼案件、刑事附带民事诉讼案件上诉状的制作可以参照本指引。

1.3　上诉状应当发挥如下作用:

1.3.1　说服二审法院直接纠正一审裁判,并作出有利于上诉人的终审裁判。

1.3.2　说服二审法院撤销一审裁判并将案件发回重审,以使上诉人有机会获得有利的终审裁判。

1.3.3　制造与对方当事人达成调解或者和解的机会,以使上诉人最终有机会获得较一审裁判有利的处理结果,以避免或者减轻诉讼风险。

1.4　一审委托人的授权包括"代收法律文书"的,承办律师领取一审裁判文书后,应当首先确认送达时间并计算出上诉期限;然后立即将一审裁判送达一审委托人并以书面形式向其告知上诉期限的起止时间。

1.5　在一审委托人没有明确是否继续委托代理二审的情况下,原则上应当先行按照本指引做好制作上诉状的准备工作。

2. 准备工作

2.1　一审裁判的解读。

2.1.1　研究一审裁判的判决主文,确认一审裁判事项是否与原告的请求事项一致(如果存在超出诉讼请求范围进行裁判的情况,应当逐一列出)。

2.1.2　核实一审裁判中列明的各方当事人的基本信息是否正确。

2.1.3　核对一审裁判中列明的原告的诉讼请求/反诉原告的反诉请求是否与原告提交的诉状或者其确认的诉讼请求/反诉原告提交的反诉状或者其确认的反诉请求一致(如果存在不一致的情况,应当逐一列出)。

2.1.4　核对一审裁判中列明的被告/反诉被告的答辩意见是否与其提交的答辩状或者其确认的答辩意见一致(如果存在不一致的情况,应当逐一列出)。

2.1.5 核对一审裁判中列明的各方当事人提交的证据与实际提交的是否一致；一审就各方提交的证据是否全部组织了质证；核实各方的举证意见、质证意见是否与庭审中的一致；核对一审裁判对各方提交证据的认证情况，将一审裁判没有采信的证据逐一列出。

2.1.6 核对一审裁判查明的事实是否与所认定的证据一一对应，将没有证据对应的事实逐一列出。

2.1.7 研究一审裁判对各争议焦点在事实方面的认定和法律方面的分析、评价。

2.1.8 对一审裁判中涉及的金额事项，复核其适用的公式以及调取的数据是否有证据支持；复核其计算结果是否准确。

2.1.9 核实案件受理费、财产保全费、鉴定费等费用是否存在漏列、错列或者计算错误的情形；确认上述费用的承担方式是否符合法律规定。

2.1.10 核实一审裁判中是否列明上诉费的支付方式、支付期限等信息，以免由于未按一审裁判中规定的方式缴纳上诉费而丧失上诉权利。

2.2 如果发现一审裁判存在依法可以裁定补正的情形，应当及时告知一审法院并建议及时制作并送达补正裁定。

2.3 对于案情复杂的案件，应当重新全面梳理各方当事人的诉辩要点和一审裁判对事实认定和法律适用的分析、评价，以发现一审裁判可能存在的问题以及可能影响二审处理结果的新线索。

2.4 通过对一审裁判的解读，汇总并整理出一审裁判存在的问题，从事实认定和法律适用的角度复核、研究存在的各项问题，评估和论证复核与研究的结果可能对二审带来的影响。

2.5 二审程序中新证据的收集与提交

2.5.1 在对一审裁判进行全面、认真的研究的基础上，承办律师应当及时与上诉人沟通并确认是否存在足以推翻一审裁判的新证据。

2.5.2 依据当事人提供证据材料或者证据线索，逐一核实，以获得有价值的新证据并做好向二审法院提交的准备。

2.5.3 新证据确定后，承办律师应当根据《民诉法》《民诉法解释》《最高人民法院关于民事诉讼证据的若干规定》和《最高人民法院关于适用〈民事诉讼证据的若干规定〉中有关举证时限规定的通知》等法律和司法解释的相关规定，全面评估新证据是否符合上述规定的相关标准、提交新证据对二审结果的影响程度和利弊分析，充分说明提交新证据可能给上诉人带来的法律责任（《民诉法（2021）》第68条第2款），在征得上诉人的书面同意后方可向二审法院提交。

2.6 二审程序中法律适用的论证与分析

2.6.1 复核一审裁判所适用的法律的有效性,分析一审裁判对适用法律的理解是否准确。

2.6.2 收集最高人民法院、一审法院所属高级人民法院发布的对案件可能具有影响力的审判意见、案例、指导性意见,以确认一审裁判在适用法律上是否正确。

2.6.3 分析现行国家政策导向,并据此评估一审裁判的社会效果。

2.7 上诉策略/方案的制订

2.7.1 在确定上诉策略/方案之前,应当从下列角度分析一审裁判:

2.7.1.1 分析一审裁判认定的事实是否清楚,适用的法律是否正确,审判程序是否合法,是否存在可能影响一审裁判公正处理的其他情形。

2.7.1.2 分析一审裁判是否有良好的社会效果。

2.7.1.3 分析一审裁判是否对案外人的权利造成妨害。

2.7.2 上诉策略/方案的制订应当考虑下列因素:

2.7.2.1 拟通过上诉实现的目标。

2.7.2.2 实现上诉目标可选择的手段和途径。

2.7.2.3 上诉程序的举证策略。

2.7.2.4 对方当事人可能采取的应对策略预测以及上诉人的反制策略。

2.7.2.5 调解与和解策略。

2.7.3 上诉请求的确定应当考虑下列因素:

2.7.3.1 明确一审裁判的内容哪些主张维持,哪些主张撤销,哪些主张改判以及如何改判。如果要求改判,改判的范围不能超出一审的请求范围。

2.7.3.2 明确是否要求发回重审。

2.7.4 针对确定的上诉请求,组织支持相应上诉请求所依据的事实和证据。

2.7.5 依据确定的上诉请求撰写上诉状。

2.8 制作上诉状的基本要求

2.8.1 突出重点——直接针对与上诉请求直接相关的一审裁判中存在的错误。

2.8.2 条理清晰——注重上诉理由的逻辑性和体系性。

2.8.3 论证翔实——对焦点问题从事实和法律角度进行全面、充分的论证。

2.8.4 言简意赅——使用最小的篇幅叙述清楚最完整的事实和理由。

3.结构及内容

3.1 结构。上诉状应当包括名称、各方当事人的基本信息、上诉请求、事实与理由、致送法院以及上诉人签署等6个部分。

3.2 名称。上诉状的名称应当统一称为"民事上诉状"或者"上诉状",不得称为"上诉书"。

3.3 确定二审程序案件当事人的诉讼主体地位时,应当以《民诉法解释（2022）》第315条和第317条的规定为依据,根据具体情况加以确定。

3.4 各方当事人的基本信息。

3.4.1 上诉状中各方当事人的基本信息原则上应当以一审裁判中的表述为准;一审裁判的记载确有错误的,应当按照《民事起诉状制作指引》3.4.1、3.4.3和3.4.6的规定确定。

3.4.2 案件中有多个被上诉人的,不得使用"被上诉人一""被上诉人二"的表述方式,而应当通过简称加以区分。

3.5 上诉请求。

3.5.1 "上诉请求"不得表述为"诉讼请求"或者"请求事项"。

3.5.2 上诉请求应当明确是否要求发回重审,明确撤销原审裁判的范围,明确改判的请求内容,明确一、二审诉讼费用的承担。

3.5.3 对于"原判决认定事实错误或者原判决认定事实不清,证据不足"的案件,以要求改判为宜。

3.6 事实和理由

3.6.1 围绕上诉请求组织事实和理由,并使事实和理由与上诉请求能够一一对应。理由应当围绕原审裁判的不当之处进行论述,针对的对象应当是"原审判决/裁定",不应是"原审法院";表达理由的方法应当以"驳论"为首选,以"立论"为辅助。

3.6.2 事实和理由的顺序安排应当以重点优先为基本原则。

3.6.3 内容的体系上可以按照影响上诉请求的焦点问题区分不同板块,分别对所主张的上诉请求进行论证。

3.6.4 每一个与上诉请求有关的焦点问题均应当从事实认定、法律适用两方面进行充分论证。

3.6.5 根据案件需要可以简要说明一审裁判的社会效果。

3.7 "致送法院"以及"上诉人签署"应当按照《民事起诉状制作指引》3.8的各项规定操作。

4. 其他

4.1 上诉状起草完成后在定稿之前,还应当注意下列事项:

4.1.1 "事实与理由"部分涉及的当事人的称谓前后要一致。

4.1.2 认真核对文字、标点符号以及数字,文字不能存在错字、别字,标点符号的位置应当准确,用法应当符合使用的规范,数字必须准确无误。

4.1.3 鉴于民事诉讼"不告不理"的原则,在确定上诉请求时一定要全面,以免由于漏项给上诉人造成不必要的损失。

4.2 上诉状的排版应当严格执行《法律文件格式排版指引》。应当特别注意:"上诉状"名称应当居中;"上诉请求"和"事实与理由"应当居中或者前面空两格;结尾部分的"此致"应当在前面空两格,致送法院的名称应当左侧顶格,上诉状日期应当右侧顶格;上述各项内容之间以及当事人的基本情况之间应当各空一行。

四、民事诉讼案件代理词制作指引

指引 5-4 北京德和衡(哈尔滨)律师事务所民事诉讼案件代理词制作指引

1. 总则

1.1 代理词是诉讼代理人在民事诉讼中,为全面阐述关于诉讼焦点问题的事实认定与法律适用的观点而制作的法律文书。

1.2 本指引适用于民事诉讼案件代理词的制作,行政诉讼案件、刑事附带民事诉讼案件以及仲裁案件的代理词的制作可以参照本指引。

1.3 代理词应当发挥如下作用:

1.3.1 从事实认定和法律适用两个角度,对各方当事人讼争的焦点问题做出全面、准确的分析。

1.3.2 在全面分析案情的基础上树立己方的观点、批驳对方的观点,力争使受案法院最大限度地支持委托人的诉讼/反诉/上诉请求,最大限度地驳回对方当事人的诉讼/反诉/上诉请求。

1.4 代理词应当以书面形式提交给受案法院;但是,根据《民诉法》的规定应当适用简易程序、特别程序、督促程序、公示催告程序审理的案件,可以不制作和提交书面代理词。

1.5 代理词的制作要努力把案件事实和法律规定有机地结合起来,要注意文风质朴,不能哗众取宠、不能过多地使用修饰性的语言;要力争做到动之以情、晓之以理,同时还要语言流畅、言简意赅。

1.6 一审案件代理词应当对法庭归纳的焦点问题以及与诉讼请求相关的事实和法律问题进行全面、系统的阐述和论证。

1.7 非一审案件代理词是对上诉/再审、抗辩主张的补充,可不必在代理词中就全案涉及的问题进行全面阐述和论证,仅就上诉/再审、抗辩的理由进行阐述和论证即可。

2. 准备工作

2.1 根据起诉状/上诉状/再审申请书提出的诉讼/上诉请求/再审请求事项,梳理、归纳案件所涉案由、法律关系和案件事实;根据一方当事人提交的答辩状和双方当事人提交的证据,梳理、归纳双方争议的焦点。

2.2 对双方当事人提供的证据及可证明的事实进行全面分析,通过法律和案例检索的手段,寻找能够支持己方观点、批驳对方观点的法律和事实依据。

2.3 就案件涉及的法律适用问题,应当查询如下资料并制作电子文档备查(同时,应当根据案件具体情况制作纸质文档以备开庭时使用):

2.3.1 通过"中国裁判文书网"等各种法律方面的权威网站检索并了解案件可能涉及的焦点问题的相关不同观点及相关法律适用方面的线索。

2.3.2 通过法律专业知识系统查询案件可能涉及的相关法律规定、司法解释、司法政策以及案例。

2.3.3 最高人民法院发布的指导性案例和《最高人民法院公报》登载的案例。

2.3.4 最高人民法院民事审判第一庭、第二庭在各自编写的《民事审判指导与参考》和《商事审判指导》以及最高人民法院各巡回法庭编撰的出版物中登载的裁判观点与案例。

2.3.5 拟受案法院及其上级法院、再审法院对案件所涉法律问题的司法政策、裁判观点与案例。

2.3.6 其他有关法律适用方面的文件资料。

2.4 制作代理词的基本要求

2.4.1 条理清晰——注重代理观点的逻辑性和体系性,布局合理、循序渐进;能够与起诉状/上诉状、答辩状、举证意见、质证意见、辩论意见形成完整的论证体系,避免逻辑不清、观点冲突。

2.4.2 文字精练——在"言简意赅"的基础上充分表达代理意见,但应当做到开门见山,直截了当,避免啰唆和重复表达,避免语法和用词方面的错误。

2.4.3 观点全面——在对焦点问题以及与诉讼/上诉请求相关的事实和法律问题进行全面、系统的阐述和论证的同时,还要注意换位思考,以检验代理观点能否真正经受住对方的反驳和法官的追问。

2.4.4 说理到位——在观点全面的基础上把握案情;从对方提供的证据中寻找对己方有利的事实,把证据和案件事实紧密地结合起来,充分发挥证据的证明力;在证据能够证明的法律事实的基础上适当、准确地运用法条;论证上应当做到严谨、有据可依,事实问题应当有足够的证据证明;法律适用有明确的成文法、司法解释、具有影响力的判例或者学说的支持。

3. 结构及内容

3.1 结构。代理词应当包括名称、首部、正文和结尾等4个部分。

3.2 代理词的名称只能称为"代理词",不能称为"×审代理词"或者"补充代理意见"。

3.3 首部

3.3.1 代理词的首部,即代理词的前言部分,应当包括下列要素:代理律师的姓名及所属执业机构的名称、委托人的姓名/名称、案由。

3.3.2 对于代理关系,应当表述为:"××律师事务所接受本案当事人(可以根据案件所属的审级称为本案原告/被告、上诉人/被上诉人、再审申请人/被申请人)××的委托,指派本人担任其委托诉讼代理人",不得表述为:"本人接受本案当事人××的委托担任其委托诉讼代理人。"

3.4 正文

3.4.1 代理词的正文应当按照下列顺序排列相关内容:各争议焦点的标题,对相应争议焦点的观点、事实论证及法律论证,对全案的系统性观点。

3.4.2 根据委托人诉讼地位的不同,代理词的正文在写作方法上应当有所区别。

3.4.2.1 一审案件中,原告的代理人应当以"立论"为主,"驳论"为辅。以"立论"为主,是指要把自己的诉讼请求成立作为重点进行论述;同时,还要对被告的辩解予以反驳。被告的代理人可以根据原告构筑的证据体系是否坚固以及双方举证能力和举证责任的分担等具体情况,采取以"立论"为主、"驳论"为辅或者以"驳论"为主、"立论"为辅的方法。

3.4.2.2 二审案件中,上诉人的代理人不仅要反驳被上诉人的观点和原审判决的观点,还要确立自己的观点,应当采取"立论"和"驳论"并重的写作方法。被上诉人的代理人通常情况下只要反驳上诉人的上诉观点即可,不必再在二审过程中过多地进行"立论"。

3.4.3 案件当事人的称谓应当使用当事人在本案诉讼程序中所处诉讼地位的名称。例如,在一审程序中当事人的称谓应当是"原告""被告",在二审程序中当事人的称谓应当是"上诉人""被上诉人""原审原告"或者"原审被告"。

3.4.4 代理词中叙述的事实,应当以是否有证据证明为标准进行表述。这里提到的证据应当是通过依法取证的环节取得的证据。需要强调的是,在写作代理词时,可以不考虑法庭是否能够采信该证据,但是,绝不能为了迎合委托人的意图和口味,不顾法律事实一味地信口开河。

3.4.5 代理词中引用的法律依据应当尽可能穷尽,从地方性法规、部门规章到行政法规再到法律,应当逐级逐条查阅,引用其中最合适、最有利于支持代理观点的。这里面可能会存在法条之间互相冲突的情况,这是我国现阶段法治建设的特色,在短时间内不可能得到根本的解决。各级法院在遇到类似问题的时候,通常都采取"特别法优于普通法"的原则。因此,是否能够找到层级较低但是规定更加具体的法条在有些时候就成为法律依据是否充分的关键。

3.5 尾部。代理词的尾部,即代理词的结论部分,应当包括代理观点的归纳总结和签署两个要素。

3.5.1 代理观点的归纳总结应当遵循极简原则,内容上高度概括代理观点即可。

3.5.2 结尾不应有类似"此致 ××法院"的内容。

3.5.3 落款的倒数第二行应当采用"委托人诉讼地位+代理律师姓名"的格式。

3.5.4 落款的倒数第一行应当注明代理词制作完成的时间(年+月+日)。

4. 其他

4.1 代理词的页数超过 1 页时,应当在页脚注明页码。页码应当采用"第×页共×页"或者"×/×"的格式。

4.2 如果在法庭辩论时表示"辩论意见详见代理词",应当在庭审结束后尽快将代理词提交给主审法官或者其指定的法官助理/书记员,也可以通过邮寄方式提交;如果主审法官要求代理人提交书面代理意见,承办律师应当在规定的期限内按照主审法官要求的方式提交。

4.3 代理词提交前应当征求委托人的意见。

4.4 提交书面代理词时应当同时提交电子文档。

4.5 代理词的格式可以根据案件的实际情况进行适当调整,但是,不得因此对代理词的作用造成不利影响。

4.6 本所《案件流程管理与质量监控制度》规定属于疑难案件的代理词,应当在征求委托人意见之前交由主任、副主任或者案件所属类型的主管合伙人审批。未经审批的,不得交给委托人征求意见,更不得提交给审理法院。

五、民事再审申请书制作指引

指引 5-5　北京德和衡（哈尔滨）律师事务所民事再审申请书制作指引

1. 总则

1.1　民事再审申请书，是指案件当事人认为已经发生法律效力的判决、裁定（以下统称"终审裁判"）存在错误，在法定期限内依据法定理由请求作出终审裁判的人民法院（以下简称"终审法院"）或者终审法院的上一级人民法院对终审裁判予以撤销、变更或者重新审理的法律文书。

1.2　本指引适用于民事诉讼案件再审申请书（以下简称"再审申请"）的制作，行政诉讼案件、刑事附带民事诉讼案件的再审申请的制作可以参照本指引。

1.3　再审申请应当至少具备下列功能之一：

1.3.1　说服终审法院或者终审法院的上一级法院对终审裁判启动再审。

1.3.2　说服终审法院或者终审法院的上一级法院直接纠正终审裁判，作出有利于再审申请人的再审裁判。

1.3.3　说服终审法院或者终审法院的上一级法院撤销终审裁判并将案件发回重审，以使再审申请人有机会获得对其有利的终审裁判。

1.3.4　制造与对方当事人达成调解或者和解的机会，帮助再审申请人最终有机会获得较再审裁判有利的处理结果，以重新获得避免或者减轻诉讼风险的机会。

1.4　再审申请人对其需要申请强制执行的案件申请再审的，应当及时其告知申请强制执行的期限，避免因申请再审而影响申请强制执行的权利。申请再审期间，应当提示再审申请人其采取的保全措施的到期日期并及时办理相关手续，避免因申请再审导致保全措施失去作用。

1.5　再审申请人对其作为被执行人的案件申请再审的，应当向其告知不得就该案与申请执行人进行执行和解，或者实施其他有可能导致申请再审的权利受到不利影响的行为。

1.6　在接受委托前，应当向再审申请人了解案件的执行情况，尤其是应当切实掌握委托人其是否已就该案与相对方进行了执行和解。

1.7　对于明显缺乏依据的再审申请，接待律师应当及时将预测结果和风险以书面形式告知再审申请人。

1.8　原则上应当拒绝接受再审成功率较低的案件当事人的委托。

2. 准备工作

2.1 再审申请权的期限确定与管理

2.1.1 承办律师在获得相关法院送达的生效裁判后,应当及时将申请再审/强制执行的期限截止日以及已经采取保全措施的期限截止日书面告知再审申请人。

2.1.2 对难以判断申请再审期限的案件,应当在初次与再审申请人见面时要求再审申请人提供有效的证据,以便承办律师统筹安排申请再审的工作进度,避免在申请再审的准备阶段超过申请期限并因此给再审申请人造成损失。

2.1.3 申请再审期限的计算,应当以再审申请人签收生效裁判的时间为准。确定申请再审期限时,应当要求再审申请人提供裁判生效的证明或者送达回证。

2.2 终审裁判的解读

2.2.1 审查终审裁判对原告的诉讼请求/上诉人的上诉请求或者被告的反诉请求的归纳,并核对归纳的诉讼请求是否与主张一致。

2.2.2 审查终审裁判主文并核对裁判事项是否与诉讼请求一致。

2.2.3 审查终审裁判对各方当事人主张事实的归纳,并核对该归纳的事实与主张的是否一致。

2.2.4 审查终审裁判列明的各方当事人提供的证据以及举证意见、质证意见,并核对与实际情况是否一致。

2.2.5 审查终审裁判对各方提交证据的评判与认定;审查终审裁判归纳的争议焦点、各方主张及认定情况。

2.2.6 审查终审裁判认定的事实以及所依据的证据。

2.2.7 审查终审裁判适用的法律并核对其与各方当事人主张适用的法律是否一致。

2.3 案件信息的收集与分析

2.3.1 比照《民诉法(2021)》第207条规定的可以再审的情形,逐条向再审申请人核实并制作书面记录。

2.3.2 根据与再审申请人面谈的情况,再次对终审裁判进行研究,初步判断是否存在法定应当再审的情形。

2.3.3 要求再审申请人提供本案的起诉状、上诉状、答辩状、各方提交的证据、举证意见、质证意见、代理词、庭审笔录以及与本案相关的其他资料。

2.3.4 查阅终审法院的案卷,全面了解各方当事人的主张及提交证据的情况,以及终审法院就本案的处理情况及处理程序。

2.3.5 根据案件可能涉及的焦点问题,协助再审申请人收集新证据,查清事实。

2.3.6 利用"时间线"技术对案件的焦点问题进行梳理:

2.3.6.1 对各方当事人在各审理阶段提交的证据(包括采信和未采信的证据)以及新证据进行统一梳理。

2.3.6.2 对终审法院认定的事实、各方主张但未被认定的事实、新事实等,同时以时间和案件争议焦点为关键词进行重新梳理。

2.3.6.3 就同一事实,比对同一当事人在不同阶段的陈述是否存在矛盾。

2.3.7 根据《法律检索指引》①查询与本案有关的法律法规、司法解释和案例,重新构建本案的法律适用体系并确认终审裁判是否存在法律适用上的问题。

2.3.8 依据《法律检索指引》查询终审法院及其上一级法院处理的有关本案焦点问题的相关案例,归纳案件事实及裁判观点并与本案进行比较,找出不同点。

2.3.9 提起再审申请前,应当重新核实各方当事人作为诉讼主体的存续或者变更情况,保证再审申请人和被申请人的主体地位符合法律规定。

2.4 申请再审的方案确定

2.4.1 案件信息收集完毕后,应当根据现有材料对案件进行分析:

2.4.1.1 确认是否具有法定再审的事由并论证申请再审成功的可能性。

2.4.1.2 如果有多项法定再审的事由,应当分别论证被采纳的可能性。

2.4.1.3 选定申请再审成功可能性最大的申请策略。

2.4.2 拟定申请再审的方案,预判对方的应对策略并制订反制策略。

2.4.3 原则上,只有案件经过分析后才能决定是否正式接受委托。

3. 结构及内容

3.1 结构。再审申请应当包括:名称、各方当事人的基本信息、序言、原审情况、再审请求、事实与理由、致送法院以及申请人签署等8个部分。

3.2 再审申请的名称应当统一称为"民事再审申请书"或者"再审申请书",不得使用诸如"再审申请"或者"申请书"等其他不规范的文书名称。

3.3 各方当事人的诉讼地位。

3.3.1 提出再审申请的一方当事人应当称为"再审申请人";在终审裁判中,与再审申请人存在直接利益冲突的一方当事人,应当列为"被申请人";其他各方当事人按照其在一审、二审中的地位依次列明,如"一审原告""二审被上诉人"。

3.3.2 为准确表明各方当事人在各审级中的诉讼地位,应当在"再审申请人""被申请人"后加入括号,并在括号中按照"一审原告""一审被告""二审上诉人""二审被上诉人"予以列明;案外人申请再审的,应当在括号中列明"案外人"。

3.3.3 除再审申请人和被申请人以外的原审当事人,应当按照终审程序中的诉讼地位列明。

---

① 注:《法律检索指引》为作者就职律所制作的其他操作指引,本书未收录。

3.3.4 再审申请提起后,当事人的姓名或者名称发生变化的,应当在其姓名或者名称后加括号注明其在原审判决中的姓名或者名称。

3.4 各方当事人的基本信息

3.4.1 再审申请中各方当事人的基本信息应当以发生法律效力的终审裁判中的表述为准;终审裁判的记载确有错误的,应当按照《民事起诉状制作指引》3.4.1、3.4.3 和 3.4.6 的规定确定。

3.4.2 案件中有多个被申请人的,不得使用"被申请人一""被申请人二"的表述方式,而应当通过使用简称加以区分。

3.4.3 当事人的名称需要使用简称的,应当与终审裁判中使用的简称一致。

3.5 **再审申请的引言部分**应当按照下列格式表述:"再审申请人(此处应当写明自然人的姓名或者非自然人名称的全称)(以下简称'××')因与被申请人(此处应当写明自然人的姓名或者非自然人名称的全称)(以下简称'××')××××××(此处应当列明案由)一案,不服(一审法院及案号、一审裁判的文书名称和/或终审法院及案号、终审裁判的文书名称),现依据《中华人民共和国民事诉讼法(2021)》第 207 条第×项的规定申请再审……"

3.6 再审请求

3.6.1 该部分的标题应当称为"再审请求",内容应当包括下列各项:

3.6.1.1 明确请求依据法定事由撤销生效裁判并对案件进行再审。

3.6.1.2 明确提出再审请求,即撤销终审裁判后如何改判。

3.6.1.3 诉讼费用如何承担。

3.6.1.4 应当提出的其他主张。

3.6.2 再审请求应当按照下列格式表述:

3.6.2.1 请求撤销二审裁判维持一审裁判的,应当表述为:"依法撤销+二审法院全称+案号+终审裁判名称,改判维持+一审法院全称+案号+一审裁判名称。"

3.6.2.2 请求同时撤销二审裁判和一审裁判并进行改判的,应当表述为:"依法撤销+二审法院全称+案号+终审裁判名称和一审法院全称+案号+一审裁判名称,依法改判……(写明要求改判的具体内容)。"

3.6.2.3 诉讼费用承担的请求应当表述为:"本案的一/二审诉讼费用由被申请人承担。"

3.7 事实与理由

3.7.1 围绕再审请求组织事实与理由,并使事实与理由与上诉请求能够一一对应。理由应当围绕终审裁判的不当之处进行论述,针对的对象应当是"终审裁判",不应是"终审法院";表达理由的方法应当以"驳论"为首选,以"立论"为辅助。

3.7.1.1 对于案情复杂的案件,在"事实与理由"部分可以分三个层次进行论述,并用三级标题体现。一级标题应当根据法律规定的再审事由确定,一个事由确定一个一级标题;一级标题项下的内容主要是对该事由的概括性论证,各一级标题间的内容应当为并列关系。

3.7.1.2 一级标题的表述内容和论证逻辑应当层次鲜明、高度概括。所有一级标题组合起来,可以组成再审申请的简版。

3.7.1.3 为便于展开论证,可以将一级标题按照不同的层次进行分拆作为二级标题,即分论点。

3.7.1.4 三级标题应当是为了论证分论点而使用的具体证据和适用的法律和案例。原则上每一个三级标题下为一个证据及证实的相关事实,或者一个法律法规、案例及解读。

3.7.1.5 每一级标题项下的内容论证完可以进行一个简短的总结,但应当避免重复。

3.7.2 每一个与再审请求有关的焦点问题均应当从事实认定、法律适用两方面进行充分论证。

3.7.3 事实与理由的顺序安排应当以重点优先为基本原则。

3.7.4 对于复杂的事实,可以采取图表等可视化技术,以提高信息的传递效率。

3.7.5 根据案件需要可以简要说明终审裁判的社会效果。

3.7.6 结尾部分应当对再审申请主张进行明确和归纳,并应当采用如下表述格式:"综上所述,原审判决认定的事实缺乏证据证明/适用法律错误/……(此处应根据具体案情与《民事诉讼法(2021)》第207条的各项规定结合),再审申请人提出上述再审请求,望贵院予以支持,以维护当事人的合法权益。"

3.8 "致送法院"以及"再审申请人签署"应当按照《民事起诉状制作指引》3.8的各项规定操作。

4. 其他

4.1 再审申请初稿完成后,承办律师应当参照《民事起诉状制作指引》的相关规定定稿。

4.2 再审申请的页数超过1页时,应当在页脚注明页码。页码应当采用"第×页共×页"或者"×/×"的格式。

六、法律文书格式排版指引

> **指引 5-6** 北京德和衡(哈尔滨)律师事务所法律文书格式排版指引
>
> 1. 总则
>
> 1.1 为规范本所法律文书管理,展示本所及本所律师的专业形象,统一本所法律文书的排版格式和风格,避免执业风险,特制定本指引。
>
> 1.2 本所律师在执业过程中制作的全部法律文书均应适用本指引。
>
> 1.3 向委托人提交的法律文书以及本所内部文件等其他文字材料的格式应当参照本指引。
>
> 1.4 其他法律文件如有特殊格式需要或者要求,可以参照本指引并结合实际情况进行调整。
>
> 1.5 除非委托人或者使用者有特殊要求,一般情况下,法律文书的文字方向应当选择系统默认的"水平",纸张方向应当选择系统默认的"纵向"。
>
> 2. 字体、字号
>
> 2.1 字体。文字,宋体;数字,Times New Roman;法律文书的名称,黑体。
>
> 2.2 字号。法律文书的名称,三号;正文内容,小四。
>
> 3. 页边距、段落
>
> 3.1 页边距上、下、左、右均为 2.4 厘米(使用带有"德和衡"徽标的文头纸时,上部页边距应不小于 3 厘米)。其他项选择系统自动设置。
>
> 3.2 段落。段前、段后 0 行;行距 24 磅。
>
> 4. 页眉、页脚、页码
>
> 4.1 页眉。左侧顶格:"委托人名称+案由+法律文书名称",右侧顶格:第×页共×页。
>
> 4.2 页脚。字号,小五;行距 18 磅;文字,宋体;数字,Times New Roman。格式、内容如下:
>
> 4.3 页码。法律文书的页数超过 1 页时,应当在每一页的页脚处插入页码,页码应当位于页面底端,居中的位置。
>
> 5. 表格
>
> 5.1 表格内文字,宋体;数字,Times New Roman。行距 18 磅(可以结合上下文的文字内容进行适当调整)。
>
> 5.2 表格中文字内容的位置以美观、简洁、明晰为原则,自行调整。

6. 标点符号

6.1 法律文书的中文内容应当使用汉字输入法下的标点符号,英文内容应当使用英文输入法下的标点符号,阿拉伯数字的分节号应当使用英文输入法下的逗号。

6.2 法律文书的英文内容应当符合英文的书写规则和习惯用法。

6.3 法律文书中的数字须保留小数点的,在没有特殊要求的情况下,只需保留小数点后两位;数字在千位及以上的,应当使用分节号(从个位数开始往左,每三位数打一个分节号),以便阅读者加快读数速度。

7. 正文标题及内容

7.1 正文标题一般不超过三级,标题不得采用自动编号。

7.1.1 合同以外的法律文书的一级标题编号采用中文数字加顿号,如"一、""二、"等依次编号;二级标题编号采用阿拉伯数字加下圆点,如"1.""2."等依次编号;三级标题编号采用括号加阿拉伯数字,如"(1)""(2)"等依次编号(编号后不加标点符号)。

7.1.2 合同以外的法律文书的一级标题全文加粗;除特殊情况外,二级标题以下均不加粗。

7.1.3 合同的标题编号推荐采用阿拉伯数字+小数点+标题内容的格式,各级标题依次排序。例如,1.合同术语、2.2 付款方式、3.3.3 乙方的义务。注意,每一级标题结尾不应使用句号。

7.1.4 合同的一级标题应当加粗,二级标题可以根据实际情况加粗,三级及以下标题均不加粗。

7.2 一级标题项下的内容之间空一行,其他内容之间不须空行。

7.3 正文内容中需要表示强调或者希望引起阅读者重视之处,可以采用加粗或者加下划线的方式处理,但不得使用斜体。

8. 落款及日期

8.1 落款与日期采用右对齐。

8.2 日期采用数字,如"2020 年 1 月 1 日"。

9. 其他

9.1 本所律师在执业过程中制作的全部法律文书以及本所内部文件的附件的排版,应当适用本指引。

9.2 附件的标题前应当标注附件的编号,字体字号与附件标题应当一致,采用"左对齐,格式无缩进"的格式排版。需要在正文中引用附件内容的,应当在正文相应位置标注"详见附件×"字样。

9.3 附件一般应当与法律文书采用同样的纵向纸张方向;确需采取横向纸张方向的,应当在装订时注意页面方向向右(横向纸张页眉部分置于纵向纸张装订线位置)。

第六章 民事诉讼案件操作规范

24年前,笔者刚进入律师行业的时候,特别希望有一本书,哪怕只是一本小册子,能够让我们这些律师界的新人通过自己的学习就能知道如何操作案件。遗憾的是,那时候真没有。后来,全国律师协会推出了《刑事案件操作规范》,用于指导律师办理刑事案件的实务。受此启发,我开始尝试制作民事诉讼案件的操作规范。目前,笔者所在的北京德和衡(哈尔滨)律师事务所使用的这个《民事诉讼案件操作规范》就是参照全国律师协会《刑事案件操作规范》的体例由笔者原创的,目的就是为了给在我们所执业的律师,特别是刚刚入行或者入行不久的年轻律师(此处的年轻是指执业年龄,而非生理年龄),提供一个民事诉讼业务操作方面的基本遵循,让他们能够通过较为具体、详细的文字指导,形成初步的承办、处理民事诉讼业务的能力,正如这个规范的前言所说的那样:"本规范的相关规定,是代理民事诉讼案件需要遵循的最低标准,律师在承办案件过程中,还须根据相关法律的规定以及本所制订的相关业务操作指引的规定审慎处理代理事项。"

> **规范　北京德和衡(哈尔滨)律师事务所民事诉讼案件操作规范**
>
> **前　言**
>
> 　　为了规范律师执业行为,保证办案质量,增强客户体验,努力为委托人提供优质、高效的法律服务,防范和化解律师执业过程中的风险,根据相关法律和司法解释的规定并结合北京德和衡(哈尔滨)律师事务所(以下简称"本所")的实际,制定本规范。
>
> 　　在本所注册的执业律师在代理民事诉讼案件过程中必须遵守并执行本规范;在代理行政诉讼案件、商事仲裁案件、劳动和人事争议案件时,应当参照执行本规范。
>
> 　　本规范的相关规定,是代理民事诉讼案件需要遵循的最低标准,律师在承办案件过程中,还须根据相关法律的规定以及本所制订的相关业务操作指引的规定审慎处理代理事项。

为了便于叙述和记忆,本规范正文中《中华人民共和国民事诉讼法》简称为《民诉法》,《最高人民法院关于适用〈中华人民共和国民事诉讼法〉的解释》简称为《民诉法解释》。

本规范所称民事诉讼证据规则,包括但不限于《民诉法》《民诉法解释》《最高人民法院关于民事诉讼证据的若干规定》等与民事诉讼证据相关的法律、司法解释中关于证据的相关规定。

第一章 收案

第一节 收案审查

第一条 本所可以接受民事诉讼案件的原告、被告或者上诉人、被上诉人以及第三人的委托,指派律师参加相关的诉讼活动。

律师在办理案件过程中,应当保守因实施上述受托行为所知悉的委托人的商业秘密和个人隐私。

第二条 委托人为原告或者上诉人的,接待律师应当对委托人的诉讼/上诉请求是否超过诉讼时效或者上诉期限进行审查。已经超过的,应当明确告知并拒绝接受委托。

对于超过诉讼时效的案件,委托人坚持委托的,接待律师在根据委托人叙述的案件事实和能够提供的证据制作《案情确认书》交由委托人签章确认后,可以办理收案手续。

对于超过上诉期限的案件,可以根据案件的情况,建议委托人申请再审。

第三条 接待律师应当审查委托人主体资格的有关情况,发现委托人不具备相应诉讼主体资格时,应当向委托人说明情况及时进行变更或调整。

接待律师应当对委托事项是否属于人民法院管辖进行审查;对于已经进入诉讼程序的案件,应当就受理案件的法院的管辖级别、地域进行审查。经审查,发现委托事项不属于人民法院管辖或者受理案件的法院没有管辖权的,应当及时告知委托人进行变更或者提出管辖异议。

接待律师应当对案件可能涉及的法律规定和相关案例进行检索,以尽可能地排除不利于委托人诉讼目的实现的法律障碍,尽可能地寻找有利于委托人诉讼目的实现的法律依据。

第四条 接待律师根据委托人的陈述以及通过对委托人提供的资料分析,认为委托事项的审理结果可能无法达到委托人预期目的的,应当明确告知委托人,并就告知内容制作《诉讼风险告知书》交由委托人签章确认。

第二节 接受委托

第五条 经收案审查,委托人的委托事项可以受理或者经风险告知委托人坚持委托的,接待律师应当按照本所《案件流程管理与质量监控制度》的规定,制作《案情确认书》交由委托人签章确认。

委托事项紧急的，接待律师应当在《案情确认书》中明确告知可能发生因接受委托时间紧迫、相应工作准备不充分导致对委托人不利的后果。

本条所称"委托事项紧急"，是指委托事项存在下列情形：

（一）诉讼案件在本市所辖各区（不含双城）审理时，委托人在开庭日期前3日（含本数）之内委托的或者委托人在举证期限届满之后委托的；

（二）诉讼案件在本市所辖各区之外的地方审理时，委托人在开庭日期前7日（含本数）之内委托的或者委托人在举证期限届满之后委托的；

（三）其他可能导致接待律师没有充分准备时间给委托人造成不利后果的情形。

第六条　《案情确认书》制作完成后，接待律师应当按照本所《案件受理与客户体验管理制度》的规定，对委托事项进行利益冲突审查，并根据审查结果做如下处理：

（一）委托事项与本所/本所律师构成利益冲突的，接待律师应当将情况如实告知委托人，明确拒绝接受委托。

（二）委托事项与本所/本所律师不构成利益冲突或者委托人出具豁免函的，接待律师可以按照本所的有关规定办理收案手续。

第七条　接待律师接受委托时应当与委托人签署《委托代理协议》和《授权委托书》。委托人是单位的，还应当签署《法定代表人/负责人身份证明》。

接待律师应当要求自然人委托人在上述法律文书中签名并摁手印；应当要求非自然人委托人在上述法律文书中加盖单位公章，并在《授权委托书》中同时加盖法定代表人名章。

前款规定的法律文书应当至少一式两份，其中《委托代理协议》由委托人和承办律师各执一份，《授权委托书》和《法定代表人/负责人身份证明》由承办律师各保留一份，与《委托代理协议》一并装入业务档案卷宗。另外各一份交受理案件的法院备查。

第八条　适用《民诉法》审判程序的案件的授权内容应当按照下列规定写明，可以根据个案的具体情况有所取舍：

（一）委托人一般授权的，应当包括："代为立案、申请保全、调查取证，代为参加庭审，代为签收与本案有关的法律文书，代为处理与本案有关的其他一切程序性事项"；

（二）委托人特别授权的，应当表述为："代为承认、放弃、变更诉讼/上诉请求，进行和解，提起反诉或上诉，代为签收与本案有关的法律文书"，不得笼统地写为"全权代理"。

为避免自认不当造成的执业风险，无论是一般授权，还是特别授权，均应当在授权委托书中写明代理律师不能代为承认的事项，例如：起诉状、反诉状、答辩状、上诉状、代理词等诉讼过程中形成的法律文书所载明的内容以外的事实，对方当事人或者证人陈述的事实，书证、电子数据、视听资料记载、显示的事实，等等。具体事项应当根据个案的具体情况确定。

第九条 承办律师在与委托人办理完毕上述手续后,应当按照司法部发布的《律师事务所收费程序规则》和本所财务制度的规定办理交费事宜。

委托人在开庭前没有交纳代理费或者根据委托人与本所签订的《常年法律顾问委托合同》的约定应当免费代理的案件,承办律师应当在领取出庭函之前向本所主任说明情况,经主任批准后方可领取出庭函从事代理活动。

第二章 担任第一审程序的诉讼代理人

第一节 代理原告时立案与开庭前的准备

第十条 承办律师应当按照本所《案件流程管理与质量监控制度》的规定,在委托人签章确认《案情确认书》后,根据委托人确认的案情、委托人能够自行提供的证据等情况,对案件进行立案前的案件讨论(以下简称"立案前讨论")。

立案前讨论应当围绕委托人拟提出的诉讼请求(以下简称"拟定诉请"),以委托人确认的案情和委托人能够自行提供的证据为基础,从诉讼请求的合法性、合理性、可执行性等角度,结合法律适用的检索结果进行。

第十一条 立案前讨论的结果认为拟定诉请的合法性、合理性、可执行性均不存在法律障碍,委托人能够提供的证据足以支持的,应当在讨论完成后3日内,按照本所《案件流程管理与质量监控制度》的规定制作《诉讼请求确认书》交由委托人签章确认。

前款规定的工作完成后,承办律师应当按照本所《民事诉讼案件立案指引》的规定办理立案事宜。

第十二条 立案前讨论的结果认为拟定诉请的合法性、合理性、可执行性均不存在法律障碍,但需要进一步调查取证的,承办律师应当在讨论完成后3日内与委托人就调查取证的相关事宜进行沟通。

委托人能够提供相关证据的,承办律师应当要求委托人尽快补充提供;承办律师收到委托人补充提供的证据后,应当按照本规范第十条第二款的规定再次进行立案前讨论。

委托人不能提供相关证据的,承办律师应当尽快开展调查取证工作。调查取证完成后,承办律师应当按照本规范第十条第二款的规定再次进行立案前讨论。再次讨论的结果认为调查取得的证据不足以支持拟定诉请的,承办律师应当按照本规范第十三条的规定操作。

第十三条 立案前讨论的结果认为拟定诉请缺乏合法性、合理性、可执行性或者存在其他对拟定诉请不利的情况时,承办律师应当尽快与委托人就调整拟定诉请事宜进行沟通,以便重新确定拟定诉请。

新的拟定诉请确定后,承办律师应当按照本规范第十条、第十一条、第十二条的规定操作。

第十四条 承办律师在办理完毕立案事宜之后,还应当在案件开庭审理前做好下列工作:

(一)根据案件的具体情况,建议委托人向法院申请保全、先予执行或者证据保全并提示委托人提供符合法律规定的担保。

(二)在法定期限内按照民事诉讼证据规则的规定,提交能够充分证明诉讼请求的证据。同时可以根据案件的具体情况,决定是否向法院申请组织证据交换或者申请延长举证期限。需要通知证人出庭的,应当向法院提供证人的准确信息并在法定期限内申请通知证人出庭。

(三)根据收集到的证据所反映的情况或者根据证据交换取得的相互证据所反映的情况,依据本所《民事诉讼案件代理词制作指引》的规定起草代理词。

第十五条 立案工作完成后,承办律师应当保持与受案法院的联系,及时获取案件分配给主审法官的信息。主审法官确定后,承办律师应当保持与主审法官的联系,及时了解送达、保全(如有)、对方当事人(包括被告和第三人,下同)的答辩、反诉(如有)和举证的情况。

需要委托人配合进行送达或者保全的,承办律师应当在得到主审法官的相关通知后,及时与委托人取得联系,确定配合的具体事宜。

第十六条 收到对方当事人提交的答辩状和证据之后,承办律师应当根据对方当事人的抗辩内容和提交证据的情况做出如下处理:

(一)对方当事人提出的抗辩和/或提交的证据对委托人的诉讼请求不能形成有效的、实质性的不利反驳的,应当坚持诉讼请求并着手完善代理词。

(二)对方当事人提出的抗辩和/或提交的证据对委托人的诉讼请求形成了有效的、实质性的不利反驳的,承办律师应当按照本所《案件流程管理与质量监控制度》的相关规定【10.1.2.3条款】,及时就是否对诉讼请求进行调整与委托人交换意见。

第十七条 对方当事人提出反诉的,承办律师应当参照本规范关于代理被告的相关规定进行操作。但是,应当注意保持反诉抗辩与本诉诉讼请求的一致性。

第二节 代理被告时开庭前的准备

第十八条 承办律师应当在委托人提交齐全案件相关资料后,按照本所《案件流程管理与质量监控制度》的相关规定【10.2条款和10.3条款】及时进行案件讨论。讨论完成后,应当立即制作《应诉方案确认书》交由委托人签章确认。

《应诉方案确认书》经委托人签章确认后,承办律师应当尽快按照本所《民事答辩状制作指引》的规定制作答辩状,并收集相关证据、制作证据目录,按照法律规定和本所相关制度的规定提交给受案法院。除此之外,承办律师还应当在案件开庭审理前做好下列工作:

(一)根据案件的具体情况,建议委托人向法院申请证据保全。

（二）根据案件的具体情况，决定是否向法院申请组织证据交换或者申请延长举证期限。对于需要通知证人出庭的，向法院提供证人的准确信息并在法定期限内申请通知证人出庭。

（三）根据收集到的证据所反映的情况或者根据证据交换取得的相互证据所反映的情况，根据本所《民事诉讼案件代理词制作指引》的规定起草代理词。

（四）在行政案件中，提示委托人在诉讼过程中不得自行向原告和证人收集证据。

第十九条 对方当事人在收到委托人提交的答辩状或者证据之后补充证据或者调整诉讼请求的，承办律师应当按照本所《案件流程管理与质量监控制度》的相关规定【10.1.3.3条款】操作。

第二十条 委托人要求提出反诉的，承办律师应当参照本规范第二章第一节的规定操作。但是，应当注意下列事项：

（一）反诉的诉讼请求与原告提出的诉讼请求是否基于同一案件事实并属于同一种类型的法律关系。

（二）保持反诉的诉讼请求与对本诉提出的抗辩的一致性。

第三节 开庭前的其他准备工作

第二十一条 承办律师在调查和收集证据过程中应当遵守下列规则：

（一）在调查和收集与案件有关的材料时，应当持本所介绍信并出示律师执业证；

（二）在向证人或者其他单位和个人收集与案件有关的材料时，应当事先征得对方的同意并在调查笔录上载明；

（三）调查笔录应当载明下列内容：调查的时间、地点；调查人和记录人的姓名，被调查人的姓名、性别、年龄、职业或者工作单位、家庭住址、联系方式等自然情况，调查人对于律师身份的介绍、对证人如实作证的要求、作伪证应负的法律责任的说明以及调查事项的基本情况；

（四）调查笔录应当全面、准确地记录调查内容并须经被调查人核对或者向其宣读，调查人应当要求被调查人在笔录的每一页的尾部和修改之处签名并摁手印；

（五）在调查、收集案件材料时，可以录音、录像。但是不得以侵害他人合法权益或者违反法律禁止性规定的方法取得证据；

（六）在摘抄、复制有关材料时，必须忠于事实真相，不得伪造、变造、断章取义。

承办律师可以根据案情的需要，聘请公证人员对取证过程进行公证。

第二十二条 承办律师在向法院提交证据时，应当根据民事诉讼证据规则的要求制作《证据目录》，载明下列内容：

（一）提交人的姓名或名称；

（二）提交人的诉讼地位；

（三）诉讼代理人的姓名、联系方式；

（四）证据清单（包括：每一份证据的编号、名称、数量和能够证明的问题）。

第二十三条 承办律师在接到出庭通知书或者开庭的口头通知后，因下列情形之一不能出庭时，应当及时与审理法院联系，申请延期开庭：

（一）收到两个或两个以上的开庭通知，只能按时参加其中一个的；

（二）开庭前发现新的证据需要进一步调查或申请新的证人出庭作证的；

（三）由于其他客观原因不能按时出庭的。

承办律师申请延期开庭未获批准，又确实无法按时出庭的，应当与委托人协商妥善解决。

承办律师在开庭前3日内未收到出庭通知的，应当要求法院变更开庭日期。

第二十四条 承办律师在开庭前应当向法院了解通知证人、鉴定人、勘验检查笔录制作人和具有专门知识的人出庭作证的情况。如果发现存在未予通知的情况，应当在案件开庭审理前及时与法院协商解决。

第二十五条 对于委托人提供的与案件事实相关的证据材料，应当根据下列原则妥善处理：

（一）委托人能够提供证据的，承办律师应当制作《证据交接清单》一式两份，详细列明委托人提供的证据的名称、数量、是否是原件及提交时间并由委托人签字确认，一份交委托人存查，另一份随本案卷宗装订归档（列在证据目录之后）；

（二）在收集证据时，可以在与证据原件核对无误的情况下，在卷宗中保存证据的复印件直至案件审理完毕卷宗归档；

（三）在向受案法院提交证据时，应当提示委托人同时准备证据的原件和复印件，在法院审核无误后，将复印件提交给法院，原件交由委托人妥善保管；

（四）在案件开庭审理时，应当提前通知委托人携带证据原件到庭参加诉讼。

除非委托人持有的证据原件数量超过2份，否则，承办律师不得在开庭审理以外的时候收取委托人移交的证据原件。

第四节　出庭

第二十六条 承办律师应当按照受理法院通知的时间准时出庭。

承办律师出庭时应当遵守法庭规则和法庭秩序，听从法庭指挥。在发言时不得使用侮辱、攻击性的言论，不得与对方当事人或者代理人以及其他诉讼参加人发生冲突。当对方当事人或者代理人以及其他诉讼参加人在发言中使用侮辱、攻击性的语言时，应当请求审判长或独任审判员予以制止。

第二十七条　案件存在两个以上原告或者被告的,承办律师应当按照《起诉状》中所列的顺序依次就座。

第二十八条　承办律师在举证时,应当按照本所《民事诉讼案件举证指引》的规定操作。

对方当事人及其代理人对己方的举证提出异议的,承办律师应当有针对性地进行辩论,维护己方证据的可信性。

第二十九条　承办律师在质证时,应当按照本所《民事诉讼案件质证指引》的规定操作。

对方当事人及其代理人对己方的质证提出反驳的,承办律师应当有针对性地进行辩论,尽可能地降低对方证据的可信性。

第三十条　法庭辩论阶段,承办律师应当认真听取对方当事人及其代理人的意见,记录要点,有针对性地进行阐述和辩论。

发表代理意见所引用的证据、法条,应当清楚准确、核对无误,做到观点明确、论据充分、逻辑严谨、用词准确、语言简洁。

第三十一条　在开庭过程中发现审判程序违法,承办律师应当向合议庭指出并要求予以纠正。

第五节　庭审结束后的工作

第三十二条　庭审结束后,承办律师应当尽快整理代理意见,在合议庭指定的期限内将《代理词》送交主审法官。

合议庭没有指定提交《代理词》期限的,承办律师应当在第一次庭审结束后7日内将《代理词》提交给主审法官。

第三十三条　一审判决后,如果委托人授权承办律师代收法律文书的,承办律师在收到判决书后,应当立即向委托人通报判决结果,并将判决书转交给委托人。委托人同时授权代为提起上诉的,应当立即听取委托人对判决结果的意见,做好上诉的准备工作,并应当提示委托人在法定期限内提起上诉。

第三章　担任二审案件的诉讼代理人

第三十四条　承办二审案件须办理的委托手续与一审相同。

第三十五条　委托人的诉讼地位是上诉人的,承办律师应当首先审查是否超过上诉期限。对于已经超过上诉期限的,应当明确告知委托人,并提示委托人可以通过审判监督程序达到权利救济的目的。但是,应当向委托人充分介绍审判监督程序可能存在的风险;对于没有超过上诉期限的,承办律师应当按照本所《民事上诉状制作指引》的规定及时准备《上诉状》,在法定的期限内向一审法院提交。同时,应当提示委托人在一审法院指定的期限内预交上诉费用。

委托人的诉讼地位是被上诉人的,承办律师应当根据上诉人提交的《上诉状》的上诉请求,准备书面《答辩状》,在法定的期限内向一审法院提交。

第三十六条　承办律师应当至少在二审开庭审理前15日内向二审法院提出查阅一审卷宗的要求。

在查阅一审卷宗时应当注意下列事项:

(一)一审法院对案件是否拥有管辖权;

(二)一审法院的审判程序是否合法;

(三)双方当事人提交的证据是否全部入卷、是否在庭审中一一举证、质证;

(四)一审判决认定的事实是否清楚、据以认定事实的证据是否确实、充分;

(五)是否存在其他可能影响案件公正审理的情形。

第三十七条　二审案件开庭审理的,承办律师出庭的要求与一审相同。

二审案件不开庭审理的,承办律师应当向合议庭提交书面的代理词,并可以按照相关证据规则的规定提交新的证据。

第四章　民事诉讼常见非普通程序案件的代理

第三十八条　代理适用民事诉讼常见非普通程序的案件应当参照本规范第一章的规定办理委托手续。

本规范所称民事诉讼常见非普通程序是指:《民诉法(2021)》第十三章规定的"简易程序"、第十七章规定的"督促程序"、第十八章规定的"公示催告程序"。

第一节　适用简易程序的案件的代理

第三十九条　承办律师在代理简单的民事案件时,担任原告的诉讼代理人的,应当制作书面的《起诉状》,可以在其中建议受理法院适用简易程序予以审理;担任被告的诉讼代理人的,如果发现案件不符合《民诉法(2021)》第160条和《民诉法解释(2022)》第257条规定的,可以向受理法院提出异议,请求转入普通程序审理。

第四十条　在代理适用简易程序审理的民事案件时,应当参照第一审普通程序的规定进行调查取证和举证工作。

第四十一条　对于人民法院决定适用小额诉讼程序审理的案件,承办律师应当根据《民诉法(2021)》第165条、第166条的相关规定做出判断。经判断,认为案件事实符合《民诉法(2021)》第166条规定的,应当及时向审理案件的人民法院提出书面异议。

第二节　适用督促程序的案件的代理

第四十二条　承办律师办理适用督促程序的民事案件,作为债权人的代理人时,应当首先审查债权人主张的债权和债务人的情况是否符合《民诉法(2021)》第221条的规定。

对于符合上述规定的债权,承办律师应当充分提示委托人:适用督促程序可以节省时间和相关的诉讼费用,但是,根据相关的法律规定,申请支付令的同时不能申请财产保全。因此,有可能出现债务人转移财产导致债权无法实现的后果。对于委托人坚持适用督促程序处理的,承办律师应当及时向债务人住所地法院提交书面的《支付令申请书》。

第四十三条 承办律师办理适用督促程序的民事案件,作为债务人的代理人时,应当根据案件的事实,决定是否提出书面的《支付令异议申请书》,并根据具体情况做好应诉的准备工作。

第三节 适用公示催告程序的案件的代理

第四十四条 承办律师办理适用公示催告程序的民事案件,作为票据持有人的代理人时,应当首先审查票据持有人叙述的事实和提出的权利主张是否符合《民诉法(2021)》第225条的规定。

票据持有人叙述的事实和提出的权利主张符合《民诉法(2021)》第225条规定的,承办律师应当制作申请书提交给票据支付地的基层人民法院,申请公示催告。

票据持有人叙述的事实或者提出的权利主张不符合《民诉法(2021)》第225条规定的,承办律师应当向票据持有人说明情况,可以根据具体情况提出通过其他途径解决相关争议。

第五章 再审案件的代理

第四十五条 委托人申请再审的理由符合《民诉法解释(2022)》第373条、第379条、第380条的规定的,承办律师可以接受委托,代理申请再审。但是,应当以书面形式告知委托人,只有符合《民诉法(2021)》第207条的相关规定的,才有可能进入再审程序。

前款规定的书面形式可以制作《诉讼风险告知笔录》,也可以采取其他书面形式,但应当保存一份原件用于装订归档。

第四十六条 委托人为再审申请人的,承办律师应当根据《民诉法解释(2022)》第376条的规定并按照本所《民事再审申请书制作指引》的规定制作再审申请书。

向人民法院递交申请再审的材料时,承办律师应当事先向拟提出再审申请的法院了解清楚需要准备的材料的种类、数量、样式,按照相关法院的具体要求和《民诉法解释(2022)》第375条的规定进行相应准备。

第四十七条 委托人为再审被申请人的,承办律师应当在审查受理再审申请的人民法院送达给被申请人的《应诉通知书》《再审申请书》等材料的基础上,结合被申请人对案件事实的介绍、原审法律文书确认的事实等具体情况做好再审立案听证的相应准备。

承办律师在审查受理再审申请的人民法院送达给被申请人的《应诉通知书》《再审申请书》等材料时,应当特别关注下列事项:

（一）是否属于适用特别程序、督促程序、公示催告程序、破产程序等非讼程序审理的案件。

（二）当事人就离婚案件中的财产分割问题申请再审，是否涉及判决中未作处理的夫妻共同财产。

（三）当事人对已经发生法律效力的调解书申请再审，是否在调解书发生法律效力后6个月内提出。

（四）是否属于《民诉法解释（2022）》第381条第1款规定的情形。

第四十八条 人民法院对申请再审的案件决定再审的，承办律师应当按照原审程序进行代理。

代理再审案件应当参照本规范关于收案的相关规定办理委托手续。

第四十九条 对于委托人要求申请抗诉的案件，承办律师应当首先审查是否符合《民诉法（2021）》第206条第1款规定的情形，对于不符合该款规定的，应当拒绝接受委托。

第五十条 委托人要求申请抗诉的案件符合《民诉法（2021）》第216条第1款规定的，承办律师可以接受委托，并制作《民事诉讼监督申请书》。

监督申请书的请求事项应当包括要求人民检察院依法提起抗诉或者提出再审检察建议的具体要求，可以直接采用再审申请书记载的请求事项的内容。

监督申请书应当提交给与终审法院同级的人民检察院。申请民事诉讼监督需要提交的其他材料，按照《人民检察院民事诉讼监督规则（2021）》的相关要求进行准备。

第六章　附则

第五十一条 承办律师在代理民事诉讼案件过程中形成的全部法律文书，均应按照本所《法律文件格式排版指引》的规定打印并提交给审理案件的人民法院，同时保留一份存入归档卷宗。

审理案件的人民法院要求提供电子文档的，应当同时提供电子文档。

第五十二条 本规范与各级律师协会制订的律师业务操作规范的规定不一致的，以各级律师协会制订的律师业务操作规范的相关规定为准。

第七章

民事诉讼案件流程操作指引

　　以《民法典》作为参照物,《民事诉讼案件操作规范》相当于民事诉讼案件操作的总则,解决的是律师在承办民事诉讼案件过程中的原则性、基础性事项;《民事诉讼案件流程操作指引》就是民事诉讼案件操作的分则,解决的是在承办民事诉讼案件过程中各个具体环节中的具体问题。以《民诉法》关于民事诉讼案件审理程序的规定为基础,《民事诉讼案件流程操作指引》设置了立案、举证、质证、出庭等四个组成部分。从笔者任职律所成立近七年来的业务管理实践来看,完全可以满足律师承办民事诉讼案件的需要,对于在律所内部实现规范化的业务管理、提升律所全体律师的整体业务水平,特别是在实现律师业务操作的标准化方面,能够起到积极推动的作用。

一、民事诉讼案件立案指引

> **指引 7-1**　北京德和衡(哈尔滨)律师事务所民事诉讼案件立案指引
>
> **1. 总则**
> 1.1 在进行民事案件立案时,应当坚持及时、高效的原则,确保案件在要求的期限内,在确定的法院或者仲裁机构完成立案工作。
> 1.2 办理立案事宜时,应当预留足够的时间,以避免委托人的权利受到不利影响。
> 1.3 立案时需要向受理法院提交的授权委托书、民事起诉状、仲裁申请书等需要当事人签署的相关法律文件,委托人是自然人的,应当由委托人本人签名并摁手印;委托人是非自然人的,应当由委托人加盖单位印章并由其法定代表人/负责人签名或者加盖其名章。

2. 立案准备

2.1 仔细审查涉案的相关法律文件，确认双方当事人是否约定了争议解决方式；双方以书面形式约定通过仲裁程序解决争议的，应当按照仲裁程序办理立案手续。

2.2 合同约定按照仲裁程序解决争议的，应当通过仲裁机构的网站或者其他有效方式，获得该仲裁机构的仲裁规则以及该仲裁机构对立案工作的要求，并应当严格按照相关要求办理立案手续。

2.3 仔细审查涉案的相关法律文件，确认双方当事人是否有效约定了管辖法院。在确定约定管辖有效的情况下，除非与委托人进行了特别安排，否则，应当向约定的管辖法院提起诉讼。

2.4 充分了解拟立案法院的受案范围和受案标的额，确保在该法院提起的诉讼符合其受理条件，然后与委托人商定最终的立案法院。

2.5 充分了解选定的立案法院对立案流程和立案材料的要求，并严格按照立案法院的要求准备立案材料。

2.6 依据被告住所地确定管辖法院的，当存在多个被告时，应当将立案法院所在地的被告列为第一被告。

2.7 依据原告/被告住所地以外的地点确定管辖法院的，应当准备并提交能够确定上述地点的相关证据。

2.8 立案前，应当先行查询或确认被告住所地。自然人的住所地可以通过人口信息系统查询；单位可以通过市场监督管理机关或其他政府部门查询，并确认被告的存续情况。如果被告的自然状况发生变更的，应当依据变更后的情况确定被告信息。

2.9 对确定管辖法院有特别规定的，或者可能需要向经办立案的法官出示或者解释相关法律规定的，应当事先检索出相关的规定并打印成纸质版。

2.10 立案前，应当准备好授权委托书。委托人一般授权的，授权内容应当表述为："代为立案、申请保全、调查取证，代为参加庭审，代为签收与本案有关的法律文书，代为处理与本案有关的其他一切程序性事项"；委托人特别授权的，授权内容应当表述为："代为承认、放弃、变更诉讼请求，进行和解，提起反诉或上诉，代为签收与本案有关的法律文书"。

2.11 立案前，应当按照法律规定备足民事起诉状和证据材料的份数，并完成签署。

2.12 提交立案审查的材料应当区分正、副本，并应当在材料的封面上加盖本所统一刻制的正、副本印章。其中正本应当单面打印装订，副本可以双面打印装订。

2.13 立案前应当要求委托人准备如下材料：

2.13.1 自然人委托人应当准备身份证复印件，同去立案时应当携带原件；

2.13.2 非自然人委托人应当准备营业执照复印件、组织机构代码证复印件、法定代表人或负责人身份证复印件，同去立案时应当携带原件。

2.14 立案前,应当按照本所的规定完成所内立案工作,并领取出庭函。

2.15 如果与委托人共同确定在诉讼时效的最后一天提起诉讼,应当先行向立案法院确定其是否上班及立案的要求,以保证能够在当天立案。同时,应当在当天下班前,通过特快专递(必要时可进行公证)将一套完整的立案资料寄送给立案法院的立案部门。

3. 立案手续办理

3.1 如果由实习律师办理立案手续,应当提前与立案法院确认,实习律师是否可以办理立案手续。如果不能办理的,应当由受托的执业律师办理立案手续。对于立案时间有特殊要求的案件,严禁由实习律师单独办理立案手续。

3.2 如果委托人是自然人,且不能同去立案的,应当要求该委托人提交身份证原件以供立案人员审查。委托人身份证原件使用完毕后,应当立即归还委托人;如果收取委托人身份证原件时出具了收条,在归还时应当将收条收回。

3.3 立案时,经办的立案律师原则上应当穿着正装。

3.4 立案时,应当按照法院的要求排队。在等待期间,不得大声喧哗。

3.5 承办律师应当将立案材料分成如下三类,并按照下述顺序提交经办立案法官:

3.5.1 民事起诉状及证据材料的正本;

3.5.2 民事起诉状及证据材料的副本(按法律规定的份数提交);

3.5.3 出庭函、授权委托书及当事人的身份资料。

3.6 应当耐心解答立案法官提出的问题,不得与经办法官争吵。如对经办法官的处理结果有异议,可向有关部门反映。

3.7 经办法官不予立案的,应当要求其说明理由。对经办法官的理由,应当认真听取和记录,并进行核实,如有异议可进行解释并出具证据和法律依据。如确实存在问题的,应当立即进行改正,然后重新办理立案手续,不得当场无理纠缠。

3.8 经办法官认为当事人对法律文件的签署存在遗漏的,除非经办法官同意,否则,不得当场代当事人补签。

3.9 经办法官要求预留送达地址的,可以预留承办律师的地址和联系方式。如果预留了委托人的地址和联系电话的,应当及时告知委托人注意查收。

3.10 应当将立案经办人员的姓名以及生成的案号记录下来并保存,以便查询。

3.11 在按经办法官的要求签署相关法律文书时,应当仔细阅读后再行签署,对其中提示的重要事项应当进行记录并及时告知当事人。

3.12 在获得案件缴费通知后,应当及时提交给委托人,督促委托人按时缴费并告知其逾期缴纳的法律后果。

3.13 委托人按照规定缴纳案件受理费后,应当告知当事人及时将附卷联交还立案的经办法官,并持付款凭证开取相关发票。

4. 立案工作的后期维护

4.1 立案工作完成后,应当及时告知委托人,并同时将从法院获得的缴费通知、受理通知、举证通知等交付委托人或告知其主要内容。

4.2 对不予立案并要求补正的案件,应当及时与当事人进行完善,在满足立案条件后重新立案。

4.3 对不予立案的案件,应当及时调整诉讼策略。

4.4 对不予立案且诉讼时效、除斥期限将届满的案件,应当及时采取有效的方式,行使权利,确保委托人的权利不会受到损害。

4.5 立案工作完成后,应当专项跟踪案件的情况,及时了解案件的进展。

4.6 如果立案时指定了举证时限,应当提示委托人,并与委托人共同在指定的期限内完成举证工作。

5. 其他

仲裁案件的立案,在严格执行相应仲裁机构的仲裁规则基础上,可以参照本指引。

二、民事诉讼案件举证指引

指引 7-2　北京德和衡(哈尔滨)律师事务所民事诉讼案件举证指引

1. 总则

1.1 民事诉讼案件的举证,是指民事诉讼案件的当事人及其诉讼代理人在民事诉讼中证明己方的诉讼主张、反驳对方的诉讼主张,按照民事诉讼法及相关司法解释的规定,向审理案件的人民法院提交、举示证据的行为。

1.2 承办律师在下列情况下应当代理或者协助委托人履行举证责任:

1.2.1 代理原告的,在申请立案时,按照立案标准提交证据即可。

1.2.2 被告/被上诉人答辩后,应当尽可能就被告/被上诉人的抗辩意见提交反驳证据。

1.2.3 受案法院指定举证期限后,在举证期限内根据提出的诉讼/上诉请求提交足以支持诉讼/上诉请求的证据。

1.2.4 就案件审理过程中出现的新事实提交证据。

1.2.5 其他应当举证的情形。

1.3 举证应当达到确保待证事实具有高度盖然性的标准,足以支持己方的主张或者足以反驳对方的主张。

1.4 举证应当遵守举证时限的规定,并严格遵守法庭的安排。在未取得法庭书面确认的情况下,所有证据必须在规定时限内提交完成。

1.5 在规定的举证时限内不能提供全部证据的,应当先将能够提交的证据提交法庭,同时向法庭申请延长举证时限。

1.6 举证时应当遵循下列原则:

1.6.1 体系合理。应当对证据进行合理组织,使之形成完善的证据体系,以提升证据的整体证明力。

1.6.2 证明力优先。对于待证事实,在拥有多份证据可以证明的情况下,应当优先考虑使用证明力等级最高的证据。

1.6.3 预防在先。应当全面、客观地分析拟提交的证据可能带来的负面影响,并在事前积极采取应对措施;举证前应当尽可能预测对方可能采取的质证策略,并据此制订反制策略。

1.7 证据应当根据其来源不同按证明力由高到低进行如下排序:

1.7.1 含有自认内容的证据。

1.7.2 案件当事人共同确认的证据。

1.7.3 法院和仲裁机构的生效裁判。

1.7.4 经过公证机关公证的证据。

1.7.5 审理案件的法院依职权调取的证据。

1.7.6 国家机关持有或出具的证据。

1.7.7 普通第三方持有或出具的证据。

1.7.8 案件一方当事人单方制作的证据。

2. 证据的组织与管理

2.1 承办律师应当协助委托人全面收集与本案有关的证据,并对证据进行必要的梳理,在梳理过程中,应当对证据能否提交原件/原物加以特别注明。

2.2 需要向法院申请调查收集证据的,应当在举证期限届满前向合议庭提交书面申请,载明被调查人的姓名或者单位名称、住所地等基本情况、所要调查收集的证据名称或者内容、需要由法院调查收集证据的原因及其要证明的事实以及明确的线索。

2.3 需要向法院申请证据保全的,应当在举证期限届满前向合议庭提交书面申请,载明需要保全的证据的基本情况、申请保全的理由以及采取何种保全措施等内容。

2.4 承办律师应当归纳诉讼主张成立需用证据证明的各要素,按照每一个需要证明的要素对证据进行归类,并区分核心证据和辅助证据;应当根据确定诉讼请求时所依据的事实以及诉讼请求涉及的金额及计算方式,就每个待证事实收集证据。

2.5 证据收集完毕后,承办律师应当依据证据的收集情况以及证据的证明效力等制订证据策略分析意见,以帮助委托人全面、客观地了解案件的优势、劣势、机会和风险,并及时采取应对措施。证据策略分析意见应当包含如下内容:

2.5.1 核心证据和辅助证据的收集和组织情况。

2.5.2 证据原件/原物的持有情况,对没有原件/原物的证据进行专项分析并制订应对措施。

2.5.3 案件可能面临的问题,在证据方面的优势、劣势、机会和风险,针对面临劣势和风险,应当采取的应对措施。

2.5.4 对方当事人的举证预测及初步质证意见。

2.5.5 对方当事人质证策略预测以及就此应当采取的反制策略。

2.5.6 其他需要论证的问题。

2.6 证据应当围绕争议焦点分组提交,提交时应当按照下列方式排列:

2.6.1 根据1.7条款的规定具有较高证明力的核心证据。

2.6.2 辅助证据。

2.6.3 核心证据数量较多或者内容复杂的,应当对核心证据进行整理并提炼出最核心的观点。

3. 举证的庭前准备

3.1 承办律师应当提醒委托人备齐证据原件并指派专人带至法庭。原件由承办律师保管的,由承办律师负责带至法庭。除非委托人确认持有多份原件,否则,承办律师不得接收并保管证据原件。

3.2 承办律师应当在庭前根据本指引制作书面的举证意见,并将举证意见电子版拷贝给法官助理/书记员。

3.3 两名律师共同出庭的,事先应当进行适当的分工,尽量由不负责法庭辩论的律师承担庭审中的举证工作。

3.4 自然人委托人、非自然人委托人指派的工作人员、证人或者对方当事人出庭的,承办律师应当在开庭前推演在法庭上可能遇到的各种情形并做出应对的预案。

3.5 提交给法庭的证据目录、举证意见、相关证据应当保证合议庭全部组成人员、法官助理/书记员、己方出庭人员人手一份,同时,应当准备一份提交给对方出庭人员。

4. 举证方法

4.1 举证的注意事项。

4.1.1 举证时,应当按照证据目录的顺序,依次说明证据的形式、内容、来源以及拟证明的问题。

4.1.2 明确证据名称及形成过程,以便让合议庭能够确认所举证据的真实性。

4.1.3 明确证明对象。

4.1.4 证明同一事项需要多份证据的,可以向合议庭申请一并出示。

4.1.5 同一份证据能够证实多个事项的,可以多次出示。

4.1.6 拟举证的证据与对方当事人出示的证据重合,但证明对象不同的仍应当举证,不能因为对方当事人也提交了相同的证据而不再举证。

4.1.7 在中华人民共和国领域外形成的涉及身份关系的证据,应当经所在国公证机关证明并经中华人民共和国驻该国使领馆认证,或者履行中华人民共和国与该所在国订立的有关条约中规定的证明手续。

4.1.8 当事人向人民法院提供的证据是在香港、澳门、台湾地区形成的,应当履行相关的证明手续。

4.2 当事人陈述的举证方法。

4.2.1 当事人陈述的形式包括:在起诉状/上诉状、答辩状等法律文书中记载的案件事实,以书面或者口头形式提出的举证意见、质证意见、代理意见所表达的内容,对当庭提问的回答等。

4.2.2 确定陈述内容之前,应当明确己方陈述的目的。同时,应当尽可能预测对方当事人或者合议庭对陈述内容的进一步反应,以及应当进行的下一步陈述。

4.2.3 陈述应当围绕核心证据进行,以提高内容的可信度;陈述的内容应当具有逻辑性和体系性,避免自相矛盾。

4.2.4 陈述时应当避免出现迟疑、重复等容易令人引起怀疑的现象。

4.2.5 陈述的内容能够转换成书面形式的,应当先转换成书面形式并事前提交给合议庭。

4.3 书证的举证方法。

4.3.1 提交给合议庭的书证应当为原件,对方当事人和合议庭同意提供复印件的除外。

4.3.2 提交给合议庭的书证复印件应当内容清晰、容易辨识。

4.3.3 书证为财务资料等无法或者不便于向合议庭出示的,如果对方当事人要求出示原件,应当向合议庭进行说明并建议对方当事人到委托人的营业场所现场查看,以确认证据的真实性。

4.3.4 开庭时,证据的原件应当放置在合议庭或者对方当事人不易看到的地方,如果对方当事人不要求出示原件,不应主动或者提示出示原件。

4.3.5 合议庭或者对方当事人要求出示原件的,应当递交给法官助理/书记员,由其转交给合议庭成员。没有合议庭的指示，不应将证据原件直接递交对方当事人质证；如果合议庭要求将证据原件直接递交对方当事人质证，应当尽可能采用旁站方式，以保证证据原件的安全。对方当事人质证完毕，应当将原件立即取回。

4.3.6 对方当事人要求出示原件但己方无法出示的，应当向合议庭说明理由。如果需要合议庭向有关部门核对原件的，应当提出申请。

4.3.7 如果无法提供书证的原件，可以要求委托人或委托人的相关责任人、经手人出庭，向合议庭说明没有提供和持有原件的合理原因。

4.3.8 将证据提交合议庭之前，应当将其中存在的不必要的标识去除（尤其是在研究案件时所做的标注）。

4.3.9 在书证中需要重点提示合议庭的内容，应当使用色彩明显的笔迹加以标识。书证的内容复杂的，应当制作图表或者思维导图，以帮助合议庭迅速了解相关内容。

4.3.10 在中华人民共和国领域外形成的公文书证，应当经所在国公证机关证明，或者履行中华人民共和国与该所在国订立的有关条约中规定的证明手续。在香港、澳门、台湾地区形成的，应当履行相关的证明手续。

4.3.11 提供的书证为外文的，应当附有中文译本。

4.4 物证的举证方法。

4.4.1 应当出示原物及为达到举证目的所需要的相应的说明书、发票等。如需委托人保存原物或者提供原物确有困难的，可以提供经合议庭核对无异的复制品。原物为不宜搬移或者不宜保存的动产的，可以提供复制品、影像资料或者其他替代品，同时申请合议庭通知对方当事人进行现场查验。

4.4.2 如果需要拆解原物或者展示原物的使用功能的，应当事前向合议庭申请由委托人的技术人员或者其他相关人员出庭，以保证原物出示的效果。

4.4.3 原物不方便当庭出示的，应当进行公证，在得到合议庭许可的情况下，方可不当庭出示。原物经过公证的，应当将公证书与原物一并向合议庭出示，以证明原物与本案的关联性。原物不方便当庭出示又没有公证的，如果对方当事人要求出示，可以向合议庭申请组织现场查验。

4.4.4 原物为不动产的，应当提供该不动产的影像资料。合议庭决定通知双方当事人到场进行查验的，承办律师应当通知委托人全力配合，并应当在现场查验时到场参加。

4.5 视听资料的举证方法。

4.5.1 视听资料应当复制成光盘提交合议庭并进行必要的书面说明，同时应当提供存储该视听资料的原始载体。

4.5.2 视听资料为录音的，应当整理成文字稿；文字稿的内容应当完整，不得删减。

应当对文字稿进行必要的说明,使合议庭能够明白录音资料的形成背景、各陈述者的身份等。文字稿中应当标明与本案有关的重要内容,以便合议庭了解案件事实、开展认证工作。

4.5.3 承办律师应当提示合议庭准备或自备播放设备,以便于视听资料当庭出示和对方当事人质证。

4.5.4 视听资料为照片的,如果对方当事人对照片内容提出异议,在现场仍然存在的情况下,可以向合议庭申请现场查验。

4.6 电子数据的举证方法。

4.6.1 以电子数据作为证据的,应当提交原件。

4.6.2 应当向合议庭说明电子数据的形成过程,以帮助合议庭了解其真实性。

4.6.3 应当对电子数据进行必要的说明,以帮助合议庭了解其证明对象。

4.6.4 电子数据进行了公证的,应当与电子数据的载体一并向合议庭出示。

4.7 证人证言的举证方法。

4.7.1 需要证人出庭的,应当在举证期限届满前向合议庭提交书面申请书。

4.7.2 至少开庭前三天,应当告知证人携带身份证件、其在法庭上的注意事项,及需要证明的目的、内容以及合议庭可能提问的问题。特别应当提醒证人,作证时不得宣读事先准备的书面材料。

4.7.3 证人在作证前,不得允许证人旁听庭审。

4.7.4 证人持有证据的,可以告知其出庭时携带并向合议庭出示。

4.7.5 可以将证人在审理前的准备阶段或者人民法院调查、询问等双方当事人在场时陈述的证言笔录作为证言提交。

4.7.6 刑事侦查机关、行政执法机关制作的与案件相关的笔录(须加盖办案机关的印章以证明其真实性),应当向合议庭出示,必要时可以申请合议庭向上述机关的相关工作人员核实。

4.7.7 除非确有必要、确有把握,否则,尽量不将证人证言作为证据提交。

4.8 鉴定意见的举证方法。

4.8.1 无论哪一方申请了司法鉴定,承办律师都应当在开庭前取得鉴定书:

4.8.1.1 对鉴定书的内容有异议的,应当在合议庭指定的期间内以书面方式提出,同时要求鉴定人对己方提出的异议进行解释、说明或者补充。

4.8.1.2 合议庭通知鉴定人出庭并通知己方当事人预交鉴定人出庭费用的,应当及时通知委托人做好相应准备。

4.8.1.3 鉴定意见存在《最高人民法院关于民事诉讼证据的若干规定(2019)》第40条规定的情形之一的,应当申请重新鉴定。对于存在瑕疵的鉴定意见,可以向合议庭申请对鉴定意见进行补正、补充或者补充质证、重新质证。

4.8.2 应当向合议庭说明鉴定意见以及得出结论的核心依据,并说明鉴定结论的证明对象。

4.8.3 对方当事人申请鉴定的,鉴定意见对己方有利时,应当向合议庭说明。

4.8.4 鉴定意见中有选择性事项的,应当就选择性事项提交证据。

4.9 勘验笔录的举证方法。

4.9.1 应当按照合议庭通知的勘验时间和地点及时参加勘验活动。

4.9.2 己方申请勘验的,应当就勘验事项向合议庭进行解释和说明;可以请求合议庭注意勘验中的重要事项。

4.9.3 应当在庭前取得勘验笔录并进行分析和归纳。

4.9.4 应当向合议庭明确勘验笔录的证明对象。

5. 其他

5.1 承办律师应当在开庭前将举证意见的电子版提交书记员,以便于其全文拷贝并纳入笔录。

5.2 在庭审中,原来提交给合议庭的举证意见有变化的,应当及时提示合议庭及法官助理/书记员予以修改。

5.3 仲裁案件中的举证,在严格执行相应仲裁机构的仲裁规则的基础上可以参照本指引。

三、民事诉讼案件质证指引

| 指引7-3 | 北京德和衡(哈尔滨)律师事务所民事诉讼案件质证指引 |

1. 总则

1.1 民事诉讼案件中的质证,是指民事诉讼案件的当事人及其诉讼代理人在民事诉讼中对于对方当事人及其诉讼代理人提供、举示的证据,从证据的合法性、真实性和与争议事实的关联性等方面进行的反驳和质疑。

1.2 承办律师应当代理或者协助委托人履行质证责任。

1.3 质证应当达到如下目的:

1.3.1 通过直接否定对方证据,使对方的诉讼/反诉/上诉请求或者抗辩理由赖以存在的事实丧失证据支持,从而不被法庭采信。

1.3.2 通过有效否定对方证据或降低对方证据的证明力,以影响对方当事人在法官心中的诚信状况,从而增加对方当事人的举证难度和诉讼风险。

1.3.3 通过否定或者利用对方证据,进一步强化己方主张事实的客观性,以增强己方在法官心中的诚信度,降低己方的举证难度和诉讼风险。

1.3.4 通过质证,尽量限制法庭对己方有利事实认定上的自由裁量权。

1.4 质证时,可以采取如下表达方式:

1.4.1 对证据的真实性,无异议、有异议或者由于并非该证据的当事方,也不知道该证据的形成过程,对该证据的真实性不发表意见。

1.4.2 对证据的证明对象,无异议、有异议(应当提出异议的具体内容和理由)。

1.4.3 确认该证据或证明对象是否与本案有关联。如果没有关联,应当提出并说明理由。

1.5 提交书面质证意见及电子文档时,应当声明该电子文档及书面质证意见仅为便于庭审记录使用,不应提交给对方当事人及其诉讼代理人。

2. 质证前的准备工作

2.1 对于庭前获得的证据,应当及时提交委托人并组织核实:

2.1.1 听取委托人对证据的综合性意见。

2.1.2 向委托人充分了解证据的形成过程和背景。

2.1.3 向委托人了解证据的真实性,评估对方当事人能否出示证据原件。

2.1.4 要求委托人确认是否同意对方当事人的证明对象。

2.2 依据向委托人了解的情况,确定对方当事人所提交的证据中哪些属于证明其主张的关键性证据,哪些是影响己方主张事实的关键性证据,据此充分评估相关证据对案件处理结果的整体影响。

2.3 提示、引导委托人进一步收集和整理证据,并根据对方当事人的举证情况进一步完善质证策略,通过收集和提交新证据制订反制策略。

2.4 依据前述的评估和分析,制订具体的质证方案。

2.5 依据制订的质证方案撰写书面质证意见,并在庭前将书面质证意见及相应的电子文档拷贝给法官助理/书记员,以方便其准确记录。

3. 质证的原则

3.1 应当就证据的真实性和证明对象明确发表意见。

3.2 对不能否认的证据应当及时予以认可,以获得合议庭的信任。

3.3 对于法院或者对方当事人能够通过调查取得或核实的证据,即使存在一定瑕疵,在充分评估风险后一般应当予以确认。

3.4 对于对方存在明显瑕疵的证据,应当果断予以否认,并向合议庭简要说明理由。

3.5 质证意见应当逻辑简单、观点明确,与辩论意见和观点保持高度一致。

3.6 必须全面查证对方提交的证据，充分挖掘对方提交的证据中的全部信息并进行辨识。

3.7 通过质证的精细化策略影响对方的必胜信心，以便在案件不利时有机会通过调解结案。

3.8 质证发言应当简短、果断、坚定、充满自信，不能有犹豫、迟疑或者模棱两可的表现。

3.9 应当认真核对笔录，确认书记员的记录是否与承办律师当庭陈述的质证意见一致。

3.10 充分评估和预防在质证中因自认事实而产生的诉讼风险。

4. 质证的方法

4.1 对当事人陈述的质证。

4.1.1 应当就对方当事人在法庭中的陈述明确表示"认可"还是"否认"。

4.1.2 不认可对方当事人的陈述的，应当提出充分的理由。

4.1.3 应当认真聆听合议庭提出的问题，分析提问的目的，及时、慎重地回答提问。如果遇到一时无法回答的问题，应当直接说明，并申请庭后核实，切忌没有目的地随意回答提问。

4.2 对书证的质证。

4.2.1 应当在对方提交原件后才对证据的真实性发表意见，对不能提供原件的书证原则上应当拒绝质证。如果对方不能提供原件，合议庭要求附条件发表质证意见的，在核对笔录时应当确认是否在笔录中明确了所发表质证意见的前提。

4.2.2 在对方提供了原件的情况下，应当核实、辨别书证的真伪，确定来源是否合法；同时应当注意是否在举证期限内提供。

4.2.3 充分考虑书证与本案的关联性以及与其他证据的关联性。

4.2.4 注意对方提交的书证与证明对象是否对应，应当在认真阅读书证的全部内容并充分理解其含义的前提下发表质证意见。

4.2.5 对于以单位名义出具的书证，应当从以下角度进行质证：

4.2.5.1 该单位在性质上是否属于"国家机关或者其他依法具有社会管理职能的组织"。

4.2.5.2 该单位的主体资格是否合法存续。

4.2.5.3 书证所记载的事项是否属于各单位"在其职权范围内制作"的。

4.2.5.4 是否有该单位"负责人及制作证明材料的人员"的"签名或者盖章"，是否有该单位的印章。

4.2.6 如果书证是在国家机关存档的文件的复制件、副本、节录本的,应当考虑档案部门或者制作原本的机关是否证明其内容与原本一致。

4.2.7 如果书证为私文书证的,应当考虑是否由制作者或者其代理人签名、盖章或捺印,是否有删除、涂改、增添或者其他形式的瑕疵。

4.3 对物证的质证。

4.3.1 注意查看物证是否为原物,否则不应对物证的真实性发表意见;但存在下列情形之一的除外:

4.3.1.1 出示原物确有困难并经人民法院准许出示复制品的。

4.3.1.2 原物已不存在,但有证据证明复制品与原物一致的。

4.3.2 注意查看物证的外在表征及所附的标牌、说明书等文件中记载的内容,逐项核实其是否与证明对象相对应,以确定真伪。

4.3.3 充分考虑物证与本案的关联性以及与其他证据的关联性。

4.4 对视听资料的质证。

4.4.1 注意视听资料形成的时间、地点和周围的环境,形成时间与纠纷发生的时间关系(是在交易进程中形成,还是在争议发生后形成)。

4.4.2 注意收集的方法是否合法。

4.4.3 注意视听资料是否完整,是否存在剪辑、伪造或者编造,播放设备的技术条件对视听资料播放是否造成不良影响。

4.4.4 如果视听资料是真实的,应当明确予以确认。

4.4.5 对视听资料申请鉴定应当慎重,以避免对己方不利的鉴定意见。

4.4.6 注意视听资料的内容与本案的关联性以及与其他证据的关联性。

4.4.7 对于偷拍、偷录的视听资料,应当根据《民诉法解释(2022)》第106条关于"对以严重侵害他人合法权益、违反法律禁止性规定或者严重违背公序良俗的方法形成或者获取的证据,不得作为认定案件事实的根据"的规定,从证据的取得方式、手段等方面进行质证。

4.5 对电子数据的质证。

4.5.1 注意电子数据与本案当事人的关联性(例如,电子邮箱、手机号码、微信号码的所有者是否与本案当事人有关)。

4.5.2 可以从下列角度考虑电子数据的真实性:

4.5.2.1 电子数据生成、存储、传输所依赖的计算机系统的硬件、软件环境是否完整、可靠。

4.5.2.2 电子数据的生成、存储、传输所依赖的计算机系统的硬件、软件环境是否处于正常运行状态,或者不处于正常运行状态时对电子数据的生成、存储、传输是否有影响。

4.5.2.3 电子数据的生成、存储、传输所依赖的计算机系统的硬件、软件环境是否具备有效防止出错的监测、核查手段。

4.5.2.4 电子数据是否被完整地保存、传输、提取,保存、传输、提取的方法是否可靠。

4.5.2.5 电子数据是否在正常的往来活动中形成和存储。

4.5.2.6 保存、传输、提取电子数据的主体是否适当。

4.5.2.7 影响电子数据完整性和可靠性的其他因素。

4.5.3 电子数据存在下列情形之一的,除非有足以反驳的相反证据,否则应当确认其真实性。

4.5.3.1 对方当事人提交或者保管的于其不利的电子数据。

4.5.3.2 由记录和保存电子数据的中立第三方平台提供或者确认的。

4.5.3.3 在正常业务活动中形成的。

4.5.3.4 以档案管理方式保管的。

4.5.3.5 以当事人约定的方式保存、传输、提取的。

4.5.3.6 内容经过公证机关公证的。

4.5.4 如果电子数据是真实的并且容易被法庭核实,应当首先予以确认,然后将质证重点放在证明对象及关联性方面。

4.6 对证人证言的质证。

4.6.1 注意证人是否出庭。如果没有出庭,是否存在依法可以不出庭的情形。注意审查对方当事人提交的记载证言的书面材料是否属于证人在审理前的准备阶段或者人民法院调查、询问等双方当事人在场时所陈述的证言。

4.6.2 注意证人是否签署了书面保证书,是否在法庭上宣读了保证书。

4.6.3 注意证人是否以宣读事先准备的书面材料的方式陈述证言。

4.6.4 注意证人证言的内容及其来源、证人与案件事实的关系、证人与双方当事人以及第三人之间的人物关系。

4.6.5 注意证人陈述证言时表现出的感知力、记忆力和表达力,注意陈述时是否就其作证的事项进行连续陈述。

4.6.6 注意证人感知案件事实时的环境、条件和精神状态,作证是否受到外界的影响,证人的年龄以及生理上、精神上是否有缺陷。

4.6.7 注意证言与其他证据之间的关系,对比证言前后是否矛盾,证言的内容与其他证据是否矛盾。

4.6.8 没有把握不要轻易向证人发问。

4.7 对鉴定意见的质证。

4.7.1 注意鉴定人与本案是否有利害关系,与本案当事人是否有社交关系。

4.7.2 注意审查鉴定人的执业资格证书是否真实、无误,执业范围是否与鉴定范围一致。

4.7.3 注意了解、观察鉴定人在鉴定过程中是否受到外界的影响或者干扰。

4.7.4 注意审核鉴定的依据和材料,鉴定的设备和方法。

4.7.5 注意分析鉴定意见中声明的适用条件和保留意见。

4.7.6 认真研读鉴定意见的事实和法律依据以及其逻辑结构。

4.7.7 注意鉴定意见是否具有科学依据。

4.7.8 注意鉴定意见与本案的关联性以及与其他证据的关联性。

4.7.9 如有必要,应当要求鉴定人员出庭对质。

4.8 对勘验笔录的质证。

4.8.1 注意复核勘验笔录形成的参与人员及形成时间,判断是否存在逻辑漏洞。

4.8.2 应当用本案的其他证据或者认定的无争议事实,复核勘验笔录中记录的内容,以确定其真实性。

5. 其他

仲裁案件中的质证,在严格执行相应仲裁机构的仲裁规则的基础上可以参照本指引。

四、民事诉讼案件出庭指引

指引 7-4　北京德和衡(哈尔滨)律师事务所民事诉讼案件出庭指引

1. 总则

1.1 为了规范本所律师的出庭行为,体现律师服务的专业性、规范性,特制订本指引。

1.2 出庭过程中的一切行为,均应当以在符合法律规定的范围内促使己方观点获得支持为目的。

1.3 律师出庭应当遵循下列原则:

1.3.1 穿着简洁、装扮大方、举止得体、注重礼仪。

1.3.2 表现专业敬业,态度不卑不亢。

1.3.3 遵守律师职业道德和执业纪律,不得误导当事人。

1.3.4 尊重合议庭组成人员和对方当事人及其法定代理人、诉讼代理人。

2. 庭前准备

2.1 出庭前,承办律师应当充分论证和推演己方观点,充分掌握和熟悉己方的观点、提交的证据、适用的法律以及论证的方法，同时应当尽可能充分预测对方可能采取的策略以及合议庭可能提出的问题，并制订应对方案。

2.2 检查是否已经按照合议庭的要求，提交了足够数量的纸质的诉状、答辩状、证据清单、质证意见等法律文书及其电子文档，以便开庭时提交给法官助理/书记员。

2.3 检查当事人是否按照要求准备了证据的原件，以供举证时使用。

2.4 需要证人出庭作证的，应当确认是否已经告知了合议庭，并通知了证人开庭时间和出庭作证应当注意的事项。

2.5 两位律师同时出庭的，事先应当进行适当的分工。

2.6 当事人出庭的，应当明确承办律师与当事人之间的分工。同时，应当充分预测法庭可能要求当事人独立回答的问题，制订应对策略。除非法律、合议庭有特殊要求或者确有必要，否则，尽可能不让当事人出庭。

2.7 主办律师应当至少在开庭前三天，向合议庭确认对方当事人是否提交了新的证据或者答辩意见，以及庭审中的其他特殊要求。

2.8 注意核对提交给合议庭的资料是否与拟在庭审中展示的资料完全一致。

2.9 出庭时应当带齐身份证、律师执业证、所函、委托书、纸笔等，提示随从的出庭人员或旁听人员带齐身份证件。

2.10 开庭应当提前 15 分钟到达法院，提前 10 分钟到达审判法庭（应当核对所到审判法庭编号与法院通知的编号一致），以避免迟到并协助法官助理/书记员做好庭前准备。

2.11 遇突发情况不能准时到达法庭时，应当尽可能提前 10 分钟告知主审法官，说明理由、告知迟到的时间、表示真诚的道歉，争取说服法官推迟开庭。

2.12 两名律师同时出庭的最好不要同行，以避免同时迟到。

2.13 在法庭等待开庭前，应当保持安静，不得喧哗、随意走动或接打电话，不得大声对案件进行评论，避免评论对方当事人及代理律师。

2.14 如果与对方当事人或其诉讼代理人是熟人关系，尽量不要打招呼、交谈或者做出其他可能被己方当事人误解的行为。如果与合议庭组成人员是熟人关系，应当避免做出显得熟悉的行为。

2.15 到达法庭后，应当及时复核、整理庭审需要使用的材料并将拟提交给合议庭的材料备好。

2.16 如果庭前没有提交委托手续（当事人身份证明、委托书、所函、律师执业证复印件），应当在法官助理/书记员到达法庭后立即提交。

2.17 开庭前，应当及时将手机关机或者调整至静音状态。

2.18 出庭时,应当穿着律师袍。由于天气原因或者受客观条件所限无法穿着律师袍的,男律师应当穿着深色西装配浅色衬衫、深色条纹或暗花纹领带;女律师应当穿着深色套装或者套裙,裙装的长度应当适中,并应当搭配丝袜。

2.19 出庭时,应当保持头发干净整齐,发型、发色避免夸张;保持指甲干净整齐、长度适中,女律师不应涂抹颜色鲜艳的指甲油;女律师出庭时,可以适度化淡妆,不得佩戴过于夸张或奢侈的首饰;不得佩戴墨镜。

3. 参与庭审的一般规范

3.1 律师在庭审中应当保持严肃的形象,不应露出笑容(尤其是在庭审调查阶段)。

3.2 听从合议庭指挥,不得和法官辩论。

3.3 发言时应先举手示意,在得到审判长或者主审法官许可后方可发言。对方发言时,不得插话或者打断对方发言。

3.4 发言时,眼神应当始终关注合议庭成员的神情,确认他们是在认真听取己方意见,否则应当采取适当的方式加以提醒;同时,应当留意书记员的记录情况,确保书记员能够完整记录所述内容。对于重要的内容,可以通过眼神暗示、语气停顿、重复陈述或者直接提示等方式示意书记员。

3.5 发言时,应当以普通话口语化表达,语气平缓、态度坚决、表达准确、言简意赅,声音洪亮、语速适中。

3.6 承办律师本人在庭审时不得录音录像、自拍或者使用微博、微信等通信手段对外传播庭审信息,同时,应当告知随从出庭人员和旁听人员遵守上述规则。如果对方当事人向合议庭举报己方有人员录音录像,应当及时配合合议庭予以查实,避免与对方当事人争论。

3.7 发现法官急于结束庭审时,在不影响审判效果的情况下,应当尽量压缩发言的内容,同时表示庭后提交书面代理意见。庭审结束后,应当及时提交代理词。

3.8 不得对对方当事人和/或诉讼代理人进行人身攻击;对方当事人和/或诉讼代理人对己方进行人身攻击的,应当请求法庭予以制止。

4. 庭审过程中的基本规范

4.1 核对当事人阶段。

4.1.1 应当根据法庭的要求,详细说明当事人的基本情况以及出庭的当事人、委托人的基本情况和委托权限。

4.1.2 注意审查对方当事人的出庭人员(尤其是委托人)的情况,判断是否存在不能代理的情形,如有异议应当及时提出。

4.1.3 接受委托的权限原则上应当为一般代理。接受特别授权的,应当审慎地履行代理责任。

4.2 法庭调查阶段。

4.2.1 应当概括性陈述己方请求和核心理由,除非法庭要求对诉状或答辩状的内容进行全文宣读。

4.2.2 对诉状或者答辩状有补充的,应当提示合议庭并提示书记员予以记录。

4.2.3 应当向合议庭详细说明所提交证据的证明对象,按照合议庭的要求详细指出与证明对象相对应的证据内容;必要时,应当帮助合议庭成员在证据材料中迅速找到该证据所在的位置。

4.2.4 依据所提交的证据制作了图表的,应当在法庭调查阶段出示。

4.2.5 需要在法庭播放音像资料的,应当自行或者提前通知法官助理/书记员准备播放设备,并在庭前与主审法官沟通。

4.3 法庭辩论阶段。

4.3.1 合议庭归纳争议焦点时,应当注意倾听,并快速记录要点;没有听清或者没有听懂的,应当请求再次予以说明。如果有异议或者需要补充的,应当及时提出。

4.3.2 法庭辩论应当围绕争议焦点,按顺序逐项发表意见,不得遗漏;法庭辩论应当在事先准备好的代理词基础上,结合庭审情况作出相应调整;庭审实际情况与庭前推演的情况完全一致的除外。

4.3.3 需要引用证据时,应当引导合议庭注意所引用的证据的相关内容;辩论发言应当避免重复;发言被打断时,应当及时调整辩论的思路。

4.3.4 辩论发言时,目光应当对准合议庭成员,通过观察其表情,判断其是否注意并听清己方的观点。

4.4 最后陈述阶段。

4.4.1 最后陈述可以简单地表为:请求合议庭支持原告/上诉人/再审申请人的诉讼/上诉/再审请求、请求合议庭驳回原告/上诉人/再审申请人的诉讼/上诉/再审请求、请求法庭支持原告的本诉请求、驳回被告的反诉请求。

4.4.2 最后陈述阶段可以极为简要地概括己方观点,简单补充辩论阶段没有表达的观点。

4.4.3 最后陈述不宜超过两分钟。

4.4.4 最后陈述被法庭打断的,应当按 4.4.1 条款的规定作简要陈述,并附加说明其他内容详见代理词。

4.5 调解阶段。

4.5.1 庭前应当与当事人准备好调解方案。

4.5.2 在没有准备调解方案的情况下,原则上应当告知合议庭同意调解,具体方案庭后提交。

4.5.3 如果不同意调解,态度应温和而坚定。

5. 庭审笔录的签署

5.1 承办律师应当详细阅读庭审笔录,确认书记员的记录与所陈述的主张观点是否一致,对于质证部分尤其应当注意。如果有不一致需要修改的,应当注意与书记员沟通的态度,并按照书记员要求的方式修改。

5.2 庭审笔录每页均需在下方空白处签字,最后一页应在正文下方签字并签署日期。

5.3 庭审笔录签署后,应当向书记员索要一份完整的庭审笔录复印件或者电子文档;如果书记员无法提供,应当在征得书记员同意后,对完整的庭审记录逐页拍照留存。

6. 其他

6.1 如果对方当事人人数较多并且矛盾较为激化,应当详细准备书面的诉讼材料,在清楚表达代理观点的前提下,在法庭上尽量少发言并尽量避免发表刺激对方的言论。

6.2 如果对方当事人当庭辱骂、指责的,原则上不予以回应,必要时可以请求合议庭予以制止。

6.3 休庭时,原则上不与对方多数人员同时离开法庭。

6.4 庭审后,如果对方当事人及/或其随行人员纠缠或指责的,应当不予回应,快速离开;不能及时离开的,应当耐心予以解释,避免激化矛盾,然后择机快速离开。

6.5 合议庭要求庭后补充提交的证据或者需要了解的事实,应当及时补充和了解并以书面形式提交给主审法官。提交的资料应当包括简要的说明以及相应的依据。

6.6 行政诉讼案件的出庭应当参照本指引。仲裁案件的出庭,在严格执行相应仲裁机构的仲裁规则的基础上可以参照本指引。

第八章

类型案件法律规范及操作指引

《民事诉讼案件操作规范》和《民事诉讼案件流程操作指引》解决的是律师承办民事诉讼业务的程序问题,并且也只能解决程序问题,但是对于律师实务而言,程序问题仅仅是一个工具或者说是途径,相关案件最终结果的取得,还要通过解决实体问题来实现。在这个过程中,不仅需要解决法律规范的收集、整理的问题,还需要解决在现有法律规范的框架下,对现有法律规范的理解、运用的问题。由于大多数律师缺少体系性的思维方式和体系性的知识管理意识及方法,导致在案件的承办过程中,只能对相关法律规范产生碎片化、零星式的掌握、理解,并在此基础上加以运用,很容易形成顾此失彼或者考虑不周的局面,进而对案件的结果产生非常不利的影响。由此,笔者产生了制作类型案件法律规范及操作指引的想法,试图通过体系性的知识管理,对常见或者需要常用的部分案件(即此处所称的"类型案件")涉及的法律规范通过适当的方式集中起来,并按照法律规范之间存在的逻辑关系加以适当地分类,以指导、帮助律师们逐步建立起体系性的思维方式和体系性的知识管理意识及方法,最终实现触类旁通、事半功倍。

本次修订增加的这四个类型案件法律规范及操作指引,在律师实务中是使用频率较高、更新速度较快的,从近几年来的实际使用情况来看,也完全达到了预期效果。特别是《民事执行案件操作及法律规范指引》,不但有效地解决了在没有专门的强制执行法的情况下,强制执行方面的司法解释散、乱,甚至相互冲突的问题,还从体系上构建了强制执行的启动、执行措施、重点执行环节的处理、执行案件当事人及案外人的权利救济等方面的基本框架,能够帮助律师们在纷繁复杂、不断更新、不断增加的强制执行的司法解释体系中,找到清晰的方向和适当的方法。

一、民事执行案件操作及法律规范指引

指引8-1 北京德和衡(哈尔滨)律师事务所民事执行案件操作及法律规范指引

本指引中涉及的法律规范简称注释(按照正文中出现的顺序排列):

1.《民诉法(2021)》——《中华人民共和国民事诉讼法(2021年)》

2.《执行解释(2020)》——《最高人民法院关于适用〈中华人民共和国民事诉讼法〉执行程序若干问题的解释(2020)》

3.《暂缓执行规定(2002)》——《最高人民法院关于正确适用暂缓执行措施若干问题的规定(2002)》

4.《委托执行规定(2020)》——《最高人民法院关于委托执行若干问题的规定(2020)》

5.《执行立案、结案意见(2014)》——《最高人民法院关于执行案件立案、结案若干问题的意见(2014)》

6.《终本规定(2016)》——《最高人民法院关于严格规范终结本次执行程序的规定(试行)(2016)》

7.《变更、追加执行当事人规定(2020)》——《最高人民法院关于民事执行中变更、追加当事人若干问题的规定(2020)》

8.《执行异议、复议规定(2020)》——《最高人民法院关于人民法院办理执行异议和复议案件若干问题的规定(2020)》

9.《执转破意见(2017)》——《最高人民法院关于执行案件移送破产审查若干问题的指导意见(2017)》

10.《网络拍卖规定(2016)》——《最高人民法院关于人民法院网络司法拍卖若干问题的规定(2016)》

11.《仲裁执行规定(2018)》——《最高人民法院关于人民法院办理仲裁裁决执行案件若干问题的规定(2018)》

12.《民诉法解释(2022)》——《最高人民法院关于适用〈中华人民共和国民事诉讼法〉的解释(2022)》

13.《执行规定(2020)》——《最高人民法院关于人民法院执行工作若干问题的规定(试行)(2020)》

14.《委托评估规定(2009)》——《最高人民法院关于人民法院委托评估、拍卖和变卖工作的若干规定(2009)》

15.《财产处置参考价规定(2018)》——《最高人民法院关于人民法院确定财产处置参考价若干问题的规定(2018)》

16.《制裁规避执行行为意见(2011)》——《最高人民法院关于依法制裁规避执行行为的若干意见(2011)》

17.《财产调查规定(2020)》——《最高人民法院关于民事执行中财产调查若干问题的规定(2020)》

18.《限高规定(2015)》——《最高人民法院关于限制被执行人高消费的若干规定(2015)》

19.《执行监督规定(2016)》——《最高人民法院、最高人民检察院关于民事执行活动法律监督若干问题的规定(2016)》

20.《失信信息规定(2017)》——《最高人民法院关于公布失信被执行人名单信息的若干规定(2017)》

21.《公证执行规定(2018)》——《最高人民法院关于公证债权文书执行若干问题的规定(2018)》

22.《仲裁法解释(2006)》——《最高人民法院关于适用〈中华人民共和国仲裁法〉若干问题的解释(2006)》

23.《执行和解规定(2020)》——《最高人民法院关于执行和解若干问题的规定(2020)》

24.《执行担保规定(2020)》——《最高人民法院关于执行担保若干问题的规定(2020)》

25.《查封规定(2020)》——《最高人民法院关于人民法院民事执行中查封、扣押、冻结财产的规定(2020)》

26.《执行拍卖规定(2020)》——《最高人民法院关于人民法院民事执行中拍卖、变卖财产的规定(2020)》

1. **总则**

1.1 本指引适用于按照《民诉法(2021)》执行程序的规定办理的案件,包括但不限于依据生效的民事判决、裁定申请执行的案件,依据生效刑事附带民事判决、裁定申请执行的案件,以及依据生效的仲裁裁决申请执行的案件(以下统称"执行案件")。行政执行案件的相关事项在《行政诉讼法(2017)》中没有规定的,适用本指引的相关内容。

1.2 接受执行案件的当事人(包括申请执行人、被执行人)、案外人的委托承办执行案件时,应当在接受委托之前、办理案件过程中,严格按照本指引检索相关法律规定,准确、全面、及时、适当地履行执行案件代理人职责。

1.3 本指引中的具体指引事项未注明适用于代理哪一方当事人或者案外人的,为适用于双方当事人及案外人。

1.4 执行案件中承办律师代理权限的内容

1.4.1 根据《执行规定(2020)》第 20 条第 2 款关于"委托代理人代为放弃、变更民事权利,或代为进行执行和解,或代为收取执行款项的,应当有委托人的特别授权"的规定,委托人赋予律师特别代理权限的,应当根据委托人授权的具体意思表示,全部或者部分引用上述规定的内容。

1.4.2 委托人赋予律师一般代理权限的,应当表述为:"代为申请执行、代为签收法律文书并处理执行过程中的全部程序性事项。"

1.4.3 承办律师在办理案件过程中应当根据委托人在执行案件中的地位的不同,选择性适用上述代理权限的内容。

1.4.4 授权委托书应当写明律师的姓名、代理事项、权限和期限。

2. 律师在执行程序中可以代理的事项

2.1 启动执行程序(适用于代理申请执行人)。

2.1.1 对于拒不履行已经发生法律效力的民事判决、裁定的当事人,向有管辖权的法院申请执行。【《民诉法(2021)》第 243 条】

2.1.2 对于拒不履行已经发生法律效力的仲裁裁决的当事人,向有管辖权的法院申请执行。【《民诉法(2021)》第 244 条第 1 款】

2.1.3 对已经采取财产保全措施的案件,可以向保全法院以外的其他有管辖权的法院申请执行。【《执行解释(2020)》第 4 条】

2.2 执行程序开始后的程序事项。

2.2.1 (适用于代理被执行人)在收到执行法院送达的执行通知书之日起十日内,向执行法院提出管辖异议。【《执行解释(2020)》第 3 条】

2.2.2 (适用于代理被执行人)对执行法院在执行过程中违反法律规定的执行行为提出异议。【《民诉法(2021)》第 232 条、《执行解释(2020)》第 5 条】

2.2.3 (适用于代理申请执行人)执行法院自收到申请执行书之日起,超过六个月未执行的,可以向其上一级法院申请执行。【《民诉法(2021)》第 233 条】

2.2.4 向执行法院申请暂缓执行。【《暂缓执行规定(2002)》第 3 条】

2.2.5 (适用于代理申请执行人)对符合法定条件的执行案件向执行法院的上一级法院申请,责令执行法院限期执行或者变更执行法院。【《执行解释(2020)》第 10 条】

2.2.6 (适用于代理申请执行人)申请受托法院的上一级法院将受托法院未能在 6 个月内执结的受托案件,提级执行或者指定执行。【《委托执行规定(2020)》第 11 条】

2.2.7 （适用于代理申请执行人）就执行法院作出的终结本次执行程序的裁定或者认为终结本次执行程序违反法律规定的，可以提出执行异议。【《终本规定（2016）》第 7 条、《执行立案、结案意见（2014）》第 16 条第 4 款】

2.2.8 （适用于代理申请执行人）终结本次执行程序后，发现被执行人有可供执行财产的，可以申请执行法院立即采取查封、扣押、冻结等控制性措施【《终本规定（2016）》第 10 条】；可以申请执行法院延长查封、扣押、冻结期限【《终本规定（2016）》第 16 条第 1 款】。

2.2.9 依据《变更、追加执行当事人规定（2020）》的相关规定，向执行法院申请变更、追加执行案件的当事人。

2.2.10 （适用于代理申请执行人）在执行法院审查变更、追加被执行人的申请期间，向执行法院申请对被申请人的财产采取查封、扣押、冻结措施。【《变更、追加执行当事人规定（2020）》第 29 条第 1 款】

2.2.11 对案情复杂、争议较大的执行异议、复议案件可以申请执行法院组织听证。【《执行异议、复议规定（2020）》第 12 条】

2.2.12 对执行法院作出的将案件移送破产审查的决定，向受移送进行破产审查的法院提出异议。【《执转破意见（2017）》第 7 条】

2.2.13 就网络司法拍卖行为违法侵害委托人合法权益的情形提出执行异议。【《网络拍卖规定（2016）》第 36 条第 1 款】

2.2.14 （适用于代理申请执行人）对执行法院作出的驳回执行仲裁裁决申请的裁定不服的，可以自裁定送达之日起十日内向上一级法院申请复议【《仲裁执行规定（2018）》第 5 条】，但无权就执行法院作出的不予执行仲裁裁决的裁定申请复议【《仲裁执行规定（2018）》第 22 条第 1 款】。

2.2.15 （适用于代理申请执行人）执行法院由于执行中止而停止处分性措施时，可以提供充分、有效的担保，要求继续执行。【《仲裁执行规定（2018）》第 7 条】

2.3 执行程序开始后的实体事项。

2.3.1 （适用于代理案外人）对执行标的提出书面异议。【《民诉法（2021）》第 234 条】

2.3.2 （适用于代理申请执行人）向执行法院申请参与对不能清偿所有债务的非法人被执行人财产的分配。【《民诉法解释（2022）》第 506 条】

2.3.3 （适用于代理申请执行人）申请执行法院向对被执行人负有到期债务的债务人发出履行到期债务的通知。【《执行规定（2020）》第 45 条】

2.3.4 （适用于代理申请执行人）自收到分配方案之日起十五日内，对执行法院制作的多个债权人对同一被执行人申请执行或者对执行财产申请参与分配的财产分配方案向执行法院提出书面异议。【《执行解释(2020)》第17条、《民诉法解释(2022)》第509条】

2.3.5 到场参加执行法院对评估、拍卖机构的选择。【《委托评估规定(2009)》第9条】

2.3.6 到场参加评估机构进行的现场勘验,并在勘验笔录上签字或盖章确认。【《委托评估规定(2009)》第12条、《财产处置参考价规定(2018)》第18条】

2.3.7 (适用于代理申请执行人)对于被执行人未履行法律文书确定的义务,且有拒绝报告、虚假报告财产情况,转移隐匿处分财产、投资开设分支机构、入股其他企业或者其股东、出资人有出资不实、抽逃出资等情形的,可以申请执行法院委托中介机构对被执行人进行审计。【《制裁规避执行行为意见(2011)》第4条、《财产调查规定(2020)》第17条】

2.3.8 (适用于代理申请执行人)向执行法院申请对被执行人采取限制消费措施。【《限高规定(2015)》第4条】

2.3.9 (适用于代理被执行人)向执行法院申请解除限制消费措施。【《限高规定(2015)》第8条】

2.3.10 (适用于代理申请执行人)在申请变更、追加第三人之前,向执行法院申请查封、扣押、冻结该第三人财产。【《变更、追加执行当事人规定(2020)》第29条第2款】

2.3.11 认为执行法院的执行活动存在违法情形的,可以向人民检察院申请监督。【《执行监督规定(2016)》第5条】

2.3.12 (适用于代理申请执行人)认为被执行人符合法定条件的,可以向执行法院申请将其纳入失信被执行人名单。【《失信信息规定(2017)》第3条】

2.3.13 (适用于代理申请执行人)可以向执行法院申请将被纳入失信被执行人名单的失信信息予以删除。【《失信信息规定(2017)》第10条第1款第(三)项】

2.3.14 (适用于代理被执行人)向执行法院申请对存在错误的失信信息予以纠正。【《失信信息规定(2017)》第11条】

2.3.15 (适用于代理申请执行人)向执行法院申请查询被执行人报告的财产情况。【《财产调查规定(2020)》第8条】

2.3.16 (适用于代理申请执行人)向执行法院申请,对不履行生效法律文书确定的义务的被执行人发布悬赏公告查找可供执行的财产。【《财产调查规定(2020)》第21条】

3. 代理事项操作的法律规范指引

3.1 对执行案件受理要件和生效法律文书的审查(适用于代理申请执行人)。

3.1.1 人民法院受理执行案件的应当符合下列条件:

(1)申请或移送执行的法律文书已经生效;

(2) 申请执行人是生效法律文书确定的权利人或其继承人、权利承受人;

(3) 申请执行的法律文书有给付内容,且执行标的和被执行人明确;

(4) 义务人在生效法律文书确定的期限内未履行义务;

(5) 属于受申请执行的法院管辖。【《执行规定(2020)》第 16 条】

3.1.2 当事人申请人民法院执行的生效法律文书应当具备下列条件:

(1) 权利义务主体明确;

(2) 给付内容明确。

法律文书确定继续履行合同的,应当明确继续履行的具体内容。【《民诉法解释(2022)》第 461 条】

3.1.3 申请执行的时效

3.1.3.1 申请执行的期间为二年(从法律文书规定履行期间的最后一日起计算;法律文书规定分期履行的,从规定的每次履行期间的最后一日起计算;法律文书未规定履行期间的,从法律文书生效之日起计算)。申请执行时效的中止、中断,适用法律有关诉讼时效中止、中断的规定。【《民诉法(2021)》第 246 条】

3.1.3.2 在申请执行时效期间的最后六个月内,因不可抗力或者其他障碍不能行使请求权的,申请执行时效中止。从中止时效的原因消除之日起,申请执行时效期间继续计算。【《执行解释(2020)》第 19 条】

3.1.3.3 申请执行时效因申请执行、当事人双方达成和解协议、当事人一方提出履行要求或者同意履行义务而中断。从中断时起,申请执行时效期间重新计算。【《执行解释(2020)》第 20 条】

3.1.3.4 生效法律文书规定债务人负有不作为义务的,申请执行时效期间从债务人违反不作为义务之日起计算。【《执行解释(2020)》第 21 条】

3.2 执行案件的管辖。

3.2.1 发生法律效力的民事判决、裁定,以及刑事判决、裁定中的财产部分,由一审法院或者与一审法院同级的被执行的财产所在地法院执行。法律规定由法院执行的其他法律文书,由被执行人住所地或者被执行的财产所在地法院执行。【《民诉法(2021)》第 231 条】

3.2.2 发生法律效力的实现担保物权裁定、确认调解协议裁定、支付令,由作出裁定、支付令的法院或者与其同级的被执行财产所在地的法院执行。【《民诉法解释(2022)》第 460 条】

3.2.3 公证债权文书执行案件,由被执行人住所地或者被执行的财产所在地法院管辖。【《公证执行规定(2018)》第 2 条第 1 款】

3.2.4 当事人申请执行仲裁裁决案件,由被执行人住所地或者被执行的财产所在地的法院管辖。【《仲裁法解释(2008)》第 29 条】

3.2.5 当事人对仲裁机构作出的仲裁裁决或者仲裁调解书申请执行的,由被执行人住所地或者被执行的财产所在地的中级法院管辖。【《仲裁执行规定(2018)》第2条第1款】

3.2.6 符合下列条件的,经上级法院批准,中级法院可以参照民事诉讼法第38条的规定指定基层法院管辖:(1)执行标的额符合基层法院一审民商事案件级别管辖受理范围;(2)被执行人住所地或者被执行的财产所在地在被指定的基层法院辖区内。【《仲裁执行规定(2018)》第2条第2款】

3.2.7 在国内仲裁过程中,当事人申请财产保全,经仲裁机构提交法院的,由被申请人住所地或被申请保全的财产所在地的基层法院裁定并执行;申请证据保全的,由证据所在地的基层法院裁定并执行。在涉外仲裁过程中,当事人申请财产保全,经仲裁机构提交法院的,由被申请人住所地或被申请保全的财产所在地的中级法院裁定并执行;申请证据保全的,由证据所在地的中级法院裁定并执行。【《执行规定(2020)》第9条、第10条】

3.2.8 专利管理机关依法作出的处理决定和处罚决定,由被执行人住所地或财产所在地的省、自治区、直辖市有权受理专利纠纷案件的中级法院执行。国务院各部门、各省、自治区、直辖市人民政府和海关依照法律、法规作出的处理决定和处罚决定,由被执行人住所地或财产所在地的中级法院执行。【《执行规定(2020)》第11条、第12条】

3.3 申请执行需要提交的材料(适用于代理申请执行人)。

3.3.1 一般情况。【《执行规定(2020)》第18条、第19条】

3.3.1.1 申请执行书。申请执行书中应当写明申请执行的理由、事项、执行标的,以及申请执行人所了解的被执行人的财产状况。外国一方当事人申请执行的,应当提交中文申请执行书。当事人所在国与我国缔结或共同参加的司法协助条约有特别规定的,按照条约规定办理。

3.3.1.2 生效法律文书副本。

3.3.1.3 申请执行人的身份证明。自然人申请的,应当出示居民身份证;法人申请的,应当提交营业执照副本和法定代表人身份证明;非法人组织申请的,应当提交营业执照副本和主要负责人身份证明。

3.3.1.4 继承人或权利承受人申请执行的,应当提交继承或承受权利的证明文件。

3.3.1.5 其他应当提交的文件或证件。

3.3.1.6 申请执行仲裁机构的仲裁裁决,应当向法院提交有仲裁条款的合同书或仲裁协议书。申请执行国外仲裁机构的仲裁裁决的,应当提交经我国驻外使领馆认证或我国公证机关公证的仲裁裁决书中文本。

3.3.2 特殊情况

3.3.2.1 向被执行的财产所在地法院申请执行的,应当提供该法院辖区有可供执行财产的证明材料。【《执行解释(2020)》第 1 条】

3.3.2.2 债权人申请执行公证债权文书,除应当提交作为执行依据的公证债权文书等申请执行所需的材料外,还应当提交证明履行情况等内容的执行证书。【《公证执行规定(2018)》第 3 条】

3.4 公证债权文书申请执行的特别注意事项。

3.4.1 （适用于代理申请执行人）债权人申请执行的公证债权文书应当包括公证证词、被证明的债权文书等内容。权利义务主体、给付内容应当在公证证词中列明。【《公证执行规定(2018)》第 4 条】

3.4.2 （适用于代理申请执行人）申请执行的公证债权文书,有下列情形之一的,不予受理;已经受理的,驳回执行申请:(1) 债权文书属于不得经公证赋予强制执行效力的文书;(2) 公证债权文书未载明债务人接受强制执行的承诺;(3) 公证证词载明的权利义务主体或者给付内容不明确;(4) 未提交执行证书。【《公证执行规定(2018)》第 5 条】

【操作提示】在接受委托或者向法院申请执行之前,代理律师应当逐项审查委托人提供的公证债权文书及相关材料是否符合上述规定。缺少的材料应当及时提示委托人补齐;确实不能补齐的,应当拒绝委托或者以书面形式向委托人告知存在可能不予受理或者执行申请被驳回的风险。

3.4.3 （适用于代理申请执行人）公证债权文书对主债务和担保债务同时赋予强制执行效力的,可以申请对主债务和担保债务同时执行;仅对主债务赋予强制执行效力未涉及担保债务的,不能对担保债务申请执行;仅对担保债务赋予强制执行效力未涉及主债务的,不能对主债务申请执行。【《执行异议、复议规定(2020)》第 22 条、《公证执行规定(2018)》第 6 条】

【操作提示】在制作《申请执行书》时,代理律师应当根据上述规定结合公证债权文书的内容,合理确定请求事项,避免出现部分请求事项不予受理的情况。

3.4.4 （适用于代理申请执行人）债权人对不予受理、驳回执行申请裁定不服的,可以自裁定送达之日起十日内向上一级法院申请复议。【《公证执行规定(2018)》第 7 条】

3.4.4.1 申请复议期满未申请复议,或者复议申请被驳回的,当事人可以就公证债权文书涉及的民事权利义务争议向法院提起诉讼。【《公证执行规定(2018)》第 7 条】

3.4.4.2 当事人不能对不予执行裁定提出执行异议或者申请复议。【《公证执行规定(2018)》第 20 条第 2 款】

3.4.5 公证机构决定不予出具执行证书的,当事人可以就公证债权文书涉及的民事权利义务争议直接向法院提起诉讼。【《公证执行规定(2018)》第8条】

【操作提示】上述情形发生时,代理律师应当立即以书面形式提示当事人及时行使诉权。

3.4.6 (适用于代理被执行人)因民间借贷形成的公证债权文书,文书中载明的利率未超过法院依照法律、司法解释规定应予支持的上限,被执行人主张实际超过的,可以在执行程序终结前,以债权人为被告,向执行法院提起诉讼,请求不予执行公证债权文书。【《公证执行规定(2018)》第11条、第22条第1款】

【操作提示】上述情形发生时,代理律师应当立即以书面形式提示当事人及时行使诉权。

3.4.7 有下列情形之一的,债权人、利害关系人可以就公证债权文书涉及的民事权利义务争议直接向有管辖权的法院提起诉讼:(1)公证债权文书载明的民事权利义务关系与事实不符;(2)经公证的债权文书具有法律规定的无效、可撤销等情形。【《公证执行规定(2018)》第24条】

【操作提示】上述情形发生时,代理律师应当立即以书面形式提示当事人及时行使诉权。

3.5 申请执行的特殊情形(适用于代理申请执行人)。

3.5.1 下列情形可以申请恢复执行:

3.5.1.1 法定的中止执行的情形消失的。【《民诉法(2021)》第263条】

3.5.1.2 申请执行人因受欺诈、胁迫与被执行人达成和解协议的,可以申请恢复执行原生效法律文书。【《执行立案、结案意见(2014)》第6条】

3.5.1.3 对方当事人不履行或不完全履行执行和解协议的。【《执行立案、结案意见(2014)》第6条】

3.5.1.4 终结本次执行程序后,发现被执行人有财产可供执行的。【《执行立案、结案意见(2014)》第6条】

3.5.1.5 委托执行结案后,因委托不当被已立案的受托法院退回委托的。【《执行立案、结案意见(2014)》第6条】

3.5.1.6 依照民事诉讼法第257条的规定终结执行后,又具备申请执行条件的。【《执行立案、结案意见(2014)》第6条】

3.5.1.7 终结本次执行程序后,可以申请执行法院变更、追加执行当事人。变更、追加被执行人后,可以申请恢复执行。【《终本规定(2016)》第16条第2款】

3.5.1.8 被执行人一方不履行执行和解协议的,申请执行人可以申请恢复执行原生效法律文书,也可以就履行执行和解协议向执行法院提起诉讼。【《执行和解规定(2020)》第9条】

【操作提示】上述情形出现时,代理律师应当向委托人对这一规定进行解释、说明,结合被执行人的偿还能力、是否存在担保、是否采取了保全措施、是否查封了相关财产、被保全或者查封的财产变现的难易程度等因素,为委托人作出选择从法律角度提出意见或建议。

3.5.1.9 担保书内容与事实不符,且对申请执行人合法权益产生实质影响的,申请执行人可以申请恢复执行。【《执行担保规定(2020)》第 9 条】

3.5.1.10 暂缓执行期限届满后被执行人仍不履行义务,或者暂缓执行期间担保人有转移、隐藏、变卖、毁损担保财产等行为的,申请执行人可以申请恢复执行。【《执行担保规定(2020)》第 11 条第 1 款】

3.5.1.11 被执行人提出的撤销仲裁裁决申请或者驳回不予执行仲裁裁决、仲裁调解书的申请被法院裁定驳回的,执行法院应当恢复执行。【《仲裁执行规定(2018)》第 21 条】

【操作提示】执行法院未能按照上述司法解释的规定依职权恢复执行的,代理律师应当及时向执行法院作出书面提示,可以同时提交恢复执行申请书。

3.5.2 生效法律文书确定的给付内容为分期履行,各期债务履行期间届满,被执行人未自动履行的,可以分期申请执行,也可以对几期或全部到期债权一并申请执行。【《执行立案、结案意见(2014)》第 7 条第(一)项】

3.5.3 生效法律文书确定有多个债务人各自单独承担明确的债务的,可以对每个债务人分别申请执行,也可以对几个或全部债务人一并申请执行。【《执行立案、结案意见(2014)》第 7 条第(二)项】

3.5.4 生效法律文书确定有多个债权人各自享有明确的债权的(包括按份共有),每个债权人可以分别申请执行。【《执行立案、结案意见(2014)》第 7 条第(三)项】

3.5.5 申请执行赡养费、扶养费、抚养费的案件,涉及金钱给付内容的,应当以申请执行时已发生的债权数额作为申请执行的金额,执行过程中新发生的债权应当另行申请执行;涉及人身权内容的,法院应当根据申请执行时义务人未履行义务的事实进行申请,执行过程中义务人延续消极行为的,可以申请一并执行。【《执行立案、结案意见(2014)》第 7 条第(四)项】

3.5.6 被执行人一方不履行执行和解协议的,申请执行人可以申请恢复执行原生效法律文书,也可以就履行执行和解协议向执行法院提起诉讼。【《执行和解规定(2020)》第 9 条】

【操作提示】上述情形发生时,代理律师应当立即以书面形式提示当事人及时行使诉权。

3.6 变更、追加执行当事人。

3.6.1 可以变更、追加申请执行人的情形(适用于代理申请执行人,法律依据为《变更、追加执行当事人规定(2020)》的,仅列明条款序号):

3.6.1.1 作为申请执行人的自然人死亡或被宣告死亡的,可以变更、追加该自然人的遗产管理人、继承人、受遗赠人或其他因该自然人死亡或被宣告死亡依法承受生效法律文书确定权利的主体为申请执行人。【第2条第1款】

3.6.1.2 作为申请执行人的自然人被宣告失踪的,可以变更、追加该自然人的财产代管人为申请执行人。【第2条第2款】

3.6.1.3 作为申请执行人的自然人离婚时,生效法律文书确定的权利全部或部分分割给其配偶的,可以变更、追加该配偶为申请执行人。【第3条】

3.6.1.4 作为申请执行人的法人或非法人组织终止的,可以变更、追加因该法人或非法人组织终止依法承受生效法律文书确定的权利的主体为申请执行人。【第4条】

3.6.1.5 作为申请执行人的法人或非法人组织因合并而终止的,可以变更合并后存续或新设的法人、非法人组织为申请执行人。【第5条】

3.6.1.6 作为申请执行人的法人或非法人组织分立的,可以变更、追加依分立协议约定承受生效法律文书确定权利的新设法人或非法人组织为申请执行人。【第6条】

3.6.1.7 作为申请执行人的法人或非法人组织清算或破产时,可以变更、追加生效法律文书确定的依法分配权利的第三人为申请执行人。【第7条】

3.6.1.8 作为申请执行人的机关法人被撤销,可以变更、追加继续履行其职能的主体为申请执行人,但生效法律文书确定的权利依法应由其他主体承受的除外;没有继续履行其职能的主体,且生效法律文书确定权利的承受主体不明确的,可以变更、追加作出撤销决定的主体为申请执行人。【第8条】

3.6.1.9 申请执行人将生效法律文书确定的债权依法转让给第三人,且书面认可第三人取得该债权的,可以变更、追加该第三人为申请执行人。【第9条】

3.6.2 可以变更、追加被执行人的情形(适用于代理申请执行人,法律依据均为《变更、追加执行当事人规定(2020)》,条款序号分别列明)

3.6.2.1 作为被执行人的自然人死亡或被宣告死亡,可以变更、追加该自然人的遗嘱管理人、继承人、受遗赠人或其他因该自然人死亡或被宣告死亡取得遗产的主体为被执行人,在遗产范围内承担责任。【第10条第1款】

3.6.2.2 作为被执行人的法人或非法人组织分立的,可以变更、追加分立后新设的法人或非法人组织为被执行人,对生效法律文书确定的债务承担连带责任;但被执行人在分立前与申请执行人就债务清偿达成的书面协议另有约定的除外。【第12条】

3.6.2.3 作为被执行人的个人独资企业不能清偿生效法律文书确定的债务的,可以变更、追加其出资人为被执行人。【第 13 条第 1 款】

3.6.2.4 作为被执行人的合伙企业不能清偿生效法律文书确定的债务的,可以变更、追加普通合伙人为被执行人。【第 14 条第 1 款】

3.6.2.5 作为被执行人的有限合伙企业,财产不足以清偿生效法律文书确定的债务的,可以变更、追加未按期足额缴纳出资的有限合伙人为被执行人,在未足额缴纳出资的范围内承担责任。【第 14 条第 2 款】

3.6.2.6 作为被执行人的法人分支机构,不能清偿生效法律文书确定的债务的,可以变更、追加该法人为被执行人。【第 15 条第 1 款】

3.6.2.7 作为被执行人的个人独资企业、合伙企业、法人分支机构以外的非法人组织,不能清偿生效法律文书确定的债务的,可以变更、追加依法对该非法人组织的债务承担责任的主体为被执行人。【第 16 条】

3.6.2.8 作为被执行人的企业法人,财产不足以清偿生效法律文书确定的债务的,可以变更、追加未缴纳或未足额缴纳出资的股东、出资人或依公司法规定对该出资承担连带责任的发起人为被执行人,在尚未缴纳出资的范围内依法承担责任。【第 17 条】

3.6.2.9 作为被执行人的企业法人,财产不足以清偿生效法律文书确定的债务的,可以变更、追加抽逃出资的股东、出资人为被执行人,在抽逃出资的范围内承担责任。【第 18 条】

3.6.2.10 作为被执行人的公司,财产不足以清偿生效法律文书确定的债务的,可以变更、追加未依法履行出资义务即转让股权的股东或依公司法规定对该出资承担连带责任的发起人为被执行人,在未依法出资的范围内承担责任。【第 19 条】

3.6.2.11 作为被执行人的一人有限责任公司,财产不足以清偿生效法律文书确定的债务的,可以变更、追加不能证明公司财产独立于自己的财产的股东为被执行人,对公司债务承担连带责任。【第 20 条】

3.6.2.12 作为被执行人的公司,未经清算即办理注销登记,导致公司无法进行清算的,可以变更、追加有限责任公司的股东、股份有限公司的董事和控股股东为被执行人,对公司债务承担连带清偿责任。【第 21 条】

3.6.2.13 作为被执行人的法人或非法人组织,被注销或出现被吊销营业执照、被撤销、被责令关闭、歇业等解散事由后,其股东、出资人或主管部门无偿接受其财产,致使该被执行人无遗留财产或遗留财产不足以清偿债务的,可以变更、追加该股东、出资人或主管部门为被执行人,在接受的财产范围内承担责任。【第 22 条】

3.6.2.14 作为被执行人的法人或非法人组织,未经依法清算即办理注销登记的,可以变更、追加在登记机关办理注销登记时，书面承诺对被执行人的债务承担清偿责任的第三人为被执行人，在承诺范围内承担清偿责任。【第 23 条】

3.6.2.15 执行过程中，可以变更、追加向执行法院书面承诺自愿代被执行人履行生效法律文书确定的债务的第三人为被执行人，在承诺范围内承担责任。【第 24 条】

3.6.2.16 作为被执行人的法人或非法人组织，因财产依行政命令被无偿调拨、划转给第三人，致使该被执行人财产不足以清偿生效法律文书确定的债务的，可以变更、追加该第三人为被执行人，在接受的财产范围内承担责任。【第 25 条】

3.6.3 仅可以变更或者追加被执行人的情形（适用于代理申请执行人）

3.6.3.1 作为被执行人的自然人被宣告失踪，可以变更该自然人的财产代管人为被执行人，在代管的财产范围内承担责任。【第 10 条第 2 款】

3.6.3.2 作为被执行人的法人或非法人组织因合并而终止的，可以变更合并后存续或新设的法人、非法人组织为被执行人。【第 11 条】

3.6.3.3 作为被执行人的法人或者非法人组织名称变更的，可以变更名称变更后的法人或者非法人组织为被执行人。【《民诉法解释(2022)》第 472 条】

3.6.4 无须变更、追加被执行人即可直接执行相关主体的财产的情形（适用于代理申请执行人）

3.6.4.1 个人独资企业出资人作为被执行人的，可以直接执行该个人独资企业的财产。【第 13 条第 1 款】

3.6.4.2 个体工商户的字号为被执行人的，可以直接执行该字号经营者的财产。【第 13 条第 2 款】

3.6.4.3 由于法人的一个分支机构，不能清偿生效法律文书确定的债务，将该法人变更、追加为被执行人之后，其直接管理的责任财产仍不能清偿债务的，可以直接执行该法人其他分支机构的财产。【第 15 条第 1 款】

3.6.4.4 作为被执行人的法人，直接管理的责任财产不能清偿生效法律文书确定债务的，可以直接执行该法人分支机构的财产。【第 15 条第 2 款】

3.6.4.5 暂缓执行期限届满后被执行人仍不履行义务，或者暂缓执行期间担保人有转移、隐藏、变卖、毁损担保财产等行为的，法院可以依申请执行人的申请恢复执行，并直接裁定执行担保财产或者保证人的财产，不得将担保人变更、追加为被执行人。【《执行担保规定(2020)》第 11 条第 1 款】

【操作提示】代理律师应当注意，暂缓执行期限届满后被执行人仍不履行义务，或者暂缓执行期间担保人有转移、隐藏、变卖、毁损担保财产等行为的，应当及时向执行法院申请恢复执行,可以同时请求直接执行担保财产或者保证人的财产,但不应申请将担保人变更、追加为被执行人。

3.6.5 变更、追加被执行人的过程中可以采取相应的保全措施(适用于代理申请执行人)

申请执行人在执行法院审查其提出的变更、追加被执行人的申请期间或者在申请变更、追加第三人前,可以参照《民诉法(2021)》第 103 条和第 104 条的规定,向执行法院申请采取相应的保全措施。【第 29 条】

【操作提示】代理律师应当注意,在向执行法院提出变更、追加被执行人的申请之后,可以结合被申请人的具体情况,适时向委托人提出向执行法院申请保全的建议,但同时应当提示委托人,需要就保全申请提供相应担保。

3.7 被执行财产权属不清情况的处理(适用于代理申请执行人,法律依据为《查封规定》的,仅列明条款序号)。

3.7.1 对被执行人与其他人共有的财产,可以查封、扣押、冻结(以下统称"查封")。共有人协议分割共有财产并经债权人认可的,协议有效。查封的效力及于协议分割后被执行人享有份额内的财产。共有人可以提起析产诉讼,申请执行人可以代位提起析产诉讼,但诉讼期间对该财产的执行中止。【第 12 条】

【操作提示】代理律师应当根据查封财产的情况,根据上述司法解释的规定,适时向委托人提出代位提起析产诉讼的建议。

3.7.2 对第三人为被执行人的利益占有的被执行人的财产可以查封;该财产被指定给第三人继续保管的,第三人不得将其交付给被执行人。第三人为自己的利益依法占有的被执行人的财产可以查封,第三人可以继续占有和使用该财产,但不得将其交付给被执行人。第三人无偿借用的被执行人的财产,可以查封或者执行。【第 13 条】

3.7.3 被执行人将其财产出卖给第三人,第三人已经支付部分价款并实际占有该财产,但根据合同约定被执行人保留所有权的,可以查封;第三人要求继续履行合同的,应当由第三人在合理期限内向执行法院交付全部余款后解除查封。【第 14 条】

3.7.4 被执行人将其所有的需要办理过户登记的财产出卖给第三人,第三人已经支付部分或者全部价款并实际占有该财产,但尚未办理产权过户登记手续的,可以查封;第三人已经支付全部价款并实际占有,但未办理过户登记手续的,如果第三人对此没有过错,不得查封。【第 15 条】

3.7.5 被执行人购买第三人的财产,已经支付部分价款并实际占有该财产,但第三人依合同约定保留所有权,申请执行人已向第三人支付剩余价款或者第三人书面同意剩余价款从该财产变价款中优先支付的,可以查封。第三人依法解除合同的,可以向执行法院申请执行被执行人因支付价款而形成的对该第三人的债权。【第16条】

3.7.6 被执行人购买需要办理过户登记的第三人的财产,已经支付部分或者全部价款并实际占有该财产,虽未办理产权过户登记手续,但申请执行人已向第三人支付剩余价款或者第三人同意剩余价款从该财产变价款中优先支付的,可以查封。【第17条】

3.8 评估和财产处置价的确定。

3.8.1 选择评估、拍卖机构时,代理律师应当到场。【《委托评估规定(2009)》第9条】

3.8.2 评估机构在工作中需对现场进行勘验的,代理律师应当到场;委托人有相应授权的,代理律师应当在勘验笔录上签字确认。【《委托评估规定(2009)》第12条】评估需要进行现场勘验的,当事人应当到场;当事人不到场的,不影响勘验的进行,但应当有见证人见证。现场勘验需要当事人配合的,当事人应当予以配合。【《财产处置参考价规定(2018)》第18条】

3.8.3 法院确定财产处置参考价,可以采取当事人议价、定向询价、网络询价、委托评估等方式。【《财产处置参考价规定(2018)》第2条】

3.8.3.1 采取当事人议价方式确定参考价的,除一方当事人拒绝议价或者下落不明外,当事人应当在执行法院指定期限内通过协商方式提交议价结果。双方当事人提交的议价结果一致,且不损害他人合法权益的,议价结果为参考价。【《财产处置参考价规定(2018)》第4条】

3.8.3.2 当事人议价不能或者不成,且财产有计税基准价、政府定价或者政府指导价的;或者双方当事人一致要求直接进行定向询价,且财产有计税基准价、政府定价或者政府指导价的,法院应当向确定参考价时财产所在地的有关机构进行定向询价。【《财产处置参考价规定(2018)》第5条】接受定向询价的机构在指定期限内出具的询价结果为参考价。【《财产处置参考价规定》第6条第2款】

3.8.3.3 定向询价不能或者不成,财产无需由专业人员现场勘验或者鉴定,且具备网络询价条件的;或者双方当事人一致要求或者同意直接进行网络询价的,法院应当通过司法网络询价平台进行网络询价。【《财产处置参考价规定(2018)》第7条】全部司法网络询价平台均在期限内出具询价结果或者补正结果的,以全部司法网络询价平台出具结果的平均值为参考价;部分司法网络询价平台在期限内出具询价结果或者补正结果的,以该部分司法网络询价平台出具结果的平均值为参考价。【《财产处置参考价规定(2018)》第13条第1款】

3.8.3.4 法律、行政法规规定必须委托评估、双方当事人要求委托评估或者网络询价不能或不成的,应当委托评估机构进行评估。【《财产处置参考价规定(2018)》第14条】采取委托评估方式确定参考价的,由双方当事人在指定期限内从名单分库中协商确定三家评估机构以及顺序;双方当事人在指定期限内协商不成或者一方当事人下落不明的,采取摇号方式在名单分库或者财产所在地的名单子库中随机确定三家评估机构以及顺序。双方当事人也可以一致要求在同一名单子库中随机确定。【《财产处置参考价规定(2018)》第16条】

3.8.4 当事人认为网络询价报告或者评估报告具有下列情形之一的,可以在收到报告后五日内提出书面异议:(1)财产基本信息错误;(2)超出财产范围或者遗漏财产;(3)评估机构或者评估人员不具备相应评估资质;(4)评估程序严重违法。【《财产处置参考价规定(2018)》第22条】

3.8.4.1 当事人收到评估报告后五日内可以对评估报告的参照标准、计算方法或者评估结果等提出书面异议。【《财产处置参考价规定(2018)》第23条第1款】

3.8.5 当事人有证据证明具有下列情形之一的,可以在发布一拍拍卖公告或者直接进入变卖程序之前提出异议:(1)议价中存在欺诈、胁迫情形;(2)恶意串通损害第三人利益;(3)有关机构出具虚假定向询价结果;(4)依照本规定第22条、第23条作出的处理结果确有错误。【《财产处置参考价规定(2018)》第25条】

3.8.6 网络询价、定向询价、委托评估结果的有效期最长不得超过一年;当事人议价的,可以自行协商确定议价结果的有效期,但最长也不得超过一年。【《财产处置参考价规定(2018)》第27条第1款、第2款】

3.8.7 法院在议价、询价、评估结果有效期内发布一拍拍卖公告或者直接进入变卖程序,拍卖、变卖时未超过有效期六个月的,无需重新确定参考价,但法律、行政法规、司法解释另有规定的除外。【《财产处置参考价规定(2018)》第27条第3款】

3.8.8 执行法院决定网络询价或者委托评估后,双方当事人也可以通过议价确定参考价或者协商不再对财产进行变价处理。【《财产处置参考价规定(2018)》第29条第2款】

3.8.9 财产变价程序应当在参考价确定后十日内启动。拍卖的,参照参考价确定起拍价;直接变卖的,参照参考价确定变卖价。【《财产处置参考价规定(2018)》第30条】

3.9 拍卖、变卖环节重点注意事项。

3.9.1 拍卖时,拍卖财产经过评估的,评估价即为第一次拍卖的保留价;未作评估的,保留价由法院参照市价确定,并应当征询有关当事人的意见。【《执行拍卖规定(2020)》第5条第2款】网络司法拍卖应当确定保留价,拍卖保留价即为起拍价。起拍价由法院参照评估价确定;未作评估的,参照市价确定,并征询当事人意见。起拍价不得低于评估价或者市价的百分之七十。【《网络拍卖规定(2016)》第10条】

3.9.2 如果出现流拍,再行拍卖时,可以酌情降低保留价,但每次降低的数额不得超过前次保留价的百分之二十。【《执行拍卖规定(2020)》第 5 条第 3 款】

3.9.3 网络司法拍卖竞价期间无人出价的,本次拍卖流拍。流拍后应当在三十日内在同一网络司法拍卖平台再次拍卖,拍卖动产的应当在拍卖七日前公告;拍卖不动产或者其他财产权的应当在拍卖十五日前公告。再次拍卖的起拍价降价幅度不得超过前次起拍价的百分之二十。【《网络拍卖规定(2016)》第 26 条第 1 款】

3.9.4 因网络司法拍卖本身形成的税费,应当依照相关法律、行政法规的规定,由相应主体承担;没有规定或者规定不明的,法院可以根据法律原则和案件实际情况确定税费承担的相关主体、数额。【《网络拍卖规定(2016)》第 30 条】

3.9.5 拍卖时,申请执行人、被执行人均可参加竞买;申请执行人参加竞买的,可以不预交保证金。【《执行拍卖规定(2020)》第 10 条、第 12 条第 2 款】

3.9.6 涉及国有资产的司法委托拍卖,须由省级以上国有产权交易机构实施。【《委托评估规定(2009)》第 6 条】

3.9.7 《证券法》规定应当在证券交易所上市交易或转让的证券资产的司法委托拍卖,须通过证券交易所实施。【《委托评估规定(2009)》第 7 条】

3.9.8 法院以拍卖方式处置财产的,应当采取网络司法拍卖方式,但法律、行政法规和司法解释规定必须通过其他途径处置,或者不宜采用网络拍卖方式处置的除外。【《网络拍卖规定(2016)》第 2 条】

4. 执行程序当事人的救济措施

4.1 管辖异议(适用于代理被执行人)。

当事人对执行法院管辖权有异议的,应当自收到执行通知书之日起十日内提出。当事人对执行法院作出的驳回管辖异议的裁定不服的,可以向其上一级法院申请复议。管辖权异议审查和复议期间,不停止执行。【《执行解释(2020)》第 3 条】

4.2 执行行为异议。

4.2.1 (适用于代理被执行人、案外人)认为执行行为违反法律规定的,可以向执行法院提出书面异议。对不予受理或者驳回异议的裁定不服的,可以自裁定送达之日起十日内向上一级法院申请复议。【《民诉法(2021)》第 232 条、《执行异议、复议规定(2020)》第 2 条第 3 款】

4.2.2 异议人提出执行异议或者复议申请人申请复议,应当向法院提交申请书。申请书应当载明具体的异议或者复议请求、事实、理由等内容,并附下列材料:(一)异议人或者复议申请人的身份证明;(二)相关证据材料;(三)送达地址和联系方式。【《执行异议、复议规定(2020)》第 1 条】

4.2.3 (适用于代理案外人)申请执行人和被执行人以外的自然人、法人和非法人组织,具备下列情形之一的,可以作为利害关系人提出执行行为异议:(一) 认为法院的执行行为违法,妨碍其轮候查封、扣押、冻结的债权受偿的;(二) 认为法院的拍卖措施违法,妨碍其参与公平竞价的;(三) 认为法院的拍卖、变卖或者以物抵债措施违法,侵害其对执行标的的优先购买权的;(四) 认为法院要求协助执行的事项超出其协助范围或者违反法律规定的;(五) 认为其他合法权益受到法院违法执行行为侵害的。【《执行异议、复议规定(2020)》第5条】

4.2.4 执行异议审查和复议期间,不停止执行。如果是被执行人、利害关系人提出异议,可以在提供充分、有效的担保的情况下,向执行法院请求停止相应处分措施;申请执行人在此情况下,可以在提供充分、有效的担保请求后,请求继续执行。【《执行解释(2020)》第9条】

4.2.5 对执行行为提出的异议,应当在执行程序终结之前提出,但对终结执行措施提出异议的除外。【《执行异议、复议规定(2020)》第6条第1款】

4.2.6 (适用于代理被执行人)被限制出境的人认为对其限制出境错误的,可以自收到限制出境决定之日起十日内向上一级法院申请复议。复议期间,不停止原决定的执行。【《执行异议、复议规定(2020)》第9条】

4.2.7 (适用于代理被执行人)当事人不服驳回不予执行公证债权文书申请的裁定的,可以自收到裁定之日起十日内向上一级法院申请复议。复议期间,不停止原决定的执行。【《执行异议、复议规定(2020)》第10条】

4.2.8 (适用于代理被执行人)认为有下列情形之一的,可以向执行法院申请纠正:(1) 不应将其纳入失信被执行人名单的;(2) 记载和公布的失信信息不准确的;(3) 失信信息应予删除的。【《失信信息规定(2017)》第11条】对执行法院作出的驳回决定不服的,可以自决定书送达之日起十日内向上一级法院申请复议。【《失信信息规定(2017)》第12条】

4.2.9 对存在下列情形之一的拍卖、变卖可以提出异议要求撤销:(1) 竞买人之间、竞买人与拍卖机构之间恶意串通,损害当事人或者其他竞买人利益的;(2) 买受人不具备法律规定的竞买资格的;(3) 违法限制竞买人参加竞买或者对不同的竞买人规定不同竞买条件的;(4) 未按照法律、司法解释的规定对拍卖标的物进行公告的;(5) 其他严重违反拍卖程序且损害当事人或者竞买人利益的情形。【《执行异议、复议规定(2020)》第21条】

4.2.10 对执行法院作出的变更、追加裁定或驳回申请裁定不服的,可以自裁定书送达之日起十日内向上一级法院申请复议(依法可以提起执行异议之诉的除外)。【《变更、追加执行当事人规定(2020)》第30条】

4.2.11 执行和解达成后,认为执行法院作出的恢复执行或者不予恢复执行的裁定不服的,可以依照民事诉讼法第232条规定提出异议。【《执行和解规定(2020)》第12条】

4.2.12 恢复执行后,执行和解协议已经履行部分应当依法扣除。当事人、利害关系人认为法院的扣除行为违反法律规定的,可以依照民事诉讼法第232条规定提出异议。【《执行和解规定(2020)》第17条】

4.2.13 执行过程中,被执行人根据当事人自行达成但未提交法院的和解协议,或者一方当事人提交法院但其他当事人不予认可的和解协议,可以依照民事诉讼法第232条规定提出异议。【《执行和解规定(2020)》第19条】

4.3 执行标的异议(适用于代理案外人)。

执行过程中,可以对执行标的提出书面异议。【《民诉法(2021)》第234条】

对执行标的提出的异议,应当在异议指向的执行标的执行终结之前提出;执行标的由当事人受让的,应当在执行程序终结之前提出。【《执行异议、复议规定(2020)》第6条第2款】

【操作提示】接受案外人的委托之前,律师应当根据《执行异议、复议规定(2020)》第24条的规定,审查案外人是否系权利人,该权利的合法性与真实性以及该权利能否排除执行等相关事项,以评估委托事项的可行性以及取得满意结果的可能性。判断标准应当依照《执行异议、复议规定(2020)》第25条、第26条、第28条、第29条、第30条、第31条的规定。

4.4 执行异议之诉。

4.4.1 除《民诉法解释(2022)》第304条的规定以外,《执行异议、复议规定(2020)》第26条第4款、《变更、追加执行当事人规定(2020)》第32条第1款均可作为提起执行异议之诉的法律依据。

4.4.2 以《变更、追加执行当事人规定(2020)》第32条第1款为依据提起执行异议之诉的,被申请人提起的,以申请人为被告;申请人提起的,以被申请人为被告。【《变更、追加执行当事人规定(2020)》第32条第2款》】

4.5 另行起诉。

4.5.1 (适用于代理申请执行人)被执行人一方不履行执行和解协议的,申请执行人可以申请恢复执行原生效法律文书,也可以就履行执行和解协议向执行法院提起诉讼。【《执行和解规定(2020)》第9条】

4.5.2 (适用于代理申请执行人)执行和解协议履行完毕,申请执行人因被执行人迟延履行、瑕疵履行遭受损害的,可以向执行法院另行提起诉讼。【《执行和解规定(2020)》第15条】

4.5.3 当事人、利害关系人认为执行和解协议无效或者应予撤销的,可以向执行法院提起诉讼。【《执行和解规定(2020)》第16条】

4.5.4 (适用于代理案外人)为被执行人提供担保的担保人承担担保责任后,可以起诉被执行人进行追偿。【《执行担保规定(2020)》第14条】

4.5.5 法院裁定撤销仲裁裁决或者基于被执行人的申请裁定不予执行仲裁裁决的,原申请执行人可以根据双方达成的书面仲裁协议重新申请仲裁或者向法院起诉。【《仲裁执行规定(2018)》第21条第2款】

【操作提示】从该司法解释的条文内容来看,受理起诉的法院应当根据仲裁裁决涉及的纠纷具体情况确定,并非一定是执行法院。

4.5.6 法院裁定不予执行仲裁裁决的,当事人可以根据双方达成的书面仲裁协议重新申请仲裁,也可以向法院起诉。【《仲裁执行规定(2018)》第22条第2款】

【操作提示】从该司法解释的条文内容来看,受理起诉的法院应当根据仲裁裁决涉及的纠纷具体情况确定,并非一定是执行法院。

4.5.7 (适用于代理申请执行人)生效法律文书确定被执行人交付特定标的物的,应当执行原物。原物确已毁损或灭失,双方当事人对折价赔偿又不能协商一致的,申请执行人可以另行起诉。【《执行规定(2020)》第41条】

4.5.8 (适用于代理申请执行人)执行回转时,已执行的标的物系特定物的,应当退还原物。不能退还原物,双方当事人对折价赔偿又不能协商一致的,申请执行人可以另行起诉。【《执行规定(2020)》第66条】

4.5.9 网络司法拍卖被法院撤销,当事人、利害关系人、案外人认为法院以外的其他主体的行为违法致使其合法权益遭受损害的,可以另行提起诉讼。【《网络拍卖规定(2016)》第32条】

4.5.10 当事人、利害关系人、案外人认为网络司法拍卖服务提供者的行为违法致使其合法权益遭受损害的,可以另行提起诉讼。【《网络拍卖规定(2016)》第33条】

4.6 对仲裁裁决执行案件申请不予执行(适用于被执行人、案外人)。

4.6.1 被执行人可以对仲裁裁决执行案件申请不予执行【《民诉法(2021)》第244条第2款】,但应当在签收执行通知书之日起十五日内以书面方式提出【《仲裁执行规定(2018)》第8条】。

4.6.2 案外人可以对仲裁裁决执行案件申请不予执行。【《仲裁执行规定(2018)》第2条第3款】

4.6.2.1 案外人向法院申请不予执行仲裁裁决或者仲裁调解书的,应当提交申请书以及证明其请求成立的证据材料,并符合下列条件:(1)有证据证明仲裁案件当事人恶意申请仲裁或者虚假仲裁,损害其合法权益;(2)案外人主张的合法权益所涉及的执行标的尚未执行终结;(3)自知道或者应当知道法院对该标的采取执行措施之日起三十日内提出。【《仲裁执行规定(2018)》第9条】

4.6.2.2 案外人对于执行法院作出的不予执行仲裁裁决的裁定、驳回或者不予受理不予执行仲裁裁决的裁定不服,可以自裁定送达之日起十日内向上一级法院申请复议。

【《仲裁执行规定(2018)》第 22 条第 3 款】

4.6.3 被执行人无权就执行法院作出的驳回或者不予受理不予执行仲裁裁决的裁定提出执行异议或者申请复议。【《仲裁执行规定(2018)》第 22 条第 1 款】

5. 执行担保(法律依据为《执行担保规定(2020)》的,仅列明条款序号)

5.1 执行担保的范围可以是被执行人履行生效法律文书确定的全部义务,也可以是部分义务。【第 1 条】

【操作提示】须结合《民诉法(2021)》第 238 条和《民诉法解释(2022)》第 468 条的规定一并考虑。

5.2 执行担保的方式包括两种:一种是由被执行人自己提供的财产担保,另一种是由他人(即生效法律文书当事人以外的第三人)提供的财产担保或者保证。【第 2 条】同时,被执行人或者他人提供财产担保,可以依照民法典的规定办理登记等担保物权公示手续。【第 7 条第 1 款】

5.3 被执行人或者他人提供执行担保的,应当向法院提交担保书,并将担保书副本送交申请执行人。担保书中应当载明担保人的基本信息、暂缓执行期限、担保期间、被担保的债权种类及数额、担保范围、担保方式、被执行人于暂缓执行期限届满后仍不履行时担保人自愿接受直接强制执行的承诺等内容。【第 3 条、第 4 条】

【操作提示】承办律师在制作或者审查担保书时,应当根据上述内容规范操作。

5.4 公司为被执行人提供执行担保时应当提交的法律文件包括符合公司法第 16 条规定的公司章程、董事会或者股东会、股东大会决议。【第 5 条】

【操作提示】代理申请执行人的承办律师,应当认真审查此类文件,以确保委托人的合法权益得到有力的保护。

6. 执行和解(法律依据为《执行和解规定(2020)》的,仅列明条款序号)

6.1 执行案件当事人在自愿协商的情况下,可以依法变更生效法律文书确定的权利义务主体、履行标的、期限、地点和方式等内容【第 1 条】;已经达成的执行和解协议可以再次变更【第 5 条】。

【操作提示】由于涉及委托人的实体权利,即使在拥有特别授权的情况下,承办律师也应当慎重处理相关事项,以免不当或者不慎行使权利给委托人造成不必要的损失。

6.2 因执行和解而中止执行的,已经采取的查封、扣押、冻结等执行措施并不当然解除。【第 3 条】

【操作提示】作为申请执行人的代理人,可以根据委托人的意愿向执行法院申请解除查封、扣押、冻结。作为被执行人的代理人,应当提醒委托人,可以要求申请执行人向执行法院申请解除查封、扣押、冻结。

二、民事诉讼证据法律规范指引

指引 8-2　北京德和衡(哈尔滨)律师事务所民事诉讼证据法律规范指引

为帮助本所律师系统地理解、运用《中华人民共和国民事诉讼法(2021)》[以下简称《民诉法(2021)》]、《最高人民法院关于适用〈中华人民共和国民事诉讼法〉的解释(2022)》[以下简称《民诉法解释(2022)》]和《最高人民法院关于民事诉讼证据的若干规定(2019)》[以下简称《民诉证据规定(2019)》]对于民事诉讼证据方面的规定,提高承办民事诉讼案件的工作效率,在整合上述法律、司法解释关于民事诉讼证据方面的相关条文基础上,制作本指引。

【使用说明】

1. 正文中《民诉法解释(2022)》和《民诉证据规定(2019)》各条款排列位置的确定,以与《民诉法(2021)》第六章的条文内容相近为原则。

2. 正文中(第九部分除外)宋体字为《民诉法(2021)》条文,楷体字为《民诉法解释(2022)》条文,方正姚体字为《民诉证据规定(2019)》条文。

3. 《民诉法解释(2022)》条文中的横线+倾斜字体的内容,系《民诉法解释(2022)》与《民诉证据规定(2019)》存在冲突的内容,应以《民诉证据规定(2019)》的内容为准。

4. 正文中的各部分标题是为了便于阅读、检索所设,与法律和司法解释的体系、含义无关。

5. 正文所列举的其他司法解释中与证明标准、举证责任相关的条款,只列举了常用的部分司法解释中的相关内容。在承办案件过程中,应当根据具体的案件类型、案由进行全面的法律检索,不应局限于本指引所列内容。

一、证据种类

《民诉法(2021)》第六十六条　证据包括:

(一) 当事人的陈述;

(二) 书证;

(三) 物证;

(四) 视听资料;

(五) 电子数据;

(六) 证人证言;

(七) 鉴定意见;

(八) 勘验笔录。

证据必须查证属实,才能作为认定事实的根据。

《民诉法解释(2022)》第一百二十二条第二款 具有专门知识的人在法庭上就专业问题提出的意见,视为当事人的陈述。

《民诉法解释(2022)》第一百一十六条 视听资料包括录音资料和影像资料。

电子数据是指通过电子邮件、电子数据交换、网上聊天记录、博客、微博客、手机短信、电子签名、域名等形成或者存储的电子介质中的信息。

存储在电子介质中的录音资料和影像资料,适用电子数据的规定。

《民诉证据规定(2019)》第十四条 电子数据包括下列信息、电子文件:

(一)网页、博客、微博客等网络平台发布的信息;

(二)手机短信、电子邮件、即时通信、通讯群组等网络应用服务的通信信息;

(三)用户注册信息、身份认证信息、电子交易记录、通信记录、登录日志等信息;

(四)文档、图片、音频、视频、数字证书、计算机程序等电子文件;

(五)其他以数字化形式存储、处理、传输的能够证明案件事实的信息。

二、当事人的举证义务

《民诉法(2021)》第六十七条第一款 当事人对自己提出的主张,有责任提供证据。

《民诉法解释(2022)》第九十条 当事人对自己提出的诉讼请求所依据的事实或者反驳对方诉讼请求所依据的事实,应当提供证据加以证明,但法律另有规定的除外。

在作出判决前,当事人未能提供证据或者证据不足以证明其事实主张的,由负有举证证明责任的当事人承担不利的后果。

《民诉证据规定(2019)》第一条 原告向人民法院起诉或者被告提出反诉,应当提供符合起诉条件的相应的证据。

《民诉证据规定(2019)》第二条 人民法院应当向当事人说明举证的要求及法律后果,促使当事人在合理期限内积极、全面、正确、诚实地完成举证。

当事人因客观原因不能自行收集的证据,可申请人民法院调查收集。

《民诉法解释(2022)》第九十一条 人民法院应当依照下列原则确定举证证明责任的承担,但法律另有规定的除外:

(一)主张法律关系存在的当事人,应当对产生该法律关系的基本事实承担举证证明责任;

(二)主张法律关系变更、消灭或者权利受到妨害的当事人,应当对该法律关系变更、消灭或者权利受到妨害的基本事实承担举证证明责任。

《民诉法解释(2022)》第九十二条第二款 对于涉及身份关系、国家利益、社会公共利益等应当由人民法院依职权调查的事实,不适用前款自认的规定。

《民诉证据规定(2019)》第三条 在诉讼过程中,一方当事人陈述的于己不利的事实,或者对于己不利的事实明确表示承认的,另一方当事人无需举证证明。

在证据交换、询问、调查过程中，或者在起诉状、答辩状、代理词等书面材料中，当事人明确承认于己不利的事实的，适用前款规定。

《民诉证据规定(2019)》第四条 一方当事人对于另一方当事人主张的于己不利的事实既不承认也不否认，经审判人员说明并询问后，其仍然不明确表示肯定或者否定的，视为对该事实的承认。

《民诉证据规定(2019)》第五条 当事人委托诉讼代理人参加诉讼的，除授权委托书明确排除的事项外，诉讼代理人的自认视为当事人的自认。

当事人在场对诉讼代理人的自认明确否认的，不视为自认。

《民诉证据规定(2019)》第六条 普通共同诉讼中，共同诉讼人中一人或者数人作出的自认，对作出自认的当事人发生效力。

必要共同诉讼中，共同诉讼人中一人或者数人作出自认而其他共同诉讼人予以否认的，不发生自认的效力。其他共同诉讼人既不承认也不否认，经审判人员说明并询问后仍然不明确表示意见的，视为全体共同诉讼人的自认。

《民诉证据规定(2019)》第七条 一方当事人对于另一方当事人主张的于己不利的事实有所限制或者附加条件予以承认的，由人民法院综合案件情况决定是否构成自认。

《民诉证据规定(2019)》第八条第二款 自认的事实与已经查明的事实不符的，人民法院不予确认。

《民诉证据规定(2019)》第九条 有下列情形之一，当事人在法庭辩论终结前撤销自认的，人民法院应当准许：

（一）经对方当事人同意的；

（二）自认是在受胁迫或者重大误解情况下作出的。

人民法院准许当事人撤销自认的，应当作出口头或者书面裁定。

《民诉证据规定(2019)》第十条 下列事实，当事人无须举证证明：

（一）自然规律以及定理、定律；

（二）众所周知的事实；

（三）根据法律规定推定的事实；

（四）根据已知的事实和日常生活经验法则推定出的另一事实；

（五）已为仲裁机构的生效裁决所确认的事实；

（六）已为人民法院发生法律效力的裁判所确认的基本事实；

（七）已为有效公证文书所证明的事实。

前款第二项至第五项事实，当事人有相反证据足以反驳的除外；第六项、第七项事实，当事人有相反证据足以推翻的除外。

三、人民法院调查收集证据

《民诉法(2021)》第六十七条第二款 当事人及其诉讼代理人因客观原因不能自行收集的证据,或者人民法院认为审理案件需要的证据,人民法院应当调查收集。

《民诉法解释(2022)》第九十四条 民事诉讼法第六十七条第二款规定的当事人及其诉讼代理人因客观原因不能自行收集的证据包括:

(一) 证据由国家有关部门保存,当事人及其诉讼代理人无权查阅调取的;

(二) 涉及国家秘密、商业秘密或者个人隐私的;

(三) 当事人及其诉讼代理人因客观原因不能自行收集的其他证据。

当事人及其诉讼代理人因客观原因不能自行收集的证据,可以在举证期限届满前书面申请人民法院调查收集。

《民诉法解释(2022)》第九十五条 当事人申请调查收集的证据,与待证事实无关联、对证明待证事实无意义或者其他无调查收集必要的,人民法院不予准许。

《民诉法解释(2022)》第九十六条第一款 民事诉讼法第六十七条第二款规定的人民法院认为审理案件需要的证据包括:

(一) 涉及可能损害国家利益、社会公共利益的;

(二) 涉及身份关系的;

(三) 涉及民事诉讼法第五十八条规定诉讼的;

(四) 当事人有恶意串通损害他人合法权益可能的;

(五) 涉及依职权追加当事人、中止诉讼、终结诉讼、回避等程序性事项的。

《民诉证据规定(2019)》第八条第一款 《最高人民法院关于适用〈中华人民共和国民事诉讼法〉的解释》第九十六条第一款规定的事实,不适用有关自认的规定。

《民诉证据规定(2019)》第十八条 双方当事人无争议的事实符合《最高人民法院关于适用〈中华人民共和国民事诉讼法〉的解释》第九十六条第一款规定情形的,人民法院可以责令当事人提供有关证据。

《民诉证据规定(2019)》第三十条第二款 符合《最高人民法院关于适用〈中华人民共和国民事诉讼法〉的解释》第九十六条第一款规定情形的,人民法院应当依职权委托鉴定。

《民诉法解释(2022)》第九十六条第二款 除前款规定外,人民法院调查收集证据,应当依照当事人的申请进行。

《民诉证据规定(2019)》第二十条 当事人及其诉讼代理人申请人民法院调查收集证据,应当在举证期限届满前提交书面申请。

申请书应当载明被调查人的姓名或者单位名称、住所地等基本情况、所要调查收集的证据名称或者内容、需要由人民法院调查收集证据的原因及其要证明的事实以及明确的线索。

《民诉证据规定(2019)》第二十一条　人民法院调查收集的书证,可以是原件,也可以是经核对无误的副本或者复制件。是副本或者复制件的,应当在调查笔录中说明来源和取证情况。

《民诉证据规定(2019)》第二十二条　人民法院调查收集的物证应当是原物。被调查人提供原物确有困难的,可以提供复制品或者影像资料。提供复制品或者影像资料的,应当在调查笔录中说明取证情况。

《民诉证据规定(2019)》第二十三条　人民法院调查收集视听资料、电子数据,应当要求被调查人提供原始载体。

提供原始载体确有困难的,可以提供复制件。提供复制件的,人民法院应当在调查笔录中说明其来源和制作经过。

人民法院对视听资料、电子数据采取证据保全措施的,适用前款规定。

《民诉证据规定(2019)》第二十四条　人民法院调查收集可能需要鉴定的证据,应当遵守相关技术规范,确保证据不被污染。

《民诉法解释(2022)》第九十七条　人民法院调查收集证据,应当由两人以上共同进行。调查材料要由调查人、被调查人、记录人签名、捺印或者盖章。

《民诉法(2021)》第六十七条第三款　人民法院应当按照法定程序,全面地、客观地审查核实证据。

四、举证时限与证据交换

《民诉法(2021)》第六十八条　当事人对自己提出的主张应当及时提供证据。

人民法院根据当事人的主张和案件审理情况,确定当事人应当提供的证据及其期限。当事人在该期限内提供证据确有困难的,可以向人民法院申请延长期限,人民法院根据当事人的申请适当延长。当事人逾期提供证据的,人民法院应当责令其说明理由;拒不说明理由或者理由不成立的,人民法院根据不同情形可以不予采纳该证据,或者采纳该证据但予以训诫、罚款。

《民诉证据规定(2019)》第五十条　人民法院应当在审理前的准备阶段向当事人送达举证通知书。

举证通知书应当载明举证责任的分配原则和要求、可以向人民法院申请调查收集证据的情形、人民法院根据案件情况指定的举证期限以及逾期提供证据的法律后果等内容。

《民诉法解释(2022)》第九十九条　人民法院应当在审理前的准备阶段确定当事人的举证期限。举证期限可以由当事人协商,并经人民法院准许。

《民诉证据规定(2019)》第五十一条　举证期限可以由当事人协商,并经人民法院准许。

人民法院指定举证期限的,适用第一审普通程序审理的案件不得少于十五日,当事人提供新的证据的第二审案件不得少于十日。适用简易程序审理的案件不得超过十五日,小额诉讼案件的举证期限一般不得超过七日。

举证期限届满后,当事人提供反驳证据或者对已经提供的证据的来源、形式等方面的瑕疵进行补正的,人民法院可以酌情再次确定举证期限,该期限不受前款规定的期间限制。

《民诉证据规定(2019)》第五十二条 当事人在举证期限内提供证据存在客观障碍,属于民事诉讼法第六十八条第二款规定的"当事人在该期限内提供证据确有困难"的情形。

前款情形,人民法院应当根据当事人的举证能力、不能在举证期限内提供证据的原因等因素综合判断。必要时,可以听取对方当事人的意见。

《民诉证据规定(2019)》第五十三条 诉讼过程中,当事人主张的法律关系性质或者民事行为效力与人民法院根据案件事实作出的认定不一致的,人民法院应当将法律关系性质或者民事行为效力作为焦点问题进行审理。但法律关系性质对裁判理由及结果没有影响,或者有关问题已经当事人充分辩论的除外。

存在前款情形,当事人根据法庭审理情况变更诉讼请求的,人民法院应当准许并可以根据案件的具体情况重新指定举证期限。

《民诉证据规定(2019)》第五十四条 当事人申请延长举证期限的,应当在举证期限届满前向人民法院提出书面申请。

申请理由成立的,人民法院应当准许,适当延长举证期限,并通知其他当事人。延长的举证期限适用于其他当事人。

申请理由不成立的,人民法院不予准许,并通知申请人。

《民诉证据规定(2019)》第五十五条 存在下列情形的,举证期限按照如下方式确定:

(一)当事人依照民事诉讼法第一百二十七条规定提出管辖权异议的,举证期限中止,自驳回管辖权异议的裁定生效之日起恢复计算;

(二)追加当事人、有独立请求权的第三人参加诉讼或者无独立请求权的第三人经人民法院通知参加诉讼的,人民法院应当依照本规定第五十一条的规定为新参加诉讼的当事人确定举证期限,该举证期限适用于其他当事人;

(三)发回重审的案件,第一审人民法院可以结合案件具体情况和发回重审的原因,酌情确定举证期限;

(四)当事人增加、变更诉讼请求或者提出反诉的,人民法院应当根据案件具体情况重新确定举证期限;

(五)公告送达的,举证期限自公告期届满之次日起计算。

《民诉证据规定（2019）》第五十六条　人民法院依照民事诉讼法第一百三十三条第四项的规定，通过组织证据交换进行审理前准备的，证据交换之日举证期限届满。

证据交换的时间可以由当事人协商一致并经人民法院认可，也可以由人民法院指定。当事人申请延期举证经人民法院准许的，证据交换日相应顺延。

《民诉证据规定（2019）》第五十七条　证据交换应当在审判人员的主持下进行。

在证据交换的过程中，审判人员对当事人无异议的事实、证据应当记录在卷；对有异议的证据，按照需要证明的事实分类记录在卷，并记载异议的理由。通过证据交换，确定双方当事人争议的主要问题。

《民诉证据规定（2019）》第五十八条　当事人收到对方的证据后有反驳证据需要提交的，人民法院应当再次组织证据交换。

《民诉法解释（2022）》第一百零一条　当事人逾期提供证据的，人民法院应当责令其说明理由，必要时可以要求其提供相应的证据。

当事人因客观原因逾期提供证据，或者对方当事人对逾期提供证据未提出异议的，视为未逾期。

《民诉法解释（2022）》第一百零二条　当事人因故意或者重大过失逾期提供的证据，人民法院不予采纳。但该证据与案件基本事实有关的，人民法院应当采纳，并依照民事诉讼法第六十八条、第一百一十八条第一款的规定予以训诫、罚款。

当事人非因故意或者重大过失逾期提供的证据，人民法院应当采纳，并对当事人予以训诫。

当事人一方要求另一方赔偿因逾期提供证据致使其增加的交通、住宿、就餐、误工、证人出庭作证等必要费用的，人民法院可予支持。

《民诉证据规定（2019）》第五十九条　人民法院对逾期提供证据的当事人处以罚款的，可以结合当事人逾期提供证据的主观过错程度、导致诉讼迟延的情况、诉讼标的金额等因素，确定罚款数额。

五、证据开示

《民诉法（2021）》第六十九条　人民法院收到当事人提交的证据材料，应当出具收据，写明证据名称、页数、份数、原件或者复印件以及收到时间等，并由经办人员签名或者盖章。

《民诉证据规定（2019）》第十九条　当事人应当对其提交的证据材料逐一分类编号，对证据材料的来源、证明对象和内容作简要说明，签名盖章，注明提交日期，并依照对方当事人人数提出副本。

人民法院收到当事人提交的证据材料，应当出具收据，注明证据的名称、份数和页数以及收到的时间，由经办人员签名或者盖章。

《民诉法(2021)》第七十条　人民法院有权向有关单位和个人调查取证,有关单位和个人不得拒绝。

人民法院对有关单位和个人提出的证明文书,应当辨别真伪,审查确定其效力。

《民诉法(2021)》第七十一条　证据应当在法庭上出示,并由当事人互相质证。对涉及国家秘密、商业秘密和个人隐私的证据应当保密,需要在法庭出示的,不得在公开开庭时出示。

《民诉法解释(2022)》第一百零三条　证据应当在法庭上出示,由当事人互相质证。未经当事人质证的证据,不得作为认定案件事实的根据。

涉及国家秘密、商业秘密、个人隐私或者法律规定应当保密的证据,不得公开质证。

《民诉证据规定(2019)》第六十条　当事人在审理前的准备阶段或者人民法院调查、询问过程中发表过质证意见的证据,视为质证过的证据。

当事人要求以书面方式发表质证意见,人民法院在听取对方当事人意见后认为有必要的,可以准许。人民法院应当及时将书面质证意见送交对方当事人。

《民诉证据规定(2019)》第六十一条　对书证、物证、视听资料进行质证时,当事人应当出示证据的原件或者原物。但有下列情形之一的除外:

(一)出示原件或者原物确有困难并经人民法院准许出示复制件或者复制品的;

(二)原件或者原物已不存在,但有证据证明复制件、复制品与原件或者原物一致的。

《民诉证据规定(2019)》第六十二条　质证一般按下列顺序进行:

(一)原告出示证据,被告、第三人与原告进行质证;

(二)被告出示证据,原告、第三人与被告进行质证;

(三)第三人出示证据,原告、被告与第三人进行质证。

人民法院根据当事人申请调查收集的证据,审判人员对调查收集证据的情况进行说明后,由提出申请的当事人与对方当事人、第三人进行质证。

人民法院依职权调查收集的证据,由审判人员对调查收集证据的情况进行说明后,听取当事人的意见。

《民诉法(2021)》第七十二条　经过法定程序公证证明的法律事实和文书,人民法院应当作为认定事实的根据,但有相反证据足以推翻公证证明的除外。

《民诉法(2021)》第七十三条第一款　书证应当提交原件。物证应当提交原物。提交原件或者原物确有困难的,可以提交复制品、照片、副本、节录本。

《民诉证据规定(2019)》第十一条　当事人向人民法院提供证据,应当提供原件或者原物。如需自己保存证据原件、原物或者提供原件、原物确有困难的,可以提供经人民法院核对无异的复制件或者复制品。

《民诉证据规定(2019)》第十二条　以动产作为证据的,应当将原物提交人民法院。原物不宜搬移或者不宜保存的,当事人可以提供复制品、影像资料或者其他替代品。

人民法院在收到当事人提交的动产或者替代品后,应当及时通知双方当事人到人民法院或者保存现场查验。

《民诉证据规定(2019)》第十三条　当事人以不动产作为证据的,应当向人民法院提供该不动产的影像资料。

人民法院认为有必要的,应当通知双方当事人到场进行查验。

《民诉法解释(2022)》第一百一十一条　民事诉讼法第七十三条规定的提交书证原件确有困难,包括下列情形:

(一)书证原件遗失、灭失或者毁损的;

(二)原件在对方当事人控制之下,经合法通知提交而拒不提交的;

(三)原件在他人控制之下,而其有权不提交的;

(四)原件因篇幅或者体积过大而不便提交的;

(五)承担举证证明责任的当事人通过申请人民法院调查收集或者其他方式无法获得书证原件的。

前款规定情形,人民法院应当结合其他证据和案件具体情况,审查判断书证复制品等能否作为认定案件事实的根据。

《民诉法解释(2022)》第一百一十二条　书证在对方当事人控制之下的,承担举证证明责任的当事人可以在举证期限届满前书面申请人民法院责令对方当事人提交。

申请理由成立的,人民法院应当责令对方当事人提交,因提交书证所产生的费用,由申请人负担。对方当事人无正当理由拒不提交的,人民法院可以认定申请人所主张的书证内容为真实。

《民诉证据规定(2019)》第四十五条　当事人根据《最高人民法院关于适用〈中华人民共和国民事诉讼法〉的解释》第一百一十二条的规定申请人民法院责令对方当事人提交书证的,申请书应当载明所申请提交的书证名称或者内容、需要以该书证证明的事实及事实的重要性、对方当事人控制该书证的根据以及应当提交该书证的理由。

对方当事人否认控制书证的,人民法院应当根据法律规定、习惯等因素,结合案件的事实、证据,对于书证是否在对方当事人控制之下的事实作出综合判断。

《民诉证据规定(2019)》第四十七条　下列情形,控制书证的当事人应当提交书证:

(一)控制书证的当事人在诉讼中曾经引用过的书证;

(二)为对方当事人的利益制作的书证;

(三)对方当事人依照法律规定有权查阅、获取的书证;

(四)账簿、记账原始凭证;

(五)人民法院认为应当提交书证的其他情形。

前款所列书证,涉及国家秘密、商业秘密、当事人或第三人的隐私,或者存在法律规定应当保密的情形的,提交后不得公开质证。

《民诉证据规定(2019)》第四十八条　控制书证的当事人无正当理由拒不提交书证的,人民法院可以认定对方当事人所主张的书证内容为真实。

控制书证的当事人存在《最高人民法院关于适用〈中华人民共和国民事诉讼法〉的解释》第一百一十三条规定情形的,人民法院可以认定对方当事人主张以该书证证明的事实为真实。

《民诉法解释(2021)》第一百一十三条　持有书证的当事人以妨碍对方当事人使用为目的,毁灭有关书证或者实施其他致使书证不能使用行为的,人民法院可以依照民事诉讼法第一百一十四条规定,对其处以罚款、拘留。

《民诉法解释(2022)》第一百一十四条　国家机关或者其他依法具有社会管理职能的组织,在其职权范围内制作的文书所记载的事项推定为真实,但有相反证据足以推翻的除外。必要时,人民法院可以要求制作文书的机关或者组织对文书的真实性予以说明。

《民诉证据规定(2019)》第四十四条　摘录有关单位制作的与案件事实相关的文件、材料,应当注明出处,并加盖制作单位或者保管单位的印章,摘录人和其他调查人员应当在摘录件上签名或者盖章。

摘录文件、材料应当保持内容相应的完整性。

《民诉法解释(2022)》第一百一十五条　单位向人民法院提出的证明材料,应当由单位负责人及制作证明材料的人员签名或者盖章,并加盖单位印章。人民法院就单位出具的证明材料,可以向单位及制作证明材料的人员进行调查核实。必要时,可以要求制作证明材料的人员出庭作证。

单位及制作证明材料的人员拒绝人民法院调查核实,或者制作证明材料的人员无正当理由拒绝出庭作证的,该证明材料不得作为认定案件事实的根据。

《民诉证据规定(2019)》第十六条　当事人提供的公文书证系在中华人民共和国领域外形成的,该证据应当经所在国公证机关证明,或者履行中华人民共和国与该所在国订立的有关条约中规定的证明手续。

中华人民共和国领域外形成的涉及身份关系的证据,应当经所在国公证机关证明并经中华人民共和国驻该国使领馆认证,或者履行中华人民共和国与该所在国订立的有关条约中规定的证明手续。

当事人向人民法院提供的证据是在香港、澳门、台湾地区形成的,应当履行相关的证明手续。

《民诉法(2021)》第七十三条第二款　提交外文书证,必须附有中文译本。

《民诉证据规定(2019)》第十七条　当事人向人民法院提供外文书证或者外文说明资料,应当附有中文译本。

《民诉法(2021)》第七十四条　人民法院对视听资料,应当辨别真伪,并结合本案的其他证据,审查确定能否作为认定事实的根据。

《民诉证据规定(2019)》第十五条　当事人以视听资料作为证据的,应当提供存储该视听资料的原始载体。

当事人以电子数据作为证据的,应当提供原件。电子数据的制作者制作的与原件一致的副本,或者直接来源于电子数据的打印件或其他可以显示、识别的输出介质,视为电子数据的原件。

《民诉法(2021)》第七十五条　凡是知道案件情况的单位和个人,都有义务出庭作证。有关单位的负责人应当支持证人作证。

不能正确表达意思的人,不能作证。

《民诉证据规定(2019)》第六十七条　不能正确表达意思的人,不能作为证人。

待证事实与其年龄、智力状况或者精神健康状况相适应的无民事行为能力人和限制民事行为能力人,可以作为证人。

《民诉证据规定(2019)》第六十八条　人民法院应当要求证人出庭作证,接受审判人员和当事人的询问。证人在审理前的准备阶段或者人民法院调查、询问等双方当事人在场时陈述证言的,视为出庭作证。

双方当事人同意证人以其他方式作证并经人民法院准许的,证人可以不出庭作证。

无正当理由未出庭的证人以书面等方式提供的证言,不得作为认定案件事实的根据。

《民诉证据规定(2019)》第六十九条　当事人申请证人出庭作证的,应当在举证期限届满前向人民法院提交申请书。

申请书应当载明证人的姓名、职业、住所、联系方式,作证的主要内容,作证内容与待证事实的关联性,以及证人出庭作证的必要性。

符合《最高人民法院关于适用〈中华人民共和国民事诉讼法〉的解释》第九十六条第一款规定情形的,人民法院应当依职权通知证人出庭作证。

《民诉法(2021)》第七十六条　经人民法院通知,证人应当出庭作证。有下列情形之一的,经人民法院许可,可以通过书面证言、视听传输技术或者视听资料等方式作证:

(一)因健康原因不能出庭的;

(二)因路途遥远,交通不便不能出庭的;

(三)因自然灾害等不可抗力不能出庭的;

(四)其他有正当理由不能出庭的。

《民诉法解释(2022)》第一百一十九条第一款 人民法院在证人出庭作证前应当告知其如实作证的义务以及作伪证的法律后果,并责令其签署保证书,但无民事行为能力和限制民事行为能力人除外。

《民诉证据规定(2019)》第七十条 人民法院准许证人出庭作证申请的,应当向证人送达通知书并告知双方当事人。通知书中应当载明证人作证的时间、地点,作证的事项、要求以及作伪证的法律后果等内容。

当事人申请证人出庭作证的事项与待证事实无关,或者没有通知证人出庭作证必要的,人民法院不予准许当事人的申请。

《民诉证据规定(2019)》第七十一条 人民法院应当要求证人在作证之前签署保证书,并在法庭上宣读保证书的内容。但无民事行为能力人和限制民事行为能力人作为证人的除外。

证人确有正当理由不能宣读保证书的,由书记员代为宣读并进行说明。

证人拒绝签署或者宣读保证书的,不得作证,并自行承担相关费用。

证人保证书的内容适用当事人保证书的规定。

《民诉证据规定(2019)》第七十二条 证人应当客观陈述其亲身感知的事实,作证时不得使用猜测、推断或者评论性语言。

证人作证前不得旁听法庭审理,作证时不得以宣读事先准备的书面材料的方式陈述证言。

证人言辞表达有障碍的,可以通过其他表达方式作证。

《民诉证据规定(2019)》第七十三条 证人应当就其作证的事项进行连续陈述。

当事人及其法定代理人、诉讼代理人或者旁听人员干扰证人陈述的,人民法院应当及时制止,必要时可以依照民事诉讼法第一百一十三条的规定进行处罚。

《民诉证据规定(2019)》第七十四条 审判人员可以对证人进行询问。当事人及其诉讼代理人经审判人员许可后可以询问证人。

询问证人时其他证人不得在场。

人民法院认为有必要的,可以要求证人之间进行对质。

《民诉证据规定(2019)》第七十六条 证人确有困难不能出庭作证,申请以书面证言、视听传输技术或者视听资料等方式作证的,应当向人民法院提交申请书。申请书中应当载明不能出庭的具体原因。

符合民事诉讼法第七十三条规定情形的,人民法院应当准许。

《民诉证据规定(2019)》第七十七条 证人经人民法院准许,以书面证言方式作证的,应当签署保证书;以视听传输技术或者视听资料方式作证的,应当签署保证书并宣读保证书的内容。

《民诉证据规定(2019)》第七十八条 当事人及其诉讼代理人对证人的询问与待证事实无关,或者存在威胁、侮辱证人或不适当引导等情形的,审判人员应当及时制止。必要时可以依照民事诉讼法第一百一十条、第一百一十一条的规定进行处罚。

证人故意作虚假陈述,诉讼参与人或者其他人以暴力、威胁、贿买等方法妨碍证人作证,或者在证人作证后以侮辱、诽谤、诬陷、恐吓、殴打等方式对证人打击报复的,人民法院应当根据情节,依照民事诉讼法第一百一十一条的规定,对行为人进行处罚。

《民诉法(2021)》第七十七条 证人因履行出庭作证义务而支出的交通、住宿、就餐等必要费用以及误工损失,由败诉一方当事人负担。当事人申请证人作证的,由该当事人先行垫付;当事人没有申请,人民法院通知证人作证的,由人民法院先行垫付。

《民诉法解释(2022)》第一百一十八条 民事诉讼法第七十七条规定的证人因履行出庭作证义务而支出的交通、住宿、就餐等必要费用,按照机关事业单位工作人员差旅费用和补贴标准计算;误工损失按照国家上年度职工日平均工资标准计算。

人民法院准许证人出庭作证申请的,应当通知申请人预缴证人出庭作证费用。

《民诉证据规定(2019)》第七十八条 证人出庭作证后,可以向人民法院申请支付证人出庭作证费用。证人有困难需要预先支取出庭作证费用的,人民法院可以根据证人的申请在出庭作证前支付。

《民诉法(2021)》第七十八条 人民法院对当事人的陈述,应当结合本案的其他证据,审查确定能否作为认定事实的根据。

当事人拒绝陈述的,不影响人民法院根据证据认定案件事实。

《民诉证据规定(2019)》第六十三条 当事人应当就案件事实作真实、完整的陈述。

当事人的陈述与此前陈述不一致的,人民法院应当责令其说明理由,并结合当事人的诉讼能力、证据和案件具体情况进行审查认定。

当事人故意作虚假陈述妨碍人民法院审理的,人民法院应当根据情节,依照民事诉讼法第一百一十一条的规定进行处罚。

《民诉证据规定(2019)》第六十四条 人民法院认为有必要的,可以要求当事人本人到场,就案件的有关事实接受询问。

人民法院要求当事人到场接受询问的,应当通知当事人询问的时间、地点、拒不到场的后果等内容。

《民诉证据规定(2019)》第六十五条 人民法院应当在询问前责令当事人签署保证书并宣读保证书的内容。

保证书应当载明保证据实陈述,绝无隐瞒、歪曲、增减,如有虚假陈述应当接受处罚等内容。当事人应当在保证书上签名、捺印。

当事人有正当理由不能宣读保证书的,由书记员宣读并进行说明。

《民诉证据规定(2019)》第六十六条 当事人无正当理由拒不到场、拒不签署或宣读保证书或者拒不接受询问的,人民法院应当综合案件情况,判断待证事实的真伪。待证事实无其他证据证明的,人民法院应当作出不利于该当事人的认定。

六、鉴定与勘验

《民诉法(2021)》第七十九条 当事人可以就查明事实的专门性问题向人民法院申请鉴定。当事人申请鉴定的,由双方当事人协商确定具备资格的鉴定人;协商不成的,由人民法院指定。

当事人未申请鉴定,人民法院对专门性问题认为需要鉴定的,应当委托具备资格的鉴定人进行鉴定。

《民诉证据规定(2019)》第三十条第一款 人民法院在审理案件过程中认为待证事实需要通过鉴定意见证明的,应当向当事人释明,并指定提出鉴定申请的期间。

《民诉证据规定(2019)》第三十一条 当事人申请鉴定,应当在人民法院指定期间内提出,并预交鉴定费用。逾期不提出申请或者不预交鉴定费用的,视为放弃申请。

对需要鉴定的待证事实负有举证责任的当事人,在人民法院指定期间内无正当理由不提出鉴定申请或者不预交鉴定费用,或者拒不提供相关材料,致使待证事实无法查明的,应当承担举证不能的法律后果。

《民诉法解释(2022)》第一百二十一条 当事人申请鉴定,可以在举证期限届满前提出。申请鉴定的事项与待证事实无关联,或者对证明待证事实无意义的,人民法院不予准许。

人民法院准许当事人鉴定申请的,应当组织双方当事人协商确定具备相应资格的鉴定人。当事人协商不成的,由人民法院指定。

符合依职权调查收集证据条件的,人民法院应依职权委托鉴定,在询问当事人的意见后,指定具备相应资格的鉴定人。

《民诉证据规定(2019)》第三十二条 人民法院准许鉴定申请的,应当组织双方当事人协商确定具备相应资格的鉴定人。当事人协商不成的,由人民法院指定。

人民法院依职权委托鉴定的,可以在询问当事人的意见后,指定具备相应资格的鉴定人。

人民法院在确定鉴定人后应当出具委托书,委托书中应当载明鉴定事项、鉴定范围、鉴定目的和鉴定期限。

《民诉证据规定(2019)》第三十三条 鉴定开始之前,人民法院应当要求鉴定人签署承诺书。承诺书中应当载明鉴定人保证客观、公正、诚实地进行鉴定,保证出庭作证,如作虚假鉴定应当承担法律责任等内容。

鉴定人故意作虚假鉴定的,人民法院应当责令其退还鉴定费用,并根据情节,依照民事诉讼法第一百一十一条的规定进行处罚。

《民诉法(2021)》第八十条 鉴定人有权了解进行鉴定所需要的案件材料,必要时可以询问当事人、证人。

鉴定人应当提出书面鉴定意见,在鉴定书上签名或者盖章。

《民诉证据规定(2019)》第三十四条 人民法院应当组织当事人对鉴定材料进行质证。未经质证的材料,不得作为鉴定的根据。

经人民法院准许,鉴定人可以调取证据、勘验物证和现场、询问当事人或者证人。

《民诉证据规定(2019)》第三十五条 鉴定人应当在人民法院确定的期限内完成鉴定,并提交鉴定书。

鉴定人无正当理由未按期提交鉴定书的,当事人可以申请人民法院另行委托鉴定人进行鉴定。人民法院准许的,原鉴定人已经收取的鉴定费用应当退还;拒不退还的,依照本规定第八十一条第二款的规定处理。

《民诉证据规定(2019)》第三十六条 人民法院对鉴定人出具的鉴定书,应当审查是否具有下列内容:

(一)委托法院的名称;

(二)委托鉴定的内容、要求;

(三)鉴定材料;

(四)鉴定所依据的原理、方法;

(五)对鉴定过程的说明;

(六)鉴定意见;

(七)承诺书。

鉴定书应当由鉴定人签名或者盖章,并附鉴定人的相应资格证明。委托机构鉴定的,鉴定书应当由鉴定机构盖章,并由从事鉴定的人员签名。

《民诉证据规定(2019)》第三十七条 人民法院收到鉴定书后,应当及时将副本送交当事人。

当事人对鉴定书的内容有异议的,应当在人民法院指定期间内以书面方式提出。

对于当事人的异议,人民法院应当要求鉴定人作出解释、说明或者补充。人民法院认为有必要的,可以要求鉴定人对当事人未提出异议的内容进行解释、说明或者补充。

《民诉证据规定(2019)》第三十八条　当事人在收到鉴定人的书面答复后仍有异议的,人民法院应当根据《诉讼费用交纳办法》第十一条的规定,通知有异议的当事人预交鉴定人出庭费用,并通知鉴定人出庭。有异议的当事人不预交鉴定人出庭费用的,视为放弃异议。

双方当事人对鉴定意见均有异议的,分摊预交鉴定人出庭费用。

《民诉证据规定(2019)》第三十九条　鉴定人出庭费用按照证人出庭作证费用的标准计算,由败诉的当事人负担。因鉴定意见不明确或者有瑕疵需要鉴定人出庭的,出庭费用由其自行负担。

人民法院委托鉴定时已经确定鉴定人出庭费用包含在鉴定费用中的,不再通知当事人预交。

《民诉证据规定(2019)》第四十条　当事人申请重新鉴定,存在下列情形之一的,人民法院应当准许:

(一)鉴定人不具备相应资格的;

(二)鉴定程序严重违法的;

(三)鉴定意见明显依据不足的;

(四)鉴定意见不能作为证据使用的其他情形。

存在前款第一项至第三项情形的,鉴定人已经收取的鉴定费用应当退还。拒不退还的,依照本规定第八十一条第二款的规定处理。

对鉴定意见的瑕疵,可以通过补正、补充鉴定或者补充质证、重新质证等方法解决的,人民法院不予准许重新鉴定的申请。

重新鉴定的,原鉴定意见不得作为认定案件事实的根据。

《民诉证据规定(2019)》第四十一条　对于一方当事人就专门性问题自行委托有关机构或者人员出具的意见,另一方当事人有证据或者理由足以反驳并申请鉴定的,人民法院应予准许。

《民诉证据规定(2019)》第四十二条　鉴定意见被采信后,鉴定人无正当理由撤销鉴定意见的,人民法院应当责令其退还鉴定费用,并可以根据情节,依照民事诉讼法第一百一十一条的规定对鉴定人进行处罚。当事人主张鉴定人负担由此增加的合理费用的,人民法院应予支持。

人民法院采信鉴定意见后准许鉴定人撤销的,应当责令其退还鉴定费用。

《民诉法(2021)》第八十一条　当事人对鉴定意见有异议或者人民法院认为鉴定人有必要出庭的,鉴定人应当出庭作证。经人民法院通知,鉴定人拒不出庭作证的,鉴定意见不得作为认定事实的根据;支付鉴定费用的当事人可以要求返还鉴定费用。

《民诉证据规定(2019)》第七十九条　鉴定人依照民事诉讼法第七十八条的规定出庭作证的,人民法院应当在开庭审理三日前将出庭的时间、地点及要求通知鉴定人。

委托机构鉴定的,应当由从事鉴定的人员代表机构出庭。

《民诉证据规定(2019)》第八十条　鉴定人应当就鉴定事项如实答复当事人的异议和审判人员的询问。当庭答复确有困难的,经人民法院准许,可以在庭审结束后书面答复。

人民法院应当及时将书面答复送交当事人,并听取当事人的意见。必要时,可以再次组织质证。

《民诉证据规定(2019)》第八十一条　鉴定人拒不出庭作证的,鉴定意见不得作为认定案件事实的根据。人民法院应当建议有关主管部门或者组织对拒不出庭作证的鉴定人予以处罚。

当事人要求退还鉴定费用的,人民法院应当在三日内作出裁定,责令鉴定人退还;拒不退还的,由人民法院依法执行。

当事人因鉴定人拒不出庭作证申请重新鉴定的,人民法院应当准许。

《民诉证据规定(2019)》第八十二条　经法庭许可,当事人可以询问鉴定人、勘验人。

询问鉴定人、勘验人不得使用威胁、侮辱等不适当的言语和方式。

《民诉法(2021)》第八十二条　当事人可以申请人民法院通知有专门知识的人出庭,就鉴定人作出的鉴定意见或者专业问题提出意见。

《民诉法解释(2022)》第一百二十二条第二款、第三款　具有专门知识的人在法庭上就专业问题提出的意见,视为当事人的陈述。

人民法院准许当事人申请的,相关费用由提出申请的当事人负担。

《民诉证据规定(2019)》第八十三条　当事人依照民事诉讼法第七十九条和《最高人民法院关于适用〈中华人民共和国民事诉讼法〉的解释》第一百二十二条的规定,申请有专门知识的人出庭的,申请书中应当载明有专门知识的人的基本情况和申请的目的。

人民法院准许当事人申请的,应当通知双方当事人。

《民诉证据规定(2019)》第八十四条　审判人员可以对有专门知识的人进行询问。经法庭准许,当事人可以对有专门知识的人进行询问,当事人各自申请的有专门知识的人可以就案件中的有关问题进行对质。

有专门知识的人不得参与对鉴定意见质证或者就专业问题发表意见之外的法庭审理活动。

《民诉法(2021)》第八十三条　勘验物证或者现场,勘验人必须出示人民法院的证件,并邀请当地基层组织或者当事人所在单位派人参加。当事人或者当事人的成年家属应当到场,拒不到场的,不影响勘验的进行。

有关单位和个人根据人民法院的通知,有义务保护现场,协助勘验工作。

勘验人应当将勘验情况和结果制作笔录,由勘验人、当事人和被邀参加人签名或者盖章。

《民诉法解释(2022)》第一百二十四条　人民法院认为有必要的,可以根据当事人的申请或者依职权对物证或者现场进行勘验。勘验时应当保护他人的隐私和尊严。

人民法院可以要求鉴定人参与勘验。必要时,可以要求鉴定人在勘验中进行鉴定。

《民诉证据规定(2019)》第四十三条　人民法院应当在勘验前将勘验的时间和地点通知当事人。当事人不参加的,不影响勘验进行。

当事人可以就勘验事项向人民法院进行解释和说明,可以请求人民法院注意勘验中的重要事项。

人民法院勘验物证或者现场,应当制作笔录,记录勘验的时间、地点、勘验人、在场人、勘验的经过、结果,由勘验人、在场人签名或者盖章。对于绘制的现场图应当注明绘制的时间、方位、测绘人姓名、身份等内容。

七、证据保全

《民诉法(2021)》第八十四条第一款　在证据可能灭失或者以后难以取得的情况下,当事人可以在诉讼过程中向人民法院申请保全证据,人民法院也可以主动采取保全措施。

因情况紧急,在证据可能灭失或者以后难以取得的情况下,利害关系人可以在提起诉讼或者申请仲裁前向证据所在地、被申请人住所地或者对案件有管辖权的人民法院申请保全证据。

《民诉证据规定(2019)》第二十五条　当事人或者利害关系人根据民事诉讼法第八十一条的规定申请证据保全的,申请书应当载明需要保全的证据的基本情况、申请保全的理由以及采取何种保全措施等内容。

当事人根据民事诉讼法第八十一条第一款的规定申请证据保全的,应当在举证期限届满前向人民法院提出。

法律、司法解释对诉前证据保全有规定的,依照其规定办理。

《民诉法解释(2022)》第九十八条第二款　证据保全可能对他人造成损失的,人民法院应当责令申请人提供相应的担保。

《民诉证据规定(2019)》第二十七条　人民法院进行证据保全,可以要求当事人或者诉讼代理人到场。

根据当事人的申请和具体情况,人民法院可以采取查封、扣押、录音、录像、复制、鉴定、勘验等方法进行证据保全,并制作笔录。

在符合证据保全目的的情况下,人民法院应当选择对证据持有人利益影响最小的保全措施。

《民诉证据规定(2019)》第二十三条　人民法院调查收集视听资料、电子数据,应当要求被调查人提供原始载体。

提供原始载体确有困难的,可以提供复制件。提供复制件的,人民法院应当在调查笔录中说明其来源和制作经过。

人民法院对视听资料、电子数据采取证据保全措施的,适用前款规定。

《民诉证据规定(2019)》第二十八条　申请证据保全错误造成财产损失,当事人请求申请人承担赔偿责任的,人民法院应予支持。

《民诉法(2021)》第八十四条第二款　证据保全的其他程序,参照适用本法第九章保全的有关规定。

《民诉证据规定(2019)》第二十九条　人民法院采取诉前证据保全措施后,当事人向其他有管辖权的人民法院提起诉讼的,采取保全措施的人民法院应当根据当事人的申请,将保全的证据及时移交受理案件的人民法院。

八、证据的审核认定

《民诉法解释(2022)》第一百零四条　人民法院应当组织当事人围绕证据的真实性、合法性以及与待证事实的关联性进行质证,并针对证据有无证明力和证明力大小进行说明和辩论。

能够反映案件真实情况、与待证事实相关联、来源和形式符合法律规定的证据,应当作为认定案件事实的根据。

《民诉证据规定(2019)》第八十五条　人民法院应当以证据能够证明的案件事实为根据依法作出裁判。

审判人员应当依照法定程序,全面、客观地审核证据,依据法律的规定,遵循法官职业道德,运用逻辑推理和日常生活经验,对证据有无证明力和证明力大小独立进行判断,并公开判断的理由和结果。

《民诉证据规定(2019)》第八十七条　审判人员对单一证据可以从下列方面进行审核认定:

(一)证据是否为原件、原物,复制件、复制品与原件、原物是否相符;

(二)证据与本案事实是否相关;

(三)证据的形式、来源是否符合法律规定;

(四)证据的内容是否真实;

(五)证人或者提供证据的人与当事人有无利害关系。

《民诉证据规定(2019)》第八十八条　审判人员对案件的全部证据,应当从各证据与案件事实的关联程度、各证据之间的联系等方面进行综合审查判断。

《民诉法解释(2022)》第一百零六条　对以严重侵害他人合法权益、违反法律禁止性规定或者严重违背公序良俗的方法形成或者获取的证据,不得作为认定案件事实的根据。

《民诉法解释(2022)》第一百零七条　在诉讼中,当事人为达成调解协议或者和解协议作出妥协而认可的事实,不得在后续的诉讼中作为对其不利的根据,但法律另有规定或者当事人均同意的除外。

《民诉法解释(2022)》第一百零八条　对负有举证证明责任的当事人提供的证据,人民法院经审查并结合相关事实,确信待证事实的存在具有高度可能性的,应当认定该事实存在。

对一方当事人为反驳负有举证证明责任的当事人所主张事实而提供的证据,人民法院经审查并结合相关事实,认为待证事实真伪不明的,应当认定该事实不存在。

法律对于待证事实所应达到的证明标准另有规定的,从其规定。

《民诉证据规定(2019)》第八十六条　当事人对于欺诈、胁迫、恶意串通事实的证明,以及对于口头遗嘱或赠与事实的证明,人民法院确信该待证事实存在的可能性能够排除合理怀疑的,应当认定该事实存在。

与诉讼保全、回避等程序事项有关的事实,人民法院结合当事人的说明及相关证据,认为有关事实存在的可能性较大的,可以认定该事实存在。

《民诉证据规定(2019)》第八十九条　当事人在诉讼过程中认可的证据,人民法院应当予以确认。但法律、司法解释另有规定的除外。

当事人对认可的证据反悔的,参照《最高人民法院关于适用〈中华人民共和国民事诉讼法〉的解释》第二百二十九条的规定处理。

《民诉证据规定(2019)》第九十条　下列证据不能单独作为认定案件事实的根据:

(一)当事人的陈述;

(二)无民事行为能力人或者限制民事行为能力人所作的与其年龄、智力状况或者精神健康状况不相当的证言;

(三)与一方当事人或者其代理人有利害关系的证人陈述的证言;

(四)存有疑点的视听资料、电子数据;

(五)无法与原件、原物核对的复制件、复制品。

《民诉证据规定(2019)》第九十一条　公文书证的制作者根据文书原件制作的载有部分或者全部内容的副本,与正本具有相同的证明力。

在国家机关存档的文件,其复制件、副本、节录本经档案部门或者制作原本的机关证明其内容与原本一致的,该复制件、副本、节录本具有与原本相同的证明力。

《民诉证据规定(2019)》第九十二条　私文书证的真实性,由主张以私文书证证明案件事实的当事人承担举证责任。

私文书证由制作者或者其代理人签名、盖章或捺印的,推定为真实。

私文书证上有删除、涂改、增添或者其他形式瑕疵的,人民法院应当综合案件的具体情况判断其证明力。

《民诉证据规定(2019)》第九十三条　人民法院对于电子数据的真实性,应当结合下列因素综合判断:

(一)电子数据的生成、存储、传输所依赖的计算机系统的硬件、软件环境是否完整、可靠;

(二)电子数据的生成、存储、传输所依赖的计算机系统的硬件、软件环境是否处于正常运行状态,或者不处于正常运行状态时对电子数据的生成、存储、传输是否有影响;

(三)电子数据的生成、存储、传输所依赖的计算机系统的硬件、软件环境是否具备有效的防止出错的监测、核查手段;

(四)电子数据是否被完整地保存、传输、提取,保存、传输、提取的方法是否可靠;

(五)电子数据是否在正常的往来活动中形成和存储;

(六)保存、传输、提取电子数据的主体是否适当;

(七)影响电子数据完整性和可靠性的其他因素。

人民法院认为有必要的,可以通过鉴定或者勘验等方法,审查判断电子数据的真实性。

《民诉证据规定(2019)》第九十四条　电子数据存在下列情形的,人民法院可以确认其真实性,但有足以反驳的相反证据的除外:

(一)由当事人提交或者保管的于己不利的电子数据;

(二)由记录和保存电子数据的中立第三方平台提供或者确认的;

(三)在正常业务活动中形成的;

(四)以档案管理方式保管的;

(五)以当事人约定的方式保存、传输、提取的。

电子数据的内容经公证机关公证的,人民法院应当确认其真实性,但有相反证据足以推翻的除外。

《民诉证据规定(2019)》第九十五条　一方当事人控制证据无正当理由拒不提交,对待证事实负有举证责任的当事人主张该证据的内容不利于控制人的,人民法院可以认定该主张成立。

《民诉证据规定(2019)》第九十六条　人民法院认定证人证言,可以通过对证人的智力状况、品德、知识、经验、法律意识和专业技能等的综合分析作出判断。

《民诉证据规定(2019)》第九十七条　人民法院应当在裁判文书中阐明证据是否采纳的理由。

对当事人无争议的证据,是否采纳的理由可以不在裁判文书中表述。

九、其他司法解释中与证明标准、举证责任相关的规定

《最高人民法院关于适用〈中华人民共和国保险法〉若干问题的解释(二)(2020)》

第四条第二款 保险人主张不符合承保条件的,应承担**举证责任**。

第六条第一款 投保人的告知义务限于保险人询问的范围和内容。当事人对询问范围及内容有争议的,保险人负**举证责任**。

第十三条 保险人对其履行了明确说明义务负**举证责任**。

投保人对保险人履行了符合本解释第十一条第二款要求的明确说明义务在相关文书上签字、盖章或者以其他形式予以确认的,应当认定保险人履行了该项义务。但**另有证据证明**保险人未履行明确说明义务的除外。

《最高人民法院关于审理建设工程施工合同纠纷案件适用法律问题的解释(一)(2020)》

第六条第一款 建设工程施工合同无效,一方当事人请求对方赔偿损失的,应当就对方过错、损失大小、过错与损失之间的因果关系承担**举证责任**。

第三十二条 当事人对工程造价、质量、修复费用等专门性问题有争议,人民法院认为需要鉴定的,应当向负**举证责任**的当事人释明。当事人经释明未申请鉴定,虽申请鉴定但未支付鉴定费用或者拒不提供相关材料的,应当承担举证不能的法律后果。

一审诉讼中负**举证责任**的当事人未申请鉴定,虽申请鉴定但未支付鉴定费用或者拒不提供相关材料,二审诉讼中申请鉴定,人民法院认为确有必要的,应当依照民事诉讼法第一百七十条第一款第三项的规定处理。

《最高人民法院关于审理民间借贷案件适用法律若干问题的规定(2020)》

第二条 出借人向人民法院起诉时,应当提供借据、收据、欠条等债权凭证以及其他**能够证明**借贷法律关系存在的证据。

当事人持有的借据、收据、欠条等债权凭证没有**载明债权人**,持有债权凭证的当事人提起民间借贷诉讼的,人民法院应予受理。被告对原告的债权人资格提出有事实依据的抗辩,人民法院经审查认为原告不具有债权人资格的,裁定驳回起诉。

第十四条 原告以借据、收据、欠条等债权凭证为依据提起民间借贷诉讼,被告依据基础法律关系提出抗辩或者反诉,并**提供证据证明**债权纠纷非民间借贷行为引起的,人民法院应当依据查明的案件事实,按照基础法律关系审理。

当事人通过调解、和解或者清算达成的债权债务协议,不适用前款规定。

第十五条 原告仅依据借据、收据、欠条等债权凭证提起民间借贷诉讼,被告抗辩已经偿还借款的,被告应当对其主张**提供证据证明**。被告提供相应证据证明其主张后,原告仍应就借贷关系的存续承担举证责任。

被告抗辩借贷行为尚未实际发生并能作出合理说明的,人民法院应当**结合借贷金额、款项交付、当事人的经济能力、当地或者当事人之间的交易方式、交易习惯、当事人财产变动情况以及证人证言等事实和因素,综合判断**查证借贷事实是否发生。

第十六条 原告仅依据金融机构的转账凭证提起民间借贷诉讼,被告抗辩转账系偿还双方之前借款或其他债务,被告应当对其主张**提供证据证明**。被告提供相应证据证明其主张后,原告仍应就借贷关系的成立承担举证责任。

第十七条 依据《最高人民法院关于适用〈中华人民共和国民事诉讼法〉的解释》第一百七十四条第二款之规定,负有**举证责任**的原告无正当理由拒不到庭,经审查现有证据无**法确认借贷行为、借贷金额、支付方式等**案件主要事实,人民法院对原告主张的事实不予认定。

第十八条 人民法院审理民间借贷纠纷案件时发现有下列情形之一的,应当**严格审查借贷发生的原因、时间、地点、款项来源、交付方式、款项流向以及借贷双方的关系、经济状况等事实,综合判断**是否属于虚假民事诉讼:

(一)出借人明显不具备出借能力;

(二)出借人起诉所依据的事实和理由明显不符合常理;

(三)出借人不能提交债权凭证或者提交的债权凭证存在伪造的可能;

(四)当事人双方在一定期间内多次参加民间借贷诉讼;

(五)当事人无正当理由拒不到庭参加诉讼,委托代理人对借贷事实陈述不清或者陈述前后矛盾;

(六)当事人双方对借贷事实的发生没有任何争议或者诉辩明显不符合常理;

(七)借款人的配偶或合伙人、案外人的其他债权人提出有事实依据的异议;

(八)当事人在其他纠纷中存在低价转让财产的情形;

(九)当事人不正当放弃权利;

(十)其他可能存在虚假民间借贷诉讼的情形。

《最高人民法院关于审理融资租赁合同纠纷案件适用法律问题的解释(2020)》

第八条 租赁物不符合融资租赁合同的约定且出租人实施了下列行为之一,承租人依照民法典第七百四十四条、第七百四十七条的规定,要求出租人承担相应责任的,人民法院应予支持:

(一)出租人在承租人选择出卖人、租赁物时,对租赁物的选定起决定作用的;

（二）出租人干预或者要求承租人按照出租人意愿选择出卖人或者租赁物的；

（三）出租人擅自变更承租人已经选定的出卖人或者租赁物的。

承租人主张其系依赖出租人的技能确定租赁物或者出租人干预选择租赁物的，对上述事实承担**举证责任**。

《最高人民法院关于审理食品药品纠纷案件适用法律若干问题的规定(2021)》

第六条 食品的生产者与销售者应当对于食品符合质量标准承担**举证责任**。认定食品是否安全，应当以国家标准为依据；对地方特色食品，没有国家标准的，应当以地方标准为依据。没有前述标准的，应当以食品安全法的相关规定为依据。

《最高人民法院关于审理买卖合同纠纷案件适用法律问题的解释(2020)》

第一条第二款 对账确认函、债权确认书等函件、凭证没有记载债权人名称，买卖合同当事人一方以此**证明存在买卖合同关系**的，人民法院应予支持，但有相反证据足以推翻的除外。

第五条 出卖人仅以增值税专用发票及税款抵扣资料证明其已履行交付标的物义务，买受人不认可的，出卖人应当提供**其他证据证明**交付标的物的事实。

合同约定或者当事人之间习惯以普通发票作为付款凭证，买受人**以普通发票证明**已经履行付款义务的，人民法院应予支持，但有相反证据足以推翻的除外。

《最高人民法院关于适用〈中华人民共和国公司法〉若干问题的规定(二)(2020)》

第三条 股东提起解散公司诉讼时，向人民法院申请财产保全或者**证据保全**的，在股东提供担保且不影响公司正常经营的情形下，人民法院可予以保全。

《最高人民法院关于适用〈中华人民共和国公司法〉若干问题的规定(三)(2020)》

第二十条 当事人之间对是否已履行出资义务发生争议，原告提供对股东履行出资义务产生合理怀疑证据的，被告股东应当就其已履行出资义务承担**举证责任**。

《最高人民法院关于适用〈中华人民共和国公司法〉若干问题的规定(四)(2020)》

第七条 股东依据公司法第三十三条、第九十七条或者公司章程的规定，起诉请求查阅或者复制公司特定文件材料的，人民法院应当依法予以受理。

公司**有证据证明**前款规定的原告在起诉时不具有公司股东资格的，人民法院应当驳回起诉，但原告**有初步证据证明**在持股期间其合法权益受到损害，请求依法查阅或者复制其持股期间的公司特定文件材料的除外。

第八条 有限责任公司**有证据证明**股东存在下列情形之一的，人民法院应当认定股东有公司法第三十三条第二款规定的"不正当目的"：

（一）股东自营或者为他人经营与公司主营业务有实质性竞争关系业务的，但公司章程另有规定或者全体股东另有约定的除外；

（二）股东为了向他人通报有关信息查阅公司会计账簿，可能损害公司合法利益的；

（三）股东在向公司提出查阅请求之日前的三年内，曾通过查阅公司会计账簿，向他人通报有关信息损害公司合法利益的；

（四）股东有不正当目的的其他情形。

第二十条 当事人之间对是否已履行出资义务发生争议，原告提供对股东履行出资义务产生合理怀疑证据的，被告股东应当就其已履行出资义务承担**举证责任**。

第二十二条 当事人之间对股权归属发生争议，一方请求人民法院确认其享有股权的，应当证明以下事实之一：

（一）已经依法向公司出资或者认缴出资，且不违反法律法规强制性规定；

（二）已经受让或者以其他形式继受公司股权，且不违反法律法规强制性规定。

《全国法院民商事审判工作会议纪要（2019）》

14.【怠于履行清算义务的认定】 ……股东**举证证明**其已经为履行清算义务采取了积极措施，或者小股东**举证证明**其既不是公司董事会或者监事会成员，也没有选派人员担任该机关成员，且从未参与公司经营管理，以不构成"怠于履行义务"为由，主张其不应当对公司债务承担连带清偿责任的，人民法院依法予以支持。

15.【因果关系抗辩】 有限责任公司的股东**举证证明**其"怠于履行义务"的消极不作为与"公司主要财产、账册、重要文件等灭失，无法进行清算"的结果之间没有因果关系，主张其不应对公司债务承担连带清偿责任的，人民法院依法予以支持。

18.【善意的认定】 ……无论章程是否对决议机关作出规定，也无论章程规定决议机关为董事会还是股东（大）会，根据《民法总则》第61条第3款关于"法人章程或者法人权力机构对法定代表人代表权的限制，不得对抗善意相对人"的规定，只要**债权人能够证明**其在订立担保合同时对董事会决议或者股东（大）会决议进行了审查，同意决议的人数及签字人员符合公司章程的规定，就应当认定其构成善意，但公司**能够证明债权人明知**公司章程对决议机关有明确规定的除外。

……公司以机关决议系法定代表人伪造或者变造、决议程序违法、签章（名）不实、担保金额超过法定限额等事由抗辩债权人非善意的，人民法院一般不予支持。但是，公司**有证据证明债权人明知**决议系伪造或者变造的除外。

20.【越权担保的民事责任】 依据前述3条规定，担保合同有效，债权人请求公司承担担保责任的，人民法院依法予以支持；担保合同无效，债权人请求公司承担担保责任的，人民法院不予支持，但可以按照担保法及有关司法解释关于担保无效的规定处理。公司**举证**

证明债权人明知法定代表人超越权限或者机关决议系伪造或者变造,债权人请求公司承担合同无效后的民事责任的,人民法院不予支持。

28.【实际出资人显名的条件】 实际出资人**能够提供证据证明**有限责任公司过半数的其他股东知道其实际出资的事实,且对其实际行使股东权利未曾提出异议的,对实际出资人提出的登记为公司股东的请求,人民法院依法予以支持……

50.【违约金过高标准及举证责任】 ……主张违约金过高的违约方应当对违约金是否过高承担**举证责任**。

52.【高利转贷】 民间借贷中,出借人的资金必须是自有资金。出借人套取金融机构信贷资金又高利转贷给借款人的民间借贷行为,既增加了融资成本,又扰乱了信贷秩序,根据民间借贷司法解释第14条第1项的规定,应当认定此类民间借贷行为无效。人民法院在适用该条规定时,应当注意把握以下几点:一是要审查出借人的资金来源,**借款人能够举证证明**在签订借款合同时出借人尚欠银行贷款未还的,一般可以推定为出借人套取信贷资金,但出借人能够举反证予以推翻的除外;二是从宽认定"高利"转贷行为的标准,只要出借人通过转贷行为牟利的,就可以认定为是"高利"转贷行为;三是对该条规定的"借款人事先知道或者应当知道的"要件,不宜把握过苛。实践中,只要出借人在签订借款合同时存在尚欠银行贷款未还事实的,一般可以认为满足了该条规定的"借款人事先知道或者应当知道"这一要件。

63.【流动质押的设立与监管人的责任】 在流动质押中,经常由债权人、出质人与监管人订立三方监管协议,此时应当**查明监管人究竟是受债权人的委托还是受出质人的委托监管质物**,确定质物是否已经交付债权人,从而判断质权是否有效设立……

……尽管监管协议约定监管人系受债权人的委托监管质物,但**有证据证明其并未履行监管职责,质物实际上仍由出质人管领控制的**,也应当认定质物并未实际交付,质权未有效设立……

75.【举证责任分配】 在案件审理过程中,金融消费者应当对购买产品(或者接受服务)、遭受的损失等事实承担**举证责任**。卖方机构对其是否履行了适当性义务承担**举证责任**。卖方机构不能**提供其已经建立了金融产品(或者服务)的风险评估及相应管理制度、对金融消费者的风险认知、风险偏好和风险承受能力进行了测试、向金融消费者告知产品(或者服务)的收益和主要风险因素等相关证据**的,应当承担举证不能的法律后果。

78.【免责事由】 因金融消费者故意提供虚假信息、拒绝听取卖方机构的建议等自身原因导致其购买产品或者接受服务不适当,卖方机构请求免除相应责任的,人民法院依法予以支持,但金融消费者**能够证明该虚假信息的出具系卖方机构误导**的除外。卖方机构**能够举证证明根据金融消费者的既往投资经验、受教育程度等事实,适当性义务的违反并未影响金融消费者作出自主决定的**,对其关于应当由金融消费者自负投资风险的抗辩理由,人民法院依法予以支持。

87.【合同无效的责任承担】 ……用资人能够证明配资合同是因配资方招揽、劝诱而订立,请求配资方赔偿其全部或者部分损失的,人民法院应当综合考虑配资方招揽、劝诱行为的方式、对用资人的实际影响、用资人自身的投资经历、风险判断和承受能力等因素,判决配资方承担与其过错相适应的赔偿责任。

94.【受托人的举证责任】 资产管理产品的委托人以受托人未履行勤勉尽责、公平对待客户等义务损害其合法权益为由,请求受托人承担损害赔偿责任的,应当由受托人**举证证明**其已经履行了义务。受托人不能举证证明,委托人请求其承担相应赔偿责任的,人民法院依法予以支持。

120.【债权人能否提起第三人撤销之诉】 ……债权人在下列情况下可以提起第三人撤销之诉……

(3)债权人**有证据证明**,裁判文书主文确定的债权内容部分或者全部虚假的。

…………

《最高人民法院关于适用〈中华人民共和国民法典〉婚姻家庭编的解释(一)》

第三十七条 民法典第一千零六十五条第三款所称"相对人知道该约定的",夫妻一方对此负有**举证责任**。

第三十九条 父或者母向人民法院起诉请求否认亲子关系,并**提供必要证据予以证明**,另一方没有相反证据又拒绝做亲子鉴定的,人民法院可以认定否认亲子关系一方的主张成立。

父或者母以及成年子女起诉请求确认亲子关系,并**提供必要证据予以证明**,另一方没有相反证据又拒绝做亲子鉴定的,人民法院可以认定确认亲子关系一方的主张成立。

《最高人民法院关于适用〈中华人民共和国民法典〉物权编的解释(一)》

第十四条 受让人受让不动产或者动产时,不知道转让人无处分权,且无重大过失的,应当认定受让人为善意。

真实权利人主张受让人不构成善意的,应当承担**举证证明责任**。

《最高人民法院关于审理劳动争议案件适用法律问题的解释(一)》

第四十二条 劳动者主张加班费的,应当就加班事实的存在承担**举证责任**。但劳动者**有证据**证明用人单位掌握加班事实存在的证据,用人单位不提供的,由用人单位承担不利后果。

第四十四条 因用人单位作出的开除、除名、辞退、解除劳动合同、减少劳动报酬、计算劳动者工作年限等决定而发生的劳动争议,用人单位负**举证责任**。

> **《最高人民法院关于适用〈中华人民共和国民法典〉有关担保制度的解释》**
>
> **第二十八条第二款** 一般保证的债权人在保证期间届满前对债务人提起诉讼或者申请仲裁,债权人**举证证明**存在民法典第六百八十七条第二款但书规定情形的,保证债务的诉讼时效自债权人知道或者应当知道该情形之日起开始计算。
>
> **第五十四条** 动产抵押合同订立后未办理抵押登记,动产抵押权的效力按照下列情形分别处理:
>
> (一)抵押人转让抵押财产,受让人占有抵押财产后,抵押权人向受让人请求行使抵押权的,人民法院不予支持,但是**抵押权人能够举证证明**受让人知道或者应当知道已经订立抵押合同的除外;
>
> (二)抵押人将抵押财产出租给他人并移转占有,抵押权人行使抵押权的,租赁关系不受影响,但是**抵押权人能够举证证明**承租人知道或者应当知道已经订立抵押合同的除外;
>
> ……
>
> **第五十九条** ……
>
> 出质人既以仓单出质,又以仓储物设立担保,按照公示的先后确定清偿顺序;难以确定先后的,按照债权比例清偿。
>
> 保管人为同一货物签发多份仓单,出质人在多份仓单上设立多个质权,按照公示的先后确定清偿顺序;难以确定先后的,按照债权比例受偿。
>
> 存在第二款、第三款规定的情形,债权人**举证证明**其损失由出质人与保管人的共同行为所致,请求出质人与保管人承担连带赔偿责任的,人民法院应予支持。
>
> **第六十一条第二款** 以现有的应收账款出质,应收账款债务人未确认应收账款的真实性,质权人以应收账款债务人为被告,请求就应收账款优先受偿,能够**举证证明**办理出质登记时应收账款真实存在的,人民法院应予支持;质权人不能**举证证明**办理出质登记时应收账款真实存在,仅以已经办理出质登记为由,请求就应收账款优先受偿的,人民法院不予支持。

三、代理破产企业债权人法律规范及操作指引

指引8-3 北京德和衡(哈尔滨)律师事务所代理破产企业债权人法律规范及操作指引

为提高承办代理破产企业债权人案件的质量,帮助本所律师系统地理解、运用《中华人民共和国企业破产法(2006)》(以下简称《企业破产法》)及与之配套的司法解释关于破产程序中债权人权利保护的规定,在整合上述法律、司法解释关于破产程序中债权人权利保护方面的相关条文基础上,制作本指引。

【使用提示】

1. 本指引适用于破产企业的债权人委托的处理破产程序相关事项的非诉讼案件。

2. 本指引所称破产企业,包括:(1)主动向法院提出重整、和解或者破产清算申请的债务人;(2)由于不能清偿到期债务,被债权人向法院申请进行重整或者破产清算的债务人;(3)已解散但未清算或者未清算完毕,资产不足以清偿债务,由依法负有清算责任的人向法院申请破产清算的债务人。

3. 本指引所称破产程序,是指《企业破产法》第7条第1款规定的"重整、和解或者破产清算"在内的任意一个或者全部程序。

4. 为了表述方便,最高人民法院先后发布的三部关于适用《企业破产法》的司法解释,在正文中分别以《破产法解释(一)》《破产法解释(二)》《破产法解释(三)》的简称代替。

1. 破产程序启动对债权人的影响

1.1 破产申请受理后,对于破产申请受理前成立而破产企业和债权人均未履行完毕的合同,管理人有权决定解除还是继续履行。但管理人应当在破产申请受理之日起2个月内履行通知义务,或者在收到债权人催告之日起30日内答复,否则,视为解除合同。【《企业破产法》第18条第1款】管理人决定继续履行合同的,债权人应当履行;但是,有权要求管理人提供担保。管理人不提供担保的,视为解除合同。【《企业破产法》第18条第2款】

此处应当注意:代理律师应当提示存在上述情况的委托人,及时要求管理人提供担保。代理律师应当协助委托人审查相应担保的合法性、适当性、可靠性。

1.2 对于破产企业采取的财产保全措施应当解除,执行程序应当中止。【《企业破产法》第19条】

1.3 已经开始而尚未终结的有关破产企业的民事诉讼或者仲裁应当中止;在管理人接管破产企业的财产后,该诉讼或者仲裁继续进行。【《企业破产法》第20条】

1.3.1 破产申请受理前,债权人就破产企业财产提起的下列诉讼,破产申请受理时案件尚未审结的,法院应当中止审理:

(一)主张次债务人代替破产企业直接向其偿还债务的;

(二)主张破产企业的出资人、发起人和负有监督股东履行出资义务的董事、高级管理人员,或者协助抽逃出资的其他股东、董事、高级管理人员、实际控制人等直接向其承担出资不实或者抽逃出资责任的;

(三)以破产企业的股东与破产企业法人人格严重混同为由,主张破产企业的股东直接向其偿还破产企业对其所负债务的;

(四)其他就破产企业财产提起的个别清偿诉讼。【《破产法解释(二)》第21条第1款】

1.3.2 破产申请受理前,债权人就破产企业财产提起的1.3.1项下的各类诉讼,破产申请受理时案件尚未审结且处于一审程序的,债权人可以在破产宣告后,将诉讼请求变更为追收的相关财产归入破产企业财产。否则,将会被驳回诉讼请求。【《破产法解释(二)》第21条第2款】

【操作提示】代理律师应当提示存在上述情况的委托人,在法院作出破产宣告后,及时将原来的诉讼请求变更为追收的相关财产归入破产企业财产。

1.3.3 破产宣告前,法院依据《企业破产法》第12条或者第108条的规定,裁定驳回破产申请或者终结破产程序的,对于按照《企业破产法》第20条的规定中止审理的案件应当依法恢复审理。【《破产法解释(二)》第21条第3款】

1.3.4 破产申请受理前,债权人就破产企业财产提起的1.3.1项下的各类诉讼,法院已经作出生效民事判决书或者调解书但尚未执行完毕的,破产申请受理后,相关执行行为应当中止,债权人应当依法申报债权。【《破产法解释(二)》第22条】

1.3.5 破产申请受理后,债权人就破产企业财产提起1.3.1项下的各类诉讼的,法院不予受理。【《破产法解释(二)》第23条第1款】

1.4 有关破产企业的民事诉讼,只能向受理破产申请的法院提起。【《企业破产法》第21条】

1.4.1 受理破产申请的法院管辖的有关破产企业的第一审民事案件,可以依据民事诉讼法第39条的规定,由上级法院提审,或者报请上级法院批准后交下级法院审理。【《破产法解释(二)》第47条第2款】

1.4.2 受理破产申请的法院,如对有关破产企业的海事纠纷、专利纠纷、证券市场因虚假陈述引发的民事赔偿纠纷等案件不能行使管辖权的,可以依据民事诉讼法第38条的规定,由上级法院指定管辖。【《破产法解释(二)》第47条第3款】

1.5 在破产程序启动前一年内与破产企业之间存在下列行为的,有可能被管理人请求法院予以撤销:

(一)无偿受让破产企业财产的;

(二)与破产企业以明显不合理的价格进行交易的;

(三)要求破产企业对没有财产担保的债务提供财产担保的;

(四)要求破产企业对未到期的债务提前清偿的。【《企业破产法》第31条】

1.6 债权人对破产企业享有的下列债权,可以要求破产企业进行个别清偿:

(一)为维系破产企业基本生产需要而支付的水费、电费等;

(二)劳动报酬、人身损害赔偿金;

(三)能够使破产企业财产受益的。【《破产法解释(二)》第16条】

2. 债权人在破产程序中享有的权利

2.1 可以申请对债务人进行重整或者破产清算。【《企业破产法》第 7 条第 2 款】

2.1.1 债权人申请债务人破产的,应当提交债务人不能清偿到期债务的有关证据。债务人对债权人的申请未在法定期限内向法院提出异议,或者异议不成立的,法院应当依法裁定受理破产申请。【《破产法解释(一)》第 6 条第 1 款】

2.1.2 债权人向法院提出破产申请,法院未接收或者未按照《破产法解释(一)》第 7 条的规定执行的,债权人可以向上一级法院提出破产申请。【《破产法解释(一)》第 9 条】

2.2 可以要求管理人通过清偿债务或者提供担保的方式,将占有的破产企业的质物、留置物予以返还。【《企业破产法》第 37 条第 1 款】

【操作提示】管理人向债权人提供担保的,代理律师应当协助委托人审查相应担保的合法性、适当性、可靠性。

2.3 可以通过管理人取回被破产企业占有的所有权属于自己的财产。但是,《企业破产法》另有规定的除外。【《企业破产法》第 38 条】

2.3.1 下列财产不应认定为破产企业的财产:

(一) 破产企业基于仓储、保管、承揽、代销、借用、寄存、租赁等合同或者其他法律关系占有、使用的他人财产;

(二) 破产企业在所有权保留买卖中尚未取得所有权的财产;

(三) 所有权专属于国家且不得转让的财产;

(四) 其他依照法律、行政法规不属于破产企业的财产。【《破产法解释(二)》第 2 条】

2.3.2 债权人依据《企业破产法》第 38 条的规定行使取回权,应当在破产财产变价方案或者和解协议、重整计划草案提交债权人会议表决前向管理人提出。在上述期限后主张取回相关财产的,应当承担延迟行使取回权增加的相关费用。【《破产法解释(二)》第 26 条】

【操作提示】代理律师在接受委托后,应当及时向委托人了解是否存在可以行使取回权的财产;确认存在的,应当提示委托人在破产财产变价方案或者和解协议、重整计划草案提交债权人会议表决前向管理人提出。

2.3.3 债权人依据《企业破产法》第 38 条的规定向管理人主张取回相关财产,管理人不予认可的,债权人可以以破产企业为被告向法院提起诉讼,请求行使取回权。【《破产法解释(二)》第 27 条第 1 款】

【操作提示】上述情形发生时,应当提示委托人及时提起取回权纠纷诉讼。

2.3.4 债权人行使取回权时,应当向管理人支付相关的加工费、保管费、托运费、委托费、代销费等费用。【《破产法解释(二)》第 28 条】

2.3.5 管理人将破产企业占有的权属不清的鲜活易腐等不易保管的财产或者不及时变现价值将严重贬损的财产变价并提存变价款后,债权人可以就该变价款行使取回权。【《破产法解释(二)》第29条】

2.4 买卖合同的出卖人已将标的物向作为买受人的破产企业发运,破产企业尚未收到且未付清全部价款的,出卖人可以取回在运途中的标的物。【《企业破产法》第39条】

【操作提示】委托人存在上述情形的,代理律师应当提示委托人区分下列三种不同情况采取相应的应对措施。

2.4.1 管理人无正当理由未及时支付价款或者履行完毕其他义务,或者将标的物出卖、出质或者作出其他不当处分,给出卖人造成损害的,出卖人可以依据《民法典》第641条等规定主张取回标的物。但是,买受人已支付标的物总价款75%以上或者第三人善意取得标的物所有权或者其他物权的除外。【《破产法解释(二)》第37条第2款】

2.4.2 出卖人未能依据《民法典》第641条等规定主张取回标的物的,出卖人可以主张买受人继续支付价款、履行完毕其他义务,以及承担相应赔偿责任。对因买受人未支付价款或者未履行完毕其他义务,以及买受人管理人将标的物出卖、出质或者作出其他不当处分导致出卖人损害产生的债务,出卖人可以主张作为共益债务清偿。【《破产法解释(二)》第37条第3款】

2.4.3 出卖人依据《企业破产法》第39条的规定,通过通知承运人或者实际占有人中止运输、返还货物、变更到达地,或者将货物交给其他收货人等方式,对在运途中标的物主张了取回权但未能实现,或者在货物未达管理人前已向管理人主张取回在运途中标的物,在买卖标的物到达管理人后,可以向管理人主张取回;对在运途中标的物未及时行使取回权的,不应在买卖标的物到达管理人后向管理人行使在运途中的标的物取回权。【《破产法解释(二)》第39条】

2.5 债权人在破产申请受理前对破产企业负有债务的,可以向管理人主张抵销。但是,有下列情形之一的,不得抵销:

(一)破产企业的债务人在破产申请受理后取得他人对破产企业的债权的;

(二)债权人已知破产企业有不能清偿到期债务或者破产申请的事实,对破产企业负担债务的;但是,债权人因为法律规定或者有破产申请一年前所发生的原因而负担债务的除外;

(三)破产企业的债务人已知破产企业有不能清偿到期债务或者破产申请的事实,对破产企业取得债权的;但是,破产企业的债务人因为法律规定或者有破产申请一年前所发生的原因而取得债权的除外。【《企业破产法》第40条】

2.5.1 债权人行使抵销权,应当向管理人提出抵销主张。【《破产法解释(二)》第41条第1款】

2.5.2 管理人收到债权人提出的主张债务抵销的通知后,经审查无异议的,抵销自管理人收到通知之日起生效。管理人对抵销主张有异议的,应当在约定的异议期限内或者自收到主张债务抵销的通知之日起3个月内向法院提起诉讼。法院判决驳回管理人提起的抵销无效诉讼请求的,该抵销自管理人收到主张债务抵销的通知之日起生效。【《破产法解释(二)》第42条】

2.5.3 债权人主张抵销,管理人以下列理由提出异议的,法院不予支持:

(一) 破产申请受理时,破产企业对债权人负有的债务尚未到期;

(二) 破产申请受理时,债权人对破产企业负有的债务尚未到期;

(三) 双方互负债务标的物种类、品质不同。【《破产法解释(二)》第43条】

【操作提示】管理人对委托人的抵销主张提出破产抵销权诉讼的,代理律师可以以《破产法解释(二)》第43条作为抗辩依据。

2.5.4 破产申请受理前6个月内,破产企业有《企业破产法》第2条第1款规定的情形,与个别债权人以抵销方式对个别债权人清偿,其抵销的债权债务属于《企业破产法》第40条第(二)项、第(三)项规定的情形之一的,管理人可以在破产申请受理之日起3个月内,向法院提起诉讼主张抵销无效。【《破产法解释(二)》第44条】

2.5.5 《企业破产法》第40条所列具有不得抵销的情形的债权人,主张以其对破产企业特定财产享有优先受偿权的债权,与破产企业对其不享有优先受偿权的债权抵销的,法院不支持管理人以抵销存在《企业破产法》第40条规定的情形提出的异议;但是,用以抵销的债权大于债权人享有优先受偿权财产价值的除外。【《破产法解释(二)》第45条】

2.6 债权人未依照《企业破产法》规定申报债权的,在重整计划执行完毕后,可以按照重整计划规定的同类债权的清偿条件行使权利。【《企业破产法》第92条第2款】

2.7 和解债权人(是指法院受理破产申请时对破产企业享有无财产担保债权的人)未依照《企业破产法》规定申报债权的,在和解协议执行完毕后,可以按照和解协议规定的清偿条件行使权利。【《企业破产法》第100条第3款】

2.8 破产企业不能执行或者不执行和解协议的,债权人可以请求法院终止和解协议的执行,并宣告破产【《企业破产法》第104条第1款】;但是,为和解协议的执行提供的担保继续有效【《企业破产法》第104条第4款】。

2.9 对破产企业的特定财产享有担保权的权利人,对该特定财产享有优先受偿的权利。【《企业破产法》第109条】

2.9.1 破产案件受理后,债权人可以请求破产企业的担保人承担担保责任。但是,担保人可以主张担保债务自受理破产申请之日起停止计息。【《民法典担保解释》第22条】

2.9.2 债权人即使申报了债权,也可以向人民法院提起诉讼,请求担保人承担担保责任。【《民法典担保解释》第23条第1款】

2.9.3 担保人清偿债权人的全部债权后,可以代替债权人在破产程序中受偿;在债权人的债权未获全部清偿前,担保人不得代替债权人在破产程序中受偿,但是有权就债权人通过破产分配和实现担保债权等方式获得清偿总额中超出债权的部分,在其承担担保责任的范围内请求债权人返还。【《民法典担保解释》第23条第2款】

2.9.4 债权人在破产程序中未获全部清偿的,可以请求担保人继续承担担保责任。【《民法典担保解释》第23条第3款】

2.9.5 债权人知道或者应当知道债务人破产,既未申报债权也未通知担保人,致使担保人不能预先行使追偿权的,担保人就该债权在破产程序中可能受偿的范围内免除担保责任,但是担保人因自身过错未行使追偿权的除外。【《民法典担保解释》第24条】

2.10 对破产企业的特定财产享有优先受偿权利的债权人行使优先受偿权利未能完全受偿的,其未受偿的债权作为普通债权;放弃优先受偿权利的,其债权作为普通债权。【《企业破产法》第110条】

2.11 破产申请受理后,为破产企业继续营业提供借款的债权人,可以主张参照《企业破产法》第42条第(四)项的规定优先于普通破产债权清偿,但不能主张优先于此前已就破产企业特定财产享有担保的债权清偿。【《破产法解释(三)》第2条第1款】前述借款有抵押担保,但抵押物在破产申请受理前已为其他债权人设定抵押的,债权人可以主张按照《民法典》第414条规定的顺序清偿。【《破产法解释(三)》第2条第2款】

此处应当注意:应当提示委托人尽可能不要为破产企业继续营业提供借款,确有必要提供借款的,应当要求破产企业或者管理人提供与破产财产、破产债权无关的担保。代理律师应当协助委托人审查相应担保的合法性、适当性、可靠性。

3. 债权申报

3.1 未到期的债权,在破产申请受理时视为到期。附利息的债权自破产申请受理时起停止计息。【《企业破产法》第46条】

3.2 附条件、附期限的债权和诉讼、仲裁未决的债权可以申报。【《企业破产法》第47条】

3.2.1 破产申请受理后,破产企业欠缴款项产生的滞纳金,包括其未履行生效法律文书应当加倍支付的迟延利息和劳动保险金的滞纳金,不能作为破产债权申报。【《破产法解释(三)》第3条】

3.3 债权应当在法院确定的债权申报期限内向管理人申报。【《企业破产法》第48条第1款】

【操作提示】代理律师应当提示委托人在法院确定的债权申报期限内及时向管理人申报债权,并对委托人的申报行为提供必要的协助、指导。

3.4 申报债权时,应当书面说明债权的数额和有无财产担保,并提交有关证据。申报的债权是连带债权的,应当说明。【《企业破产法》第49条】

此处应当注意:代为制作债权申报材料时,应当注意遵守本条款规定。

3.5 连带债权可以由连带债权人的其中一人代表全体连带债权人申报,也可以共同申报。【《企业破产法》第50条】

3.6 破产企业的保证人或者其他连带债务人已经代替破产企业清偿债务的,以其对破产企业的求偿权申报债权。【《企业破产法》第51条第1款】

3.7 破产企业的保证人或者其他连带债务人尚未代替破产企业清偿债务的,以其对破产企业的将来求偿权申报债权。但是,破产企业的债权人已经向管理人申报全部债权的除外。【《企业破产法》第51条第2款】

3.8 连带债务人数人被裁定进行破产重整或者破产清算的,其债权人有权就全部债权分别在各破产案件中申报。【《企业破产法》第52条】

3.8.1 保证人被裁定进入破产程序的,债权人有权申报其对保证人的保证债权。主债务未到期的,保证债权在保证人破产申请受理时视为到期。法院不支持一般保证的保证人行使先诉抗辩权的主张。但债权人在一般保证人破产程序中的分配额应予提存,待一般保证人应承担的保证责任确定后再按照破产清偿比例予以分配。【《破产法解释(三)》第4条】

3.8.2 破产企业及其保证人均被裁定进入破产程序的,债权人有权向破产企业及其保证人分别申报债权。债权人向二者均申报全部债权的,从一方破产程序中获得清偿后,其对另一方的债权额不作调整,但债权人的受偿额不得超出其债权总额。【《破产法解释(三)》第5条】

3.9 管理人或者破产企业依照《企业破产法》规定解除合同的,对方当事人以因合同解除所产生的损害赔偿请求权申报债权。【《企业破产法》第53条】

3.10 破产企业是委托合同的委托人,被裁定进行破产重整或者破产清算的,受托人不知该事实,继续处理委托事务的,受托人以此产生的请求权申报债权。【《企业破产法》第54条】

3.11 破产企业是票据的出票人,被裁定进行破产重整或者破产清算,该票据的付款人继续付款或者承兑的,付款人以由此产生的请求权申报债权。【《企业破产法》第55条】

3.12 在法院确定的债权申报期限内,债权人未申报债权的,可以在破产财产最后分配前补充申报;但是,此前已进行的分配,不再对其补充分配。为审查和确认补充申报债权的费用,由补充申报人承担。【《企业破产法》第56条第1款】

3.13 债权人未依照本法规定申报债权的,不得依照本法规定的程序行使权利。【《企业破产法》第56条第2款】

3.14 管理人收到债权申报材料后,应当登记造册,对申报的债权进行审查,并编制债权表。债权表和债权申报材料由管理人保存,供利害关系人查阅。【《企业破产法》第57条】

3.14.1 管理人应当依照《企业破产法》第57条的规定对所申报的债权进行登记造册,详尽记载申报人的姓名、单位、代理人、申报债权额、担保情况、证据、联系方式等事项,形成债权申报登记册。【《破产法解释(三)》第6条第1款】

3.14.2 管理人应当依照《企业破产法》第57条的规定对债权的性质、数额、担保财产、是否超过诉讼时效期间、是否超过强制执行期间等情况进行审查,编制债权表并提交债权人会议核查。债权表、债权申报登记册及债权申报材料在破产期间由管理人保管,债权人、破产企业、破产企业职工及其他利害关系人有权查阅。【《破产法解释(三)》第6条第2款、第3款】

【操作提示】代理律师应当及时通过破产案件信息网查询管理人公示的债权申报表,仔细核对其中记载的委托人申报的债权的相关信息;对于存在疑问的事项,应当及时与委托人沟通、确认并商讨解决方案。

3.14.3 已经生效法律文书确定的债权,管理人应当予以确认。【《破产法解释(三)》第7条第1款】

3.15 债权人对债权表记载的债权有异议的,可以向受理破产申请的法院提起诉讼。【《企业破产法》第58条第3款】

3.15.1 债权人对债权表记载的债权有异议的,应当说明理由和法律依据。经管理人解释或调整后仍然不服的,或者管理人不予解释或调整的,债权人应当在债权人会议核查结束后15日内向法院提起债权确认的诉讼。当事人之间在破产申请受理前订立有仲裁条款或仲裁协议的,应当向选定的仲裁机构申请确认债权债务关系。【《破产法解释(三)》第8条】

3.15.2 债权人对债权表记载的他人债权有异议的,应将被异议债权人列为被告;债权人对债权表记载的本人债权有异议的,应将破产企业列为被告。【《破产法解释(三)》第9条第1款】

【操作提示】委托人对于债权表记载的债权有异议的,代理律师应当建议并配合委托人以书面形式向管理人说明理由和法律依据,要求管理人进行解释或者调整。经管理人解释或调整后仍然不服的,或者管理人不予解释或调整的,应当提示委托人在债权人会议核查结束后15日内,向审理破产案件的法院提起破产债权确认纠纷诉讼。

3.16 债权人未依照《企业破产法》规定申报债权的,在重整计划执行期间不得行使权利。【《企业破产法》第 92 条第 2 款】

3.17 和解债权人(是指法院受理破产申请时对破产企业享有无财产担保债权的人)未依照《企业破产法》规定申报债权的,在和解协议执行期间不得行使权利。【《企业破产法》第 100 条第 3 款】

4. 债权人会议

4.1 债权人会议的一般规定

4.1.1 依法申报债权的债权人为债权人会议的成员,有权参加债权人会议,享有表决权。【《企业破产法》第 59 条第 1 款】

【操作提示】委托人委托代理律师参加债权人会议的,代理律师应当在债权人会议之前与委托人就是否同意表决事项、就表决事项如何表态、同意/否决/弃权哪些表决事项等具体问题进行充分沟通并要求委托人以书面形式明确授权。

4.1.1.1 债权人会议的决议除现场表决外,可以由管理人事先将相关决议事项告知债权人,采取通信、网络投票等非现场方式进行表决。采取非现场方式进行表决的,管理人应当在债权人会议召开后的 3 日内,以信函、电子邮件、公告等方式将表决结果告知参与表决的债权人。【《破产法解释(三)》第 11 条第 1 款】

4.1.1.2 对重整计划草案进行分组表决时,权益因重整计划草案受到调整或者影响的债权人或者股东,有权参加表决;权益未受到调整或者影响的债权人或者股东,不参加重整计划草案的表决。【《破产法解释(三)》第 11 条第 2 款】

4.1.2 债权尚未确定的债权人,除法院能够为其行使表决权而临时确定债权额的外,不得行使表决权。【《企业破产法》第 59 条第 2 款】

4.1.3 对破产企业的特定财产享有担保权的债权人,未放弃优先受偿权利的,对于和解协议、破产财产的分配方案不享有表决权。【《企业破产法》第 59 条第 3 款】

4.1.4 债权人已经申报了债权的,在召开债权人会议时,管理人应当提前 15 日进行通知。【《企业破产法》第 63 条】

4.1.5 债权人会议的决议,由出席会议的有表决权的债权人过半数通过,并且其所代表的债权额占无财产担保债权总额的 1/2 以上。但是,《企业破产法》另有规定的除外。债权人会议的决议,对于全体债权人均有约束力。【《企业破产法》第 64 条第 1 款、第 3 款】

4.1.5.1 债权人会议的决议具有以下情形之一,损害债权人利益的,债权人可以申请撤销:

(一)债权人会议的召开违反法定程序;

(二) 债权人会议的表决违反法定程序；

(三) 债权人会议的决议内容违法；

(四) 债权人会议的决议超出债权人会议的职权范围。【《破产法解释(三)》第 12 条第 1 款】

4.1.5.2 债权人申请撤销债权人会议决议的,应当提出书面申请。债权人会议采取通信、网络投票等非现场方式进行表决的,债权人申请撤销的期限自债权人收到通知之日起算。【《破产法解释(三)》第 12 条第 3 款】

4.2 债权人委员会

4.2.1 债权人会议可以设立由债权人会议选任的债权人代表和一名破产企业的职工代表或者工会代表组成的、成员不得超过 9 人的债权人委员会,债权人委员会成员应当经法院书面决定认可。【《企业破产法》第 67 条】

4.2.2 债权人委员会行使下列职权：

(一) 监督破产企业财产的管理和处分；

(二) 监督破产财产分配；

(三) 提议召开债权人会议；

(四) 债权人会议委托的其他职权。【《企业破产法》第 68 条第 1 款】

4.2.2.1 债权人会议可以委托债权人委员会行使《企业破产法》第 61 条第 1 款第(二)项、第(三)项、第(五)项规定的债权人会议职权。债权人会议不得作出概括性授权,委托其行使债权人会议所有职权。【《破产法解释(三)》第 13 条】

4.2.2.2 债权人委员会决定所议事项应获得全体成员过半数通过,并作成议事记录。债权人委员会成员对所议事项的决议有不同意见的,应当在记录中载明。债权人委员会行使职权应当接受债权人会议的监督,以适当的方式向债权人会议及时汇报工作,并接受法院的指导。【《破产法解释(三)》第 14 条】

4.2.3 债权人委员会执行职务时,有权要求管理人、破产企业的有关人员对其职权范围内的事务作出说明或者提供有关文件。上述人员拒绝接受监督的,债权人委员会有权就监督事项请求法院作出决定。【《企业破产法》第 68 条第 2 款、第 3 款】

4.2.4 管理人实施下列行为,应当及时报告债权人委员会：

(一) 涉及土地、房屋等不动产权益的转让；

(二) 探矿权、采矿权、知识产权等财产权的转让；

(三) 全部库存或者营业的转让；

(四) 借款；

(五) 设定财产担保；

(六)债权和有价证券的转让;

(七)履行破产企业和对方当事人均未履行完毕的合同;

(八)放弃权利;

(九)担保物的取回;

(十)对债权人利益有重大影响的其他财产处分行为。【《企业破产法》第69条第1款】

4.2.4.1 管理人处分《企业破产法》第69条规定的破产企业重大财产的,应当事先制作财产管理或者变价方案并提交债权人会议进行表决,债权人会议表决未通过的,管理人不得处分。【《破产法解释(三)》第15条第1款】

4.2.4.2 管理人实施处分前,应当根据《企业破产法》第69条的规定,提前10日书面报告债权人委员会或者法院。债权人委员会可以依照《企业破产法》第68条第2款的规定,要求管理人对处分行为作出相应说明或者提供有关文件依据。【《破产法解释(三)》第15条第2款】

4.2.4.3 债权人委员会认为管理人实施的处分行为不符合债权人会议通过的财产管理或变价方案的,有权要求管理人纠正。管理人拒绝纠正的,债权人委员会可以请求法院作出决定。【《破产法解释(三)》第15条第3款】

4.2.4.4 法院认为管理人实施的处分行为不符合债权人会议通过的财产管理或变价方案的,应当责令管理人停止处分行为。管理人应当予以纠正,或者提交债权人会议重新表决通过后实施。【《破产法解释(三)》第15条第4款】

4.3 单个债权人有权查阅破产企业财产状况报告、债权人会议决议、债权人委员会决议、管理人监督报告等参与破产程序所必需的破产企业财务和经营信息资料。管理人无正当理由不予提供的,债权人可以请求法院作出决定;法院应当在五日内作出决定。上述信息资料涉及商业秘密的,债权人应当依法承担保密义务或者签署保密协议;涉及国家秘密的应当依照相关法律规定处理。【《破产法解释(三)》第10条】

5. 和解

5.1 法院经审查认为破产企业提出的和解申请符合规定的,应当裁定和解,予以公告,并召集债权人会议讨论和解协议草案。【《企业破产法》第96条第1款】

5.2 债权人会议通过和解协议的决议,由出席会议的有表决权的债权人过半数同意,并且其所代表的债权额占无财产担保债权总额的2/3以上。【《企业破产法》第97条】

5.3 和解协议草案经债权人会议表决未获得通过,或者已经债权人会议通过的和解协议未获得法院认可的,法院应当裁定终止和解程序,并宣告破产。【《企业破产法》第99条】

5.4 经法院裁定认可的和解协议,对破产企业和全体和解债权人(是指法院受理破产申请时对破产企业享有无财产担保债权的人)均有约束力。【《企业破产法》第 100 条第 1 款、第 2 款】

5.5 和解债权人对破产企业的保证人和其他连带破产企业所享有的权利,不受和解协议的影响。【《企业破产法》第 101 条】

5.6 法院裁定因破产企业的欺诈或者其他违法行为而成立的和解协议无效并宣告其破产的,和解债权人因执行和解协议所受的清偿,在其他债权人所受清偿同等比例的范围内,不予返还。【《企业破产法》第 103 条】

5.7 法院裁定终止和解协议执行的,和解债权人在和解协议中作出的债权调整的承诺失去效力。和解债权人因执行和解协议所受的清偿仍然有效,和解债权未受清偿的部分作为破产债权。但是,和解债权人只有在其他债权人同自己所受的清偿达到同一比例时,才能继续接受分配。【《企业破产法》第 104 条第 2 款、第 3 款】

5.8 按照和解协议减免的债务,自和解协议执行完毕时起,破产企业不再承担清偿责任。【《企业破产法》第 106 条】

6. 重整

6.1 重整的一般规定

6.1.1 债权人可以直接向法院申请对符合《企业破产法》规定的主体资格的债务人进行重整。【《企业破产法》第 70 条】

6.1.2 在重整期间,对破产企业的特定财产享有的担保权暂停行使。但是,担保物有损坏或者价值明显减少的可能,足以危害担保权人权利的,担保权人可以向法院请求恢复行使担保权。【《企业破产法》第 75 条】

此处应当注意:委托人是破产企业的担保权(仅限于物权担保)人的,发现担保物有损坏或者价值明显减少的可能,足以危害委托人权利的,应当提示委托人向法院请求恢复行使担保权。

6.1.3 财产被破产企业合法占有的该财产的权利人,可以在重整期间在符合事先约定条件的情况下要求取回该财产。【《企业破产法》第 76 条】但是,因管理人或者自行管理的破产企业违反约定,可能导致取回物被转让、毁损、灭失或者价值明显减少的,可以在不符合事先约定条件的情况下,要求取回该财产。【《破产法解释(二)》第 40 条】

【操作提示】委托人存在上述情形的,代理律师应当提示委托人及时主张取回权。

6.1.4 在重整期间,有下列情形之一的,债权人可以请求法院终止重整程序,并宣告破产企业破产:

(一)破产企业的经营状况和财产状况继续恶化,缺乏挽救的可能性;

（二）破产企业有欺诈、恶意减少财产或者其他显著不利于债权人的行为；

（三）由于破产企业的行为致使管理人无法执行职务。【《企业破产法》第78条】

6.2 重整计划

6.2.1 破产企业或者管理人应当自法院裁定破产企业重整之日起6个月内，同时向法院和债权人会议提交重整计划草案；经破产企业或者管理人请求，有正当理由的，法院可以裁定延期3个月。破产企业或者管理人未按期提出重整计划草案的，法院应当裁定终止重整程序，并宣告破产企业破产。【《企业破产法》第79条】

6.2.2 下列各类债权的债权人参加讨论重整计划草案的债权人会议，依照下列债权分类，分组对重整计划草案进行表决；法院在必要时可以决定在普通债权组中设小额债权组对重整计划草案进行表决：

（一）对破产企业的特定财产享有担保权的债权；

（二）破产企业所欠职工的工资和医疗、伤残补助、抚恤费用，所欠的应当划入职工个人账户的基本养老保险、基本医疗保险费用，以及法律、行政法规规定应当支付给职工的补偿金；

（三）破产企业所欠税款；

（四）普通债权。【《企业破产法》第82条】

【操作提示】委托人委托代理律师参加债权人会议的，代理律师应当在债权人会议之前与委托人就是否同意表决事项、就表决事项如何表态、同意/否决/弃权哪些表决事项等具体问题进行充分沟通并要求委托人以书面形式明确授权。

6.2.3 重整计划不得规定减免破产企业欠缴的职工的工资和医疗、伤残补助、抚恤费用，所欠的应当划入职工个人账户的基本养老保险、基本医疗保险费用，以及法律、行政法规规定应当支付给职工的补偿金以外的社会保险费用；该项费用的债权人不参加重整计划草案的表决。【《企业破产法》第83条】

6.2.4 出席会议的同一表决组的债权人过半数同意重整计划草案，并且其所代表的债权额占该组债权总额的2/3以上的，即为该组通过重整计划草案。【《企业破产法》第84条第2款】

6.2.5 各表决组均通过重整计划草案时，重整计划即为通过。【第86条第1款】

6.2.6 部分表决组未通过重整计划草案的，破产企业或者管理人可以同未通过重整计划草案的表决组协商。该表决组可以在协商后再表决一次。双方协商的结果不得损害其他表决组的利益。【《企业破产法》》第87条第1款】

6.2.7 经法院裁定批准的重整计划，对破产企业和全体债权人均有约束力。【《企业破产法》第92条第1款】

6.2.8 债权人未依照《企业破产法》规定申报债权的,在重整计划执行期间不得行使权利;在重整计划执行完毕后,可以按照重整计划规定的同类债权的清偿条件行使权利。【《企业破产法》第92条第2款】

6.2.9 债权人对破产企业的保证人和其他连带债务人所享有的权利,不受重整计划的影响。【《企业破产法》第92条第3款】

6.2.10 破产企业不能执行或者不执行重整计划的,债权人可以向法院请求终止重整计划的执行,并宣告破产企业破产。【《企业破产法》第93条第1款】

6.2.11 法院裁定终止重整计划执行的,债权人在重整计划中作出的债权调整的承诺失去效力。债权人因执行重整计划所受的清偿仍然有效,债权未受清偿的部分作为破产债权。【《企业破产法》第93条第2款】

6.2.12 按照重整计划减免的债务,自重整计划执行完毕时起,破产企业不再承担清偿责任。【《企业破产法》第94条】

7. 破产清算

7.1 法院依照《企业破产法》规定宣告破产企业破产的,应当自裁定作出之日起10日内通知已知债权人,并予以公告。【《企业破产法》第107条】

7.2 对破产企业的特定财产享有优先受偿权利的债权人行使优先受偿权利未能完全受偿的,其未受偿的债权作为普通债权;放弃优先受偿权利的,其债权作为普通债权。【《企业破产法》第110条】

7.3 管理人应当及时拟订破产财产变价方案,提交债权人会议讨论。【《企业破产法》第111条第1款】

7.4 变价出售破产财产应当通过拍卖进行。但是,债权人会议另有决议的除外。【《企业破产法》第112条第1款】

7.5 破产财产的分配应当以货币分配方式进行。但是,债权人会议另有决议的除外。【《企业破产法》第114条】

7.6 管理人应当及时拟订破产财产分配方案,提交债权人会议讨论。破产财产分配方案应当载明下列事项:

(一)参加破产财产分配的债权人名称或者姓名、住所;

(二)参加破产财产分配的债权额;

(三)可供分配的破产财产数额;

(四)破产财产分配的顺序、比例及数额;

(五)实施破产财产分配的方法。【《企业破产法》第115条】

【操作提示】委托人委托代理律师参加债权人会议的,代理律师应当在债权人会议之前与委托人就是否同意表决事项、就表决事项如何表态、同意/否决/弃权哪些表决事项等具体问题进行充分沟通并要求委托人以书面形式明确授权。

7.7 债权人未受领的破产财产分配额,管理人应当提存。债权人自最后分配公告之日起满2个月仍不领取的,视为放弃受领分配的权利,管理人或者法院应当将提存的分配额分配给其他债权人。【《企业破产法》第118条】

【操作提示】代理律师应当提示委托人最迟在分配公告之日起2个月内受领分配的破产财产。

7.8 破产财产分配时,对于诉讼或者仲裁未决的债权,管理人应当将其分配额提存。自破产程序终结之日起满2年仍不能受领分配的,法院应当将提存的分配额分配给其他债权人。【《企业破产法》第119条】

7.9 自破产程序由于破产企业财产不足以清偿破产费用或者破产企业无财产可供分配而终结之日起2年内,有下列情形之一的,债权人可以请求法院按照破产财产分配方案进行追加分配:

(一) 发现有依照《企业破产法》第31条、第32条、第33条、第36条规定应当追回的财产的;

(二) 发现破产企业有应当供分配的其他财产的。【《企业破产法》第123条】

7.10 破产企业的保证人和其他连带债务人,在破产程序终结后,对债权人依照破产清算程序未受清偿的债权,依法继续承担清偿责任。【《企业破产法》第124条】

8. 破产程序中债权人(含担保权人)的权利救济

8.1 债权人认为债权人会议的决议违反法律规定,损害其利益的,可以自债权人会议作出决议之日起15日内,请求法院裁定撤销该决议,责令债权人会议依法重新作出决议。【《企业破产法》第64条第2款】

此处应当注意:委托人认为债权人会议的决议违反法律规定,损害其利益的,代理律师应当提示委托人及时提起诉讼,请求法院裁定撤销该决议,责令债权人会议依法重新作出决议。

8.2 债权人对法院依照《企业破产法》第65条第1款作出的通过破产企业财产的管理方案或者破产财产的变价方案的裁定不服;债权额占无财产担保债权总额1/2以上的债权人,对法院依照《企业破产法》第65条第2款作出的通过破产财产分配方案的裁定不服的,可以自裁定宣布之日或者收到通知之日起15日内向法院申请复议。复议期间不停止裁定的执行。【《企业破产法》第66条】

【操作提示】委托人存在上述情形的,应当提示委托人及时向法院申请复议。

8.3 财产被破产企业合法占有的权利人,可以在重整期间要求取回该财产,但是,应当符合事先约定的条件。【《企业破产法》第76条】

【操作提示】委托人主张行使取回权的,代理律师应当提示委托人确认是否符合事先约定的条件。

8.3.1 第三人已经善意取得被破产企业占有的财产,导致债权人无法取回该财产的,转让行为发生在破产申请受理前的,债权人因财产损失形成的债权,作为普通破产债权清偿;转让行为发生在破产申请受理后的,因管理人或者相关人员执行职务导致债权人损害产生的债务,作为共益债务清偿。【《破产法解释(二)》第30条】

8.3.2 被破产企业占有的财产毁损、灭失,因此获得的保险金、赔偿金、代偿物尚未交付给破产企业,或者代偿物虽已交付给破产企业但能与破产企业财产予以区分的,债权人可以主张取回就此获得的保险金、赔偿金、代偿物。【《破产法解释(二)》第32条第1款】

8.3.3 保险金、赔偿金已经交付给破产企业,或者代偿物已经交付给破产企业且不能与破产企业财产予以区分的,财产毁损、灭失发生在破产申请受理前的,债权人人因财产损失形成的债权,作为普通破产债权清偿;发生在破产申请受理后的,因管理人或者相关人员执行职务导致权利人损害产生的债务,作为共益债务清偿。【《破产法解释(二)》第32条第2款】

8.3.4 没有获得相应的保险金、赔偿金、代偿物,或者保险金、赔偿金、代偿物不足以弥补其损失的部分,财产毁损、灭失发生在破产申请受理前的,债权人人因财产损失形成的债权,作为普通破产债权清偿;发生在破产申请受理后的,因管理人或者相关人员执行职务导致权利人损害产生的债务,作为共益债务清偿。【《破产法解释(二)》第32条第3款】

8.4 在重整期间,破产企业有下列情形之一的,债权人可以请求法院终止重整程序,并宣告破产:

(一) 经营状况和财产状况继续恶化,缺乏挽救的可能性;

(二) 有欺诈、恶意减少财产或者其他显著不利于债权人的行为;

(三) 相关行为致使管理人无法执行职务。【《企业破产法》第78条】

8.5 债权人未依照《企业破产法》规定申报债权的,在重整计划执行期间不得行使权利;在重整计划执行完毕后,可以按照重整计划规定的同类债权的清偿条件行使权利。【《企业破产法》第92条第2款】

8.6 破产企业不能执行或者不执行重整计划的,债权人可以向法院请求终止重整计划的执行,并宣告破产企业破产。【《企业破产法》第93条第1款】

8.7 法院裁定终止重整计划执行的,债权人在重整计划中作出的债权调整的承诺失去效力。债权人因执行重整计划所受的清偿仍然有效,债权未受清偿的部分作为破产债权。【《企业破产法》第93条第2款】

8.8 对破产企业的特定财产享有担保权的权利人,自法院裁定和解之日起可以行使权利。【《企业破产法》第 96 条第 2 款】

8.9 破产企业对按份享有所有权的共有财产的相关份额,或者共同享有所有权的共有财产的相应财产权利,以及依法分割共有财产所得部分属于破产企业的财产。因分割共有财产导致其他共有人损害的,其他共有人可以请求将所受损害作为共益债务清偿。【《破产法解释(二)》第 4 条第 1 款、第 3 款】

8.10 法院根据管理人的请求撤销涉及破产企业财产的以明显不合理价格进行的交易的,债权人应当依法返还从破产企业获取的财产。因撤销该交易,对于破产企业应返还债权人已支付价款所产生的债务,债权人可以请求作为共益债务清偿。【《破产法解释(二)》第 11 条】

8.11 破产申请受理后,管理人未依据《企业破产法》第 31 条的规定请求撤销破产企业无偿转让财产、以明显不合理价格交易、放弃债权行为的,债权人可以依据民法典第 538 条、第 539 条等规定提起诉讼,请求撤销破产企业的上述行为并将因此追回的财产归入破产企业财产。【《破产法解释(二)》第 13 条】

8.12 破产申请受理后,债权人通过债权人会议或者债权人委员会,要求管理人依法向次债务人、破产企业的出资人等追收破产企业财产,管理人无正当理由拒绝追收的,债权人会议可以依据《企业破产法》第 22 条的规定,申请法院更换管理人。【《破产法解释(二)》第 23 条第 2 款】管理人不予追收,个别债权人可以代表全体债权人提起相关诉讼,主张次债务人或者破产企业的出资人等向破产企业清偿或者返还破产企业财产,或者依法申请合并破产。【《破产法解释(二)》第 23 条第 3 款】

8.13 管理人拟通过清偿债务或者提供担保取回质物、留置物,或者与质权人、留置权人协议以质物、留置物折价清偿债务等方式,进行对债权人利益有重大影响的财产处分行为的,应当及时报告债权人委员会。未设立债权人委员会的,管理人应当及时报告法院。【《破产法解释(二)》第 25 条】

8.14 管理人或者相关人员在执行职务过程中,因故意或者重大过失不当转让他人财产或者造成他人财产毁损、灭失,导致他人损害产生的债务作为共益债务,由破产企业财产随时清偿后,债权人可以管理人或者相关人员执行职务不当导致破产企业财产减少给其造成损失为由提起诉讼,主张管理人或者相关人员承担相应赔偿责任。【《破产法解释(二)》第 33 条第 2 款】

四、代理破产企业债权人法律规范及操作指引

指引 8-4　北京德和衡(哈尔滨)律师事务所典型担保类合同业务操作指引

一、担保物权合同业务操作指引

1. 当事人意思自治原则在担保物权合同中的应用指引

1.1　可以自主约定担保物权的担保范围

1.1.1　法律依据

《民法典》第三百八十九条　担保物权的担保范围包括主债权及其利息、违约金、损害赔偿金、保管担保财产和实现担保物权的费用。当事人另有约定的,按照其约定。

1.1.2　解决方案

可以根据委托人的需要对担保物权的担保范围进行扩大或者缩减,特别是尽可能考虑把律师费加入实现担保物权的费用中。

【操作提示】约定的担保责任的范围不能大于主债务,要避免出现针对担保责任约定专门的违约责任、担保责任的数额高于主债务、担保责任约定的利息高于主债务利息、担保责任的履行期先于主债务履行期届满等情形的发生。

1.2　可以自主约定被担保的债权既有物保又人保时,担保物权实现的顺序

1.2.1　法律依据

《民法典》第三百九十二条　被担保的债权既有物的担保又有人的担保的,债务人不履行到期债务或者发生当事人约定的实现担保物权的情形,债权人应当按照约定实现债权;没有约定或者约定不明确,债务人自己提供物的担保的,债权人应当先就该物的担保实现债权;第三人提供物的担保的,债权人可以就物的担保实现债权,也可以请求保证人承担保证责任。提供担保的第三人承担担保责任后,有权向债务人追偿。

1.2.2　解决方案

债权人在接受物的担保时,应当注意对物的担保和保证的顺序作出明确约定。建议根据实际情况选择使用如下表述方式:

(1)"当债务人不能履行到期债务时,债权人对于相关担保人承担担保责任的顺序享有选择权,本合同全部担保人均认可债权人的此项权利并承诺在债权人行使上述选择权时不持任何异议。"

(2)"当债务人不能履行到期债务时,应当由保证人先就主债务承担连带清偿责任,保证人的连带清偿责任难以实现或者不足以清偿全部主债务的,由其他提供物的担保的担保人在物的担保的范围内依法承担清偿责任。"

(3)"当债务人不能履行到期债务时,本合同全部担保人按照下列顺序承担担保责任:……"

1.3 可以自主约定抵押期间抵押财产能否转让

1.3.1 法律依据

《民法典》第四百零六条第一款 抵押期间,抵押人可以转让抵押财产。当事人另有约定的,按照其约定。抵押财产转让的,抵押权不受影响。

1.3.2 解决方案

为避免造成不必要的损失,建议债权人应尽可能在合同中约定"抵押人在抵押期间不得转让抵押财产",同时,最好约定"抵押人违反约定,在抵押期间内转让抵押财产的,债权人可以要求债务人提前清偿债务",以尽可能维护己方的合法权益。如果确需同意抵押人转让财产,建议在抵押合同中约定"抵押权人同意转让的,抵押人应当将相当于转让时能够确定的主债权金额120%的转让价款支付至抵押权人指定的账户"。

【操作提示】此处的"120%"只是一个示范性数字,意义在于提示抵押权人,在这种情况下,要求抵押人提存转让价款的金额一定要高于抵押财产"转让时能够确定的主债权金额",转让时间距离债务人履行主合同债务的期限越远,这个比例应该越高,这样才能起到保证主债权顺利实现的目的。因此,这个比例可以由抵押权人根据具体情况与抵押人协商确定。

1.4 可以自主约定实现抵押权/质权的情形

1.4.1 法律依据

《民法典》第三百九十四条第一款 为担保债务的履行,债务人或者第三人不转移财产的占有,将该财产抵押给债权人的,债务人不履行到期债务或者发生当事人约定的实现抵押权的情形,债权人有权就该财产优先受偿。

《民法典》第四百二十五条第一款 为担保债务的履行,债务人或者第三人将其动产出质给债权人占有的,债务人不履行到期债务或者发生当事人约定的实现质权的情形,债权人有权就该动产优先受偿。

1.4.2 解决方案

建议债权人考虑把实现抵押权(特别是在浮动抵押或者动产抵押的情况下)或者质权设定为债务人的违约责任,而不是只有在债务人不履行到期债务时才可以实现抵押权/质权,这样可以尽可能使债权人处于主动的地位。

1.5 可以自主约定债权转让时相应抵押权是否一并转让/最高额抵押担保的债权确定前,最高额抵押权在部分债权转让时是否与该部分债权一并转让

1.5.1 法律依据

《民法典》第四百零七条 抵押权不得与债权分离而单独转让或者作为其他债权的担保。债权转让的,担保该债权的抵押权一并转让,但是法律另有规定或者当事人另有约定的除外。

《民法典》第四百二十一条 最高额抵押担保的债权确定前,部分债权转让的,最高额抵押权不得转让,但是当事人另有约定的除外。

1.5.2 解决方案

抵押人可以把抵押权在债权转让时不能一并予以转让作为提供抵押担保的条件,债权人则应当尽可能避免作出这样的约定。债权的受让方在接受债权转让之前,应当注意审查拟受让的债权的抵押权是否存在上述限制,以最大限度地维护己方的合法权益。

1.6 可以自主约定质押财产孳息的归属

1.6.1 法律依据

《民法典》第四百三十条第一款 质权人有权收取质押财产的孳息,但是合同另有约定的除外。

1.6.2 解决方案

出质人可以要求在质押合同中约定质押财产的孳息归己方所有。

1.7 可以自主约定哪些动产可以留置,哪些动产不能留置;约定可以留置的,应当明确约定财产被留置后的债务履行期间

1.7.1 法律依据

《民法典》第四百四十九条 法律规定或者当事人约定不得留置的动产,不得留置。

《民法典》第四百五十三条第一款 留置权人与债务人应当约定留置财产后的债务履行期限;没有约定或者约定不明确的,留置权人应当给债务人六十日以上履行债务的期限,但是鲜活易腐等不易保管的动产除外。债务人逾期未履行的,留置权人可以与债务人协议以留置财产折价,也可以就拍卖、变卖留置财产所得的价款优先受偿。

1.7.2 解决方案

在订立保管、运输、加工承揽、仓储等,对方当事人可以合法占有己方动产的合同时,应当考虑在合同中约定限制对方当事人行使留置权的条款;约定对方当事人可以行使留置权的,应当明确约定财产被留置后的债务履行期间。

1.8 可以自主约定最高额担保中的最高债权额

1.8.1 法律依据

《最高人民法院关于适用〈中华人民共和国民法典〉有关担保制度的解释》第 15 条

最高额担保中的最高债权额,是指包括主债权及其利息、违约金、损害赔偿金、保管担保财产的费用、实现债权或者实现担保物权的费用等在内的全部债权,但是当事人另有约定的除外。

1.8.2 解决方案

(1)在订立最高额抵押/质押合同时,应当在合同中明确约定最高债权额的范围,建

议债权人尽可能在上述司法解释规定的范围基础上加以扩大;建议债务人和担保人尽可能在上述范围基础上予以缩小。

【操作提示】应当尽量避免出现登记的最高债权额与当事人约定的最高债权额不一致的情况,特别是登记的最高债权额少于当事人约定的最高债权额的情况。

（2）建议使用如下表述方式:本合同的最高债权额,是指包括主债权及其利息、违约金、损害赔偿金、保管担保财产(如有必要)的费用、实现债权或者实现担保物权的费用(包括但不限于因通过诉讼或者仲裁方式解决争议、实现债权所需支付的律师费,法院或者仲裁机构收取的与诉讼或者仲裁、申请执行、保全有关的全部费用,案件审理及执行过程中所须支付的鉴定、评估、审计等专项费用)等在内的全部债权。

2. 抵押合同操作指引

2.1 基本原则

2.1.1 应当订立书面合同并依法办理抵押登记。

2.1.2 抵押合同一般应当包括下列条款:被担保债权的种类和数额,债务人履行债务的期限,抵押财产的名称、数量、质量、状况、所在地、所有权归属或者使用权归属,担保的范围(以《民法典》第389条规定为准,建议将律师费约定在内),当事人认为需要约定的其他事项。

2.1.3 为最大限度地保护抵押权人的利益,建议抵押合同包括下列内容:

（1）抵押期间,抵押财产发生毁损、灭失或者被征收等情形时,债权人可以根据合同约定就获得的保险金、赔偿金或者补偿金等优先受偿或提存。

（2）如果未约定禁止抵押人在抵押期间转让抵押财产,建议明确约定将相应金额的转让价款支付至债权人指定的账户;同时,应当明确拒绝抵押人与抵押财产的受让人达成的非一次性付款、非货币资金付款的付款方式。

（3）最高额抵押合同应当写明所担保的最高债权额、最高额抵押的期间等内容。

（4）以林权抵押的,应当在合同中明确约定"抵押期间未经债权人书面同意,抵押人不得进行林木采伐"。

2.2 不动产抵押登记特别提示

2.2.1 自然人、法人或者其他组织为保障其债权的实现,依法以不动产设定抵押的,可以由当事人持不动产权属证书、抵押合同与主债权合同等必要材料,共同申请办理抵押登记。

2.2.1.1 抵押合同可以是单独订立的书面合同,也可以是主债权合同中的抵押条款。

2.2.1.2 同一不动产上设立多个抵押权的,按照受理时间的先后顺序依次办理登记,并记载于不动产登记簿。当事人对抵押权顺位另有约定的,按照约定办理。用于抵押的不动产不应存在尚未解决的权属争议,申请登记的不动产权利不能超过规定期限。

【操作提示】办理抵押登记时,应当关注己方的抵押权之前是否还有其他抵押权的存在。

2.2.2 有下列情形之一的,应当申请抵押权变更登记:

(1) 抵押人、抵押权人的姓名或者名称变更的;

(2) 被担保的主债权数额变更的;

(3) 债务履行期限变更的;

(4) 抵押权顺位变更的;

(5) 法律、行政法规规定的其他情形。

2.2.3 因主债权转让导致抵押权转让的,可以申请抵押权的转移登记。

2.2.4 有下列情形之一的,可以申请抵押权注销登记:

(1) 主债权消灭的;

(2) 抵押权已经实现的;

(3) 抵押权人放弃抵押权的;

(4) 法律、行政法规规定抵押权消灭的其他情形。

2.2.5 设立最高额抵押权的,应当申请最高额抵押权首次登记。

2.2.5.1 申请最高额抵押权首次登记时,可以将最高额抵押权设立前已经存在的债权转入最高额抵押担保的债权范围,但应提交已存在债权的合同以及当事人同意将该债权纳入最高额抵押权担保范围的书面材料。

2.2.6 有下列情形之一的,应当申请最高额抵押权变更登记:

(1) 抵押人、抵押权人的姓名或者名称变更的;

(2) 债权范围变更的;

(3) 最高债权额变更的;

(4) 债权确定的期间变更的;

(5) 抵押权顺位变更的;

(6) 法律、行政法规规定的其他情形。

2.2.6.1 因最高债权额、债权范围、债务履行期限、债权确定的期间发生变更申请最高额抵押权变更登记时,如果该变更将对其他抵押权人产生不利影响,应当征得其他抵押权人的书面同意。

2.2.7 当发生导致最高额抵押权担保的债权被确定的事由,从而使最高额抵押权转变为一般抵押权时,应当申请办理确定最高额抵押权的登记。

2.2.8 最高额抵押权发生转移的,应当申请办理最高额抵押权转移登记。

2.2.8.1 债权人转让部分债权,当事人约定最高额抵押权随同部分债权的转让而转移的,应当根据下列不同情形分别办理相应登记:

（1）如果当事人约定原抵押权人与受让人共同享有最高额抵押权,应当申请最高额抵押权的转移登记;

（2）如果当事人约定受让人享有一般抵押权、原抵押权人就扣减已转移的债权数额后继续享有最高额抵押权,应当申请一般抵押权的首次登记以及最高额抵押权的变更登记;

（3）如果当事人约定原抵押权人不再享有最高额抵押权的,应当一并申请最高额抵押权确定登记以及一般抵押权转移登记。

2.2.8.2 最高额抵押权担保的债权确定前,债权人转让部分债权的,除当事人另有约定外,不动产登记机构不得办理最高额抵押权转移登记。

2.2.9 以建设用地使用权以及全部或者部分在建建筑物设定抵押的,应当一并申请建设用地使用权以及在建建筑物抵押权的首次登记。

2.2.9.1 申请在建建筑物(是指正在建造、尚未办理所有权首次登记的房屋等建筑物)抵押权首次登记时,抵押财产不包括已经办理预告登记的预购商品房和已经办理预售备案的商品房。

2.2.9.2 申请在建建筑物抵押权首次登记的,应当提交下列材料:

（1）抵押合同与主债权合同;

（2）享有建设用地使用权的不动产权属证书;

（3）建设工程规划许可证;

（4）其他必要材料。

2.2.10 在建建筑物抵押权变更、转移或者消灭的,当事人应当分别申请变更登记、转移登记、注销登记。

2.2.11 在建建筑物竣工,办理建筑物所有权首次登记时,应当申请将在建建筑物抵押权登记转为建筑物抵押权登记。

2.2.12 申请预购商品房抵押登记,应当提交下列材料:

（1）抵押合同与主债权合同;

（2）预购商品房预告登记材料;

（3）其他必要材料。

2.2.13 预购商品房办理房屋所有权登记后,应当申请将预购商品房抵押预告登记转为商品房抵押权首次登记。

2.2.14 进行不动产买卖、抵押或者以预购商品房设定抵押的,双方当事人可以约定申请不动产预告登记。

2.2.14.1 预告登记生效期间,处分该不动产权利的,应当经预告登记的权利人书面同意。

2.2.14.2 商品房的预售人和预购人订立商品房买卖合同后,预售人未按照约定与预购人申请预告登记,预购人可以单方申请预告登记。

2.2.14.3 申请预告登记的商品房已经办理在建建筑物抵押权首次登记的,应当一并申请在建建筑物抵押权注销登记。不动产登记机构应当先办理在建建筑物抵押权注销登记,再办理预告登记。

2.2.15 预告登记未到期,有下列情形之一的,可以申请注销预告登记:

(1)预告登记的权利人放弃预告登记的;

(2)债权消灭的;

(3)法律、行政法规规定的其他情形。

2.3 动产抵押

2.3.1 可以抵押的动产的范围包括:生产设备、原材料、半成品、产品,交通运输工具,法律、行政法规未禁止抵押的其他动产。

2.3.2 用于抵押的动产应当列出清单,同时应当考虑以编号、标注等方式进行识别;还应当查询相关动产是否存在保留所有权的情形。

2.3.3 抵押合同和/或《动产抵押登记书》的内容变更时,应当及时办理变更登记。

2.4 林权抵押

2.4.1 可以抵押的林权的范围包括:

(1)用材林、经济林、薪炭林的林木所有权和使用权及相应林地使用权;

(2)用材林、经济林、薪炭林的采伐迹地、火烧迹地的林地使用权;

(3)国家规定可以抵押的其他森林、林木所有权、使用权和林地使用权。

2.4.2 不应接受抵押的林权的范围包括:

(1)未依法办理林权登记、权属不清或存在争议的森林、林木和林地;

(2)无法处置变现的林权(包括水源涵养林、水土保持林、防风固沙林、农田和牧场防护林、护岸林、护路林等防护林所有权、使用权及相应的林地使用权以及国防林、实验林、母树林、环境保护林、风景林,名胜古迹和革命纪念地的林木,自然保护区的森林等特种用途林所有权、使用权及相应的林地使用权)。

2.4.3 不同主体的抵押人以林权抵押时的程序要件

2.4.3.1 以农村集体经济组织统一经营管理的林权进行抵押的,应当要求抵押人提供依法经本集体经济组织2/3以上成员同意或者2/3以上村民代表同意的决议,以及该林权所在地乡(镇)人民政府同意抵押的书面证明。

2.4.3.2 林业专业合作社办理林权抵押的,应当要求抵押人提供理事会通过的决议书。

2.4.3.3 有限责任公司、股份有限公司办理林权抵押的,应当要求抵押人提供经股东会、股东大会或董事会通过的决议或决议书。

2.4.3.4 以共有林权抵押的,应当要求抵押人提供其他共有人的书面同意意见书。

2.4.3.5 以承包经营方式取得的林权进行抵押的,应当要求抵押人提供承包合同。

2.4.3.6 以其他方式承包经营或流转取得的林权进行抵押的,应当要求抵押人提供承包合同或流转合同和发包方同意抵押意见书。

2.4.4 林地使用权同时抵押原则。以森林或林木资产抵押的,可以要求抵押人将林地使用权同时抵押,但不得改变林地的性质和用途。

3. 质押合同操作指引

3.1 股权出质

3.1.1 股权质押合同一般应当包括下列条款:出质人和质权人的基本信息;被担保的债权种类、数额;债务人履行债务的期限;出质股权的清单(列明股东姓名/名称、持股数量/比例);担保的范围;当事人约定的其他事项。

3.1.2 为最大限度地保护质权人的利益,建议股权质押合同还应当包括下列内容:

(1) 公司和出质人承诺,在股权出质期间不采取可能导致持股比例变化、可能对出质人的股东权益造成不利影响的任何行动;

(2) 公司和出质人承诺,在股权出质期间不将公司财产对外设定担保物权、不对外提供保证。

3.1.3 对股权质权人的特别提示:

(1) 冻结的股权不能出质;

(2) 股权出质登记机构对股权质押合同没有实质性审查义务。

3.2 注册商标专用权出质

3.2.1 注册商标专用权质押合同一般应当包括下列内容:出质人和质权人的基本信息;被担保的债权种类、数额;债务人履行债务的期限;出质注册商标的清单(列明注册商标的注册号、类别及专用期);担保的范围;当事人约定的其他事项。

3.2.2 办理注册商标专用权质权登记时,出质人应当将在相同或者类似商品/服务上注册的相同或者近似商标一并办理质权登记。

3.2.3 出质的商标权的价值可以评估确认,也可以协商确认。

3.2.4 对注册商标专用权质权人的特别提示:

(1) 应当审查出质人名称与商标局档案所记载的名称是否一致。

(2) 应当审查商标专用权是否已经被撤销、被注销或者有效期满未续展。

(3) 应当审查商标专用权是否已被查封、冻结。

3.3 专利权出质

3.3.1 专利权质押合同一般应当包括下列内容：出质人和质权人的基本信息；被担保债权的种类和数额；债务人履行债务的期限；专利权项数以及每项专利权的名称、专利号、申请日、授权公告日；担保的范围；当事人约定的其他事项。

3.3.2 为最大限度地保护质权人的利益，建议专利权质押合同还应当包括下列内容：质押期间专利权年费的缴纳；质押期间专利权的转让、实施许可（未经质权人同意，出质人无法办理专利权转让登记或者专利实施合同备案手续）；质押期间专利权被宣告无效或者专利权归属发生变更时的处理；实现质权时，相关技术资料的交付；已办理质押登记的同一申请人的实用新型有同样的发明创造于同日申请发明专利、质押期间该发明申请被授予专利权的情形处理。

3.3.3 出质人和质权人应共同向国家知识产权局办理专利权质押登记，专利权质权自国家知识产权局登记时设立。在中国没有经常居所或者营业所的外国人、外国企业或者外国其他组织应当委托专利代理机构办理专利权质押登记。

3.3.4 专利权出质可以不经资产评估。

3.3.5 对专利权质权人的特别提示：

（1）应当审查专利申请是否已经被授予专利权。

（2）应当审查出质人与专利登记簿记载的专利权人是否一致。

（3）应当审查专利权是否已经终止或者被宣告无效。

（4）应当审查专利权是否处于年费缴纳滞纳期。

（5）应当审查专利权已被启动无效宣告程序。

（6）应当审查专利权的归属是否存在纠纷或者被采取保全措施。

（7）应当审查债务人履行债务的期限是否超过专利权有效期。

（8）应当审查专利权质押合同是否约定了在债务履行期届满质权人未受清偿时，专利权归质权人所有。

（9）应当审查以共有专利权出质的，是否取得了全体共有人同意。

（10）应当审查专利权是否已经被申请质押登记且处于质押期间。

（11）专利权质押期间，当事人的姓名或名称、地址发生变更的，应当持专利权质押登记变更申请表、变更证明或当事人签署的相关承诺书，向国家知识产权局办理专利权质押登记变更手续。

3.4 著作权出质

3.4.1 著作权出质的范围限于著作权中的财产权利（即发表权、署名权、修改权、保护作品完整权除外）。

3.4.2 著作权质押合同一般应当包括下列内容:出质人和质权人的基本信息;被担保债权的种类和数额;债务人履行债务的期限;出质著作权的内容和保护期;质权担保的范围和期限;当事人约定的其他事项。

3.4.3 为最大限度地保护质权人的利益,建议著作权质押合同还应当包括:著作权出质期间,未经质权人同意,出质人不得转让或者许可他人使用已经出质的权利。

3.4.4 对著作权质权人的特别提示:

(1) 应当审查出质人是否为著作权人。

(2) 应当审查出质著作权是否存在权属争议。

(3) 应当审查著作权的保护期是否届满。

(4) 应当审查债务人履行债务的期限是否超过著作权保护期。

(5) 著作权出质之前已经授权他人使用的,应当审查授权合同。

(6) 著作权出质的价值可以不经评估。

(7) 著作权出质期间,双方或者一方当事人的基本信息、著作权的基本信息、担保的债权种类及数额或者担保的范围等事项发生变更的,应当及时办理著作权质权变更登记。

3.5 应收账款出质

3.5.1 依法可以出质的应收账款的范围包括:销售产生的债权(包括销售货物,供应水、电、气、暖,知识产权的许可使用,出租产或不动产);提供医疗、教育、旅游等服务或劳务产生的债权;能源、交通运输、水利、环境保护、市政工程等基础设施和公用事业项目收益权;提供贷款或其他信用产生的债权;其他以合同为基础的具有金钱给付内容的债权。

3.5.2 应收账款质押登记由质权人办理。质权人办理质押登记前,应与出质人订立登记协议。登记协议应载明如下内容:质权人与出质人已订立质押合同,由质权人办理质押登记。

3.5.3 应收账款质押合同一般应当包括下列内容:出质人和质权人的基本信息;被担保债权的种类和数额;债务人履行债务的期限;应收账款的描述(债务人信息、应收账款金额、账期、诉讼时效等);担保的范围和期限;当事人约定的其他事项。

3.5.4 对应收账款质权人的特别提示:

(1) 可以与出质人约定将主债权金额作为应收账款出质登记的内容。

(2) 应收账款出质登记期限由质权人自行确定,登记期限最短 6 个月;超过 6 个月的,按年计算,最长不得超过 30 年。

(3) 应收账款出质登记期限届满前 90 日内,质权人可以申请展期。展期可以多次,展期期限按年计算,但每次不得超过 30 年。

（4）应收账款出质登记的内容存在遗漏、错误等情形或登记内容发生变化的，质权人应当办理变更登记。

（5）质权人在原质押登记中增加新的应收账款出质的，新增加的部分视为新的质押登记，登记时间为质权人填写新的应收账款并提交登记公示系统的时间。

（6）质权人办理登记时所填写的出质人法定注册名称或有效身份证件号码变更的，质权人应当在变更之日起 4 个月内办理变更登记，否则登记将失效。

二、保证合同业务操作指引

1. 一般规定

1.1 根据《民法典》第 681 条的规定，保证人履行保证责任的前提可以是债务人不履行到期债务，也可以是债权人与保证人约定的其他情形。因此，**建议债权人**考虑把债务人一些特定的或者严重违约的情形，设定为保证人履行保证责任的前提。

1.2 在合同中以保证条款方式约定保证责任的，在合同首部的当事人信息部分，除了债权人和债务人的信息之外，还应当详细写明保证人的信息。保证人为多人的，如果是共同承担连带责任，可以将全部保证人作为合同一方当事人；如果是按份承担连带责任，应当将全部保证人作为合同各方当事人。

1.3 除法律有明确的规定以外，不应约定保证合同或者保证条款（以下统称"保证合同"）的效力独立于主债权债务合同（以下简称"主合同"）。

1.4 在主合同之外订立的保证合同的内容，至少应当包括被保证的主债权的种类、数额，债务人履行债务的期限，保证的方式、范围和期间等基本条款。存在多个保证人的，应当参照本指引 2.6、2.7 条款制订相关内容。

1.5 **债权人应当注意**，除非确定要求保证人提供一般保证责任，否则，应当在保证合同中明确约定保证责任为连带责任保证。

1.5.1 **债权人应当注意**，要避免使用类似"保证人在债务人不能履行债务或者无力偿还债务时才承担保证责任"的表述方式，以免在纠纷发生时被认定为作出了具有债务人应当先承担责任的意思表示。

1.5.2 在不宜或者不便直接使用连带责任保证的情况下，**建议债权人**使用"保证人在债务人不履行债务或者未偿还债务时即承担保证责任、无条件承担保证责任"等类似表述方式。

1.6 公司作为保证人的，**建议债权人**要求公司在保证合同中盖章，应当拒绝只有公司法定代表人签名的签约形式。同时，**建议债权人**在保证合同中约定："保证人承诺并确认，在本合同项下提供保证的行为，完全符合本公司对外担保决议程序的相关规定；本公司在合同中盖章、本公司法定代表人在本合同中签名等相关签约行为，不存在任何超越权限的情形。"

1.7 主合同除了保证以外还有物的担保的,**建议保证人**采取如下对策:

1.7.1 拒绝接受由债权人指定各担保人承担担保责任的顺序的履行规则;

1.7.2 拒绝接受债权人对于各担保人承担担保责任的顺序享有选择权的履行规则;

1.7.3 尽可能确立债权人应当先就物的担保实现债权,对于不足部分再由保证人承担保证责任的履行规则。

1.8 在订立最高额保证合同时,应当考虑在合同中明确约定最高债权额的范围,通常情况下应当包括:主债权及其利息、违约金、损害赔偿金、保管担保财产的费用、实现债权的费用等在内的全部债权。**建议债权人**尽可能在上述范围基础上加以扩大;**建议债务人和担保人**尽可能在上述范围基础上予以缩小。

【操作提示】应当尽量避免出现登记的最高债权额与当事人约定的最高债权额不一致的情况,特别是登记的最高债权额少于当事人约定的最高债权额的情况。

1.9 在主合同之外另行签订保证合同的,**建议保证人**在合同中约定不同于主合同的争议解决方式,或者约定不同于主合同的管辖法院。

2. 保证责任

2.1 保证合同中约定的保证范围至少应当包括主债权及其利息、违约金、损害赔偿金和实现债权的费用;超出上述范围的保证责任,可以由债权人与保证人协商确定。

【操作提示】约定的保证责任的范围不能大于主债务,要避免出现针对保证责任约定专门的违约责任、保证责任的数额高于主债务、保证责任约定的利息高于主债务利息、保证责任的履行期先于主债务履行期届满等情形。

2.2 债权人与保证人应当明确约定保证期间。

2.2.1 推荐使用"保证人承担保证责任的期间为,自主债权债务履行期限届满之日起×年"(注:以不超过3年为宜)的表述方式;避免使用类似"保证人承担保证责任直至主债务本息还清时为止"的表述方式。

2.2.2 **保证人应当注意**审查债权人与债务人对主债务履行期限是否作出了明确的约定;在没有明确约定或者约定不明的情况下,应当对债务人与债权人作出必要的提示。

2.2.3 **债权人应当**在保证合同约定的保证人承担连带保证责任的条件成就后,尽快要求保证人承担连带保证责任,同时应当注意诉讼时效的起算时间。

2.3 **债权人应当注意**,与债务人协商变更主合同内容的,应当征得保证人的书面同意。否则,因此加重债务的,加重的部分不会被计入保证人的保证责任范围之内。

2.4 **债权人应当注意**,将全部或者部分债权转让给第三人的,应当以书面形式通知保证人并保留相关证据。否则,该转让对保证人不发生效力。**债权受让人应当注意**,在受让债权时,应当审查受让的债权是否存在保证担保;如果存在,在确认该债权尚在保证期间的情况下,应当要求债权人及时以书面形式将债权转让的事实通知保证人,并应当要求债权人提供已经履行了通知义务的相关证据。

2.5 债权人允许债务人转移全部或者部分债务的,应当经保证人书面同意。否则,将导致保证人对转移的债务不再承担保证责任的不利后果。

2.5.1 为了避免上述不利后果的出现,**建议债权人**事先与保证人约定:"保证期间内,保证人对于债权人允许债务人转移的全部或者部分债务,继续承担保证责任。"

2.5.2 对于上述约定,**建议保证人**(特别是与债务人不存在关联关系或者义务提供保证的保证人)应当考虑尽量拒绝。

2.6 **保证人应当注意,**同一债务还有其他保证人的,应当就下列事项作出明确的约定:

2.6.1 对于各自承担的保证份额,推荐使用"各保证人以保证范围内××的比例分别承担各自的保证责任"或者"保证人××在保证范围内承担××元的保证责任、保证人××在保证范围内承担××元的保证责任……"的表述方式。

2.6.2 对于相互追偿,推荐使用"承担了保证责任的保证人有权向没有承担保证责任的保证人进行追偿,追偿的金额以各保证人约定的各自承担的保证份额为限"的表述方式。

2.6.3 对于向债务人追偿不能时,保证人相互之间如何分担追偿不能的份额,推荐使用"各保证人承担了相应的保证责任向债务人追偿时,对于债务人不能清偿的部分,各保证人应当按照各自承担的保证份额的比例予以分担"的表述方式。

2.7 **建议保证人**与债务人对下列事项作出明确约定:

2.7.1 在承担了保证责任之后,有权在承担保证责任的范围内向债务人追偿。

2.7.2 债务人应当将其对债权人享有的抵销权或者撤销权的具体情形和相关证据及时、完整地提交给保证人,由于债务人未能全面履行上述义务导致保证人不能依据《民法典》第702条的规定行使相应权利的,债务人应当向保证人承担……的违约责任(具体内容根据具体情况加以约定)。

2.8 保证人决定提供保证之前,应当注意审查主债权诉讼时效期间是否届满。对于诉讼时效期间已经或者即将届满的主债权,不宜提供保证。

第九章 复杂合同的制作

制作合同和撰写《起诉/上诉状》《答辩状》和《代理/辩护词》一样，是律师的一项基本工作。从一个律师起草的合同内容就可以看出一个律师的基本业务素质。笔者执业初期（20世纪90年代末），由于受当时的《中华人民共和国经济合同法》及相关的行政法规的影响，人们已经习惯了一张纸、几句话就是一份合同的情况。但是，随着改革开放的不断深入，经济活动越来越活跃，各种市场主体的交易也越来越频繁，由于合同条款不够周密而引发的纠纷也越来越多。1999年开始实施的《合同法》，一方面起到了规范市场主体交易行为的作用，另一方面也促使市场主体逐步树立起了依法签约、依法履约、依法处理合同争议的意识。2021年1月1日开始施行的《民法典》，在《合同法》的基础上，进一步完善了合同的订立、效力、履行、保全、变更和转让等方面的规则，既增强了合同体系的严密性，又强化了合同内容的专业化，为以律师为主体的法律专业人士在合同领域充分发挥专业作用提供了更为广阔的舞台。因此，根据现行的《民法典》，制订一份内容严谨、条款周密的合同对于规避经营风险、规范交易行为就显得尤为重要。从国外律师起草的合同来看，长达十几页、几十页的合同司空见惯。虽然会开玩笑地说："外国律师是计时收费的，合同内容越多收费就越多。"但认真阅读国外的合同条款，我们会发现其中值得借鉴的地方很多。比如，对合同目的的描述、对合同中重要词语的定义等，都是我们在制作合同中需要特别加以注意的。

一、制作合同前的准备

阅读提示

- 合同复杂与简单的区别,主要在于细节问题上的周密程度。
- 律师要着力解决的问题是如何帮助委托人尽量通过签订合同取得在交易中的主动权,而委托人在所从事的行业中所处的地位如何,对能否在交易中取得主动权会产生直接的影响。
- 律师为委托人制作合同时的首要任务,是在合法、合理的前提下尽可能地维护委托人的合法权益。从这个角度理解,尽量通过签订合同取得在交易中的主动权无疑是正确的,但是不能为了取得主动权而损害对方当事人的合法权益,更不能因为委托人在本行业或者本地区处于强势地位而将合同设计成"霸王条款"。
- 在制订合同条款时,要尽可能运用相应的技巧,把由于委托人的员工操作不规范可能给委托人带来的经营风险或法律风险化解于条款之中。而通过对合同术语进行定义和解释,就可以很容易地化解因签约行为操作不规范可能给委托人带来的经营风险或者法律风险,为委托人生产经营活动的顺利开展提供有力的法律保障。
- 在制订合同条款时,还要注意设定和规范交易双方的交易规则,尽量保证交易规则的稳定性,从而保证委托人权利、义务的稳定性。
- 在设定交易规则时,应当充分考虑供求关系的不确定性对交易双方权利、义务的影响,在尽可能为委托人争取相对有利条件的同时,多考虑双方权利、义务的平衡,以避免在供求关系对委托人不利时,对方当事人以此作为促使委托人改变交易规则的理由。
- 熟悉委托人因合同方面的欠缺发生纠纷的相关情况,是为了结合委托人在签订和履行合同过程中发生的各种具体情况,以加强合同条款的针对性,努力使合同条款更加贴近委托人生产经营的实际情况,增强合同的实用性。

合同复杂与简单的区别,主要在于细节问题上的周密程度,而从文本的结构上来说应该是相同的。《民法典》第470条对合同的一般条款进行了规定,依此可以对合同的结构有大体的了解,我们在起草合同时可以以此条规定为参照,结合特殊要求对具体条款加以细化。由于复杂合同对细节问题的周密程度要求很高,在起草前应当分三个不同层次做好准备工作:

(一)制定合同前应当了解的常识

应当了解委托人制定合同的目的、合同的使用范围、合同所涉及行业的交易习惯和行业的惯例、规范等常识性知识。

之所以强调合同的目的,是因为要根据《民法典》的下列规定来确定当事人的民事责任:

第五百一十一条 当事人就有关合同内容约定不明确,依据前条规定仍不能确定的,适用下列规定:

(一)质量要求不明确的,按照强制性国家标准履行;没有强制性国家标准的,按照推荐性国家标准履行;没有推荐性国家标准的,按照行业标准履行;没有国家标准、行业标准的,按照通常标准或者符合合同目的的特定标准履行。

(二)价款或者报酬不明确的,按照订立合同时履行地的市场价格履行;依法应当执行政府定价或者政府指导价的,依照规定履行。

(三)履行地点不明确,给付货币的,在接受货币一方所在地履行;交付不动产的,在不动产所在地履行;其他标的,在履行义务一方所在地履行。

(四)履行期限不明确的,债务人可以随时履行,债权人也可以随时请求履行,但应当给对方必要的准备时间。

(五)履行方式不明确的,按照有利于实现合同目的的方式履行。

(六)履行费用的负担不明确的,由履行义务一方负担;因债权人原因增加的履行费用,由债权人负担。

第五百六十三条 有下列情形之一的,当事人可以解除合同:

(一)因不可抗力致使不能实现合同目的;

(二)在履行期限届满之前,当事人一方明确表示或者以自己的行为表明不履行主要债务;

(三)当事人一方迟延履行主要债务,经催告后在合理期限内仍未履行;

(四)当事人一方迟延履行债务或者有其他违约行为致使不能实现合同目的;

（五）法律规定的其他情形。

以持续履行的债务为内容的不定期合同，当事人可以随时解除合同，但是应当在合理期限之前通知对方。

第五百八十条 当事人一方不履行非金钱债务或者履行非金钱债务不符合约定的，对方可以请求履行，但是有下列情形之一的除外：

（一）法律上或者事实上不能履行；

（二）债务的标的不适于强制履行或者履行费用过高；

（三）债权人在合理期限内未请求履行。

有前款规定的除外情形之一，致使不能实现合同目的的，人民法院或者仲裁机构可以根据当事人的请求终止合同权利义务关系，但是不影响违约责任的承担。

第五百八十七条 债务人履行债务的，定金应当抵作价款或者收回。给付定金的一方不履行债务或者履行债务不符合约定，致使不能实现合同目的的，无权请求返还定金；收受定金的一方不履行债务或者履行债务不符合约定，致使不能实现合同目的的，应当双倍返还定金。

第六百一十条 因标的物不符合质量要求，致使不能实现合同目的的，买受人可以拒绝接受标的物或者解除合同。买受人拒绝接受标的物或者解除合同的，标的物毁损、灭失的风险由出卖人承担。

第六百三十三条 出卖人分批交付标的物的，出卖人对其中一批标的物不交付或者交付不符合约定，致使该批标的物不能实现合同目的的，买受人可以就该批标的物解除。

出卖人不交付其中一批标的物或者交付不符合约定，致使之后其他各批标的物的交付不能实现合同目的的，买受人可以就该批以及之后其他各批标的物解除。

买受人如果就其中一批标的物解除，该批标的物与其他各批标的物相互依存的，可以就已经交付和未交付的各批标的物解除。

第七百二十九条 因不可归责于承租人的事由，致使租赁物部分或者全部毁损、灭失的，承租人可以请求减少租金或者不支付租金；因租赁物部分或者全部毁损、灭失，致使不能实现合同目的的，承租人可以解除合同。

第七百四十七条 租赁物不符合约定或者不符合使用目的的，出租人不承担责任。但是，承租人依赖出租人的技能确定租赁物或者出租人干预选择租赁物的除外。

第七百五十四条 有下列情形之一的，出租人或者承租人可以解除融资租合同：

（一）出租人与出卖人订立的买卖合同解除、被确认无效或者被撤销，且未能重新订立买卖合同；

（二）租赁物因不可归责于当事人的原因毁损、灭失，且不能修复或者确定替代物；

（三）因出卖人的原因致使融资租赁合同的目的不能实现。

在制作合同时应当对上述条款涉及的内容特别注意，以避免因对上述法律规定考虑不周而造成对委托人不利的局面。

了解合同使用的范围，主要是为了根据对方当事人的身份性质，合理地确定合同履行的方式、争议解决的方式、适用的法律、是否需要提供履行合同的担保或者采取何种担保方式等细节问题。

了解合同所涉及行业的交易习惯和行业惯例、规范等常识性知识，是为了使合同条款更加贴近行业的实际，增强可操作性。

（二）如何通过签订合同取得交易主动权

了解委托人在所从事行业中所处的地位、在经营过程中急需利用合同解决的法律问题、由于员工操作不规范可能带来的经营风险或法律风险后，**律师应着力解决的问题是如何帮助委托人尽量通过签订合同取得在交易中的主动权，而委托人在所从事的行业中所处的地位如何，对能否在交易中取得主动权会产生直接的影响。**

在如何对待这一问题上，从业经历不同的律师会因阅历的深浅、社会现实与法律规定的认识程度等因素的不同而产生不同的看法。

从业时间短的律师一般会认为，《民法典》合同编最基本的原则就是交易主体之间的权利义务平等，若在签订和履行合同过程中为己方的委托人谋求多于对方当事人的利益是与上述法律原则相悖的；从业时间长的律师则认为，由于法律规定和社会现实的差距，在实际生活中，表面上的强势和实际上的强势都是客观存在的。我国现在，社会信用体系尚处于构建并逐步完善的阶段，信用危机普遍存在，各种类型的交易主体也因此有着强烈的防范心理。在这种现实情况下，利用合法的手段尽量为己方的委托人谋取尽可能多的合法利益是无可厚非的。

笔者无意评价上述两种观点孰是孰非，因为二者都存在一定的合理性。需要强调的是，**律师在为委托人制作合同时的首要任务，是在合法、合理的前提下尽可能地维护委托人的合法权益。从这个角度理解，尽量通过签订合同取得在交易中的主动**

权无疑是正确的,但是不能为了取得主动权而损害对方当事人的合法权益,更不能因为委托人在本行业或者本地区处于强势地位而将合同设计成"霸王条款"。

在制订合同条款时,要尽可能运用相应的技巧把由于委托人员工操作不规范可能给委托人带来的经营风险或法律风险化解于条款之中。例如:很多合同中对付款时间的约定是"货到付款"或者"先款后货"。一旦发生纠纷,这样的约定不易区分双方的责任,会给守约方造成一定的麻烦。为了化解这一操作不规范行为可能带来的法律风险,可以在"合同术语的定义"章节中对"货到付款"和"先款后货"作出明确的解释:

本合同所称"货到付款",是指买受人在出卖人的货物到达合同约定的交货地点并经验收合格后×日内向出卖人支付全部货款的结算方式。

本合同所称"先款后货",是指出卖人在收到买受人支付的货款后按照买受人要求的合理时间向买受人交付货物或者为买受人代办托运的结算方式。

通过上述对合同术语的定义和解释,就可以很容易地化解因签约行为不规范可能给委托人带来的经营风险或者法律风险,为委托人生产经营活动的顺利开展提供有力的法律保障。

在制订合同条款时,还要注意设定和规范交易规则,尽量保证交易规则的稳定性,从而保证委托人权利义务的稳定性。仍以买卖合同为例,由于买卖标的物所处市场环境的不同,交易双方在交易中所处的地位也会随之变化。当买卖标的物供大于求时,买方的主动权会大于卖方;当买卖标的物供小于求时,卖方的主动权则会大于买方。通常情况下,上述两种供求关系下的交易规则是会随供求关系的变化而变化的,而供求关系可能受区域、时间等因素的影响而发生变化。

例如,2003年初到2004年底,由于受"非典"疫情和国际粮食主产区产量下滑的影响,我国的水稻、小麦等主要粮食作物供不应求,价格一路上扬,粮食收购企业和原粮加工企业的销售情况非常火爆,一度出现了买方拿着大量现金等待买进粮食的局面。在这种背景下,粮食收购企业和原粮加工企业本来是以"赊销"为主的结算方式,一夜之间变成了"现款结算"。但是,随着"非典"疫情的消失和国内粮食产量的稳步增长,粮食市场这种供不应求的局面很快又恢复到了供大于求的状态,结算方式也从"现款结算"恢复到了"赊销"。

又如,2008年初,由于受南方雪灾的影响,煤炭价格一路走高,当时国内最大的煤炭转运基地——秦皇岛港,到那的煤炭,从火车上卸下一分钟都不耽误,就被早等在那里的货轮装上运往南方各省。据媒体报道,每吨煤炭的价格达到了800元以上。但是,随着气候转暖、电力供应逐渐恢复,"船等煤"又恢复到了往日"煤等船"的正常状态。

再如,2020年,在国内新冠肺炎疫情刚刚暴发的时候,口罩价格虽然上涨了几倍、十几倍,但也仍然是供不应求,不但服装厂在转产生产口罩,一些制造汽车的企业也在转产生产口罩,笔者就购买了一些比亚迪生产的医用口罩。随着国内疫情防控形势的好转,口罩的供应也逐步恢复了常态,不用再在网上抢单,不用再眼巴巴地等着厂家出货。

鉴于此,在设定交易规则时,应当充分考虑供求关系的不确定性对交易双方权利、义务的影响,尽可能在为委托人争取相对有利的交易条件的同时,多考虑双方权利、义务的平衡,以避免在供求关系对委托人不利时,对方当事人以此作为促使委托人改变交易规则的理由。

(三)制定合同前应当熟悉的事项

制定合同前,应当熟悉委托人因合同方面的欠缺发生纠纷的相关情况;熟悉《民法典》合同编的相关条款,特别是准备起草的合同所属类型的相关条款。

熟悉委托人因合同方面的欠缺发生纠纷的相关情况,是为了结合委托人在签订和履行合同过程中发生的各种具体情况,以加强合同条款的针对性,努力使合同条款更加贴近委托人生产经营的实际情况,增强合同的实用性。例如,在合同首部双方当事人基本情况部分,可以将双方当事人的法定代表人姓名、统一社会信用代码作为基本内容列明。这样做的好处在于:一方面,使双方主体资格的合法性在形式上一目了然;另一方面,一旦发生纠纷,可以很容易地确定对方当事人的基本情况,省去了调查对方当事人主体资格的麻烦。再如,很多企业为了提高交易的便捷性,经常大量使用格式合同。

由于《民法典》对格式合同提供方作出了限制性规定,对格式合同使用不当就可能会给格式合同提供方带来不必要的麻烦,特别是在格式合同提供方属于非垄断企业的情况下。因此,在合同的首部增加"签约提示"部分并注明类似"在正式签订本合同之前请认真、仔细阅读全部条款,认为不合理的内容请及时提出以便及时协商修改。请特别注意本合同条款中的黑体字部分"的内容,就会起到弱化格式合同性质和提醒对方当事人注意的作用。

律师应当利用自己的专业知识和技能,通过制订周密的合同条款将可能发生的法律纠纷化解于无形之中。当然,由于经济活动中的各种因素随时都会发生变化,交易各方的主观认识、客观行为也会随着上述变化而变化。在这种情况下,即使合同条款制订得再周密,也不可能完全避免违约行为或者纠纷的发生。但是,一份条款周密的合同在纠纷发生时起到的作用却是不可忽视的。以笔者制作的范例合同为例,笔者服务的客户使用了这份合同以后,6年内只发生了8起因履行合同发生的纠纷。由于合同条款的周密和起诉、财产保全等环节运作得当,8起案件全部以对方当事人在一审程序中主动履行清偿义务、委托人撤诉的方式结案。合同在化解纠纷方面的重要作用由此可见一斑。与此形成鲜明对比的是,如果合同条款的内容表达不完整,就会面临在纠纷发生时,裁判者无法准确理解、对方提出异议、己方无法合理解释的不利局面。以笔者担任首席仲裁员的一个案件为例,申请人HJ集团是一家国企,2011年1月,与其下属的J省分公司经理L甲签订了《承包经营合同》,约定承包期限内J省分公司的费用、债务均由L甲承担,盈利按照约定的比例分配。自2013年开始,由于经营过程中的各种纠纷,J省分公司陆续被各地法院强制执行,在此过程中当然也殃及了作为总公司的HJ集团。2017年3月,HJ集团与L甲经过核对、确认,签署了一份《还款协议》,对L甲承包经营以来产生的债务如何清偿作出了约定,主要内容如下:

  第一条 双方确认乙方欠款金额总计为6,475万元,乙方同意按照下列期限履行还款义务:2018年4月2日前,1,000万元;2019年4月2日前,2,000万元;2020年4月2日前,2,000万元;2021年4月2日前,偿还剩余本金及利息。

  第二条 上述欠款按照每笔不同的财务记账日期(详见借款确认明细)起至实际偿还之日止按照年利率24%计息。

  第三条 如乙方未按照第一条约定时间付款,甲方有权要求乙方一次性支付所有未付款项,乙方未还款项按照中国人民银行同期贷款四倍利率计息,直至全部款项付清之日止息。

  此后,L甲连续逾期履行还款义务,HJ集团于2019年4月26日申请仲裁,除了请求裁令L甲清偿本金6,475万元之外,对于利息的请求是,"以第二条约定的日期起,分别按照年利率24%计算至2019年4月25日;2019年4月26日起,以6,475万元为基数按照四倍利率计算至付清之日止"。

  仲裁庭在合议时对于HJ集团提出的关于利息的仲裁请求产生了不同的意见:一种意见认为,第2条和第3条不能同时适用,理由是,第2条适用于L甲正常履行分期清偿义务的情况;第3条适用于L甲不能正常履行分期清偿义务的情况。另一种意见认为,第2条和第3条可以同时适用,只不过第3条赋予了HJ集团对于L甲在不能正常履行分期清偿义务时的选择权,此时,HJ集团可以在24%的年利率和同期贷款利率4倍之间进行选择。

暂且不论案件如何裁决,从制作合同的角度来看,上述合同条款就属于明显的内容不够周密,导致了纠纷发生时对于合同条款如何理解、适用产生不同意见的局面。从这个角度来说,在制作合同时,多角度、多层次对条款内容进行审视、推敲,尽可能做到严密、不会让阅读者(特别是纠纷发生时的裁判者)产生歧义才是正确的做法。

二、制作合同的具体方法

阅读提示

- 制作合同的根本目的是平衡双方当事人之间的利益,而不是争取条款内容的对等。
- 无论是制作合同,还是制作其他法律文书,关键是要让委托人以及使用这些材料的其他人看得懂,看了以后对材料的内容能够准确地理解。
- 法律术语是合同最基本的组成元素,其在使用上准确与否、定义是否清晰、明确,含义范围的大小都会对合同内容产生决定性的影响。
- 多音字使用不当或者在不应当使用多音字的语境中使用多音字,都会增加合同的风险。
- 在制作合同时,一定要认真斟酌文字,否则,一个不经意的习惯做法,就可能引起一场耗费人力、物力的纠纷。
- 合同编号的作用主要是为了便于合同提供方进行合同管理。
- 准确地描述合同目的,可以帮助合同当事人正确地理解合同条款的含义,有利于促使双方当事人正确、全面地行使合同权利和履行合同义务。同时,在争议或者纠纷发生时,对认定双方当事人的责任也很有帮助。
- 为了尽可能地防范企业的经营风险,在进行赊销时,一定要注意建立并完善与之配套的经销商信用调查和考核制度、赊销担保制度以及合同履行跟踪与风险预警制度,并应当逐步建立起一套完整的工作体系。
- 除非有特殊需要,尽量不要对合同的效力进行附条件的约定。
- 合同术语在制作合同过程中经常使用,目的是用尽可能简练的语言或者词语将复杂的含义简短化。

- 在设计合同条款时,应当争取将保留证明交易过程的证据、交易双方的操作规则和交易手段的技术状况有机地结合起来。

- 权利义务是否对等,不应从合同中双方享有权利和承担义务的相关条款数量的角度衡量,而应当从这些条款的内容能否真正使双方的权利义务关系得到平衡的角度衡量。

- 在合同中合理地设置免责条款是维护双方当事人合法权益的需要。需要注意的是,不能以此为手段无限扩张免责条款的适用范围,不合理地设置免责事项,更不能采取各种不恰当的方式向对方当事人隐瞒免责条款的存在,或者不向对方当事人明确解释免责条款的相关内容。

- 在当事人意思自治的前提下,违约责任条款的内容是否细致周密、具有较强的可操作性,在相当程度上决定了合同能否得到顺利履行,也决定了在合同纠纷发生时解决效率的高低和解决效果的优劣。

- 在合同中设置违约责任条款的目的通常有两个:一是警示双方当事人,违约责任条款中涉及的违约行为不可为,否则将承担相应的后果;二是明确违约行为一旦发生,违约方将承担什么样的后果。

- 违约责任条款的内容和刑法上的"罪刑相适应"原则有着异曲同工之处。也就是说,对于违约情形较轻的情况,应当设定较轻的违约责任;而对于违约情形较重的情况,应当设定较重的违约责任,直至赋予守约方解除合同的权利。

- 应当使违约情形尽量能够量化,以便准确、快速地对是否违约、违约的程度做出判断。

- 由于合同双方当事人在合同中所处的地位不同,各自面临的风险也并不完全相同,在违约责任上要做到完全一致也是不现实的。因此,在这里只能强调相对公平。

- 通过对一方履行义务设定的时限要求来衡量其是否积极履行合同义务,可以有效地解决消极履行合同行为的界定问题。

- 在制定违约金条款时,可以采取两种具体方法:一种是定额违约金,另一种是变量违约金。综合考虑这两种违约金计算方法,显然后一种方法更具合理性。

- 在制作争议解决条款时,应当尽量争取对委托人最为有利的解决方式。但是,如果遇到双方争执不下的情况时,也可以采取折中策略。

（一）制作合同的基本要求

1. 合同语言规范

从语言规范的角度衡量，一份合格的合同至少应当做到：法律术语使用准确；无错别字；标点符号使用正确；语句通顺、无语法错误；避免使用容易产生歧义的说法或用语；条款内容通俗易懂，前后内容连贯、意思一致。

（1）**法律术语是合同最基本的组成元素，其在使用上准确与否，定义是否清晰、明确以及含义范围的大小都会对合同内容产生决定性的影响**。在前面提到的案例1-15中，就是由于北京R公司的律师在制作合同时没有准确地使用法律术语，将"合同履行地"写成了"合同执行地"而导致R公司在立案时遇到了麻烦。因此，律师在制作合同时，一定要在使用法律术语时慎之又慎，尽量避免类似情况的发生。

（2）由于中文自身的特点，在中文中出现错别字的概率比外语出现拼写错误的概率要高得多。因此，律师在不断提高自身业务素质的同时，还必须注意不断提高自己的语文水平，特别是运用文字的能力。一篇满是错别字的合同不但会给委托人的经济利益造成损害，还会给律师行业的整体形象造成负面影响，导致律师的社会评价降低。在此，笔者建议习惯于使用电脑写作的律师，尽量使用搜狗拼音输入法打字，因为这种输入法非常适应中国人的写作方法，无论是在词汇、词组的容量方面，还是词语的习惯用法方面都比其他的输入法更实用、更先进，可以有效地帮助使用者降低出现错别字的概率，有助于提高工作效率。

（3）同样是**由于中文自身的特点，多音字使用不当也会增加合同的风险**。例如，甲曾经从乙手中借走了10万元钱。几个月后，甲向乙归还了6万元，乙自称当时甲出具的借条找不到了，又给甲出具了一个书面证明一式两份，只写道："还欠款6万元。×年×月×日。"甲不假思索地收下了其中的一份书面证明。不料，3个月后，乙拿出另外的一份书面证明向法院起诉，要求甲归还借款6万元。一审法院以乙出具给甲的书面证明中体现的内容"还欠款6万元"中的"还"应当读为"hái"为由，判决甲向乙清偿借款6万元。甲不服，提起上诉。

二审过程中，6万元收条中的"还"应当读为"hái"还是"huán"就成为双方争议的焦点。最终，二审法院根据交易习惯和双方陈述的事实作出了如下认定：① 双方存在借贷关系并且合法有效；② 双方对甲曾经履行一部分还款义务并且由乙出具了书面证明的事实没有争议；③ 根据交易习惯，在原有借据无法找到的情况下，债权人在债务人履行债务时向债务人出具的书面文件应当属于收据的性质。既然是收据，其中体现的金额就应当是债务人此次清偿债务的金额,而不是剩余债权的金额。据此,二审法院判决甲向乙清偿借款 4 万元。这个案例提醒我们,**在制作合同时,一定要认真斟酌文字,否则,一个不经意的习惯做法,就可能引起一场耗费人力、物力的纠纷**。

(4) 近年来,由于律师业也在强调与国际接轨,一些律师盲目照搬英美律师通用的合同范本,在没有完全弄清楚合同条款含义的情况下,使用直译的方法将这些合同范本翻译成中文加以使用,使一些本来可以简化的词语、词组或者句子变得十分晦涩、难懂,使当事人很难接受。

例如,在一份《中外合资经营企业合同书》①中有这样一个条款:"甲方同意并保证在其出资取得的股权上不设定质权和/或为第三人设定任何担保权利、负担、限制等,且未经乙方同意、合资公司董事会通过并经合资公司原审批机关和外汇管理部门批准、原工商登记机关备案,不得在受让的股权上设定任何影响合资公司出资结构的第三方权利,包括但不限于质权。"这个条款的内容就属于典型的"西方说法"。其实该条款的中心意思就是:甲方不得以其拥有的合资公司的股权对外提供担保,以免影响合资公司的出资结构。但是,由于该条款是将国外的合同范本直译过来的,在句式结构上不符合中国人的语言习惯;加上合同制作者对中国担保方面的法律了解得不够,将质权当作了担保物权之外的一种单独的权利,导致本来一个简单的句子变得非常复杂,让人难以理解。

在理解了该条款的中心意思后,笔者将该条款修改为:为了不影响合资公司的出资结构,甲方同意并保证在未经法律规定和公司章程规定的程序批准的情况下,不以自己拥有的合资公司的股权为本合同当事人以外的任何第三人提供任何形式的担保。

之所以如此修改,是基于以下两点原因:第一,虽然根据我国当时有效的《担保法》和《物权法》的规定,以权利形式提供担保的方式只有权利质权(现行有效的《民法典》也是如此),但是,由于外方对我国法律的了解有限,为了尽可能地打消外方投资者的顾虑,在条款中没有只表述不能设定质权,而是表述为"提供任何形式的担保"。第二,为了尽量使条款内容简洁、明了,将原条款中明显过于繁琐的内容"未经乙方同意、合资公司董事会通过并经合资公司原审批机关和外汇管理部门批准、原工商登记机关备案"修改为"未经法律规定和公司章程规定的程序批准"。

通过上述修改,一方面简化了句式结构,使阅读者能够一目了然要表达的意思,

---

① 该案例发生在 2010 年。根据 2020 年 1 月 1 日起施行的《中华人民共和国外商投资法》的规定,《中华人民共和国中外合资经营企业法》《中华人民共和国外资企业法》《中华人民共和国中外合作经营企业法》同时废止。但是,外商投资活动不会停止,案例中展示的涉及外商投资活动的合同条款存在的问题也不会消失,因此,该案例仍有典型意义和指导作用。

另一方面使其中的内容更加符合法律规定,更具有可操作性。因为当时有效的《中华人民共和国中外合资经营企业法》(以下简称《中外合资企业法》)及其实施条例对合营各方以在合营公司中的股权对外提供担保并没有予以限制,只有《中华人民共和国中外合资经营企业法实施条例(2001)》[以下简称《中外合资企业法实施条例(2001)》]第20条第1款规定:"合营一方向第三者转让其全部或者部分股权的,须经合营他方同意,并报审批机构批准,向登记管理机构办理变更登记手续。"外汇管理机关的审批权只是针对合营公司的外汇的使用行为,而以在合营公司中的股权对外提供担保并不涉及外汇的使用,因此也无须外汇管理机关的审批。《中外合资企业法》有一处条文,《中外合资企业法实施条例》有四处条文规定了需要"备案"的事项,但没有一处是对"以在合营公司中的股权对外提供担保"做出的要求。《公司法》和《公司登记管理条例》中也没有类似的规定。由此可见,原条款中规定的向"原工商登记机关备案"的内容既不符合法律规定,也不具有可操作性。

2. 合同范本选择恰当

在制作合同时,一定要避免盲目查找、引用甚至是不加选择地使用各种合同范本。大数据时代的到来,给文字资料的检索带来了极大的便利。在各种网站上充斥着大量合同范本,有的确实是经典之作,有些却是为了达到提高点击率的目的而滥竽充数的。很多律师为了图省事,不管这些合同范本的质量如何,也不考虑这些合同范本的适用范围和制作的背景,盲目下载后稍加修改就交给委托人使用。这种做法不但有悖于敬业精神,还会导致委托人因使用后达不到预期效果而对律师的作用作出负面评价。

在律师实务中,凡是委托人要求律师制作的合同,通常都是会对委托人的生产经营产生重大影响的。在这种情况下,定制化是第一要务。所谓定制化,就是要尽可能地切合委托人即将实施的交易行为的需要,特别是交易规则、违约责任等条款必须贴近交易行为的实际。

笔者担任法律顾问的一家单位——以工矿产品经销为主营业务的LT公司提出,由于该公司经常出现赊销的情况,故希望律师能够为其制作一套包括赊销合同、相应的担保合同在内的合同文本。因此前已经积累了一些类似的合同文本,笔者遂将此业务交代给律师事务所里另一位律师去完成。很快,这位律师将其完成的合同文本交给笔者审阅。完成情况令笔者非常不满意:这位律师既没有考虑两家公司产品种类和来源的不同,也没有考虑担保物权的多样性,机械地套用了上文提到的笔者为另外一家单位制作的合同——为B公司制作的《区域经销合同》及与之配套的

《抵押合同》和《质权合同》①。由于 LT 公司给出的完成时限很紧，无奈之下，笔者只好亲自动手完成。为了帮助大家避免在执业过程中出现类似的错误，现将这位律师制作的合同文本存在的问题简要陈述如下。

（1）在制作主合同文本时，忽略了两家公司的下列不同情况：① 产品种类的不同。在行业分类上，B 公司属于制造业中的农副产品加工行业，主要生产和销售原粮的深加工产品；LT 公司属于批发业中的机械设备、五金交电及电子产品行业，经销的产品是机械设备。产品种类的不同，决定了 B 公司使用的合同文本中的一些条款，对于 LT 公司是不适用的。例如，对包装的约定。粮食产品的包装通常是根据产品价格和质量的不同，使用不同档次的包装，这种情况在机械设备上几乎是不存在的。再如，对产品品牌的约定。粮食属于快速消费品，品种繁多。为了配合品种的宣传，有的一个品种一个品牌，有的一个品种多个品牌，还有的多个品种一个品牌。而机械设备属于生产物资，并且大多数都是通用的，通常都是以制造商的名称作为品牌的标志，很少在制造商的名称以外另行注册商标作为品牌。② 赊销方式的不同。同样是赊销，B 公司的赊销是以年度作为合同期限，在特定的时间段内连续发生赊销行为；而 LT 公司的赊销不存在固定的合同期限，在大多数情况下都是按批次交易。

（2）在制作担保合同文本时，忽略了下列不同：

第一是对抵押财产类型的要求不同。由于两家公司的主营业务和所属行业不同，B 公司对抵押财产的变现能力相对较弱，所以对于抵押财产的要求比较苛刻，只接受房产和交通运输工具(主要是汽车)。LT 公司由于具有渠道优势，对抵押财产的变现能力相对较强，所以对于抵押财产的要求比较宽松，法律允许的抵押财产基本上都可以接受。在这种情况下，《抵押合同》中的抵押财产条款必须加以调整，否则，就不能适应 LT 公司对于合同文本实用性的需要。在制作合同时，笔者通过列举抵押财产类型供合同双方选择的方式加以解决(如下所示)：

---

4. 抵押财产及抵押权效力

4.1 抵押人提供的抵押财产是(在选定的选项之前的"□"中划"√"；在未选定的选项之前的"□"中划"×")：

□建筑物；□国有土地使用权；□生产设备；□原材料；□产品；□在建工程；□交通运输工具。详见抵押财产清单。

---

① 此处需要注意，《质权合同》是《物权法》第 210 条规定的合同名称，《民法典》第 427 条已经改称《质押合同》。

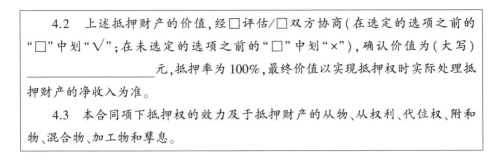

4.2 上述抵押财产的价值,经□评估/□双方协商(在选定的选项之前的"□"中划"√";在未选定的选项之前的"□"中划"×"),确认价值为(大写)_____元,抵押率为100%,最终价值以实现抵押权时实际处理抵押财产的净收入为准。

4.3 本合同项下抵押权的效力及于抵押财产的从物、从权利、代位权、附和物、混合物、加工物和孳息。

第二是对出质的权利的要求不同。如前所述,两家公司对抵押物的变现能力存在差异。反映在权利出质上,就显得更加突出——B公司只接受股权、票据和有价证券作为出质的权利,而LT公司对于法律允许出质的权利都可以接受。因此,《质权合同》中的出质权利的类型也必须予以增加。由于很多出质的权利需要经过登记才能产生对抗第三人的效力,笔者在制作相关条款时,对不同类型的出质的权利进行了适当的区分,同时分别约定了无须登记的出质的权利的凭证交付、须登记的出质的权利的登记以及转让的规则(如下所示):

5. 出质的权利及价值(在选定的选项之前的"□"中画"√";在未选定的选项之前的"□"中画"×")

5.1 出质人提供的其有权处分的权利是:□汇票;□支票;□本票;□债券;□存款单;□仓单;□提单;□可以转让的基金份额;□可以转让的股权;□可以转让的注册商标专用权中的财产权;□可以转让的专利权中的财产权;□可以转让的著作权中的财产权;□应收账款。详见质物清单。

5.2 上述出质的权利的价值,经□评估/□双方协商,确认价值为(大写)_____元,相关出质的权利折价或者拍卖、变卖后,其价款超过主债权数额的部分归出质人所有,不足部分由债务人清偿。

5.3 出质人以汇票、支票、本票、债券、存款单、仓单、提单出质的,出质人应当在本合同生效后7日内将上述权利凭证交付质权人。上述权利凭证的兑现日期或者提货日期先于主债权到期的,质权人可以兑现或者提货。质权人兑现或者提货后,可以将兑现的价款或者提取的货物提前清偿债务,也可以提存。

5.4 出质人以基金份额、股权或者应收账款出质的,出质人应当在本合同生效后7日内向有关登记机关办理出质登记。上述权利出质后,未经质权人书面同意,不得转让。质权人同意转让的,所得的价款,质权人可以要求提前清偿债务,也可以提存。

5.5 以可以转让的注册商标专用权、专利权、著作权等知识产权中的财产权出质的,出质人应当在本合同生效后 7 日内向有关登记机关办理出质登记。上述权利出质后,未经质权人书面同意,不得转让。质权人同意转让的,所得的价款,质权人可以要求提前清偿债务,也可以提存。

上述案例告诉我们,适合委托人的,才是最好的。在处理相关业务时,不但要避免教条式的"拿来主义",还要避免理想化的"闭门造车"。

(二) 区域经销合同范本与批注

B 公司是笔者的常年法律顾问单位,成立于 2000 年 8 月,注册资本 5,100 万元。2002 年 4 月进行了增资扩股,注册资本增加至 51,000 万元。增资扩股后,其年加工能力位居世界同类企业前三名,被中华人民共和国农业农村部确定为国家级农业产业化龙头企业。

受聘担任 B 公司的常年法律顾问之后,笔者通过考察 B 公司设立在全国 30 个省、市、自治区(西藏暂时没有设立)的营销机构,有选择地走访遍布全国二百多个地级以上城市的经销商,对 B 公司在所从事的行业中所处的地位、在经营过程中急需利用合同解决的法律问题、由于操作不规范可能带来经营风险或法律风险的经营行为有了比较清晰、完整的认识。在此基础上,笔者为 B 公司制作了《区域经销合同》。

范本 9-1　区域经销合同(专用条款)

<pre>
              黑龙江省××××有限公司
              区域经销合同(专用条款)
                    (一)〔1〕

编号:_____销区_____省(市、自治区)经字第_____号〔2〕
甲方:黑龙江省××××有限公司
住所地:××市××区××路××号
法定代表人:×××   职务:董事长
工商营业执照注册登记号①:23××××××××
</pre>

---

① 现在应使用"统一社会信用代码"代替。

乙方:＿＿＿＿＿＿＿＿＿＿＿＿＿＿＿＿＿＿＿[3]

住所地:＿＿＿＿＿＿＿＿＿＿＿＿＿＿＿＿＿[4]

法定代表(负责)人:＿＿＿＿＿＿ 职务:＿＿＿＿＿[5]

工商营业执照注册登记号:＿＿＿＿＿＿＿＿[6]

签约提示:在正式签订本合同之前请认真、仔细阅读全部条款,认为不合理的内容请及时提出以便及时协商修改。请特别注意本合同条款中的黑体字部分。

本合同是明确双方权利义务、约束双方交易行为的书面文件,包括专用条款和通用条款两部分。专用条款因经销商的经济实力、信用程度以及对履行方式选择的不同而有所区别;通用条款适用于所有经销商,在权利义务方面一律平等。

在本合同上盖章或签字即意味着您已经同意本合同条款的全部内容,您的公司与黑龙江省××××有限公司的交易行为将受本合同的约束和中华人民共和国法律的保护,您的公司或者黑龙江省××××公司对本合同的不当履行行为将因此受到法律的追究。[7]

为拓展××牌系列产品的销售市场,提高××牌系列产品的市场占有率,规范经销商的市场行为,明确双方的权利义务,甲乙双方经平等协商,就乙方经销甲方生产的××牌系列产品的有关事宜达成如下协议[8]:

1. 经销区域与合同期限[9]

1.1 甲方授权乙方在＿＿＿＿＿＿＿行政区域内经销甲方及其控股子公司生产的以××牌为主的系列产品。市场辐射范围包括＿＿＿＿＿＿＿。[10]

1.2 本合同期限自20＿＿年＿＿月＿＿日起,至20＿＿年＿＿月＿＿日止,为期一年。

2. 销量计划[12]

2.1 本年度目标销量为:20＿＿年＿＿月＿＿日前＿＿＿＿＿(大写)吨。

2.2 ＿＿＿＿年第一季度销量为＿＿＿＿＿(大写)吨;其中:1月份＿＿＿＿＿吨;2月份＿＿＿＿＿吨;3月份＿＿＿＿＿吨。

2.3 ＿＿＿＿年第二季度销量为＿＿＿＿＿(大写)吨;其中:4月份＿＿＿＿＿吨;5月份＿＿＿＿＿吨;6月份＿＿＿＿＿吨。

2.4 ＿＿＿＿年第三季度销量为＿＿＿＿＿(大写)吨;其中:7月份＿＿＿＿＿吨;8月份＿＿＿＿＿吨;9月份＿＿＿＿＿吨。

2.5 _____年第四季度销量为_____(大写)吨;其中:10月份_____吨;11月份_____吨;12月份_____吨。

3. 销售渠道(请在选定的方式前的方框里画"√")
□批发市场;□超市;□军供;□学校;□机关团体;□企业;□饭店;□快餐;□工业原料;□便民连锁店;□社区服务点;□出口;□其他。

4. 双方在本合同通用条款之外约定的履行义务方式[13]

4.1 运输方式。乙方选择以下第_____(大写)种运输方式:(1) 铁路;(2) 公路;(3) 水路;(4) 多式联运。

4.2 运输方式的解决方式。

4.2.1 乙方选择以下第_____(大写)种解决方式:(1) 甲方代办托运;(2) 乙方自行解决。

4.2.2 甲方代办托运的,运输途中货物毁损、灭失的风险,自甲方向第一承运人交付时起,由乙方承担。

4.2.3 乙方自行解决的,自货物在甲方工厂或仓库装载至乙方指定的运输工具时起,毁损、灭失的风险由乙方承担。[14]

4.3 结算方式与期限。[15]

4.3.1 乙方选择以下第_____(大写)种结算方式:(1) 7·15结算①;(2) 货到付款;(3) 先款后货;(4) 其他结算方式:_____。

4.3.2 乙方选择7·15结算或者货到付款时,在本合同期限内发生的欠款,应当在本年度12月20日16时之前全部结清(节假日顺延)。[16]

4.3.3 乙方选择7·15结算或者货到付款时,履行付款义务的时间以办理付款业务的银行出具的单据显示的时间为准。[17]

4.4 付款方式与地点。

4.4.1 乙方选择以下第_____(大写)种付款方式:(1) 现金;(2) 支票;(3) 电汇。[18]

4.4.2 采用上述以外的付款方式须经甲方书面同意。

4.4.3 使用电汇以外的付款方式时,乙方应当在甲方的住所地履行付款义务。[19]

---

① "7·15结算"是甲方根据自身的情况实行的一种赊销制度,是指乙方在甲方的货物到达《合同订货单》约定的到货地点后,7日内向甲方支付至少一半的货款;15日内付清全部货款的结算方式。和"货到付款"一样,这两种结算方式都属于赊销。

5. 合同的生效

本合同自下列条件之一成就之日起生效:

5.1 双方在本合同上盖章。

5.2 双方的法定代表人或者负责人在本合同上签字。

5.3 持有双方合法授权委托书的代理人在本合同上签字。[20]

6. 其他

6.1 本合同一式两份,甲乙双方各执一份。

6.2 本专用条款未约定的与履行本合同有关的其他内容以本合同通用条款为准。

甲方(盖章):　　　　　　　乙方(盖章):

法定代表人(签字):　　　　　法定代表人(签字):

委托代理人(签字):　　　　　委托代理人(签字):

　　　　　　　　　　　　　　签订日期:20＿＿＿年＿＿＿月＿＿＿日

　　　　　　　　　　　　　　签订地点:××市××区××路××号[21]

笔者批注:

〔1〕由于各地市场情况的不同,B公司在经销商的销售渠道上,分别设置了两种经销模式:一种是在不同地域经销相同品牌的产品;另一种是在相同地域经销不同品牌的产品。以此为基础,在设计合同框架时,根据上述区别设计了两种不同的条款框架。在专用条款中,《专用条款(一)》是给在不同地域经销相同品牌的产品的经销模式使用的,《专用条款(二)》是给在相同地域经销不同品牌的产品的经销模式使用的。除了经销模式不同,专用条款的其他内容都是相同的,为了节约篇幅,在此只以《专用条款(一)》为基础加以介绍,二者不同之处会着重指出。上述合同框架就是为了满足委托人生产经营的需要,合理区分合同履行方式进行的必要的设计。

〔2〕**合同编号的作用主要是为了便于合同提供方进行合同管理**。具体的编制方法没有定式,可以根据每一个委托人的具体情况分别编制。本合同中的编制方法,是在该合同每年签订一次、销售区域不同的基础上确定的。

〔3〕对方当事人的名称应当以其公章或者其营业执照中登记的名称为准,注意谐音或同音字。在签约时,应当要求对方当事人提供一份营业执照复印件以便确认

其主体身份。同时，最好通过"国家企业信用信息公示系统"或者"企查查""启信宝""天眼查"等网页查询对方当事人的信用信息，既可以确认其主体信息，也可以初步了解其信用方面的基本情况。

〔4〕一般情况下以营业执照中登记的地址为准，登记的地址与实际办公地址不一致的，应当在合同条款中填写实际办公地址以便于联系。

〔5〕由于对方当事人的企业形式可能因不是公司而不具备法人资格，因此，在此处设计了"负责人"一栏。根据《公司法》规定，公司的董事长、经理和执行董事都可以担任公司的法定代表人，在填写"职务"一栏时，应当向对方当事人询问清楚该法定代表人的职务，或者通过查询"国家企业信用信息公示系统"或者"企查查""启信宝""天眼查"等网页的方式加以确认。

〔6〕统一社会信用代码是根据《法人和其他组织统一社会信用代码编码规则》编排的顺序号，代码唯一。在合同中加入此内容，主要是为了方便双方当事人通过"国家企业信用信息公示系统"快捷地确认对方当事人的主体身份和企业登记等基本信用信息。

〔7〕根据《合同法》第39条（现为《民法典》第496条）的规定，本合同属于"准格式条款"。因此，双方权利义务的设定要尽可能合理，并充分考虑相关责任在双方间的公平分配，不能做成"霸王条款"。对免责条款、可能影响对方当事人准确理解条款的相关约定，提示对方当事人正确地行使合同权利、履行合同义务的条款以醒目的标题或者字体予以标注，目的是引起对方当事人的充分注意。一般的合同中，上述内容比较少见。考虑到本合同经常大量地重复使用，为了平衡双方当事人的权利义务关系，特此设立了此条款内容。

〔8〕准确地描述合同目的，可以帮助合同当事人正确地理解合同条款的含义，有利于促使双方当事人正确、全面地行使合同权利、履行合同义务。同时，在争议或者纠纷发生时，对认定双方当事人的责任也很有帮助。

与合同目的关联的法律条款：

《民法典》第五百一十一条　当事人就有关合同内容约定不明确，依据前条规定仍不能确定的，适用下列规定：

（一）质量要求不明确的，按照强制性国家标准履行；没有强制性国家标准的，按照推荐性国家标准履行；没有推荐性国家标准的，按照行业标准履行；没有国家标准、行业标准的，按照通常标准或者符合合同目的的特定标准履行。

（二）价款或者报酬不明确的，按照订立合同时履行地的市场价格履行；依法应当执行政府定价或者政府指导价的,依照规定履行。

(三) 履行地点不明确,给付货币的,在接受货币一方所在地履行;交付不动产的,在不动产所在地履行;其他标的,在履行义务一方所在地履行。

(四) 履行期限不明确的,债务人可以随时履行,债权人也可以随时请求履行,但是应当给对方必要的准备时间。

(五) 履行方式不明确的,按照有利于实现合同目的的方式履行。

(六) 履行费用的负担不明确的,由履行义务一方负担;因债权人原因增加的履行费用,由债权人负担。

《民法典》第五百六十三条　有下列情形之一的,当事人可以解除合同:

(一) 因不可抗力致使不能实现合同目的;

(二) 在履行期限届满前,当事人一方明确表示或者以自己的行为表明不履行主要债务;

(三) 当事人一方迟延履行主要债务,经催告后在合理期限内仍未履行;

(四) 当事人一方迟延履行债务或者有其他违约行为致使不能实现合同目的;

(五) 法律规定的其他情形。

以持续履行的债务为内容的不定期合同,当事人可以随时解除合同,但是应当在合理期限之前通知对方。

《民法典》第六百一十条　因标的物不符合质量要求,致使不能实现合同目的的,买受人可以拒绝接受标的物或者解除合同。买受人拒绝接受标的物或者解除合同的,标的物毁损、灭失的风险由出卖人承担。

《民法典》第六百三十三条　出卖人分批交付标的物的,出卖人对其中一批标的物不交付或者交付不符合约定,致使该批标的物不能实现合同目的的,买受人可以就该批标的物解除。

出卖人不交付其中一批标的物或者交付不符合约定,致使之后其他各批标的物的交付不能实现合同目的的,买受人可以就该批以及之后其他各批标的物解除。

买受人如果就其中一批标的物解除,该批标的物与其他各批标的物相互依存的,可以就已经交付和未交付的各批标的物解除。

《民法典》第七百二十九条　因不可归责于承租人的事由,致使租赁物部分或者全部毁损、灭失的,承租人可以请求减少租金或者不支付租金;因租赁物部分或者全部毁损、灭失,致使不能实现合同目的的,承租人可以解除合同。

《企业改制司法解释(2020)》第二十条　企业出售合同约定的履行期限届满,

一方当事人拒不履行合同,或者未完全履行合同义务,致使合同目的不能实现,对方当事人要求解除合同并要求赔偿损失的,人民法院应当予以支持。

〔9〕与合同期限关联的法律条款:

《民法典》第一百六十条 民事法律行为可以附期限,但是根据其性质不得附期限的除外。附生效期限的民事法律行为,自期限届至时生效。附终止期限的民事法律行为,自期限届满时失效。

〔10〕该条款在《专用条款(二)》中表述为:

1.1 甲方授权乙方在_____行政区域内经销甲方及其控股子公司生产的以××牌为主的系列产品。具体品牌包括:_____。

〔11〕由于粮食生产具有周期性,粮食加工企业的销售也与此相对应,同样具有周期性,因此,在合同中一定要约定合同期限,否则会直接损害粮食加工企业的利益,同时也会损害经销商的利益。为此,在这种合同中约定合同期限是十分有必要的。在其他产品或者行业的类似合同中,由于市场环境也会随时发生变化,也应当考虑约定合同期限。

〔12〕在本合同的前言部分已经提到,签订本合同的目的是"为拓展××牌系列产品的销售市场,提高××牌系列产品的市场占有率"。而本合同是每个年度签订一次,合同标的物属于大宗商品,需要订购、排产、生产、运输等多个环节的密切配合和有序衔接才能完全履行。因此,作为出卖人的甲方,必须在买受人乙方签订合同之初就制订出大概的计划,才能保证合同的顺利履行。可以说,这一条款充分体现了甲方制作本合同的目的。

〔13〕在通用条款之外专门设立本条款的原因在于:① 甲方的经销商遍布全国各地(西藏和港澳台地区除外),在合同履行过程中需要使用的运输方式不尽相同,各家经销商的企业规模、经济实力和销售渠道等对标的物供应速度需求的影响因素也不尽相同;② 由于粮食产品具有附加值低、占用资金量大、长期处于买方市场等特点,多年以来,行业内通行的都是赊销的销售方式,少有即时结算或者先款后货的销售方式。在这种情况下,为了加大销售力度,甲方采取了多种销售方式并举的销售策略。为了配合甲方上述个性化需求,方便双方当事人签约,遂将本条款中的各项从通用条款中分离出来,予以单独处理。

〔14〕关于标的物毁损、灭失的风险的承担问题,《合同法》第142条(现《民法典》第604条)已经作出了明确规定:"标的物毁损、灭失的风险,在标的物交付之前由出卖人承担,交付之后由买受人承担,但法律另有规定或者当事人另有约定

的除外。"本合同在此特别强调主要是考虑下列因素：①《合同法》第142条（现《民法典》第604条）作出的是原则性规定。在本合同中，将哪一个环节视为出卖人已经将标的物交付给买受人，对于划分双方的风险责任至关重要。在4.2.2条款约定的情形下，对于甲方而言，将标的物交付给第一承运人时，甲方就已经对标的物失去了控制，根本无法防范运输途中可能发生的毁损、灭失的风险。而且在绝大多数情况下，粮食产品的买卖成交价格都是离岸价+运费，再要求作为出卖人的甲方承担运输途中的风险责任显失公平。② 在4.2.3条款约定的情形下，标的物装载至乙方指定的运输工具，就意味着乙方已经接受了交付并且取得了对标的物的实际控制权。在这种情况下，由乙方承担风险责任显然是适当的。

〔15〕在实际的经营活动过程中，企业之间的结算与付款在时间上很难做到同步。另外，不同类型和不同行业的企业在销售渠道和销售策略上的差异性，也导致了企业在结算方式上的差异。粮食流通领域占用资金量大、产品附加值低的特点，决定了绝大部分相关企业不可能完全做到现款交易。在这种特定的背景下，笔者根据甲方开展经营活动的需要，在合同中设计了四种不同的结算方式供经销商选择。

需要说明的是，"7·15结算"和"货到付款"一样，均属于赊销，**为了尽可能地防范企业的经营风险，在进行赊销时，一定要注意建立并完善与之配套的经销商信用调查和考核制度、赊销担保制度以及合同履行跟踪与风险预警制度，并应当逐步建立起一套完整的工作体系。**否则，赊销可能会给企业造成无法挽回的坏账损失。

〔16〕由于《会计法》规定的会计年度是按照公历年的日期进行计算的，各企业在每年的年底都要进行财务决算，以考核一年的经营成果。虽然在财务核算上，应收账款也计入销售收入。但是，如果应收账款金额大，必然会对企业的利润指标造成负面影响，从而减小企业的经营成果。因此，根据甲方的要求，在合同中特意增加了这一条款，以适应企业经营的需要。

〔17〕规定这一条款主要是为了明确乙方履行付款义务的期限，便于确认其可能承担的违约责任的起算点。

〔18〕在企业经营的过程中，可以使用的付款方式并不局限于上述三种。之所以只在合同中约定了上述三种付款方式，主要是因为这几种付款方式使用的频率很高并且方法简便，不易出现不必要的麻烦。

〔19〕由于现金和支票的付款方式都需要将货币和票据交付给收款人，随之就必然产生交付后的货币和票据可能发生的毁损、灭失的风险由谁承担的问题。加之我国的财经法规对于现金结算有着严格的限制，在以大额现金付款时，必然会发生

提款、运输、存款等一系列的问题。以支票付款也同样存在收款人能否安全收到票据的问题,由于支票是法定的指示付款的票据,一旦丢失后挂失不及时,就可能被拾到者背书提款或者背书转让,带来一系列的麻烦。考虑到上述风险的存在,本条款旨在强化债务人全面履行付款义务的责任。

〔20〕合同的生效条款对于双方当事人的权利义务有着直接的影响。根据《民法典》第502条的规定,除非法律另有规定或者当事人另有约定,大部分合同只要成立就产生法律效力。因此,**除非有特殊需要,尽量不要对合同的效力进行附条件的约定**。以本合同为例,由于条款中约定了债务人对债务进行担保以保障债务履行的内容,如果约定以债务人已完全履行提供担保义务作为合同生效条件,可能使甲方陷入被动——如果甲方由于管理疏漏,在乙方未提供担保或者未履行完毕提供担保义务的情况下就向乙方发货,根本无法根据合同的约定追究乙方的违约责任,因为此时合同还未生效。

最初制作本合同文本时,合同的生效条款只有一句话:"本合同自双方签字、盖章之日起生效。"但在使用过程中出现了不少问题:有的合同中没有乙方的公章只有乙方法定代表人的签字,有的合同中没有乙方的公章也没有乙方法定代表人的签字,只有乙方经办人员的签字。为了避免因出现上述情况而对合同的效力产生任何不利影响,在修订合同内容时,将合同签订时可能出现的几种情况都一一列为合同生效的条件。同时,对甲方合同管理人员提出了明确的要求——对等原则,即甲方根据对方的签署方式确定己方的签署方式。例如,乙方是以盖章的方式签署,则甲方也在合同上盖章;乙方是经办人签字,则甲方也由合同管理人员签字并收存乙方出具给经办人的授权委托书。从而有效避免了在纠纷发生时对合同是否成立、是否生效的争论。

〔21〕在履行签约手续时,律师有必要提示委托人注意下列事项:① 代表对方当事人签约的自然人是否具有法定代表人资格,应当以营业执照的登记为准,特别是在自然人以法定代表人名义签约而不能加盖公章的情况下。② 签约时,对方当事人只有委托代理人签字而不能加盖公章时,一定要要求该委托代理人出具加盖对方当事人公章的授权委托书或介绍信,并将之妥善保管。③ 在合同履行前,要注意核对合同中的对方当事人公章显示的名称与要求履行合同的对方当事人的名称是否一致。

上述事项看似小事,一旦疏忽就可能带来无法估量的损失。

2006年3月,北京BL公司(以下简称"BL公司")的业务人员参加了一个展销会。参展过程中,一位叫唐浩的人自称是西北 G 省 L 市 CB 公司的老板,对 BL 公司的产品十分感兴趣,愿意进行合作。由于 BL 公司刚刚成立不久,参展的业务人员急于拓展销售渠道加之缺乏必要的法律常识和风险防范意识,在没有查验唐浩的身份证件,也没有要求其提供能够证明其任职情况的介绍信或者授权委托书的情况下,BL 公司就与唐浩签订了经销合同,并且将一份盖有 BL 公司公章的空白合同交给了唐浩。此后,双方开始合作。由于交易过程中 BL 公司存在违约行为,CB 公司于 2006 年 12 月向 L 市 C 区法院提起诉讼,要求 BL 公司返还货款 8 万余元,支付违约金 40 万元。接到应诉的法律文书后,BL 公司的老总一脸的茫然,经销合同是预先印制好的格式条款,约定的是发生纠纷由北京的法院管辖。L 市的法院怎么会立案呢?再者,合同中约定的违约责任非常含糊,CB 公司要求的 40 万元违约金是怎么算出来的?为了解开上述疑问,并正常应诉,BL 公司聘请律师在法定期限内提出了管辖异议并远赴 L 市查阅 CB 公司提供的相关证据。

在认真查阅了 CB 公司提供的证据并与 BL 公司保存的合同进行对比后,律师找到了答案:

由于 BL 公司交给 CB 公司的是一份只加盖了 BL 公司公章的空白合同,并且合同中的"其他约定"条款处并未注明"此处空白"。因此,在 CB 公司提交给法院的经销合同中,印刷好的"发生纠纷由北京 D 区法院管辖"的内容被人用碳素笔划掉了。在"其他约定"条款的空白处同样用碳素笔增加了三条内容:第一,发生纠纷由 L 市 C 区法院管辖;第二,CB 公司年销售额应当达到 200 万元;第三,如果 CB 公司年销售额未达到 200 万元,应当向 BL 公司支付相当于年销售额 20%的违约金,如果 BL 公司不能及时交付货物导致 CB 公司无法正常进行经销的,应当向 CB 公司支付相当于年销售额 20%的违约金。CB 公司向 L 市 C 区法院起诉以及提出的 40 万元违约金就是根据上述条款的约定计算出来的。更麻烦的是,CB 公司的代理律师矢口否认唐浩是该公司的员工。由于 BL 公司保存的经销合同中只有唐浩的签名并未加盖 CB 公司的公章,而且 BL 公司也无法提供唐浩的身份信息以及签约的授权委托书。在这种情况下,BL 公司保存的经销合同与案件是否具有关联性都成了问题。

范本9-2　区域经销合同(通用条款)

黑龙江省××××有限公司
区域经销合同(通用条款)

1. 合同术语的解释[1]

1.1　本合同所称经销,是指乙方购买甲方货物向下一环节买受人出卖的行为。[2]

1.2　本合同所称通用条款,是指本合同双方根据《中华人民共和国合同法》①等相关法律法规的规定以及按照本合同约定进行交易的需要,约定本合同的交易方式、双方的权利与义务、违约责任等通用于双方交易过程的条款。[3]

1.3　本合同所称专用条款,是指本合同双方根据《中华人民共和国合同法》等相关法律法规的规定,在通用条款基础上结合双方的实际交易行为,经平等协商达成一致的条款,是对通用条款的补充和具体化、特定化。

1.4　本合同所称货物,是指甲方所属分公司以及控股或参股子公司生产的以"××"商标为主的系列粮食产品。

1.5　本合同所称违约责任,是指合同一方不履行合同义务或者履行合同义务不符合或者不完全符合本合同约定所应承担的民事法律责任。

1.6　本合同所称免责事项,是指在一方当事人主观意志无法控制的特定情形下,造成本合同约定应当由该方当事人履行的义务无法履行或者无法全部履行时,该方当事人可以不承担本合同约定的违约责任的具体情形。

1.7　本合同所称7·15结算,是指乙方在甲方的货物到达《合同订货单》约定的到货地点后,7日内向甲方支付至少一半的货款;15日内付清全部货款的结算方式。

1.8　本合同所称货到付款,是指乙方在甲方的货物到达《合同订货单》约定的到货地点在验收合格后3日内向甲方支付全部货款的结算方式。

1.9　本合同所称先款后货,是指甲方在收到乙方支付的货款后按照乙方要求的合理时间向乙方交付货物或者为乙方代办托运的结算方式。

1.9.1　甲方保证前款所称合理时间,在乙方按照本通用条款5.1.3条款的约定履行相应义务的前提下不少于7日,不多于15日。

---

①　注:《合同法》已失效,现应根据《民法典》合同编相关法条内容作出调整。

1.9.2 由于受铁路车皮计划执行的制约,乙方不能按照本通用条款5.1.3条款的约定申报车皮计划的,甲方根据本1.9条款约定履行义务的时间相应顺延。[4]

2. 交易方式及交易确认[5]

2.1 本合同是规范双方交易行为、明确双方权利义务的规范性文件。在本合同有效期内,双方进行交易时,还应当另行签订《合同订货单》以确认每次交易的品种、规格、包装、数量、价格和金额等具体事项。[6]

2.2 乙方应当在验收工作完成后3日内将《接验货回执单》传真给甲方以确认交易的数量和金额。[7]

2.3 由于传真件不利于长期保存,乙方同意甲方以《合同订货单》和《接验货回执单》传真件的复印件、铁路货票以及甲方派驻该区域的销售管理人员所做的书面记录的传真件的复印件等书面记录作为核对双方账目往来的依据。[8]

3. 双方的权利与义务[9]

3.1 甲方的权利。

3.1.1 随时检查乙方的销售行为,对乙方发生的违约行为按照本合同的约定追究相应的违约责任,直至解除本合同取消乙方的经销商资格。[10]

3.1.2 根据《合同订货单》确定的价格和乙方发回的《接验货回执单》传真件的复印件确认的数量向乙方收取货款。[11]

3.1.3 在乙方以下一环节买受人没有及时履行付款义务为理由拖延向甲方履行付款义务时,可以查阅乙方的相关财务资料以确认乙方所叙述的上述事实是否真实存在。[12]

3.2 甲方的义务。

3.2.1 保证供给乙方的产品符合双方签订的《合同订货单》中承诺的质量技术标准。[13]

3.2.2 因自身原因不能满足乙方订购的货物数量时,不能满足的差额部分视为乙方完成的目标销量。[14]

3.2.3 产品价格发生变动时,应当在作出变动决定后7日内以书面形式通知乙方。[15]

3.2.4 本合同终止后,及时配合乙方办理解除抵押的有关手续并退还乙方交纳的经销保证金。[16]

3.2.5 全面、适当、及时地履行本合同约定甲方应当承担的其他义务和《合同法》规定的出卖人应当承担的相应义务。

3.3 乙方的权利。[17]

3.3.1 甲方交付货物的数量、质量、规格或者包装不符合《合同订货单》约定的,按照本通用条款5.3.3条款的约定处理。[18]

3.3.2 甲方交付的货物数量超出约定数量时,对超出的部分,可以拒绝接受;甲方交付的货物数量不足约定数量时,可以要求在合理的时间内予以补足。[19]

3.4 乙方的义务。

3.4.1 按照本合同的约定,完成销量计划;不能完成或者不能均衡完成销量计划时,承担本合同约定的违约责任。同时,不得对甲方在乙方的经销区域内发展新的经销商提出异议。[20]

3.4.2 划分经销区域的,未经甲方书面同意,不得在本合同约定的经销区域(含市场辐射范围)之外销售甲方的货物;不得擅自变动甲方规定的货物最低售价。[21]

3.4.3 划分货物品牌的,未经甲方书面同意,不得在本合同约定的经销区域(含市场辐射范围)之内销售约定品牌之外甲方的货物,不得擅自变动甲方规定的货物售价。[22]

3.4.4 按照本合同的约定及时履行下列义务:

3.4.4.1 向甲方支付货款。

3.4.4.2 交纳经销保证金。

3.4.4.3 向甲方提供季度、月份销售计划,以便甲方组织生产、储运。[23]

3.4.5 全面、适当、及时地履行本合同约定乙方应当承担的其他义务和《合同法》规定的买受人应当承担的相应义务。

4. 甲方的免责事项[24]

4.1 乙方未在本通用条款5.1条款约定的时限内向甲方提出《供货计划》并与甲方签订《合同订货单》的,甲方有权拒绝供货。如果甲方同意供货,因数量不足、品种或者规格不全发生的一切后果由乙方自行承担。[25]

4.2 乙方在本合同约定的时间内未能及时提供《供货计划》，供货日期因此延后的。[26]

4.3 因原料供应困难、季节性停产、停产检修、货物供不应求以及法律、行政法规规定的不可抗力等甲方意志之外的客观原因，不能按乙方提供的《供货计划》或者双方签订的《合同订货单》及时供货时，在上述情况发生后3日内，及时以书面方式通知乙方的。[27]

5. 双方履行本合同约定义务的方式[28]

5.1 订货方式。[29]

5.1.1 乙方应当至少在每个季度开始前15日、每个月份开始前5日以书面方式向甲方提供《季度供货计划》和《月份供货计划》。

5.1.2 上述供货计划作为本合同的附件与本合同具有同等法律效力。

5.1.3 根据哈尔滨铁路局对甲方有关申报车皮计划的规定，乙方应当在每个月的2日、12日和22日将当月下一旬的供货计划以《合同订货单》的形式提供给甲方。

5.2 供货方式。

收到乙方提供的《合同订货单》后，甲方应当在10日内按照专用条款中乙方选择的运输方式，将乙方订购的货物交付给第一承运人。[30]

5.3 验收方式。[31]

5.3.1 甲方交付的货物到达《合同订货单》约定的交货地点后，乙方可以从货物的数量、质量、规格和包装四个方面进行验收。验收工作应当在货物到达交货地点后的24小时内进行完毕。[32]

5.3.2 验收完毕后，乙方对没有异议的部分应当按照本通用条款2.2条款的约定进行交易确认。[33]

5.3.3 验收完毕后，乙方对货物的数量、质量、规格或者包装有异议的，应当在按照本通用条款2.2条款的约定进行交易确认的同时以书面形式通知甲方，由双方协商处理。否则，视为完全接受甲方的交付。[34]

5.3.4 甲方交付的货物到达《合同订货单》约定的到货地点后，乙方既没有提出异议也没有进行交易确认的或者在48小时内不进行验收的，视为完全接受甲方的交付。乙方应当按照《合同订货单》和铁路货票以及其他相关文件能够证明的数量和金额履行付款义务。[35]

5.4　所有权的保留。在乙方未履行或者未全部履行付款义务之前,乙方库存的未出卖的货物的所有权归甲方所有。[36]

5.4.1　乙方无权以5.4条款为理由拒绝履行付款义务。[37]

5.4.2　乙方不得以5.4条款为理由推脱接受甲方交付后或者按照本合同约定视为接受甲方交付后自己应当承担的对货物的妥善保管义务。[38]

6. 履行合同的担保[39]

6.1　为保证本合同的顺利履行,防范相应的合同风险,乙方应当在本合同签订后7日内,向甲方交纳经销保证金5—20万元,具体金额由甲方根据乙方的信用等级具体确定。乙方在交易时不能做到先款后货的,还应当在本合同签订后15日内向甲方提供下列形式之一的担保:[40]

6.1.1　保证。乙方提供经过甲方审查同意的保证人提供的连带责任保证。详细内容见《保证合同》。[41]

6.1.2　抵押。乙方或第三人提供其拥有所有权的下列财产作为抵押物,当乙方不能按照本合同的约定清偿债务时,甲方有权依照《抵押合同》的约定和相关法律规定,以该抵押物或者变卖该抵押物所得的价款优先受偿:(1)抵押人所有的房产;(2)抵押人所有的汽车;(3)抵押人所有的经甲方同意的其他可以进行抵押登记的财产。详细内容见《抵押合同》。[42]

6.1.3　抵押加保证。乙方同时向甲方提供前两项担保形式。[43]

6.2　办理财产抵押所需的评估、登记、公证、保险等相关费用由乙方自理。甲方根据乙方提供的担保情况确定向乙方发货的数量,其价值最多不超过抵押物价值的80%。[44]

6.3　乙方完全履行本合同第6条约定的义务后,方可取得对甲方按照本合同约定履行相应义务的请求权。[45]

7. 善后事宜的处理[46]

7.1　本合同期限届满后,双方不再续签时,在乙方未履行或者未全部履行付款义务之前,甲方对乙方未出卖的库存货物的处理享有选择权。甲方依照本通用条款5.4条款的约定行使所有权的,由此发生的相关费用由甲方自行承担;甲方要求乙方履行付款义务的,乙方不得以货物未出卖或者本通用条款5.4条款为理由拒绝履行付款义务。[47]

7.2 本合同终止后,甲方应当积极配合乙方办理解除抵押的相关手续。[48]

8. 违约责任[49]

8.1 甲方的违约责任。

8.1.1 有下列情形之一的,乙方可以解除合同:

8.1.1.1 在本合同期限内,连续3次或者累计6次发生本通用条款8.1.2或者8.1.3或者8.1.4条款约定的情形的。

8.1.1.2 接到乙方关于相邻经销商在本合同约定的区域或者品牌范围之外销售货物的报告后30日内仍未采取措施进行处理的。[50]

8.1.2 交付的货物与《合同订货单》约定的数量、质量、规格或者包装不符的,按照本通用条款5.3.3条款处理,给乙方造成直接经济损失的,还应当承担赔偿责任。

8.1.3 在除本通用条款4.1条款约定的情形之外,未能按照《合同订货单》的约定及时供货的,应当赔偿因此给乙方造成的直接经济损失。

8.1.4 未能按照本通用条款3.2.3条款的约定及时将价格变动的决定通知乙方的,应当赔偿因此给乙方造成的直接经济损失。

8.1.5 本合同终止后,不积极配合乙方办理解除抵押的相关手续的,应当自本合同终止后3个月届满之日起,向乙方支付抵押物价值每日3‰的违约金,并应当按照乙方的要求在合理期限内办理有关手续。[51]

8.2 乙方的违约责任。

8.2.1 有下列情形之一的,甲方可以解除合同:

8.2.1.1 未能按照本合同约定完成季度或者年度销量计划。

8.2.1.2 未经甲方同意,在本合同约定的区域或者品牌范围之外销售货物。

8.2.1.3 超过本通用条款第6条约定的时限3个月仍未履行相应义务。

8.2.1.4 超过本合同专用条款约定的结算期限30日仍然不能履行付款义务。[52]

8.2.2 有下列情形之一的,甲方可以扣罚部分或全部金额的保证金:

8.2.2.1 未经甲方同意,在本合同约定的区域或者品牌范围之外销售货物。

8.2.2.2 超过本合同专用条款约定的结算期限30日仍然不能履行付款义务。[53]

8.2.3 未经甲方同意擅自降低产品最低售价的,应当向甲方支付违价金额50%的赔偿金,甲方可以解除合同。违价金额=(甲方规定的最低售价-乙方降低后的实际售价)×乙方的实际销售数量。[54]

8.2.4 未按照本合同专用条款约定的结算期限履行付款义务的,应当向甲方支付拖欠货款金额每日3‰的违约金。

8.2.5 超过本合同专用条款约定的结算期限30日仍然不能履行付款义务的,应当向甲方支付拖欠货款金额每日4‰的违约金。甲方还可以通过法律程序要求乙方或担保人在担保责任的范围内承担相应的民事责任。对于采取上述措施仍不足以清偿货款的,甲方仍然享有继续追偿的权利。[55]

8.2.6 未及时履行本通用条款第6条约定义务的,应当向甲方支付每日100元的违约金,甲方有权拒绝发货。

8.2.7 在本通用条款3.1.3条款约定的情形发生时,不提供或者不完整提供相关资料的,甲方可以选择解除或者中止本合同。由此给双方造成的一切经济损失由乙方承担。[56]

9. 争议的解决

双方在本合同履行过程中如果发生纠纷,应当尽量协商解决。协商不成时,向甲方住所地有管辖权的法院提起诉讼。[57]

10. 合同的生效

本合同自下列条件之一成就之日起生效:

10.1 双方在本合同上盖章。

10.2 双方的法定代表人或者负责人在本合同上签字。

10.3 持有双方合法授权委托书的代理人在本合同上签字。

11. 其他

11.1 本合同一式两份,甲乙双方各执一份。

11.2 本合同专用条款约定的合同期限届满后,在双方没有续签下一年度本合同的情况下,如果乙方继续与甲方发生交易,本合同效力自然延续至双方续签下一年度本合同时为止。

12. 合同附件[58]

本合同附件与本合同具有同等法律效力,包括但不限于下列文件:

12.1 《铁路保险(运单上有注明)运输发生丢件、污染、湿损、霉变货物损失的理赔程序规定》。

12.2 《铁路保价(运单上有注明)运输发生丢件、污染、湿损、霉变货物损失的理赔程序规定》。

12.3 《铁路押运运输发生丢件、污染、湿损、霉变货物损失的理赔程序规定》。

12.4 《海运保险运输发生丢件、污染、湿损、霉变货物损失的理赔程序规定》。

12.5 《包装物污染赔付规定》。

12.6 《保险、保价差额赔付规定》。

12.7 双方签订的《合同订货单》及乙方提供的《供货计划》。

12.8 双方签订的担保合同。

12.9 其他未包括在本合同条款之中与履行本合同有关的文件。

甲方(盖章):　　　　　　　乙方(盖章):
法定代表人(签字):　　　　　法定代表人(签字):
委托代理人(签字):　　　　　委托代理人(签字):

签订日期:20＿＿＿年＿＿＿月＿＿＿日
签订地点:××市××区××路××号

笔者批注:

〔1〕合同术语在制作合同过程中经常使用,目的是用尽可能简练的语言或者词语将复杂的含义简短化。在本合同中,笔者针对企业经营过程中使用的习惯用语虽然简练却不够规范的实际情况,结合相关法律规定和行业内的交易习惯,进行了符合法律规范的明确解释,在一定程度上避免了由于签约用语不规范或者表述不清可能给企业带来的风险。

〔2〕"经销"是本合同的关键词,如何理解和定义"经销",对于合理划分合同双方的权利和义务起着至关重要的作用。目前,我国的法律中没有对经销作出明确的

规定,在各行业的交易习惯中,对于"经销"和"代理"的划分也不是十分的清晰。因此,本合同把"经销"作为第一个需要定义的合同术语。从上述定义可以看出,本合同所称的经销包括两种含义:① 双方之间存在的是买卖合同关系而不是委托合同关系;② 乙方买受合同标的物的目的是向第三人出卖而不是自己使用,即乙方不是合同标的物的终端用户。

充分理解上述含义对于合理划分双方的权利和义务、正确地履行合同起到非常重要的作用:

首先,由于双方之间存在的是买卖合同关系而不是委托合同关系,乙方就不能以甲方的名义对外销售合同标的物。在这种情况下,如果乙方在销售过程中出现某些行业惯例方面的违法行为需要被追究法律责任时,就不能追溯到甲方。这里提到的"行业惯例方面的违法行为"主要是指某些行业在产品销售过程中存在的一些"潜规则"。例如,2008年震惊世界的"三鹿奶粉事件",就是由于乳品行业多年来的"潜规则"无限制演变造成的恶果;又如,食品行业经常会把已经超过保质期的食品换一个标签继续销售,或者在产品出厂时就把生产日期推后标注,也就是媒体经常报道的"早产食品";再如,制药行业会把受到污染或者已经超过储存期或者不符合储存条件的药品换一个标签继续销售,由此也就发生了"完达山刺五加注射液事件",等等。

粮食行业的"潜规则"同上述行业一样,与本行业产品的特性有着直接关系——由于粮食对气温、湿度等外界环境因素的要求比较苛刻,其中任何一个因素发生变化都可能对粮食的质量产生影响。由于运输条件的限制,粮食在大多数情况下都是敞篷运输,一旦遭遇雨雪天气,即使遮盖得再好,也会造成一定数量的污损。为了减少损失,经销商通常会把受到污损的粮食分拣,把受损严重的作为饲料或者工业原料卖掉,而把受损较轻的集中起来重新灌袋包装进行销售。这种做法虽然违反《产品质量法》,但却可以减少损失,所以成为行业中"只可意会,不可言传"的"潜规则"。而这种做法一旦被市场监管部门查出,轻者没收产品,并处违法销售产品货值金额两倍以下的罚款;有违法所得的,还要没收违法所得;情节严重的,会被吊销营业执照甚至追究刑事责任。在双方不存在委托合同关系的前提下,乙方如果出现上述违法行为在法律上是与甲方没有任何关系的,这样在第一环节上就避免了甲方的经营风险。

其次,由于双方之间存在的是买卖合同关系,支付对价是乙方的法定义务。这样就避免了乙方可能会以合同标的物没有销售出去为由拒绝履行付款义务或者要求退货,也可以避免乙方向甲方主张代理费。因为在法律没有明确规定的情况下,"经销"与"代理"在法律上的概念并不十分清晰,很多企业也并不注意二者的区别,在很多场合都将"经销"与"代理"交替使用,以至于在纠纷发生时没有合适的方法和准确的概念来区分二者,从而导致双方的权利义务关系无法确定的尴尬局面。

〔3〕在专用条款的解释中,已经对设计专用条款的目的做了详细的解释。由于专用条款的重点在于合同履行环节的部分内容,因此,在专用条款之外对双方的权利义务、合同履行的其他内容、合同履行的担保、违约责任、解决争议的方法等合同必备条款进行了全面的细化和补充。

〔4〕上述1.7至1.9条款就是针对企业经营过程中使用的习惯用语虽然简练却不够规范的实际情况,结合相关法律规定和行业内的交易习惯对这些习惯用语进行的符合法律规范的明确解释。

〔5〕由于本合同的期限长达一年,考虑到双方在合同期限内可能会发生多次交易,并且粮食产品的价格在一年内也是随时波动的,为了简化双方的交易行为,本合同确立了"原则不变、其他因素随行就市"的交易框架,即在通用条款和专用条款约定的内容不变的前提下,产品的价格、品种、规格、包装和数量等因素根据具体情况可以随时变化,以尽量适应市场的变化和需求。

〔6〕本条款对"原则不变、其他因素随行就市"的交易框架如何具体落实做出了解释。受粮食行业自身特点的制约,每一次交易都可能涉及不同品种、相同品种的不同规格、相同规格的不同包装、相同包装的不同数量,与此相对应,不同品种、不同规格、不同包装的产品的价格也是不同的。这些交易要素与不同的数量组合起来才最终形成每一次交易的金额。因此,每一份《合同订货单》与通用条款和专用条款结合起来才构成了一份完整的合同。

〔7〕本条款以乙方义务的方式确定了双方对交易行为的确认方式。在企业的实际经营过程中,买方对交易数量和金额的确认是一个最容易被忽视的环节,很多企业都认为对方既然接收了货物就一定会如数付款,只不过是时间早晚的问题。这种主观意识在纠纷发生之前无所谓利弊,一旦纠纷发生就会给己方造成无法估量的损失。在前文提到的案例1-14中,M公司之所以在诉讼中陷入被动,就是由于忽视了买方对交易数量和金额的确认这个环节造成的。因此,在制作合同时,不但要注意合理确定双方的权利义务、划分双方的违约责任,更要注意认真考虑交易过程的每一个细节。只有做到尽量从细节着手,才能最大限度地维护委托人的合法权益。

〔8〕本条款的出发点是如何将有效地保留证明交易过程的证据、交易双方的操

作规则和交易手段的技术状况有机地结合起来：

首先，根据《民法典》第469条第2款的规定，传真是书面合同的表现形式之一。但是，受到经济条件和使用习惯的限制，很多企业现在使用的还都是老式的热敏纸传真机，而热敏纸在环境温度较高或者长期存放的情况下，字迹会逐渐消失，不利于长久保存。在这种情况下，只能把热敏纸的传真件用普通纸复印后加以保存。为了避免纠纷发生时双方对复印后保存的传真件的证据效力发生争议，特意在本条款中对此加以特别的约定。

其次，由于粮食产品在运输过程中发生货损的概率较其他产品都高，并且由于运输目的地的湿度不同，当货物抵达目的地时，会由于当地湿度小而发生自然的数量损耗，或者由于当地湿度大而发生自然变质，还可能出现在运输过程中污损、被盗等现象。出现这些情况后，都需要乙方在接收、验货过程中及时进行反馈，在经过甲方派驻该区域的销售管理人员确认后，将确认的数量作为双方结算货款的依据。

最后，铁路货票等运输单据还能起到证明甲方是否根据《合同订货单》约定的时间、品种、规格和数量履行交货义务的作用。需要注意的是，铁路货票是证明铁路货运合同关系成立的书面文件，只能证明铁路货运合同的托运人是谁，并不能证明托运货物的所有权属于谁。在一方当事人（多数情况均为买方）对于货物交付的时间、地点、数量提出异议的情况下，还须结合其他证据加以证明，不宜只提供铁路货票作为唯一证据（详见本书案例2-2）。

〔9〕由于本合同双方在合同期限内，在特定的区域就不同品种、规格、包装和质量标准的产品连续发生交易，仅仅依靠法律或者司法解释关于买卖合同的相关规定不能完全解决交易过程中双方可能遇到的问题。因此，本条在法律已有规定的基础上结合双方交易的实际情况对双方的权利义务进行了特定化、具体化。

〔10〕本条款出于实现合同目的的考虑，赋予了甲方根据双方约定对乙方的经营行为进行监督检查的权利。甲方选择经销商的目的，是为了通过经销商开发的市场和销售渠道达到扩大销量、增加销售收入的效果。经销商是否正常进行销售活动、是否注意维护与客户的关系、是否注意维护产品的形象都会对甲方的合同目的造成直接的影响。因此，通过双方的约定赋予甲方对乙方的经营行为进行监督检查的权利是十分必要的。

〔11〕由于粮食产品在运输过程中发生货损的概率较高，在货物抵达目的地后，乙方收到货物的数量经常比《合同订货单》约定的数量要少。在这种情况下，明确乙方应当按照收到货物的实际数量结合《合同订货单》确定的价格结算货款，可以有效

地避免双方对付款金额发生争议,也可以促使乙方积极地履行及时验收和确认收货数量的义务。

〔12〕这一条款是为核实乙方供应超市时发生的欠款专门设计的。众所周知,超市目前已经成为我国商品流通领域的销售主渠道。在掌握了巨大终端消费者资源的情况下,超市有意无意地占用供应商货款的情况普遍存在,因此也就形成了一旦向超市供货就需要接受"结款账期"的条件。在经销商流动资金不足或者供应的超市较多时,经销商不能及时向厂家回款的情况普遍存在。在不可能完全做到现款销售时,允许经销商根据超市确定的"结款账期"支付货款的做法也是当前很多厂家无奈的选择。但是,为了避免乙方故意以此为理由拖延支付货款,本合同专门设计了本条款以督促乙方尽量按照诚实信用原则全面履行合同义务。

〔13〕目前我国实施的粮食产品的国家质量标准普遍低于各生产厂家的企业标准,更低于市场的实际需求。为了适应市场的需求,生产厂家往往都根据经销商提出的质量标准生产产品。同时,由于销售时间、销售渠道和消费群体的不同,对产品质量标准的需求也不尽相同。本条款就是基于上述原因制订的。

〔14〕本合同专用条款对乙方的销售量作出了约定。在通用条款中,对乙方不能完成销售量时约定了违约责任——甲方解除合同或者在约定的销售区域内发展新的经销商,这些措施都会直接影响乙方的经济利益。而乙方能否完成合同约定的销售量,很大程度上也受到甲方能否及时供货的制约。为了平衡双方的利益关系,本条款对合同履行过程中可能遇到的情况做出了具体的、符合实际情况的约定。

〔15〕根据《中华人民共和国价格法》的规定,粮食产品实行的是市场定价,其价格的高低取决于供求关系。在这种情况下,生产厂家出于经济利益的考虑会根据供求关系的变化适时调整产品的价格。其价格一旦调整,就会对经销商的销售产生直接影响。为了避免因价格调整信息的传递不畅导致双方发生争议,本条款强化了甲方及时以书面形式告知乙方相关信息的义务。

〔16〕由于赊销的经销商大量存在,为了降低甲方的经营风险,本合同通用条款约定了乙方在履行合同时提供财产担保的义务,并且需要交纳经销保证金。为了平衡双方的权利义务关系,在约束乙方提供担保的同时,对于合同终止后,甲方应当及时配合乙方办理解除担保手续并退还经销保证金也作出了明确的约定。《民法典》施行后,保证金的缴存、受偿等问题,需要结合《最高人民法院关于适用〈中华人民共和国民法典〉有关担保制度的解释》(以下简称《民法典担保解释》)第70条的相关规定进行相应的设计和操作。

〔17〕从条款数量上看，乙方享有的权利要比甲方的少，可能会有人提出这违背了权利义务对等的原则。这种观点是典型的机械理解法律原则的表现。**权利义务是否对等，不应以合同中双方享有权利和承担义务的相关条款的数量来衡量，而应当以这些条款的内容能否真正使双方的权利义务关系得到了平衡来衡量**。从本合同的框架来看，虽然合同文本是由甲方提供，甲方在形式上取得了规则制订的主动权，但是，由于大多数情况下乙方都是从甲方处赊销产品，能否及时、足额地收回货款的风险实际上还是由甲方承担的，为了平衡这种实际上不平等的交易关系，多赋予甲方一些权利是必要的，也是适当的。

〔18〕本条款没有直接表述该项权利的内容，而是将具体内容指向了直接相关的条款，目的是避免内容的重复和条款体系之间的冲突。在制作合同时，应当注意避免出现"重复指向"或者"循环指向"的情况。"重复指向"，是指 A 条款中写明如果出现本条款约定的情形，按照 B 条款的约定处理；而 B 条款中又写明如果出现本条款约定的情形，按照 C 条款的约定处理。"循环指向"，是指 A 条款中写明如果出现本条款约定的情形，按照 B 条款的约定处理；而 B 条款中又写明如果出现本条款约定的情形，按照 A 条款的约定处理。

〔19〕本条款充分考虑了交易过程中可能出现的不当履行的各种情形，并有针对性地提出了解决方案，使合同更加具有可操作性。

〔20〕本条款的内容一方面充分体现了合同目的，另一方面也考虑到乙方的实际情况，没有对乙方实行"一刀切"，而是采取了"一市多商"的方法解决乙方不能完成或者不能均衡完成销量计划而无法实现合同目的的问题。

〔21〕本条款是对乙方作为经销商应当承担的基本义务的具体化。企业对销售区域的划分通常都是在对市场充分调查的基础上进行的，一个销售区域内的市场容量、消费习惯、消费水平和消费能力等因素都会对销售战略的制订产生重大的影响。在实行"一市一商"政策的销售区域内，经销商的资金周转能力、市场开拓能力相对较强，能够自行解决与产品销售相关的大多数问题，对于厂家而言，这样的经销商比较省心。但是，一旦经销商运作得不好，也会给厂家造成负面影响。因此，企业一方面要加强对经销商经销行为的监管，另一方面也要利用合同限制经销商的对外扩张。

〔22〕本条款同样是对乙方作为经销商应当承担的基本义务的具体化，但是与 3.4.2 条款的内容有所区别。上文已经提到过，甲方在经销商的销售渠道上分别设置了两种经销模式：一种是在不同地域经销相同品牌的产品；另一种是在相同地域

经销不同品牌的产品。本条款的内容涉及的是后一种经销模式——"一市多商"。在这种模式下,为了防止相同地域内不同经销商之间的不正当竞争,促进区域内市场的发展,采取了不同经销商分别销售不同品牌产品的销售策略。在这种策略下,经销商经常会出现的纠纷或者违约行为就是销售合同约定的品牌之外的产品。

〔23〕本条款主要是为了强调乙方应尽的合同义务。其中的第一项是买卖合同中买受人首先应当承担的法定义务,在此不再赘述;其中的第二项是本合同双方当事人约定的义务,目的是方便甲方督促乙方履行本合同;其中的第三项是便于甲方进行交运前的准备工作。

由于本合同标的物的运输绝大部分要依靠铁路进行,为了保证标的物能够及时发运、及时抵达双方约定的交货地点,甲方必须在合理的时间内组织工厂进行生产,生产完毕后将标的物运送至专用线或者是铁路货运站台,还要向铁路部门提前报送车皮计划,以便铁路部门组织运力。交运前一系列的准备工作都需要通过编制生产和储运计划来实现。如果乙方不能及时报送计划,将对此后的工作造成不利的连锁反应。因此,为了使本合同能够得到顺利履行,必须以乙方义务的形式加以突出和强调。

〔24〕本条款以列举的方式明确了甲方可以不承担违约责任的具体情形。为了充分引起对方当事人的注意,特意将字体颜色加重、字号变大。长期以来,格式条款中的免责条款一直备受指责,而字体不突出、事项不合理、内容不明晰等问题,是导致免责条款备受指责的主要原因。

在合同履行过程中,双方当事人意志以外的原因(包括但不限于不可抗力)造成合同不能履行、不能及时/完全履行的情况随时可能出现。在这种情况下,如果要求债务人继续履行合同就会显失公平,还可能导致一方或者双方当事人的损失扩大,违背签订合同的初衷。因此,**在合同中合理地设置免责条款也是维护双方当事人合法权益的需要。需要注意的是,不能以此为手段无限扩张免责条款的适用范围,不合理地设置免责事项,更不能采取各种不恰当的方式向对方当事人隐瞒免责条款的存在,或者不向对方当事人明确解释免责条款的相关内容。**

〔25〕在〔23〕中,已经详细解释了为何将及时"向甲方提供季度、月份销售计划"作为乙方义务。在随后的5.1条款中,具体约定了乙方应当提供季度、月份销售计划的时限。

〔26〕在乙方未能按照本合同5.1条款的约定及时提供《供货计划》的情况下,按照4.1条款的约定,是否供货的选择权在于甲方。如果甲方选择供货,由于前述发

运货物的复杂性,必然导致货物抵达交货地点的日期延后,由此构成的迟延交货的"违约责任"显然不应由甲方承担。

〔27〕由于本合同标的物的原料属于农产品,受年度气候变化的影响较大,每年度的收购量和收购价格的变化幅度也较大,因此,经常会出现收购量不足导致无法满足乙方订单需求或者市场需求的情况;另外,出于设备安全运行的考虑,工业企业每年度都会安排一段时间对设备进行检修,这些情况都可能会影响甲方及时履行交货义务。而类似情况却无法全部包括在法律上的不可抗力之中,为此,本条款专门做出具体约定,避免出现上述情况时双方因约定不明而发生争议。

〔28〕在制作此类条款时,要充分考虑履行过程中的细节问题,把能想到的、可能发生的和曾经发生过的问题都尽量约定清楚,避免出现约定不明的情况。

〔29〕本条款对乙方订货时应当遵守的规则提出了详细、明确的要求。在制作类似条款时,一定要注意涉及的数字和相关表述的准确性,尽量避免因表述不清造成理解上的歧义。

〔30〕上文已经多次提到,由于本合同标的物属于大宗货物,在大多数情况下都需要通过铁路运输。因此,在本合同履行过程中,乙方自提货物的情况几乎没有出现过。为了明确交付的分界点,本条款实际上确立了"甲方将货物交付给第一承运人即为交付"的交易规则。

〔31〕由于本合同标的物的质量易受外界因素影响,所以,在运输过程中,标的物的质量、数量和包装都可能会发生变化。因此,本条款对货物到达约定到货地点后如何进行验收做出了详细的约定。

〔32〕《合同法》第157条(现《民法典》第620条)规定:"买受人收到标的物时应当在约定的检验期间内检验。没有约定检验期间的,应当及时检验。"本合同条款是对《合同法》上述规定的具体化。之所以把验收的期间约定得如此之短,主要是因为铁路部门对车皮到站后的周转时间有严格的要求,验收的期间过长会影响车皮的周转,给本来就很紧张的铁路运力造成更大的压力。需要注意的是,《民法典》第622条第2款规定:"约定的检验期限或者质量保证期短于法律、行政法规规定期限的,应当以法律、行政法规规定的期限为准。"截至笔者提交本次修订稿时,没有检索到其他法律、法规关于验收期间的相关规定,因此,这一约定目前可以继续使用。

〔33〕验收工作完成后,会出现两种情况:有异议和没有异议。为了保证交易的速度,本条款对于验收后没有异议的情形做出了约定,约定的具体内容被指向了通用条款的2.2条款。

〔34〕为了保证交易的速度,也为了保护乙方的合法权益,本条款对于验收后的情形做出了双重约定:① 对没有异议的部分进行交易确认;② 对有异议的部分以书面形式通知甲方,由双方协商处理。上述约定,一方面排除了《合同法》第 162 条(现《民法典》第 629 条)的适用;另一方面,将乙方不积极履行本条款约定义务的情形以双方约定的方式确立为实质上的"默认"规则。这一做法完全符合《民法典》第 140 条第 2 款关于"沉默只有在有法律规定、当事人约定或者符合当事人之间的交易习惯时,才可以视为意思表示"的规定。

《合同法》第一百六十二条(现《民法典》第六百二十九条) 出卖人多交标的物的,买受人可以接收或者拒绝接收多交的部分。买受人接收多交部分的,按照合同的价格支付价款;买受人拒绝接收多交部分的,应当及时通知出卖人。

〔35〕本条款针对乙方可能会出现的不履行合同义务的极端情况——验收后既不提出异议也没有进行交易确认或者在 48 小时内不进行验收,同样以双方约定的方式确立了实质上的"默认"规则,试图使乙方在慎重考虑因此产生的后果的前提下积极履行验收义务。实践证明,在本合同使用后的 6 年多时间里,没有发生过乙方在验收后既不提出异议也没有进行交易确认或者在 48 小时内不进行验收的情况。上述约定同样排除了《合同法》第 158 条第 2 款(现《民法典》第 621 条第 2 款)的适用。

《民法典》第六百二十一条第二款 当事人没有约定检验期限的,买受人应当在发现或者应当发现标的物的数量或者质量不符合约定的合理期限内通知出卖人。买受人在合理期限内未通知或者自收到标的物之日起二年内未通知出卖人的,视为标的物的数量或者质量符合约定;但是,对标的物有质量保证期的,适用质量保证期,不适用该二年的规定。

〔36〕本条款是对《合同法》第 134 条(现《民法典》第 641 条第 1 款)的具体化。本合同不同于一般的买卖合同——货物交付给乙方后,全部停留在乙方库房的可能性很小,如果直接约定按照《合同法》第 134 条(现《民法典》第 641 条第 1 款)的规定对所有权予以保留,不仅没有实际意义,还会因此给甲方造成不必要的损失。基于上述原因,在制订本条款时,将所有权保留的范围限于"乙方库存的未出卖的货物"。这样的约定一方面赋予了所有权保留的实质意义,另一方面也较好地解决了所有权保留的范围,能够起到实际上维护甲方合法权益的作用。需要注意的是,根据《民法典》第 641 条第 2 款的规定:"出卖人对标的物保留的所有权,未经登记,不得对抗善意第三人。"因此,在采取所有权保留措施时,应当根据《动产和权利担保统一登记办

法》的相关规定,通过中国人民银行征信中心动产融资统一登记公示系统自主办理登记。

《合同法》第一百三十四条(现《民法典》第六百四十一条第一款)　当事人可以在买卖合同中约定买受人未履行支付价款或者其他义务的,标的物的所有权属于出卖人。

〔37〕由于本合同在多数情况下都是赊销,为了防止货物交付后乙方以所有权保留为由恶意拖欠货款,专门制订本条款对此加以限制。

〔38〕制订本条款的目的与5.4.1条款的目的是相同的。之所以对保管义务加以特别强调,主要是因为本合同标的物的质量、数量易受外界环境因素影响而变化。

〔39〕由于本合同在多数情况下都是赊销,对甲方而言存在较大的经营风险。根据交易的实际情况和现行法律规定,为了合理、合法地防范甲方面临的经营风险,本合同根据《担保法》(现《民法典》第二编第四分编、第三编第二分编第十三章)的相关规定设置了担保条款,试图通过这种方式一方面强化乙方诚信履约的责任和意识,另一方面也可以在一定程度上减少或者避免乙方违约时发生的损失。

令笔者感到遗憾的是,由于受国情和企业经营管理者法治观念、经营理念的影响,本合同在使用过程中,本条款发挥的作用并不理想,原因有二:①企业的重视程度不够,不愿意为此支出必要的费用(例如调查抵押财产或者保证人相关情况需要发生的差旅费、调查费,办理抵押财产登记手续需要发生的差旅费)导致乙方担保义务落实的情况不好;②企业严格履行合同的意识较差,导致发货的金额超出抵押财产价值的情况经常出现。

〔40〕本条款设定的经销保证金主要是为了约束乙方的经营行为。具体的适用规则在后面的违约责任条款中进行了约定。

〔41〕在对保证人进行考查时,除了要以《担保法》(现《民法典》第二编第四分编、第三编第二分编第十三章)及其司法解释的相关规定作为依据以外,律师还应当重点从下列两个方面考查保证人的偿还能力:① 固定资产规模。虽然固定资产变现的程序比较繁琐,但是,固定资产规模可以反映出企业的偿还能力。在需要保证人承担保证责任时,如果没有足够的流动资金,一定规模的固定资产就是执行到位的最后保障,虽然这个过程可能会很漫长,但是有总比没有强。② 近年来的经营业绩。经营业绩的好坏,直接影响企业的偿还能力。我们无法想象一个经营业绩非常差的企业还有能力为其他企业提供担保。

在考查经营业绩时可以从两个角度入手:① 直接要求保证人提供至少近三年来的财务报表;② 调阅该企业每年年检时提交备案的财务报表。

在查阅财务报表时,要注意下列对企业偿还能力有直接重要影响的项目:

首先,《资产负债表》中的货币资金、应收票据、应收账款、应收股利、存货、长期股权投资、投资性房地产、固定资产、应付职工薪酬、应付账款、长期借款和实收资本。上述项目有的可以直接反映企业的偿还能力,例如货币资金、存货、投资性房地产和固定资产;有的可以间接反映企业的偿还能力,例如应收票据、应收账款、应收股利和长期股权投资。在需要保证人承担保证责任时,直接反映企业的偿还能力的项目就可以作为执行阶段的首要目标和选择;而间接反映企业的偿还能力的项目,在直接反映企业的偿还能力的项目无法执行或者价值不足时,可以通过要求第三人履行到期债务的方式予以强制执行。

其次,《利润表》中的营业收入和净利润。这两个项目可以直接反映出企业的经营成果,与上述第一条中一些项目中的数字结合起来以后,可以作为判断企业经营业绩是否真实、可靠,企业经营管理水平高低的依据。例如,正常情况下,营业收入和净利润应当是成正比的关系。如果二者之间成反比,则说明企业的经营管理水平较低,控制成本的方法和手段不足,或者财务报表体现的情况不真实,存在做假账的可能。无论是这两种情况中的哪一种,都与保证人的偿还能力有关,需要引起高度警惕。

[42] 从保证抵押权可靠程度和便于实现抵押权的角度考虑,本条款将抵押财产的范围限定在了"可以进行抵押登记"的范围之内。在实际操作时,还要充分考虑抵押财产价值变化的可能性及趋势、实现抵押权的难易程度以及抵押财产变现的难易程度等因素。否则,可能会使债权人变成"没有钱的地主",这就违背了制订担保条款的初衷。

需要注意的是,抵押担保在实践中可能会遇到一些问题:

例如,不动产登记簿就抵押财产、被担保的债权范围等所作的记载与抵押合同约定不一致。《民法典担保解释》第47条对此给出的答案是,"不动产登记簿就抵押财产、被担保的债权范围等所作的记载与抵押合同约定不一致的,人民法院应当根据登记簿的记载确定抵押财产、被担保的债权范围等事项"。在这种情况下,律师应当提醒作为抵押权人的甲方,在抵押登记完成后,注意核对不动产登记证明记载的抵押财产、被担保的债权范围等要素,是否与抵押条款(也包括单独签订的抵押合同)的约定一致。对于不一致的内容,应当尽可能要求不动产登记机构按照抵押条款或者合同的内容进行修改;不能修改的,应当根据具体情况决定是否需要债务人、抵押人采取补救措施。一旦发生纠纷,在提起诉讼时,就应当以不动产登记证明记载的要素内容为准,作为确定诉讼请求的依据。

再如,甲方在乙方没有如期支付货款的情况下,没有在诉讼时效期间内及时行使抵押权,以为只要登记的抵押权人还是己方,就可以在任何时候向抵押人主张权利。在这种情况下,律师应当提示甲方,务必根据《民法典》第419条关于"抵押权人应当在主债权诉讼时效期间行使抵押权"的规定,及时行使抵押权。否则,根据2019年11月8日最高人民法院印发的《全国法院民商事审判工作会议纪要》(以下简称《九民纪要》)的精神,"抵押权人在主债权诉讼时效届满前未行使抵押权,抵押人在主债权诉讼时效届满后请求涂销抵押权登记的,人民法院依法予以支持"。也就是说,在这种情况下,乙方是可以请求涂销抵押权登记的。一旦出现这种后果,甲方将面临"人财两空"的被动局面。

〔43〕制订本合同时,《物权法》还没有颁布实施,根据当时有效的《担保法》的规定,在既有保证又有抵押的情况下,保证人的保证责任相对是比较宽松的,在理论上属于保证人绝对优待主义。

2000年12月8日,最高人民法院发布了《担保法司法解释(2000)》(已失效),其中的第38条赋予了债权人对保证人和抵押人主张担保权利的选择权,实际上改变了对保证人的绝对优待。

2007年3月16日,第十届全国人民代表大会第五次会议审议通过了《物权法》,该法对于担保物权的规定,在许多方面都突破了《担保法》和《担保法司法解释(2000)》的规定。在对待既有保证又有抵押的问题上,《物权法》将保证人绝对优待主义和平等主义进行了结合:采取了有限的平等主义,并未赋予债权人完全的选择权,而是尊重当事人的意思自治。在当事人没有约定或者约定不明的情况下,采取保证人绝对优待主义,绝对限制债权人的选择。现行《民法典》第392条沿用了原《物权法》第176条的规定。《民法典》第392条规定:"被担保的债权既有物的担保又有人的担保的,债务人不履行到期债务或者发生当事人约定的实现担保物权的情形,债权人应当按照约定实现债权;没有约定或者约定不明确,债务人自己提供物的担保的,债权人应当先就该物的担保实现债权;第三人提供物的担保的,债权人可以就物的担保实现债权,也可以请求保证人承担保证责任。提供担保的第三人承担担保责任后,有权向债务人追偿。"

需要特别指出的是,现行《民法典》第419条也沿用了原《物权法》第202条的内容,规定了抵押权的存续期间。在处理相关法律事务时,要对此加以特别的注意,以免造成因疏漏此条款造成抵押权失权的不利后果。

《物权法》第二百零二条（现《民法典》第四百一十九条）　抵押权人应当在主债权诉讼时效期间行使抵押权；未行使的，人民法院不予保护。

在既有物的担保又有保证的情况下，应当注意对两种担保方式在实现债权时的顺序尽可能做出明确约定，以尽可能最大限度地维护债权人的权益。为此，建议根据实际情况选择使用如下表述方式：

（1）"当债务人不能履行到期债务时，债权人对于相关担保人承担担保责任的顺序享有选择权，本合同全部担保人均认可债权人的此项权利并承诺在债权人行使上述选择权时不持任何异议。"

（2）"当债务人不能履行到期债务时，应当由保证人先就主债务承担连带清偿责任，保证人的连带清偿责任难以实现或者不足以清偿全部主债务的，由其他提供物的担保的担保人在物的担保的范围内依法承担清偿责任。"

（3）"当债务人不能履行到期债务时，本合同全部担保人按照下列顺序承担担保责任：……"

〔44〕将赊销货物的价值与抵押财产价值的比例设定在80%，主要是出于在纠纷发生时尽量减少损失的考虑。一般情况下，债务人提供的抵押财产应当通过评估确定价值。但是，针对同一个抵押财产，如果采用的评估方法不同，其评估价值就有可能不同，不同的评估机构采用相同的评估方法，其评估价值也有可能不同。为了避免上述因素给债权人造成的无形损失，本合同预留了20%误差值和实现抵押权需要支出的相关费用的空间。

〔45〕本条款是为了明确乙方提供担保的义务而设置的。由于赊销这种权利义务不对称的销售方式决定了甲方必然会承担比乙方更多的风险，为了尽量在交易过程中取得双方权利义务的平衡，将提供担保作为乙方义务的做法是比较适当的。为了防止一些主观上有恶意违约倾向的乙方利用合同条款的漏洞损害甲方的权益，特意在此对乙方应当首先履行的担保义务加以强调，同时，也是对《合同法》第67条（现《民法典》第526条）的灵活运用。

《民法典》第五百二十六条　当事人互负债务，有先后履行顺序，应当先履行债务一方未履行的，后履行一方有权拒绝其履行请求。先履行一方履行债务不符合约定的，后履行一方有权拒绝其相应的履行请求。

〔46〕本合同的期限长达一年，在履行过程中双方会发生若干次交易，每一次交易都可能发生一些问题不能及时得到解决。例如：甲方交付的货物质量未达到约定标准、甲方交货数量不足或者多于订货数量。

另外，在履行过程中双方都可能出现一些非根本性的违约行为，例如：甲方交货不及时或者乙方付款不及时、乙方跨区域销售或者违价销售，等等。由于上述问题在本合同其他条款中都有明确约定，在处理这些问题时按图索骥即可。因此，本条款把重点放在了其他条款没有涉及的两个方面：① 乙方库存中未销售出去的货物如何处理；② 乙方提供的抵押财产的抵押登记手续需要注销。

在制订类似条款时，应当充分考虑合同履行过程中的各种细节问题，尽量把可能发生的情形在条款中约定清楚。同时，还要注意保护对方当事人的合法权益，不能由于己方掌握了游戏规则的制定权就任意损害对方的利益。

〔47〕本条款设定的前提是"本合同期限届满后，双方不再续签本合同"。因为如果双方续签本合同的话，就不需要处理善后事宜了。之所以在这个前提下赋予甲方自由选择的权利，是基于以下理由：

首先，在实际经营过程中，作为经销商的乙方对自己的经营能力应当有充分、清楚的认识，每一次的订货量应当根据市场需求确定。如果由于订货量过大造成货物积压，因此发生的损失只能由经销商自己承担。

其次，从本合同条款的内容来看，之所以设定"所有权保留"条款，是为了在乙方没有完全履行应尽的付款义务的情况下，尽量降低甲方风险，平衡双方之间的权利义务关系，并不意味着甲方应当对乙方由于订货量过大造成的货物积压承担责任。

最后，考虑到曾经出现过由于甲方的过错导致乙方多收货物的情况，为了合理地分担因此产生的损失，将这种情况下造成的货物积压交由甲方主动有选择地承担，既能够体面地解决可能因此发生的纠纷，也可以减轻乙方的损失。

〔48〕由于本合同约定的抵押财产都是依法需要进行抵押登记的财产，在解除抵押时，就必须办理注销抵押登记的相关手续。如果作为抵押权人的甲方不能配合乙方及时办理注销抵押登记的相关手续，可能会影响到抵押物价值的充分发挥，进而影响乙方正常的经营活动。因此，本条款将"积极配合乙方办理解除抵押的相关手续"设定为甲方的义务。

〔49〕违约责任是当时的《合同法》，现行《民法典》合同编规定的合同中必备的条款。**在当事人意思自治的前提下，违约责任条款的内容是否细致周密，是否具有较强的可操作性，在一定程度上决定了合同能否得到顺利履行，也决定了在发生合同纠纷时，解决效率的高低和解决效果的优劣。**

在实践中，经常会遇到有些合同的违约条款约定得非常含糊，例如：一方违约时，应当按照《民法典》的规定向守约方予以赔偿；任何一方未履行本合同义务或者履行本合同义务不符合约定的,除应继续履行其义务外,还须向另一方支付违约金,违约金金额视所造成的损失而定;合同双方应积极履行合同,如一方不履行合同或瑕疵履行合同,违约方应当向守约方承担违约责任并赔偿因此带来的损失;等等。

上述列举的违约责任条款均引自笔者审查、修改过的合同。这些违约责任条款的通病就是内容不够明确,没有把合同履行过程中可能出现的违约情形考虑周全,也就没有根据可能出现的违约情形有针对性地设定相应的违约责任。实际上,**违约责任条款的内容和刑法上的"罪刑相适应"原则有着异曲同工之处。也就是说,对于违约情形较轻的情况,应当设定较轻的违约责任;而对于违约情形较重的情况,应当设定较重的违约责任,直至赋予守约方解除合同的权利。**只有这样,才能最大限度地保护交易安全,促进诚实信用原则的落实,推动市场经济的发展。从这个角度讲,作为利用自己的专业知识为社会提供法律服务的律师,应当身体力行,练好制作合同文本的基本功,为推动整个社会的合同意识、诚信意识做一些实实在在的工作。

在制订违约责任条款时,应当注意下列问题:

首先,根据合同其他条款中已经设定的双方的权利义务,把可能发生的违约情形尽量穷尽并设置对应的责任承担方式。这是约束合同双方当事人完全履行合同的需要。如果无法把可能发生的违约情形都一一列举出来,就可能给带有不良动机的签约方带来可乘之机。但是,与法律规定不可能完全预见到层出不穷、各式各样的违法行为一样,合同条款也不可能涵盖全部的违约行为。因此,只能通过对案例的分析、对曾经遇到过的实际情况的归纳和总结,尽量穷尽可能发生的违约情形。必要时,还可以借鉴立法技术上常用的"兜底"条款,将不能穷尽的违约情形通过概括的方式加以体现。

其次,承担责任方式要相对公平、明确无歧义、具有可操作性。公平是民法领域的基本原则。合同是民法体系中最重要的内容之一,由于其肩负着保护交易安全、推动经济发展的重任,合同的条款和内容是否公平就显得尤为重要。但是,任何事物都处于不停的变化之中,加上每个人看待事情的角度和出发点都不相同,要做到绝对的公平是很难的。同时,由于合同双方当事人在合同中所处的地位、各自面临的风险也并不完全相同,在违约责任上要做到完全一致也是不现实的。因此,在这里只能强调相对的公平。例如,在本合同中约定乙方可以解除合同的情形只有两种,而甲方可以解除合同的情形却达到了四种。虽然从条款数量上看,乙方享有的权利比甲方的要少。但是,仔细分析这六种情形就会发现,这些情形都直接影响到合同目的的实现,只不过出现在甲方身上比出现在乙方身上的可能性要少。据此,我们可以得出这样的结论，**制作合同的根本目的是平衡双方当事人之间的利益，而不是争取条款内容的对等。**

"明确无歧义"是对合同内容在语法上的基本要求，也是衡量双方当事人的履约行为是否构成违约的标准。因此，在对违约行为进行表述时，应当避免使用含糊不清的语言，争取把可能出现的违约行为都明确无误地表述清楚。在笔者审查、修改过的合同中，经常出现诸如"短时间""重大违约""经双方验收""严重故障""严重干扰""非关键性问题""无法轻易解决"等含糊不清的语言。虽然这些内容不一定是合同文本提供方有意为之，但是，它们的出现，使得合同条款的内容变得不够明确，甚至使双方对相关内容的理解发生歧义。

例如，何谓"短时间"？与一天相比，一小时就是短时间；而与一周相比，一天也是短时间。再如，"经双方验收"，验收是为了确认债务人履行债务的行为是否符合合同的约定，因此，仅仅约定"经双方验收"是远远不够的，必须"经双方验收合格"才能认为债务人履行债务的行为符合合同的约定。

有的律师认为，没有必要在文字上这么较真儿，只要能够向委托人解释清楚就可以了。这种敷衍了事的行事风格对律师的职业生涯是绝对有害的。**无论是制作合同，还是制作其他法律文书，关键是要让委托人以及使用这些材料的其他人看得懂，看了以后对材料的内容能够准确地理解**，否则就失去了律师制作这些材料的意义，也会影响到社会公众对律师的评价。

"具有可操作性"是对违约责任条款最基本的要求。在合同中设置违约责任条款的目的通常有两个：① 警示双方当事人，违约责任条款中涉及的违约行为不可为，否则将要承担相应的后果；② 明确违约行为一旦发生，违约方将承担什么样的后果。在违约责任条款达到上述两个标准之后，是否"具有可操作性"就显得尤为重要。《合同法》颁布实施后，由于"当事人意思自治"原则的适用，《合同法》的"违约责任"一章，只对违约责任的适用作出了原则性的规定。具体到每一份合同时，需要双方当事人根据实际情况在不违反原则性规定的前提下，作出个性化的约定。但是，虽然《合同法》颁布实施至今已有二十多年，并且随着《民法典》的施行已经被废止，却仍然有相当一部分律师和企业的合同观念还停留在《经济合同法》时代，还寄希望于通过使用已经废止的各种合同条例来对实践中没有约定清楚的违约责任作出补充，这种现象的普遍存在是导致合同纠纷不断发生的重要根源之一。因此，作为利用自己的专业知识为社会提供法律服务的律师，必须清醒地认识到上述现象的危害性，积极通过自己的工作使上述现象有所改变。

在"具有可操作性"方面,应当着重注意下列问题:① 对违约情形的描述除了前文提到的要"明确无歧义"之外,还**要使违约情形尽量能够量化,以便于准确、快速地对是否属于违约、属于什么程度的违约作出判断**。例如,本合同的 8.1.1.1 和 8.1.1.2 条款就是通过量化违约情形的次数和期限的长短来确认违约情形及因此应当承担的违约责任的。② 对违约责任的承担,除了应当坚持前文提到的相对公平的原则之外,还应当根据每一份合同的具体情形,以"惩罚与补偿兼备"为原则合理地确定违约责任。

对于违约责任的功能,理论界一直存在争论,主要有"补偿说""惩罚说"和"二者结合说"三种观点。笔者倾向于"二者结合说",因为无论是当时的《合同法》,还是现行的《民法典》,本身就是规范市场交易行为的法律,如果缺失了惩罚功能,则违背了诚实信用的基本原则,导致立法者赋予合同法律的规范作用被淡化,不利于保护交易安全和推动市场经济的发展;反之,如果缺失了补偿功能,则有违公平原则,使得守约方的损失扩大,无形中助长了违约行为的泛滥。因此,在确定每一种违约情形之后,与之对应的违约责任应当既能够使违约行为在法律允许的范围内得到应有的惩罚,又能够使守约方的损失得到补偿。这里需要强调的是,既然是补偿,应当以能够弥补守约方因违约方的违约行为遭受的损失以及主张权利发生的合理费用为限,超出这个限度的违约责任都是不适当的,应当由法院或者仲裁机构予以纠正。

在《合同法》实施的二十多年中,法院审理合同纠纷涉及违约金问题的时候,很多情况下都以受法律保护的民间借贷利率上限作为判断违约金是否过高的标准,这种做法其实并无任何法律依据和法理依据。《九民纪要》明确指出,"除借款合同外的双务合同,作为对价的价款或者报酬给付之债,并非借款合同项下的还款义务,不能以受法律保护的民间借贷利率上限作为判断违约金是否过高的标准,而应当兼顾合同履行情况、当事人过错程度以及预期利益等因素综合确定。主张违约金过高的违约方应当对违约金是否过高承担举证责任"。至此,根据合同本身的情况,结合双方当事人的真实意思表示在合同中对违约金标准进行高于年利率 24% 的约定,才算有了明确的法律依据。(2021)最高法民申 2323 号民事裁定书也明确指出,违约金是否过高,一般应以违约行为给守约方造成的实际损失为基础进行判断。民间借贷利率最高限额不能作为判断本案违约金是否过高的标准。违约金是本案当事人所约定的违约责任,与民间借贷利率的性质和约定目的并不相同。

〔50〕由于上述违约情形出现并达到一定程度之后,会给乙方签订本合同的目的造成直接影响。出于充分保护乙方权利的考虑,也为了督促甲方适当、全面地履

行自己的义务，做出了上述约定。从本合同的实际应用情况来看，迄今为止，甲方还没有出现过上述违约情形。

〔51〕在制作合同条款时，经常会遇到诸如"不积极""不全面"履行义务的情形。但是，如何对此作出准确的界定始终是困扰律师的一个难题。本条款通过量化的方式，对"不积极"履行义务作出了界定——合同终止后 3 个月仍未配合乙方办理解除抵押的相关手续。**通过对甲方履行义务设定的时限要求来衡量其是否积极履行合同义务，有效地解决了消极履行合同行为的界定问题。**

〔52〕将上述违约情形设定为甲方可以解除合同的前提条件，同样是由于这些情形出现并达到一定程度之后，会给甲方签订本合同的目的造成不利影响。也同样是出于充分保护甲方权利的考虑，督促乙方适当、全面地履行自己的义务，做出了上述约定。从本合同实际应用的情况来看，乙方违反上述约定的情况还是比较多的，但是，只有极少数情况下，甲方依照本条款行使了合同解除权。

〔53〕由于本合同是建立在赊销基础上的，甲方面临的风险要比乙方大得多。同时，为了达到甲方既定的销售目标，作为经销商的乙方应当遵守甲方设定的相应规则，否则就会影响甲方合同目的的实现。为了有效地约束乙方的经销行为，才设立了经销保证金的制度。在乙方违反合同约定进行销售时，适用保证金罚则，对于警示乙方全面履行合同义务的作用是显而易见的。

〔54〕《合同法》第 114 条第 1 款（现《民法典》第 585 条第 1 款）规定："当事人可以约定一方违约时应当根据违约情况向对方支付一定数额的违约金，也可以约定因违约产生的损失赔偿额的计算方法。"根据此规定，**在制作违约金条款时，可以采取两种具体方法：一种是定额违约金，另一种是变量违约金。综合考虑这两种违约金计算方法，显然后一种方法更具合理性。**理由很简单，定额违约金由于金额是恒定不变的，当因违约造成的损失与定额违约金不等值时，合同双方都会对此产生不满，可能会因此依据《合同法》第 114 条第 2 款（现《民法典》第 585 条第 2 款）的规定请求法院或者仲裁机关予以增加或者减少，从而增加纠纷解决的难度。在使用变量违约金的情况下，由于违约金的金额是随着违约行为的程度随时变化的，不存在违约造成的损失与违约金金额不等值的问题，使得纠纷的解决相对容易。

〔55〕上述两个条款根据乙方违约行为程度的不同，设定了不同的违约责任，主要目的还是督促乙方及时、全面地履行义务，尽量避免纠纷的发生。

〔56〕前文已经提到，3.1.3 条款是为了核实乙方供应超市时发生的欠款专门设计的，其目的是避免乙方故意以此为理由拖延支付货款，督促乙方按照诚实信用原

则的要求全面履行合同义务。在这种背景下,如果乙方不提供或者不完整提供相关资料,就会直接损害甲方的利益。因此,对于这种特殊背景下可能出现的违约行为,必须在违约责任条款中加以明确。

〔57〕在一些地方仍然存在地方保护主义,司法不公、司法腐败更加隐蔽、员额法官滥用审判权、案多人少导致案件审判质量下降的背景下,争议解决条款仍然是合同中很重要的一个内容。因为合同制订得再周密,也难免出现违约的情况,有违约就可能有诉讼,而诉讼的地点在特定的背景下可能会直接影响到案件的进展和结果。在笔者二十余年的执业经历中,经常遇到签订合同的双方由于对合同中约定的争议解决的管辖地争执不下,而造成合同的主要条款已经确定却无法最终签约的尴尬局面,因为双方都想争取发生纠纷时在对自己最有利的地点进行诉讼。

在制作"争议的解决"条款时,律师应当尽量争取对委托人最为有利的解决方式。但是,如果遇到双方争执不下的情况时,也可以采取折中的策略:一种方法,是选择一个与双方均无联系并且能够接受的地点作为合同签订地,约定"发生纠纷时由合同签订地法院(或者仲裁机构)管辖",这样可以最大限度地打消双方对对方信用和司法公正的疑虑,有利于促使双方全面地履行合同义务;另一种方法,是直接约定由"原告住所地法院管辖",这样可以在一定程度上对有"主观违约"意图的当事人形成威慑,使其不敢轻易违约。

〔58〕此处所列合同附件都是合同履行过程中可能出现或者经常需要使用的文件,特意在合同条款中强调这些文件的作用,可以最大限度地防止在履行合同过程中遗漏双方当事人的权利和义务,有利于促使双方当事人及时、全面地履行合同。

(三)固定资产租赁合同范本与批注

这份固定资产租赁合同同样是为前文所述 B 公司制作的。前文已经提到,B 公司于 2002 年 4 月进行了增资扩股,在这个过程中,很多股东以其拥有的粮食加工企业的固定资产作为出资。这样就形成了增资扩股后,29 家加工厂散布在省内 16 个县域的情况。由于粮食加工行业的产品大多需要依靠铁路运输,距离铁路站点较远的加工厂的短途运输成本就成为其竞争中的短板。出于节约成本、提高效率的考虑,B 公司决定将部分距离铁路站点较远的加工厂以固定资产租赁的方式交给社会资本经营,以达到降低运营成本、盘活资产的目的。

| 范本9-3 | 固定资产租赁合同① |

固定资产租赁合同

出租人：_____

住所地：_____

法定代表人：_____

统一社会信用代码：_____

承租人：_____

住所地：_____

法定代表人/负责人：_____

职务：_____

统一社会信用代码：_____

出租人与承租人双方在充分介绍与了解[1]出租人拥有所有权[2]的固定资产(以下简称"租赁物")现状的基础上,经平等协商,就承租租赁物的相关事宜达成一致,签订本合同。

1. 租赁物、租金及租赁期限

1.1 本合同项下的租赁物包括厂房、库房、围墙等建筑物和构筑物,以及相应的生产设备。详见本合同附件:《出租固定资产明细表》。[3]

1.2 上述租赁物只能用于工业生产,未经出租人书面同意不得用于其他用途。

1.3 本合同期限自20____年____月____日起,至20____年____月____日止,共计_____(大写:_____)个月,其中包括_____(大写:_____)个月的准备期,其余时间为租赁期限。

1.4 第一年租金数额为_____元(大写:_____),以后各年度租金以此为基数,每年递增10%。[4]

1.5 本合同所称"第×年""第×年度",是指租赁年度而非日历年度[5];租赁期限开始后,每12个月为一个租赁年度。从起租日届至的当天开始计算租赁期限。[6]

---

① 根据现行相关法律规定进行了部分修订。

1.6 出租人将租赁物交付后的第_____（大写：_____）日为起租日；租赁物交付后至起租日届至的期间为准备期。由于出租人的原因造成准备期延长的，起租日和合同期限相应顺延。具体事宜由双方届时另行协商并签订书面补充协议。

2. 租金支付及租赁物的交付

2.1 承租人应当在本合同签订的同时支付第一年租金数额的20%作为定金；在定金支付后15日内支付第一年度的租金；已经支付的定金抵作租金。以后每一年度的租金，应当在下一年度开始之前提前90日支付。

2.2 出租人应当在承租人履行完毕上述付款义务后7日内交付租赁物。

3. 双方的权利和义务

3.1 出租人的权利。

3.1.1 根据法律规定和本合同的约定收取租金。

3.1.2 在租赁期间对承租人使用租赁物的情况随时进行监督、检查。

3.1.3 承租人履行本合同的行为可能危及租赁物安全、造成租赁物损坏或者加速租赁物贬值时，出租人有权采取即时制止、责令限期整改、恢复原状等救济措施。

3.1.4 《中华人民共和国民法典》以及其他法律规定的出租人应当享有的权利。

3.2 出租人的义务。

3.2.1 保证租赁物的权属不存在影响承租人行使租赁权的情形。

3.2.2 保证租赁物处于能够正常使用的状态。

3.2.3 不得干涉承租人正常的生产经营活动。[7]

3.2.4 《中华人民共和国民法典》以及其他法律规定的出租人应当承担的义务。

3.3 承租人的权利。

3.3.1 使用租赁物自主开展经营活动而不受任何非法或者本合同约定以外的干涉。

3.3.2 对在本合同期限内因履行本合同取得的收益拥有完全的所有权。

3.3.3 在本合同期限内，出租人出卖租赁物的，在同等条件下享有优先购买权。

3.3.4 《中华人民共和国民法典》以及其他法律规定的承租人应当享有的权利。

3.4 承租人的义务。

3.4.1 根据本合同约定及时支付租金。

3.4.2 不得以出租人或者租赁物所属出租人的分支机构的名义对外开展经营活动。[8]

3.4.3 不得使用租赁物进行非法活动。

3.4.4 妥善保管租赁物,根据生产经营的用途正常、合理地使用租赁物,及时对机器设备进行必要的保养和维修。[9]

3.4.5 因不当使用造成建筑物、构筑物损坏的,应当恢复原状。

3.4.6 对租赁物进行改善或者增设他物的,须经出租人书面同意。出租人同意的,发生的相关费用由承租人自行承担。租赁关系终止后,增设的他物能够与租赁物分离并且不破坏租赁物使用功能的,承租人可以将增设的他物拆除,因此发生的费用由承租人自行承担。增设的他物不能够与租赁物分离,或者使增设的他物与租赁物分离会破坏租赁物使用功能的,增设的他物无偿归出租人所有,承租人不得拆除或者损坏。

3.4.7 《中华人民共和国民法典》以及其他法律规定的承租人应当承担的义务。

4. 履行本合同的担保

本合同签订后 7 日内,承租人应当在下列担保方式中任选一种或几种作为履行本合同的担保[10]:

4.1 缴纳保证金。保证金的数额为本合同签订时出租人财务资料账面记载的租赁物净值的30%。[11]

4.2 抵押。以承租人或者本合同以外的第三人提供的财产作为抵押物。抵押物的价值可以由中介机构评估或者经双方协商确认[12],但是,不得低于本合同签订时出租人财务资料账面记载的租赁物净值的50%[13]。

4.3 质押。质押承租人或者本合同以外的第三人有权处分的下列权利:(1) 汇票、支票、本票;(2) 债券、存单;(3) 可以转让的基金份额、股权。上述权利的价值可以由中介机构评估或者经双方协商确认,但是,前两项权利的价值不得低于本合同签订时出租人财务资料账面记载的租赁物净值的30%[14];后一项权利的价值不得低于本合同签订时出租人财务资料账面记载的租赁物净值的50%[15]。

4.4 承租人选择抵押和/或可以转让的基金份额、股权等权利质押的,提供的担保的价值不能低于出租人财务资料账面记载的租赁物净值的50%。

5. 违约责任

5.1 出租人的违约责任。

5.1.1 因租赁物权属存在争议给承租人造成直接经济损失的,应当予以赔偿。

5.1.2 向承租人交付租赁物时,租赁物不能正常使用的,应当向承租人支付本合同约定租金10%的违约金;承租人可以解除合同。承租人要求继续履行合同的,出租人应当将租赁物恢复至能够正常使用的状态。

5.1.3 因干涉承租人正常的生产经营活动给承租人造成直接经济损失的,应当予以赔偿。

5.2 承租人的违约责任。

5.2.1 不能按照本合同约定及时支付租金的,应当向出租人支付拖欠租金数额每日5‰的违约金;超过本合同约定期限30日,仍然未支付租金的,出租人可以解除合同。

5.2.2 以出租人的名义对外开展经营活动的,本合同终止,承租人应当向出租人支付当年度租金200%的违约金。

5.2.3 履行本合同的行为可能危及租赁物安全、造成租赁物损坏或者加速租赁物贬值时,对出租人采取的即时制止、责令限期整改、恢复原状等救济措施不予以配合的,出租人可以解除合同。

5.2.4 因不当履行本合同给出租人造成直接经济损失的,应当予以赔偿。承租人不能赔偿或者不主动赔偿的,出租人可以通过主张担保物权的方式实现受偿的权利。

6. 争议的解决

双方因履行本合同发生争议时应当尽量协商解决,协商不成时,向出租人所在地有管辖权的法院起诉。

7. 其他

7.1 本合同自下列条件之一成就之日起生效:

7.1.1 双方在本协议上盖章。

7.1.2 双方的法定代表人或者负责人在本协议上签字。

7.1.3 持有双方合法授权委托书的代理人在本协议上签字。

7.2 本合同一式两份,双方各执一份。

甲方(盖章):　　　　　　　乙方(盖章):
法定代表人(签字):　　　　　法定代表人/负责人(签字):
委托代理人(签字):　　　　　委托代理人(签字):

签订日期:20＿＿年＿＿月＿＿日

笔者批注：

〔1〕作为租赁物的固定资产不仅包括厂房、库房和办公用房等建筑物，还包括机器设备、机械、运输工具以及其他与生产、经营有关的设备、器具、工具等众多种类的物品。这些物品的状况直接影响本合同的目的能否实现。因此，在合同条款中强调双方对相关情况的介绍与了解，可以有效避免承租人以未充分了解租赁物状况为由发生的纠纷。

〔2〕强调出租人拥有所有权的意义在于提醒合同双方对租赁物的权属应予必要的注意，以免出现因无权处分发生纠纷，给双方造成不必要的麻烦。

〔3〕批注〔1〕中已经提到，作为租赁物的固定资产种类众多，为了便于双方对租赁物的交接和确认，以《出租固定资产明细表》的方式将租赁物逐一列明无疑是最佳的选择。在实际操作中要注意，应当把具体工作交给委托人的相关部门承担，不要自己制作。同时，应当提醒委托人在《出租固定资产明细表》中注明每一项固定资产的状态，如果能够采取录像或者照相的方式加以固定更佳。

〔4〕租金的上涨条款在租赁合同中是普遍存在的，也是租赁合同纠纷中容易产生争议的因素之一。究其原因，绝大多数都在于对租金上涨的计算方式约定不明。最为常见的约定是："从第二年开始每年增加×%。"如果不认真琢磨，这样的约定似乎没有什么问题，但是，一旦执行起来就会发现问题：每年增加×%的基数是多少？例如，第一年租金10万元，从第二年开始每年增加5%。第二年的租金通常不会发生争议，即105,000元（100,000+100,000×5%）。第三年呢？是110,000元（100,000+100,000×5%×2）还是110,250元（105,000+105,000×5%）？因此，笔者在这一条款中明确了租金上涨的基础——基数和上涨的计算方法——递增，以避免合同当事人因此产生争议。在其他类型的租赁合同中，也可以考虑以其他因素作为租金上涨的基础和计算方法。例如，笔者为一家购物中心制作的《商铺租赁合同》，就是从第二年开始，以上一年的租金为基数，以国家统计局公布的上一年度CPI涨幅的150%作为计算方法。

〔5〕在实际经营过程中，大多数租赁合同的起租日都不是1月1日。而租赁期限通常都是以年为计算单位。因此，为了方便租赁合同双方计算合同期限，可以采取以租赁年度替代日历年度的方式加以解决。在此基础上，为了避免争议，有必要在合同条款中对这一情况作出说明。

〔6〕在经营性租赁合同的履行过程中，承租方通常需要对租赁物进行必要的整理、改造、装修、装饰后才能开展经营活动。因此，合同期限由两部分组成：一部分是

准备期,另一部分才是实际开展经营活动的租赁期。在这种情况下,界定租赁期的开始时间是十分必要的,因为这个时间节点是计收租金的时间依据,对于租赁合同双方都具有十分重要的意义。

〔7〕之所以将此设定为出租人的义务,是因为本合同是固定资产租赁合同,不是租赁经营合同。也就是说,合同标的是物,而不是企业的经营权。这一点在制作合同时应当特别注意。

〔8〕设定这一条款的目的与批注〔7〕的理由完全一致。这里需要解释的是,为什么要强调"不得以出租人或者租赁物所属出租人的分支机构的名义对外开展经营活动"。在介绍制作这份合同的背景时已经提到,本合同的租赁物是 B 公司下属加工厂的固定资产。而大多数固定资产(特别是厂房、粮仓等建筑物、构筑物)通常是不能移动的,这就会造成一个客观事实——承租人实际上是在出租人或者租赁物所属出租人的分支机构的营业地址(本合同是在租赁物所属出租人的分支机构的营业地址)开展经营活动。在这种情况下,很容易误导不知情的第三人,以为承租人与出租人或者租赁物所属出租人的分支机构是同一主体。如果在合同中不对此做出特别约定,对于维护出租人的合法权益(特别是商誉)是十分不利的。在合同之外,律师还应当建议出租人以适当的方式(例如通过媒体或者公司网站发布公告)将相关事宜公之于众,尽可能避免承租人违约给出租人带来麻烦。

〔9〕与单纯的房屋租赁不同,本合同标的还包括大量的生产设备。这些生产设备都是易损坏的,只有经常性地进行必要的保养和维修,才能保证其具备应有的使用功能。现在很多律师,特别是年轻律师在制作合同的时候,往往习惯于从网上下载相关的合同范本,这种做法固然可以提高工作效率,但是,不加甄别地使用,特别是不考虑委托人使用合同的目的、背景等个性化因素而盲目地使用合同范本,不但无法满足委托人的实际需要,还可能给委托事项带来隐患。因此,在制作合同的时候,充分考虑一些个性化条款的设定和安排是十分必要的。

〔10〕虽然本合同不存在承租人对出租人负有直接的、明显的债务,但是,如果承租人在合同履行过程中不能适当地履行对租赁物的维修和保养义务,很容易造成租赁物加速贬值,甚至损坏的后果。为了约束承租人使用租赁物的行为,要求其提供担保是一种适当的解决方法。

〔11〕保证金不同于定金,并无法律明文规定其数额。在制作合同时,可以根据具体情况处理。但是,对于出租人来讲,保证金的比例不宜过低,否则,会失去担保的作用。

〔12〕为了提高交易效率,在出租人充分了解抵押财产状况和市场价格的情况下,以协商的方式确定抵押财产的价值无疑是最佳选择。需要注意的是,如果出租人具有国资背景,最好采取评估的方式确定抵押财产的价值。

〔13〕这个比例高于保证金的比例,主要是考虑在一定程度上减少作为抵押权人的出租人的损失,因为拍卖、变卖抵押财产是需要支付相应费用的,而且还可能由于无人出价而多次降低拍卖、变卖的底价。

〔14〕在变现的方便程度上,票据和债券、存单与现金并无实质区别。因此,可以按照保证金的比例确定。

〔15〕可以转让的基金份额和股权在价值体现上比抵押财产相对直观一些。但是,前者会随着股市的变化而变化,不是很稳定,更不会只涨不跌;而股权的价值同样需要估算,此时,可以比照抵押物的价值确定方法来处理。

(四)融资担保合同范本与批注

融资担保,是指担保人为借款人向贷款人融资提供的本息偿还的担保,它具有金融性和中介性的双重属性,属于金融中介服务。K公司是一家以融资担保为主营业务的公司,笔者受聘担任其常年法律顾问。介入工作后,笔者发现该公司使用的合同条款过于简单,无法做到充分防范担保行为给自身带来的风险;此外,公司使用的合同没有区分借款人的主体资格,导致业务人员在使用时经常不得不在印制好的合同上手动修改,既影响工作效率,又容易造成疏漏。为了规范K公司的经营活动,笔者决定把制作统一的合同文本作为提供法律顾问服务的首要任务。

经过审阅正在使用的合同文本,了解公司的业务流程和各部门、岗位的工作权限和岗位职责,与业务人员当面沟通和交流等一系列准备工作之后,笔者为K公司制作了2个种类、7个不同版本的合同范本。2个种类包括K公司与借款人签订使用的担保服务合同和借款人向K公司提供反担保的反担保合同。7个不同版本包括:借款人分别为非自然人和自然人的《担保服务合同(A)》和《担保服务合同(B)》;第三人为借款人向K公司提供保证的《反担保保证合同》;抵押人与借款人不是同一人、并且借款人为非自然人的《反担保抵押合同(A1)》;抵押人与借款人为同一人、并且借款人为非自然人的《反担保抵押合同(A2)》;抵押人与借款人不是同一人、并且借款人为自然人的《反担保抵押合同(B1)》;抵押人与借款人为同一人、并且借款人为自然人的《反担保抵押合同(B2)》。下面,以《担保服务合同(A)》为例介绍融资担保系列合同的制作。

范本 9-4　担保服务合同

担保服务合同（A）

合同编号：（20＿＿＿）融担字 A 第＿＿＿＿＿＿＿号

签约提示：

1. 适用本合同的担保服务购买方应当为法人或非法人组织。[1]

2. 担保服务购买方在正式签订本合同之前请认真、仔细阅读全部内容，对于有异议之处请及时提出以便协商修改。

3. 敬请担保服务购买方注意，本合同的签订及履行并不意味着担保服务提供方理应为贵单位的债务承担担保责任。贵单位不能或者不当履行债务导致担保服务提供方承担担保责任的行为即构成违约，贵单位应当根据本合同的约定承担违约责任。

4. 合同双方在本合同上签字或者盖章的行为，意味着双方已经认真、仔细阅读了本合同全部条款并充分理解其含义，双方对本合同不存在持有异议或者不清楚、不了解任何条款含义的情形。

担保服务购买方[2]（以下简称"甲方"）：＿＿＿＿＿＿＿＿＿＿＿＿＿＿＿＿

统一社会信用代码：＿＿＿＿＿＿＿＿＿＿＿＿＿＿＿＿＿＿

注册地址：＿＿＿＿＿＿＿＿＿＿＿＿＿＿＿＿＿＿

法定代表人/负责人：＿＿＿＿＿＿＿＿＿＿＿＿＿＿＿＿

担保服务提供方[2]（以下简称"乙方"）：K 融资担保股份有限公司

统一社会信用代码：＿＿＿＿＿＿＿＿＿＿＿＿＿＿＿＿＿＿

注册地址：＿＿＿＿＿＿＿＿＿＿＿＿＿＿＿＿＿＿

法定代表人：＿＿＿＿＿＿＿＿＿＿＿＿＿＿＿＿

鉴于：

甲方存在购买担保服务的需求；乙方拥有符合法律规定的提供担保服务的资质和能力。双方经平等协商，就甲方购买乙方提供的担保服务的相关事宜达成一致：

1. 合同术语

1.1　本合同所称担保服务，是指甲方在向银行业金融机构债权人进行融资的过程中，为了满足债权人提供相应担保的要求，由乙方以甲方的保证人身份与债权人约定对甲方所负债务依法承担连带保证责任,甲方向乙方支付报酬的民事法律行为。[3]

1.2 本合同所称通知,是指双方在履行本合同过程中,以书面形式对履行合同的行为进行告知或确认的行为以及记录对履行合同的行为进行告知或确认的书面文件。

1.3 本合同所称贷款行,是指向甲方发放贷款的银行业金融机构。

1.4 本合同所称借款合同,是指甲方与贷款行签订的,贷款行将一定种类和数额的货币所有权移转给甲方,甲方于一定期限内返还同种类同数额货币并支付利息的合同。

1.5 本合同所称反担保落实,是指下列情形:反担保形式为保证的,乙方与反担保保证人签订的《反担保保证合同》已经生效;反担保形式为抵押的,乙方与反担保抵押人签订的《反担保抵押合同》已经生效并已办理完毕抵押登记;反担保形式为保证加抵押的,乙方与反担保保证人签订的《反担保保证合同》已经生效,乙方与反担保抵押人签订的《反担保抵押合同》已经生效并已办理完毕抵押登记。[4]

1.6 本合同所称商业秘密,除了应当具备法定条件之外,权利所属一方还应当向对方以明示的方式告知;否则,对方无须承担本合同约定的保密义务。

2. 甲方融资的基本情况

2.1 贷款行。

2.1.1 名称:_____。

2.1.2 地址及联系方式:_____。

2.1.3 经办人姓名及联系方式:_____。

2.2 借款合同。

2.2.1 编号:_____。

2.2.2 签订日期:20____年____月____日。

2.2.3 甲方贷款的用途:_____。

2.2.4 本金金额(大写):_____币_____元。

2.2.5 利率(大写):_____。

2.2.6 借款期限自20____年____月____日至20____年____月____日。

3. 担保服务的具体内容及报酬

3.1 乙方提供的连带责任保证的范围包括：借款合同项下的本金及利息、违约金、损害赔偿金和债权人实现债权的费用。

3.2 保证期间。

3.2.1 乙方提供的连带责任保证的期间为借款合同约定的履行期届满之日起两年。

3.2.2 保证期间内，甲方经贷款行同意转让债务的，应当经乙方书面同意；否则，乙方不再承担保证责任。

3.2.3 保证期间内，甲方经贷款行同意转让部分债务，应当经乙方书面同意；否则，乙方对未经其同意转让部分的债务，不再承担保证责任；对于未转让部分的债务仍然承担保证责任。

3.2.4 保证期间内，贷款行与甲方协议变更本合同 2.2.3、2.2.4、2.2.5、2.2.6 等四个条款中的任何一个的，应当经乙方书面同意；否则，乙方不再承担保证责任。

3.2.5 保证期间内，甲方与贷款行延长借款合同的履行期限未经乙方书面同意的，保证期间仍为本合同 3.2.1 条款约定的期间。

3.3 担保服务费。

3.3.1 甲方应当向乙方支付借款合同约定的本金金额的 3% 的担保服务费，共计(金额大写)＿＿＿＿＿＿＿＿元。

3.3.2 乙方与贷款行签订保证合同之后，甲方无权以任何理由要求乙方退还其已经支付的担保服务费。

4. 履行规则

4.1 甲方向乙方提出提供担保服务的申请后，应当按照乙方的要求提供相关资料，由乙方进行受理审核。

4.2 甲方应当在接到乙方受理审核合格的通知后 3 个工作日内，向乙方支付评审费 2,000(贰仟)元，由乙方对甲方的相关情况进行评审。甲方能够通过乙方的评审程序最终签订本合同的，该笔费用在向乙方支付担保服务费时从应当支付的担保服务费金额中予以冲减；甲方未能通过乙方的评审程序而无法签订本合同的，该笔费用不予退还。

4.3 甲方应当在接到乙方评审合格的通知后 10 个工作日内，向乙方提供下列形式之一的反担保：

4.3.1 保证。经过乙方审查同意的第三人提供的连带责任保证,具体内容以乙方与第三人签订的《反担保保证合同》为准。提供保证的第三人不得为自然人。

4.3.2 抵押。甲方和/或第三人提供其享有所有权的下列财产作为抵押物,当甲方不能按照本合同的约定向乙方清偿债务时,乙方有权依照《反担保抵押合同》的约定和相关法律规定,以该抵押物或者变卖该抵押物所得的价款优先受偿:(1)抵押人所有的房产;(2)抵押人所有的经乙方同意的其他可以进行抵押登记的财产。具体内容以乙方与抵押人签订的《反担保抵押合同》为准。

4.3.3 保证加抵押。甲方和/或第三人向乙方同时提供前述两种形式的担保。

4.3.4 乙方不承担办理财产抵押所需的评估、登记、公证、保险等相关费用。

4.3.5 借款合同的本金金额,在反担保形式为抵押的情况下,最多不超过抵押物价值的70%;在反担保形式为保证加抵押的情况下,最多不超过抵押物价值的90%。[3]

4.4 乙方应当在甲方提供的反担保落实之后,根据贷款行的要求及时与其签订保证合同。

4.5 甲方应当在乙方与贷款行签订保证合同之前,向乙方支付本合同3.3.1条款约定的担保服务费。

4.6 甲方在本合同签订后、终止之前应当承担的义务。

4.6.1 不得将贷款用于"借新还旧"。[5]

4.6.2 不得改变借款合同中约定的贷款用途。

4.6.3 按照借款合同的约定全面履行还款义务。

4.6.4 接受并积极配合乙方对经营和财务状况进行的必要的监督、检查。

4.6.5 无条件接受乙方指派的专人对贷款使用情况进行全程监管,承担因此支出的合理费用。[6]

4.6.6 未经乙方书面同意不得实施任何可能导致经营状况恶化或者偿债能力降低的行为。[7]

4.7 乙方对于在签订和履行本合同过程中知悉的甲方的商业秘密负有保密义务。

4.8 本合同内容未经对方书面同意,任何一方不得向任何第三人披露。司法机关和政府部门因工作需要,要求双方中的任何一方配合的除外。

5. 违约责任

5.1 甲方的违约责任。

5.1.1 不能按照本合同约定及时向乙方提供反担保或者支付担保服务费的,应当向乙方支付本合同约定的担保服务费金额10%的违约金;乙方可以解除本合同。

5.1.2 未能按照借款合同的约定全面履行义务导致乙方承担保证责任的,应当在收到乙方追偿通知后5个工作日内一次性清偿代偿款项,并应当支付代偿金额10%的违约金;超过上述期限清偿的,在支付代偿金额10%的违约金的基础上,每逾期一日,还应当支付代偿金额5‰的违约金。违约金不足以弥补乙方损失的,甲方还应当继续承担赔偿责任。

5.1.3 出现本合同4.6条款项下任何一种情形的,乙方有权将相关情况通知贷款行并依法单独或者与贷款行联合采取相应预防措施,甲方不得对此提出任何异议。

5.2 乙方的违约责任。

5.2.1 乙方收取担保服务费后不能为甲方提供本合同约定的担保服务的,应当退还所收担保服务费,并应当支付实收担保服务费金额10%的违约金;因此给甲方造成直接经济损失的,还应当承担赔偿责任。

5.2.2 本合同终止后,不积极配合甲方办理解除抵押的相关手续的,应当自本合同终止3个月届满之日起,每日向甲方支付抵押物价值5‰的违约金,并应当按照甲方的要求在合理期限内办理相关手续;因此给甲方造成直接经济损失的,还应当承担赔偿责任。

6. 争议的解决

双方发生的与本合同有关的争议,应当尽量协商解决;协商不成时,任何一方均可向下列法院之一起诉(只能选择其中的一个,在选定的选项之前的"□"中画"√";在未选定的选项之前的"□"中画"×"):□乙方所在地有管辖权的人民法院;□合同签订地有管辖权的人民法院。

7. 其他事项

7.1 本合同自下列条件之一成就时起生效:

7.1.1 双方在本协议上加盖公章或者合同专用章。

7.1.2 双方的法定代表人或者负责人在本协议上签字或盖章。

7.1.3 持有双方合法授权委托书的代理人在本协议上签字。

7.2 本合同一式(数字大写)_____份,双方各执(数字大写)_____份。

7.3 双方在本合同期限内签订的所有与履行合同有关的书面文件均视为本合同附件,与本合同具有同等法律效力。

甲方(盖章):　　　　　　　　乙方(盖章):

法定代表人(签字或盖章):　　　法定代表人/负责人(签字或盖章):

委托代理人(签字):　　　　　　委托代理人(签字):

　　　　　　　　　　　　　　　签订日期:20___年___月___日

　　　　　　　　　　　　　　　签订地点:_____

笔者批注:

〔1〕在同种性质的合同存在多个版本的情况下,在"签约提示"部分注明合同版本适用的主体,既方便委托人使用,又可以体现出律师提供法律服务的细致和周到。

〔2〕融资担保合同在《民法典》中并无相关规定,属于非典型合同。为了明确合同双方当事人在合同中所处的地位及双方的权利义务关系,笔者根据合同的标的和交易方式原创了双方当事人在系列合同中的称谓。主要是考虑:首先,合同标的是一种金融中介服务,为了区别于财务顾问、理财顾问等其他金融中介服务,将其定名为担保服务。其次,此种类型合同的交易方式与买卖合同类似,一方支付价款,另一方提供担保服务,因此,将双方当事人分别定位为服务购买方和服务提供方。

〔3〕之所以对担保服务作出定义,首先,主要是为了突出此种类型合同中担保的有偿性。在传统的担保法理论以及大量的担保法教科书中,保证合同属于无偿合同。但是,实践中的经济活动颠覆了传统的法学理论,大量有偿保证行为成为推动经济和社会发展的制度动力。在这种情况下,律师作为以法律实务为职业的法律人,应当成为突破传统观念的先锋。其次,为了突出担保服务的合法性,在定义中使用了"民事法律行为"一词。最后,为了明确融资担保服务的特点,一方面强调了"甲方在向银行业金融机构债权人进行融资的过程中,为了满足债权人提供相应担保的要求"的合同目的,其意义在于排除融资担保服务购买方向银行以外的金融机构(特别是小额贷款公司)融资的情况;另一方面强调了"由乙方以甲方的保证人身份与债权人约定对甲方所负债务依法承担连带保证责任,甲方向乙方支付报酬"的

合同双方当事人的交易方式。

〔4〕融资担保服务的购买方(以下简称"甲方")之所以存在对融资担保服务的需求,通常都是因为无法提供满足银行规定条件的担保。因此,为了尽可能降低融资担保公司的经营风险,要求甲方提供反担保是十分必要的。之所以强调"反担保落实",主要是出于以下考虑:一是明确合同的交易规则,避免由于交易规则约定不清导致合同履行过程中发生争议;二是利用合同设定的交易规则迫使委托人优化业务流程,尽可能降低委托人的经营风险。在设计合同条款的时候,尽可能地利用交易规则降低委托人的经营风险,是合同制作过程中律师价值和作用的体现。如果做不到这一点,律师就将失去提供相关法律服务的市场。

〔5〕设定这一条款,是为了防止委托人为甲方的旧贷承担保证责任。在通常情况下,融资担保公司不会轻易同意为甲方的旧贷提供担保服务,因为拥有旧贷往往意味着甲方的清偿能力存在问题,作为提供担保服务的一方因此承担代偿责任的风险加大,这是融资担保公司不愿意看到的。但是,根据当时有效的《最高人民法院关于适用〈中华人民共和国担保法〉若干问题的解释》第39条第1款的规定,"主合同当事人双方协议以新贷偿还旧贷,除保证人知道或者应当知道的外,保证人不承担民事责任"。也就是说,在"借新还旧"的情况下,如果保证人知道或者应当知道这种情况,保证人应当对此承担保证责任。为了避免这一规定给委托人带来风险,将"不得将贷款用于借新还旧"设定为甲方的义务,一方面可以限制甲方的权利,另一方面也可以在甲方意图"借新还旧"的时候,以此证明作为保证人的委托人并不知情,以达到防范风险的目的。

《最高人民法院关于适用〈中华人民共和国民法典〉有关担保制度的解释》第16条对于"借新还旧"给出的规则是,"主合同当事人协议以新贷偿还旧贷,债权人请求旧贷的担保人承担担保责任的,人民法院不予支持;债权人请求新贷的担保人承担担保责任的,按照下列情形处理:(一)新贷与旧贷的担保人相同的,人民法院应予支持;(二)新贷与旧贷的担保人不同,或者旧贷无担保新贷有担保的,人民法院不予支持,但是债权人有证据证明新贷的担保人提供担保时对以新贷偿还旧贷的事实知道或者应当知道的除外"。

在上述情况下,融资担保公司除了应当保留原有约定之外,还应当注意:(1)尽可能避免在贷款人与借款人"协议以新贷偿还旧贷"的情况下,继续为新贷提供担保;(2)在为贷款提供担保时,应当了解清楚是否存在贷款人与借款人"协议以新贷偿还旧贷"的情况,不能仅仅寄希望于合同中的这一条款已经做出了约定。

〔6〕、〔7〕设定这两个条款都是为了尽可能降低因甲方的不当经营行为造成清偿能力下降,给委托人带来承担代偿责任的风险。在处理相关业务时,律师对类似情况应当给予充分的注意,因为对于融资担保公司而言,这两个条款所述的内容是最大的风险来源。

(五) 委托生产合同范本与批注

委托生产,是经济学领域的概念,在我国往往从不同角度冠之以"贴牌生产""代工生产""委托加工""定牌制造""生产外包"等不同的称谓,它源自国外知名品牌企业的OEM(Original Equipment Manufacturer)模式,英文原意是原始设备生产商。虽然称谓各异,其本质都是指拥有优势品牌的企业为了降低成本、缩短运距、抢占市场,向其他生产企业提供产品的设计参数和技术设备支持委托其进行加工生产,并在生产出的产品上贴上委托方的商标出售,以此来满足对产品质量、规格和型号等方面的要求的一种生产经营模式。

Y公司是一家知名的家电制造商,拥有一个中国驰名商标和多个不同类型的家电品牌。为了实现低成本生产、抢占全国市场的目的,公司董事会决定采取委托生产的方式扩大生产规模。应Y公司的要求,笔者为其制作《委托生产合同》。

范本 9-5　委托生产合同

委托生产合同

合同编号:(20____)委字第_____号

签约提示:

1. 在正式签订本合同之前请认真、仔细阅读全部内容,对于有异议之处请及时提出以便协商修改。

2. 合同双方在本合同上签字或者盖章的行为,意味着双方已经认真、仔细阅读了本合同全部条款并充分理解其含义,对本合同不存在持有异议或者不清楚、不了解任何条款含义的情形。

委托方(以下简称"甲方"):_____

统一社会信用代码:_____

注册地址:_____

法定代表人:_____

受托方(以下简称"乙方"):＿＿＿＿＿＿＿＿＿＿＿＿＿＿＿＿＿
统一社会信用代码:＿＿＿＿＿＿＿＿＿＿＿＿＿＿＿＿＿＿＿
注册地址:＿＿＿＿＿＿＿＿＿＿＿＿＿＿＿＿＿＿＿＿＿＿＿
法定代表人:＿＿＿＿＿＿＿＿＿＿＿＿＿＿＿＿＿＿＿＿＿＿

鉴于:

甲方是已经在中国商标局注册的＿＿＿＿＿＿＿＿＿＿＿＿商标(《商标注册证书》/《商标使用许可合同》作为本合同附件附后)的权利人[1];乙方具有生产上述商标注册证书项下"核定使用商品"范围内所有产品(以下简称"代工产品")的生产资质和生产能力。[2]

双方经平等协商,就甲方委托乙方生产代工产品的相关事宜达成如下协议:

1. 合同术语

1.1 本合同所称通知,是指双方在履行本合同过程中,以书面形式对交易行为进行告知或确认的行为以及记录对交易行为进行告知或确认的书面文件。

1.2 本合同所称乙方工厂,是指乙方生产车间和/或储存原材料、半成品、产成品的仓库所在的地点。乙方办公场所与生产车间和/或仓库在同一地点的,以乙方营业执照登记的注册地址为准;乙方办公场所与生产车间和/或仓库不在同一地点的,以《生产订单》中标注的地址为准。[3]

1.3 本合同所称订单,是指双方为履行本合同,在本合同条款内容之外签署的用以确认每次交易的品名/品种、型号/规格、包装、数量、报酬单价和报酬金额等具体事项的书面文件,包括但不限于本合同条款中列明的《生产订单》和《生产订单确认函》。作为本合同的附件,订单与本合同具有同等法律效力。

1.4 本合同所称原材料,是指生产代工产品所需的原料及主要材料、辅助材料和外购的半成品及配件。

1.5 本合同所称包装物的外包装部分,是指包装代工产品所需使用的标注产品标识信息的最外层的包装容器。

1.6 本合同所称产品标识,是指根据国家质量技术监督局发布的《产品标识标注规定》的要求,在代工产品的包装上记载相关信息的印刷品。

1.7 本合同所称产成品,是指已完成全部生产过程、按照法律规定和本合同约定的标准检验合格、可供销售的代工产品。

1.8 本合同所称售后服务,是指代工产品初次投入使用时的送货、安装、调试;使用过程中的易损件更换;不合格品的退换;以及由代工产品特性所决定的必需的上门服务。[4]

1.9 本合同所称售后服务机构,包括甲方自设的为使用代工产品的消费者提供售后服务的机构和甲方委托的具有相应资质和售后服务保证能力的第三人。

1.10 本合同所称甲方自提,是指甲方自备运输工具或者自行安排承运人对代工产品进行运输的行为。

1.11 本合同第3条所称双方的权利和义务,是对本合同其他条款关于双方权利义务的约定的补充,该条的内容不限制、不排斥双方依照本合同其他条款的约定或者相关法律的规定行使权利和/或履行义务。

1.12 本合同所称违约责任,是指合同一方不履行合同义务或者履行合同义务不符合或者不完全符合本合同约定所应承担的民事法律责任。

1.13 本合同所称不合格品率=乙方交付的某一批次代工产品中不合格产品的数量÷该批次全部的代工产品数量×100%。[5]

1.14 本合同所称故障率=每一台/套甲方已销售的代工产品出现的不能正常使用的次数÷乙方交付的全部的代工产品数量×100%。[6]

1.15 本合同所称返修率=每一台/套甲方已销售的代工产品出现的需要返厂维修的次数÷乙方交付的全部的代工产品数量×100%。[7]

1.16 本合同所称商业秘密,除了应当具备法定条件之外,权利所属一方还应当向对方以明示的方式告知;否则,对方无须承担本合同约定的保密义务。[8]

2. 合同履行

2.1 订单。

2.1.1 乙方应当在收到甲方通知的《生产订单》后24小时内,将《生产订单确认函》通知甲方。

2.1.2 《生产订单》约定的完成时限,甲方提供原材料的,自原材料全部运至乙方工厂并经乙方验收完毕的次日起计算;甲方不提供原材料的,自乙方发出《生产订单确认函》的次日起计算。

2.1.3 本合同的通知可以使用传真或者电子邮件两种方式中的一种,也可以同时或者交互使用。使用传真方式时,传真件的复印件可以作为确认双方履行本合同的依据;使用电子邮件方式时,双方应当指定各自的邮箱地址,一切与履行本合同有关的通知都应当只通过该指定的邮箱进行收发。[9]

甲方的传真号码:_____
乙方的传真号码:_____
甲方的邮箱地址:_____
乙方的邮箱地址:_____

2.2 原材料。

2.2.1 甲方提供原材料的,应当在收到乙方的《生产订单确认函》后3日内将所需原材料全部运至乙方工厂;乙方应当在原材料运抵后8小时内对数量进行验收。在使用过程中如果发现质量异常,可能因此降低代工产品质量标准的,乙方应当立即停止生产并在停产决定作出后半小时内通知甲方。

2.2.2 甲方不提供原材料的,乙方应当保证原材料的及时供应,并对原材料的质量承担一切责任。本条款所称一切责任,是指对不合格原材料的更换以及由于原材料质量不合格导致代工产品不能达到本合同约定的质量标准时的违约责任。

2.3 包装物和产品标识。

2.3.1 代工产品所需使用的包装物的外包装部分和产品标识由甲方提供[10],应当在收到乙方的《生产订单确认函》后5日内全部运至乙方工厂,乙方应当在运抵后8小时内对数量进行验收。甲方每次提供包装物、产品标识的数量=该次订单数量×105%。[11]

2.3.2 本合同期限内,乙方应当在每个月的5日之前,向甲方通知上个月包装物、产品标识的使用数量。对于不符合使用标准或者剩余的包装物、产品标识,应当足额返还甲方或者在甲方的监督下进行处理。[12]

2.4 产品质量与生产监督。

2.4.1 乙方生产的代工产品的质量以下列第_____(大写)种标准为依据:(1) 国家标准;(2) 行业标准;(3) 地方标准;(4) 企业标准。标准号为:_____。(5) 双方确定的其他标准:_____。

2.4.2 乙方负责代工产品的全过程质量检验。在代工产品未交付之前,甲方可以随时对半成品、产成品进行检验[13],乙方应当予以积极配合,不得以任何形式或者理由进行拖延或者阻挠。

2.4.3 甲方可以随时检查乙方的任何生产过程和生产地点,乙方应当无条件予以配合。[14]

2.4.4 乙方生产的代工产品的包装以下列第_____(大写)种标准为依据:(1)国家标准;(2)行业标准;(3)地方标准;(4)企业标准。标准号为:_____。(5)双方确定的其他标准:_____。

2.4.5 甲方可以随时检查乙方对包装物、产品标识进行保管和使用的情况,乙方应当予以积极配合,不得以任何形式或者理由进行拖延或者阻挠。

2.4.6 因代工产品出现批量质量问题需要召回时,如果由于甲方的原因造成,乙方应当积极配合甲方对召回产品进行修理;如果由于乙方的原因造成,乙方应当按照甲方的要求对召回产品无条件履行修理义务。对召回的代工产品的修理,应当使其达到正常的使用功能和本合同约定的质量标准。

2.4.7 因代工产品召回所发生的费用,由于甲方原因造成的,由甲方承担;由于乙方原因造成的,由乙方承担;双方对造成召回的原因均负有责任或者无法分清责任方的,各承担50%。[15]

2.5 仓储、交付与验收。

2.5.1 原材料、包装物、产品标识运抵乙方工厂后,仓储和保管责任由乙方承担。乙方应当采取适当措施,妥善进行仓储和保管。

2.5.2 产成品未交付之前的仓储和保管责任由乙方承担。

2.5.3 甲方自提代工产品的,代工产品装载至运输工具后视为交付;代工产品毁损、灭失的风险自运输工具离开乙方工厂时起,由甲方承担。

2.5.4 乙方将代工产品送至甲方指定地点的,代工产品卸载并经甲方验收后视为交付;代工产品毁损、灭失的风险自运抵甲方指定地点后,由甲方承担。

2.5.5 甲方应当在代工产品装载时或者运抵指定地点后即时验收。验收时,甲方只需对乙方交付的代工产品质量以外的情况进行查验。

2.5.6 因运输代工产品发生的运输、装卸、保险等相关费用由甲方承担,需要乙方垫付时,须事先征得乙方的书面同意。

2.6 结算与付款。

2.6.1 甲方应当按照每一份《生产订单》的约定，及时向乙方支付报酬；对于乙方垫付的费用，应当在收到乙方提交的能够证明垫付行为已经发生的发票或者收据之后3日内向乙方支付。

2.6.2 乙方选择以下第_____（大写）种付款方式：(1) 支票；(2) 电汇；(3) 网银。

2.6.3 采用上述以外的付款方式须经甲方书面同意。

2.6.4 乙方选择两种或者两种以上的付款方式时，除非乙方事先通知甲方应当以某种付款方式支付，否则，甲方可以选择其中最便利的一种。

2.6.5 使用支票付款时，乙方须安排财务人员赴本合同注明的甲方的注册地址办理付款事宜。

2.7 销售和售后服务。

2.7.1 代工产品的销售和售后服务均由甲方负责。

2.7.2 乙方无权以任何方式销售代工产品。

2.7.3 售出的代工产品经售后服务机构确认需要返厂维修的，由售后服务机构负责将代工产品运送至乙方工厂；乙方应当按照售后服务机构的要求或者双方约定的维修时限将维修完毕的代工产品返还给售后服务机构。因此产生的一切费用，在质保期之内的，由乙方承担；超过质保期的，由甲方承担。

2.7.4 在质保期之内，售出的代工产品经售后服务机构确认，需要更换或者退货的，由售后服务机构负责将代工产品运至乙方工厂。因此产生的一切费用，由乙方承担。

2.7.5 代工产品需要更换易损件的，如果该易损件由乙方生产或者采购，乙方应当保证该易损件的库存量能够满足售后服务的需要；乙方保持易损件库存量的时间，应当不少于最后一批代工产品出厂后的正常使用寿命的年限。[16]

3. 双方的权利和义务

3.1 甲方的权利。

3.1.1 随时检查乙方履行本合同义务的行为，对乙方发生的违约行为按照本合同的约定追究相应的违约责任，直至解除本合同。

3.1.2 按照本合同的约定行使产品质量检验和生产监督的权利。

3.1.3 法律规定的定作人和制造商应当享有的权利。

3.2 甲方的义务。

3.2.1 保证代工产品涉及的知识产权不存在任何争议或纠纷。

3.2.2 按照本合同约定及时向乙方支付报酬和乙方垫付的费用。

3.2.3 自行销售代工产品。

3.2.4 需要占用乙方仓库储存或倒运代工产品时，按照乙方工厂所在地仓储行业的费用标准向乙方支付仓库租金。

3.2.5 法律规定的定作人和制造商应当承担的义务。

3.3 乙方的权利。

3.3.1 按照本合同约定收取报酬。

3.3.2 在甲方需要占用仓库储存或倒运代工产品时，按照本合同约定或者双方协商的标准收取仓库租金。

3.3.3 法律规定的承揽人和生产商应当享有的权利。

3.4 乙方的义务。

3.4.1 及时完成甲方通知的订单。

3.4.2 保证代工产品的质量、包装等指标符合本合同约定的标准。

3.4.3 选择6.1条款约定的合同期限时，未经甲方书面同意，在本合同期限内不得接受第三方委托，生产与代工产品相同或者相近类别的产品；不得接受与甲方在产品或者行业领域存在竞争关系的第三方的委托为其生产代工产品。[17]

3.4.4 法律规定的承揽人和生产商应当承担的义务。

4. 知识产权

4.1 甲方保证代工产品所使用的知识产权不存在任何现实或者潜在的争议，因此发生的争议导致乙方遭受损失时，甲方无条件承担赔偿责任。

4.2 乙方不得以任何方式对代工产品所使用的知识产权进行任何形式的宣传，不得以代工产品涉及的知识产权谋取利益。

4.3 乙方在履行本合同过程中取得的与代工产品有关的知识产权，未经甲方书面同意，不得转让给第三方；甲方同意转让时，在同等条件下，甲方享有优先受让权。甲方不同意转让时，无论在生产中是否应用，甲方都应当向乙方支付知识产权使用费，具体数额和支付方式由双方协商；对数额协商不成的，由双方共同确定的机构评估。[18]

5. 保密

5.1 除非法律另有规定,未经对方书面同意,任何一方不得将本合同内容、因履行本合同或者本合同期限内获得或者知悉的对方与代工产品相关的生产和/或销售等方面的信息,以及对方标注"保密"的信息和资料透露给第三方。

5.2 双方对于因签订、履行本合同过程中知悉的对方的商业秘密,应当采取必要的保密措施。任何一方不得利用这一便利损害对方利益或者为己方谋利。

5.3 本条所约定的义务适用于双方所有因岗位职责的原因可能接触相关信息的员工。在泄密情形发生时,无论相关责任人是否存在过错,该责任人所属的一方均应承担违约责任。

6. 合同期限(只能选择其中的一种,未选择的请在空白处画"×")[19]

6.1 自本合同生效之日起,至_____年___月___日止。

6.2 自乙方确认收到甲方下达的编号为:_____订单之日起,至该订单完成之日止。

7. 违约责任

7.1 甲方的违约责任。

7.1.1 未能及时将原材料、包装物、产品标识运至乙方工厂的,每延迟1日,应当向乙方支付该次订单金额5‰的违约金。

7.1.2 提供的原材料不合格的,应当在合理时间内予以更换;因此造成乙方停工待料的,每停工一日,应当向乙方支付该次订单金额1%的赔偿金。

7.1.3 不能及时向乙方支付报酬的,每延迟1日,应当向乙方支付该次订单金额5‰的违约金。本合同期限内,连续两次或者累计三次不能及时支付报酬的,乙方可以解除合同,甲方应当向乙方支付拖欠金额10%的赔偿金;乙方不解除合同的,每延迟1日,应当向乙方支付该次订单金额10‰的违约金。

7.1.4 不能及时向乙方支付仓库租金或者乙方垫付的费用的,每延迟1日,应当向乙方支付拖欠金额5‰的违约金。本合同期限内,连续两次或者累计三次不能及时支付的,乙方可以解除合同,甲方应当向乙方支付拖欠金额10%的赔偿金;乙方不解除合同的,每延迟1日,应当向乙方支付该次订单金额10‰的违约金。

7.1.5 不能及时验收乙方交付的代工产品的,应当向乙方支付该批代工产品货值5%的违约金。

7.2 乙方的违约责任。

7.2.1 连续两次或者累计三次不能及时将《生产订单确认函》或者包装物、产品标识的使用数量通知甲方的，甲方可以解除合同；甲方不解除合同的，乙方应当向甲方支付各次订单累计金额5%的违约金。

7.2.2 连续两次或者累计三次拖延或者阻挠甲方行使生产监督权利的，本合同当然解除，乙方应当向甲方支付已通知各次订单累计金额20%的违约金。

7.2.3 甲方提供的由其仓储、保管的原材料、包装物、产品标识，在仓储、保管期间发生毁损、灭失的，应当按照本条款约定的计算方法进行赔偿；还应当向甲方支付赔偿数额10%的违约金。乙方应当赔偿的金额＝甲方购进价格×送至乙方工厂的数量×120%。

7.2.4 仓储、保管的产成品在仓储、保管期间发生毁损、灭失的，应当按照本条款约定的计算方法进行赔偿；还应当向甲方支付赔偿数额10%的违约金。乙方应当赔偿的金额＝该批次代工产品的售价×毁损、灭失的数量×150%。本条款所称该批次代工产品的售价，以甲方与该批次代工产品的买受人约定的成交价格为准。

7.2.5 不能足额返还不符合使用标准或者剩余的包装物、产品标识的，应当向甲方支付该次订单金额5%的违约金。

7.2.6 未能及时完成订单，延迟时间未超过3日的，应当向甲方支付该次订单金额5‰的违约金；延迟时间在3日以上未超过7日的，应当向甲方支付该次订单金额10‰的违约金；延迟时间达到或者超过7日的，应当向甲方支付该次订单金额20‰的违约金。因此给甲方造成损失的，还应当承担赔偿责任。

7.2.7 交付的代工产品出现下列情形之一的，应当向甲方支付该次订单金额5%的违约金：

7.2.7.1 不合格品率超过0.1‰的；

7.2.7.2 故障率超过0.1‰的；

7.2.7.3 返修率超过0.1‰的。

7.2.8 出现批量质量问题导致甲方对代工产品实施召回的，除承担修理义务、承担因召回造成的全部损失之外，还应当向甲方支付召回产品所涉该次订单金额或者各次订单累计金额20%的违约金。

7.2.9 以代工产品所使用的知识产权谋取利益的,应当向甲方支付该知识产权评估价值双倍的赔偿金。本条款所称知识产权评估价值,以双方协商确定或者受理纠纷的法院或者仲裁委员会指定的评估机构出具的鉴定结果为准,任何一方均不得对鉴定结果提出任何异议。

7.3 本合同第7条项下各条款约定的赔偿责任,不足以弥补因此给对方造成的损失时,违约方还应当继续承担赔偿责任。

8. 争议的解决

因签订、履行本合同发生的争议,双方应当尽量协商解决;协商不成时,通过下列第_____(数字大写)种方式处理(只能选择其中的一种):

8.1 向_____法院起诉。

8.2 向_____仲裁委员会申请仲裁。

9. 其他事项

9.1 本合同自下列条件之一成就时起生效:

9.1.1 双方在本协议上加盖公章或者合同专用章。

9.1.2 双方的法定代表人或者负责人在本协议上签字。

9.1.3 持有双方合法授权委托书的代理人在本协议上签字。

9.2 本合同一式_____(数字大写)份,双方各执_____(数字大写)份。

9.3 本合同未约定的与履行本合同有关的其他内容,以双方签订的《生产订单》《生产订单确认函》以及与此相关的补充协议等书面文件为准。

9.4 双方在本合同期限内签订的所有与履行本合同有关的书面文件均视为本合同附件,与本合同具有同等法律效力。

甲方(盖章): 乙方(盖章):
法定代表人(签字): 法定代表人/负责人(签字):
委托代理人(签字): 委托代理人(签字):

签订日期:20____年____月____日

笔者批注:

〔1〕委托方是商标的注册人或者获得授权使用商标的被许可人,是委托生产合同最为关键的一个环节。如果不具备这一前提条件,不但会影响合同目的的实现,还可能会影响合同的效力。因此,必须将委托方拥有商标的注册权或者使用权写入

"鉴于"条款。在强调拥有商标权的同时，出于简化内容、使用方便的考虑，此处没有区分委托方是商标的注册人还是获得授权使用商标的被许可人，而是使用了"权利人"的称谓，以强调委托方拥有商标权的前提。

〔2〕在目前的行政管理模式下，企业的很多生产行为需要通过行政许可取得相应的许可证书或者资质证书之后才能实施。如果不满足这一前提条件，在法律上即属于非法经营，随时会面临被取缔或者被责令停止生产经营活动的行政处罚。同时，很多工业品的生产需要具备相应条件的生产设备、生产环境以及质量检测、计量等设备。只有具备上述条件，才可能被委托方选中作为代工厂。因此，在"鉴于"条款中强调相关内容是十分必要的。

〔3〕随着城市化进程的加快，很多城市的工厂都已经从主城区迁出，迁至郊区，或者迁至工业园区。而为了办公、客户接待等方面的需要，相当多的企业在工厂搬迁时采取了将生产车间和库房迁出，将部分管理部门（主要是负责联系政府机关、客户接待以及财务工作的部门）留在主城区。这样就造成了生产车间、库房与公司管理机构分离的情况。在委托生产模式下，原材料、半成品、包装物、产成品的交接，都需要在生产车间或者库房进行。为了明确合同履行的地点，有必要在"合同术语"条款中对此作出相应的解释，以免在履行过程中因此产生争议。同时，设定不同情况下的乙方工厂地址的确认规则，也有助于合同的顺利履行。

〔4〕家电属于耐用消费品，所有的耐用消费品都存在售后服务的要求：合格产品的安装、调试，不合格产品的修理、退换以及易损件的更换，等等。在委托生产合同中对售后服务作出定义，有助于明确合同双方当事人的权利义务，也有助于在此基础上区分双方的合同责任。

〔5〕、〔6〕、〔7〕这三个指标都是用于评价委托生产合同的受托方履行行为的质量的。在制作合同过程中，经常会遇到需要评价一方当事人履行行为的质量、计算违约方应当承担的违约金或者赔偿金数额以及其他需要计算数据的情况。这时候，以计算公式来表述，要比单纯用文字表述更方便、更直观。

〔8〕委托生产合同涉及商业秘密（特别是委托方的商业秘密）是十分普遍的情况。如果委托方不以明示的方式将哪些内容属于商业秘密告知受托方，不但不利于约束受托方履行保护商业秘密的义务，还可能给受托方故意泄露商业秘密制造机会。所谓"不知者不怪"，只有把丑话说在前头，才好"亲兄弟明算账"。

〔9〕如此约定的目的在于保证交易行为确认的准确性，既有利于保护各自的商业秘密，也有利于纠纷发生时便于双方举证。

〔10〕包装物的外包装部分和产品标识,是同种类产品之间相互区别的重要元素。为了切实保护委托方的商标权和商誉,应尽可能地把这些重要元素的生产环节控制在自己手中。当然,不是说这些重要元素一定要由委托方生产,而是尽可能把这些重要元素的生产和使用环节予以分割,生产的不使用,使用的不生产,尽可能地利用社会化分工来保护自己的合法权益。

〔11〕前文已经提到,包装物的外包装部分和产品标识,是同种类产品之间相互区别的重要元素。为了切实保护委托方的商标权和商誉,不但要把这些重要元素的生产和使用环节予以分割,对于使用的环节也有必要在数量上加以控制,以防止其外流损害自身的利益。

〔12〕这一条款规定了对包装物的外包装部分和产品标识的使用环节加以控制的另外一个方法,可以杜绝相关物品外流损害委托方的利益。当然,这只是一种理想化的合同条款设计,究竟能否达到预期效果,关键要看委托方对于合同履行行为的监管和控制是否到位。再完美的合同条款设计,如果离开了对合同履行行为有力的监管和控制,都不可能发挥应有的作用。

〔13〕、〔14〕质量是产品具有竞争力的重要因素,特别是对于耐用消费品而言,再实用的功能、再前卫的外观、再低廉的价格,如果没有过硬的质量加以保障,也会在激烈的市场竞争中落败。

〔15〕合同条款的作用主要是为了明确交易规则。在制定交易规则时,公平、效率都是必须考虑的因素。在确定二者关系的时候,通常应当坚持公平第一、效率第二。但是,在特殊情况下,突出效率其实也是为了实现公平。这个条款的约定就是如此。产品存在质量问题时,绝大多数情况下可以区分是委托方的责任还是受托方的责任。但凡事都有例外的情况,在委托生产合同中,受技术条件、交易行为等条件所限,不是所有的质量问题都能够区分出是哪一方的责任。为了解决这种情况下的质量纠纷,就只能以效率优先为原则,否则,就是对双方的不公平。

〔16〕对于消费者而言,耐用消费品能否在使用寿命的年限内正常使用,关键在于易损件能否及时得到更换。在这种情况下,委托生产合同有必要对相关问题做出明确的约定。对于律师而言,在制作合同时,一定要充分考虑委托人签订合同的目的,努力通过熟练运用法律解决合同从签订到履行,再到终止的全部过程中可能发生的问题。

〔17〕单纯从内容来看,这个条款的约定似乎限制了受托方的经营自主权,但是,从公平的角度分析,这样约定并不过分:因为作出相关限制的前提是受托方长期

(最短以一年为限,有的甚至长达三至五年)为委托方生产代工产品而不是以完成某一份订单为限。在这种情况下,受托方既能够从委托方取得长期稳定的收益,还可能会因长期生产代工产品而掌握委托方的重要产品信息甚至是商业秘密。因此,为了保护委托方的利益,对受托方的经营自主权作出一定限制既是必要的、适当的,也是公平的。

〔18〕由于长期从事代工业务,在合同履行过程中,乙方经常会对代工产品的技术改进提出非常有益的建议,并且因此形成专利权或者著作权。从权利来源的角度看,相关的知识产权无疑是乙方的创造,但是,却与其从事代工业务有关。可以说,因为从事代工业务才有了创造相关知识产权的可能。基于这种考虑,笔者设计了这一条款,一方面可以保证乙方创造的知识产权不被浪费,另一方面也可以保证甲方不会由于乙方创造的知识产权而陷入被动境地。从条款的具体内容来看,应该说对双方而言都是公平的:在禁止乙方转让的同时,设定了保护乙方利益的途径——甲方支付知识产权使用费;在允许乙方转让的同时,设定了保护甲方利益的途径——在同等条件下,甲方享有优先受让权。

〔19〕这个条款项下的两种合同期限模式,是根据甲方进行委托时的需要设计的。为了节约成本和便于管理,OEM 模式下的委托方通常都会对受托方进行分类管理,一类是稳定的、具有长期合作关系的受托方,以年度为合同期限,以保证产品的基本、稳定供应。另一类是相对稳定、但只是在市场销售的旺季才发出订单的受托方,以某批次或者某几个批次订单完成为期限,以保证在市场销售旺季不会出现产品断供的情况。从使用效果的角度来看,这个条款同样适用于非家电类的耐用消费品以及快速消费品的委托生产合同。

(六)联营合同范本与批注①

联营作为企业进行横向经济合作的一种模式,兴起于 20 世纪 80 年代初期。由于当时的经济发展水平较低,加之国门刚刚敞开,并购、重组、交叉持股等在国外普遍运用的先进的资本运作方式还不为国人所知晓,为了适应当时因改革开放而逐渐活跃起来的经济形势,联营应运而生。1986 年发布的《民法通则》将"联营"作为第

---

① 注:《民法典》中没有联营的相关规定,至此,联营这种以法律形式确定的经营模式正式退出历史舞台。本次修订时,笔者考虑再三,还是决定将这个合同范本予以保留,主要是考虑在"法无禁止即可为"的市场经济法治观念逐渐深入人心的今天,联营虽然已经不是法定的经营模式,但依然有它生存的空间(特别是一些营利法人之间签署的名为"合作协议"的合同,实质上采取的就是联营模式),而且这个范本的内容以及其蕴含的法律思维、律师思维还是值得思考和借鉴的。

三章"法人"的最后一节,可以说是当时立法服从和服务于经济建设这个中心工作的重要体现,具有鲜明的时代烙印。虽然随着社会主义市场经济体系的建立和逐步完善,联营已经逐渐淡出历史舞台,但是,由于其自身的灵活性,在现在经济活动的实践中,偶尔还会被使用。

BL公司是黑龙江省的一家粮油产品贸易公司,在省内拥有众多的绿色食品供应渠道和相当的品牌知名度。HJ公司是注册地在上海的一家贸易公司,以经销粮油产品、百货、小家电为主,在上海拥有一定数量的销售渠道。经过相互考察,双方决定充分利用各自的优势开展合作。出于简化交易环节、节约交易成本的考虑,双方决定先采取联营的方式进行合作,然后再根据市场开发的情况决定是否共同出资设立公司。在该背景下,笔者受托制作双方使用的《联营合同》。

范本9-6　联营合同

联营合同

甲方:＿＿＿＿＿＿＿＿＿＿＿＿＿＿

统一社会信用代码:＿＿＿＿＿＿＿＿＿

注册地址:＿＿＿＿＿＿＿＿＿＿＿＿＿

法定代表人:＿＿＿＿＿＿＿＿＿＿＿＿

乙方:＿＿＿＿＿＿＿＿＿＿＿＿＿＿

统一社会信用代码:＿＿＿＿＿＿＿＿＿

注册地址:＿＿＿＿＿＿＿＿＿＿＿＿＿

法定代表人:＿＿＿＿＿＿＿＿＿＿＿＿

甲方为拓展＿＿＿＿＿＿＿区域的市场,提高经销产品在上述区域的市场占有率,经与乙方平等协商,就联营事宜达成如下一致:

1. 合同期限

1.1　暂定一年,自20＿＿年＿＿月＿＿日至20＿＿年＿＿月＿＿日止。

1.2　合同期限届满前,双方有续约意愿的,应当至少提前30日以书面方式向对方提出。在同等条件下,双方互相享有续约优先权。

2. 联营的业务范围

2.1　为了体现资源共享、互利共赢的原则,充分实现优势互补,联营的业务范围包括：高中低端大米、水稻、玉米、大豆等大宗粮食贸易，粮油深加工产品贸易，酒类贸易，与粮油贸易有关的电子商务及物流配送等。

2.2 前款所称大宗粮食贸易，是指单笔交易量超过100吨的关于水稻、玉米、大豆等原粮产品的交易行为。[1]

3. 双方的权利和义务

本条约定的内容只是为了便于内容的表述，不排除本条以外的其他合同条款为双方设定的权利、义务的适用。

3.1 甲方的权利。

3.1.1 对投入的资金和产品享有所有权。[2]

3.1.2 对乙方在联营过程中的资金使用、产品的保管和销售等与联营有关的经营行为可以随时进行必要的监督、检查。[3]

3.1.3 按照本合同约定的比例分享联营形成的利润。

3.2 甲方的义务。

3.2.1 提供开展联营活动所需的产品和资金。

3.2.2 对所提供产品发生的质量问题（因保管不当造成的除外）承担赔偿责任。

3.2.3 按照本合同约定的比例分担联营形成的亏损。

3.3 乙方的权利。

3.3.1 在与甲方就4.3条款约定的内容达成一致意见的前提下，自主实施具体经营行为。

3.3.2 按照本合同约定的比例分享联营形成的利润。

3.4 乙方的义务。

3.4.1 为联营提供自身现有的经营资质、办公场所、销售渠道和人力资源。

3.4.2 妥善保管甲方提供的产品；不得挪用甲方提供的产品或者资金；不得借联营的便利为己方谋取联营以外的利益。

3.4.3 按照本合同约定的比例分担联营形成的亏损。

3.5 上述各条款只是为了便于内容的表述所设，不排除上述各条款以外的其他合同条款为双方设定的权利、义务的适用。

4. 联营事务的处理

4.1 双方按照甲方____%、乙方____%的比例分享联营形成的利润,分担联营形成的亏损。甲方可以根据合同履行的具体情况,将应当分得的利润作为对乙方的奖励;也可以将分得的利润再次投入联营。

4.2 双方可以根据履行合同的需要为联营设定经营目标,双方就此达成一致的书面文件,经双方同意,可以作为合同附件与本合同具有同等法律效力。[4]

4.3 下列与联营有关的事项应当在双方协商一致后方可实施:(1) 一定时间内的发展战略、经营计划、定价策略、销售政策、财务预/决算方案;(2) 利润分配方案、弥补亏损方案;(3) 甲方向乙方指派的参与具体经营行为的人选和具体职责;(4) 其他双方认为需要协商一致的事项。本条款约定以外的事项属于联营的具体经营行为,由乙方负责组织实施,甲方在没有正当理由的情况下不得干涉。

4.4 甲方可以根据联营的需要,指派财务、保管等岗位的人员参与乙方的日常经营活动[5];乙方应当为上述人员参与日常经营活动提供一切便利条件。

4.5 乙方应当安排本公司财务部门专门为联营设立单独的账目,做到联营业务单独核算、专款专用。为了开展联营需要支付的各种费用,应当经甲方书面同意后方可支付。

4.6 乙方应当自合同生效之日起,每3个月与甲方对账一次,以书面形式确认甲方投入的资金数额、产品的品种、规格、单价、数量以及总价等相关数据;确认实际支付的费用金额以及销售方面的相关数据。[6]

4.7 乙方应当在亏损情形确定后15日内以书面形式通知甲方。双方应当在收到相关的财务报告后30日内就以何种方式分担亏损以及是否改变经营策略等事宜达成一致意见;未能在上述期限内达成一致意见的,合同终止。[7] 本条款所称亏损,以本合同生效之日至所属会计年度终了之日为一个核算周期。[8]

4.8 联营终止时,双方应当在终止的情形出现后30日内组织人员对联营期间发生的债权、债务进行清理,对联营期间的账目进行清算。由于账目不清或者无法提供账目导致债权、债务无法清理或者无法进行清算的,由乙方承担因此可能发生的对双方以外的第三人的一切赔偿责任。[9] 本条款所称联营终止,包括但不限于下列情形:(1) 合同期限届满,双方不再续约;(2) 合同解除;(3) 双方合并或者一方对另一方实施收购;(4) 本合同约定的合同终止的情形出现。

5. 违约责任

5.1　甲方的违约责任。

5.1.1　不能按照双方约定的经营计划提供产品或者资金的，应当赔偿乙方因此所受的直接经济损失，还应当向乙方支付直接经济损失金额10%的违约金；乙方可以解除合同。

5.1.2　不能及时对所提供产品发生的质量问题承担赔偿责任的，应当向乙方支付应赔偿金额10%的违约金；乙方代为承担赔偿责任的，应当向乙方支付代赔金额120%的违约金。

5.1.3　不能按照双方约定的分担亏损的方式承担相应责任的，应当向乙方支付应分担亏损金额120%的违约金，乙方可以解除合同。

5.2　乙方的违约责任。

5.2.1　因保管不善导致甲方提供的产品毁损、灭失的，应当按照本条款约定的计算方法进行赔偿；还应当向甲方支付赔偿金额10%的违约金。乙方应当赔偿的金额＝该批次产品的进价×毁损、灭失的数量×120%。本条款所称该批次产品的进价＝该批次产品的出厂价＋从生产厂运抵仓库过程中发生的运输、倒运、保险等相关费用。

5.2.2　挪用甲方提供的产品或者资金的，应当向甲方支付挪用产品价值或者资金金额10%的违约金；违约金不足以弥补因此给甲方造成的损失的，还应当继续承担赔偿责任。合同期限内连续或者累计两次挪用的，合同终止；乙方应当向甲方支付挪用产品价值或者资金金额120%的违约金；违约金不足以弥补因此给甲方造成的损失的，还应当继续承担赔偿责任。

5.2.3　借联营的便利为己方谋取联营以外的利益的，合同终止；乙方应当向甲方支付甲方实际投入金额120%的违约金。

5.2.4　合同期限内连续两次或者累计3次不能及时与甲方对账的，甲方可以解除合同；甲方不解除合同的，乙方应当向甲方支付甲方实际投入金额10%的违约金。

5.2.5　不能及时将亏损情况通知甲方的，此后发生的亏损由乙方全部承担。

5.2.6　不能按照双方约定的分担亏损的方式承担相应责任的，应当向甲方支付应分担亏损金额120%的违约金，甲方可以解除合同。

5.3 上述条款中所称甲方实际投入金额=甲方实际投入的产品的价值+甲方实际投入的资金金额。甲方实际投入的产品的价值=甲方实际投入的产品的数量×单价。

6. 争议的解决

双方因本合同的签订、履行、解除、终止等行为发生的争议,应当尽量协商解决;协商不成的,向甲方所在地法院起诉。

7. 其他

本合同一式两份,双方各执一份;自双方盖章后生效。

甲方(盖章):　　　　　　　乙方(盖章):

签订时间:20＿＿＿年＿＿＿月＿＿＿日

笔者批注:

〔1〕对大宗粮食贸易作出定义,原因是近年来粮食市场价格的变动幅度较大,并且原粮的单价基本上处于高位运行的状态,这些因素的变化直接导致粮食贸易过程中占用的资金量增大,价格变动因素引发的收储、销售、运输等运营环节的风险也随之增大。为了提高资金使用效率,尽可能防范运营风险,对相关业务设定门槛是一种无奈但比较有效的选择。在这种情况下,笔者根据合同双方的具体情况作出了相关定义。

〔2〕根据当时有效的《民法通则》和《最高人民法院关于审理联营合同纠纷案件若干问题的解答》对联营类型的分类,BL 公司和 HJ 公司的联营属于协作型联营。在这种模式下,对双方投入联营的财产的所有权加以区分可以有效地防止合同履行过程中因此发生不必要的纠纷,同时也为合同期限届满时双方进行清算提供了便利条件。

〔3〕在对投入的资金和产品拥有所有权的情况下,对承担运营义务的一方的运营行为进行必要的监督、检查,既是履行合同的需要,也是维护己方合法权益的需要。在制作合同时,对承担风险较大的一方在权利条款上给予适当的倾斜,是保持合同双方权利义务平衡的需要,而不能简单或者武断地将之评价为"霸王条款"。作为律师,必须树立并时刻保持一种对合同权利义务的客观认识——公平是相对的,没有绝对的公平。只有赋予合同中承担风险较大的一方相对较多的权利,才是真正

的公平。

〔4〕这个条款是在妥协的情况下写入合同的。合同中不应该存在宣示性或者目标性的条款,这种意识是每一名律师应当具备的最基本的职业素养。但是,在律师实务中,这种情况却很难完全避免,例如这个条款。在 BL 公司提供的合同内容清单中,公司总经理为联营设定了若干经营目标。在制作合同过程中,笔者就此向他了解情况。根据他的解释,这是想通过联营达到的理想状态。笔者进一步问道:如果不能完成,需要承担违约责任吗?回答:不需要。笔者又问:既然这样,写入合同有什么作用呢?回答:为了让集团领导觉得联营确有必要。至此,笔者明确地知道将相关内容写入合同已经无法避免。为了保证合同的整体效果和律师应当体现出的职业素养,笔者决定采取变通的方式予以处理。经过修改,就形成了现在的条款。

〔5〕从行为控制的角度讲,无论合同体系多么复杂,履行过程中的关键环节是有限的,只要控制住履行过程中这些有限的关键环节,就能够基本控制合同的履行状况,控制合同的风险。对于这份联营合同而言,资金和产品是关键要素,资金的使用和产品的保管就是最关键的环节。对于甲方而言,只要控制住这两个关键环节,就基本上控制住了合同履行的风险。制作合同如此,在参与商务谈判时也是如此——只要在清楚地了解合同体系和关键的履行环节的基础上抓住重点,坚持不能放松的原则,其他内容都是枝节问题,都可以通过妥协或者变通的方式解决。

〔6〕从合同风险来源的角度来看,发生在履行环节的风险是最多的。特别是一份履行期限较长的合同,在交易行为连续发生的情况下,如果合同当事人不能定期核对往来账目,极易造成账目混乱、账账不符、账实不符的情况,从而为产生争议和纠纷埋下隐患。因此,律师在制作合同时,一定要根据具体情况设置相应的定期对账的条款,必要时,还应当辅以定期盘点的内容,以最大限度地避免造成账目混乱。

〔7〕企业的一切经营活动都是以营利为目的的,因此,在亏损情形出现后,如何分担、如何弥补、是否因此改变经营策略,都是需要合同双方考虑、协商和解决的。为了避免双方对相关问题久拖不决而导致损失扩大,该条款以设定时限的方式设计了合同终止的条件。类似的条款设计,可以有效地避免因此产生争议或者纠纷,建议大家在制作合同时广泛使用。

〔8〕评价一种行为是否成功,需要放在一个时间周期内,否则,就会失去客观性和真实性。对于企业经营成果的评价,通常都是以一个会计年度为周期。联营虽然是两个企业之间合作经营的一种方式,与企业自身的经营活动有所区别,但也需要在一个适当的时间周期内加以考查。因此,参照已有定规的周期模式,结合双方联

营的实际,经过与双方当事人沟通,决定以"本合同生效之日至所属会计年度终了之日"作为评价联营成果的核算周期。在实际工作中,也可以适当延长或者缩短这个周期,但起止时间一定要表述得清晰、准确,尽可能避免因此发生争议或者纠纷。

〔9〕前文已经提到,在制作合同时,对承担风险较大的一方在权利条款上给予适当的倾斜,是保持合同双方权利义务平衡的需要,而不能简单或者武断地将之评价为"霸王条款"。这个条款也是如此。之所以如此设定乙方的义务,是因为在"联营事务的处理"条款中,已经明确要求乙方"安排本公司财务部门专门为联营设立单独的账目,做到联营业务单独核算、专款专用"。在这种情况下,保证联营账目的清晰,是乙方应当履行的合同义务。如果没有做到,由乙方承担相应的法律后果是完全合理的。

三、《民法典》"合同编"常用条款推荐文本

1. 制作本文本的目的,是帮助律师、企业法务在起草、审查、修改合同时能够准确表达订立合同的意思,尽可能避免由于表述不当导致合同在使用或者诉讼过程中发生理解上的歧义,提高日常工作效率。

2. 本文本采用模块方式,使用时可以根据需要选用,也可以对部分用词进行调整。但是,在使用过程中应当注意相关条款在主合同与从合同内容、体系上的协调,尽可能做到全面、简洁、不重复、不漏项。

3. 条款后面的括号中注明"推荐××人使用"的,为单方权利条款,使用时请注意正确选择。

(一) 各类合同普遍适用的条款

【标题】 本合同的标题仅为方便阅读的需要而设,不构成任何对本合同内容或者体系的解释。

注释:合同条款中需要设置标题时,最好使用"【】"把标题加入其中。同时,该条的内容不宜另起一行,在"【】"后面空出一个字符的位置即可,以免把标题作为该条的一款。

【内容确认】 双方在本合同上签章的行为,意味着双方已经认真、仔细阅读了本合同全部条款并充分理解其含义,对本合同的任何内容均不存在持有异议或者不

清楚、不了解任何条款含义的情形。

注释:订立合同是一种民事法律行为,应当以真实、准确的意思表示为核心。为了尽可能避免纠纷发生时,一方当事人以对合同条款存在误解作为拒绝履行相应义务的抗辩理由,推荐采取这种方式加以解决。

【债权的从权利】(推荐债权人使用) 本合同项下的债权债务终止时,债权的从权利是否同时消灭,应当由债权人以书面形式作出意思表示。

注释:根据《民法典》第559条的规定,"债权债务终止时,债权的从权利同时消灭"是原则,但允许当事人对此做出约定。设计此条款是为了充分维护债权人的利益。

债权人在债权债务终止后30日内未作出意思表示的,视为其同意从权利同时消灭。

注释:为了维持债权人与债务人之间利益的平衡,在设计条款时充分维护债权人利益同时,也需要照顾债务人的利益。

(相关法条:《民法典》第559条、第140条第2款)

【不可抗力】 本合同所称不可抗力,是指本合同签订时,各方当事人不可预见,并且对其发生不可避免、对其后果无法克服的客观情况,包括但不限于各种自然灾害、疫病、战争、罢工、暴动、政府行为、法律规定或其适用的变化,以及其他双方无法预见、控制或者避免的事件。在各方当事人没有明确约定的情况下,以《民法典》第180条第2款的规定作为评价标准。

不可抗力发生后,各方当事人发生的不履行或者不完全履行本合同约定的行为,不应被认定为违约行为;各方当事人应当采取一切合理的措施,将各方因不可抗力造成的损失减少到最低程度。

援引不可抗力条款的一方应当承担下列义务:

(一)在不可抗力发生后10日内以书面形式通知对方,说明不可抗力的性质和迫使己方暂停履行本合同约定的己方义务的程度;同时应当向对方提供能够证明不可抗力发生的证据;

(二)不可抗力状况一经结束,尽快恢复履行义务;

(三)由于通知不及时给对方造成损失的,应当予以赔偿。

注释:《民法典》第180条第1款只规定了"因不可抗力不能履行民事义务的,不承担民事责任",没有对不可抗力发生后双方当事人应当如何应对作出规定。本条款内容是对相关事项所做的补充。

(相关法条:《民法典》第180条、第590条)

【期间的计算】 本合同约定的期间以《民法典》第一编第十章的相关规定为准。

注释:凡是不能即时清结的合同都存在期间计算的问题。在合同实务中,很多合同对于期间的计算要么语焉不详,要么相互矛盾,给合同的履行、争议的解决造成了诸多不便。本条款通过明确指向的方式对这些问题加以解决,可以避免相关约定不到位、不准确引发的一系列问题。

【保密】 除非法律另有规定,未经对方书面同意,任何一方不得将本合同内容、因履行本合同或者本合同有效/履行期限内获得或者知悉的对方与本合同的签订、履行相关等方面的信息,以及对方标注"保密"的信息和资料透露给第三方。

双方对于在签订、履行本合同过程中知悉的对方的商业秘密,应当采取必要的保密措施。任何一方不得利用这一便利损害对方利益或者为己方谋利。

本条所约定的义务适用于双方所有因岗位职责的原因可能接触相关内容的员工。在泄密情形发生时,无论相关责任人是否存在过错,该责任人所属的一方均应向对方承担违约责任。

本条约定不因本合同的终止而终止。

注释:与原来的《合同法》相比,《民法典》扩大了当事人在订立合同过程中所应承担的保密义务的范围,由原来的"商业秘密"变更为"其他应当保密的信息"。市场主体在谈判、签约过程中,可以根据己方的实际情况,充分、灵活地运用上述规定,特别是对于知识密集型市场主体而言,可以在与交易对手进行磋商的过程中,扩大"其他应当保密的信息"(例如专用技术、正在申请中的专利、商标)的范围,以尽可能地维护己方的合法权益。其他市场主体在此过程中,就需要对交易对手提供的信息中是否包括"其他应当保密的信息"履行必要的注意义务,以免由于己方的行为不当,导致对方遭受损失,从而造成己方的法律风险。

(相关法条:《民法典》第501条)

【通知】 双方确认,本合同首部载明的住所、电子邮箱即为本合同签署、履行过程中,一方向对方履行通知义务的约定地址(以下简称"通知地址")。按照本合同的约定和/或法律的规定,一方行使相应权利、履行相应义务时应当通知对方的,均应以《民法典》第469条规定的书面形式送达通知地址(接受送达的一方此前已经以书面形式通知对方变更通知地址的除外)。

纸质文件送达住所或者电子邮件进入电子邮箱,即视为一方已经履行完毕通知义务。一方送达的纸质文件送达住所的,无论对方是否配合签收,均视为送达完成。

注释:根据《民法典》第509条第2款的规定,通知是合同履行中的一种附随义务,而且从经济活动的实践来看,应该是履行频率最高的一种附随义务。本条款是为了方便合同当事人履行通知义务而设立,其中最关键的内容就是怎样进行通知。在合同实务中,也可以采用不同于本条款规定的其他通知方式,但应当注意解决好通知的具体方式、怎样才能算作通知完成的问题。使用过程中需要注意:有些市场主体的合同文本习惯在合同首部记载签约各方的相关信息(包括但不限于名称、住所、联系方式、开户信息);也有些合同文本将上述信息记载于合同尾部,首部只记载市场主体的名称。在使用这一条款时,可以根据合同文本的实际情况,将"本合同首部"修改为"本合同尾部",也可以进行其他形式的修改,只要能够解决任何确定履行通知义务的地址即可。

(相关法条:《民法典》第509条第2款)

【法律文书的送达】 法院或者仲裁机构在审理与本合同相关的纠纷时,相关法律文书的送达适用本合同通知条款中关于通知地址的相关约定。

双方同意,受理相关纠纷的法院或者仲裁机构可以采用传真、电子邮件的方式向双方送达相关法律文书。

注释:法律文书的送达不属于《民法典》规定的通知义务,但是在争议发生时,法律文书能否顺利送达,将可能对争议解决的效率产生直接的影响。因此,把法律文书的送达与通知条款结合起来,是一种比较现实、高效的解决方案。在使用过程中,也可以根据实际情况,另行约定法律文书的送达地址。

(相关法条:《民诉法(2021)》第90条)

【部分条款无效时的处理】 如果根据适用的法律、行政法规,本合同的任何条款被认为无效的,这些条款应当被认为从本合同中删除,其余条款的效力不应因此受到影响。在此种情形下,双方应当诚信地进行协商,以达成双方满意的条款,用于替换上述被认为无效的条款。在双方未能就此达成一致之前,相关事宜法律有规定的,以法律规定为准。

注释:本条内容是从合同实务的角度对《民法典》第156条的进一步完善,可以帮助合同当事人迅速找到应对部分条款无效时的处理方法。

(相关法条:《民法典》第156条、第496条第2款)

【争议的解决】 双方因签订、履行本合同发生的有关争议,应当尽量协商解决;协商不成时,任何一方均可通过下列第_____(大写)种方式处理(只能选择其中的一种):

(1) 向_____有管辖权的法院起诉;

(2) 向_____仲裁委员会申请仲裁。

注释:(1) 在选择管辖法院时,应当注意以《民诉法》第35条和《民诉法解释(2022)》第29条为基础,结合《民诉法解释(2022)》第18条至第21条的规定进行选择。(2) 在签署单独的担保合同时,约定争议解决条款需要注意,主合同与担保合同约定的争议解决方式、管辖地点应当保持一致,否则,根据《民法典担保解释》第21条的规定,主合同纠纷和担保合同纠纷将不能在一个法院或者仲裁机构进行审理,也可能不在一个地域进行审理,不但会增加纠纷解决的难度,也会增加纠纷解决的成本。

(相关法条:《民诉法》第35条、《民诉法解释》第29条、《仲裁法》第6条、《民法典担保解释》第21条)

【合同的生效】 本合同自下列条件之一成就时起生效:

(一) 双方在本合同上加盖公章或者合同专用章;

(二) 双方的法定代表人或者负责人在本合同上签名或者加盖名章;

(三) 持有双方合法授权委托书的代理人在本合同上签名或者加盖名章。

注释:根据《民法典》第490条的规定,"当事人采用合同书形式订立合同的,自当事人均签名、盖章或者按指印时合同成立"。但是,在合同实务中,市场主体普遍存在只有法定代表人签字合同才生效的认识误区;还存在订立合同只有加盖合同专用章,合同才有效的错误认识。为了揭开市场主体对订立合同存在的各种误区,帮助市场主体提高工作效率、保障交易安全,本条款结合合同实务中经常遇到的合同订立时签章的不同情况,根据对等原则设计了上述三种模式。在实际使用过程中,可以根据需要选择其中的两种或者全部采取"和"的方式作为生效条件,也可以采取其他组合方式。

(相关法条:《民法典》第136条、第158条、第490条、第502条)

【合同附件的效力】 本合同的所有附件均是本合同的组成部分,根据其各自所包含的内容对本合同各方当事人构成约束力。

注释:在合同实务中,合同附件是一个神奇的存在。翻遍整个《民法典》,也找不到"合同附件"这个词,但是,这个词却在合同实务中大量存在,而且在某些合同中,合同附件的重要性要远远高于合同本身。本条款从约束力的角度对合同附件加以解释,对于明确合同附件的地位、作用有一定帮助。

(相关法条:《民法典》第465条)

【合同用印】 本合同签订时,各方互相提供用于签订本合同以及本合同履行过程中合同附件、补充条款需要使用的印章样本,用以确认各方相关行为的合法性和真实性。

各方一致同意,在相关文件没有各方指定的拥有合法授权的代理人签字的情况下,以与印章样本相同的印章盖印,作为确认各方相关行为的合法性和真实性的依据;在相关文件已经有各方指定的拥有合法授权的代理人签字的情况下,无须再以加盖印章的方式确认各方相关行为的合法性和真实性。

注释:在合同纠纷案件中经常发生关于印章真伪的争议,在司法实践中通常采用司法鉴定的方式加以解决。但是,由于企业的印章管理很不规范,经常出现的情况是鉴定结果只能说明需要比对的印文是否由同一枚印章盖印形成,不能就印章的真伪给出结论。为了避免出现类似的争议,采用上述条款所述方法较为适宜。

(相关法条:《民法典》第490条)

(二) 适用于物权类合同的条款

1. 居住权合同条款

【居住权的设立方式】 经所有权人与居住权人平等协商一致,本合同项下的居住权以有偿方式设立,居住权人应当按照下列约定向所有权人支付合同价款……

注释:根据《民法典》第368条的规定,居住权的设立以无偿为原则,本条款是为了适应有偿设立居住权的特殊情况而制作。

（相关法条：《民法典》第368条）

【设立居住权的住宅的出租】（推荐房屋所有权人使用） 居住权人可以出租本合同项下的住宅，但只能用于生活性居住。

【设立居住权的住宅的出租】（推荐居住权人使用） 房屋所有权人可以出租本合同项下的住宅，但只能用于生活性居住，并且不得妨碍居住权人的正常使用。

注释：根据《民法典》第369条的规定，设立居住权的住宅以不得出租为原则，本条款是为了适应允许出租的特殊情况而制作。

（相关法条：《民法典》第369条）

2. 担保物权合同通用条款

【担保物权的担保范围】（推荐债权人使用，可以根据实际情况将文中的"担保物权"区分为"抵押权"或者"质权"，"担保财产"区分为"抵押财产"或者"质押财产"） 本合同担保物权的担保范围，除主债权及其利息、违约金、损害赔偿金、保管担保财产和实现担保物权的费用之外，还包括……

注释：根据《民法典》第389条的规定，担保物权的担保范围原则上包括"主债权及其利息、违约金、损害赔偿金、保管担保财产和实现担保物权的费用"，但是也可以由当事人约定。因此，就债权人而言，在该条规定的范围之外另行约定其他方面的费用更为有利；就担保人而言，则是在该条规定的范围内尽可能减少更为有利。

（相关法条：《民法典》第389条）

【最高债权额】（可以根据实际情况将文中的"担保财产"区分为"抵押财产"或者"质押财产"） 本合同的最高债权额，是指包括主债权及其利息、违约金、损害赔偿金、保管担保财产（如有必要）的费用、实现债权或者实现担保物权的费用（包括但不限于因通过诉讼或者仲裁方式解决争议、实现债权所需支付的律师费，法院或者仲裁机构收取的与诉讼或者仲裁、申请执行、保全有关的全部费用，案件审理及执行过程中所需支付的鉴定、评估、审计等专项费用）等在内的全部债权。

注释：最高债权额是最高额担保中的一个核心问题。《民法典担保解释》第15条对最高债权额的范围作出了概括性的规定，同时明示了可以适用当事人意思自治原则确定这一范围。本条款在该司法解释规定的基础上，通过括号注释的方式对该条规定中"实现担保物权的费用"的范围进行了描述，意在尽可能地将该项费用的内容列举清楚,以便担保合同的双方当事人在意思自治的过程中全面、准确地做出相应的约定。无论是最高额担保的债权人还是担保人,都应当对此给予充分的注意,以尽可能地维护己方的合法权益。

(相关法条:《民法典担保解释》第15条)

【担保物权实现的顺序】(应当根据实际情况选择使用如下表述方式中的一种)

表述一:

当债务人不能履行到期债务时,债权人对于相关担保人承担担保责任的顺序享有选择权,本合同全部担保人均认可债权人的此项权利并承诺在债权人行使上述选择权时不持任何异议。

表述二:

当债务人不能履行到期债务时,应当由保证人先就主债务承担连带清偿责任,保证人的连带清偿责任难以实现或者不足以清偿全部主债务的,由其他提供物的担保的担保人在物的担保的范围内依法承担清偿责任。

表述三:

当债务人不能履行到期债务时,本合同全部担保人同意按照下列顺序承担担保责任……

注释:对于债权人而言,存在混合担保的情况下,担保责任的承担顺序是一个必须给予高度重视的问题。《民法典》第392条给出的规则是,有约定,依约定;没有约定或者约定不明,在区分物保、人保的基础上,又细分为物保由债务人自己提供还是由第三人提供。设计本条款的出发点是为了最大限度保护债权人的利益,因此在法律允许自由约定的情况下,赋予债权人以选择权,在现有法律框架下无疑是一个最佳选择。

(相关法条:《民法典》第392条)

【主合同债务履行期限】(建议债权人使用,可以根据实际情况将文中的"担保人"区分为"抵押人"或者"出质人") 债务人履行主合同债务的期限,以主合同相关条款的约定为准。担保人完全了解相关内容,并承诺在债权人依据本合同约定主张担保物权时,对债权人与债务人就主合同的债务履行期限所做的约定不提出任何异议。

注释:担保物权合同中债务履行期限的意义在于,债务人超过这个期限没有履行债务的,债权人就可以主张实现担保物权,将产生以担保物权项下的担保财产折价或者拍卖、变卖相关财产偿还债务的法律后果。使用这一条款,可以尽可能避免债权人与担保人对主张实现担保物权的时间节点产生争议。

(相关法条:《民法典》第400条第2款、第427条第2款)

【担保物权的担保范围】(建议债权人使用)　本合同项下担保财产的担保范围包括:主债权及其利息、违约金、损害赔偿金、保管担保财产的费用、实现担保物权的费用(包括但不限于诉讼或仲裁费用、律师费用以及实现担保物权过程中需要支付的其他合理费用)。

注释:根据《民法典》第389条的规定,担保物权的担保范围原则上包括"主债权及其利息、违约金、损害赔偿金、保管担保财产和实现担保物权的费用",但是也可以由当事人约定。因此,就债权人而言,在该条规定的范围之外另行约定其他方面的费用更为有利;就担保人而言,则是在该条规定的范围内尽可能减少更为有利。

(相关法条:《民法典》第389条)

3. 抵押合同常用条款

【抵押财产的价值】　经□双方协商□评估机构评估(此处请根据具体情况选择标注,在"□"中划"√"即可,但只应选择其中的一种),确认抵押财产的价值为:_____元(大写_____)。

注释:《民法典》第400条第2款对抵押合同应当具备的一般条款作出了规定,但是并未包括抵押财产的价值。而实际上,抵押财产的价值在抵押合同中是非常重要的一项内容,它不但与主债权金额相关,也与担保范围的金额相关,还与多个物上担保人的担保责任分担规则相关。因此,强烈建议抵押合同的当事人选用这个条款。

在选择抵押财产价值的确定方法时,建议具有国资背景的合同当事人一定选择"评估机构评估"的方式,同时应当注意选择具有相应资质的评估机构。在选择"双方协商"的方式时,最好参照最近一期的财务报表和抵押财产台账合理确定抵押财产价值。债权人/抵押权人应当注意确定合理的抵押率(即主债权金额与抵押财产价值之比),以不超过70%为宜。

(相关法条:《民法典》第400条第2款第(三)项)

【抵押登记】（可以根据实际情况选择下列抵押财产类型中的一种或者几种）抵押财产为不动产的，抵押人应当在本合同生效后____日内，持不动产权属证书、抵押合同与主合同等必要材料，配合抵押权人共同向不动产登记机构申请办理抵押权设立登记。

抵押财产为动产（机动车、船舶、航空器除外）的，由抵押权人单独向中国人民银行征信中心申请抵押权设立登记，登记内容以本合同相关约定为准，登记期限以本合同约定的抵押期间为准。

抵押财产为机动车、船舶、民用航空器的，抵押人应当在本合同生效后____日内分别根据《机动车登记规定（2021）》《中华人民共和国船舶登记办法》《中华人民共和国民用航空器权利登记条例》的相关规定，配合抵押权人分别到机动车登记地车辆管理所、船籍港登记机关、国务院民用航空主管部门办理机动车、船舶、民用航空器的抵押登记。

本合同生效____日后，抵押人仍然未能履行本条第1款、第3款约定的配合义务的，抵押权人可以解除合同。

主债权消灭，无须通过主张抵押权方式实现债权的，抵押财产为动产（机动车、船舶、航空器除外）的，抵押权人应当在主债权消灭之日起10个工作日内办理抵押权注销登记；抵押财产为不动产或者机动车、船舶、民用航空器的，抵押权人应当在主债权消灭之日起____日内配合抵押人办理抵押权注销登记。

主债权消灭____日后，抵押权人仍然未能办理抵押权注销登记或者履行前款约定的配合义务的，应当按照本合同约定的抵押财产价值的____%向抵押人支付违约金。违约金数额不足以弥补抵押人损失的，应当继续予以赔偿。

注释：《民法典》第402条、第403条对于不同类型抵押财产抵押权设立的条件作出了不同的规定。在实际操作过程中，保障抵押权依法设立是首要目的，因为涉及能否就抵押财产优先受偿的问题；其次还要确保对动产享有的抵押权能够对抗善意第三人，否则，可能会"人财两空"。为了便于抵押合同的当事人清楚、全面地就登记事项做出约定，本条款汇总了不动产、动产登记的相关法律规定，对于办理相关登记具有指引作用。

（相关法条：《民法典》第402条、第403条，《不动产登记暂行条例实施细则（2019）》第66条、第70条，《动产和权利担保统一登记办法》第7条、第9条、第11条、第15条、第16条，《中国人民银行征信中心动产融资统一登记公示系统操作规则》第16条、第17条、第23条，《机动车登记规定（2021）》第31条、第32条，《中华人民共和国船舶登记办法》第 47 条、第 52 条,《中华人民共和国民用航空器权利登记条例》第 7 条、第 8 条、第 17 条)

【债务人违约情形下抵押权的实现】(应当根据实际情况选择使用如下表述方式中的一种;如果主合同与抵押合同分别订立,应当在两个合同中同时做出约定,务必避免出现只在一个合同中做出约定的情况。建议债权人使用)

表述一:

除不履行到期债务之外,债务人发生下列违约情形时,债权人有权主张就本合同项下的抵押财产优先受偿……

表述二:

除债务人不履行到期债务之外,债务人或者抵押人发生下列违约情形时,债权人有权主张就本合同项下的抵押财产优先受偿……

注释:在合同实务中,大多数人只关注了物上担保对于"债务人不履行到期债务"的担保功能,却忽视了法律规定的"当事人约定的实现担保物权"的情形,导致的结果就是,很多合同对于实现担保物权的约定,仅限于"债务人不履行到期债务"。本条款着重围绕法律允许的"当事人约定的实现担保物权"的情形而设计,省略的内容须由合同当事人根据具体情况自主约定。在约定抵押人发生的违约情形时,建议着重考虑对抵押财产的占管是否适当,使用抵押财产的行为是否会导致其价值贬损、是否会给抵押权的实现造成实质性障碍,等等。

(相关法条:《民法典》第 394 条第 1 款)

【抵押财产的转让】(应当根据实际情况选择使用如下表述方式中的一种,建议债权人/抵押权人使用)

表述一:

抵押期间内,未经债权人书面同意,本合同项下的抵押财产不得转让。债权人同意转让的,抵押人应当将相当于主债权金额 120% 的转让价款支付至债权人指定的账户;转让价款总额低于主债权金额 120% 的,债权人有权拒绝抵押人提出的转让抵押财产的请求。

表述二:

抵押期间内,抵押人不得转让抵押财产;抵押人违反这一约定的,债权人可以要求债务人提前清偿债务或者要求抵押人将转让抵押财产所得价款支付至债权人指定的银行账户。

注释:(1)《民法典》改变了原来《物权法》关于"抵押期间,抵押人未经抵押权人同意,不得转让抵押财产"的规定,允许抵押人在抵押期间转让抵押财产,但"当事人另有约定的,按照其约定"。设计本条款的目的在于充分运用上述法律规定保护债权人/抵押权人的权益。(2)"表述一"中的"120%"只是一个示范性数字,意义在于提示抵押权人,在这种情况下,要求抵押人提存转让价款的金额一定要高于抵押财产"转让时能够确定的主债权金额",转让时间距离债务人履行主合同债务的期限越远,这个比例应该越高,这样才能起到保证主债权顺利实现的目的。因此,这个比例可以由抵押权人根据具体情况与抵押人协商确定。

(相关法条:《民法典》第406条)

【抵押期间】 本合同所称抵押期间,自本合同订立之日起,至主债权诉讼时效期间届满为止。

注释:《民法典》第406条第1款使用了"抵押期间"一词,但并未作出定义。由于抵押合同中多处需要使用这一词语,为了帮助合同相关当事人准确理解、正确使用这一词语,本条款通过指明起止时间的方式对这一词语进行了限定式解释。之所以将截止时间确定为"主债权诉讼时效期间届满",是为了与《民法典》第419条关于"抵押权人应当在主债权诉讼时效期间行使抵押权;未行使的,人民法院不予保护"的规定相适应。

(相关法条:《民法典》第406条第1款)

【债权转让时抵押权的处理】(应当根据实际情况选择使用如下表述方式中的一种,建议抵押人使用)

表述一:

债权人转让主债权时,本合同的抵押权是否随主债权一并转让,须由抵押人以书面形式作出意思表示。

表述二:

本合同的抵押权在债权人转让主债权时,不得随主债权一并转让。

注释:《民法典》第407条规定了抵押权随债权转让的原则,同时允许当事人对此另行作出约定。本条款以此为依据设计了债权转让时,抵押权是否随之一并转让的两种不同处理方式供当事人选择。具体选择哪一种,一方面取决于抵押人的意愿,另一方面也取决于抵押人在交易中的话语权。

(相关法条:《民法典》第407条)

【抵押财产的占管】(推荐抵押权人使用)　抵押期间,抵押财产由抵押人占管,未经抵押权人书面同意,抵押人不得将抵押财产出租。

抵押权人同意出租的,抵押人应当履行下列义务:

(一)书面告知承租人抵押财产已经设定抵押权的情况,并应当与承租人在租赁合同中约定,在抵押权人实现抵押权时,应当按照抵押权人的要求从抵押财产中迁出或者将抵押财产交付给抵押权人或者抵押财产的受让人;

(二)与承租人约定的租赁期限不得超过抵押期间;

(三)收取租金时,要求承租人将租金的____%(大写百分之____)支付至抵押权人指定的账户。

抵押财产为住宅的,抵押期间,抵押人不得在抵押财产上设立居住权。

注释:(1)限制抵押人将抵押财产出租,主要是因为在实现抵押权时,通常都需要承租人从抵押财产中迁出或者将抵押财产交付给抵押权人或者抵押财产的受让人。特别是根据《最高人民法院关于人民法院办理执行异议和复议案件若干问题的规定(2020)》第31条第1款的规定,对于法院执行过程中采取查封措施之前,承租人已经与抵押人签订合法有效的书面租赁合同并占有使用抵押财产的(仅指不动产),承租人可以在租赁期内阻止执行法院向受让人移交该抵押财产。因此,如果不对相关情形做出约定,将给抵押权人实现抵押权造成不同程度的障碍。(2)限制在抵押财产上设立居住权,主要是因为居住权是《民法典》规定的一种用益物权,居住权人不但对设定了居住权的住宅享有占有、使用的权利,还可能通过居住权合同获得出租的权利。这些情形同样会给抵押权人实现抵押权造成不同程度的障碍。

【最高额抵押权】(本条第3款推荐抵押人使用)　债权人与债务人在主合同约定的期间内将要连续发生债权的,债权人有权在最高债权额限度内就抵押人提供的本合同项下的抵押财产优先受偿。

前款所称最高债权额,是指包括主债权及其利息、违约金、损害赔偿金、保管担保财产(如有必要)的费用、实现债权和抵押权的费用(包括但不限于因通过诉讼或者仲裁方式解决争议、实现债权所需支付的律师费,法院或者仲裁机构收取的与诉讼或者仲裁、申请执行、保全有关的全部费用,案件审理及执行过程中所需支付的鉴定、评估、审计等专项费用)等在内的全部债权。

最高额抵押担保的债权确定前,债权人转让部分债权的,最高额抵押权是否随主债权一并转让,应当由抵押人以书面形式作出意思表示。

注释:(1)本条第1款以《民法典》第420条为基础,进行了合同式表述,以便市场主体在交易过程中的理解和运用。(2)《民法典》第421条对于最高额抵押权的转让允许当事人意思自治,本条第3款系为了满足这一需要而制定。

(相关法条:《民法典》第420条、第421条,《民法典担保解释》第15条)

【最高额抵押权的转让】(建议根据实际情况选择使用如下表述方式中的一种)
表述一(推荐抵押人使用):
债权人在最高额抵押所担保的债权确定前转让部分债权的,最高额抵押权不得随被转让的部分债权一并转让。

表述二:
债权人在最高额抵押所担保的债权确定前转让部分债权的,经抵押人书面同意,最高额抵押权可以随被转让的部分债权一并转让。

随部分债权转让的最高额抵押权的金额,应当与被转让的债权占全部债权的比例相对应,即随部分债权转让的最高额抵押权的金额=最高额抵押权的金额×(被转让的债权金额÷全部债权金额)。

注释:第二种表述的第2款以列明计算公式的方式对合同条款的内容加以明确,既能够帮助当事人准确理解合同条款的含义,又能够在纠纷发生时便于当事人、法院或者仲裁机构计算涉案金额。

(相关法条:《民法典》第421条)

4. 质押合同常用条款

【质押财产的孳息】(推荐出质人使用) 质押财产的孳息由出质人收取。

注释:《民法典》第430条第1款规定:"质权人有权收取质押财产的孳息,但是合同另有约定的除外。"即出质人可以在质押合同中约定"质押财产的孳息由出质人收取"。

(相关法条:《民法典》第430条第1款)

【最高额质权】 债权人与债务人在主合同约定的期间内将要连续发生债权的,

债权人有权在最高债权额限度内就出质人提供的本合同项下的质押财产优先受偿。

前款所称最高债权额,是指包括主债权及其利息、违约金、损害赔偿金、保管担保财产(如有必要)的费用、实现债权和质权的费用(包括但不限于因通过诉讼或者仲裁方式解决争议、实现债权所需支付的律师费,法院或者仲裁机构收取的与诉讼或者仲裁、申请执行、保全有关的全部费用,案件审理及执行过程中所须支付的鉴定、评估、审计等专项费用)等在内的全部债权。

最高额质权担保的债权确定前,债权人转让部分债权的,最高额质权是否随主债权一并转让,应当由出质人以书面形式作出意思表示。

注释:根据《民法典》第439条第2款的规定,最高额质权参照适用最高额抵押权的规定,本条内容与最高额抵押权条款的内容基本相同。

(相关法条:《民法典》第439条、第420条、第421条)

【最高额质权的转让】(建议根据实际情况选择使用如下表述方式中的一种)

表述一:

债权人在最高额质权所担保的债权确定前转让部分债权的,最高额质权不得随被转让的部分债权一并转让。

表述二:

债权人在最高额质权所担保的债权确定前转让部分债权的,经出质人书面同意,最高额质权可以随被转让的部分债权一并转让。

随部分债权转让的最高额质权的金额,应当与被转让的债权占全部债权的比例相对应,即随部分债权转让的最高额质权的金额=最高额质权的全部金额×(被转让的债权金额÷全部债权金额)。

注释:根据《民法典》第439条第2款的规定,最高额质权参照适用最高额抵押权的规定,本条内容与最高额抵押权转让条款的内容基本相同。

(相关法条:《民法典》第439条、第421条)

5. 股权质押合同常用条款

【股权价值及出质期间的限制】 经□双方协商□评估机构评估(此处请根据具体情况选择标注,在"□"中划"√"即可,但只应选择其中的一种),确认出质人出质股权的价值为:＿＿＿＿＿＿＿＿元(大写＿＿＿＿＿＿＿＿)。

上述股权出质后,未经债权人书面同意,不得转让。债权人同意转让的,可以要求出质人以所得价款提前清偿债务,也可以要求出质人将所得价款存入债权人指定的银行账户。

为确保顺利实现订立本合同的目的,出质人承诺如下:

(一)在股权出质期间不进行可能导致持股比例变化、可能对出质人的股东权益造成不利影响的任何行为;

(二)在股权出质期间不将公司财产对外设定担保物权、不对外提供保证以及其他任何形式的对外担保;

(三)出质人应同时促成并保证公司遵守前述两项承诺。

注释:(1)股权实际上是法律权利和经济权利的集合体,法律权利主要体现为投票、选择经营者、决定公司的发展战略等方面;经济权利主要体现为在法律权利基础上形成的现实的和将来的收益权及其对应的价值(即对股权的估值)。因此,股权价值的确定,要比应收账款困难得多。但是在将股权作为质押财产的时候,只有通过量化方式体现其价值,才能使其流动性得以实现,所以,应当在合同中对于出质的股权的价值做出约定。本条中给出的是经济运行过程中常见的两种确定股权价值的方法,相比较而言,协商的效率更高,但准确性显然不够;评估反之。质权人和出质人可以根据具体情况加以选择。需要注意的是,具有国资背景的企业以选择评估为宜,以尽可能避免被违规、造成国有资产流失的风险。(2)出质的股权被转让必然会给质权人带来一定的法律风险,根据本款的约定,是否同意的选择权在于质权人。此处需要提示质权人注意的是,如果同意转让,应保证转让所得价款足以清偿主债权或者出质人能够提供其他足以保障主债权顺利实现的其他担保,否则,不宜同意转让。(3)前文已经提到,股权实际上是法律权利和经济权利的集合体,这种集合体的复杂性可能会由于其中任何一个方面的变化而导致股权质押的质权人的利益受到影响。为了尽可能避免给质权人的利益造成不利影响,本条第3款的前两项以列举的方式约定了一些可能发生的情形,其中第1项约定的"可能对出质人的股东权益造成不利影响的"行为,主要是指对赌。因为对赌在表面上没有发生股权转移,但却是附条件的股权转移,如果不对此加以限制,出质人可能会通过"订立对赌协议→对赌失败→被诉履行对赌协议→被迫转移股权"的途径实现摆脱本合同关系的目的。

(相关法条:《民法典》第440条、第443条)

【股权出质登记】 出质人应当配合债权人在本合同生效后____日内,共同向公司登记机关申请办理股权出质设立登记。

本合同生效____日后，出质人仍然未能履行前款约定的配合义务的，债权人可以解除合同。

主债权消灭，无须通过主张质权方式实现债权的，债权人应当按照相关法律的规定，在主债权消灭后____日内，配合出质人办理股权出质注销登记。

注释：关于股权质押登记办理的方式，《股权出质登记办法》第6条第1款规定："申请股权出质设立登记、变更登记和注销登记，应当由出质人和质权人共同提出。申请股权出质撤销登记，可以由出质人或者质权人单方提出。"因此，本条以上述规定为依据，将共同申请设立登记、注销登记设定为双方的义务，并同时约定了双方的违约责任。需要注意的是，《股权出质登记办法》并未规定办理设立登记、注销登记的期限，在实际使用本条款的过程中，双方可以协商确定相关时间。为了促进交易、提高交易效率，办理设立登记的时间以不超过7天、办理注销登记的时间以不超过30天为宜。

（相关法条：《民法典》第443条，《股权出质登记办法》第6条、第10条）

【登记机关备案内容与股权质押合同文本冲突的处理】 在办理股权质押登记过程中，如果登记机关要求使用统一的格式文本，该文本的内容与本合同存在冲突或者表述不全面、不完整之处，均应以本合同约定为准。双方均不得以使用了格式文本为由，否定本合同约定的内容。

注释：根据《股权出质登记办法》第7条的规定，办理股权出质登记时，应当向市场监督管理机关提交《质押合同》。一些地方（主要是经济欠发达地区）的公司登记机关（即之前的工商行政管理机关、现在的市场监督管理机关）在办理股权质押登记过程中，要求一律使用他们提供的统一文本，否则就不予办理。但是，这种统一文本在内容上并不能完全满足质权人和出质人的需要，双方只能另行订立能够满足个性化需要的股权质押合同。为了解决两个不同文本的合同内容的冲突问题，设计了本条款约定的内容。

（相关法条：《股权出质登记办法》第7条）

6. 应收账款质押合同常用条款

【应收账款的范围、价值及出质期间的限制】 出质人出质的应收账款相关信息见本合同附件，经□双方协商□评估机构评估（此处请根据具体情况选择标注，在"□"中划"√"即可，但只应选择其中的一种）确认，出质人出质的应收账款的价值为：_____元(大写：_____)。

上述应收账款出质后，未经债权人书面同意，不得转让。债权人同意转让的，可以要求出质人以所得价款提前清偿债务，也可以要求出质人将所得价款存入债权人指定的银行账户。

注释：(1)从法律的角度认识应收账款，最起码应该考虑以下两个因素：一是真实性，这种真实性不仅仅是财务层面的，更应该是法律层面的。因为财务层面的应收账款在某些特定情况下，并不是法律层面的应收账款，或者说并不是法律意义上的应收账款。例如，由于记账错误，把财务上的其他应收款、长期股权投资甚至是应付账款记为了应收账款。如果在接受应收账款质押的过程中，仅从财务层面反映的财务信息就确认应收账款的真实性，对于债权人而言是十分危险的。因此，从法律层面来看，财务层面的应收账款信息只是一个基础信息，需要结合应收账款产生的其他财务上的原始凭证加以综合分析、判断。例如，会计账簿中记载有某一笔应收账款，债权人经过筛选也愿意接受这笔应收账款作为质押财产，那么，在法律层面至少还需要核实应收账款产生的原始单据(包括但不限于合同、履行完毕的相关证据)是否真实且齐全。二是有效性，这种有效性首先必须建立在可以确认真实性的基础上；其次，还需要关注账龄是否超过了诉讼时效、应收账款的债务人的名称是否准确、债务人是否具有清偿能力，只有这些事项都能够达到足以确信的程度，才算得上达到了有效性标准。在上述两个因素都能够得以确信的情况下，应收账款质押合同中记载的应收账款的相关信息至少应当包括：应收账款债务人的名称，应收账款的金额、账龄，原始单据的数量、名称。如果出质的应收账款是同一个应收账款债务人名下的多笔账目，还应当注意通过每一笔账目的发生时间、原始单据(最好是合同)的编号等要素加以识别、区分。(2)从法律角度看，应收账款实际上是一种金钱债权。既然是债权，其金额和价值就不应等同对待，因为在债权实现的过程中通常都会发生费用，这些费用是应收账款金额之外的，但却是实现应收账款现金价值所必需的。因此，有必要在合同中对于出质的应收账款的价值做出约定。本条中给出的确定应收账款价值的方法是经济运行过程中常见的两种方式，相比较而言，协商的效率更高，但准确性不够；评估反之。债权人和出质人可以根据具体情况加以选择。需要注意的是，具有国资背景的企业以选择评估为宜，以尽可能避免被认定违规、造成国有资产流失的风险。(3)出质的权利被转让必然会给质权人带来一定的法律风险，根据本款的约定，是否同意转让选择权根据本款的约定在于质权人。此处需要提示质权人注意的是，如果同意转让，应保证转让所得价款足以清偿主债权或者出质人能够提供其他足以保障主债权顺利实现的担保,否则,不宜同意转让。

（相关法条:《民法典》第445条）

【应收账款的出质登记】 双方一致同意,由债权人单独向中国人民银行征信中心申请办理应收账款质押登记,将主债权金额、主合同履行期限、用于出质的应收账款的金额及债务人名称作为登记内容。

主债权消灭,无须通过主张质权方式实现债权的,债权人应当在主债权消灭后____个工作日内办理注销登记。

债权人逾期履行注销登记义务的,应当按照本合同约定的应收账款价值的____%向出质人支付违约金。违约金数额不足以弥补出质人损失的,应当继续予以赔偿。

注释:(1)对于应收账款质押登记办理的方式,《动产和权利担保统一登记办法》第7条有明确的规定。考虑到这是一种比较陌生的担保方式,质权人与出质人对此的了解大多出于一种懵懂的状态,以这种方式写入合同有助于合同的订立和履行。(2)《动产和权利担保统一登记办法》第9条第1款明确规定的登记内容,包括质权人和出质人的基本信息、应收账款的描述、登记期限。另外,根据第9条第4款规定,质权人可以与出质人约定将主债权金额等项目作为登记内容。因此,为了尽可能地将出质的应收账款特定化,在此处将有助于实现特定化的相关信息也约定为登记内容。(3)本条第3款完全是为了保护出质人的利益而设计。在无须行使质权的情况下,质权人有义务根据《动产和权利担保统一登记办法》的规定及时办理注销登记,既是对出质人权利的尊重,也可以让出质人在法律规定的时限内以最快速度实现应收账款的流动性,进而创造更大的价值,这也是《民法典》合同编的立法目的之一。

（相关法条:《民法典》第445条,《动产和权利担保统一登记办法》第7条、第9条、第15条、第16条）

（三）适用于保证合同的条款

【主合同债务履行期限及保证期间】 债务人履行主合同债务的期限,以主合同相关条款的约定为准。保证人完全了解相关内容,并承诺在债权人依据本合同约定要求承担保证责任时,对债权人与债务人就主合同的债务履行期限所作的约定不提出任何异议。

保证人承担保证责任的期间(即保证期间)为自主合同债务履行期限届满之日起三年。

注释:(1)债务人不履行到期债务,是保证人承担保证责任的必要前提。因此,只有在保证合同中对债务人履行主合同债务的期限做出明确约定,才能对债务人是否履行到期债务做出判断。(2)根据《民法典》第692条的规定,"保证期间是确定保证人承担保证责任的期间",即只有在此期间内向保证人主张其承担保证责任,才会在法律上得到支持。因此,对于债权人而言,此期间自然是越长越好。反之,保证人则希望越短越好。在实务中,双方可以通过自身力量的博弈来确定保证期间,但是从有效行权的角度来说,三年的保证期间还是比较合适的。

【保证的形式与范围】 保证人提供的保证形式为连带责任保证,保证的范围包括:主债权及其利息、违约金、损害赔偿金和实现债权的费用,还包括……

注释:(1)根据《民法典》第686条第2款的规定,对于保证方式没有约定或者约定不明的,按照一般保证承担保证责任。《民法典担保解释》第25条第1款也规定,"当事人在保证合同中约定了保证人在债务人不能履行债务或者无力偿还债务时才承担保证责任等类似内容,具有债务人应当先承担责任的意思表示的,人民法院应当将其认定为一般保证"。为了避免出现被认定为一般保证的情况,在保证合同中必须将保证方式明确约定为连带责任保证,不应再使用其他任何可能引起歧义的表述方式。(2)根据《民法典》第691条的规定,保证的范围原则上包括"主债权及其利息、违约金、损害赔偿金和实现债权的费用",但是也可以由当事人约定。因此,就债权人而言,在该条规定的范围之外另行约定其他方面的费用更为有利;就担保人而言,则是在该条规定的范围内尽可能减少更为有利。

(相关法条:《民法典》第686条、第691条)

【公司提供保证时对于保证行为效力的承诺】(推荐债权人使用) 保证人确认并承诺,保证人提供担保的行为符合本公司关于对外担保决议程序的相关规定,并已经过本公司有权机关的批准。

注释:(1)在很长的一段时间里,《公司法》第16条成了司法实践中如何认定公司对外提供担保行为的效力的一个难点问题。《九民纪要》用了7条对这一问题进行了论述,《民法典担保解释》也用了5条对这一问题作出了规定。但是,对于合同实务而言,这些论述和规定都有些晦涩,因为它们都是从诉讼中遇到相关问题时如何解决的角度出发的,是典型的问题导向。本条款的内容在结合相关法条内容的基础上,采取公司对外提供保证时对于保证行为效力作出承诺的方式,解决了公司对外提供担保的效力和内部表决程序的问题。(2)之所以将此条款置于保证合同中,主要是因为保证合同属于诺成性合同,在纠纷发生时,保证人多以做出保证时的意思表示违反《公司法》第16条规定为由进行抗辩。而抵押合同(不动产抵押)、质押合同都是实践性合同,抵押人、出质人基本上找不到提出上述抗辩的理由。如有必要,可以将本条款稍作修改,用于抵押合同、质押合同。

(相关法条:《公司法》第16条,《民法典担保解释》第7条至第11条)

【最高额保证】 债权人与债务人在主合同约定的期间内将要连续发生债权的,保证人保证的范围为该期间内发生的最高债权额;保证期间按照主合同项下每一笔交易约定的债务履行期限分别计算,为前述债务履行期限届满之日起三年。

前款所称最高债权额,是指包括主债权及其利息、违约金、损害赔偿金、保管担保财产(如有必要)的费用、实现债权的费用(包括但不限于因通过诉讼或者仲裁方式解决争议、实现债权所需支付的律师费,法院或者仲裁机构收取的与诉讼或者仲裁、申请执行、保全有关的全部费用,案件审理及执行过程中所须支付的鉴定、评估、审计等专项费用)等在内的全部债权。

最高额保证担保的债权确定前,债权人转让部分债权的,最高额保证是否随主债权一并转让,应当由保证人以书面形式作出意思表示。

注释:(1)为了实现合同文本的普适性,本款在此处以假设方式对最高额保证加以表述。这样的好处在于,符合假设条件的,可以适用本条;不符合假设条件的,则可以忽略本条,能够尽可能满足主合同约定的不同交易方式的需要。(2)最高额保证担保的债务是债权人与债务人在主合同约定的期间内将要连续发生的,无法确定相对固定的保证期。虽然《民法典担保解释》第30条第2款规定了最高额保证合同中对保证期间的计算方式、起算时间等没有约定或者约定不明时,保证期间的计算方式、起算时间,但相关规定与本条第2款的这一约定相比,显然后者更有利于债权人。

(相关法条:《民法典》第690条)

【最高额保证的保证期间】 本合同约定的最高额保证的保证期间按照下列规则确定(以连续交易的买卖合同为例):

(一)在主合同项下发生的每一笔订单中明确约定了债务人付款期限的,最高额保证的保证期间为,自该订单约定的付款期限届满之日起三年。

(二)在主合同项下发生的每一笔订单中没有明确约定债务人的付款期限或者约定不明的,最高额保证的保证期间为,自债权人履行完毕该订单约定的交付义务之日起三年。

注释:本条款综合《民法典》第690条、第692条的规定,以连续交易的买卖合同为例,对最高额保证的保证期间做出了约定。在律师实务中,可以根据主合同的具体类型,参照本条款的表述方式对最高额保证的保证期间做出约定。需要注意的是,《民法典》第692条改变了之前《担保法司法解释》对于保证期间约定不明和没有约定区别对待计算保证期间的做法,将没有约定或者约定不明时的保证期间统一确定为"主债务履行期限届满之日起六个月"。因此,《民法典》施行后,保证合同的当事人在保证合同中对于保证期间没有约定或者约定不明的,保证期间均为主债务履行期限届满之日起六个月。在处理保证合同业务过程中,作为债权人的律师应当对这一情况给予足够的重视,尽可能在保证合同中明确约定保证期间,以免给债权人造成不必要的损失。

(相关法条:《民法典》第690条、第692条)

【禁止债权转让】 保证期间内,债权人不得将主债权对外转让。债权人违反本条约定的,保证人对主债权的受让人不再承担保证责任。

注释:《民法典》第696条第2款对此的规定是,"保证人与债权人约定禁止债权转让,债权人未经保证人书面同意转让债权的,保证人对受让人不再承担保证责任"。本条的内容直接将"保证人对受让人不再承担保证责任"作为后果的描述,是为了避免出现"债权人未经保证人书面同意转让债权"的情况,以尽量促使债权人适当行使权利。

(相关法条:《民法典》第696条)

【债务转移时的保证责任】(推荐债权人使用) 保证人承诺,债权人允许主债务人转移全部或者部分债务时,无论债权人是否征得保证人同意,保证人均继续承担保证责任。

注释:《民法典》第697条第1款的规定,是为了在债权人允许主债务人转移全部或者部分债务时保护保证人的利益。本条款是从债权人的角度出发,在"但是债权人和保证人另有约定的除外"规定的基础上做出的反向约定。

（相关法条：《民法典》第697条第1款）

【保证份额】（推荐保证人使用）　债权人有义务向保证人告知是否还存在其他保证人为主合同提供保证的情形；债权人未告知或者未如实告知的，保证人只在应当承担的保证份额范围内承担保证责任。本条款所称保证人应当承担的保证份额=主债权金额÷为主合同提供保证的保证人的数量。

注释：(1)本条是为了解决在《民法典》第699条的规定下，保证份额无法确定时，保证人的权益无法得到保障的问题。因为在实务中，多个保证人不体现或者不能体现在一个保证合同中的情况比较常见，在这种情况下，如果债权人出于故意或者疏忽的原因，没有向一个保证人告知还有其他保证人，将会导致保证人过多地承担保证责任。本条将告知是否"存在其他保证人"设定为债权人的义务，并且将"债权人未告知或者未如实告知的"的后果，设定为"保证人只在应当承担的保证份额范围内承担保证责任"，可以促使债权人全面履行告知义务，以尽可能地保障保证人的合法权益。(2)本条第1款关于"本条款所称保证人应当承担的保证份额=主债权金额÷为主合同提供保证的保证人的数量"的约定，是为了便于确定保证份额而设定，通过计算公式的方式加以表述，更便于理解和使用。

由于债权人未履行或者未适当履行前款约定的告知义务，导致保证人承担的保证责任超出应当承担的保证份额的，应当按照保证人超额承担的保证责任金额的130%向保证人支付违约金。违约金数额不足以弥补保证人损失的，应当继续予以赔偿。

注释：通常情况下，若存在多个保证人时，债权人应该会同时向所有的保证人主张权利，但在实践中可能会出现一些极端的情况，例如，债权人认为某一个保证人不具有清偿能力而放弃权利；或者为了达到只让一个保证人承担保证责任的目的，而放弃向其他保证人主张权利。再如，多个保证人提供保证的时间或者约定的保证期间不同，导致债权人向保证人主张权利时可能会存在时间差。这些极端情况的出现，必然会给保证人以保证份额作为抗辩理由造成不利影响。本款的内容就是为了解决在极端情况出现时，导致保证人遭受了不必要的损失后应该如何弥补的问题。

本条所称的保证，既包括连带责任保证，也包括一般保证。

注释：之所以设定这样一个条款，是考虑到为债权人提供的保证方式可能会同时包括两种保证方式,避免表述的遗漏。

(相关法条:《民法典》第699条)

【追偿】(推荐保证人使用)　保证人按照本合同约定承担保证责任后,有权在其承担保证责任的范围内向债务人追偿,债权人应当应保证人的要求给予必要的协助。

注释:本条内容是在《民法典》第700条的规定的基础上,给债权人设定的协助义务。无论是单纯的保证人,还是以提供保证担保服务为主营业务的融资担保公司,在行使担保追偿权的过程中,通常都需要债权人配合提供保证人已经履行完毕保证责任的相关证据。从这个意义上来说,本条应该是保证合同的必备条款。

(相关法条:《民法典》第700条)

【债权人对于债务人可能主张的抵销权或者撤销权的告知义务】(推荐保证人使用)　债权人有义务向保证人告知,债务人是否存在对债权人享有抵销权或者撤销权的情形。但下列情形不能被认为是债权人未如实履行上述告知义务:

(一)债务人对债权人享有的抵销权源于债务人在本合同订立后受让的债权;

(二)本合同订立时,债权人不能确定债务人是否享有撤销权;

(三)本合同订立时,债务人并未向债权人主张撤销权,也未就此提起撤销权诉讼。

债权人未告知或者未如实告知债务人是否存在对债权人享有抵销权或者撤销权的情形,导致保证人未能依照《民法典》第702条的规定,在相应范围内拒绝承担保证责任的,应当按照保证人已经承担保证责任金额的130%向保证人支付违约金。违约金数额不足以弥补保证人损失的,应当继续予以赔偿。

注释:(1)设计本条内容的目的,是为了实现《民法典》第702条规定的可操作性。因为该条的内容只是以授权性规范的方式,赋予了保证人在"债务人对债权人享有抵销权或者撤销权的"情况下,"可以在相应范围内拒绝承担保证责任",但并没有就保证人不知道"债务人对债权人享有抵销权或者撤销权"时,应该如何应对给出答案。因此,对于律师或者企业法务而言,不仅要知道法律是如何规定的,还应能够根据法律规定解决法律实施过程中的实际问题。之所以将"债务人是否存在对债权人享有抵销权或者撤销权的情形"设定为债权人向保证人应当履行的告知义务,是出于保护保证人利益的考虑。因为这种情况只有债权人自己最清楚,特别是抵销权,通常都是在债权人与债务人在此之前就存在合同关系并且互负债务的情况下才会产生,对于这些情况,除非保证人主动进行尽职调查,否则,如果债权人不能主动告知,保证人不可能掌握。为了在保护保证人利益的基础上尽可能降低交易成本,为债权人设定这样的告知义务,无疑是一个合适的选择。该条第1款但书列举的3种情形,都是经济活动的实践中普遍存在的债权人无法确定是否存在抵销权或者撤销权的情形,特别是撤销权,既是一种撤销权人的主观判断,也需要通过诉讼或者仲裁这样的特定途径来主张、确认,如果不把这些情形加以排除,对债权人而言则是不公平的。(2)本条第2款完全是为了保护保证人的利益而设计。根据《民法典》第702条的规定,如果保证人不掌握债务人对债权人是否享有抵销权或者撤销权的情况,就无法及时行使"在相应范围内拒绝承担保证责任"的权利,也就会因此遭受损失。这种损失是因为债权人未能按照合同约定履行告知义务所导致,理应由债权人承担违约责任。其中关于"按照保证人已经承担保证责任金额的130%向保证人支付违约金"的表述是示范性的,是根据《民法典》第585条第1款关于"当事人可以约定一方违约时应当根据违约情况向对方支付一定数额的违约金,也可以约定因违约产生的损失赔偿额的计算方法"的规定,采用了"约定因违约产生的损失赔偿额的计算方法"的方式。从适用性的角度而言,"一定数额的违约金"的灵活度显然与"因违约产生的损失赔偿额的计算方法"不可同日而语。

(相关法条:《民法典》第702条)

(四) 各类担保合同普遍适用的条款

【被担保债权的种类和数额】 本合同项下被担保债权(为便于理解和表述,以下称为"主债权")的种类为_____,具体数额以主合同约定的金额为准。

注释:被担保债权的种类是《民法典》规定的担保类合同的必备条款,但是对于此处的"种类"如何描述、如何分类没有具体规定。从语境来看,应该排除的是对债的种类的划分,因为是在合同中使用,所以必然是主动的合同之债,而不应是侵权、不当得利、无因管理等其他三种被动形成的债务。从实务的角度来说,建议加以如下区分:货款/价款(买卖合同、运输合同)、贷款(借款合同)、租金(租赁合同、融资租赁合同)、工程款(建设工程施工合同)、报酬/酬金/服务费(保理合同、承揽合同、保管合同、仓储合同、委托合同、物业服务合同、行纪合同、中介合同)。

(相关法条:《民法典》第400条第2款、第427条第2款)

【公司提供担保时对于担保行为效力的承诺】（推荐债权人使用） 担保人确认并承诺,担保人提供担保的行为符合本公司关于对外担保决议程序的相关规定,并已经过本公司有权机关的批准。

注释:在司法实践中,以公司法人名义订立的担保合同在诉讼中经常被该公司以"未经公司董事会/股东会同意"为理由主张抗辩,由于《公司法》第16条的规定过于原则,导致各地各级法院在审理相关案件时,经常出现同案不同判的情况。虽然《九民纪要》第17条和《民法典担保解释》第7条给出了处理规则,但都是为了解决诉讼中面临的问题,而不是从合同订立环节解决问题。本条款以担保人承诺的方式对公司提供担保的行为的内部决议程序的合法性加以确认,意在尽可能避免上述情形在诉讼过程中发生,最大限度地保护债权人的利益。

（相关法条:《公司法》第16条,《民法典担保解释》第7条至第10条）

【主合同解除时的担保责任】（应当根据实际情况选择使用如下表述方式中的一种,可以根据实际情况将文中的"担保人"区分为"保证人""抵押人"或者"出质人",推荐担保人使用此条款）

表述一:

主合同解除后,担保人对债务人依照主合同约定应当向债权人承担的民事责任,不再承担相应的担保责任。

表述二:

主合同解除后,担保人承担的担保责任范围限于……（注:此范围应小于原担保合同或者担保条款所约定的担保范围）。

注释:根据《民法典》第566条第3款的规定,主合同解除后的担保责任,以承担为原则,以当事人另行约定为例外。此时,为了确保自身利益不受损害,建议担保人应当与债权人就此做出约定。在约定时,可以根据实际情况采用上述两种方式中的一种,或者免责,或者缩小担保责任的范围。

（相关法条:《民法典》第566条第3款）

【混合担保中担保责任的承担顺序】（推荐债权人使用） 当债务人不能按照主合同的约定履行到期债务或者主合同约定的债权人可以实现担保物权的情形发生时,如果主债权既有物的担保又有人的担保,债权人对于相关担保人承担担保责任的顺序享有选择权,担保人认可债权人的此项权利并承诺在债权人行使上述选择权时不持任何异议。

注释：对于债权人而言，存在混合担保的情况下，担保责任的承担顺序是一个必须给予高度重视的问题。《民法典》第392条给出的规则是：有约定，依约定；没有约定或者约定不明，在区分物保、人保的基础上，又细分为物保由债务人自己提供还是由第三人提供。设计本条的出发点是最大限度保护债权人的利益，在法律允许自由约定的情况下，赋予债权人以选择权无疑是一个最佳选择。

（相关法条：《民法典》第392条，《民法典担保解释》第13条、第18条）

【混合担保中担保责任的分担规则】（推荐担保人使用）　当债务人不能按照主合同的约定履行到期债务或者主合同约定的债权人可以实现担保物权的情形发生时，如果有一个以上的物上担保人为主债权提供担保，各担保人按照下列约定分别承担相应的担保责任：

（一）各物上担保人提供的担保财产价值均小于担保债权金额时，根据各自担保财产的价值比例，确定各自分担的担保责任份额；

（二）各物上担保人提供的担保财产价值均大于担保债权金额时，根据各自担保债权额的比例，确定各自分担的担保责任份额；

（三）部分物上担保人提供的担保财产价值小于担保债权金额时，根据该担保人的担保财产价值和其他担保人担保债权金额之间的比例，确定各自分担的担保责任份额。

注释：《民法典担保解释》第13条对于共同担保情形下，承担了担保责任的担保人能否要求其他担保人分担作出了明确规定，给出的解决方案是"按照约定分担份额"。本条款即是为了帮助各物上担保人约定分担份额而设计，区分了三种具体情况：一是各物上担保人提供的担保财产价值均小于担保债权金额；二是各物上担保人提供的担保财产价值均大于担保债权金额；三是部分物上担保人提供的担保财产价值小于担保债权金额。

（相关法条：《民法典担保解释》第13条）

四、民法典常用担保合同参考文本

(一) 保证合同

保证合同

签约提示：[1]

1. 订立本合同的目的是担保债权人与债务人订立的主合同顺利履行，保障债权人的债权能够如期实现。本合同所称保证人，系指主合同债务人以外的第三人，与债务人不能是同一个民事主体。

2. 在订立本合同时，债权人应当注意审查保证人是否符合《中华人民共和国民法典》第683条的规定，注意审查是否存在《最高人民法院关于适用〈中华人民共和国民法典〉有关担保制度的解释》第5条至第11条规定的"人民法院应当认定担保合同无效"或者"人民法院不予支持"的情形。

3. 债权人应当注意，在本合同未生效之前，不宜先履行主合同约定的己方主要义务。建议债权人在主合同中，将本合同生效作为履行己方主要义务的前提条件。

债权人(以下简称"甲方")[2]：_____
住所：_____
统一社会信用代码：_____
联系方式：手机_____ 电子邮箱_____
法定代表人/负责人：_____；职务：_____

保证人(以下简称"乙方")[2]：_____
住所：_____
统一社会信用代码：_____
联系方式：手机_____ 电子邮箱_____
法定代表人/负责人：_____；职务：_____

鉴于:

1. 甲方与债务人_____[3]签订了《_____合同》[4](以下简称"主合同");

2. 乙方自愿为债务人在主合同项下所负债务提供保证,以保障甲方债权的实现。

为明确双方的权利义务,根据《中华人民共和国民法典》(以下简称《民法典》)等相关法律的规定,双方经平等协商一致,订立本合同。

第一部分 专用条款

第一条【被担保债权的种类和数额】本合同项下被担保债权(为便于理解和表述,以下称为"主债权")的种类为[5]_____,具体数额以主合同约定的金额为准。

第二条【主合同债务履行期限及保证期间】债务人履行主合同债务的期限,以主合同相关条款的约定为准。[6]乙方完全了解相关内容,并承诺在甲方依据本合同约定要求承担保证责任时,对甲方与债务人就主合同的债务履行期限所作的约定不提出任何异议。

保证人承担保证责任的期间(即保证期间)为自主合同债务履行期限届满之日起三年。[7]

第三条【保证的形式与范围】乙方提供的保证形式为连带责任保证[8],保证的范围包括:主债权及其利息、违约金、损害赔偿金和实现债权的费用(包括但不限于诉讼或仲裁费用、律师费用以及实现债权过程中需要支付的其他合理费用)。

第四条【债务转移时的保证责任】乙方承诺,甲方允许债务人转移全部或者部分债务时,无论是否征得乙方同意,乙方均继续承担保证责任。[9]

第五条【禁止债权转让】保证期间内,甲方不得将主债权对外转让。甲方违反本条约定的,乙方对主债权的受让人不再承担保证责任。[10]

第六条【保证份额】甲方有义务向乙方告知是否存在其他保证人为主合同提供保证的情形;甲方未告知或者未如实告知的,乙方只在应当承担的保证份额范围内承担保证责任。[11]本款所称乙方应当承担的保证份额=主债权金额÷为主合同提供保证的保证人的数量。[12]

由于甲方未履行或者未适当履行前款约定的告知义务,导致乙方承担的保证责任超出应当承担的保证份额的,应当按照乙方超额承担的保证责任金额的130%向乙方支付违约金。违约金数额不足以弥补乙方损失的,应当继续予以赔偿。[13]

本条所称的保证,既包括连带责任保证,也包括一般保证。[14]

第七条【追偿】 乙方按照本合同约定承担保证责任后,有权在其承担保证责任的范围内向债务人追偿,甲方应当在乙方的合理要求范围内给予必要的协助。[15]

第八条【债权人对于债务人可能主张的抵销权或者撤销权的告知义务】 甲方有义务向乙方告知,债务人是否存在对甲方享有抵销权或者撤销权的情形,[16]但下列情形不能被认为是债权人未如实履行上述告知义务[17]:

(一)债务人对甲方享有的抵销权源于债务人在本合同订立后受让的债权;

(二)本合同订立时,甲方不能确定债务人是否享有撤销权;

(三)本合同订立时,债务人并未向甲方主张撤销权,也未就此提起撤销权诉讼。

甲方未告知或者未如实告知债务人是否存在对甲方享有抵销权或者撤销权的情形,导致乙方未能依照《民法典》第702条的规定,在相应范围内拒绝承担保证责任的,应当按照乙方已经承担保证责任金额的130%向乙方支付违约金。违约金数额不足以弥补乙方损失的,应当继续予以赔偿。

第九条【担保责任的承担顺序】[18] 当债务人不能按照主合同的约定履行到期债务、主合同约定的债权人可以要求保证人履行债务或者承担责任的情形发生时,如果主债权既有物的担保又有人的担保,甲方对于相关担保人承担担保责任的顺序享有选择权,乙方认可甲方的此项权利并承诺在甲方行使上述选择权时不持任何异议。

第十条【最高额保证】 甲方与债务人在主合同约定的期间内将要连续发生债权的,乙方保证的范围为该期间内发生的最高债权额[19];保证期间按照主合同项下每一笔交易约定的债务履行期限分别计算,为自前述债务履行期限届满之日起三年。[20]

前款所称最高债权额,是指包括主债权及其利息、违约金、损害赔偿金、保管担保财产(如有必要)的费用、实现债权的费用(包括但不限于因通过诉讼或者仲裁方式解决争议、实现债权所需支付的律师费,法院或者仲裁机构收取的与诉讼或者仲裁、申请执行、保全有关的全部费用,案件审理及执行过程中所需支付的鉴定、评估、审计等专项费用)等在内的全部债权。

最高额保证担保的债权确定前,甲方转让部分债权的,最高额保证是否随主债权一并转让,应当由乙方以书面形式作出意思表示。

第二部分 通用条款

第一条【标题】 本合同的标题仅为方便阅读的需要而设,不构成任何对本合同内容或者体系的解释。

第二条【期间的计算】 本合同约定的期间以《民法典》第一编第十章的相关规定为准。

第三条【保密】 除非法律另有规定,未经对方书面同意,任何一方不得将本合同内容、因履行本合同或者本合同有效/履行期限内获得或者知悉的对方与本合同的签订、履行相关的信息,以及对方标注"保密"的信息和资料透露给第三方。

双方对于因签订、履行本合同过程中获得或者知悉的对方的商业秘密,应当采取必要的保密措施。任何一方不得利用这一便利损害对方利益或者为己方谋利。

本条所约定的义务适用于双方所有因岗位职责的原因可能接触本合同项下相关内容的员工。在泄密情形发生时,无论相关责任人是否存在过错,该责任人所属的一方均应向对方承担违约责任。

本条约定不因本合同的终止而终止。

第四条【通知】 双方确认,本合同首部载明的住所、电子邮箱即为本合同签署、履行过程中,一方向对方履行通知义务的约定地址(以下统称"通知地址")。按照本合同的约定和/或法律的规定,一方行使相应权利、履行相应义务时应当通知对方的,均应以《民法典》第469条规定的书面形式送达通知地址(接受送达的一方此前已经以书面形式通知对方变更通知地址的除外)。

纸质文件送达住所或者电子邮件进入电子邮箱,即视为一方已经履行完毕通知义务。一方送达的纸质文件送达至住所的,无论对方是否配合签收,均视为送达完成。

第五条【法律文书的送达】 法院或者仲裁机构在审理与本合同相关的纠纷时,相关法律文书的送达适用本合同通知条款中关于通知地址的相关约定。

双方同意,受理相关纠纷的法院或者仲裁机构可以采用传真、电子邮件向双方送达相关法律文书。

第六条【内容确认】双方在本合同上签章的行为,意味着双方已经认真、仔细阅读了本合同全部条款并充分理解其含义,对本合同的任何内容均不存在持有异议或者不清楚、不了解任何条款含义的情形。

第七条【合同附件的效力】本合同的所有附件(如有)均是本合同的组成部分,对本合同双方当事人具有约束力。

第八条【部分条款无效时的处理】如果根据适用的法律、行政法规,本合同的任何条款被认为无效的,这些条款应当被认为从本合同中删除,其余条款的效力不应因此受到影响。在此种情形下,双方应当诚信地进行协商,以达成双方满意的条款,用于替换上述被认为无效的条款。在双方未能就此达成一致之前,相关事宜法律有规定的,以法律规定为准。

第九条【争议的解决】[21]乙方与甲方在本合同履行过程中如果发生纠纷,应当尽量协商解决。协商不成时,向甲方住所地有管辖权的法院提起诉讼。

第十条【其他事项】本合同一式(大写)____份,双方各执(大写)_____份。

本合同自下列条件之一成就时起生效:

(一)双方在本合同上加盖公章或者合同专用章;

(二)双方的法定代表人或者负责人在本合同上签字;

(三)持有双方合法授权委托书的代理人在本合同上签字。

甲方(盖章): 乙方(盖章):

法定代表人/负责人/代理人(签字): 法定代表人/负责人/代理人(签字):

签订日期:20__年__月__日

重点条文注释:

[1]设计这个内容的目的,在于帮助保证合同双方当事人准确理解合同条款的含义,同时提醒债权人对相关风险给予必要的关注,以尽可能维护己方的合法权益。使用时可以根据实际需要保留或删除。

[2]合同的一方或者双方当事人为自然人时,可以将统一社会信用代码和法定代表人/负责人及其职务这两项信息删除,但需加上身份证号码。

〔3〕此处应当根据主合同债务人的主体身份加以区分,主合同债务人为法人或者非法人组织的,应当以登记名称为准;主合同债务人为自然人的,应当以身份证登记的姓名为准。

〔4〕此处应当以主合同名称为准填入,务必与主合同名称保持一致。如果主合同有编号,应当一并填入,以便能够对主合同进行准确识别。

〔5〕被担保债权的种类是《民法典》规定的担保类合同的必备条款,但是对于此处的"种类"如何描述、如何分类没有具体规定。从语境来看,应该排除的是对债的种类的划分,因为是在合同中使用,所以必然是主动的合同之债,而不应是侵权、不当得利、无因管理等其他三种被动形成的债务。从实务的角度来说,建议加以如下区分:货款/价款(买卖合同、运输合同)、贷款(借款合同)、租金(租赁合同、融资租赁合同)、工程款(建设工程施工合同)、报酬/酬金/服务费(保理合同、承揽合同、保管合同、仓储合同、委托合同、物业服务合同、行纪合同、中介合同)。

〔6〕债务人不履行到期债务,是保证人承担保证责任的必要前提。因此,只有在保证合同中对债务人履行主合同债务的期限做出明确约定,才能对债务人是否履行到期债务做出判断。

〔7〕根据《民法典》第692条的规定,"保证期间是确定保证人承担保证责任的期间",即只有在此期间内向保证人主张其承担保证责任,才会在法律上得到支持。因此,对于债权人而言,此期间自然是越长越好。反之,保证人则希望越短越好。在实务中,双方可以通过自身力量的博弈来确定保证期间,但是从有效行权的角度来说,三年的保证期间还是比较合适的。

〔8〕根据《民法典》第686条第2款的规定,对于保证方式没有约定或者约定不明的,按照一般保证承担保证责任。《民法典担保解释》第25条第1款也规定,"当事人在保证合同中约定了保证人在债务人不能履行债务或者无力偿还债务时才承担保证责任等类似内容,具有债务人应当先承担责任的意思表示的,人民法院应当将其认定为一般保证"。为了避免被认定为一般保证,在保证合同中必须将保证方式明确约定为连带责任保证,不应再使用其他任何可能引起歧义的表述方式。

〔9〕《民法典》第697条第1款对此的规定是,"债权人未经保证人书面同意,允许债务人转移全部或者部分债务,保证人对未经其同意转移的债务不再承担保证责任,但是债权人和保证人另有约定的除外"。本条内容的设计是从有利于债

权人的角度出发的。使用过程中,保证人可以对此提出异议,要求删除或者以《民法典》第697条第1款规定为准均可。建议担保公司在开展担保业务时,对此给予足够的重视,尽可能争取对己方最有利的内容。

〔10〕《民法典》第696条第2款对此的规定是,"保证人与债权人约定禁止债权转让,债权人未经保证人书面同意转让债权的,保证人对受让人不再承担保证责任"。本条的内容直接将"保证人对受让人不再承担保证责任"作为后果进行描述,是为了避免出现"债权人未经保证人书面同意转让债权"的情况,以尽量促使债权人适当行使权利。

〔11〕这一约定是为了解决在《民法典》第699条的规定下,保证份额无法确定时,保证人的权益无法得到保障的问题。因为在实务中,多个保证人不体现或者不能体现在一个保证合同中的情况比较常见,在这种情况下,如果债权人出于故意或者疏忽的原因,没有向保证人告知还有其他保证人,将会导致保证人过多地承担保证责任。本条约定将告知是否"存在其他保证人"设定为债权人的义务,并且将"债权人未告知或者未如实告知的"的后果,设定为"保证人只在应当承担的保证份额范围内承担保证责任",可以促使债权人全面履行告知义务,以尽可能保障保证人的合法权益。

〔12〕这一约定是为了便于确定保证份额而设定,通过计算公式的方式加以表述,更便于理解和使用。

〔13〕通常情况下,若存在多个保证人时,债权人应该会同时向所有的保证人主张权利,但在实践中可能会出现一些极端的情况,例如,债权人认为某一个保证人不具有清偿能力而放弃权利;或者为了达到只让一个保证人承担保证责任的目的,而放弃向其他保证人主张权利。再如,多个保证人提供保证的时间或者约定的保证期间不同,导致债权人向保证人主张权利时可能会存在时间差。这些极端情况的出现,必然会给保证人以保证份额作为抗辩理由造成不利影响。本款的内容就是为了解决在极端情况出现时,导致保证人遭受了不必要的损失后应该如何弥补的问题。

〔14〕之所以设定这样一个条款,一方面是为了避免由于本合同约定的保证方式是连带责任保证,而导致当事人对本条提及的"保证"产生误解;另一方面是考虑到为债权人提供的保证方式可能会同时包括两种保证方式,避免表述的遗漏。

〔15〕本条内容是在《民法典》第700条的规定的基础上,给债权人设定的协

助义务。无论是单纯的保证人,还是以提供保证担保服务为主营业务的融资担保公司,在行使担保追偿权的过程中,通常都需要债权人配合提供保证人已经履行保证责任的相关证据。

〔16〕设计本条内容,是为了实现《民法典》第702条规定的可操作性。因为该条的内容只是以授权性规范的方式,赋予了保证人在"债务人对债权人享有抵销权或者撤销权的"情况下,"可以在相应范围内拒绝承担保证责任",但并没有就保证人不知道"债务人对债权人享有抵销权或者撤销权"时,应该如何应对给出答案。因此,对于律师而言,不仅需要知道法律是如何规定的,还应能够根据法律规定解决法律实施过程中的实际问题。

之所以将"债务人是否存在对债权人享有抵销权或者撤销权的情形"设定为债权人向保证人应当履行的告知义务,是出于保护保证人利益的考虑。因为这种情况只有债权人自己最清楚,特别是抵销权,通常都是在债权人与债务人在此之前就存在合同关系并且互负债务的情况下才会产生,对于这些情况,除非保证人主动进行尽职调查,否则,如果债权人不能主动告知,保证人不可能掌握。为了在保护保证人利益的基础上尽可能降低交易成本,为债权人设定这样的告知义务,无疑是一个合适的选择。该条第1款但书列举的3种情形,都是经济活动的实践中普遍存在的债权人无法确定是否存在抵销权或者撤销权的情形,特别是撤销权,既是一种撤销权人的主观判断,也需要通过诉讼或者仲裁这样的特定途径来主张、确认,如果不把这些情形加以排除,对债权人而言则是不公平的。

〔17〕本条第2款完全是为了保护保证人的利益而设计。根据《民法典》第702条的规定,如果保证人不掌握债务人对债权人是否享有抵销权或者撤销权的情况,就无法及时行使"在相应范围内拒绝承担保证责任"的权利,也就会因此遭受损失。这种损失是因为债权人未能按照合同约定履行告知义务所导致,理应由债权人承担违约责任。其中关于"按照乙方已经承担保证责任金额的130%向乙方支付违约金"的表述是示范性的,是根据《民法典》第585条第1款关于"当事人可以约定一方违约时应当根据违约情况向对方支付一定数额的违约金,也可以约定因违约产生的损失赔偿额的计算方法"的规定,采用了"约定因违约产生的损失赔偿额的计算方法"的方式。从适用性的角度而言,"一定数额的违约金"的灵活度显然与"因违约产生的损失赔偿额的计算方法"不可同日而语。

〔18〕对于债权人而言,存在混合担保的情况下,担保责任的承担顺序是一个必须给予高度重视的问题。《民法典》第392条给出的规则是,有约定,依约定;没

有约定或者约定不明,在区分物保、人保的基础上,又细分为物保由债务人自己提供还是由第三人提供。设计本条的出发点是最大限度保护债权人的利益,在法律允许自由约定的情况下,赋予债权人以选择权无疑是一个最佳选择。

〔19〕为了实现合同文本的普适性,本款在此处以假设方式对最高额保证加以表述。这样的好处在于,符合假设条件的,可以适用本条;不符合假设条件的,则可以忽略本条,能够尽可能满足主合同约定的不同交易方式的需要。

〔20〕最高额保证担保的债务是债权人与债务人在主合同约定的期间内将要连续发生的,无法适用专用条款第2条第2款的约定加以确定。虽然《民法典担保解释》第30条第2款规定了最高额保证合同中对保证期间的计算方式、起算时间等没有约定或者约定不明时,保证期间的计算方式、起算时间,但相关规定与本条的这一约定相比,显然后者更有利于债权人。在律师实务中,还可以考虑采用下列表述方式对最高额保证期间的计算方式、起算时间做出约定(以买卖合同为例):"本合同约定的最高额保证的保证期间按照下列规则确定:(一)在主合同项下发生的每一笔订单中明确约定了债务人付款期限的,最高额保证的保证期间为自该订单约定的付款期限届满之日起三年。(二)在主合同项下发生的每一笔订单中没有明确约定债务人的付款期限或者约定不明的,最高额保证的保证期间为自债权人履行完毕该订单约定的交付义务之日起三年。"

〔21〕约定争议解决条款时需要注意,主合同与担保合同约定的争议解决方式、管辖地点应当保持一致,否则,根据《民法典担保解释》第21条的规定,主合同纠纷和担保纠纷将不能在同一个法院或者仲裁机构进行审理,也可能不在同一个地域进行审理,不但会增加纠纷解决的难度,也会增加纠纷解决的成本。

(二) 抵押合同

抵押合同

签约提示:[1]

1. 订立本合同的目的是担保抵押权人与债务人订立的主合同顺利履行,维护抵押权人的合法权益。本合同所称抵押权人,系指主合同的债权人,为便于理解与表述,以下称为"抵押权人"。本合同所称债务人,系指主合同的债务人,与本合同的抵押人可能是同一个民事主体,但也可能不是,须根据具体情况确认。

2. 抵押权人应当注意,在本合同约定的抵押未生效(即抵押登记机关未予办理登记手续并颁发登记证书)之前,不宜先履行主合同约定的己方主要义务。建议抵押权人:(1)在主合同中,将本合同约定的抵押权依法生效,作为履行己方主要义务的前提条件;(2)在主合同中与债务人约定,"为主债权提供物的担保的担保人,超过相应担保合同约定的期限7日仍然未能配合债权人申请办理相应担保物权设立登记的,债权人可以解除本合同及相应的担保合同"。

3. 为了最大限度保障抵押权人的利益,建议抵押权人在主合同中与债务人约定,"抵押财产价值减少时,债权人有权要求抵押人恢复抵押财产的价值,或者要求债务人提供与抵押财产减少的价值相应的担保。抵押人不恢复财产价值或者债务人不提供其他担保的,债权人可以要求债务人提前清偿债务"。

抵押权人(以下简称"甲方"):[2]_____
住所:_____
统一社会信用代码:_____
联系方式:手机_____ 电子邮箱_____
法定代表人/负责人:_____;职务:_____

抵押人(以下简称"乙方"):[2]_____
住所:_____
统一社会信用代码:_____
联系方式:手机_____ 电子邮箱_____
法定代表人/负责人:_____;职务:_____

鉴于:

1. 甲方与债务人_____[3]签订了《_____合同》[4](以下简称"主合同");

2. 乙方自愿以其自己享有所有权的抵押财产(清单见本合同附件),为债务人在主合同项下所负债务提供担保,以保障甲方债权的实现。

为明确双方的权利义务,根据《中华人民共和国民法典》《国务院关于实施动产和权利担保统一登记的决定》《不动产登记暂行条例》《不动产登记暂行条例实施细则》《中国人民银行征信中心动产融资统一登记公示系统操作规则》等相关法律的规定,双方经平等协商一致,订立本合同。

<h3 style="text-align:center">第一部分 专用条款</h3>

第一条【被担保债权的种类和数额】本合同项下被担保债权[5](为便于理解和表述,以下称为"主债权")的种类为_____,具体数额以主合同约定的金额为准。

第二条【主合同债务履行期限】债务人履行主合同债务的期限,以主合同相关条款的约定为准。[6]乙方完全了解相关内容,并承诺在甲方依据本合同约定主张抵押权时,对甲方与债务人就主合同的债务履行期限所做的约定不提出任何异议。

第三条【担保的范围】乙方抵押财产的担保范围包括:主债权及其利息、违约金、损害赔偿金、保管抵押财产的费用、实现抵押权的费用(包括但不限于诉讼或仲裁费用、律师费用以及实现抵押权过程中需要支付的其他合理费用)。

第四条【抵押财产的价值】经□双方协商□评估机构评估[7](此处请根据具体情况选择标注,在"□"中划"√"即可,但只应选择其中的一种),确认抵押财产的价值为:_____元(大写_____)。

第五条【抵押财产的转让】抵押期间,未经甲方书面同意,抵押财产不得转让。甲方同意转让的,乙方应当将相当于转让时能够确定的主债权金额120%的转让价款支付至甲方指定的账户。[8]

本合同所称抵押期间,自合同订立之日起,至主债权诉讼时效期间届满为止。[9]

第六条【抵押财产的占管】抵押期间,抵押财产由乙方占管,未经甲方书面同意,乙方不得将抵押财产出租。[10]

甲方同意出租的,乙方应当履行下列义务:[11]

(一)书面告知承租人该财产已经设定抵押权的情况,并应当与承租人在租赁合同中约定,在甲方实现抵押权时,应当按照甲方的要求从抵押财产中迁出或者将抵押财产交付给甲方;

(二)与承租人约定的租赁期限不得超过抵押期间;

(三)收取租金时,要求承租人将租金的__%(大写百分之_____)支付至甲方指定的账户。

抵押财产为住宅的,抵押期间,乙方不得在抵押财产上设立居住权。[12]

第七条【抵押登记】 抵押财产为不动产的,乙方应当在本合同生效后7日内,持不动产权属证书、抵押合同与主合同等必要材料,配合甲方共同向不动产登记机构申请办理抵押权设立登记。[13]

抵押财产为动产(机动车、船舶、航空器除外)的,由甲方单独向中国人民银行征信中心申请抵押权设立登记,登记内容以本合同相关约定为准,登记期限以本合同约定的抵押期间为准。[14]

抵押财产为机动车、船舶、民用航空器的,乙方应当在本合同生效后7日内分别根据《机动车登记规定》《中华人民共和国船舶登记办法》《中华人民共和国民用航空器权利登记条例》的相关规定,配合甲方分别到机动车登记地车辆管理所、船籍港船舶登记机关、国务院民用航空主管部门办理机动车、船舶、民用航空器的抵押登记。[15]

本合同生效14日后,乙方仍然未能履行本条第1款、第3款约定的配合义务的,甲方可以解除合同。[16]

主债权消灭,无须通过主张抵押权方式实现债权时,抵押财产为动产(机动车、船舶、航空器除外)的,甲方应当在主债权消灭之日起10个工作日内办理抵押权注销登记;抵押财产为不动产或者机动车、船舶、民用航空器的,甲方应当在主债权消灭之日起30日内配合乙方办理抵押权注销登记。

主债权消灭30日后,甲方仍然未能办理抵押权注销登记或者履行前款约定的配合义务的,应当按照本合同约定的抵押财产价值的10%向乙方支付违约金。违约金数额不足以弥补乙方损失的,应当继续予以赔偿。

第八条【担保责任的承担顺序】[17] 当债务人不能按照主合同的约定履行到期债务或者主合同约定的债权人可以实现抵押权的情形发生时,如果主债权既有物的担保又有人的担保,甲方对于相关担保人承担担保责任的顺序享有选择权,乙方认可甲方的此项权利并承诺在甲方行使上述选择权时不持任何异议。

第九条【债权转让时抵押权的处理】[18] 债权人转让主债权时,本合同的抵押权是否随主债权一并转让,须由抵押人以书面形式作出意思表示。

第十条【最高额抵押权】 甲方与债务人在主合同约定的期间内将要连续发生债权的,甲方有权在最高债权额限度内就乙方提供的本合同项下的抵押财产优先受偿。[19]

前款所称最高债权额,是指包括主债权及其利息、违约金、损害赔偿金、保管担保财产(如有必要)的费用、实现债权和抵押权的费用(包括但不限于因通过诉讼或者仲裁方式解决争议、实现债权所需支付的律师费,法院或者仲裁机构收取的与诉讼或者仲裁、申请执行、保全有关的全部费用,案件审理及执行过程中所需支付的鉴定、评估、审计等专项费用)等在内的全部债权。[20]

最高额抵押担保的债权确定前,甲方转让部分债权的,最高额抵押权是否随主债权一并转让,应当由乙方以书面形式作出意思表示。

第二部分 通用条款

第一条【标题】 本合同的标题仅为方便阅读的需要而设,不构成任何对本合同内容或者体系的解释。

第二条【期间的计算】 本合同约定的期间以《民法典》第一编第十章的相关规定为准。

第三条【保密】 除非法律另有规定,未经对方书面同意,任何一方不得将本合同内容、因履行本合同或者本合同有效/履行期限内获得或者知悉的对方与本合同的签订、履行相关的信息,以及对方标注"保密"的信息和资料透露给第三方。

双方对于因签订、履行本合同过程中获得或者知悉的对方的商业秘密,应当采取必要的保密措施。任何一方不得利用这一便利损害对方利益或者为己方谋利。

本条所约定的义务适用于双方所有因岗位职责的原因可能接触本合同项下相关内容的员工。在泄密情形发生时,无论相关责任人是否存在过错,该责任人所属的一方均应向对方承担违约责任。

本条约定不因本合同的终止而终止。

第四条【通知】 双方确认,本合同首部载明的住所、电子邮箱即为本合同签署、履行过程中,一方向对方履行通知义务的约定地址(以下统称"通知地址")。按照本合同的约定和/或法律的规定,一方行使相应权利、履行相应义务时应当通知对方的,均应以《民法典》第469条规定的书面形式送达通知地址(接受送达的一方此前已经以书面形式通知对方变更通知地址的除外)。

纸质文件送达至住所或者电子邮件进入电子邮箱,即视为一方已经履行完毕通知义务。一方送达的纸质文件送达住所的,无论对方是否配合签收,均视为送达完成。

第五条【法律文书的送达】 法院或者仲裁机构在审理与本合同相关的纠纷时,相关法律文书的送达适用本合同通知条款中关于通知地址的相关约定。

双方同意,受理相关纠纷的法院或者仲裁机构可以采用传真、电子邮件向双方送达相关法律文书。

第六条【内容确认】 双方在本合同上签章的行为,意味着双方已经认真、仔细阅读了本合同全部条款并充分理解其含义,对本合同的任何内容均不存在持有异议或者不清楚、不了解任何条款含义的情形。

第七条【合同附件的效力】 本合同的所有附件(如有)均是本合同的组成部分,对本合同双方当事人具有约束力。

第八条【部分条款无效时的处理】 如果根据适用的法律、行政法规,本合同的任何条款被认为无效的,这些条款应当被认为从本合同中删除,其余条款的效力不应因此受到影响。在此种情形下,双方应当诚信地进行协商,以达成双方满意的条款,用于替换上述被认为无效的条款。在双方未能就此达成一致之前,相关事宜法律有规定的,以法律规定为准。

第九条【争议的解决】[20] 乙方与甲方在本合同履行过程中如果发生纠纷,应当尽量协商解决。协商不成时,向甲方住所地有管辖权的法院提起诉讼。

第十条【其他事项】 本合同一式(大写)____份,双方各执(大写)____份。

本合同自下列条件之一成就时起生效:

(一)双方在本合同上加盖公章或者合同专用章;
(二)双方的法定代表人或者负责人在本合同上签字;
(三)持有双方合法授权委托书的代理人在本合同上签字。

甲方(盖章):　　　　　　　　　乙方(盖章):

法定代表人/负责人/代理人(签字):　　法定代表人/负责人/代理人(签字):

签订日期:20__年__月__日

重点条文注释(下文中,与本合同的内容有关时,合同的甲方称为"抵押权人";与主合同的内容有关时,合同的甲方称为"债权人"):

〔1〕设计这个内容的目的在于帮助合同双方准确理解合同条款的含义,同时提醒债权人对相关风险给予必要的关注,以尽可能维护己方的合法权益。使用时可以根据实际需要保留或删除。

〔2〕合同的一方或者双方当事人为自然人时,可以将统一社会信用代码和法定代表人/负责人及其职务这两项信息删除,但需加上身份证号码。

〔3〕此处应当根据主合同债务人的主体身份加以区分,主合同债务人为法人或者非法人组织的,应当以登记名称为准;主合同债务人为自然人的,应当以身份证登记的姓名为准。

〔4〕此处应当以主合同名称为准填入,务必与主合同名称保持一致。如果主合同有编号,应当一并填入,以便能够对主合同进行准确识别。

〔5〕被担保债权的种类是《民法典》规定的担保类合同的必备条款,但是对于此处的"种类"如何描述、如何分类没有具体规定。从语境来看,应该排除的是对债的种类的划分,因为是在合同中使用,所以必然是主动的合同之债,而不应是侵权、不当得利、无因管理等其他三种被动形成的债务。从实务的角度来说,建议加以如下区分:货款/价款(买卖合同、运输合同)、贷款(借款合同)、租金(租赁合同、融资租赁合同)、工程款(建设工程施工合同)、报酬/酬金/服务费(保理合同、承揽合同、保管合同、仓储合同、委托合同、物业服务合同、行纪合同、中介合同)。

〔6〕债务人不履行到期债务,是抵押人承担担保责任的必要前提。因此,只有在抵押合同中对债务人履行主合同债务的期限做出明确约定,才能对债务人是否履行到期债务做出判断。

〔7〕本条中给出的是经济运行过程中常见的两种确定抵押财产价值的方法,相比较而言,协商的效率更高,但准确性显然不够;评估反之。抵押权人和抵押人可以根据具体情况加以选择。需要注意的是,具有国资背景的企业以选择评估为宜,应尽可能避免被认定违规、造成国有资产流失的风险。

〔8〕抵押财产被转让必然会给抵押权人带来一定的法律风险,是否同意转让根据本款的约定的选择权在于抵押权人。需要提示抵押权人注意的是,如果同意转让,应保证转让所得价款足以清偿主债权或者抵押人能够提供其他足以保障主债权顺利实现的担保,否则,不宜同意转让。本款中的"120%"只是一个示范性数字,意义在于提示抵押权人,在这种情况下,要求抵押人提存转让价款的金额一定要高于抵押财产"转让时能够确定的主债权金额",转让时间距离债务人履行主合同债务的期限越远,这个比例应该越高,这样才能起到保证主债权顺利实现的目

的。因此,这个比例可以由抵押权人根据具体情况与抵押人协商确定。

〔9〕抵押期间的称谓,只在《民法典》第406条有所涉及,但并未给出明确的定义。从文义的角度理解,应该是指对抵押财产设立抵押权的期间。本款的内容是为了从合同术语的角度对抵押期间加以解释,以避免在合同履行过程中就此问题发生争议。之所以将抵押期间截止的时间点确定为"主债权诉讼时效期间届满",原因有二:一是为了督促抵押权人及时行使权利,同时也是为了保护抵押人免受抵押财产长期处于权利不确定状态的困扰,促进物尽其用。这样的约定,完全符合《民法典》第419条的立法本意,也是对合同双方当事人权利义务的一种平衡。二是抵押期间是《不动产登记暂行条例》第8条第3款规定的不动产登记簿应当记载的事项之一(在该条例中表述为"期限"),为了便于办理抵押登记,在抵押合同中也有必要就此做出约定。

特别需要提示抵押权人注意的是,根据《九民纪要》的精神,"抵押权人在主债权诉讼时效届满前未行使抵押权,抵押人在主债权诉讼时效届满后请求涂销抵押权登记的,人民法院依法予以支持"。因此,千万不要天真地以为,只要办理了抵押权登记就高枕无忧了,如果在主债权诉讼时效届满前未及时行使抵押权,抵押人是可以通过诉讼涂销抵押权登记的。

〔10〕《民法典》在第405条有条件(抵押财产已经出租并转移占有)地认可了抵押权设立前的原租赁关系不受抵押权影响,但并未对抵押期间的租赁关系如何处理作出规定。为了避免由于法律没有规定导致抵押合同双方当事人无所适从,本条设计的思路是:抵押期间的抵押财产原则上不得出租,如果抵押权人同意出租,则须满足一定的条件。

〔11〕原则上禁止出租,主要是考虑如果同时存在租赁关系(特别是住房的出租),必然会在实现抵押权的时候造成一定的难度。但是,如果一律禁止,可能会给债务人对于主债权的清偿能力造成不利影响(特指债务人为抵押人的情形),也可能会给抵押人的正常生产经营活动造成不利影响(主要指第三人为债务人提供抵押担保的情形)。因此,本款在抵押权人同意出租的情况下,为抵押人设定了一些义务,以尽可能避免在实现抵押权时对抵押权人的不利影响。

〔12〕居住权是《民法典》独创的一种用益物权,根据《民法典》第366条的规定,居住权人"对他人的住宅享有占有、使用的用益物权",而且居住权通常是无偿设立。如果不在抵押合同中对于抵押财产居住权的设立做出限制,将可能导致债权人无法正常实现抵押权。这一点对于商业银行个人住房贷款业务尤其重要,对

于其他接受住宅作为抵押财产的债权人而言也需要给予足够的重视。

〔13〕抵押合同双方当事人共同办理不动产的抵押权设立登记,是《不动产登记暂行条例实施细则》第66条的明确规定,也是乙方的法定义务。需要提示抵押权人注意的是,根据《不动产登记暂行条例》第20条的规定,不动产登记机构办结不动产登记手续的时限是"自受理登记申请之日起30个工作日内"。在抵押权登记手续未办结(即未领取记载抵押权已经设立内容的《不动产登记证明》)之前,不宜履行主合同约定的主要义务。

〔14〕根据《国务院关于实施动产和权利担保统一登记的决定》的规定,自2021年1月1日起,在全国范围内实施动产和权利担保统一登记。纳入统一登记范围的动产和权利担保,由当事人通过中国人民银行征信中心(以下简称"征信中心")动产融资统一登记公示系统自主办理登记。列入这一范围的可以作为抵押财产的动产(以下简称"抵押动产")包括:生产设备、原材料、半成品、产品。根据与此配套的《中国人民银行征信中心动产融资统一登记公示系统操作规则》(以下简称《统一登记规则》)第16条规定,登记由担保权人办理。担保权人办理登记的,应当与担保人就登记内容达成一致。因此,本款将抵押动产的登记设定为甲方的义务,将登记内容设定为"以本合同相关约定为准",以符合《统一登记规则》第16条第1款的要求;将登记期限设定为"以本合同约定的抵押期间为准",以符合《统一登记规则》第19条第1款、第4款的要求。

〔15〕作为按照相关法律规定需要登记的动产,机动车、船舶、民用航空器的抵押权设立登记与不动产一样,需要抵押合同的双方当事人共同办理。相关注意事项请结合《机动车登记规定》《中华人民共和国船舶登记办法》《中华人民共和国民用航空器权利登记条例》的相关规定并参照注释〔13〕。

〔16〕无论抵押人与债务人是否为同一人,在不能积极配合办理抵押权设立登记的情况下,抵押权人都应考虑解除抵押合同,但同时也要考虑主合同如何处理。建议抵押权人在主合同中约定,"从合同因担保人的违约行为而解除的,主合同是否解除,债权人享有选择权,债务人承诺不以任何理由对此提出异议。债权人不解除主合同的,债务人应当就担保人的违约行为向债权人承担……的违约责任;同时应当按照债权人的要求,继续提供符合条件的相应担保"。

〔17〕对于债权人而言,在存在混合担保的情况下,担保责任的承担顺序是一个必须给予高度重视的问题。《民法典》第392条给出的规则是,有约定,依约定;没有约定或者约定不明,在区分物保、人保的基础上,又细分为物保由债务人自己

提供还是由第三人提供。设计本条的出发点是最大限度保护债权人的利益,因此在法律允许自由约定的情况下,赋予债权人以选择权在现有法律框架下无疑是一个最佳选择。

〔18〕关于债权转让时抵押权如何处理的问题,《民法典》第407条规定的是抵押权与债权一并转让为原则,法律另有规定或者当事人另有约定为例外。本条内容采取了当事人约定的方式加以解决,目的是给《民法典》规定的例外情况做出一种示范。在实际使用过程中,抵押合同的双方当事人可以根据具体情况协商是否采用。作为维护抵押人权利的一个条款,建议债务人以外的民事主体在提供抵押担保时考虑采用这个条款。

〔19〕为了实现合同文本的普适性,本款在此处以假设方式对最高额抵押权加以表述。这样的好处在于,符合假设条件的,可以适用本条;不符合假设条件的,则可以忽略本条,能够尽可能满足主合同约定的不同交易方式的需要。

〔20〕最高债权额是最高额担保中的一个核心问题。《民法典担保解释》第15条对最高债权额的范围做出了概括性的规定,同时明示了可以适用当事人意思自治原则确定这一范围。本条在该司法解释规定的基础上,通过括号注释的方式对该条规定中"实现担保物权的费用"的范围作出了描述,意在尽可能地将该项费用的内容列举清楚,以便担保合同的双方当事人在意思自治的过程中全面、准确地做出相应的约定。无论是最高额担保的债权人还是担保人,都应当对此给予充分的注意,以尽可能地维护己方的合法权益。

〔21〕约定争议解决条款时需要注意,主合同与担保合同约定的争议解决方式、管辖地点应当保持一致,否则,根据《民法典担保解释》第21条的规定,主合同纠纷和担保纠纷将不能在一个法院或者仲裁机构进行审理,也可能不在一个地域进行审理,不但会增加纠纷解决的难度,也会增加纠纷解决的成本。

(三)股权质押合同

股权质押合同

签约提示:[1]

1. 订立本合同的目的是担保质权人与债务人订立的主合同顺利履行,维护质权人的合法权益。本合同所称质权人,系指主合同的债权人,为便于理解与表述,以下称为"质权人"。本合同所称债务人,系指主合同的债务人,与本合同的出质人可能是同一个民事主体,但也可能不是,须根据具体情况确认。

2. 质权人应当注意,在本合同约定的股权质押未生效(即公司登记机关未予办理登记手续并发给加盖股权出质登记专用章的登记通知书)之前,不宜先履行主合同约定的己方主要义务。建议质权人:(1)在主合同中,将本合同约定的股权质押依法生效,作为履行己方主要义务的前提条件;(2)在主合同中与债务人约定,"为主债权提供物的担保的担保人,超过相应担保合同约定的期限7日仍然未能配合债权人申请办理相应担保物权设立登记的,债权人可以解除本合同及相应的担保合同"。

质权人(以下简称"甲方"):[2]_____
住所:_____
统一社会信用代码:_____
联系方式:手机_____ 电子邮箱_____
法定代表人/负责人:_____;职务:_____

出质人(以下简称"乙方"):[2]_____
住所:_____
统一社会信用代码:_____
联系方式:手机_____ 电子邮箱_____
法定代表人/负责人:_____;职务:_____

鉴于:

1. 甲方与债务人_____[3]签订了《_____合同》[4](以下简称"主合同");

2. 乙方自愿以其自己持有的_____公司(以下简称"公司")的____%(大写:百分之____)的股权,为债务人在主合同项下所负债务提供担保,以保障甲方债权的实现。

为明确双方的权利义务,根据《中华人民共和国民法典》《中华人民共和国公司法》《股权出质登记办法》等相关法律的规定,双方经平等协商一致,订立本合同。

第一部分 专用条款

第一条【被担保债权的种类和数额】 本合同项下被担保债权[5]（为便于理解和表述，以下称为"主债权"）的种类为_____，具体数额以主合同约定的金额为准。

第二条【主合同债务履行期限】 债务人履行主合同债务的期限，以主合同相关条款的约定为准。[6]乙方完全了解相关内容，并承诺在甲方依据本合同约定主张质权时，对甲方与债务人就主合同的债务履行期限所做的约定不提出任何异议。

第三条【担保的范围】 乙方出质股权的担保范围包括：主债权及其利息、违约金、损害赔偿金和实现质权的费用（包括但不限于诉讼或仲裁费用、律师费用以及实现质权过程中需要支付的其他合理费用）。

第四条【股权价值及出质期间的限制】 经□双方协商□评估机构评估（此处请根据具体情况选择标注，在"□"中划"√"即可，但只应选择其中的一种），确认乙方出质股权的价值为：_____元（大写_____）。[7]

上述股权出质后，未经甲方书面同意，不得转让。甲方同意转让的，可以要求乙方以所得价款提前清偿债务，也可以要求乙方将所得价款存入甲方指定的银行账户。[8]

为确保顺利实现订立本合同的目的，出质人承诺如下[9]：

（一）在股权出质期间不采取可能导致持股比例变化、可能对出质人的股东权益造成不利影响的任何行为；

（二）在股权出质期间不将公司财产对外设定担保物权、不对外提供保证以及其他任何形式的对外担保；

（三）出质人应同时促成并保证公司遵守前述两项承诺。

第五条【出质登记】[10]乙方应当配合甲方在本合同生效后7日内，共同向公司登记机关申请办理股权出质设立登记。

本合同生效14日后，乙方仍然未能履行前款约定的配合义务的，甲方可以解除合同。

主债权消灭，无须通过主张质权方式实现债权的，甲方应当按照相关法律的规定，自主债权消灭之日起30日内，配合乙方办理股权出质注销登记。

主债权消灭30日后，甲方仍然未能履行前款约定的配合义务的，应当按照本合同约定的出质股权价值的10%向乙方支付违约金。违约金数额不足以弥补乙方损失的，应当继续予以赔偿。

第六条【担保责任的承担顺序】[11] 当债务人不能按照主合同的约定履行到期债务或者主合同约定的债权人可以实现质权的情形发生时，如果主债权既有物的担保又有人的担保，甲方对于相关担保人承担担保责任的顺序享有选择权，乙方认可甲方的此项权利并承诺在甲方行使上述选择权时不持任何异议。

第七条【备案内容与本合同文本冲突的处理】[12] 在办理股权质押登记过程中，如果公司登记机关要求使用统一的格式文本，该文本的内容与本合同存在冲突或者表述不全面、不完整之处，均应以本合同约定为准。双方均不得以使用了格式文本为由，否定本合同约定的内容。

第八条【最高额质权】 甲方与债务人在主合同约定的期间内将要连续发生债权的，甲方有权在最高债权额限度内就乙方提供的本合同项下的质押财产优先受偿。[13]

前款所称最高债权额，是指包括主债权及其利息、违约金、损害赔偿金、保管担保财产（如有必要）的费用、实现债权和质权的费用（包括但不限于因通过诉讼或者仲裁方式解决争议、实现债权所需支付的律师费，法院或者仲裁机构收取的与诉讼或者仲裁、申请执行、保全有关的全部费用，案件审理及执行过程中所需支付的鉴定、评估、审计等专项费用）等在内的全部债权。

最高额质权担保的债权确定前，甲方转让部分债权的，最高额质权是否随主债权一并转让，应当由乙方以书面形式作出意思表示。

第二部分　通用条款

第一条【标题】 本合同的标题仅为方便阅读的需要而设，不构成任何对本合同内容或者体系的解释。

第二条【期间的计算】 本合同约定的期间以《民法典》第一编第十章的相关规定为准。

第三条【保密】 除非法律另有规定，未经对方书面同意，任何一方不得将本合同内容、因履行本合同或者本合同有效/履行期限内获得或者知悉的对方与本合同的签订、履行相关的信息，以及对方标注"保密"的信息和资料透露给第三方。

双方对于因签订、履行本合同过程中获得或者知悉的对方的商业秘密，应当采取必要的保密措施。任何一方不得利用这一便利损害对方利益或者为己方谋利。

本条所约定的义务适用于双方所有因岗位职责的原因可能接触本合同项下相关内容的员工。在泄密情形发生时，无论相关责任人是否存在过错，该责任人所属的一方均应向对方承担违约责任。

本条约定不因本合同的终止而终止。

第四条【通知】双方确认，本合同首部载明的住所、电子邮箱即为本合同签署、履行过程中，一方向对方履行通知义务的约定地址（以下统称"通知地址"）。按照本合同的约定和/或法律的规定，一方行使相应权利、履行相应义务时应当通知对方的，均应以《民法典》第469条规定的书面形式送达至通知地址（接受送达的一方此前已经以书面形式通知对方变更通知地址的除外）。

纸质文件送达住所或者电子邮件进入电子邮箱，即视为一方已经履行完毕通知义务。一方送达的纸质文件送达住所的，无论对方是否配合签收，均视为送达完成。

第五条【法律文书的送达】法院或者仲裁机构在审理与本合同相关的纠纷时，相关法律文书的送达适用本合同通知条款中关于通知地址的相关约定。

双方同意，受理相关纠纷的法院或者仲裁机构可以采用传真、电子邮件向双方送达相关法律文书。

第六条【内容确认】双方在本合同上签章的行为，意味着双方已经认真、仔细阅读了本合同全部条款并充分理解其含义，对本合同的任何内容均不存在持有异议或者不清楚、不了解任何条款含义的情形。

第七条【合同附件的效力】本合同的所有附件（如有）均是本合同的组成部分，对本合同双方当事人具有约束力。

第八条【部分条款无效时的处理】如果根据适用的法律、行政法规，本合同的任何条款被认为无效的，这些条款应当被认为从本合同中删除，其余条款的效力不应因此受到影响。在此种情形下，双方应当诚信地进行协商，以达成双方满意的条款，用于替换上述被认为无效的条款。在双方未能就此达成一致之前，相关事宜法律有规定的，以法律规定为准。

第九条【争议的解决】[14] 乙方与甲方在本合同履行过程中如果发生纠纷，应当尽量协商解决。协商不成时，向甲方住所地有管辖权的法院提起诉讼。

第十条【其他事项】本合同一式（大写）＿＿＿份，双方各执（大写）＿＿＿份。

本合同自下列条件之一成就时起生效：

（一）双方在本合同上加盖公章或者合同专用章；

（二）双方的法定代表人或者负责人在本合同上签字；

（三）持有双方合法授权委托书的代理人在本合同上签字。

甲方（盖章）：　　　　　　　　乙方（盖章）：

法定代表人/负责人/代理人（签字）：　法定代表人/负责人/代理人（签字）：

签订日期:20＿＿年＿＿月＿＿日

重点条文注释（下文中，与本合同的内容有关时，合同的甲方称为"质权人"；与主合同的内容有关时，合同的甲方称为"债权人"）：

〔1〕设计这个内容的目的在于帮助合同双方准确理解合同条款的含义，同时提醒债权人对相关风险给予必要的关注，以尽可能维护己方的合法权益。使用时可以根据实际需要保留或删除。

〔2〕合同的一方或者双方当事人为自然人时，可以将统一社会信用代码和法定代表人/负责人及其职务这两项信息删除，但需加上身份证号码。

〔3〕此处应当根据主合同债务人的主体身份加以区分，主合同债务人为法人或者非法人组织的，应当以登记名称为准；主合同债务人为自然人的，应当以身份证登记的姓名为准。

〔4〕此处应当以主合同名称为准填入，务必与主合同名称保持一致。如果主合同有编号，应当一并填入，以便能够对主合同进行准确识别。

〔5〕被担保债权的种类是《民法典》规定的担保类合同的必备条款，但是对于此处的"种类"如何描述、如何分类没有具体规定。从语境来看，应该排除的是对债的种类的划分，因为是在合同中使用，所以必然是主动的合同之债，而不应是侵权、不当得利、无因管理等其他三种被动形成的债务。从实务的角度来说，建议加以如下区分：货款/价款（买卖合同、运输合同）、贷款（借款合同）、租金（租赁合同、融资租赁合同）、工程款（建设工程施工合同）、报酬/酬金/服务费（保理合同、承揽合同、保管合同、仓储合同、委托合同、物业服务合同、行纪合同、中介合同）。

〔6〕债务人不履行到期债务,是出质人承担担保责任的必要前提。因此,只有在质押合同中对债务人履行主合同债务的期限做出明确约定,才能对债务人是否履行到期债务做出判断。

〔7〕股权实际上是法律权利和经济权利的集合体,法律权利主要体现为投票、选择经营者、决定公司的发展战略等方面;经济权利主要体现为在法律权利基础上形成的现实的和将来的收益权及其对应的价值(即对股权的估值)。因此,股权价值的确定,要比应收账款困难得多。但是在将股权作为质押财产的时候,只有通过量化方式体现其价值,才能使其流动性得以实现,所以,应当在合同中对于出质的股权的价值做出约定。本条中给出的是经济运行过程中常见的两种确定股权价值的方法,相比较而言,协商的效率更高,但准确性显然不够;评估反之。质权人和出质人可以根据具体情况加以选择。需要注意的是,具有国资背景的企业以选择评估为宜,以尽可能避免被认定违规、造成国有资产流失的风险。

〔8〕出质的股权被转让必然会给质权人带来一定的法律风险,是否同意转让根据本款的约定选择权在于质权人。此处需要提示质权人注意的是,如果同意转让,应保证转让所得价款足以清偿主债权或者出质人能够提供其他足以保障主债权顺利实现的担保,否则,不宜同意转让。

〔9〕前文已经提到,股权实际上是法律权利和经济权利的集合体,这种集合体的复杂性可能会由于其中任何一个方面的变化而导致股权的质权人的利益受到影响。为了尽可能避免给质权人的利益造成不利影响,本款前两项以列举的方式约定了一些可能发生的情形。其中第一项约定的"可能对出质人的股东权益造成不利影响的"行为,主要是指对赌。因为对赌在表面上没有发生股权转移,但却是附条件的股权转移,如果不对此加以限制,出质人可能会通过"订立对赌协议→对赌失败→被诉履行对赌协议→被转移股权"的途径实现摆脱本合同关系的目的。

〔10〕关于股权质押登记办理的方式,《股权出质登记办法》第6条第1款规定:"申请股权出质设立登记、变更登记和注销登记,应当由出质人和质权人共同提出。申请股权出质撤销登记,可以由出质人或者质权人单方提出。"因此,本条以上述规定为依据,将共同申请设立登记、注销登记设定为双方的义务,并同时约定了双方的违约责任。需要注意的是,《股权出质登记办法》并未规定主债权消灭时双方办理注销登记的期限,因此,本条将此期限约定为30日,实际使用过程中可以双方协商确定。

〔11〕对于债权人而言,在存在混合担保的情况下,担保责任的承担顺序是一个必须给予高度重视的问题。《民法典》第392条给出的规则是,有约定,依约定;没有约定或者约定不明,在区分物保、人保的基础上,又细分为物保由债务人自己提供还是由第三人提供。设计本条的出发点是最大限度保护债权人的利益,因此在法律允许自由约定的情况下,赋予债权人以选择权在现有法律框架下无疑是一个最佳选择。

〔12〕本条内容涉及的现象是股权质押所特有的。一些地方(主要是经济欠发达地区)的公司登记机关(即之前的工商行政管理机关、现在的市场监督管理部门)在办理股权质押登记过程中,要求一律使用他们提供的统一文本,否则就不予办理。但是,这种统一文本在内容上并不能完全满足质权人和出质人的需要,双方只能另行订立能够满足个性化需要的股权质押合同。为了解决两个不同文本的合同内容的冲突问题,只好通过本条约定加以解决。

〔13〕为了实现合同文本的普适性,本款在此处以假设方式对最高额质权加以表述。这样的好处在于,符合假设条件的,可以适用本条;不符合假设条件的,则可以忽略本条,能够尽可能满足主合同约定的不同交易方式的需要。

〔14〕约定争议解决条款时需要注意,主合同与担保合同约定的争议解决方式、管辖地点应当保持一致,否则,根据《民法典担保解释》第21条的规定,主合同纠纷和担保纠纷将不能在一个法院或者仲裁机构进行审理,也可能不在一个地域进行审理,不但会增加纠纷解决的难度,也会增加纠纷解决的成本。

(四) 应收账款质押合同

应收账款质押合同

签约提示:[1]

1. 订立本合同的目的是担保质权人与债务人订立的主合同顺利履行,维护质权人的合法权益。本合同所称质权人,系指主合同的债权人,为便于理解与表述,以下称为"质权人"。本合同所称债务人,系指主合同的债务人,与本合同的出质人可能是同一个民事主体,但也可能不是,须根据具体情况确认。

2. 质权人应当注意,在本合同约定的应收账款质押未生效(即出质人未能配合向中国人民银行征信中心申请办理应收账款出质设立登记)之前,不宜履行主合同约定的己方的主要义务。建议质权人:(1) 在主合同中,将本合同约定的应收账款质押依法生效,作为履行己方主要义务的前提条件;(2) 在主合同中与债务人约定,"为主债权提供物的担保的担保人,超过相应担保合同约定的期限7日仍然未能配合债权人申请办理相应担保物权设立登记的,债权人可以解除本合同及相应的担保合同。"

3. 质权人应当在订立本合同之前,向拟出质的应收账款的债务人确认相关债务的真实性、有效性(特别应当关注是否在诉讼时效期间内)。建议质权人同时对相关应收账款债务人的履行能力、应收账款债权实现的难易程度进行必要的了解、评估和判断。

质权人(以下简称"甲方"):[2]_____
住所:_____
社会信用统一代码:_____
联系方式:手机_____ 电子邮箱_____
法定代表人/负责人:_____;职务:_____

出质人(以下简称"乙方"):[2]_____
住所:_____
社会信用统一代码:_____
联系方式:手机_____ 电子邮箱_____
法定代表人/负责人:_____;职务:_____

鉴于:

1. 甲方与债务人_____[3]签订了《_____合同》[4](以下简称"主合同");

2. 乙方自愿以其有权处分的应收账款为债务人在主合同项下所负债务提供应收账款质押担保,以保障甲方债权的实现。

为明确甲方与乙方的权利义务,根据《中华人民共和国民法典》《动产和权利担保统一登记办法》等相关法律的规定,双方经平等协商一致,订立本合同。

第一部分 专用条款

第一条【主债权的种类和数额】 本合同主债权的种类[5]为_____,具体数额以债务人与甲方按照主合同约定的金额为准。

第二条【主合同债务履行期限】 债务人履行主合同债务的期限,以主合同相关条款的约定为准。[6]乙方完全了解相关内容,并承诺在甲方依据本合同约定主张质权时,对甲方与债务人就主合同的债务履行期限所做的约定不提出任何异议。

第三条【担保的范围】 乙方出质的应收账款的担保范围包括:主债权及其息、违约金、损害赔偿金和实现质权的费用(包括但不限于诉讼或仲裁费用、律师费用以及实现质权过程中需要支付的其他合理费用)。

第四条【应收账款的范围、价值及出质期间的限制】 乙方出质的应收账款相关信息[7]见本合同附件,经□双方协商□评估机构评估[8](此处请根据具体情况选择标注,在"□"中划"√"即可,但只应选择其中的一种)确认,乙方出质的应收账款的价值为:_____元(大写:_____)。

上述应收账款出质后,未经甲方书面同意,不得转让。甲方同意转让的[9],可以要求乙方以所得价款提前清偿债务,也可以要求乙方将所得价款存入甲方指定的银行账户。

第五条【出质登记】 双方一致同意,由甲方单独向中国人民银行征信中心申请办理应收账款质押登记[10],将主债权金额、主合同履行期限、用于出质的应收账款的金额及债务人名称作为登记内容。[11]

主债权消灭,无须通过主张质权方式实现债权的,甲方应当在主债权消灭后10个工作日内办理注销登记。

甲方逾期履行注销登记义务的,应当按照本合同约定的应收账款价值的10%向乙方支付违约金。违约金数额不足以弥补乙方损失的,应当继续予以赔偿。[12]

第六条【担保责任的承担顺序】[13] 当债务人不能按照主合同的约定履行到期债务或者主合同约定的债权人可以实现质权的情形发生时,如果主债权既有物的担保又有人的担保,债权人对于相关担保人承担担保责任的顺序享有选择权,乙方认可债权人的此项权利并承诺在债权人行使上述选择权时不持任何异议。

第七条【最高额质权】 甲方与债务人在主合同约定的期间内将要连续发生债

权的,甲方有权在最高债权额限度内就乙方提供的本合同项下的质押财产优先受偿。[14]

前款所称最高债权额,是指包括主债权及其利息、违约金、损害赔偿金、保管担保财产(如有必要)的费用、实现债权和质权的费用(包括但不限于因通过诉讼或者仲裁方式解决争议、实现债权所需支付的律师费,法院或者仲裁机构收取的与诉讼或者仲裁、申请执行、保全有关的全部费用,案件审理及执行过程中所需支付的鉴定、评估、审计等专项费用)等在内的全部债权。

最高额质权担保的债权确定前,甲方转让部分债权的,最高额质权是否随主债权一并转让,应当由乙方以书面形式作出意思表示。

第二部分　通用条款

第一条【标题】本合同的标题仅为方便阅读的需要而设,不构成任何对本合同内容或者体系的解释。

第二条【期间的计算】本合同约定的期间以《民法典》第一编第十章的相关规定为准。

第三条【保密】除非法律另有规定,未经对方书面同意,任何一方不得将本合同内容、因履行本合同或者本合同有效/履行期限内获得或者知悉的对方与本合同的签订、履行相关的信息,以及对方标注"保密"的信息和资料透露给第三方。

双方对于因签订、履行本合同过程中获得或者知悉的对方的商业秘密,应当采取必要的保密措施。任何一方不得利用这一便利损害对方利益或者为己方谋利。

本条所约定的义务适用于双方所有因岗位职责的原因可能接触本合同项下相关内容的员工。在泄密情形发生时,无论相关责任人是否存在过错,该责任人所属的一方均应向对方承担违约责任。

本条约定不因本合同的终止而终止。

第四条【通知】双方确认,本合同首部载明的住所、电子邮箱即为本合同签署、履行过程中,一方向对方履行通知义务的约定地址(以下统称"通知地址")。按照本合同的约定和/或法律的规定,一方行使相应权利、履行相应义务时应当通知对方的,均应以《民法典》第469条规定的书面形式送达通知地址(接受送达的一方此前已经以书面形式通知对方变更通知地址的除外)。

纸质文件送达至住所或者电子邮件进入电子邮箱,即视为一方已经履行完毕通知义务。一方送达的纸质文件送达住所的,无论对方是否配合签收,均视为送达完成。

第五条【法律文书的送达】法院或者仲裁机构在审理与本合同相关的纠纷时,相关法律文书的送达适用本合同通知条款中关于通知地址的相关约定。

双方同意,受理相关纠纷的法院或者仲裁机构可以采用传真、电子邮件向双方送达相关法律文书。

第六条【内容确认】双方在本合同上签章的行为,意味着双方已经认真、仔细阅读了本合同全部条款并充分理解其含义,对本合同的任何内容均不存在持有异议或者不清楚、不了解任何条款含义的情形。

第七条【合同附件的效力】本合同的所有附件(如有)均是本合同的组成部分,对本合同双方当事人具有约束力。

第八条【部分条款无效时的处理】如果根据适用的法律、行政法规,本合同的任何条款被认为无效的,这些条款应当被认为从本合同中删除,其余条款的效力不应因此受到影响。在此种情形下,双方应当诚信地进行协商,以达成双方满意的条款,用于替换上述被认为无效的条款。在双方未能就此达成一致之前,相关事宜法律有规定的,以法律规定为准。

第九条【争议的解决】[15]乙方与甲方在本合同履行过程中如果发生纠纷,应当尽量协商解决。协商不成时,向甲方住所地有管辖权的法院提起诉讼。

第十条【其他事项】本合同一式(大写)＿＿份,双方各执(大写)＿＿份。

本合同自下列条件之一成就时起生效:

(一)双方在本合同上加盖公章或者合同专用章;

(二)双方的法定代表人或者负责人在本合同上签字;

(三)持有双方合法授权委托书的代理人在本合同上签字。

甲方(盖章):　　　　　　　　乙方(盖章):

法定代表人/负责人/代理人(签字):　法定代表人/负责人/代理人(签字):

签订日期:20＿＿年＿＿月＿＿日

重点条文注释(下文中,与本合同的内容有关时,合同的甲方称为"质权人";与主合同的内容有关时,合同的甲方称为"债权人"):

〔1〕设计这个内容的目的在于帮助合同双方准确理解合同条款的含义,同时提醒债权人对相关风险给予必要的关注,以尽可能维护己方的合法权益。使用时可以根据实际需要保留或删除。

〔2〕合同的一方或者双方当事人为自然人时,可以将统一社会信用代码和法定代表人/负责人及其职务这两项信息删除,但需加上身份证号码。

〔3〕此处应当根据主合同债务人的主体身份加以区分,主合同债务人为法人或者非法人组织的,应当以登记名称为准;主合同债务人为自然人的,应当以身份证登记的姓名为准。

〔4〕此处应当以主合同名称为准填入,务必与主合同名称保持一致。如果主合同有编号,应当一并填入,以便能够对主合同进行准确识别。

〔5〕被担保债权的种类是《民法典》规定的担保类合同的必备条款,但是对于此处的"种类"如何描述、如何分类没有具体规定。从语境来看,应该排除的是对债的种类的划分,因为是在合同中使用,所以必然是主动的合同之债,而不应是侵权、不当得利、无因管理等其他三种被动形成的债务。从实务的角度来说,建议加以如下区分:货款/价款(买卖合同、运输合同)、贷款(借款合同)、租金(租赁合同、融资租赁合同)、工程款(建设工程施工合同)、报酬/酬金/服务费(保理合同、承揽合同、保管合同、仓储合同、委托合同、物业服务合同、行纪合同、中介合同)。

〔6〕债务人不履行到期债务,是出质人承担担保责任的必要前提。因此,只有在质押合同中对债务人履行主合同债务的期限做出明确约定,才能对债务人是否履行到期债务做出判断。

〔7〕从法律的角度认识应收账款,最起码应该考虑以下两个因素:一是真实性,这种真实性不仅仅是财务层面的,更应该是法律层面的。因为财务层面的应收账款在某些特定情况下,并不是法律层面的应收账款,或者说并不是法律意义上的应收账款。例如,由于记账错误,把财务上的其他应收款、长期股权投资甚至是应付账款记为了应收账款。如果在接受应收账款质押的过程中,仅从财务层面反映的信息就确认应收账款的真实性,对于债权人而言是十分危险的。因此,从法律层面来看,财务层面的应收账款信息只是一个基础信息,需要结合应收账款产生的其他财务上的原始凭证加以综合分析、判断。例如,会计账簿中记载有某

一笔应收账款,债权人经过筛选也愿意接受这笔应收账款作为质押财产,那么,在法律层面至少还需要核实应收账款产生的原始单据(包括但不限于合同、履行完毕的相关证据)是否真实且齐全。二是有效性,这种有效性首先必须建立在可以确认真实性的基础上;其次,还需要关注账龄是否超过了诉讼时效、应收账款的债务人的名称是否准确、债务人是否具有清偿能力,只有这些事项都能够达到足以确信的程度,才算得上达到了有效性标准。在上述两个因素都能够得以确信的情况下,应收账款质押合同中记载的应收账款的相关信息至少应当包括:应收账款债务人的名称、应收账款的金额、账龄、原始单据的数量、名称。如果出质的应收账款是同一个应收账款债务人名下的多笔账目,还应当注意通过每一笔账目的发生时间、原始单据(最好是合同)的编号等要素加以识别、区分。

〔8〕从法律角度看,应收账款实际上是一种金钱债权。既然是债权,其金额和价值就不应等同对待,因为在债权实现的过程中通常都会发生费用,这些费用是应收账款金额之外的,但却是实现应收账款现金价值所必需的。因此,有必要在合同中对于出质的应收账款的价值做出约定。本条中给出的是经济运行过程中常见的两种确定应收账款价值的方法,相比较而言,协商的效率更高,但准确性不够;评估反之。债权人和出质人可以根据具体情况加以选择。需要注意的是,具有国资背景的企业以选择评估为宜,以尽可能避免被认定违规、造成国有资产流失的风险。

〔9〕出质的权利被转让必然会给质权人带来一定的法律风险,是否同意转让根据本款的约定选择权在于质权人。此处需要提示质权人注意的是,如果同意转让,应保证转让所得价款足以清偿主债权或者出质人能够提供其他足以保障主债权顺利实现的担保,否则,不宜同意转让。

〔10〕对于应收账款质押登记办理的方式,《动产和权利担保统一登记办法》第7条明确规定由"担保权人办理登记"。考虑到这是一种比较陌生的担保方式,质权人与出质人对此的了解大多处于一种懵懂的状态,以这种方式写入合同有助于合同的订立和履行。

〔11〕《动产和权利担保统一登记办法》第9条第1款明确规定的登记内容,包括质权人和出质人的基本信息、应收账款的描述、登记期限。第9条第4款同时规定,质权人可以与出质人"约定主债权金额、担保范围、禁止或限制转让的担保财产等项目作为登记内容"。因此,为了尽可能地将出质的应收账款特定化,在此处将有助于实现特定化的相关信息也约定为登记内容。

〔12〕本款完全是为了保护出质人的利益而设计。在无须行使质权的情况下,质权人有义务根据《动产和权利担保统一登记办法》的规定及时办理注销登记,既是对出质人权利的尊重,也可以让出质人在法律规定的时限内以最快速度实现应收账款的流动性,进而创造更大的价值,这也是《民法典》合同编的立法目的之一。

〔13〕对于债权人而言,在存在混合担保的情况下,担保责任的承担顺序是一个必须给予高度重视的问题。《民法典》第392条给出的规则是:有约定,依约定;没有约定或者约定不明,在区分物保、人保的基础上,又细分为物保由债务人自己提供还是由第三人提供。设计本条的出发点是最大限度保护债权人的利益,因此在法律允许自由约定的情况下,赋予债权人以选择权在现有法律框架下无疑是一个最佳选择。

〔14〕为了实现合同文本的普适性,本款在此处以假设方式对最高额质权加以表述。这样的好处在于,符合假设条件的,可以适用本条;不符合假设条件的,则可以忽略本条,能够尽可能满足主合同约定的不同交易方式的需要。

〔15〕约定争议解决条款时需要注意,主合同与担保合同约定的争议解决方式、管辖地点应当保持一致,否则,根据《民法典担保解释》第21条的规定,主合同纠纷和担保纠纷将不能在一个法院或者仲裁机构进行审理,也可能不在一个地域进行审理,不但会增加纠纷解决的难度,也会增加纠纷解决的成本。

第十章

CHAPTER 10

合同的审查与修改

阅读提示

- 在律师实务中,对合同的审查无须调查核实,只是对委托人提交的合同文本的内容从法律角度进行评价,对于其中存在的违法的内容、损害一方当事人(特别是委托人)利益的内容以及不符合合同目的的内容提出改进的意见和建议。
- 在审查方法上,根据委托人要求的不同,有两种基本的审查方式:一种是在合同文本之外出具书面的审查意见;另一种是在电子版的合同文本中加以批注。
- 律师在制作或者审查、修改合同时,应当始终把握一个原则——尽量利用合同的约定减少纠纷的发生。
- 对于存在关联关系的条款,应当注意两个方面:一是是否存在递进关系。如果存在递进关系,应当按照递进关系调整条款的顺序。二是条款之间涉及同一事物的用词应当一致,内容表述的意思应当一致而不能相互矛盾。
- 律师在承办每一件业务的时候都应当时刻提醒自己恪守律师职业道德,不要利用自己熟悉法律的优势并借助委托人的强势地位在合同中设置对对方当事人不利的条款。
- 简洁是对合同结构安排的基本要求。所谓简洁,是指以必备条款为基础,围绕合同目的、当事人的权利义务、交易规则、纠纷解决规则等中心内容合理构筑条款的框架。为达到简洁的目的,内容相近的条款应当尽量合并。
- 合同的作用之一,就是为合同当事人确定交易规则。作为约束合同当事人的行为规范,交易规则不但要具有合理性,还须具有可操作性。

- 由于双方确定的交易规则存在履行顺序的先后,相对而言,先履行义务的一方面临的风险比后履行义务的一方要大。为了防范这种法律风险,由后履行义务的一方提供相应的担保是化解这种风险的有效方法。

- 通过充分利用交易规则来达到尽量降低委托人面临的法律风险的目的,是律师在审查、修改合同时应当发挥的作用。

- 在制作合同或者审查、修改合同时,准确的合同名称有助于准确地确立交易规则,有助于合理确定当事人的权利义务,有助于合理划分当事人的违约责任。在纠纷发生时,准确的合同名称有助于法院或者仲裁机构快速、准确地确定案由,有助于审理案件的法官或者仲裁员快速、准确地找出双方争议的焦点并及时作出裁判。从这个意义上讲,无论是制作合同,还是审查、修改合同,首要任务就是分析、判断这份合同是否名实相符。

- 帮助当事人准确地界定合同的法律性质,是律师审查、修改合同过程中一项非常重要的任务。

- 律师不要因为合同草稿的内容对真实意思表述不够清晰就一概否定,而应当结合上下文内容仔细分析委托人的意图,结合自己对合同的总体把握和理解,采用引导的方式给出建设性的建议,交由委托人作出选择。

- 与制作合同不同,交给律师进行审查、修改的合同通常已经过双方当事人的多次协商或者谈判,合同的框架和主要内容已经基本确定。在这种情况下,律师能做的只是对条款细节的修补,而不能像制作合同那样从总体结构的角度去设计。因此,发现现有条款在细节方面存在的不足并提出合理化的建议进行弥补就显得尤为重要。

- 从实用性的角度考虑,"具有可操作性"是违约责任条款最基本的要求。因此,违约情形必须尽量量化,以便于准确、快速地对是否属于违约、属于什么程度的违约做出判断,并确定与之对应的违约责任。

- 保留某项权利的含义,是暂时不行使该项权利的意思,通常用于事态发展不甚明朗或者给相关当事人留有回旋余地的情况下,是事件的当事人在事态发展过程中,在需要表明立场或者态度时作出的一种模糊的意思表示。因此,无论是在合同中,还是起诉状中都不应使用。在律师函、法律意见书、答辩状中则可以酌情使用。
- 对于可能存在巨大风险的事项,律师在审查、修改合同时必须给予高度的重视,尽量从细节入手,多设想可能发生的问题,多考虑应对的措施,在此基础上提出具有建设性的意见和建议,并采取合适的方式提示委托人对此给予足够、充分的注意。

在修改合同时,首要任务就是分析、判断这份合同是否名实相符,如果没有达到这个标准,就应当作出相应的修改。在修改过程中,既要结合《民法典》关于典型合同的规定对拟修改的合同进行归类,也要结合拟修改的合同的具体内容、合同当事人的真实意思表示和订立合同的目的,合理、准确地为合同命名。

在合同中专门规定"释义"条款,一般应当同时具备两个前提:一是需要对含义不清的合同用语进行界定和解释;二是需要进行界定和解释的含义不清的合同用语的数量较多,并且在合同中被多次重复使用。

在合作开发协议中,采取约定各方投入资金的范围而不是金额的做法,更为符合实际。

如果在合同刚刚开始履行的时候就因为利益分配问题而无法达成一致,说明双方根本不具备继续合作的基础,在这种情况下,尽早终止合同对双方而言无疑都是有利的。

赋予未违约方在对方违约时如何处理的选择权,可以给双方当事人留出协商或者变通解决的余地,有利于促成交易。

合同的审查与修改是最基础的非诉讼类的民商事业务,但在某种程度上也是最能考验律师基本功的一项业务。在相当一部分律师看来,也就是看看合同有什么内容不合法的地方、表述不清楚的地方,然后改过来就行。但笔者认为,这样的想法绝对是错误的!

与学校的案例教学不同,律师在实务中遇到的合同,在背景和目的方面是复杂多样的,委托人追求的是如何实现合同目的,很少去考虑合同的框架和内容是否符合《民法典》的规定,有些甚至都不考虑是否合法,甚至有的是明知违法而有意为之。在这种情况下,如果律师只是告诉委托人"这份合同不具备《民法典》第470条规定的条款框架,需要按照法律规定进行修改……"的话,十有八九会受到委托人的鄙视——这些我都知道,我希望律师在审查、修改过程中能够告诉我怎样才能合法,怎样才能帮助我尽量规避法律风险。正是委托人的这些需求,决定了合同的审查与修改虽然是最基础的,但也是有相当难度的。

2004年,笔者曾经应一家顾问单位(以下简称"BD公司")的要求审查一份《借款合同》。虽然合同的条款和内容与常见的《借款合同》基本一致,但有一处是完全不同的——这份合同的贷款人是BD公司。这就是我们常说的企业之间的借贷关系。在当时,这样的合同是违法的,因为按照中国人民银行1996年颁布的《贷款通则》(现在仍然有效)的规定,"贷款人必须经中国人民银行批准经营贷款业务,持有中国人民银行颁发的《金融机构法人许可证》或《金融机构营业许可证》"。但是,委托人就是要实现借款的目的,怎么办?有的律师说,让他们去找银行贷款;有的律师说,小额贷款公司也行;还有的律师说,我的任务就是审查和修改,不合法的合同我可以审查后告诉委托人,因为合同不合法修改没有实际意义……

面对上述种种说法,笔者只能说,他们都还算不上是一个合格的律师,只是一个了解法律的人。何谓"师"?古人早就告诉过我们:"师者,所以传道授业解惑也。"作为律师,与教师在分工上有所不同,但最起码应当做到运用自己掌握的法律知识和执业技能在法律方面为当事人"解惑"。如何"解惑"?很简单,在合法的前提下为当事人解决遇到的法律问题,特别是法律障碍。

现在回到前文提到的这份不合法的《借款合同》。发现这份合同的问题之后,笔者并没有断然指出这份合同不合法,而是联系BD公司的财务总监了解签订合同的目的和背景。在充分沟通之后,笔者掌握了如下信息:

借款人是BD公司一个股东的全资子公司,处于BD公司产业链的下游。由于企业规模小、固定资产数量少,金融机构认为抵押物不符合发放贷款的条件,不愿意为其提供贷款。这家企业由于行业特点,对资金的需求量较大,并且存在明显的季节性特征。而BD公司恰恰流动资金数额比较充足,并且在借款人需要大量资金的季节对资金的需求量较小。正是这种背景,促成了双方确立借贷关系的意愿。

了解到上述背景之后,笔者向BD公司提出了通过委托贷款途径实现合同目的的建议,并且根据委托贷款的流程和相关法律规定对合同原有条款进行了相应修改。当笔者把修改后的合同交付给BD公司财务部之后不久,BD公司董事长亲自打来电话:牟律师,您给我们公司解决了一个大难题。以前很多这样的事情不敢操作,不但失去了赚钱的机会,有时候还得罪人……

这个事例告诉我们,不能简单地认为合同的审查与修改只是看合同本身是否合法,而应当多角度入手:合同目的、内容框架、交易习惯、条款细节、文字表述等,都需要予以考虑。

一、合同的审查

从词义的角度理解,审查的意思是"调查核实并评定是否正确、妥当"。**在律师实务中,对合同的审查无须调查核实,只是对委托人提交的合同文本的内容从法律角度进行评价,对于其中存在的违法的内容、损害一方当事人(特别是委托人)利益的内容以及不符合合同目的的内容提出改进的意见和建议。**

在审查方法上,根据委托人要求的不同,有两种基本的审查方式:一种是在合同文本之外出具书面的审查意见;另一种是在电子版的合同文本中加以批注。

第一种方法通常适用于大企业,特别是国有企业。一来便于企业在决策或者论证时查阅;二来也是对律师服务能力和水平的检验——既能检验律师把握大局和方向的能力,也能检验律师理解法律、综合运用法律的能力和文字能力;同时也是转嫁风险的手段——一旦合同在签订、履行过程中发生争议或者导致损失,律师的审查意见很可能会是第一个靶子,因为追究外人的责任要比追究自己人容易得多。

第二种方法是各种类型企业都经常使用的方法,优点是简便、快捷,可以提高工作效率;缺点是企业看了之后只能知道如何修改,但不知道为什么要这样修改。因此经常会出现同样的问题重复出现在送审的合同中的情况。当然,如果企业没有设立专职的合同管理人员或者相关人员在主观上不够重视,即使说明了合同修改的原因,下次在送审的合同中仍然会出现同样的问题。

下面分别介绍两种不同的审查方法。

(一) 出具书面审查意见的合同审查

1. 待审查的合同文本 1

广告发布业务合同

广告客户名称(甲方):H 省 SJ 集团有限公司

广告发布单位名称(乙方):H 报业集团

甲乙双方根据国务院《广告管理条例》及有关规定,签订本合同并共同遵守:

一、甲方委托乙方于 <u>2011</u> 年 <u>7</u> 月 <u>1</u> 日至 <u>2013</u> 年 <u>12</u> 月 <u>31</u> 日期间按甲方广告投放需求不定期进行 <u>甲方所属企业的</u> 广告发布。

二、广告发布媒介为《H报》。

三、广告发布额度:壹仟万元。其中,甲方每年在乙方刊发广告额度至少300万元。如果达不到300万元,乙方仍按照300万元结算。

四、广告采用自带样稿,未经甲方同意,乙方不得改动广告样稿。

五、乙方有权审查广告内容和表现形式,对不符合法律、法规的广告内容和表现形式,乙方应要求甲方作出修改,甲方作出修改前,乙方有权拒绝发布。若经乙方审查合格后发布的广告如有不符合法律法规的形式和造成第三人追责的,由乙方承担相应的责任。

六、广告价格:

1. 甲方刊发商业、房地产广告执行《H报》2008—2010年的广告刊例价格:内页广告六折优惠;头版广告九折优惠。

2. 甲方刊发"××城"教育内容广告,执行特殊优惠:A叠4.4万元/版(彩色),其他版面(彩色)4万元。

七、广告合作形式:甲方以该企业的房产置换乙方广告版面。

八、结款方式:兑换房产的具体位置按附表所列确定,房产兑换价格按SJ集团市场销售价格执行。

九、房产交付约定:

1. 甲方在乙方刊发广告累计达到200万元,即向乙方交付相应额度房产,够多少套付多少套,凑不上整套的那部分广告额度计入余款继续滚动。(其中,对于甲方在建项目房产的交付,需在甲方房产项目具备办理给付手续条件时进行相应额度的交付。)

2. 办理置换房产事宜时,甲方先为乙方开具三联单作为凭证,乙方为甲方开具广告发票;乙方在办理房产产权手续时,甲方为乙方开具正式售房发票。

十、合同纠纷解决方式:如有纠纷到甲方所在地法院提起诉讼。

十一、违约责任:甲乙双方如出现违反相关合同约定的,由相应责任方承担相应的法律责任。

十二、本合同广告最终发布金额的确认:依据双方签订的附件——《H报》2008年刊例价格的折后价格,根据甲方实际发布的投放量计算。

十三、本合同一式两份,连同附件具有同等法律效力。

附件：1.《H报》2008—2010年广告刊例价格。
　　　　2.甲乙双方确认置换的房源。

甲方(盖章)：　　　　　　　　乙方(盖章)：
法定代表人(签字)：　　　　　法定代表人(签字)：
委托代理人(签字)：　　　　　委托代理人(签字)：
　　　　　　　　　　　　　　签订日期：2011年＿＿月＿＿日

2. 合同文本1的审查意见及批注

关于拟与H省SJ集团有限公司签订的《广告发布业务合同》的审查意见

H报业集团：

你单位电邮过来的拟与H省SJ集团签订的《广告发布合同》，本所已指派本律师审阅。现提出如下审查意见供参考：

1. 合同第一条最后一个画线处应当填写清楚广告的类别。[1]同时，此处有两个问题需要明确：一是客户是否包括甲方本身，因为现在填写的内容是"甲方所属企业"，从字面理解并不包括甲方本身；二是应当要求甲方将所属企业的名称以表格形式详细列明并加盖公章，你单位应当将此作为合同附件存档备查。

此外，增加广告种类还有利于根据第六条的约定确定广告价格。[2]因为第六条只约定了三种广告种类，一旦发生约定之外的广告种类，由于事先没有相关约定也可能会发生纠纷。

2. 合同第三条关于"甲方每年在乙方刊发广告额度至少300万元。如果达不到300万元，乙方仍按照300万元结算"的约定显失公平，一旦发生纠纷，对方可以向法院主张变更或者撤销。因此，该条款没有存在的必要，建议删除。[3]

3. 合同第七条：(1)名称应当修改为"广告费支付方式"[4]；(2)在结构上应当与第八条合并[5]；(3)为了保证合同用语的严谨，第七条的内容建议修改为："甲方以其享有物权的房屋折价抵偿应当支付给乙方的广告费。"[6]

4. 为了保证合同内容的确定性，抵债房屋的价格最好在签订合同时就予以确定，因为所谓的"市场销售价格"根本无法确定其合理性。在先发广告后折抵过户的交易规则下，这种情况明显对你单位不利。[7]

5. 合同第九条第一款约定的房屋交付方式明显对你单位不利——假如对方在发布的广告额度即将达到200万元时不再继续履行合同,你单位岂不是明摆着吃亏吗?建议:(1)在你单位开始发布广告之前,要求对方提供一套房屋以你单位为抵押权人设定抵押,这套房屋暂时不必办理过户手续;抵押权设定完成后,你单位再开始履行发布广告的义务[8];(2)尽可能将200万元的限额降至最低[9];(3)明确广告费金额达到抵债房屋价值时,对方向你单位提供办理房屋过户手续所需相关资料的时限,否则,会给对方怠于履行交付房屋创造有利条件。[10]为了最大限度地保护你单位的利益,建议把对方提供的抵债房屋按照折价金额从低到高进行排序,约定按照此顺序进行交付[11];同时,尽量争取抵债房屋折价金额的差距不要太大,以尽可能避免对方恶意违约行为的发生。

6. "三联单"不能作为办理产权的依据。如果你单位准备把抵债房屋出售获利,合法的做法应当是先领取发票并办理产权证之后再进行二手房交易。目前确实存在只有"三联单"的房屋即进行房屋交易的行为,但此种行为既违反房地产管理法规,又会造成税款流失,存在很大的法律风险。[12]

7. 合同第十一条关于违约责任的约定过于简单。鉴于你单位此前已经发生过类似合同纠纷的情况,建议考虑增加甲方的违约责任:"甲方不能及时(注意:此处须以满足以上第5条意见中的第3项为前提)向乙方提供办理房屋过户手续所需相关资料的,应当向乙方支付本合同约定广告发布额度每日5‰的违约金,乙方可以即时停止发布广告;甲方超过约定的时限30日仍未向乙方提供办理房屋过户手续所需相关资料的,本合同当然解除,甲方应当向乙方支付本合同约定广告发布额度5%的违约金。"[13]

8. 请你单位务必注意吸取此前的教训,定期联系对方确认广告发布的内容和数量。[14]同时,还有一个细节需要考虑——抵债房屋的价值不足或者超过1,000万元的差额怎么处理?对此也应做出相应约定。[15]

黑龙江远东律师集团事务所牟驰律师
2011年11月14日

笔者批注:

〔1〕广告的分类,由于标准的不同和看待问题角度的差异存在多种形式:以传播媒介或者发布载体为标准,可以分为报纸广告、杂志广告、广播广告、电视广告、电

影广告、网络广告、车体广告、墙体广告,等等;以内容为标准,可以分为产品广告、品牌广告、观念广告、公益广告;以发布广告的目的为标准,可以分为告知广告、促销广告、形象广告、建议广告、公益广告、推广广告;以广告策略为标准,可以分为单篇广告、系列广告、集中型广告、反复广告、营销广告、比较广告、说服广告;以表现手法为标准,可以分为图像广告、文字广告、幽默广告、人物肖像广告、视听广告;以广告的传播范围为标准,可以分为国际性广告、全国性广告、地方性广告、区域性广告;以传播对象为标准,可以分为消费广告和企业广告;以广告主为标准,可以分为一般广告和零售广告。

在纸媒广告领域,大多数广告发布合同纠纷案件都与以表现手法或者内容为标准这两种分类有关,特别是以前者。在许多纠纷中,广告主都认为以文字形式为主的是宣传稿,不是广告。产生这种现象的原因一方面与对广告分类的认知程度有关,另一方面也与合同条款的内容不够严谨有关。**律师在制作或者审查、修改合同时,应当始终把握一个原则——尽量利用合同的约定减少纠纷的发生。**想要做到这一点,不仅需要具备相当程度的文字能力,还需要对合同所涉领域有一定程度的了解。

〔2〕在审查、修改合同时一定要注意条款之间的关联关系。对于**存在关联关系的条款,应当注意两个方面:一是是否存在递进关系。如果存在递进关系,应当按照递进关系调整条款的顺序。二是条款之间涉及同一事物的用词应当一致,内容表述的意思应当一致而不能相互矛盾。**

〔3〕对于违法或者明显对对方当事人不利的条款,在审查、修改时应当建议删除。这既是防范纠纷发生的需要,也是恪守律师职业道德的需要。千万不要认为自己的委托人在合同中处于优势地位,只要对方当事人不提出异议就万事大吉。如果这种条款不建议删除,在纠纷发生时,一旦委托人未能按照合同约定得到相应的利益,多数情况都会怪罪律师——为什么审查合同的时候不指出来?这个时候你再怎么解释也无法消除委托人对你的不满。此外,**律师在承办每一件业务的时候都应当时刻提醒自己恪守律师职业道德,不要利用自己熟悉法律的优势并借助委托人的强势地位在合同中设置对对方当事人不利的条款。**要知道,人在社会中的身份是时刻转换的,今天你对别人的约束,明天就可能会转移到你自己的身上。

〔4〕**审查、修改合同时,一定要注意条款标题与内容的一致性和用词的准确性。**第七条的内容,是对广告费支付方式的约定——以实物折价抵偿广告费。因此,修改条款的标题是保证条款标题与内容一致的需要。同时,这份合同的性质是广告发

布合同,虽然也是一种合作,但其合作的形式是互相之间的配合,而不是共同完成广告的发布。因此,为了避免对"广告合作形式"产生歧义,有必要将之修改为"广告费支付方式"。

〔5〕简洁是对合同结构安排的基本要求。所谓简洁,是指以必备条款为基础,围绕合同目的、当事人的权利义务、交易规则、纠纷解决规则等中心内容合理构筑条款的框架。为达到简洁的目的,内容相近的条款应当尽量予以合并。

〔6〕第七条是这份合同的核心条款,对于交易规则的确定有着举足轻重的作用。而合同草稿的表述只是委托人根据自己的理解在自己的能力基础上制作的。对于这种条款,在审查修改时应当特别注意,并应当利用律师的专业优势审慎地进行修改。在修改时,应当注意下列事项:第一,要充分了解双方签订合同的目的。在这份合同中,双方的合同目的是广告主以房屋折价作为支付方式,换取广告发布者的广告发布服务。因此,合同草稿使用"置换"一词显然是不准确的,容易被理解为互易合同。从法律关系的角度看,互易合同是指当事人双方约定互相转移金钱以外的财产权的合同,其合同目的是取得财产的所有权。而广告发布合同是以广告主获得广告发布者的服务为最终目的,与财产所有权无关。因此,为了避免对合同关系的理解产生争议,有必要对核心条款的内容进行相应的修改。第二,为交易规则的确定做好必要的铺垫。在这份合同中,由于广告主不是以通常的货币方式向广告发布者支付对价,为了确保合同能够顺利履行,交易规则的重要性显而易见。而交易规则是为核心条款服务的,在表述核心条款的内容时,为交易规则的确定留出必要的空间,也是保证合同条款之间关联性的需要。

〔7〕在审查、修改合同时,对条款内容的可操作性必须多加注意。**合同的作用之一,就是为合同当事人确定交易规则。作为约束合同当事人的行为规范,交易规则不但要具有合理性,还须具有可操作性。**否则,就失去了其存在的意义。在这份合同中,由于事先已经确定了以房屋折价方式支付广告费的交易规则,对于委托人而言,房屋以何种价格折算就成为事关其利益的关键环节。之所以没有直接建议委托人进行修改,是考虑到委托人此前可能已经与对方当事人就此进行过协商,如果直接建议修改可能会破坏双方之间的交易惯例。更重要的是,这种交易惯例对于委托人而言,虽然构成一定程度的利益损害,但并不构成不可控制的法律风险。以这种方式指出,既可以使委托人明了其中的利害而后自主做出选择,又尽到了律师提示风险的责任。

〔8〕由于双方确定的交易规则存在履行顺序的先后,相对而言,先履行义务的一方面临的风险比后履行义务的一方要大。为了防范这种法律风险,由后履行义务

的一方提供相应的担保是化解这种风险的有效方法。

〔9〕这是在既定交易规则下,从合同如何履行的技术细节角度提示委托人如何降低风险。同样是"累计达到200万元",由于每发布一次广告的金额都不尽相同,多数情况下都无法做到恰好是"累计达到200万元"。而299万元和201万元的差距也是不小的。**通过充分利用交易规则来达到尽量降低委托人面临的法律风险的目的,是律师在审查、修改合同时应当发挥的作用。**

〔10〕给负有义务一方的当事人设定履行义务的时限,是交易规则可操作性的需要。在这份合同中,这一点对于委托人而言至关重要。

〔11〕建议"把抵债房屋按照折价金额从低到高进行排序,约定按照此顺序进行交付"是出于尽量降低委托人面临的法律风险的目的,同时,也是在既有的"甲方在乙方刊发广告累计达到200万元,即向乙方交付相应额度房产,够多少套付多少套,凑不上整套的那部分广告额度计入余款继续滚动"的交易规则下,从合同如何履行的技术细节角度提示委托人如何降低风险。这一建议,实际上是从最大限度维护委托人利益的角度进一步细化了交易规则。在多数情况下,抵债房屋的单价都远远低于200万元。在这种情况下,委托人先得到的房屋数量越多,所面临的风险就会越小。因为在变现的时候,小户型的房子通常要比大户型的容易出手。

〔12〕双方如此约定,是出于尽可能简化交易环节从而少缴纳税款的考虑。因为委托人必然要将抵债房屋出售获利,如果从广告主手中取得房屋时先不进行交易,待找到买主后再由广告主直接向买主开具发票,理论上委托人可以省去契税、所得税、营业税和房产税。但是,这里面临的法律风险也是多重的:首先,广告主不向委托人开具发票,意味着委托人并未取得抵债房屋的所有权,其风险是显而易见的;其次,根据《城市房地产转让管理规定》的规定,"未依法登记领取权属证书的"房地产不得转让,而取得发票是"依法登记领取权属证书"的前提;最后,依法纳税是法定义务,试图以违法手段逃避纳税义务的行为,轻者要受到行政处罚,重者要承担刑事责任。因此,对于这种明显带有违法意图的条款,一定要明确指出其危害性。

〔13〕违约责任虽然不属于交易规则,但由于其带有惩戒和警示的功能,具有可操作性也是十分必要的。受《经济合同法》时期颁布的各类合同条例的影响,当时仍然有相当一部分交易主体在合同中对违约责任做出"按照《合同法》规定"执行的约定,或者以"责任方承担相应的法律责任"等内容一笔带过。殊不知,这样的约定在纠纷发生时根本起不到任何作用。违约责任就像《刑法》,虽然规定了各种严厉的处罚措施却不一定能用得上,但是,一旦有触犯的行为发生,如何处罚即有章可循。因

此,制作合同也好,审查、修改合同也好,制订明确的、具有可操作性的违约责任,是必不可少的一个关键环节。

〔14〕在合同履行过程中,出于保留证据的需要,及时与对方当事人核对、确认己方履行约定义务的情况,是合同当事人必须进行的工作。特别是在这份合同之前,委托人曾经发生过由于没有及时与广告主核对、确认广告发布金额,导致在诉讼中处于不利局面的情况。因此,**在审查、修改合同时,对委托人曾经发生过的失误进行提醒是十分必要的**。

〔15〕前文已经说过,由于每次发布的广告金额都不尽相同,多数情况下都无法做到恰好是"累计达到200万元",而最终计算出的总额恰好是1,000万元的可能性也是比较小的。只要未能恰好达到1,000万元,差额部分如何处理就需要在签订合同时进行充分协商,并以文字形式固定下来。否则,就可能成为发生纠纷的隐患。

3. 待审查的合同文本 2

"NP 牌"系列掺混肥料采购合同

甲方:黑龙江 NP 科技发展有限公司

工商注册登记号:2300001×××××××

法定代表人:×××

注册地址:黑龙江省哈尔滨市××区××街××号

乙方:黑龙江 JS 肥料有限公司

工商注册登记号:2300001×××××××

法定代表人:×××

注册地址:黑龙江省哈尔滨市××区××街××号

甲乙双方本着合作双赢、平等互利的原则,经友好协商,就甲方采购乙方"NP 牌"系列掺混肥料事宜,特签订以下合同条款:

一、甲方为实施惠农工程,采购乙方生产的系列掺混肥料产品(产品目录见本合同附件),乙方接受甲方采购并负责将所生产的产品运输到甲方指定地点。

二、甲方仅授权乙方在上述本合同约定的产品外包装上面标示"NP 牌"商标,向乙方提供授权文件。甲方有权监督乙方此商标的使用,作相应的备案和证明,并有权要求乙方停止使用该商标。

乙方在任何时候不得以任何方式，未经甲方允许，在本合同约定的产品之外的任何物品上标示"NP 牌"商标。乙方也不得对外宣示对该商标的使用权和所有权。否则，因此而产生的一切后果，乙方负完全的法律责任，负责消除影响和赔偿甲方一切直接和间接的经济损失。

三、乙方宣示其为具有独立承担民事责任、具有履行本合同中乙方义务的无瑕疵生产资质，并且自愿为本合同的履行而向甲方提供担保的合法民事主体。

1. 乙方同意供甲方执行的担保财产为乙方名下的土地使用权、机器设备、原料、房产。

2. 甲乙双方同意实行公证，在乙方严重违约时，甲方可依据公证书直接向法院申请强制执行。

四、甲方采购乙方生产的可标示"NP 牌"商标的系列掺混肥料产品品种及价格（含运输费用），详见本合同附件。在市场行情发生变化时，双方可以再次协商处理。

五、甲乙双方约定，甲方采购时间为 2011 年 12 月 13 日至 2012 年 5 月 31 日；乙方应当积极妥善安排，以按时满足甲方需要。

六、甲方采购乙方按照本合同组织生产的系列掺混肥料产品，统一使用"NP 牌"商标，甲方统一销售。乙方不得单独、私自销售以"NP 牌"商标为标识的任何产品及本合同约定范围的产品。

七、乙方同意甲方指定其下属的 NP 惠农科技服务中心代表甲方，负责与乙方具体执行合同，履行相应的职责。

八、为确保本合同顺利履行，乙方指定的负责与 NP 惠农科技服务中心具体联系的专人是……

乙方向甲方提供上述人员的备案书面材料。

九、乙方按照本合同生产的系列掺混肥料必须达到国家规定的质量标准，并按行业标准要求及时取得、提供国家要求的各种必要的技术资料和有关质量证明等。

1. 因本合同产品出现任何坑农、害农的产品质量及服务问题，以及因此而产生的行政处罚、媒体曝光等后果，乙方将承担一切责任。

2. 甲方有权监督、检查乙方的生产和管理乙方的履行合同行为，发现问题有权提出制止和整改意见。

3. 如果乙方无理不予配合、拖延整改，甲方有权终止合同，并保留和行使追究乙方责任及要求赔偿各类损失（包括但不限于无形资产200万元损失及各类损害赔偿的支出及违约金等）的权利。

十、乙方在接到甲方的具体采购订单后，应积极组织生产，并须按照甲方的指示地点，在7日内发货、15日内送达用户手中，并将发货时间和货物明细及时告知甲方。否则，甲方有权终止本合同，并保留追究乙方责任的权利。如因乙方的原因对用户造成损失，由乙方直接向用户赔偿，甲方并且有代位追究乙方法律责任的权利。

十一、本合同项下的系列掺混肥料统一使用50kg/袋规格的专用包装袋包装，由乙方负责落实该包装物的订购及产品的发货运输，并由乙方承担运输过程中出现的货物丢失、损毁等责任。乙方可以自行选择保险公司完善上述风险事宜，或与承运企业落实风险责任承担。但是，乙方上述行为不得对甲方和用户构成侵权，否则，承担相应一切直接和间接经济损失。

十二、如乙方在接单、生产、包装、运输、售后等环节发生违约行为，乙方应按所涉订单价款的3倍支付违约金，并赔偿因违约而造成甲方和用户的一切直接和间接经济损失。

十三、用户收到的货物与甲方订单不符的，乙方负责及时调换、回收或者重新生产，所产生的费用由乙方承担，给用户和甲方造成的一切直接、间接损失，由乙方承担。

十四、甲方在收到用户收到货物且无质量、数量、型号等异议的反馈信息后，应及时将该笔产品的采购费用（包括生产和运输费用）汇入乙方指定账户。

十五、甲方如有特殊需求，应与乙方协商后在订单中做特别说明，具体要求以订单为准。

十六、乙方有义务准确、完整、清楚、浅显易懂地向甲方的用户提供包括"NP牌"系列掺混肥料产品在内的肥料相关的技术知识，随时解答用户咨询，确保用户合理用肥。乙方对误导的后果承担一切直接、间接损失的法律责任。

十七、乙方自愿承诺，对于本合同的相关内容以及甲方的订单数量等，未经甲方同意不得告知第三方。否则，乙方自愿向甲方承担每泄密1次赔偿甲方不少于人民币30万元的违约责任。

十八、甲乙双方如单方面终止合同的，应当承担违约责任，由违约方负责赔偿对方违约金100万元及全部损失（包括间接损失、律师费用）。

十九、本合同其他未尽事宜,双方应协商处理,可以选择签订补充协议。

二十、甲乙双方在履行本合同过程中出现争议的,应当友好、正面、公平协商解决。协商不成的,可向哈尔滨市仲裁委员会申请裁决。

二十一、本合同一式2份,甲乙双方各执1份,甲乙双方签字、盖章后生效。

甲方(盖章):   乙方(盖章):

法定代表人: 法定代表人:

委托代理人: 委托代理人:

签订日期:2011年____月____日

4. 合同文本2的审查意见及批注

关于黑龙江NP科技发展有限公司拟签订的
《"NP牌"系列掺混肥料采购合同》的审查意见

黑龙江NP科技发展有限公司(以下简称"NP公司"):

  你单位电邮过来的拟与黑龙江JS肥料有限公司签订的《"NP牌"系列掺混肥料采购合同》(以下简称《合同》),本所已指派本律师审阅。现提出如下审查意见供参考:

  1. 从内容来看,《合同》的性质属于委托生产(即所谓的贴牌生产,也称为代工),不是买卖。因此,《合同》的名称应当修改为《"NP牌"系列掺混肥料委托生产合同》。[1]此外,按照商业惯例,委托生产合同的委托方应当自己持有相应的商标权。因此,NP公司须确认"NP牌"是否已经取得商标权。如果没有取得,不能签订本合同。[2]

  2. 在确认已经取得"NP牌"商标权的情况下,《合同》第一条与第二条的内容应当按照以下原则做出相应修改:(1) 不应使用"采购"或者"买卖"等具有相同或者相近含义的词语[3];(2) 不应作出授权受托方使用"NP牌"商标的意思表示。[4]

  3.《合同》第三条的约定含义不清——是为了表明受托方具有独立法人资格,还是双方对受托方需要提供履行《合同》的担保作出的意思表示?如果是前者,无须表述提供担保的内容;如果是后者,应当根据《物权法》和《担保法》(现根据《民法典》关于物权和担保的相关规定)关于担保的相关规定详细做出约定并依法办理登记手续。[5]

4. 在贴牌生产模式下,委托方只需与受托方约定产品结算价格。因此,《合同》第四条最后一句话应当删除,前一句话中的"价格"一词应当限定为"结算价格"或者"出厂价格"。[6]

5. 《合同》第五条约定的起始时间早于本律师收到《合同》草稿的时间,如果确能签订本合同,请务必将此修改为本律师出具审查意见之后的时间。[7]同时,为充分保证NP公司的利益,应当约定"在此期间受托方应当优先安排生产委托方提交的订单所需的产品"。[8]

6. 《合同》第七条约定应当删除。因为在"NP"商标的商标注册人是NP公司的情况下,NP惠农科技服务中心不具有商标注册人的法定权利,如此约定将导致《合同》丧失合法性。[9]

7. 《合同》第九条:(1) 第1项的约定没有实际意义——一旦产品质量出现问题,虽然最终的责任承担者是受托方,但是委托方也负有监督产品质量的义务,在不能证明已经尽到产品质量监督义务的情况下,相应的后果根本无法避免。[10](2) 第2项的"管理"一词使用不当,建议修改为"监督";此外,还须界定"问题"的范围,越详细对NP公司越有利。[11](3) 第3项中有以下问题:① 应当界定"不予配合、拖延整改"的具体情形,越具体对NP公司越有利;如果不能界定,将极大损害NP公司的利益。[12]② "终止"应当修改为"解除"。[13]③ "保留"和"行使"不是并列的关系而只能选择其一。[14]④ "无形资产200万元损失"需要有确切的依据(比如评估报告),否则并不具有实际意义——一方面受托方可能会在纠纷发生时,对此数额提出异议要求评估;另一方面,无形资产受到损失的金额可能会多于此数额。此外,无形资产的范围需要明确界定是狭义的还是广义的?[15]⑤ "违约金"一词应当删除,"各类损害赔偿的支出"自然应当包括因此支付的违约金。

8. 《合同》第十条:(1) 从内容上来看,受托方的义务不仅仅是第一条约定的"负责将所生产的产品运输到甲方指定地点",还包括向终端用户配送。为了保证合同条款表述的准确、各条款之间的协调统一,建议将第一条和第十条的内容进行整合,并须约定相关的细节,比如:NP公司如何向受托方提交订单,受托方收到订单后如何确认并及时组织生产、配送,NP公司如何确认受托方已经将产品交付终端用户,等等。[16]合同最主要的作用是确立交易规则,在交易规则不明确的情况下签订合同,对于合同的双方都不具有实际意义。这一点请务必深刻领会。(2)"告知"的形式需要明确,方法和规则也需要明确;否则,极易因此产生争议。(3)"代位追偿"属于保险法领域的权利,在本合同中并不适用,相应内容应当删除。

9.《合同》第十一条:(1)将"包装物的订购"事项交给受托方承办,会给NP公司带来不可预测的法律风险,不宜如此操作;如果确有必要,则提醒NP公司要对此事项严加监督和控制。[17](2)对"用途"构成侵权是何含义需要明确。

10.《合同》第十六条的内容与受托方无关,应当删除。

11.《合同》第十七条约定的"每泄密1次"在实践中无法确认[18];"不少于"的表述方式会造成违约责任的不确定性,建议根据具体情况对此进行相应修改。[19]

12.《合同》第十八条约定的"单方面终止合同"限制了双方根据合同约定和法律规定行使合同解除权的权利,对双方都极为不利。应当将此修改为"任何一方无合法理由而终止履行合同的"。[20]

黑龙江远东律师集团事务所年驰律师
2011年12月15日

笔者批注:

[1] 根据《现代汉语词典》的解释,名称是用来区别一种事物与别种事物的名字。从这个角度理解,合同名称的作用,就是为了区分此合同与彼合同,其实质是为了准确地界定合同内容涉及的民事法律关系,从而准确地界定合同当事人的民事权利义务。因此,合同名称是否准确,对于准确地界定合同当事人的民事权利义务起到至关重要的作用。**在制作合同或者审查、修改合同时,准确的合同名称有助于准确地确立交易规则,有助于合理确定当事人的权利义务,有助于合理划分当事人的违约责任。**在纠纷发生时,准确的合同名称有助于法院或者仲裁机构快速、准确地确定案由,有助于审理案件的法官或者仲裁员快速、准确地找出双方争议的焦点并及时作出裁判。从这个意义上讲,无论是制作合同,还是审查、修改合同,首要任务就是分析、判断这份合同是否名实相符。

合同草稿的名称使用的是"采购合同",也就是买卖合同。根据《合同法》第130条(现《民法典》第595条)的规定:"买卖合同是出卖人转移标的物的所有权于买受人,买受人支付价款的合同。"而从这份合同的内容来看,存在明显的名不符实的情况——标的物的所有权通过买卖的方式在双方之间转移,形式上符合买卖合同的特征;但是,合同的名称以及内容都同时反映出一个不容忽视的事实——合同标的物的生产者并不拥有标的物的商标权。在这种情况下,如果"买受人"也不拥有标的物的商标权,出卖人的行为因此涉嫌侵犯商标权;如果"买受人"拥有标的物的商标权,则双方之间的法律关系就不应是买卖关系,而是委托生产/加工关系。

〔2〕"贴牌生产"是经济学领域的概念,源自 OEM(Original Equipment Manufacturer),英文原意是原始设备生产商。在我国往往从不同角度称之为"贴牌生产""代工生产""委托生产""委托加工""定牌制造""生产外包"等。虽然称谓各异,其本质都是指拥有优势品牌的企业为了降低成本、缩短运距、抢占市场,委托其他企业进行加工生产,并向这些生产企业提供产品的设计参数和技术设备支持,来满足对产品质量、规格和型号等方面的要求,生产出的产品贴上委托方的商标出售的一种生产经营模式。因此,委托人是否拥有"NP"商标的商标权对于这份合同的效力有着至关重要的作用。

〔3〕在很多时候,由于委托人已经形成的思维定式,使他们很难尽快理解并接受律师提出的审查修改意见。因此,适当的强调是十分必要的。

〔4〕商标使用许可与"贴牌生产"的本质区别在于,前者的生产方有权利在产成品上使用商标,对产成品拥有所有权并可通过销售产成品获取利润;而后者的生产方只负责产品的生产,对产成品并不拥有所有权,赚取的只是加工费而不是销售产成品获取的利润。之所以如此强调,是为了避免委托人从一个误区走出后,又走入另外一个误区。从这个角度讲,**帮助当事人准确地界定合同的法律性质,是律师审查、修改合同过程中一项非常重要的任务。**

〔5〕在审查合同时,经常会遇到类似情况。由于委托人(有时也包括委托人的合作伙伴)的经办人员多数情况下都不具有法律专业知识,对许多相关的问题都是一知半解,主观上有尽量通过法律手段维护自己合法权益的愿望,但是客观上受能力和技能所限并不能够完全做到。此处就是上述情况的典型表现。在处理类似情况时,**律师不要因为合同草稿的内容对真实意思表述不够清晰就一概否定,而应当结合上下文内容仔细分析委托人的意图,结合自己对合同的总体把握和理解,采用引导的方式给出建设性的建议,交由委托人做出选择。**

〔6〕合同草稿中之所以出现这样的内容,原因在于双方都没有搞清楚合同的性质。在 OEM 模式下,绝大多数的受托方无须设立销售机构,生产出来的产品全部由委托方负责销售,受托方赚取的利润来源于委托方支付的加工费与生产成本之间的

差价。在这种模式下,产品的市场售价与受托方基本上不存在关联性。

〔7〕由于文件的传递需要遵守相应的流程,经常会出现合同草稿约定的合同期限的起始时间早于交给律师审查的时间。遇到这种情况,一定要对委托人做出相应的提示,既是对委托人负责,也是对我们自己负责。

〔8〕**与制作合同不同,交给律师进行审查、修改的合同通常已经过双方当事人的多次协商或者谈判,合同的框架和主要内容已经基本确定。在这种情况下,律师能做的只是对条款细节的修补,而不能像制作合同那样从总体结构的角度去设计。因此,发现现有条款在细节方面存在的不足并提出合理化的建议进行弥补就显得尤为重要。**原有的"乙方应当积极妥善安排,以按时满足甲方需要"的内容在表述上不够精准,不能达到优先保证委托方订单需要的目的。

〔9〕前文已经提到过,这份合同是否具有法律效力的前提,是 NP 公司是否拥有"NP 牌"商标的商标权。同理,NP 惠农科技服务中心是否拥有"NP 牌"商标的商标权,也是这份合同是否具有法律效力的前提。

从合同效力的角度看,这里需要考虑的是,NP 惠农科技服务中心与 NP 公司之间的关系。如果二者是总公司和分公司的关系,这样的约定无可厚非;如果二者是母子公司的关系,这样的约定显然不具有合法性。从合同履行的角度看,这条约定还存在一个是否必要的问题。因为现有内容实际上构成了合同权利义务的概括转移——把合同的甲方由 NP 公司变成了 NP 惠农科技服务中心。如果二者是总公司和分公司的关系,这样的约定根本没有实际意义,因为在这种关系下,无论谁来履行合同,都是总公司最终承担法律责任,纯粹是多此一举;如果二者是母子公司的关系,这样的约定不但使合同效力产生问题,还存在履行不能的问题,不仅是多此一举,还是画蛇添足。从合同订立的角度看,合同权利义务的概括转移一般都发生在合同成立之后,而这条约定却创造了一个在合同订立的同时就将合同权利义务概括转移的范例。从上述三个不同角度的分析来看,这一条根本没有存在的必要。

〔10〕根据我国《产品质量法》的规定,承担产品质量责任的主体是生产者和销售者。在 OEM 模式下,委托方虽然不是直接生产者,但基于其与受托方之间的委托代理关系,根据《民法典》第 162 条关于"代理人在代理权限内,以被代理人名义实施的民事法律行为,对被代理人发生效力"的规定,产品在质量方面出现的问题仍需由委托方承担。因此,即使委托方可以利用自己的强势地位在委托生产/加工合同中强加给受托方诸多的相关的质量与义务,但由于上述法律规定的存在,其也不可能在质量事件中独善其身。

〔11〕在"管理"的词义下,管理者与被管理者应当存在上下级关系或者是法定的管理与被管理的关系。而在合同关系中,当事人应当是平等主体。因此,此处使用"管理"一词是非常不恰当的。此外,由于 OEM 模式的长期性和复杂性,出于尽量维护委托方利益的考虑,在订立合同之初最大限度地细化相关条款是十分必要的。

〔12〕第九条第三项的内容属于违约责任的范畴。设定违约责任条款的目的通常有两个:一是警示双方当事人,违约责任条款中涉及的违约行为不可为,否则将要承担相应的后果;二是违约行为一旦发生,违约方将承担什么样的后果。违约责任条款通常由"违约情形+因此应当承担的责任"构成。**从实用性的角度考虑,"具有可操作性"是违约责任条款最基本的要求。因此,违约情形必须尽量量化,以便于准确、快速地对是否属于违约、属于什么程度的违约做出判断,并确定与之对应的违约责任。**

〔13〕"合同终止"(《民法典》已经改称"债权债务终止")是一种状态,"解除合同"是合同当事人处分合同权利义务的一种行为,根据《民法典》第 557 条第 2 款的规定,"合同解除的,该合同的权利义务关系终止"。因此,二者具有不同的法律意义。对于这种用词不同而形成的法律意义上的差异,在审查、修改合同时必须给予足够的重视,并应当向委托人做出必要的提示。

〔14〕二者在词义上的区别非常明显,在此不予赘述。但是,在合同条款中出现这种用法需要引起我们的高度注意。"明确、无歧义"是对合同条款的基本要求之一,而这种用法恰恰无法达到这样的要求。我还遇到过省内一位知名律师,在其代理案件的起诉状的"诉讼请求"中做出"保留追究被告……权利"表述的情况。这个事例说明,相当一部分律师对于保留权利的含义的理解并不到位。在此,有必要对此做一些论述。**保留某项权利的含义,是暂时不行使该项权利的意思,通常用于事态发展不甚明朗或者给相关当事人留有回旋余地的情况下,是事件的当事人在事态发展过程中,在需要表明立场或者态度时作出的一种模糊的意思表示。因此,无论是在合同中,还是起诉状中都不应使用。在律师函、法律意见书、答辩状中则可以酌情使用。**

〔15〕从经济学的角度看,凡是固定资产以外的看不见、摸不着的资产都属于无形资产,这是广义的概念;从会计的角度看,只有知识产权和一些需要通过审批取得的经营权才属于无形资产,这是狭义的概念。因此,在合同条款中必须对此作出明确、清晰的界定。在合同中,凡是涉及金额的内容,除非通过相关条款的内容能够确定已经"经过双方协商确定或者确认",否则,都须经过确认或者评估。

〔16〕这里涉及合同如何履行的细节和履行规则的问题。合同草稿中的现有内容未能涉及相关的细节,对于履行规则也未做出必要的约定。为了保证合同能够得

到顺利的履行,尽可能避免因此发生争议,在审查、修改时,律师有义务给委托人必要的提示,这也是律师作用的重要体现。

〔17〕尽可能防范法律和经营风险,是签订合同的目的之一。合同草稿中将订购包装物的事项交给受托方,对于委托方而言显然是存在巨大风险的:首先,无法控制订购的数量。订购的数量多了,会造成流动资金的浪费和包装物的积压;订购的数量少了,会延误生产和销售。其次,无法控制订购的质量。包装物质量的优劣,不但会影响产品的质量,还会对产品的储存、运输等各个环节产生直接的影响。委托方不直接经手包装物的订购,可能会由于无法掌握包装物的质量给生产、储存、销售和运输等各个环节产生不利的影响。最后,还可能出现受托方与包装物生产商恶意串通多订包装物损害委托方利益、故意或者过失造成包装物外流等对委托方不利的情况。对于**可能存在巨大风险的事项,律师在审查、修改合同时必须给予高度的重视,尽量从细节入手,多设想可能发生的问题,多考虑应对的措施,在此基础上提出具有建设性的意见和建议,并采取合适的方式提示委托人对此给予足够、充分的注意。**

〔18〕此处是对"违约责任量化"要求的极端表现。量化是必要的,否则,会造成无法衡量违约责任的后果。但是,量化应当建立在"可操作性"的基础上,离开了"可操作性",量化就会成为空中楼阁。在这里"每泄密一次"就明显不具有可操作性——无论是故意的泄密还是过失的泄密,委托方在绝大多数情况下都不可能及时了解到相关情况,而是通过事后的种种现象判断出来,受托方更不会主动向委托方告知泄密事件的发生。在这种情况下,究竟发生了几次泄密根本无法确定。既然次数无法确定,"每泄密一次"的约定就根本没有实际意义。

〔19〕在"不少于"的词义下,违约责任成了一个变量,也就是违约责任存在不确定性,这显然违背了"违约责任需要具有确定性"的原则。在审查、修改、制作合同时,对于这样的情形必须予以纠正。

〔20〕根据《合同法》第 91 条(现《民法典》第 557 条)的规定,合同的权利义务终止包括七种情形(《民法典》规定为六种,删除了《合同法》规定的"合同解除")。如果此处不做修改,就等于在合法的终止情形之下,合同的当事人也要承担违约责任,这显然与立法精神相悖。

(二) 在电子版合同文本中批注的合同审查

以下合同文本的审查是以在 word 文档中加批注的方式进行的。因版式需要,特将批注集中置于该合同文本之后。

关于联合组建××房地产开发公司的合同[1]

甲方：××报业集团《××报》[2]

住所地：××市××区××街××号

乙方：××房地产开发有限公司

住所地：××市××区××街××号

丙方：××市工程研究院

住所地：××市××区××街××号

根据《中华人民共和国合同法》及相关法律法规，三方遵循平等、自愿、互利互惠和诚实信用共同发展的原则，经过充分的可行性研究和相互友好协商达成一致，决定联合出资建立××房地产开发有限公司，特订立本合同，以兹信守。

第一条　合作宗旨

通过对传媒品牌、媒体优势和房地产开发的经验和实力的整合，以开发××房地产项目为主营业务，努力开创具有一定规模的××产业，打造国内一流的××产业品牌。建立布局国内南北、兼顾城乡、投资多元化、管理规范化、队伍专业化的××产业房地产项目服务体系。

第二条　公司名称[3]：××房地产开发有限公司

地址：××市××区××街××号

第三条　联合出资方式、数额和投资期限

公司投资总额为人民币壹仟万元。

甲方投资额叁佰壹拾万元，占注册资本的30%，以《××报》10个广告版面（折价后每版6万元，合计60万元）、《××报》10个广告版面（折价后每版6万元，合计60万元）、《××报》50个版面（折价后每版6万元，合计100万元）、××报业集团、《××报》品牌价值100万元，合计叁佰壹拾万元。[4]

乙方投资额：现金陆佰万元，占注册资本的60%。

丙方以××技术资源出资[5]，出资额为人民币100万元整，占注册资本的10%。

第四条　合作三方的权利和义务

（一）甲方的权利和义务[6]

1. 甲方享有与所占股份相应的权利，并承担相应的义务。

2. 由于合作公司使用了甲方的名义并使用了甲方的品牌,甲方有维护甲方企业形象、保护甲方品牌不受损害的权利,甲方有权对公司运行及开展业务中损害甲方品牌的行为予以制止,这一权利不受股东权利的制约。

3. 甲方有义务按照公司要求提供合同中规定的所投入的版面进行宣传。甲方投入的版面使用完以后,甲方应以最优惠的价格提供给合作公司所需的宣传版面。

4. 甲方应积极支持公司的业务开展,除认真履行合同规定的宣传内容外,还应尽其所能积极动员甲方其他宣传力量参与到公司的宣传活动中。

5. 甲方无正当理由不能拒绝刊发公司所需要的宣传稿件,如确有客观原因导致稿件无法刊发,甲方应向董事会及公司负责人作出解释,并延后安排。

6. 甲方除按照公司章程和本协议派员出任董事会职务外,有权利派员参与公司管理和财务工作。

(二) 乙方的权利和义务

1. 乙方享有与所占股份相应的权利并承担相应的义务。

2. 乙方应保证股本金投入及时足额,并保证公司以后业务开展中所需流动资金的筹集到位。

(三) 丙方的权利和义务

1. 丙方享有与所占股份相应的权利并承担相应的义务。

2. 丙方负责对公司所有开发和经营的老年地产项目的健康服务项目的建设、管理。

第五条 纳税、利润分配与风险承担

公司所得,在依法纳税和提取储备基金、生产发展基金、职工福利奖励基金后,其余为红利,按股分配:甲方:30%;乙方:60%;丙方:10%。(所在地不同的合作成员,按商定的比例分配利润后,向自己所在地的税务部门缴纳所得税。)

公司独立经营、独立核算、自负盈亏,合作成员对公司债务在出资范围内,按股份比例承担亏损。

第六条 合作企业的组织机构

公司实行董事会领导下的总裁负责制。董事会决定公司的以下重大事宜:

(1) 决定生产项目、经营方针、长远发展规划;[7]

(2) 对公司增加或减少资本作出决定;[7]

(3) 审议和批准公司的利润分配方案和亏损弥补方案;[7]

(4) 审查经营计划、财务预算[8]并监督检查其执行情况；

(5) 决定公司干部的任免、奖惩、职工待遇和临时人员的聘用、解雇；

(6) 审定技术改造措施，决定处理重大事故的方案；

(7) 听取总裁的工作汇报；

(8) 决定本合作合同的变更或中止[9]；

(9) 决定总裁提交董事会讨论决定的问题；

(10) 确定董事的报酬，决定吸收和撤换董事。[10]

董事会由五名董事组成。其中，甲方委派两名，乙方委派两名，丙方委派一名。董事长、副董事长由董事会会议选举产生。[11]

董事会成员任期三年，董事会成员如有临时变动，可由该董事的原单位另派适当人选接替，但应经董事会认可。

董事长、副董事长、董事可以兼任公司的总裁、副总裁或其他职务。[12]

公司设总裁一名、副总裁一名，由董事会聘请，任期三年。

公司的经营管理机构由董事会决定。

第七条　违约责任

1. 合作成员任何一方未按本合同第三条依期如数支付投资额时，每逾期一周，违约方应向公司缴付出资额的0.1%，作为违约金。

2. 由于合作成员任何一方违约，造成本合同不能履行或不能完全履行时，除应按出资额的10%支付违约金外，守约方有权要求中止合同，并要求违约方赔偿全部经济损失。如双方同意继续履行合同，违约方应赔偿其违约行为给公司造成的损失。

3. 对不可抗力情况的处理：由于国家政策、法律、管理等原因以及重大自然灾害、战争等原因造成公司经营受损或无法经营时，股东权益的损失自行承担。

4. 合同履行中如发生纠纷，由各方派代表协商解决。如不能解决，可通过法律途径解决。

第八条　本合同经三方代表签字后，报请有关主管部门审批后生效。[13]合同中如有未尽事宜，由三方共同协商，作出补充规定。

第九条　本合同生效之日，即公司董事会成立之时[14]，公司董事会负责办理公司注册登记，开设银行账户和其他筹建事宜。

> 第十条　本合同正本一式四份,三方各执一份,公司存一份,合同副本一式四份送＿＿＿＿、＿＿＿＿、＿＿＿＿各存一份。
>
> 甲方(公章):
>
> 法定代表人:
>
> 乙方(公章):
>
> 法定代表人:
>
> 丙方(公章):
>
> 法定代表人:
>
> 　　　　　　　　　　　　　　　　　　　2011年××月××日

笔者批注:

〔1〕组建公司的行为在法律上属于出资范畴,因此,名称应当修改为《出资协议书》。

〔2〕按照一般的商业惯例,出资设立公司的出资人应当具有法人资格。因此,你单位应当考虑××报是否符合这一条件。同理,你单位还应当对其他出资人是否符合上述条件进行必要的审查,以免在合同履行过程中因此造成不必要的麻烦。

〔3〕公司名称需要预先核准,在得到预先核准之前,合同中使用的企业名称应当标注为"暂定名"。

〔4〕合同约定的甲方出资方式不符合法律规定。国家工商管理总局(现更名为"国家市场监督管理总局")颁布的《公司注册资本登记管理规定》(现已失效)规定:"股东或者发起人可以用货币出资,也可以用实物、知识产权、土地使用权等可以用货币估价并可以依法转让的非货币财产作价出资。股东或者发起人不得以劳务、信用、自然人姓名、商誉、特许经营权或者设定担保的财产等作价出资。"

广告版面不符合"可以用货币估价并可以依法转让的非货币财产"的条件;同时,在以《××报》作为出资人的前提下,《××报》和《××报》的广告版面不属于《××报》,在法律上属于无权处分,不具有法律效力。

《××报》的品牌价值属于"商誉",根据上述规定,也不得用于出资。

此处所涉数据不准确,请核查。

〔5〕合同约定的丙方的出资方式也不符合法律规定。所谓的"××专业技术资源"不符合"可以用货币估价并可以依法转让的非货币财产"的条件。

〔6〕鉴于批注〔4〕、〔5〕所述情形的存在，甲方第 1—3 项权利不宜在合同中约定。

〔7〕这些权利是《公司法》规定的股东会的权利。

〔8〕"审查财务预算"这项权利也是《公司法》规定的股东会的权利。

〔9〕这项权利属于全体出资人，不属于董事会。

〔10〕这项权利是《公司法》规定的股东会的权利。

〔11〕这一内容应当写入公司章程。

〔12〕法律并不禁止董事兼任公司管理职务，但是，出于完善治理结构和提高经营效益的考虑，董事兼任公司管理职务的人员不宜过多。

〔13〕出资协议不是依法需要批准才生效的合同，只要各出资人签章后即可生效。

〔14〕根据《公司法》的规定，董事会是公司的组织机构，公司成立才是董事会成立的前提。对于公司成立的筹备工作，可以由各出资人指派人员承担。

需要提示的其他事项：① 根据国务院颁布的《城市房地产开发经营管理条例》的规定，设立房地产开发企业还需"有 4 名以上持有资格证书的房地产专业、建筑工程专业的专职技术人员，2 名以上持有资格证书的专职会计人员"，请你单位对此予以必要的注意。② 本律师认为，从合同内容来看，你单位在做出相关决策时，缺少必要的论证，因此才出现许多明显违反法律规定方面的错误。希望今后在进行相关决策之前，先征求律师的意见，以尽量减少重复劳动、提高工作效率。

二、合同的修改

合同的修改，既包括对合同宏观方面的修改，也包括对合同微观方面的修改。合同的宏观方面主要是指合同的名称/性质、体系/结构；合同的微观方面主要是指合同的内容（段落、句子、词语）。具体方法主要有四种：增、删、调、换。增，是指增加。删，是指删除。增加和删除适用的对象，根据修改的具体需要，既包括个别的词语或者某些句子，也包括段落或者章节。调，是指调整。调整适用的对象，既包括词语、句子等构成合同内容的基本元素本身，也包括这些基本元素所处的位置。换，是指更换、替换。在合同的修改过程中，更换、替换的对象通常是词语、句子等构成合同内容的基本元素。

下面以笔者修改的一份关于汽车装饰用品批发市场的《合作开发协议》为例，介绍合同修改的具体方法。

(一) 修改前的合作开发协议

以下是笔者修改前的合作开发协议原稿。

合作协议

甲方：XF 公司

乙方：BY 公司

鉴于：

本协议签订前，甲方拥有本协议第二条第 1 款、第 2 款所述地块（以下简称"该地块"或"该项目"）的土地使用权，为合理开发该地块和明确双方权利义务关系，甲、乙双方同意就合作开发建设汽车装饰用品市场达成以下协议，以兹信守。

第一条 释 义

1. 征地补偿费

本协议中的"征地补偿费"是指因该地块被征收（用）或收回，应向相关单位或个人支付的土地补偿费、青苗补偿费、劳动力安置费、地上建筑物、构筑物、附着物补偿费、村民保险费、高压线迁移费用、征地管理费等全部征地、征收、安置补偿费用。

2. 土地整理费用

本协议中的"土地整理费用"是指因该地块被征收，应向相关单位或个人支付的全部费用，包括征地补偿费以及应向相关单位缴纳的耕地开（复）垦费、新增建设用地使用费、各类基金及全部税、费。

3. 交地

本协议中的"交地"是指将本协议中的"该地块"交由项目公司管理开发而无任何第三方阻止；甲方负责将本协议书约定该地块范围内的建筑、所有电线杆（塔）、附着物等征地、征收安置补偿完毕，终止项目用地范围内的所有租赁关系、承包关系及其他土地使用关系，完成该地块用地范围内的一切补偿，保证该地块范围内没有任何征地、征收安置补偿；乙方不需以项目公司的名义再对任何单位和个人进行任何补偿。

第二条 关于该地块

1. 该地块的具体位置：

该地块位于____。

2. 本协议签订时的经济技术指标：

净用地面积：约____万平方米，具体面积以实际测量为准；

用地性质：____；

建筑密度：____%；

绿地率：____%；

容积率：____。

3. 本协议签订时，该地块尚未公开出让，甲方承诺，该地块征收补偿工作由甲方负责或由甲方负责协调相关政府部门完成。

4. 甲方协调政府相关部门在本协议签订之日起一年内发布该地块的挂牌出让公告，并协助项目公司按本协议约定方式竞得该地块，如该地块发布挂牌公告时间延迟，不视为甲方违约；如因乙方注册项目公司时间延迟或者修详设计成果提交的时间延迟导致该地块发布挂牌公告时间延迟，亦不视为甲方违约。

5. 关于征地、征收补偿、交地

该地块所有征地、征收、安置、补偿，由甲方负责协调相关政府部门完成或由甲方负责完成，乙方或项目公司不承担该地块任何征地、征收、安置、补偿等任何义务，也无需向任何单位或个人支付有关征收补偿的任何费用；甲方负责在项目公司竞得该地块后一个月内向项目公司交地。

第三条 合作方式、土地价款缴交

1. 合作方式

本协议签订后十五个工作日内，甲乙双方共同出资设立一家房地产开发公司（以下简称"项目公司"），项目公司设立时注册资本暂定为人民币____万元，其中，甲方出资____万元，持有项目公司____%的股权；乙方出资____万元，持有项目公司____%的股权。甲、乙双方对项目公司的权利义务、利润分配及项目公司清算资产分配等事项以本协议及补充协议约定为准，不按双方持股比例进行。

该地块出让时，甲方负责协助项目公司竞买该地块，项目公司竞得该地块后，根据本协议约定，乙方负责该地块的具体开发建设，双方按本协议约定享有各自的权益，承担各自的义务。

2. 土地价款缴交

该地块公开出让前,有关该地块前期工作全部由甲方负责完成,直至国土部门合法公开出让该地块。甲方负责协调有关单位、个人或政府有关部门,向项目公司交地。

项目公司取得该地块国有土地使用权的各项费用均由甲方承担,其支付形式采用甲方借款给项目公司,并由项目公司将该款项用于缴交取得该地块国有土地使用权的各项费用。项目公司取得该地块国有土地使用权的各项费用包括:

(1) 竞买该地块的竞买保证金;

(2) 该地块的全部土地出让价款,该地块出让成交需缴交的交易费用,办理该地块国土证需缴交的契税。

以上费用缴交后,甲方应负责及时取得项目公司名下符合税法要求可进入该地块成本的正规票据。

3. 项目公司的增资

在经营过程中,经甲、乙双方协商一致,可以根据需要,按照双方设立项目公司时的出资比例对项目公司进行增资,甲方的增资额以甲方为取得该地块土地使用权及国土证而支付的费用总额为限。

第四条 关于项目公司

1. 甲方的权利、义务

(1) 取得该地块国有土地使用权及取得国土证的全部费用由项目公司以____万元为限出资,不足部分由甲方按照本合同第三条第2款的约定承担,除此之外甲方不再承担任何为项目公司筹措资金和承担债务的义务,相应的义务由乙方承担。项目公司享有该地块土地使用权。

(2) 甲方享有按照本协议第五条规定的分配项目公司投资收益的权利。

(3) 甲方不参与项目公司的具体运作管理。

(4) 甲方对项目公司的运作有知情权和监督权,甲乙双方约定,甲方对项目公司运作的知情权实行备案制,即乙方有义务将乙方认为重要的文件或操作文件向甲方备案,并应甲方的要求将甲方认为重要的项目公司相关事宜向甲方说明或书面备案,甲方有权随时要求项目公司或乙方对项目公司的具体运作事宜做出口头或书面说明,乙方应负责组织项目公司按月向甲方如实提供财务报表。

（5）甲方应积极协助乙方及项目公司办理该地块的开发报建手续，并积极为项目公司提供最优惠的政策。

2. 乙方的权利、义务

（1）项目公司取得该地块土地使用权及国土证的费用不需要乙方承担，但该地块开发建设全过程的其他全部成本、税费均需要乙方负责投入或乙方以项目公司名义融资筹措投入。项目公司进行抵押融资时，抵押的资产不得超过项目公司可抵押资产的50%；乙方进行质押融资时进行质押的股权不得超过乙方持有项目公司50%的股权。乙方保证用该地块抵押融资或用项目公司股权质押融资的全部资金只能用于项目公司对该地块的开发建设。并且由乙方负责用乙方在项目公司50%的收益或用乙方公司资产偿还融资及项目公司的其他债务。

（2）乙方全权负责项目公司的运作管理，但乙方不得以任何形式损害本协议约定的甲方应得利益。乙方对项目公司的具体运作管理权益包括但不限于：

A. 制定项目公司的相关管理制度，并按照相关管理制度管理运作项目公司，项目公司的法定代表人、董事由乙方指定，甲方有权指派一名监事，其他监事由乙方指派，乙方有权聘任项目公司的相关管理人员。

B. 乙方负责该地块的规划设计、该地块开发分期规划、各项工程的招标、各项工程的监理、建设过程管理、财务管理、融资管理、广告发布、销售政策制定及销售过程管理、已售未售物业的物业管理等。

（3）乙方享有项目公司中除甲方应得投资收益外的全部权益。

第五条　甲方的投资收益

甲、乙双方约定甲方按如下方式取得项目公司的投资收益：

1. 本项目建设的全部建筑物和构筑物（含不能办理产权证的车库及车位，以下统称"房产"）按照双方实际投入资金的比例进行分配。甲方可直接取得房产的物权，也可将上述房产进行销售。如甲方直接取得房产的物权，甲方自行管理。

2. 该投资收益包括：甲方应收回的为该地块垫支的款项、甲方应收回的出借给项目公司的款项、甲方在项目公司中取得的全部税后利润、甲方应分得的项目公司清算资产及按本协议约定取得该地块国有土地使用权及取得国土证的全部费用。甲方除按以上第1点规定从项目公司中取得投资收益外，在项目公司中不再享有其他任何权利，以上款项也视同已经收回。

3. 对于在双方进行投资收益分配时产生的税费负担以及甲方投资收益的兑现方法,双方另行协商确定。

4. 在该地块规划设计过程中甲乙双方应友好协商,并在取得建设工程规划许可证时正式确定双方投资收益对应房产的具体位置及面积,按照公平、对等的分配原则,整栋竖向连续分割,如有不能整栋竖向连续分割的房产,由甲、乙双方协商确定。

第六条 履约保证金支付

1. 本协议签订后五个工作日内,乙方向甲方支付履约保证金人民币____万元(____万元整)。

2. 履约保证金在项目公司开始向甲方支付投资收益,扣除各项违约金后,直接冲抵甲方应得的投资收益。

第七条 违约责任

1. 甲方的违约责任

(1) 如果因为甲方的原因致使项目公司没能在规定的时间内取得该地块的国有土地使用权证,视为甲方违约,双方同意终止本协议,甲方应将乙方交纳的保证金返还给乙方并向乙方支付____万元违约金;如果因为非甲方原因致使项目公司没能在规定的时间内取得该地块的国有土地使用权证,则不视为甲方违约。

(2) 甲方承诺在项目履行期间未经乙方书面同意不得将其所持项目公司的股权进行转让、质押和担保等,否则甲方应向乙方支付违约金____万元。

(3) 如果甲方发生其他违约行为,应承担相应的违约责任,赔偿因此给乙方和项目公司造成的实际损失。

2. 乙方的违约责任

(1) 乙方未按约定时间支付履约保证金的,甲方有权解除本协议。

(2) 乙方承诺在项目履行期间未经甲方书面同意不得将其所持项目公司的股权转让(包括因股权质押所致被动的丧失股权),否则应向甲方承担违约责任,向甲方支付违约金____万元人民币。

(3) 因乙方原因,如项目公司和乙方均未能按上面约定方法支付甲方应得投资收益,超过五个工作日的,自第六个工作日起,每逾期一天乙方应按当期应付未付金额的1‰向甲方支付违约金;如逾期超过二十天,乙方应按乙方当期应付未付金额的20%向甲方另外支付赔偿金。并且项目公司和乙方还需继续承担该收益的支付义务。款项支付经有关政府部门审批的时间除外。

乙方承诺当甲方在项目公司应得投资收益无法按照本协议第五条规定的方法兑现时，乙方以其在项目公司拥有的60%的股权赔偿甲方的损失。

（4）如因乙方的建设资金未能及时到位或者由于乙方对项目公司的管理不到位，致命工期延迟、出现重大质量问题、出现重大安全事故，从而导致项目公司损失并波及甲方应得投资收益，对此乙方应全额赔偿甲方应得投资收益的损失。

（5）乙方有其他违约行为的，除按本协议继续履行合同外，还应赔偿因此给甲方和项目公司造成的损失。

3. 单方毁约

甲、乙双方任何一方中途擅自解除本协议，或者甲方以任何形式与第三方合作开发该地块，或者甲、乙双方任何一方违背本协议的规定，有重大失误造成本协议无法履行的，均视为违约，违约方需向守约方支付30万元违约金。但依法律规定或本协议约定享有单方解除权的除外。

第八条　争议解决

甲、乙双方因履行本协议发生争议，应首先由双方友好协商解决，如协商不成，提交有管辖权的人民法院诉讼解决。

第九条　其　　他

1. 除有特别注明外，对于本协议与提交给政府、国土、工商、税务等管理部门的备案文件内容冲突部分，双方另行签订补充协议。本协议履行期间，甲、乙双方达成的补充协议、备忘录等签字盖章的书面文件均作为本协议附件，与本协议具有同等效力。

2. 除特别注明是本协议的补充协议之外，甲、乙双方为到政府相关部门办理相关手续而签订的协议，其效力仅限于该次办理手续之用途，并以本协议的约定为准。

3. 本协议一式四份，甲乙双方各持两份，在甲、乙双方签字盖章且乙方支付履约保证金后生效。

甲方：XF公司　　　　　　　　乙方：BY公司

法定（或授权）代表人：　　　法定（或授权）代表人：

签约日期：二〇××年×月××日

(二) 修改后的合作开发协议

以下是笔者修改后的合作开发协议。可对照前文"(一) 修改前的合作开发协议",结合后文"(三) 合作开发协议的十项修改及理由"来掌握。

合作开发协议

供地方(以下简称"甲方"):XF 公司

投资方(以下简称"乙方"):BY 公司

双方经平等协商,就合作开发建设汽车装饰用品市场的相关事宜达成如下一致:

1. 项目概况

1.1 项目名称。

双方本次合作开发的项目暂定名称为:_____,最终名称以政府主管部门核准的名称为准(以下简称"本项目")。

1.2 项目位置。

本项目用地位于_____,土地成交确认号为:_____,四至坐标见《土地使用权界址坐标表》。

1.3 用地性质和面积。

经政府主管部门核定,本项目用地性质为_____用地;用地面积为_____平方米,土地使用年限_____年;甲方已经依法取得土地使用权。

1.4 项目规划。

本项目用地规划指标以_____颁发的_____号《建设用地规划许可证》为准。

1.5 本项目计划分_____期开发;开发周期为_____年,自本协议生效之日起计算。因政府审批或者甲方的原因导致本协议签订后项目用地未达到交地时应当具备的开发条件时,本协议约定的开发周期相应顺延。本协议所称交地,是指甲方将项目用地交给乙方进行开发、建设而不受任何阻止。

1.6 甲方应当在本协议生效后 30 日内向乙方交地。交地时,项目用地应当达到下列条件以满足开发建设的基本需要:(1) 不存在界址纠纷、未设定他项权利。(2) 项目用地范围内的征收、拆迁、安置、补偿等工作已经全部彻底完成。(3) 项目用地范围内的地上、地下建筑物、构筑物(含人防、架空强弱电杆)以及地上、地下市政管线等全部拆除并断管，垃圾全部清运出场地，项目用地地面达到现有室外自然标高，土地达到自然平整。(4) 市政道路已接通至项目用地红线；项目施工用水、用电已接通至项目用地红线，满足乙方施工容量要求。

2. 合作方式

2.1 本项目以乙方的名义开发建设，甲方提供符合本协议第 1 条约定的项目用地并负责对项目用地进行勘察、设计，但不参与项目的开发建设。

2.2 乙方负责筹集本协议 3.1.1 条款以外的本项目开发建设所需的全部资金，并负责本项目的施工、监理等与开发建设有关的事项，甲方承诺不以任何方式进行干涉。

2.3 项目建成后双方依据本协议应当分得的建筑物和构筑物以乙方的名义由乙方负责销售。

3. 利益分配及损失分担

3.1 本项目建设的全部建筑物和构筑物按照建筑面积的比例进行分配，甲方 25%，乙方 75%。因取得应分配建筑物或构筑物的物权所发生的相应税费，由取得物权的一方承担。

3.1.1 甲方应当投入的资金包括：实际支付的土地出让金、为了取得项目用地的土地使用权需要支付的其他费用（包括但不限于拆迁、安置、补偿的费用，竞买项目用地的竞买保证金，成交所需缴纳的交易费用以及办理国有土地使用证所需缴纳的税费）、开展项目建设需要支付的勘察和设计费用。

3.1.2 乙方应当投入的资金包括：项目建设过程中必然发生的基建费用（包括但不限于人工、材料、设备等）、项目报批过程中需要支付的全部规费（包括但不限于城市基础设施配套费、散装水泥费、墙改基金、维修专项基金、消防设施配套、产权登记、占道、防洪安保、质量监督、安全监督等）以及项目建设过程中可能需要支付的其他费用。

3.2 非因一方或者双方的违约行为导致本协议无法继续履行时，双方应当按照实际投入资金数额的比例分担因履行本协议已经发生的相关费用。

3.3 双方实际投入的资金数额，以按照现行会计法规和财务制度规定可以列入本项目开发建设成本、费用的相关书面凭证（包括但不限于发票、收据）记载的金额为准；不符合前述要求的相关书面凭证记载的金额，不能计入各方实际投入的资金数额。

4. 应分得利益的确定

4.1 乙方应当在取得《建设工程规划许可证》后30日内,初步确定双方各自应得的投资收益所对应的建筑物和构筑物所处的具体位置和面积,并与甲方共同签订书面文件加以确认;如果双方在此期限内就此无法达成一致意见,本合同终止。

4.2 乙方应当在项目竣工验收完成后30日内,最终确定双方各自应得的投资收益所对应的建筑物和构筑物所处的具体位置和面积,并与甲方共同签订书面文件加以确认。乙方应当在前述书面文件签订后30日内将甲方应分得的建筑物和构筑物交付给甲方,并在双方商定的合理期限内配合甲方办理物权登记手续,需要由乙方进行销售的除外。本条款所称交付,是指乙方将甲方应分得的建筑物和构筑物的占有移转给甲方的行为。

4.3 乙方应当在项目竣工决算完成后15日内,将决算报告提交给甲方。甲方对决算报告没有异议的,应当在收到后15日内以在决算报告上盖章的方式予以确认,并将盖章后的决算报告返还乙方一份。

4.4 双方应当在项目决算报告得到甲方确认后30日内,最终确定双方各自应得的投资收益所对应的建筑物和构筑物所处的具体位置和面积,并签订书面文件加以确认。乙方应当在前述书面文件签订后30日内将甲方应分得的建筑物和构筑物交付给甲方,并在双方商定的合理期限内配合甲方办理物权登记手续。但需要由乙方进行销售的除外。本条款所称交付,是指乙方将甲方应分得的建筑物和构筑物的占有移转给甲方的行为。

4.5 甲方对决算报告有异议的,应当在收到决算报告后15日内通知乙方,由双方共同协商确定专业的中介机构对决算进行重新核算。双方无法就中介机构选定事项协商一致的,应当在双方法定代表人或者委托代理人在场的情况下,采取抽签的方式确定。抽签分为两轮:第一轮抽签决定由哪一方抽签选定中介机构;第二轮由第一轮中签的一方抽签选定中介机构,另一方不得对此提出任何异议。备选的中介机构的数量为6家,由双方在营业地址设立在哈尔滨市的具备相应资质的中介机构范围内各选定1/2。

4.6 中介机构重新核算的决算金额未超过原决算金额±5‰的,仍然以原决算报告作为双方进行利益分配的依据;超过原决算金额±5‰的,以重新核算的决算报告作为双方进行利益分配的依据。任何一方对重新核算的决算金额持有异议的,按照本协议第8条的约定处理。

4.7 甲方收到决算报告后超过15日,既未提出异议,也未在决算报告上盖章的,视为确认该决算报告;乙方可以要求甲方最终确定双方各自应得的投资收益所对应的建筑物和构筑物所处的具体位置和面积,并签订书面文件加以确认。甲方对此不予配合的,乙方可以处分根据4.2条初步确定的各自应得的投资收益所对应的建筑物和构筑物;其他部分由双方协商解决,协商不成的,按照本协议第8条的约定处理。

5. 项目建成后的运营管理、保修及物业管理

5.1 双方一致同意,项目建成后无论分得的建筑物和构筑物是否销售,均委托乙方设立的或者与乙方存在关联关系的商业运营公司进行运营管理。相关委托协议另行签订。本条款所称与乙方存在关联关系的商业运营公司(以下简称"运营公司"),是指乙方的股东、实际控制人直接或者间接控制的以商业运营为主营业务的公司。

5.2 项目建成后甲方分得的建筑物和构筑物的保修,由乙方负责协调施工单位完成。

5.3 本项目的物业管理,由乙方根据《哈尔滨市物业管理条例》的相关规定选聘物业服务企业实施管理。

6. 项目销售

6.1 甲方应当在4.3条约定的书面文件签订后15日内,以书面形式明确授权乙方需要销售的建筑物和构筑物的具体位置、面积和销售底价。乙方应当严格按照甲方的授权内容进行销售。

6.2 甲方应当按照乙方售出的建筑物和构筑物的销售价格的1%向乙方支付报酬。乙方应当每10个工作日与甲方结算一次销售价款;结算时,乙方可以从收取的销售价款中直接扣除应当获得的报酬。

6.3 为了进行销售而支出的相关费用(包括但不限于广告、营销策划、销售代理等方面的支出)由双方按照销售比例分担。前述费用金额以按照现行会计法规和财务制度规定可以列入销售费用的相关书面凭证(包括但不限于发票、收据)记载的金额为准;不符合前述要求的相关书面凭证记载的金额不能计入。本条款所称销售比例=一方分得的建筑物和构筑物的建筑面积中已经售出的建筑面积÷本项目全部建筑物和构筑物的建筑面积×100%。

7. 违约责任

7.1 甲方的违约责任。

7.1.1 不能按照本协议约定及时交地的,应当向乙方支付土地出让金数额每日5‰的违约金;超过本协议约定的时间90日仍然不能交地的,乙方可以解除协议;乙方不解除协议的,甲方应当向乙方支付土地出让金数额每日8‰的违约金。

7.1.2 交地时项目用地未达到本协议约定条件的,乙方可以拒绝接受交付;乙方接受交付的,为了使项目用地达到本协议约定条件而支出的费用由甲方承担并计入乙方实际投入的资金数额,甲方还应当向乙方支付前述费用20%的违约金;因此造成开发周期延长的,不视为乙方违约。

7.2 乙方的违约责任。

7.2.1 工程决算时虚报投入或者计算销售费用时虚报支出的,应当按照虚报金额的20%向甲方支付违约金。虚报金额以乙方认可或者法院判决认定的金额为准。

7.2.2 未能按照本协议约定及时将甲方应分得的建筑物和构筑物交付给甲方的,应当向甲方支付未交付的建筑物和构筑物的价值每日5‰的违约金。未交付的建筑物和构筑物的价值=未交付的建筑物和构筑物的建筑面积×成本造价。本条款所称成本造价,以双方确认的决算报告为准。

7.2.3 未按照本协议约定及时与甲方结算销售价款的,应当向甲方支付应结算金额每日5‰的违约金。

8. 争议的解决

因签订、履行本协议发生的争议,双方协商不成时,应当向项目所在地有管辖权的法院起诉。

9. 其他

9.1 本协议一式四份,双方各执两份。

9.2 本协议自双方盖章或者双方的法定代表人签字后成立;自甲方取得项目用地的《国有土地使用证》签发之日起生效。

甲方(盖章):　　　　　　　　乙方(盖章):

法定代表人(签字):　　　　　法定代表人(签字):

签约日期:二〇××年×月××日

(三) 合作开发协议的修改建议及理由

笔者主要从十个方面对前述合作开发协议原稿进行了修改，具体内容及理由如下。

〔1〕将合同的名称由"合作协议"更改为"合作开发协议"。

如此修改主要基于以下考虑：

第一，从合同整体的角度考虑，正如前文所提到的，合同名称的作用，形式上是为了区分此合同与彼合同，实质是为了准确地界定合同内容涉及的民事法律关系，从而准确地界定合同各方当事人的民事权利义务。准确的合同名称，有助于合理地确立交易规则，合理分配当事人的权利义务，合理划分当事人的违约责任。在纠纷发生时，准确的合同名称有助于法院或者仲裁机构快速、准确地确定案由，有助于审理案件的法官或者仲裁员快速、准确地找出双方争议的焦点并及时作出裁判。因此，在修改合同的时候，首要任务就是分析、判断这份合同是否名实相符，如果没有达到这个标准，就应当作出相应的修改。在修改过程中，既要结合《民法典》关于典型合同的规定对拟修改的合同进行归类，也要结合拟修改的合同的具体内容、合同当事人的真实意思表示和订立合同的目的，合理、准确地为合同命名。

第二，从技术细节的角度考虑，"合作"的含义过于宽泛，无法从法律角度对其作出明确的定义或者描述。因此，不宜使用"合作"作为合同的名称。

第三，从订立合同的背景看，其基本前提是甲方有地，乙方有钱；订立合同的目的是通过建设、运营汽车装饰用品批发市场（以下简称"项目"）获得经济利益。在确定了这个大前提的情况下，通过何种方式、方法、途径来达到目的都是可以协商的。原稿约定的双方共同出资设立一家房地产开发公司（以下简称"项目公司"）的方式，固然可以达到合同目的。但是，从原稿的约定来看，设立项目公司的目的非常单一，就是为了项目的开发建设，在项目建成后，项目公司就应当根据约定予以注销。如果按照这种方式操作，不但程序上繁琐，还会给项目建成后的运营带来后患。因为项目是商业地产，建成后需要招商、运营、管理，这一切工作都需要一家专业的商业运营公司来运作。按照目前通行的商业运营模式，要么由商业地产的开发建设单位自己设立一家商业运营公司运作，要么由商业地产的开发建设单位委托一家商业运营公司运作，无论哪一种方式，项目公司都不能注销，否则自己设立的商业运营公司可能会因此无法持续存在，受托的商业运营公司可能会因此失去委托人而导致无法继续履行合同。因此，笔者提出了两个建议供双方"二选一"：一是不注销项目公司;二是采取合作开发方式进行项目的开发建设,项目的运营由乙方设立或者委托的商业运营公司负责。经过权衡,双方选择了后一种方式。

第四,《最高人民法院关于审理涉及国有土地使用权合同纠纷案件适用法律问题的解释(2020)》的第12条,对于本合同的经营模式也作出了定义:"本解释所称的合作开发房地产合同,是指当事人订立的以提供出让土地使用权、资金等作为共同投资,共享利润、共担风险合作开发房地产为基本内容的合同。"

〔2〕删除了"释义"条款。

在合同中专门规定"释义"条款,一般应当同时具备两个前提:一是需要对含义不清的合同用语进行界定和解释;二是需要进行界定和解释的含义不清的合同用语的数量较多,并且在合同中被多次重复使用。从原稿的内容来看,"释义"中的三个合同用语并不符合上述前提条件,为了保证合同结构的清晰和简洁,遂将此条款删除。此外,原稿中"释义"的内容实际上并不是对含义不清的合同用语进行界定和解释,而是对相关合同用语应当满足的条件作出的描述。在具体方法上,将这些内容放置在紧随相关合同用语其后的位置更为合适。

〔3〕将原稿中"地块"条款的位置予以调换并删除、增加了相应内容。

调换"地块"条款的位置是为了使合同条款满足内容顺序的渐进性要求——合同的目的是合作开发房地产,无论是商业习惯还是报送审批的要求,都应该先提及项目名称,然后才应当是项目用地的位置。

原稿的"经济技术指标"条款中,净用地面积和用地性质不属于房地产开发的经济技术指标,属于错误的归类;建筑密度、绿地率、容积率等三项,并不受合同当事人的主观意志左右,必须经过规划等政府部门的审批,在合同中约定没有任何实际意义。

修改后增加的内容包括:土地成交确认号、能够准确确定项目用地的资料——《土地使用权界址坐标表》、土地使用年限、规划手续,等等。

此外,考虑到项目运作需要大量的资金投入,为了使双方都能够认识到项目建设的长期性和复杂性,同时也为了避免乙方因急于完成项目建设盲目地加快建设速度,特意增加了项目开发周期条款。

〔4〕将原稿中"双方出资设立项目公司"的运作模式变更为"合作开发"。

在将原稿中"双方出资设立项目公司"的运作模式变更为"合作开发"的同时,将与此相关的部分内容(包括原稿第三条中的"土地价款缴交"、第四条"关于项目公司"、第五条"甲方的投资收益"、第六条"履约保证金支付")根据变更后的运作模式的需要,有的予以删除(原稿第四条"关于项目公司"、第六条"履约保证金支付"),有的用新内容予以替换(原稿第三条中的"土地价款缴交"、第五条"甲方的投资收益")。

将运作模式变更为合作开发,主要基于以下考虑:

第一,在原来的"合作"模式下,甲方虽然是项目地块的使用权人,但该地块的用途是农用地,并不是建设用地,二者间的转换需要经过审批和"招拍挂"等相应的程序。在甲方并未成为建设用地使用权人的情况下,双方即约定设立项目公司,对双方都具有较大的法律风险。同时,按照原稿的约定,购买项目地块土地使用权的资金由甲方借给项目公司,就使得本已面临的法律风险又增加了一个不确定因素。

第二,从原稿的内容来看,甲方的真实意思是在提供购买项目地块的资金的前提下,只希望得到项目建成后的建筑物作为收益,既不参与项目公司的运营、管理,也不按照实际出资比例进行分红。而且在项目完成后,项目公司应当注销。换言之,设立项目公司只是其获得项目建设收益的一种途径。

在分析了原有运作模式的法律风险并清楚地了解了双方的真实意思之后,笔者提出了以"合作开发"的模式进行运作。在这种运作模式下,从双方权利义务的角度看,甲方只需负责提供项目建设用地即可依照合同约定获得项目建成后的建筑物作为收益,并且当然地无须参与项目建设过程的管理;乙方无须担心项目公司注销给项目建成的运营带来的麻烦,也不必担心甲方以股东身份干预项目的建设和建成后的运营。从防范法律风险的角度看,可以将甲方取得项目建设用地使用权作为合同生效的条件,双方都不必担心在无法取得项目建设用地使用权的情况下,面对出资设立项目公司的风险以及项目公司向甲方借款的风险。

〔5〕对原稿中"甲方的投资收益"条款进行了三个方面的修改:一是把条款的名称变更为"利益分配及损失分担";二是将该条款的结构从单方面强调甲方的利益,调整为约定双方的利益分配及损失分担;三是将双方应分得利益如何确定的内容分离出来,单独设立一个条款。

做出上述修改的理由如下:

公平是民事主体从事民事活动的基本原则,这一原则在双务合同的领域更应当得到充分体现。无论是原来的"设立项目公司"的运作模式,还是现在的"合作开发"的运作模式,都是企业的投资活动,既然是投资,就会有赔有赚。原稿的约定往小处说,是没有考虑投资可能会出现亏损的结果;往大处说,是缔约专横的典型表现——只考虑己方的利益,忽略甚至漠视对方的利益。审阅原稿时,有的律师认为甲方的做法并无不妥,因为按照约定,甲方是需要借给项目公司用于购买项目建设用地资金的。这种观点确实符合甲方的心理,也得到了一些律师的认同。但是,从法律角度分析,这种观点是不能成立的:抛开公平原则不说,如果项目公司设立,双方都是公司的股东,股东借给公司的款项应当由公司清偿,而不是由未提供借款的股东清偿。这是根据公司法的原理可以得出的结论。在这个前提下,项目的经营成果应当属于公司,而不能因为一个股东向公司提供过借款就将项目的经营成果优先归属于这个股东。当然,如果公司与该股东另有约定(比如以项目的经营成果优先抵偿借款)则另当别论。因此,原稿中关于"本项目建设的全部建筑物和构筑物(含不能办理产权证的车库及车位,以下统称'房产')按照双方实际投入资金的比例进行分配"的约定,无论是形式上还是实质上都没有考虑和顾及项目公司的存在,显然是错误的。

虽然原稿的约定存在错误之处,但是,通过上述分析可以得出一个结论:甲方可以接受"按照双方实际投入资金的比例"进行利益的分配方式。这也是笔者之所以提出将原稿中"双方出资设立项目公司"的运作模式变更为"合作开发"的主要原因。正如笔者在前文提出的观点:"在制作合同时,一定要充分考虑委托人的合同目的,努力通过熟练运用法律方法解决合同从签订到履行、再到终止的全部过程中可能发生的问题。"这个案例中运作模式的变更,关键就在于笔者充分理解了双方当事人的合同目的。

3.1 条款明确了双方进行利益分配的原则——按照实际投入资金的比例进行分配。与之相对应,3.1.1 和 3.1.2 条款分别明确了双方各自应当投入的资金的范围,之所以约定范围而不是金额,原因在于房地产开发项目实施过程中对资金需求的不确定性。房地产开发项目实施过程中,除了依法应当向政府部门缴纳的土地出让金和税费之外,安置、补偿费用会因相关权利人的诉求不同而发生变化,项目施工过程中的材料、人工等方面的支出更是会随着供求关系的变化而发生波动。因此,**在合作开发过程中,采取约定各方投入资金的范围而不是金额的做法,更为符合实际。**

3.2 条款对双方投入的资金数额的确认标准作出了约定。之所以强调需要符合"按照现行会计法规和财务制度规定可以列入本项目开发建设成本、费用"的标准,是因为在建筑和房地产开发领域大量存在费用支出缺少正规票据的现实情况,给确认投入资金的数额造成极大的障碍,也给准确界定房地产开发的成本带来了相当大的困难。由于投入资金的数额决定了双方利益分配的多少,为了尽可能实现公平分配,对双方投入的资金数额的确认标准做出约定是十分必要的。

3.3条款明确了因客观情况变化导致合同无法履行时的损失分担原则。在经济活动中,因客观情况变化导致合同无法履行的情况大多是政策变化或者由于合同的订立、履行未能通过政府部门的审批、核准造成的,这些情况在房地产开发领域非常集中和突出。为了避免由于相关情况的发生导致双方发生争议甚至纠纷,在条款中做出预防性的约定无疑是十分明智的做法。

〔6〕增加了"履行规则"条款。

房地产开发的过程是一个复杂的系统工程,涉及规划、设计、施工、监理、物资采购与供应、预算、决算等多个环节。在合作开发模式下,提供土地的一方,往往对房地产开发并不熟悉,有的甚至根本不了解,这种情况就形成了双方的合同地位在事实上不平等的局面,如果不采取一定的方法加以平衡,就会造成双方的权利义务失衡,从而引发争议甚至纠纷。为了使双方的利益能够在一定的利益结合点上达到平衡,制定一个"切蛋糕者后拿"的规则是十分必要的。

4.1条款确立了"乙方应当严格按照预算施工"的履行规则:为了保证甲方对预算的知情权,该条款要求乙方应当"在预算报告完成后15日内提交给甲方"。之所以没有赋予甲方对预算的异议权,是因为建设过程所需的资金由乙方负责,无需担心乙方在预算编制过程中会发生虚增预算的行为。为了约束乙方能够"严格按照预算施工",该条款要求"由于施工定额、建筑材料价格等影响造价的因素上涨需要追加预算时,乙方应当事先通知甲方;事先未通知的,追加的金额不得计入乙方投入的资金数额",这样的约定可以从规则上限制乙方利用优势地位通过追加预算的途径损害甲方利益。

4.2条款是对初步确定双方各自应得的投资收益所做的约定。这一条款可以划分为两个部分:一是以书面形式确认初步确定的双方各自应得的投资收益;二是在一定期限内双方就此无法达成一致的情况下,合同终止。之所以表述为"初步确定",是因为此时计算的依据是预算,在项目竣工作出决算后才能最终确定双方实际投入资金的比例。而决算的结果存在三种可能性:高于预算、等于预算和低于预算。只有在决算等于预算的情况下,初步确定的双方各自应得的投资收益才可能是最终的分配结果,但是,由于房地产开发项目的建设周期较长,在建设周期中各个环节、各种因素的价格变动都会对决算的结果产生影响。因此,在项目竣工之前,是不可能确定最终的分配结果的。设定"在一定期限内双方就此无法达成一致的情况下,合同终止"的规则,是出于尽可能降低双方交易成本的考虑:从某种程度上说,根据预算初步确定双方各自应得的投资收益,实际上是对双方合作诚意的考验。在合作开发合同的履行过程中，由于项目建设的周期较长，各种不确定因素随时都可能出现，合作双方只有在互信基础上通力合作才能共同克服困难。**如果在合同刚刚开始履行的时候就因为利益分配问题而无法达成一致，说明双方根本不具备继续合作的基础，在这种情况下，尽早终止合同对双方而言无疑是有利的。**

4.3 条款是对决算事项的约定。该条款一方面赋予了甲方对决算报告的知情权和异议权，另一方面也设定了甲方在对决算报告没有异议的情况下，尽快予以确认的义务。赋予甲方对决算报告的知情权和异议权，可以避免乙方利用优势地位损害甲方的利益，尽可能地对甲方的利益予以保护。设定甲方尽快确认的义务，是对双方利益的保护。因为决算是项目办理竣工验收的必经环节，项目只有办理了竣工验收才能销售和交付，才能实现各自的合同利益。

4.4 条款是对最终确定双方各自应得的投资收益所做的约定。在对决算报告没有异议的情况下，尽快确定双方各自应得的投资收益无疑是符合双方利益的。在这个过程中，双方以书面形式确认各自应得的投资收益所对应的建筑物和构筑物所处的具体位置和面积是第一步，乙方将经过书面确认的甲方应得的建筑物和构筑物交付给甲方是第二步。只有这两个步骤都完成，双方的利益才算初步实现。该条款约定乙方的交付义务，是因为项目是以乙方的名义开发建设的，如果不交付给甲方，这些建筑物和构筑物通常应当登记在乙方名下，这样甲方的利益就无法实现了。

4.5 条款是关于甲方对决算报告持有异议如何处理所做的约定。这一条款确定了两个规则：一是如果双方协商一致，可以共同选定中介机构对决算进行重新核算；二是双方无法协商一致，对决算进行重新核算的中介机构如何选定的具体解决办法。前一个规则无须赘述，这里重点介绍一下后一个规则确定的具体解决办法。之所以将抽签作为解决争议的方法，是因为从概率论的角度看，抽签对于双方而言机会是平等的，对于抽签的结果双方轻易不会发生争议。在确定抽签作为具体的方法之后，通过两次抽签的程序得到最终选定中介机构的结果。第一次抽签是为了解决由双方中的一方来抽选中介机构的问题，第二次抽签是为了解决选定入围的哪一家中介机构的问题。为了尽量平衡双方的利益关系，4.5 条款还确定了入围的中介机构如何选择的问题——数量为 6 家，双方各推荐 3 家。设定这样的规则，主要是为了尽可能地解决公平性的问题。

4.6 条款是对重新核算的决算结果如何采用的约定。在这个问题上，考虑到决算过程中可能存在技术和方法上的误差，该条款首先设定了一个 ±5‰ 的浮动幅度；然后根据浮动幅度的不同，设定了不同的解决方案：重新核算的结果不超过 ±5‰ 的浮动幅度的,仍然以原来的决算报告为准;超过±5‰的浮动幅度的,以重新核算的结果为准。同时,该条款还约定,如果一方对重新核算的结果仍然持有异议的,应当按照合同"争议的解决"条款的约定,向项目所在地有管辖权的法院起诉。通过这样的条款设计,既解决了公平的问题,也兼顾了效率的原则。

4.6条款是对甲方不积极履行合同义务如何处理的约定。对于企业来讲,效率是第一位的,所谓"商场如战场",商机和战机一样,稍纵即逝,只有善于抓住商业机会的人才能在商海中立于不败之地。因此,在上述各条款已经解决了公平的问题,并且大多也兼顾了效率的基础上,4.6条款更多关注的是效率。设定该条款主要是为了防止甲方消极履行合同义务导致双方的利益受损。首先,该条款设定了可以视为甲方默认的规则——"收到决算报告后超过15日,既未提出异议,也未在决算报告上盖章"的,"视为确认该决算报告",乙方以此为基础可以按照约定确定双方各自应得的投资收益所对应的建筑物和构筑物所处的具体位置和面积,并签订书面文件加以确认。其次,如果甲方不能"签订书面文件加以确认",乙方可以"处分根据4.2条款初步确定的各自应得的投资收益所对应的建筑物和构筑物"。作出这一约定的原因在于,合同履行到这个阶段,双方对于在履行之初初步确定的各自应得的投资收益所对应的建筑物和构筑物应该是没有争议的,既然没有争议,为了保证效率,当然可以赋予乙方相应的权利。最后,对于双方存在争议的部分,可以按照合同"争议的解决"条款的约定,向项目所在地有管辖权的法院起诉。

〔7〕增加了"项目建成后的运营管理、保修及物业管理"条款。

对于商业地产而言,项目竣工只是开发建设过程中的环节之一,项目的招商、运营才是给投资人带来收益的关键环节。由于原稿对这些内容并未涉及,为了弥补这一缺陷,笔者在修改的时候增加了这个条款。在增加的内容中,5.1条款确立了"一并运营管理"的原则。规模效应和集聚效应在商业地产的运营管理领域中表现得极为突出,只有形成一定规模并集聚在一个相对比较集中的区域内,才可能实现运营效益的最大化。此外,成功的商业地产的运营必须由专业的公司和人员来操作,才可能在尽可能短的时间里取得预期的利益。正是出于这种考虑,甲方才同意了"一并运营管理"的原则。

〔8〕增加了"项目销售"条款。

在起草原稿的时候,甲方只是想将项目建成后分得的面积出售谋利,根本没有考虑项目的招商以及建成后的运营。在修改过程中,经过乙方和笔者对项目运营方式方法的介绍,甲方对商业地产的运营模式有了一定程度的了解,逐步认识到"一并运营管理"的必要性并接受了这个原则,同时也逐步认识到了"一并销售"的必要性并且也接受了这个原则。但是,出于对应分得利益不确定性的考虑,甲方没有接受项目预售的方式。在这种情况下,笔者只好在6.1条款中对甲方应分得利益对应的建筑物和构筑物的销售,做出了在最终确定之后再委托乙方销售的约定。为了充分保证甲方的利益,该条款要求甲方明确委托乙方销售的建筑物和构筑物的具体位置、面积和销售底价,并且明确要求"乙方应当严格按照甲方的授权内容进行销售",以求尽可能地避免乙方利用优势地位损害甲方的利益。

6.2条款是对甲方向乙方支付报酬的约定。该条款由三方面内容构成:一是乙方应得报酬的比例——销售价格的1%;二是报酬支付的周期——每10个工作日;三是报酬支付的规则——乙方可以从收取的销售价款中直接扣除。

6.3条款是对销售费用如何分担的约定。该条款由三方面内容构成:一是销售费用的界定和分担原则——包括但不限于广告、营销策划、销售代理等方面的支出,由双方按照销售比例分担;二是可以计入销售费用范围的标准——按照现行会计法规和财务制度规定可以列入开发建设费用的相关书面凭证(包括但不限于发票、收据);三是销售比例的计算方法——本条款所称销售比例=一方分得的建筑物和构筑物的建筑面积中已经售出的建筑面积÷本项目全部建筑物和构筑物的建筑面积×100%。销售费用是企业在进行销售过程中必然发生的为了实现销售目的的相关支出,通常包括广告、营销策划等方面的支出,在房地产销售领域,还普遍存在委托房地产经纪公司以开发商或者投资商的名义进行销售的情况。因此,明确界定销售费用的范围和分担原则,既是保证合同顺利履行的需要,也是保护双方当事人切身利益的需要。

〔9〕根据条款内容的增删等具体变化对"违约责任"条款进行了相应调整。

关于"违约责任"条款的制作方法,在"范本9-2 区域经销合同(通用条款)批注〔49〕"中已经有详细的介绍,在此不再赘述,这里重点对设定条款内容的思路进行解释说明。

7.1条款是对甲方的违约责任的约定。在合作开发合同中,作为提供土地的一方,甲方可能违约的环节主要在交付土地——交付是否及时,交付的土地是否达到合同约定的标准。因此,违约责任的设定也是紧紧围绕这两个具体问题进行的。7.1.1条款约定了甲方不能及时交付土地应当承担的违约责任,7.1.2条款约定了甲方交付的土地不符合合同约定的条件应当承担的违约责任。出于尽量促成交易的考虑,这两个条款都赋予了乙方在甲方出现违约行为时的选择权——可以接受,也可以不接受，主要原因在于这种类型的合同在缔约前双方都已经投入了一定的人力、物力和财力，单纯地约定"一方违约即解除"，会导致双方都遭受损失。因此，**赋予未违约方在对方违约时如何处理的选择权，可以给双方当事人留出协商或者变通解决的余地，有利于促成交易**。

7.2条款是对乙方的违约责任的约定。作为合作开发合同的投资方，相对于甲方而言，乙方具有明显的优势：熟悉房地产开发的行业情况和流程，能够掌控项目建设的进程、财务、销售等全部关键环节，自然地占有项目建设所形成的建筑物和构筑物，等等。在这种情况下，为了平衡双方的利益，尽量细化乙方的违约责任是十分必要的。7.2.1条款是对乙方可能发生的在工程决算时虚报投入或者在计算销售费用时虚报支出的行为设定的违约责任，7.2.2条款是对乙方可能发生的未能按照合同约定及时将甲方应分得的建筑物和构筑物交付给甲方的行为设定的违约责任，7.2.3条款是对乙方可能发生的未按照合同约定及时与甲方结算销售价款的行为设定的违约责任。上述三个条款基本上涵盖了乙方在履行合同过程中可能发生的违约行为，能够起到相当程度的约束作用。

〔10〕将合同生效的条件由"乙方支付履约保证金"更改为"甲方取得项目用地的《国有土地使用证》"。

如此修改的原因有二：一是原稿第六条"履约保证金支付"已经被删除；二是基于尽可能降低双方交易成本的考虑。如果不将"甲方取得项目用地的《国有土地使用证》"作为生效条件，双方特别是乙方就应当在合同签署后为履行合同进行相应准备，这就需要发生经济上的支出。而此时，甲方能否取得项目用地的《国有土地使用证》还是未知数，一旦甲方不能取得，就会给乙方造成损失。

第十一章

卷宗归档

通常所称的卷宗,就是指律师办理每一件业务的档案。由于特殊的国情,档案是伴随每一个中国人一生最重要的一样东西。虽然改革开放以来,特别是党的十四大以来,随着社会主义市场经济体系的建立和发展,人才的流动越来越频繁,人员档案已经没有以前显得那么重要。但是,人员档案在人力资源管理方面的重要作用还是不可替代的。律师业务档案在本质上与人员档案相同,是对记载律师业务办理全过程的书面材料的汇总,也是评估律师业务水平和办案能力的重要依据。因此,**每个律师都应当在主观上强化卷宗归档意识,在执业过程中时刻注意收集和保留办理业务过程中每一个重要环节的书面材料,做好卷宗归档的基础工作。**

一、卷宗分类

根据司法部1991年颁布实施的《律师业务档案立卷归档办法》(以下简称《归档办法》)的规定,归档的卷宗分为三种类型:诉讼、非诉讼和涉外。其中,诉讼类包括刑事辩护和刑事代理、民事代理、经济诉讼代理和行政诉讼代理四种具体诉讼业务类型;非诉讼类包括法律顾问、仲裁代理、咨询代书和其他非诉讼业务四种具体非诉讼业务类型;涉外类的根据案件的具体情况,按照前两类的内容划分具体业务类型。

二、装订入卷材料应当注意的事项

(一)应当装订入卷材料的范围

根据《归档办法》的规定,应当装订入卷的材料包括(为了与审判实际相对应,

增加了审判制度改革后新出现的部分法律文书内容):

1. 刑事案件卷宗:

(1) 收结案审批表;

(2) 收费凭证;

(3) 委托协议;

(4) 授权委托书或者指定辩护函;

(5) 起诉书、抗诉书或者上诉状;

(6) 阅卷笔录;

(7) 会见被告人、委托人、证人笔录;

(8) 调查材料;

(9) 承办人提出的辩护或者代理意见;

(10) 集体讨论记录;

(11) 辩护词或代理词;

(12) 出庭通知书;

(13) 判决书或裁定书。

2. 民事/行政类诉讼案件和仲裁案件卷宗:

(1) 收结案审批表;

(2) 收费凭证;

(3) 委托协议;

(4) 授权委托书;

(5) 法定代表(负责)人身份证明;

(6) 会见当事人谈话笔录;

(7) 调查材料;

(8) 起诉状或上诉状;

(9) 答辩状;

(10) 财产保全申请书、证据保全申请书、调取证据申请书、证人出庭申请书、延期举证申请书以及相应的裁定书、通知书;

(11) 承办人提出的代理意见;

(12) 集体讨论记录;

(13) 原告/上诉人证据(按照原告/上诉人证据目录的顺序排列);

(14) 被告/被上诉人证据(按照被告/被上诉人证据目录的顺序排列);

(15) 第三人证据(按照第三人证据目录的顺序排列);

(16) 开庭笔录;

(17) 代理词;

(18) 判决书、调解书或裁定书。

另外,在办理申诉/再审案件时,应当将据以提起申诉/再审的判决书或裁定书装订入卷。

3. 非诉讼案件卷宗:

(1) 收结案审批表;

(2) 收费凭证;

(3) 委托协议;

(4) 授权委托书;

(5) 法定代表(负责)人身份证明;

(6) 会见当事人谈话笔录;

(7) 调查材料;

(8) 委托人提供的证据材料;

(9) 调查结论、法律意见书、见证书;

(10) 办案进程记录。

4. 常年法律顾问卷宗:

(1) 收结案审批表;

(2) 收费凭证;

(3) 《顾问合同》;

(4) 顾问工作记录。

这里需要指出的是,为顾问单位代理的诉讼案件以及办理的企业改制、破产清算、一般清算、资本运营、资产重组等非诉讼法律事务时,应当根据各自的案件类型,按照《归档办法》的规定单独立卷。

除上述《归档办法》要求入卷的材料之外,法院或者仲裁机构送达给案件当事人的法律文书,例如:《传票》《举证通知书》《诉讼风险告知书》《告知合议庭组成人员通知书》,等等,不需要装订入卷。

(二) 卷宗装订应当注意的事项

在确定了应当装订入卷的材料范围之后,在进行卷宗装订时需要注意下列事项：

(1) 热敏纸的传真件应当复印后入卷。因为热敏纸在长期存放或者高温的条件下，上面的字迹会逐渐消失。

(2) 订书钉、曲别针、大头针等材料中的金属物要剔除。

(3) 使用阿拉伯数字逐页编排页码，两面有字的，要两面都编出页码。页码的位置正面在右上角，背面在左上角。

(4) 书面材料页面尺寸小于 A4 纸尺寸的，要粘贴在 A4 纸上以后再装订；书面材料页面尺寸大于 A4 纸尺寸的，应当按照 A4 纸的尺寸折叠整齐。入卷的信封打开平放，邮票不要撕掉。以 A4 纸为标准，横向打印的材料在装订入卷时，以上方为装订方向。

(5) 在编排《卷宗目录》时，原则上应当以前文所列顺序为准进行排列。在遇到特殊情况需要加入其他材料时，可以以法律事务办理的时间顺序为原则进行排列。例如，有些地方的律师协会或者司法行政机关要求每一本卷宗都要附加《委托人满意度调查表》；有的律师事务所出于管理的需要，规定本所律师承办的每一件法律事务都要有详细的工作记录（例如收案笔录、讨论记录、向委托人介绍案情进展的笔录、就承办的法律事务如何处理征求委托人意见或者决策的笔录，等等），或者在某个环节必须进行集体讨论。这些材料虽然在《归档办法》中没有作出规定，但也属于真实记录律师工作全过程的书面材料，本着"与时俱进"的原则，应当将其装订入卷。

三、卷宗封皮的填写

卷宗装订完毕后、交付归档前的最后一项工作就是卷宗封皮的填写。由于至今没有相对统一的标准对卷宗封皮的填写进行规范，导致很多律师在工作实践中对卷宗封皮如何填写无所适从。在此，笔者根据自己的经验和所在律师事务所的相关规定，对卷宗封皮的填写进行介绍，希望能够对广大同人有所帮助。下面分别以刑事、商事和法律顾问业务卷宗为例，介绍各类卷宗封皮的具体填写规范。

1. 类别

根据《归档办法》的分类方式，卷宗封皮中的"类别"可以填写下列内容：刑事、民事、行政、非诉（仲裁、劳动和人事争议仲裁等在程序上不适用三部诉讼法的法律事务）和援助 5 种。执行案件（包括各类仲裁的裁决和具有强制执行力公证书的申请执行）按照发生法律效力的法律文书的案件类别分别登记在上述 5 种案件类别中。需要指出的是,上述分类与《归档办法》的分类方式有所区别:一是非诉案件包括了劳动和人事争议仲裁,因为《归档办法》颁布时,还没有这两种类型的案件;二是把援助案件作为一个单独的类别进行分类,原因是除了在《归档办法》颁布时还没有援助案件这一类别之外,法律援助目前已经成为律师的法定义务,将援助案件单独进行分类,可以极大地方便相关的统计工作。

此外,还需注意,刑事辩护案件的当事人被提起附带民事诉讼的,一审时在案号中填写"刑辩字";二审时,如果仅就附带民事诉讼部分进行审理,在案号中填写"刑代字",否则仍应填写"刑辩字"。

2. 案号

填写案号时要注意:

(1)刑事案件应当区分刑事辩护与刑事代理,前者要填写"刑辩"字,后者则要填写"刑代"字。

(2)案号中不分审级,只填写"刑辩"字、"刑代"字、"民"字,不要填写成"刑辩初"字、"刑代终"字、"民初"字、"民终"字。

(3)一般律师事务所的案件编号都是3位数的阿拉伯数字,案件数量不足10件或者100件时,前一位或者前两位用"0"补足,即年度的第一起案件的编号应为001,以后的案件以此类推。

(4)援助案件的案号只填写"援"字,不必再按照具体类型进行分类,即援助案件只登记为"援"字×××号,而不要填写成"民援"字第×××号或者"刑援"字第×××号。

3. 对方代理人

有些律师事务所没有专用的刑事案件卷宗封皮,这时应当注意,不要把公诉机关的名称或者公诉人的名字填入"对方代理人"一栏中。

4. 案由

填写案由时应当注意:

(1)刑事案件的案由以公诉机关在《起诉书》中或者自诉案件自诉人在《刑事自诉状》中确定的罪名作为案由。

(2)民事案件以法院判决书中确定的案由为准。

5. 审理法院

通常情况下,印刷的卷宗封皮上面都会印好"人民法院"字样。在填写时掌握下列规则即可:

（1）省内法院审理的案件,如果是基层法院,可以直接填写"××县""××农垦""××林区"或者"××铁路"即可,需要注意的是,如果该基层法院是设区的市的区级法院,则要填写为"××市××区";如果是中级法院,直接填写"××市中级";如果是高级法院,直接填写"省高级"。

（2）省外法院审理的案件,需要在上述填写内容前加上"××省/市/自治区"字样。

6. 审级

我国现行司法制度采取的是两审终审,而法院在制作法律文书时,通常在案号中使用"初""终"来区分审级。因此,在填写"审级"一栏时,可以使用"一审"或"二审",也可以使用"初审"或"终审"。另外,如果是再审案件,则应当按照再审适用的程序来确定审级,后面加上括号注明"再审"。

7. 法院收案号

按照法院的判决书、裁定书或者调解书上的案号填写即可。

8. 审（办）理结果

有的律师习惯于在这一栏中填写"胜诉""败诉"或者"调解",这种做法是错误的,第一是不规范,第二是不能准确反映案件的最终处理结果。准确的做法应当是将判决书、裁定书或者调解书中的判决、裁定或者达成的调解协议的内容具体地加以填写。

9. 归档日期

由所内负责管理档案的工作人员按照实际交付归档的时间填写。

10. 立卷人和卷内页数

由承办律师填写。

在相当一部分的律师眼中,卷宗归档是一件非常微不足道的工作。特别是执业时间较长的律师,总觉得这种没有任何实际意义的工作交给助理或者实习律师做就可以了,没必要自己动手。笔者对这样的看法持截然相反的观点。虽然卷宗归档是律师业务的最后一个程序,由谁来做都不会对案件质量产生实质性的影响,但是,这项工作至少可以从两个角度给我们带来帮助：

（1）卷宗归档的过程,同时也是我们回顾案件办理每一个环节的过程,它可以帮助我们总结办理案件过程中获得的经验和教训,使我们在今后的执业过程中少犯同样的错误。

（2）从一名律师如何对待卷宗归档的态度上,可以看出一个人做事的风格,而一个人做事的风格则会直接对他的执业生涯产生重要的影响。与法官、检察官相比,律师确实是一个"自由职业"。但是,世界上任何事物都不是绝对的,律师职业更是这样。有心的话,你可以观察一下你周围比你资历深的律师,你会发现,真正做得好的律师,对待每一个业务环节都是认认真真、仔仔细细的。这里所说的"做得好",指的是业务的熟练程度、运用法律规定解决实际问题的能力、处理和委托人关系的能力以及开辟案源的能力等综合素质,而不仅仅是赚钱的多少和"知名度"的大小。

第十二章

《民法典》学习要点归纳

一、《民法典》中的连带责任请求权基础

1. 民法典关于连带责任的基本规定

第一百七十八条 二人以上依法承担连带责任的,权利人有权请求部分或者全部连带责任人承担责任。

连带责任人的责任份额根据各自责任大小确定;难以确定责任大小的,平均承担责任。实际承担责任超过自己责任份额的连带责任人,有权向其他连带责任人追偿。

连带责任,由法律规定或者当事人约定。

2. 民法典各编规定的连带责任请求权基础

(1) 总则编

第八十三条第二款 营利法人的出资人不得滥用法人独立地位和出资人有限责任损害法人债权人的利益;滥用法人独立地位和出资人有限责任,逃避债务,严重损害法人债权人的利益的,应当对法人债务**承担连带责任**。

第一百六十四条第二款 代理人和相对人恶意串通,损害被代理人合法权益的,代理人和相对人应当**承担连带责任**。

第一百六十七条 代理人知道或者应当知道代理事项违法仍然实施代理行为,或者被代理人知道或者应当知道代理人的代理行为违法未作反对表示的,被代理人和代理人应当**承担连带责任**。

(2) 合同编

第七百八十六条 共同承揽人对定作人**承担连带责任**,但是当事人另有约定

除外。

第七百九十一条第二款 总承包人或者勘察、设计、施工承包人经发包人同意,可以将自己承包的部分工作交由第三人完成。第三人就其完成的工作成果与总承包人或者勘察、设计、施工承包人向发包人**承担连带责任**。承包人不得将其承包的全部建设工程转包给第三人或者将其承包的全部建设工程支解以后以分包的名义分别转包给第三人。

第八百三十四条 两个以上承运人以同一运输方式联运的,与托运人订立合同的承运人应当对全程运输承担责任;损失发生在某一运输区段的,与托运人订立合同的承运人和该区段的承运人**承担连带责任**。

第九百三十二条 两个以上的受托人共同处理委托事务的,对委托人**承担连带责任**。

第九百七十三条 合伙人对合伙债务承担连带责任。清偿合伙债务超过自己应当承担份额的合伙人,有权向其他合伙人追偿。

(3) 侵权责任编

第一千一百六十八条 二人以上共同实施侵权行为,造成他人损害的,应当**承担连带责任**。

第一千一百六十九条第一款 教唆、帮助他人实施侵权行为的,应当与行为人**承担连带责任**。

第一千一百七十条 二人以上实施危及他人人身、财产安全的行为,其中一人或者数人的行为造成他人损害,能够确定具体侵权人的,由侵权人承担责任;不能确定具体侵权人的,行为人**承担连带责任**。

第一千一百七十一条 二人以上分别实施侵权行为造成同一损害,每个人的侵权行为都足以造成全部损害的,行为人**承担连带责任**。

第一千一百九十五条第二款 网络服务提供者接到通知后,应当及时将该通知转送相关网络用户,并根据构成侵权的初步证据和服务类型采取必要措施;未及时采取必要措施的,对损害的扩大部分与该网络用户**承担连带责任**。

第一千一百九十七条 网络服务提供者知道或者应当知道网络用户利用其网络服务侵害他人民事权益,未采取必要措施的,与该网络用户**承担连带责任**。

第一千二百一十一条 以挂靠形式从事道路运输经营活动的机动车,发生交通事故造成损害,属于该机动车一方责任的,由挂靠人和被挂靠人**承担连带责任**。

第一千二百一十四条 以买卖或者其他方式转让拼装或者已经达到报废标准

的机动车,发生交通事故造成损害的,由转让人和受让人**承担连带责任**。

第一千二百一十五条第一款　盗窃、抢劫或者抢夺的机动车发生交通事故造成损害的,由盗窃人、抢劫人或者抢夺人承担赔偿责任。盗窃人、抢劫人或者抢夺人与机动车使用人不是同一人,发生交通事故造成损害,属于该机动车一方责任的,由盗窃人、抢劫人或者抢夺人与机动车使用人**承担连带责任**。

第一千二百四十一条　遗失、抛弃高度危险物造成他人损害的,由所有人承担侵权责任。所有人将高度危险物交由他人管理的,由管理人承担侵权责任;所有人有过错的,与管理人**承担连带责任**。

第一千二百四十二条　非法占有高度危险物造成他人损害的,由非法占有人承担侵权责任。所有人、管理人不能证明对防止非法占有尽到高度注意义务的,与非法占有人**承担连带责任**。

第一千二百五十二条第一款　建筑物、构筑物或者其他设施倒塌、塌陷造成他人损害的,由建设单位与施工单位**承担连带责任**,但是建设单位与施工单位能够证明不存在质量缺陷的除外。建设单位、施工单位赔偿后,有其他责任人的,有权向其他责任人追偿。

二、《民法典》中的追偿请求权基础

1. 总则编

第六十二条第二款　法人承担民事责任后,依照法律或者法人章程的规定,**可以向有过错的法定代表人追偿**。

第一百七十八条第二款　连带责任人的责任份额根据各自责任大小确定;难以确定责任大小的,平均承担责任。实际承担责任超过自己责任份额的连带责任人,**有权向其他连带责任人追偿**。

第二百二十二条第二款　因登记错误,造成他人损害的,登记机构应当承担赔偿责任。登记机构赔偿后,可以**向造成登记错误的人追偿**。

2. 物权编

第三百零七条　因共有的不动产或者动产产生的债权债务,在对外关系上,共有人享有连带债权、承担连带债务,但是法律另有规定或者第三人知道共有人不具有连带债权债务关系的除外;在共有人内部关系上,除共有人另有约定外,按份共有人按照份额享有债权、承担债务,共同共有人共同享有债权、承担债务。偿还债务超过自己应当承担份额的按份共有人,有权**向其他共有人追偿**。

第三百一十二条 所有权人或者其他权利人有权追回遗失物。该遗失物通过转让被他人占有的,权利人有权向无处分权人请求损害赔偿,或者自知道或者应当知道受让人之日起二年内向受让人请求返还原物;但是,受让人通过拍卖或者向具有经营资格的经营者购得该遗失物的,权利人请求返还原物时应当支付受让人所付的费用。权利人向受让人支付所付费用后,有权**向无处分权人追偿**。

第三百九十二条 被担保的债权既有物的担保又有人的担保的,债务人不履行到期债务或者发生当事人约定的实现担保物权的情形,债权人应当按照约定实现债权;没有约定或者约定不明确,债务人自己提供物的担保的,债权人应当先就该物的担保实现债权;第三人提供物的担保的,债权人可以就物的担保实现债权,也可以请求保证人承担保证责任。提供担保的第三人承担担保责任后,有权**向债务人追偿**。

3. 合同编

第五百一十九条 连带债务人之间的份额难以确定的,视为份额相同。

实际承担债务超过自己份额的连带债务人,有权**就超出部分在其他连带债务人未履行的份额范围内向其追偿**,并相应地享有债权人的权利,但是不得损害债权人的利益。其他连带债务人对债权人的抗辩,可以向该债务人主张。

被追偿的连带债务人不能履行其应分担份额的,其他连带债务人应当在相应范围内按比例分担。

第五百二十条 部分连带债务人履行、抵销债务或者提存标的物的,其他债务人对债权人的债务在相应范围内消灭;该债务人可以依据前条规定**向其他债务人追偿**。

第七百条 保证人承担保证责任后,除当事人另有约定外,有权在其承担保证责任的范围内**向债务人追偿**,享有债权人对债务人的权利,但是不得损害债权人的利益。

第七百一十九条第二款 次承租人代为支付的租金和违约金,可以充抵次承租人应当向承租人支付的租金;超出其应付的租金数额的,可以**向承租人追偿**。

第九百七十三条 合伙人对合伙债务承担连带责任。清偿合伙债务超过自己应当承担份额的合伙人,有权**向其他合伙人追偿**。

4. 侵权责任编

第一千一百九十一条 用人单位的工作人员因执行工作任务造成他人损害的,由用人单位承担侵权责任。用人单位承担侵权责任后,可以**向有故意或者重大过失**

的工作人员追偿。

第一千一百九十二条 个人之间形成劳务关系，提供劳务一方因劳务造成他人损害的，由接受劳务一方承担侵权责任。接受劳务一方承担侵权责任后，可以**向有故意或者重大过失的提供劳务一方追偿**。提供劳务一方因劳务受到损害的，根据双方各自的过错承担相应的责任。

提供劳务期间，因第三人的行为造成提供劳务一方损害的，提供劳务一方有权请求第三人承担侵权责任，也有权请求接受劳务一方给予补偿。接受劳务一方补偿后，可以**向第三人追偿**。

第一千二百零一条 无民事行为能力人或者限制民事行为能力人在幼儿园、学校或者其他教育机构学习、生活期间，受到幼儿园、学校或者其他教育机构以外的第三人人身损害的，由第三人承担侵权责任；幼儿园、学校或者其他教育机构未尽到管理职责的，承担相应的补充责任。幼儿园、学校或者其他教育机构承担补充责任后，可以**向第三人追偿**。

第一千二百零三条第二款 产品缺陷由生产者造成的，销售者赔偿后，有权向生产者追偿。因销售者的过错使产品存在缺陷的，生产者赔偿后，有权**向销售者追偿**。

第一千二百零四条 因运输者、仓储者等第三人的过错使产品存在缺陷，造成他人损害的，产品的生产者、销售者赔偿后，有权**向第三人追偿**。

第一千二百一十五条第二款 保险人在机动车强制保险责任限额范围内垫付抢救费用的，有权**向交通事故责任人追偿**。

第一千二百一十六条 机动车驾驶人发生交通事故后逃逸，该机动车参加强制保险的，由保险人在机动车强制保险责任限额范围内予以赔偿；机动车不明、该机动车未参加强制保险或者抢救费用超过机动车强制保险责任限额，需要支付被侵权人人身伤亡的抢救、丧葬等费用的，由道路交通事故社会救助基金垫付。道路交通事故社会救助基金垫付后，其管理机构有权**向交通事故责任人追偿**。

第一千二百二十三条 因药品、消毒产品、医疗器械的缺陷，或者输入不合格的血液造成患者损害的，患者可以向药品上市许可持有人、生产者、血液提供机构请求赔偿，也可以向医疗机构请求赔偿。患者向医疗机构请求赔偿的，医疗机构赔偿后，有权向负有责任的药品上市许可持有人、生产者、**血液提供机构追偿**。

第一千二百三十三条 因第三人的过错污染环境、破坏生态的，被侵权人可以向侵权人请求赔偿，也可以向第三人请求赔偿。侵权人赔偿后，有权**向第三人追偿**。

第一千二百五十条 因第三人的过错致使动物造成他人损害的,被侵权人可以向动物饲养人或者管理人请求赔偿,也可以向第三人请求赔偿。动物饲养人或者管理人赔偿后,有权向**第三人追偿**。

第一千二百五十二条第一款 建筑物、构筑物或者其他设施倒塌、塌陷造成他人损害的,由建设单位与施工单位承担连带责任,但是建设单位与施工单位能够证明不存在质量缺陷的除外。建设单位、施工单位赔偿后,有其他责任人的,有权向**其他责任人追偿**。

第一千二百五十三条 建筑物、构筑物或者其他设施及其搁置物、悬挂物发生脱落、坠落造成他人损害,所有人、管理人或者使用人不能证明自己没有过错的,应当承担侵权责任。所有人、管理人或者使用人赔偿后,有其他责任人的,有权向**其他责任人追偿**。

第一千二百五十四条 禁止从建筑物中抛掷物品。从建筑物中抛掷物品或者从建筑物上坠落的物品造成他人损害的,由侵权人依法承担侵权责任;经调查难以确定具体侵权人的,除能够证明自己不是侵权人的外,由可能加害的建筑物使用人给予补偿。可能加害的建筑物使用人补偿后,有权向**侵权人追偿**。

三、《民法典》中的"另有约定"

1. 总则编

第六十七条第二款 法人分立的,其权利和义务由分立后的法人享有连带债权,承担连带债务,但是**债权人和债务人另有约定**的除外。

第一百三十六条第一款 民事法律行为自成立时生效,但是法律另有规定或者**当事人另有约定**的除外。

第一百三十七条第二款 以非对话方式作出的意思表示,到达相对人时生效。以非对话方式作出的采用数据电文形式的意思表示,相对人指定特定系统接收数据电文的,该数据电文进入该特定系统时生效;未指定特定系统的,相对人知道或者应当知道该数据电文进入其系统时生效。**当事人对采用数据电文形式的意思表示的生效时间另有约定**的,按照其约定。

第一百六十六条 数人为同一代理事项的代理人的,应当共同行使代理权,但是**当事人另有约定**的除外。

第二百零四条 期间的计算方法依照本法的规定,但是法律另有规定或者**当事**

人另有约定的除外。

2. 物权编

第二百一十五条 当事人之间订立有关设立、变更、转让和消灭不动产物权的合同,除法律另有规定或者**当事人另有约定**外,自合同成立时生效;未办理物权登记的,不影响合同效力。

第三百零一条 处分共有的不动产或者动产以及对共有的不动产或者动产作重大修缮、变更性质或者用途的,应当经占份额三分之二以上的按份共有人或者全体共同共有人同意,但是**共有人之间另有约定**的除外。

第三百零七条 因共有的不动产或者动产产生的债权债务,在对外关系上,共有人享有连带债权、承担连带债务,但是法律另有规定或者第三人知道共有人不具有连带债权债务关系的除外;在共有人内部关系上,除**共有人另有约定**外,按份共有人按照份额享有债权、承担债务,共同共有人共同享有债权、承担债务。偿还债务超过自己应当承担份额的按份共有人,有权向其他共有人追偿。

第三百二十条 主物转让的,从物随主物转让,但是**当事人另有约定**的除外。

第三百二十一条 天然孳息,由所有权人取得;既有所有权人又有用益物权人的,由用益物权人取得。**当事人另有约定**的,按照其约定。

第三百六十八条 居住权无偿设立,但是**当事人另有约定**的除外。设立居住权的,应当向登记机构申请居住权登记。居住权自登记时设立。

第三百六十九条 居住权不得转让、继承。设立居住权的住宅不得出租,但是**当事人另有约定**的除外。

第三百八十条 地役权不得单独转让。土地承包经营权、建设用地使用权等转让的,地役权一并转让,但是**合同另有约定**的除外。

第三百八十九条 担保物权的担保范围包括主债权及其利息、违约金、损害赔偿金、保管担保财产和实现担保物权的费用。**当事人另有约定**的,按照其约定。

第四百零六条 抵押期间,抵押人可以转让抵押财产。**当事人另有约定**的,按照其约定。抵押财产转让的,抵押权不受影响。

第四百零七条 抵押权不得与债权分离而单独转让或者作为其他债权的担保。债权转让的,担保该债权的抵押权一并转让,但是法律另有规定或者**当事人另有约定**的除外。

第四百二十一条 最高额抵押担保的债权确定前,部分债权转让的,最高额抵押权不得转让,但是**当事人另有约定**的除外。

第四百三十条第一款 质权人有权收取质押财产的孳息,但是**合同另有约定**的除外。

3. 合同编

第四百八十三条 承诺生效时合同成立,但是法律另有规定或者**当事人另有约定的除外**。

第四百九十一条第二款 当事人一方通过互联网等信息网络发布的商品或者服务信息符合要约条件的,对方选择该商品或者服务并提交订单成功时合同成立,**但是当事人另有约定的除外**。

第四百九十二条第二款 采用数据电文形式订立合同的,收件人的主营业地为合同成立的地点;没有主营业地的,其住所地为合同成立的地点。**当事人另有约定的,按照其约定**。

第四百九十三条 当事人采用合同书形式订立合同的,最后签名、盖章或者按指印的地点为合同成立的地点,但是**当事人另有约定的除外**。

第五百零二条第一款 依法成立的合同,自成立时生效,但是法律另有规定或者**当事人另有约定**的除外。

第五百一十二条第三款 电子合同当事人对交付商品或者提供服务的方式、时**间另有约定**的,按照其约定。

第五百一十四条 以支付金钱为内容的债,除法律另有规定或者**当事人另有约定**外,债权人可以请求债务人以实际履行地的法定货币履行。

第五百一十五条第一款 标的有多项而债务人只需履行其中一项的,债务人享有选择权;但是,法律另有规定、**当事人另有约定**或者另有交易习惯的除外。

第五百二十四条第二款 债权人接受第三人履行后,其对债务人的债权转让给第三人,但是**债务人和第三人另有约定**的除外。

第五百五十九条 债权债务终止时,债权的从权利同时消灭,但是法律另有规定或者**当事人另有约定**的除外。

第五百六十条第一款 债务人对同一债权人负担的数项债务种类相同,债务人的给付不足以清偿全部债务的,除**当事人另有约定**外,由债务人在清偿时指定其履行的债务。

第五百六十一条 债务人在履行主债务外还应当支付利息和实现债权的有关费用,其给付不足以清偿全部债务的,除**当事人另有约定**外,应当按照下列顺序履行:

（一）实现债权的有关费用；

（二）利息；

（三）主债务。

第五百六十六条第二款 合同因违约解除的,解除权人可以请求违约方承担违约责任,但是**当事人另有约定**的除外。

五百六十六条第三款 主合同解除后,担保人对债务人应当承担的民事责任仍应当承担担保责任,但**担保合同另有约定**的除外。

第六百条 出卖具有知识产权的标的物的,除法律另有规定或者**当事人另有约定**外,该标的物的知识产权不属于买受人。

第六百零四条 标的物毁损、灭失的风险,在标的物交付之前由出卖人承担,交付之后由买受人承担,但是法律另有规定或者**当事人另有约定**的除外。

第六百零六条 出卖人出卖交由承运人运输的在途标的物,除**当事人另有约定**外,毁损、灭失的风险自合同成立时起由买受人承担。

第六百三十条 标的物在交付之前产生的孳息,归出卖人所有;交付之后产生的孳息,归买受人所有。但是,**当事人另有约定**的除外。

第六百四十二条第一款 当事人约定出卖人保留合同标的物的所有权,在标的物所有权转移前,买受人有下列情形之一,造成出卖人损害的,除**当事人另有约定**外,出卖人有权取回标的物：

（一）未按照约定支付价款,经催告后在合理期限内仍未支付；

（二）未按照约定完成特定条件；

（三）将标的物出卖、出质或者作出其他不当处分。

第六百六十八条 借款合同应当采用书面形式,但是**自然人之间借款另有约定**的除外。

第六百七十七条 借款人提前返还借款的,除**当事人另有约定**外,应当按照实际借款的期间计算利息。

第六百九十一条 保证的范围包括主债权及其利息、违约金、损害赔偿金和实现债权的费用。**当事人另有约定**的,按照其约定。

第六百九十七条第一款 债权人未经保证人书面同意,允许债务人转移全部或者部分债务,保证人对未经其同意转移的债务不再承担保证责任,但是**债权人和保证人另有约定**的除外。

第七百条 保证人承担保证责任后,除**当事人另有约定**外,有权在其承担保证责任的范围内向债务人追偿,享有债权人对债务人的权利,但是不得损害债权人的利益。

第七百一十二条 出租人应当履行租赁物的维修义务,但是**当事人另有约定**的除外。

第七百一十七条 承租人经出租人同意将租赁物转租给第三人,转租期限超过承租人剩余租赁期限的,超过部分的约定对出租人不具有法律约束力,但是**出租人与承租人另有约定**的除外。

第七百二十条 在租赁期限内因占有、使用租赁物获得的收益,归承租人所有,但是**当事人另有约定**的除外。

第七百四十六条 融资租赁合同的租金,除**当事人另有约定**外,应当根据购买租赁物的大部分或者全部成本以及出租人的合理利润确定。

第七百五十一条 承租人占有租赁物期间,租赁物毁损、灭失的,出租人有权请求承租人继续支付租金,但是法律另有规定或者**当事人另有约定**的除外。

第七百七十二条 承揽人应当以自己的设备、技术和劳力,完成主要工作,但是**当事人另有约定**的除外。

第七百八十三条 定作人未向承揽人支付报酬或者材料费等价款的,承揽人对完成的工作成果享有留置权或者有权拒绝交付,但是**当事人另有约定**的除外。

第七百八十六条 共同承揽人对定作人承担连带责任,但是**当事人另有约定**的除外。

第八百一十四条 客运合同自承运人向旅客出具客票时成立,但是**当事人另有约定**或者另有交易习惯的除外。

第八百三十六条 托运人或者收货人不支付运费、保管费或者其他费用的,承运人对相应的运输货物享有留置权,但是**当事人另有约定**的除外。

第八百五十九条第一款 委托开发完成的发明创造,除法律另有规定或者**当事人另有约定**外,申请专利的权利属于研究开发人。研究开发人取得专利权的,委托人可以依法实施该专利。

第八百六十条第一款 合作开发完成的发明创造,申请专利的权利属于合作开发的当事人共有;当事人一方转让其共有的专利申请权的,其他各方享有以同等条件优先受让的权利。但是,**当事人另有约定**的除外。

第八百六十条第二款 合作开发的当事人一方声明放弃其共有的专利申请权的,除**当事人另有约定**外,可以由另一方单独申请或者由其他各方共同申请。申请人取得专利权的,放弃专利申请权的一方可以免费实施该专利。

第八百七十四条 受让人或者被许可人按照约定实施专利、使用技术秘密侵害他人合法权益的,由让与人或者许可人承担责任,但是**当事人另有约定**的除外。

第八百八十一条第三款 技术咨询合同的委托人按照受托人符合约定要求的咨询报告和意见作出决策所造成的损失,由委托人承担,但是**当事人另有约定**的除外。

第八百八十五条 技术咨询合同、技术服务合同履行过程中,受托人利用委托人提供的技术资料和工作条件完成的新的技术成果,属于受托人。委托人利用受托人的工作成果完成的新的技术成果,属于委托人。**当事人另有约定**的,按照其约定。

第八百八十八条第二款 寄存人到保管人处从事购物、就餐、住宿等活动,将物品存放在指定场所的,视为保管,但是**当事人另有约定**或者另有交易习惯的除外。

第八百九十条 保管合同自保管物交付时成立,但是**当事人另有约定**的除外。

第八百九十四条第一款 保管人不得将保管物转交第三人保管,但是**当事人另有约定**的除外。

第八百九十五条 保管人不得使用或者许可第三人使用保管物,但是**当事人另有约定**的除外。

第九百零三条 寄存人未按照约定支付保管费或者其他费用的,保管人对保管物享有留置权,但是**当事人另有约定**的除外。

第九百二十八条第二款 因不可归责于受托人的事由,委托合同解除或者委托事务不能完成的,委托人应当向受托人支付相应的报酬。**当事人另有约定**的,按照其约定。

第九百三十四条 委托人死亡、终止或者受托人死亡、丧失民事行为能力、终止的,委托合同终止;但是,**当事人另有约定**或者根据委托事务的性质不宜终止的除外。

第九百四十六条第一款 业主依照法定程序共同决定解聘物业服务人的,可以解除物业服务合同。决定解聘的,应当提前六十日书面通知物业服务人,但是**合同对通知期限另有约定**的除外。

第九百四十七条第二款 物业服务期限届满前,物业服务人不同意续聘的,应当在合同期限届满前九十日书面通知业主或者业主委员会,但是**合同对通知期限另有约定**的除外。

第九百五十二条 行纪人处理委托事务支出的费用,由行纪人负担,但是**当事人另有约定的除外。

第九百五十八条第二款 第三人不履行义务致使委托人受到损害的,行纪人应当承担赔偿责任,但是**行纪人与委托人另有约定**的除外。

第九百五十九条 行纪人完成或者部分完成委托事务的,委托人应当向其支付相应的报酬。委托人逾期不支付报酬的,行纪人对委托物享有留置权,但是**当事人另有约定**的除外。

第九百七十条第一款 合伙人就合伙事务作出决定的,除**合伙合同另有约定**外,应当经全体合伙人一致同意。

第九百七十一条 合伙人不得因执行合伙事务而请求支付报酬,但是**合伙合同另有约定**的除外。

第九百七十四条 除**合伙合同另有约定**外,合伙人向合伙人以外的人转让其全部或者部分财产份额的,须经其他合伙人一致同意。

第九百七十七条 合伙人死亡、丧失民事行为能力或者终止的,合伙合同终止;但是,**合伙合同另有约定**或者根据合伙事务的性质不宜终止的除外。

4. 婚姻家庭编

第一千零六十条第一款 夫妻一方因家庭日常生活需要而实施的民事法律行为,对夫妻双方发生效力,但是**夫妻一方与相对人另有约定**的除外。

四、《民法典》中的"未经登记"与"不得对抗"

1. 总则编

第六十一条第三款 法人章程或者法人权力机构对法定代表人代表权的限制,**不得对抗**善意相对人。

第六十五条 法人的实际情况与登记的事项不一致的,**不得对抗**善意相对人。

第一百七十条第二款 法人或者非法人组织对执行其工作任务的人员职权范围的限制,**不得对抗**善意相对人。

2. 物权编

第二百零九条 不动产物权的设立、变更、转让和消灭,经依法登记,发生效力;**未经登记,不发生效力**,但是法律另有规定的除外。

第二百二十五条 船舶、航空器和机动车等的物权的设立、变更、转让和消灭,**未经登记,不得对抗**善意第三人。

第二百三十二条 处分依照本节规定享有的不动产物权,依照法律规定需要办理登记的,未经登记,不发生物权效力。

第三百三十五条 土地承包经营权互换、转让的,当事人可以向登记机构申请登记;未经登记,不得对抗善意第三人。

第三百四十一条 流转期限为五年以上的土地经营权,自流转合同生效时设立。当事人可以向登记机构申请土地经营权登记;未经登记,不得对抗善意第三人。

第三百七十四条 地役权自地役权合同生效时设立。当事人要求登记的,可以向登记机构申请地役权登记;未经登记,不得对抗善意第三人。

第四百零三条 以动产抵押的,抵押权自抵押合同生效时设立;未经登记,不得对抗善意第三人。

第四百零四条 以动产抵押的,**不得对抗**正常经营活动中已经支付合理价款并取得抵押财产的买受人。

3. 合同编

第五百四十五条第二款 当事人约定非金钱债权不得转让的,**不得对抗善意第三人**。当事人约定金钱债权不得转让的,**不得对抗**第三人。

第六百四十一条第二款 出卖人对标的物保留的所有权,未经登记,**不得对抗善意第三人**。

第七百四十五条 出租人对租赁物享有的所有权,未经登记,**不得对抗善意第三人**。

4. 婚姻家庭编

第一千零六十条第二款 夫妻之间对一方可以实施的民事法律行为范围的限制,**不得对抗善意相对人**。

五、《民法典》合同编规定的当事人解除合同的法定理由

第五百二十八条 当事人依据前条规定中止履行的,应当及时通知对方。对方提供适当担保的,应当恢复履行。中止履行后,对方在合理期限内未恢复履行能力且未提供适当担保的,视为以自己的行为表明不履行主要债务,**中止履行的一方可以解除合同**并可以请求对方承担违约责任。

第五百六十三条 有下列情形之一的,当事人可以解除合同:

(一) 因不可抗力致使不能实现合同目的;

（二）在履行期限届满前，当事人一方明确表示或者以自己的行为表明不履行主要债务；

（三）当事人一方迟延履行主要债务，经催告后在合理期限内仍未履行；

（四）当事人一方迟延履行债务或者有其他违约行为致使不能实现合同目的；

（五）法律规定的其他情形。

以持续履行的债务为内容的不定期合同，**当事人可以随时解除合同**，但是应当在合理期限之前通知对方。

第五百九十七条 因出卖人未取得处分权致使标的物所有权不能转移的，**买受人可以解除合同**并请求出卖人承担违约责任。

第六百一十条 因标的物不符合质量要求，致使不能实现合同目的的，**买受人可以拒绝接受标的物或者解除合同**。买受人拒绝接受标的物或者解除合同的，标的物毁损、灭失的风险由出卖人承担。

第六百三十二条 标的物为数物，其中一物不符合约定的，**买受人可以就该物解除**。但是，该物与他物分离使标的物的价值显受损害的，**买受人可以就数物解除合同**。

第六百三十四条 分期付款的买受人未支付到期价款的数额达到全部价款的五分之一，经催告后在合理期限内仍未支付到期价款的，**出卖人可以请求买受人支付全部价款或者解除合同**。

出卖人解除合同的，可以向买受人请求支付该标的物的使用费。

第六百七十三条 借款人未按照约定的借款用途使用借款的，**贷款人可以停止发放借款、提前收回借款或者解除合同**。

第七百一十一条 承租人未按照约定的方法或者未根据租赁物的性质使用租赁物，致使租赁物受到损失的，**出租人可以解除合同**并请求赔偿损失。

第七百一十六条 承租人经出租人同意，可以将租赁物转租给第三人。承租人转租的，承租人与出租人之间的租赁合同继续有效；第三人造成租赁物损失的，承租人应当赔偿损失。

承租人未经出租人同意转租的，**出租人可以解除合同**。

第七百二十二条 承租人无正当理由未支付或者迟延支付租金的，出租人可以请求承租人在合理期限内支付；承租人逾期不支付的，**出租人可以解除合同**。

第七百二十四条 有下列情形之一，非因承租人原因致使租赁物无法使用的，**承租人可以解除合同**：

（一）租赁物被司法机关或者行政机关依法查封、扣押；

（二）租赁物权属有争议；

（三）租赁物具有违反法律、行政法规关于使用条件的强制性规定情形。

第七百三十条 当事人对租赁期限没有约定或者约定不明确，依据本法第五百一十条的规定仍不能确定的，视为不定期租赁；**当事人可以随时解除合同**，但是应当在合理期限之前通知对方。

第七百三十一条 租赁物危及承租人的安全或者健康的，即使承租人订立合同时明知该租赁物质量不合格，**承租人仍然可以随时解除合同**。

第七百五十二条 承租人应当按照约定支付租金。承租人经催告后在合理期限内仍不支付租金的，**出租人**可以请求支付全部租金；也**可以解除合同**，收回租赁物。

第七百五十三条 承租人未经出租人同意，将租赁物转让、抵押、质押、投资入股或者以其他方式处分的，**出租人可以解除融资租赁合同**。

第七百五十四条 有下列情形之一的，**出租人或者承租人可以解除融资租赁合同**：

（一）出租人与出卖人订立的买卖合同解除、被确认无效或者被撤销，且未能重新订立买卖合同；

（二）租赁物因不可归责于当事人的原因毁损、灭失，且不能修复或者确定替代物；

（三）因出卖人的原因致使融资租赁合同的目的不能实现。

第七百七十二条 承揽人应当以自己的设备、技术和劳力，完成主要工作，但是当事人另有约定的除外。

承揽人将其承揽的主要工作交由第三人完成的，应当就该第三人完成的工作成果向定作人负责；未经定作人同意的，**定作人也可以解除合同**。

第七百七十八条 承揽工作需要定作人协助的，定作人有协助的义务。定作人不履行协助义务致使承揽工作不能完成的，承揽人可以催告定作人在合理期限内履行义务，并可以顺延履行期限；定作人逾期不履行的，**承揽人可以解除合同**。

第七百八十七条 定作人在承揽人完成工作前**可以随时解除合同**，造成承揽人损失的，应当赔偿损失。

第八百零六条 承包人将建设工程转包、违法分包的，**发包人可以解除合同**。

发包人提供的主要建筑材料、建筑构配件和设备不符合强制性标准或者不履行协助义务,致使承包人无法施工,经催告后在合理期限内仍未履行相应义务的,**承包人可以解除合同**。

合同解除后,已经完成的建设工程质量合格的,发包人应当按照约定支付相应的工程价款;已经完成的建设工程质量不合格的,参照本法第七百九十三条的规定处理。

第八百五十七条　作为技术开发合同标的的技术已经由他人公开,致使技术开发合同的履行没有意义的,**当事人可以解除合同**。

第九百三十三条　**委托人或者受托人可以随时解除委托合同**。因解除合同造成对方损失的,除不可归责于该当事人的事由外,无偿委托合同的解除方应当赔偿因解除时间不当造成的直接损失,有偿委托合同的解除方应当赔偿对方的直接损失和合同履行后可以获得的利益。

第九百四十六条　业主依照法定程序共同决定解聘物业服务人的,**可以解除物业服务合同**。决定解聘的,应当提前六十日书面通知物业服务人,但是合同对通知期限另有约定的除外。

依据前款规定解除合同造成物业服务人损失的,除不可归责于业主的事由外,业主应当赔偿损失。

六、《民法典》规定的权利消灭

1. 总则编

第一百五十二条　有下列情形之一的,**撤销权消灭**:

(一)当事人自知道或者应当知道撤销事由之日起一年内、重大误解的当事人自知道或者应当知道撤销事由之日起九十日内没有行使撤销权;

(二)当事人受胁迫,自胁迫行为终止之日起一年内没有行使撤销权;

(三)当事人知道撤销事由后明确表示或者以自己的行为表明放弃撤销权。

当事人自民事法律行为发生之日起五年内没有行使撤销权的,**撤销权消灭**。

第一百九十九条　法律规定或者当事人约定的撤销权、解除权等权利的存续期间,除法律另有规定外,自权利人知道或者应当知道权利产生之日起计算,不适用有关诉讼时效中止、中断和延长的规定。存续期间届满,**撤销权、解除权等权利消灭**。

2. 物权编

第三百一十三条　善意受让人取得动产后,**该动产上的原有权利消灭**。但是,善意受让人在受让时知道或者应当知道该权利的除外。

第三百六十四条 宅基地因自然灾害等原因灭失的,**宅基地使用权消灭**。对失去宅基地的村民,应当依法重新分配宅基地。

第三百七十条 居住权期限届满或者居住权人死亡的,**居住权消灭**。居住权消灭的,应当及时办理注销登记。

第三百八十四条 地役权人有下列情形之一的,供役地权利人有权解除地役权合同,**地役权消灭**：

（一）违反法律规定或者合同约定,滥用地役权；

（二）有偿利用供役地,约定的付款期限届满后在合理期限内经两次催告未支付费用。

第三百九十三条 有下列情形之一的,**担保物权消灭**：

（一）主债权消灭；

（二）担保物权实现；

（三）债权人放弃担保物权；

（四）法律规定担保物权消灭的其他情形。

第四百五十七条 留置权人对留置财产丧失占有或者留置权人接受债务人另行提供担保的,**留置权消灭**。

第四百六十二条 占有的不动产或者动产被侵占的,占有人有权请求返还原物；对妨害占有的行为,占有人有权请求排除妨害或者消除危险；因侵占或者妨害造成损害的,占有人有权依法请求损害赔偿。

占有人返还原物的请求权,自侵占发生之日起一年内未行使的,**该请求权消灭**。

3. 合同编

第五百四十一条 撤销权自债权人知道或者应当知道撤销事由之日起一年内行使。自债务人的行为发生之日起五年内没有行使撤销权的,**该撤销权消灭**。

第五百五十九条 债权债务终止时,**债权的从权利同时消灭**,但是法律另有规定或者当事人另有约定的除外。

第五百六十四条 法律规定或者当事人约定解除权行使期限,期限届满当事人不行使的,**该权利消灭**。

法律没有规定或者当事人没有约定解除权行使期限,自解除权人知道或者应当知道解除事由之日起一年内不行使,或者经对方催告后在合理期限内不行使的,**该权利消灭**。

第五百七十四条 债权人可以随时领取提存物。但是,债权人对债务人负有到期债务的,在债权人未履行债务或者提供担保之前,提存部门根据债务人的要求应当拒绝其领取提存物。

债权人领取提存物的权利,**自提存之日起五年内不行使而消灭**,提存物扣除提存费用后归国家所有。但是,债权人未履行对债务人的到期债务,或者债权人向提存部门书面表示放弃领取提存物权利的,债务人负担提存费用后有权取回提存物。

七、《民法典》中的"不影响/不受影响"

1. 总则编

第四十九条 自然人被宣告死亡但是并未死亡的,**不影响**该自然人在被宣告死亡期间实施的民事法律行为的效力。

第八十五条 营利法人的权力机构、执行机构作出决议的会议召集程序、表决方式违反法律、行政法规、法人章程,或者决议内容违反法人章程的,营利法人的出资人可以请求人民法院撤销该决议。但是,营利法人依据该决议与善意相对人形成的民事法律关系**不受影响**。

第九十四条 捐助人有权向捐助法人查询捐助财产的使用、管理情况,并提出意见和建议,捐助法人应当及时、如实答复。

捐助法人的决策机构、执行机构或者法定代表人作出决定的程序违反法律、行政法规、法人章程,或者决定内容违反法人章程的,捐助人等利害关系人或者主管机关可以请求人民法院撤销该决定。但是,捐助法人依据该决定与善意相对人形成的民事法律关系**不受影响**。

第一百五十六条 民事法律行为部分无效,**不影响**其他部分效力的,其他部分仍然有效。

第一百八十七条 民事主体因同一行为应当承担民事责任、行政责任和刑事责任的,承担行政责任或者刑事责任**不影响**承担民事责任;民事主体的财产不足以支付的,优先用于承担民事责任。

2. 物权编

第二百一十五条 当事人之间订立有关设立、变更、转让和消灭不动产物权的合同,除法律另有规定或者当事人另有约定外,自合同成立时生效;未办理物权登记的,**不影响**合同效力。

第四百零五条 抵押权设立前,抵押财产已经出租并转移占有的,原租赁关系**不受**该抵押权的**影响**。

第四百零六条 抵押期间,抵押人可以转让抵押财产。当事人另有约定的,按照其约定。抵押财产转让的,抵押权**不受影响**。

3. 合同编

第五百零二条 依法成立的合同,自成立时生效,但是法律另有规定或者当事人另有约定的除外。

依照法律、行政法规的规定,合同应当办理批准等手续的,依照其规定。未办理批准等手续影响合同生效的,**不影响**合同中履行报批等义务条款以及相关条款的效力。应当办理申请批准等手续的当事人未履行义务的,对方可以请求其承担违反该义务的责任。

依照法律、行政法规的规定,合同的变更、转让、解除等情形应当办理批准等手续的,适用前款规定。

第五百零七条 合同不生效、无效、被撤销或者终止的,**不影响**合同中有关解决争议方法的条款的效力。

第五百四十七条 债权人转让债权的,受让人取得与债权有关的从权利,但是该从权利专属于债权人自身的除外。

受让人取得从权利不因该从权利未办理转移登记手续或者未转移占有而**受到影响**。

第五百六十七条 合同的权利义务关系终止,**不影响**合同中结算和清理条款的效力。

第五百八十条 当事人一方不履行非金钱债务或者履行非金钱债务不符合约定的,对方可以请求履行,但是有下列情形之一的除外:

(一)法律上或者事实上不能履行;

(二)债务的标的不适于强制履行或者履行费用过高;

(三)债权人在合理期限内未请求履行。

有前款规定的除外情形之一,致使不能实现合同目的的,人民法院或者仲裁机构可以根据当事人的请求终止合同权利义务关系,但是**不影响**违约责任的承担。

第六百零九条 出卖人按照约定未交付有关标的物的单证和资料的,**不影响**标的物毁损、灭失风险的转移。

第六百一十一条 标的物毁损、灭失的风险由买受人承担的,**不影响**因出卖人履行义务不符合约定,买受人请求其承担违约责任的权利。

第六百九十五条 债权人和债务人未经保证人书面同意,协商变更主债权债务合同内容,减轻债务的,保证人仍对变更后的债务承担保证责任;加重债务的,保证人对加重的部分不承担保证责任。

债权人和债务人变更主债权债务合同的履行期限,未经保证人书面同意的,保证期间**不受影响**。

第六百九十七条 债权人未经保证人书面同意,允许债务人转移全部或者部分债务,保证人对未经其同意转移的债务不再承担保证责任,但是债权人和保证人另有约定的除外。

第三人加入债务的,保证人的保证责任**不受影响**。

第七百零六条 当事人未依照法律、行政法规规定办理租赁合同登记备案手续的,**不影响**合同的效力。

第七百二十五条 租赁物在承租人按照租赁合同占有期限内发生所有权变动的,**不影响**租赁合同的效力。

第七百二十八条 出租人未通知承租人或者有其他妨害承租人行使优先购买权情形的,承租人可以请求出租人承担赔偿责任。但是,出租人与第三人订立的房屋买卖合同的效力**不受影响**。

第七百三十八条 依照法律、行政法规的规定,对于租赁物的经营使用应当取得行政许可的,出租人未取得行政许可**不影响**融资租赁合同的效力。

第七百四十二条 承租人对出卖人行使索赔权利,**不影响**其履行支付租金的义务。但是,承租人依赖出租人的技能确定租赁物或者出租人干预选择租赁物的,承租人可以请求减免相应租金。

第八百三十九条 多式联运经营人可以与参加多式联运的各区段承运人就多式联运合同的各区段运输约定相互之间的责任;但是,该约定**不影响**多式联运经营人对全程运输承担的义务。

4. 人格权编

第九百九十六条 因当事人一方的违约行为,损害对方人格权并造成严重精神损害,受损害方选择请求其承担违约责任的,**不影响**受损害方请求精神损害赔偿。

八、《民法典》中的"可以/应当提存"

1. 物权编

第三百九十条 担保期间,担保财产毁损、灭失或者被征收等,担保物权人可以就获得的保险金、赔偿金或者补偿金等优先受偿。被担保债权的履行期限未届满的,也**可以提存**该保险金、赔偿金或者补偿金等。

第四百零六条 抵押期间,抵押人可以转让抵押财产。当事人另有约定的,按照其约定。抵押财产转让的,抵押权不受影响。

抵押人转让抵押财产的,应当及时通知抵押权人。**抵押权人**能够证明抵押财产转让可能损害抵押权的,**可以请求抵押人**将转让所得的价款向抵押权人提前清偿债务或者**提存**。转让的价款超过债权数额的部分归抵押人所有,不足部分由债务人清偿。

第四百三十二条 质权人负有妥善保管质押财产的义务;因保管不善致使质押财产毁损、灭失的,应当承担赔偿责任。

质权人的行为可能使质押财产毁损、灭失的,**出质人可以请求质权人**将质押财产**提存**,或者请求提前清偿债务并返还质押财产。

第四百三十三条 因不可归责于质权人的事由可能使质押财产毁损或者价值明显减少,足以危害质权人权利的,质权人有权请求出质人提供相应的担保;出质人不提供的,**质权人可以**拍卖、变卖质押财产,并与出质人协议将拍卖、变卖所得的价款提前清偿债务或者**提存**。

第四百四十二条 汇票、本票、支票、债券、存款单、仓单、提单的兑现日期或者提货日期先于主债权到期的,**质权人可以**兑现或者提货,并与出质人协议将兑现的价款或者提取的货物提前清偿债务或者**提存**。

第四百四十三条 以基金份额、股权出质的,质权自办理出质登记时设立。

基金份额、股权出质后,不得转让,但是出质人与质权人协商同意的除外。**出质人**转让基金份额、股权所得的价款,**应当**向质权人提前清偿债务或者**提存**。

第四百四十四条 以注册商标专用权、专利权、著作权等知识产权中的财产权出质的,质权自办理出质登记时设立。

知识产权中的财产权出质后,出质人不得转让或者许可他人使用,但是出质人与质权人协商同意的除外。**出质人转让或者许可他人使用出质的知识产权中的财**

产权所得的价款,**应当向质权人提前清偿债务**或者**提存**。

第四百四十五条 以应收账款出质的,质权自办理出质登记时设立。

应收账款出质后,不得转让,但是出质人与质权人协商同意的除外。出质人转让应收账款所得的价款,**应当向质权人提前清偿债务或者提存**。

2. 合同编

第五百二十九条 债权人分立、合并或者变更住所没有通知债务人,致使履行债务发生困难的,**债务人可以中止履行或者将标的物提存**。

第五百七十条 有下列情形之一,难以履行债务的,**债务人可以将标的物提存**:

(一)债权人无正当理由拒绝受领;

(二)债权人下落不明;

(三)债权人死亡未确定继承人、遗产管理人,或者丧失民事行为能力未确定监护人;

(四)法律规定的其他情形。

标的物不适于提存或者提存费用过高的,**债务人依法可以拍卖或者变卖标的物,提存**所得的价款。

第八百三十七条 收货人不明或者收货人无正当理由拒绝受领货物的,**承运人依法可以提存**货物。

第九百一十六条 储存期限届满,存货人或者仓单持有人不提取仓储物的,保管人可以催告其在合理期限内提取;逾期不提取的,**保管人可以提存**仓储物。

第九百五十七条 行纪人按照约定买入委托物,委托人应当及时受领。经行纪人催告,委托人无正当理由拒绝受领的,**行纪人依法可以提存**委托物。

委托物不能卖出或者委托人撤回出卖,经行纪人催告,委托人不取回或者不处分该物的,**行纪人依法可以提存**委托物。

九、《民法典》中的"不发生"

1. 总则编

第一百七十一条 行为人没有代理权、超越代理权或者代理权终止后,仍然实施代理行为,未经被代理人追认的,对被代理人**不发生**效力。

相对人可以催告被代理人自收到通知之日起三十日内予以追认。被代理人未作表示的,视为拒绝追认。行为人实施的行为被追认前,善意相对人有撤销的权利。

撤销应当以通知的方式作出。

行为人实施的行为未被追认的,善意相对人有权请求行为人履行债务或者就其受到的损害请求行为人赔偿。但是,赔偿的范围不得超过被代理人追认时相对人所能获得的利益。

相对人知道或者应当知道行为人无权代理的,相对人和行为人按照各自的过错承担责任。

2. 物权编

第二百零九条 不动产物权的设立、变更、转让和消灭,经依法登记,发生效力;未经登记,**不发生**效力,但是法律另有规定的除外。

依法属于国家所有的自然资源,所有权可以不登记。

第二百二十一条 当事人签订买卖房屋的协议或者签订其他不动产物权的协议,为保障将来实现物权,按照约定可以向登记机构申请预告登记。预告登记后,未经预告登记的权利人同意,处分该不动产的,**不发生**物权效力。

第二百三十二条 处分依照本节规定享有的不动产物权,依照法律规定需要办理登记的,未经登记,**不发生**物权效力。

3. 合同编

第五百四十六条 债权人转让债权,未通知债务人的,该转让对债务人**不发生**效力。

债权转让的通知不得撤销,但是经受让人同意的除外。

第六百九十二条 保证期间是确定保证人承担保证责任的期间,**不发生**中止、中断和延长。

债权人与保证人可以约定保证期间,但是约定的保证期间早于主债务履行期限或者与主债务履行期限同时届满的,视为没有约定;没有约定或者约定不明确的,保证期间为主债务履行期限届满之日起六个月。

债权人与债务人对主债务履行期限没有约定或者约定不明确的,保证期间自债权人请求债务人履行债务的宽限期届满之日起计算。

第六百九十六条 债权人转让全部或者部分债权,未通知保证人的,该转让对保证人**不发生**效力。

保证人与债权人约定禁止债权转让,债权人未经保证人书面同意转让债权的,保证人对受让人不再承担保证责任。

第七百六十五条 应收账款债务人接到应收账款转让通知后,应收账款债权人与债务人无正当理由协商变更或者终止基础交易合同,对保理人产生不利影响的,对保理人**不**发生效力。

4. 继承编

第一千一百二十一条 继承从被继承人死亡时开始。

相互有继承关系的数人在同一事件中死亡,难以确定死亡时间的,推定没有其他继承人的人先死亡。都有其他继承人,辈份不同的,推定长辈先死亡;辈份相同的,推定同时死亡,相互**不**发生继承。

十、《民法典》中与"机关"有关的规定

1. 总则编

第四十一条 自然人下落不明的时间自其失去音讯之日起计算。战争期间下落不明的,下落不明的时间自战争结束之日或者**有关机关**确定的下落不明之日起计算。

第四十六条 自然人有下列情形之一的,利害关系人可以向人民法院申请宣告该自然人死亡:

(一)下落不明满四年;

(二)因意外事件,下落不明满二年。

因意外事件下落不明,经**有关机关**证明该自然人不可能生存的,申请宣告死亡不受二年时间的限制。

第五十八条 法人应当依法成立。

法人应当有自己的名称、组织机构、住所、财产或者经费。法人成立的具体条件和程序,依照法律、行政法规的规定。

设立法人,法律、行政法规规定须经**有关机关**批准的,依照其规定。

第六十四条 法人存续期间登记事项发生变化的,应当依法向**登记机关**申请变更登记。

第六十六条 **登记机关**应当依法及时公示法人登记的有关信息。

第六十八条 有下列原因之一并依法完成清算、注销登记的,法人终止:

(一)法人解散;

(二)法人被宣告破产;

(三)法律规定的其他原因。

法人终止,法律、行政法规规定须经**有关**机关批准的,依照其规定。

第七十条　法人解散的,除合并或者分立的情形外,清算义务人应当及时组成清算组进行清算。

法人的董事、理事等执行机构或者决策机构的成员为清算义务人。法律、行政法规另有规定的,依照其规定。

清算义务人未及时履行清算义务,造成损害的,应当承担民事责任;**主管机关**或者利害关系人可以申请人民法院指定有关人员组成清算组进行清算。

第七十八条　依法设立的营利法人,由**登记机关**发给营利法人营业执照。营业执照签发日期为营利法人的成立日期。

第九十四条　捐助人有权向捐助法人查询捐助财产的使用、管理情况,并提出意见和建议,捐助法人应当及时、如实答复。

捐助法人的决策机构、执行机构或者法定代表人作出决定的程序违反法律、行政法规、法人章程,或者决定内容违反法人章程的,捐助人等利害关系人或者**主管机关**可以请求人民法院撤销该决定。但是,捐助法人依据该决定与善意相对人形成的民事法律关系不受影响。

第九十五条　为公益目的成立的非营利法人终止时,不得向出资人、设立人或者会员分配剩余财产。剩余财产应当按照法人章程的规定或者权力机构的决议用于公益目的;无法按照法人章程的规定或者权力机构的决议处理的,由**主管机关**主持转给宗旨相同或者相近的法人,并向社会公告。

第一百零三条　非法人组织应当依照法律的规定登记。

设立非法人组织,法律、行政法规规定须经**有关机关**批准的,依照其规定。

2. 物权编

第二百五十五条　**国家机关**对其直接支配的不动产和动产,享有占有、使用以及依照法律和国务院的有关规定处分的权利。

3. 合同编

第六百八十三条　**机关法人**不得为保证人,但是经国务院批准为使用外国政府或者国际经济组织贷款进行转贷的除外。

以公益为目的的非营利法人、非法人组织不得为保证人。

第七百二十四条　有下列情形之一,非因承租人原因致使租赁物无法使用的,承租人可以解除合同:

(一)租赁物被**司法机关或者行政机关**依法查封、扣押;

(二)租赁物权属有争议;

(三)租赁物具有违反法律、行政法规关于使用条件的强制性规定情形。

4. 人格权编

第一千零一十条 违背他人意愿,以言语、文字、图像、肢体行为等方式对他人实施性骚扰的,受害人有权依法请求行为人承担民事责任。

机关、企业、学校等单位应当采取合理的预防、受理投诉、调查处置等措施,防止和制止利用职权、从属关系等实施性骚扰。

第一千零一十六条 自然人决定、变更姓名,或者法人、非法人组织决定、变更、转让名称的,应当依法向**有关机关**办理登记手续,但是法律另有规定的除外。

民事主体变更姓名、名称的,变更前实施的民事法律行为对其具有法律约束力。

第一千零二十条 合理实施下列行为的,可以不经肖像权人同意:

(一)为个人学习、艺术欣赏、课堂教学或者科学研究,在必要范围内使用肖像权人已经公开的肖像;

(二)为实施新闻报道,不可避免地制作、使用、公开肖像权人的肖像;

(三)为依法履行职责,**国家机关**在必要范围内制作、使用、公开肖像权人的肖像;

(四)为展示特定公共环境,不可避免地制作、使用、公开肖像权人的肖像;

(五)为维护公共利益或者肖像权人合法权益,制作、使用、公开肖像权人的肖像的其他行为。

第一千零三十九条 **国家机关**、承担行政职能的法定机构及其工作人员对于履行职责过程中知悉的自然人的隐私和个人信息,应当予以保密,不得泄露或者向他人非法提供。

5. 婚姻家庭编

第一千一百零六条 收养关系成立后,**公安机关**应当按照国家有关规定为被收养人办理户口登记。

6. 侵权责任编

第一千一百七十七条 合法权益受到侵害,情况紧迫且不能及时获得**国家机关**保护,不立即采取措施将使其合法权益受到难以弥补的损害的,受害人可以在保护自己合法权益的必要范围内采取扣留侵权人的财物等合理措施;但是,应当立即请求有关国家机关处理。

受害人采取的措施不当造成他人损害的,应当承担侵权责任。

第一千二百三十四条 违反国家规定造成生态环境损害,生态环境能够修复的,**国家规定的机关**或者法律规定的组织有权请求侵权人在合理期限内承担修复责任。侵权人在期限内未修复的,**国家规定的机关**或者法律规定的组织可以自行或者委托他人进行修复,所需费用由侵权人负担。

第一千二百三十五条 违反国家规定造成生态环境损害的,**国家规定的机关**或者法律规定的组织有权请求侵权人赔偿下列损失和费用:

(一)生态环境受到损害至修复完成期间服务功能丧失导致的损失;

(二)生态环境功能永久性损害造成的损失;

(三)生态环境损害调查、鉴定评估等费用;

(四)清除污染、修复生态环境费用;

(五)防止损害的发生和扩大所支出的合理费用。

第一千二百五十四条 禁止从建筑物中抛掷物品。从建筑物中抛掷物品或者从建筑物上坠落的物品造成他人损害的,由侵权人依法承担侵权责任;经调查难以确定具体侵权人的,除能够证明自己不是侵权人的外,由可能加害的建筑物使用人给予补偿。可能加害的建筑物使用人补偿后,有权向侵权人追偿。

物业服务企业等建筑物管理人应当采取必要的安全保障措施防止前款规定情形的发生;未采取必要的安全保障措施的,应当依法承担未履行安全保障义务的侵权责任。

发生本条第一款规定的情形的,**公安等机关**应当依法及时调查,查清责任人

十一、《民法典》中的"适用""参照适用"与"不适用"

1. 总则编

第十条 处理民事纠纷,应当依照法律;法律没有规定的,可以**适用**习惯,但是不得违背公序良俗。

第十二条 中华人民共和国领域内的民事活动,**适用**中华人民共和国法律。法律另有规定的,依照其规定。

第二十一条 不能辨认自己行为的成年人为无民事行为能力人,由其法定代理人代理实施民事法律行为。

八周岁以上的未成年人不能辨认自己行为的,**适用**前款规定。

第七十一条 法人的清算程序和清算组职权,依照有关法律的规定;没有规定

的,**参照适用**公司法律的有关规定。

第一百零八条 非法人组织除适用本章规定外,**参照适用**本编第三章第一节【注:一般规定】的有关规定。

第一百七十四条 被代理人死亡后,有下列情形之一的,委托代理人实施的代理行为有效:

（一）代理人不知道且不应当知道被代理人死亡;

（二）被代理人的继承人予以承认;

（三）授权中明确代理权在代理事务完成时终止;

（四）被代理人死亡前已经实施,为了被代理人的继承人的利益继续代理。

作为被代理人的法人、非法人组织终止的,**参照适用**前款规定。

第一百七十九条 承担民事责任的方式主要有:

（一）停止侵害;

（二）排除妨碍;

（三）消除危险;

（四）返还财产;

（五）恢复原状;

（六）修理、重作、更换;

（七）继续履行;

（八）赔偿损失;

（九）支付违约金;

（十）消除影响、恢复名誉;

（十一）赔礼道歉。

法律规定惩罚性赔偿的,依照其规定。

本条规定的承担民事责任的方式,**可以单独适用,也可以合并适用**。

第一百九十三条 人民法院不得主动**适用**诉讼时效的规定。

第一百九十六条 下列请求权**不适用**诉讼时效的规定:

（一）请求停止侵害、排除妨碍、消除危险;

（二）不动产物权和登记的动产物权的权利人请求返还财产;

（三）请求支付抚养费、赡养费或者扶养费;

（四）依法不适用诉讼时效的其他请求权。

第一百九十八条 法律对仲裁时效有规定的,依照其规定;没有规定的,**适用**诉讼时效的规定。

第一百九十九条 法律规定或者当事人约定的撤销权、解除权等权利的存续期间，除法律另有规定外，自权利人知道或者应当知道权利产生之日起计算，**不适用**有关诉讼时效中止、中断和延长的规定。存续期间届满，撤销权、解除权等权利消灭。

2. 物权编

第二百三十九条 本章规定的物权保护方式，可以单独**适用**，也可以根据权利被侵害的情形合并**适用**。

第二百六十九条 营利法人对其不动产和动产依照法律、行政法规以及章程享有占有、使用、收益和处分的权利。

营利法人以外的法人，对其不动产和动产的权利，**适用**有关法律、行政法规以及章程的规定。

第三百一十条 两个以上组织、个人共同享有用益物权、担保物权的，**参照适用**本章【注：第八章 共有】的有关规定。

第三百一十一条 无处分权人将不动产或者动产转让给受让人的，所有权人有权追回；除法律另有规定外，符合下列情形的，受让人取得该不动产或者动产的所有权：

（一）受让人受让该不动产或者动产时是善意；

（二）以合理的价格转让；

（三）转让的不动产或者动产依照法律规定应当登记的已经登记，不需要登记的已经交付给受让人。

受让人依据前款规定取得不动产或者动产的所有权的，原所有权人有权向无处分权人请求损害赔偿。

当事人善意取得其他物权的，**参照适用**前两款规定。

第三百一十九条 拾得漂流物、发现埋藏物或者隐藏物的，**参照适用**拾得遗失物的有关规定。法律另有规定的，依照其规定。

第三百四十三条 国家所有的农用地实行承包经营的，**参照适用**本编的有关规定。

第三百六十三条 宅基地使用权的取得、行使和转让，**适用**土地管理的法律和国家有关规定。

第三百七十一条 以遗嘱方式设立居住权的，**参照适用**本章【注：第十四章 居住权】的有关规定。

第三百八十七条 债权人在借贷、买卖等民事活动中,为保障实现其债权,需要担保的,可以依照本法和其他法律的规定设立担保物权。

第三人为债务人向债权人提供担保的,可以要求债务人提供反担保。反担保适用本法和其他法律的规定。

第四百一十四条 同一财产向两个以上债权人抵押的,拍卖、变卖抵押财产所得的价款依照下列规定清偿:

(一)抵押权已经登记的,按照登记的时间先后确定清偿顺序;

(二)抵押权已经登记的先于未登记的受偿;

(三)抵押权未登记的,按照债权比例清偿。

其他可以登记的担保物权,清偿顺序**参照适用**前款规定。

第四百二十四条 最高额抵押权除适用本节规定外,**适用**本章第一节【注:一般抵押权】的有关规定。

第四百三十九条 出质人与质权人可以协议设立最高额质权。

最高额质权除适用本节有关规定外,**参照适用**本编第十七章第二节【注:最高额抵押权】的有关规定。

第四百三十九条 出质人与质权人可以协议设立最高额质权。

最高额质权除**适用**本节【注:动产质权】有关规定外,**参照适用**本编第十七章第二节【注:最高额抵押权】的有关规定。

第四百四十六条 权利质权除**适用**本节规定外,适用本章第一节【注:动产质权】的有关规定。

3. 合同编

第四百六十四条 合同是民事主体之间设立、变更、终止民事法律关系的协议。

婚姻、收养、监护等有关身份关系的协议,适用有关该身份关系的法律规定;没有规定的,可以根据其性质**参照适用**本编规定。

第四百六十七条 本法或者其他法律没有明文规定的合同,**适用**本编通则的规定,并可以**参照适用**本编或者其他法律最相类似合同的规定。

在中华人民共和国境内履行的中外合资经营企业合同、中外合作经营企业合同、中外合作勘探开发自然资源合同,**适用**中华人民共和国法律。

第四百六十八条 非因合同产生的债权债务关系,**适用**有关该债权债务关系的法律规定;没有规定的,**适用**本编通则的有关规定,但是根据其性质不能适用的除外。

第四百七十四条 要约生效的时间**适用**本法第一百三十七条的规定。

第四百七十五条 要约可以撤回。要约的撤回**适用**本法第一百四十一条的规定。

第四百八十四条 以通知方式作出的承诺,生效的时间**适用**本法第一百三十七条的规定。

承诺不需要通知的,根据交易习惯或者要约的要求作出承诺的行为时生效。

第四百八十五条 承诺可以撤回。承诺的撤回**适用**本法第一百四十一条的规定。

第五百零二条 依法成立的合同,自成立时生效,但是法律另有规定或者当事人另有约定的除外。

依照法律、行政法规的规定,合同应当办理批准等手续的,依照其规定。未办理批准等手续影响合同生效的,不影响合同中履行报批等义务条款以及相关条款的效力。应当办理申请批准等手续的当事人未履行义务的,对方可以请求其承担违反该义务的责任。

依照法律、行政法规的规定,合同的变更、转让、解除等情形应当办理批准等手续的,**适用**前款规定。

第五百零八条 本编对合同的效力没有规定的,**适用**本法第一编第六章【注:民事法律行为】的有关规定。

第五百一十一条 当事人就有关合同内容约定不明确,依据前条规定仍不能确定的,**适用**下列规定：

(一) 质量要求不明确的,按照强制性国家标准履行;没有强制性国家标准的,按照推荐性国家标准履行;没有推荐性国家标准的,按照行业标准履行;没有国家标准、行业标准的,按照通常标准或者符合合同目的的特定标准履行。

(二) 价款或者报酬不明确的,按照订立合同时履行地的市场价格履行;依法应当执行政府定价或者政府指导价的,依照规定履行。

(三) 履行地点不明确,给付货币的,在接受货币一方所在地履行;交付不动产的,在不动产所在地履行;其他标的,在履行义务一方所在地履行。

(四) 履行期限不明确的,债务人可以随时履行,债权人也可以随时请求履行,但是应当给对方必要的准备时间。

(五) 履行方式不明确的,按照有利于实现合同目的的方式履行。

(六) 履行费用的负担不明确的,由履行义务一方负担;因债权人原因增加的履行费用,由债权人负担。

第五百二十一条 连带债权人之间的份额难以确定的,视为份额相同。

实际受领债权的连带债权人,应当按比例向其他连带债权人返还。

连带债权**参照适用本章**【注:第四章 合同的履行】连带债务的有关规定。

第五百五十六条 合同的权利和义务一并转让的,**适用**债权转让、债务转移的有关规定。

第五百八十八条 当事人既约定违约金,又约定定金的,一方违约时,对方可以选择**适用**违约金或者定金条款。

定金不足以弥补一方违约造成的损失的,对方可以请求赔偿超过定金数额的损失。

第六百零二条 当事人没有约定标的物的交付期限或者约定不明确的,**适用**本法第五百一十条、第五百一十一条第四项的规定。

第六百零三条 出卖人应当按照约定的地点交付标的物。

当事人没有约定交付地点或者约定不明确,依据本法第五百一十条的规定仍不能确定的,**适用**下列规定:

(一)标的物需要运输的,出卖人应当将标的物交付给第一承运人以运交给买受人;

(二)标的物不需要运输,出卖人和买受人订立合同时知道标的物在某一地点的,出卖人应当在该地点交付标的物;不知道标的物在某一地点的,应当在出卖人订立合同时的营业地交付标的物。

第六百一十六条 当事人对标的物的质量要求没有约定或者约定不明确,依据本法第五百一十条的规定仍不能确定的,**适用**本法第五百一十一条第一项的规定。

第六百二十一条 当事人约定检验期限的,买受人应当在检验期限内将标的物的数量或者质量不符合约定的情形通知出卖人。买受人怠于通知的,视为标的物的数量或者质量符合约定。

当事人没有约定检验期限的,买受人应当在发现或者应当发现标的物的数量或者质量不符合约定的合理期限内通知出卖人。买受人在合理期限内未通知或者自收到标的物之日起二年内未通知出卖人的,视为标的物的数量或者质量符合约定;但是,对标的物有质量保证期的,**适用**质量保证期,**不适用**该二年的规定。

第六百二十六条 买受人应当按照约定的数额和支付方式支付价款。对价款的数额和支付方式没有约定或者约定不明确的,**适用**本法第五百一十条、第五百一十一条第二项和第五项的规定。

第六百四十二条 当事人约定出卖人保留合同标的物的所有权,在标的物所有权转移前,买受人有下列情形之一,造成出卖人损害的,除当事人另有约定外,出卖人有权取回标的物:

(一) 未按照约定支付价款,经催告后在合理期限内仍未支付;

(二) 未按照约定完成特定条件;

(三) 将标的物出卖、出质或者作出其他不当处分。

出卖人可以与买受人协商取回标的物;协商不成的,可以**参照适用**担保物权的实现程序。

第六百四十六条 法律对其他有偿合同有规定的,依照其规定;没有规定的,**参照适用**买卖合同的有关规定。

第六百四十七条 当事人约定易货交易,转移标的物的所有权的,**参照适用**买卖合同的有关规定。

第六百五十六条 供用水、供用气、供用热力合同,**参照适用**供用电合同的有关规定。

第六百五十八条 赠与人在赠与财产的权利转移之前可以撤销赠与。

经过公证的赠与合同或者依法不得撤销的具有救灾、扶贫、助残等公益、道德义务性质的赠与合同,**不适用**前款规定。

第六百九十条 保证人与债权人可以协商订立最高额保证的合同,约定在最高债权额限度内就一定期间连续发生的债权提供保证。

最高额保证除适用本章规定外,**参照适用**本法第二编最高额抵押权的有关规定。

第七百六十九条 本章没有规定的,**适用**本编第六章【注:合同的变更和转让】债权转让的有关规定。

第八百零八条 本章【注:第十八章 建设工程合同】没有规定的,**适用**承揽合同的有关规定。

第八百二十三条 承运人应当对运输过程中旅客的伤亡承担赔偿责任;但是,伤亡是旅客自身健康原因造成的或者承运人证明伤亡是旅客故意、重大过失造成的除外。

前款规定**适用**于按照规定免票、持优待票或者经承运人许可搭乘的无票旅客。

第八百二十四条 在运输过程中旅客随身携带物品毁损、灭失,承运人有过错的,应当承担赔偿责任。

旅客托运的行李毁损、灭失的,**适用**货物运输的有关规定。

第八百二十七条 托运人应当按照约定的方式包装货物。对包装方式没有约定或者约定不明确的,**适用**本法第六百一十九条的规定。

托运人违反前款规定的,承运人可以拒绝运输。

第八百四十二条 货物的毁损、灭失发生于多式联运的某一运输区段的,多式联运经营人的赔偿责任和责任限额,**适用**调整该区段运输方式的有关法律规定;货物毁损、灭失发生的运输区段不能确定的,依照本章【注:第二十二章 仓储合同】规定承担赔偿责任。

第八百五十一条 技术开发合同是当事人之间就新技术、新产品、新工艺、新品种或者新材料及其系统的研究开发所订立的合同。

技术开发合同包括委托开发合同和合作开发合同。

技术开发合同应当采用书面形式。

当事人之间就具有实用价值的科技成果实施转化订立的合同,**参照适用**技术开发合同的有关规定。

第八百七十二条 许可人未按照约定许可技术的,应当返还部分或者全部使用费,并应当承担违约责任;实施专利或者使用技术秘密超越约定的范围的,违反约定擅自许可第三人实施该项专利或者使用该项技术秘密的,应当停止违约行为,承担违约责任;违反约定的保密义务的,应当承担违约责任。

让与人承担违约责任,**参照适用**前款规定。

第八百七十三条 被许可人未按照约定支付使用费的,应当补交使用费并按照约定支付违约金;不补交使用费或者支付违约金的,应当停止实施专利或者使用技术秘密,交还技术资料,承担违约责任;实施专利或者使用技术秘密超越约定的范围的,未经许可人同意擅自许可第三人实施该专利或者使用该技术秘密的,应当停止违约行为,承担违约责任;违反约定的保密义务的,应当承担违约责任。

受让人承担违约责任,**参照适用**前款规定。

第八百七十六条 集成电路布图设计专有权、植物新品种权、计算机软件著作权等其他知识产权的转让和许可,**参照适用**本节【注:第三节 技术转让合同和技术许可合同】的有关规定。

第九百一十八条 本章【注:第二十二章 仓储合同】没有规定的,**适用**保管合同的有关规定。

第九百六十条 本章【注:第二十五章 行纪合同】没有规定的,**参照适用**委托合同的有关规定。

第九百八十四条 管理人管理事务经受益人事后追认的,从管理事务开始时起,**适用**委托合同的有关规定,但是管理人另有意思表示的除外。

4. 人格权编

第九百九十五条 人格权受到侵害的,受害人有权依照本法和其他法律的规定请求行为人承担民事责任。受害人的停止侵害、排除妨碍、消除危险、消除影响、恢复名誉、赔礼道歉请求权,**不适用诉讼时效的规定**。

第一千零一条 对自然人因婚姻家庭关系等产生的身份权利的保护,**适用**本法第一编、第五编和其他法律的相关规定;没有规定的,可以根据其性质**参照适用**本编人格权保护的有关规定。

第一千零一十七条 具有一定社会知名度,被他人使用足以造成公众混淆的笔名、艺名、网名、译名、字号、姓名和名称的简称等,**参照适用**姓名权和名称权保护的有关规定。

第一千零二十三条 对姓名等的许可使用,**参照适用**肖像许可使用的有关规定。

对自然人声音的保护,**参照适用**肖像权保护的有关规定。

第一千零三十条 民事主体与征信机构等信用信息处理者之间的关系,**适用**本编有关个人信息保护的规定和其他法律、行政法规的有关规定。

第一千零三十四条 自然人的个人信息受法律保护。

个人信息是以电子或者其他方式记录的能够单独或者与其他信息结合识别特定自然人的各种信息,包括自然人的姓名、出生日期、身份证件号码、生物识别信息、住址、电话号码、电子邮箱、健康信息、行踪信息等。

个人信息中的私密信息,适用有关隐私权的规定;没有规定的,**适用**有关个人信息保护的规定。

5. 婚姻家庭编

第一千零五十四条 无效的或者被撤销的婚姻自始没有法律约束力,当事人不具有夫妻的权利和义务。同居期间所得的财产,由当事人协议处理;协议不成的,由人民法院根据照顾无过错方的原则判决。对重婚导致的无效婚姻的财产处理,不得侵害合法婚姻当事人的财产权益。当事人所生的子女,**适用**本法关于父母子女的规定。

婚姻无效或者被撤销的,无过错方有权请求损害赔偿。

第一千零六十五条 男女双方可以约定婚姻关系存续期间所得的财产以及婚前财产归各自所有、共同所有或者部分各自所有、部分共同所有。约定应当采用书面形式。没有约定或者约定不明确的,**适用本法第一千零六十二条、第一千零六十三条的规定**。

夫妻对婚姻关系存续期间所得的财产以及婚前财产的约定,对双方具有法律约束力。

夫妻对婚姻关系存续期间所得的财产约定归各自所有,夫或者妻一方对外所负的债务,相对人知道该约定的,以夫或者妻一方的个人财产清偿。

第一千零七十二条 继父母与继子女间,不得虐待或者歧视。

继父或者继母和受其抚养教育的继子女间的权利义务关系,**适用本法关于父母子女关系的规定**。

第一千一百零七条 孤儿或者生父母无力抚养的子女,可以由生父母的亲属、朋友抚养;抚养人与被抚养人的关系**不适用**本章【注:第五章 收养】规定。

第一千一百一十一条 自收养关系成立之日起,养父母与养子女间的权利义务关系,**适用本法关于父母子女关系的规定**;养子女与养父母的近亲属间的权利义务关系,**适用本法关于子女与父母的近亲属关系的规定**。

养子女与生父母以及其他近亲属间的权利义务关系,因收养关系的成立而消除。

6. 侵权责任编

第一千一百七十六条 自愿参加具有一定风险的文体活动,因其他参加者的行为受到损害的,受害人不得请求其他参加者承担侵权责任;但是,其他参加者对损害的发生有故意或者重大过失的除外。

活动组织者的责任**适用本法第一千一百九十八条至第一千二百零一条的规定**。

十二、《民法典》中的"交易习惯"

1. 总则编

第一百四十条 行为人可以明示或者默示作出意思表示。

沉默只有在有法律规定、当事人约定或者符合当事人之间的**交易习惯**时,才可以视为意思表示。

2. 物权编

第三百二十一条 天然孳息,由所有权人取得;既有所有权人又有用益物权人的,由用益物权人取得。当事人另有约定的,按照其约定。

法定孳息,当事人有约定的,按照约定取得;没有约定或者约定不明确的,按照**交易习惯**取得。

3. 合同编

第四百八十条 承诺应当以通知的方式作出;但是,根据**交易习惯**或者要约表明可以通过行为作出承诺的除外。

第四百八十四条 以通知方式作出的承诺,生效的时间适用本法第一百三十七条的规定。

承诺不需要通知的,根据**交易习惯**或者要约的要求作出承诺的行为时生效。

第五百零九条 当事人应当按照约定全面履行自己的义务。

当事人应当遵循诚信原则,根据合同的性质、目的和**交易习惯**履行通知、协助、保密等义务。

当事人在履行合同过程中,应当避免浪费资源、污染环境和破坏生态。

第五百一十条 合同生效后,当事人就质量、价款或者报酬、履行地点等内容没有约定或者约定不明确的,可以协议补充;不能达成补充协议的,按照合同相关条款或者**交易习惯**确定。

第五百一十五条 标的有多项而债务人只需履行其中一项的,债务人享有选择权;但是,法律另有规定、当事人另有约定或者另有**交易习惯**的除外。

享有选择权的当事人在约定期限内或者履行期限届满未作选择,经催告后在合理期限内仍未选择的,选择权转移至对方。

第五百五十八条 债权债务终止后,当事人应当遵循诚信等原则,根据**交易习惯**履行通知、协助、保密、旧物回收等义务。

第五百九十九条 出卖人应当按照约定或者**交易习惯**向买受人交付提取标的物单证以外的有关单证和资料。

第六百二十二条 当事人约定的检验期限过短,根据标的物的性质和**交易习惯**,买受人在检验期限内难以完成全面检验的,该期限仅视为买受人对标的物的外观瑕疵提出异议的期限。

约定的检验期限或者质量保证期短于法律、行政法规规定期限的,应当以法律、行政法规规定的期限为准。

第六百八十条 禁止高利放贷,借款的利率不得违反国家有关规定。

借款合同对支付利息没有约定的,视为没有利息。

借款合同对支付利息约定不明确,当事人不能达成补充协议的,按照当地或者当事人的交易方式、**交易习惯**、市场利率等因素确定利息;自然人之间借款的,视为没有利息。

第八百一十四条 客运合同自承运人向旅客出具客票时成立,但是当事人另有约定或者另有**交易习惯**的除外。

第八百八十八条 保管合同是保管人保管寄存人交付的保管物,并返还该物的合同。

寄存人到保管人处从事购物、就餐、住宿等活动,将物品存放在指定场所的,视为保管,但是当事人另有约定或者另有**交易习惯**的除外。

第八百九十一条 寄存人向保管人交付保管物的,保管人应当出具保管凭证,但是另有**交易习惯**的除外。

十三、《民法典》中的"法律另有规定"①

1. 总则编

第十二条 中华人民共和国领域内的民事活动,适用中华人民共和国法律。**法律另有规定**【《涉外民事关系法律适用法》】的,依照其规定。

第七十二条 清算期间法人存续,但是不得从事与清算无关的活动。

法人清算后的剩余财产,按照法人章程的规定或者法人权力机构的决议处理。**法律另有规定**【《民法典》第95条;《公司法》第186条第2款;《农民专业合作社法》第52条】的,依照其规定。

清算结束并完成法人注销登记时,法人终止;依法不需要办理法人登记的,清算结束时,法人终止。

第八十九条 事业单位法人设理事会的,除**法律另有规定**外,理事会为其决策机构。事业单位法人的法定代表人依照法律、行政法规或者法人章程的规定产生。

第一百零四条 非法人组织的财产不足以清偿债务的,其出资人或者设立人承担无限责任。**法律另有规定**【《个人独资企业法》第31条;《合伙企业法》第2条第2

---

① 特别提示:由于阅历、专业、精力所限,这一部分内容中加注的相关规范性法律文件不够全面、准确,仅供读者参考,不应、也不能作为实务中的唯一依据。由此带来的不便敬请谅解。

款、第3款】的,依照其规定。

第一百三十六条　民事法律行为自成立时生效,但是**法律另有规定**【《民法典》第158条,第502条第2款,第1121条第1款,第1133条第2款】或者当事人另有约定的除外。

行为人非依法律规定或者未经对方同意,不得擅自变更或者解除民事法律行为。

第一百三十八条　无相对人的意思表示,表示完成时生效。**法律另有规定**【《民法典》第1121条第1款,第1133条第2款】的,依照其规定。

第一百五十七条　民事法律行为无效、被撤销或者确定不发生效力后,行为人因该行为取得的财产,应当予以返还;不能返还或者没有必要返还的,应当折价补偿。有过错的一方应当赔偿对方由此所受到的损失;各方都有过错的,应当各自承担相应的责任。**法律另有规定**的,依照其规定。

第一百八十条　因不可抗力不能履行民事义务的,不承担民事责任。**法律另有规定**【《民法典》第590条第2款,第1237条,第1238条;《邮政法》第48条】的,依照其规定。

不可抗力是不能预见、不能避免且不能克服的客观情况。

第一百八十八条　向人民法院请求保护民事权利的诉讼时效期间为三年。**法律另有规定**【《民法典》第594条;《保险法》第26条第2款;《仲裁法》第59条;《劳动争议调解仲裁法》第48条,第49条;《公司法》第22条第2款,第74条第2款,第151条第2款】的,依照其规定。

诉讼时效期间自权利人知道或者应当知道权利受到损害以及义务人之日起计算。**法律另有规定**【《保险法》第26条第2款;《海商法》第258条】的,依照其规定。但是,自权利受到损害之日起超过二十年的,人民法院不予保护,有特殊情况的,人民法院可以根据权利人的申请决定延长。

第一百九十九条　法律规定或者当事人约定的撤销权、解除权等权利的存续期间,除**法律另有规定**【《民法典》第145条第2款,第171条第2款,第541条,第564条第2款,第574条第2款,第621条第2款,第663条第2款,第664条第2款】外,自权利人知道或者应当知道权利产生之日起计算,不适用有关诉讼时效中止、中断和延长的规定。存续期间届满,撤销权、解除权等权利消灭。

第二百零四条　期间的计算方法依照本法的规定,但是**法律另有规定**【《民事诉讼法》《公司法》】或者当事人另有约定的除外。

2. 物权编

第二百零九条 不动产物权的设立、变更、转让和消灭,经依法登记,发生效力;未经登记,不发生效力,但是**法律另有规定**【《民法典》本条第 2 款,第 229 条,第 230 条,第 231 条,第 333 条,第 341 条,第 374 条,第 403 条,第 429 条,第 441 条】的除外。

依法属于国家所有的自然资源,所有权可以不登记。

第二百一十五条 当事人之间订立有关设立、变更、转让和消灭不动产物权的合同,除**法律另有规定**或者当事人另有约定外,自合同成立时生效;未办理物权登记的,不影响合同效力。

第二百二十四条 动产物权的设立和转让,自交付时发生效力,但是**法律另有规定**【《民法典》第 226 条至第 231 条】的除外。

第二百四十六条 法律规定属于国家所有的财产,属于国家所有即全民所有。

国有财产由国务院代表国家行使所有权。**法律另有规定**【《森林法》第 14 条第 2 款】的,依照其规定。

第三百零七条 因共有的不动产或者动产产生的债权债务,在对外关系上,共有人享有连带债权、承担连带债务,但是**法律另有规定**或者第三人知道共有人不具有连带债权债务关系的除外;在共有人内部关系上,除共有人另有约定外,按份共有人按照份额享有债权、承担债务,共同共有人共同享有债权、承担债务。偿还债务超过自己应当承担份额的按份共有人,有权向其他共有人追偿。

第三百一十一条 无处分权人将不动产或者动产转让给受让人的,所有权人有权追回;除**法律另有规定**外,符合下列情形的,受让人取得该不动产或者动产的所有权:

(一)受让人受让该不动产或者动产时是善意;

(二)以合理的价格转让;

(三)转让的不动产或者动产依照法律规定应当登记的已经登记,不需要登记的已经交付给受让人。

受让人依据前款规定取得不动产或者动产的所有权的,原所有权人有权向无处分权人请求损害赔偿。

当事人善意取得其他物权的,参照适用前两款规定。

第三百一十九条 拾得漂流物、发现埋藏物或者隐藏物的,参照适用拾得遗失物的有关规定。**法律另有规定**的,依照其规定。

第三百二十五条 国家实行自然资源有偿使用制度,但是**法律另有规定【**《土地管理法》第 54 条;《海域使用管理法》第 35 条,第 36 条**】**的除外。

第三百三十七条 承包期内发包人不得收回承包地。**法律另有规定**的,依照其规定。

第三百五十三条 建设用地使用权人有权将建设用地使用权转让、互换、出资、赠与或者抵押,但是**法律另有规定**的除外。

第三百八十六条 担保物权人在债务人不履行到期债务或者发生当事人约定的实现担保物权的情形,依法享有就担保财产优先受偿的权利,但是**法律另有规定**的除外。

第三百八十八条 设立担保物权,应当依照本法和其他法律的规定订立担保合同。担保合同包括抵押合同、质押合同和其他具有担保功能的合同。担保合同是主债权债务合同的从合同。主债权债务合同无效的,担保合同无效,但是**法律另有规定**的除外。

担保合同被确认无效后,债务人、担保人、债权人有过错的,应当根据其过错各自承担相应的民事责任。

第四百零七条 抵押权不得与债权分离而单独转让或者作为其他债权的担保。债权转让的,担保该债权的抵押权一并转让,但是**法律另有规定**或者当事人另有约定的除外。

第四百四十一条 以汇票、本票、支票、债券、存款单、仓单、提单出质的,质权自权利凭证交付质权人时设立;没有权利凭证的,质权自办理出质登记时设立。**法律另有规定**的,依照其规定。

3. 合同编

第四百六十五条 依法成立的合同,受法律保护。

依法成立的合同,仅对当事人具有法律约束力,但是**法律另有规定**的除外。

第四百八十三条 承诺生效时合同成立,但是**法律另有规定**或者当事人另有约定的除外。

第五百零二条 依法成立的合同,自成立时生效,但是**法律另有规定**或者当事人另有约定的除外。

依照法律、行政法规的规定,合同应当办理批准等手续的,依照其规定。未办理批准等手续影响合同生效的,不影响合同中履行报批等义务条款以及相关条款的效力。应当办理申请批准等手续的当事人未履行义务的,对方可以请求其承担违反该义务的责任。

依照法律、行政法规的规定，合同的变更、转让、解除等情形应当办理批准等手续的，适用前款规定。

第五百一十四条 以支付金钱为内容的债，除**法律另有规定**或者当事人另有约定外，债权人可以请求债务人以实际履行地的法定货币履行。

第五百一十五条 标的有多项而债务人只需履行其中一项的，债务人享有选择权；但是，**法律另有规定**、当事人另有约定或者另有交易习惯的除外。

享有选择权的当事人在约定期限内或者履行期限届满未作选择，经催告后在合理期限内仍未选择的，选择权转移至对方。

第五百五十九条 债权债务终止时，债权的从权利同时消灭，但是**法律另有规定**或者当事人另有约定的除外。

第五百九十条 当事人一方因不可抗力不能履行合同的，根据不可抗力的影响，部分或者全部免除责任，但是**法律另有规定**的除外。因不可抗力不能履行合同的，应当及时通知对方，以减轻可能给对方造成的损失，并应当在合理期限内提供证明。

当事人迟延履行后发生不可抗力的，不免除其违约责任。

第六百条 出卖具有知识产权的标的物的，除**法律另有规定**或者当事人另有约定外，该标的物的知识产权不属于买受人。

第六百零四条 标的物毁损、灭失的风险，在标的物交付之前由出卖人承担，交付之后由买受人承担，但是**法律另有规定**或者当事人另有约定的除外。

第六百一十二条 出卖人就交付的标的物，负有保证第三人对该标的物不享有任何权利的义务，但是**法律另有规定**的除外。

第六百八十二条 保证合同是主债权债务合同的从合同。主债权债务合同无效的，保证合同无效，但是**法律另有规定**的除外。

保证合同被确认无效后，债务人、保证人、债权人有过错的，应当根据其过错各自承担相应的民事责任。

第七百五十一条 承租人占有租赁物期间，租赁物毁损、灭失的，出租人有权请求承租人继续支付租金，但是**法律另有规定**或者当事人另有约定的除外。

第八百三十五条 货物在运输过程中因不可抗力灭失，未收取运费的，承运人不得请求支付运费；已经收取运费的，托运人可以请求返还。**法律另有规定**的，依照其规定。

第八百五十九条 委托开发完成的发明创造，除**法律另有规定**或者当事人另有约定外,申请专利的权利属于研究开发人。研究开发人取得专利权的,委托人可以依法实施该专利。

4. 人格权编

第一千零一十六条 自然人决定、变更姓名,或者法人、非法人组织决定、变更、转让名称的,应当依法向有关机关办理登记手续,但是**法律另有规定**的除外。

民事主体变更姓名、名称的,变更前实施的民事法律行为对其具有法律约束力。

第一千零一十九条 任何组织或者个人不得以丑化、污损,或者利用信息技术手段伪造等方式侵害他人的肖像权。未经肖像权人同意,不得制作、使用、公开肖像权人的肖像,但是**法律另有规定**的除外。

未经肖像权人同意,肖像作品权利人不得以发表、复制、发行、出租、展览等方式使用或者公开肖像权人的肖像。

第一千零三十三条 除**法律另有规定**或者权利人明确同意外,任何组织或者个人不得实施下列行为:

(一)以电话、短信、即时通讯工具、电子邮件、传单等方式侵扰他人的私人生活安宁;

(二)进入、拍摄、窥视他人的住宅、宾馆房间等私密空间;

(三)拍摄、窥视、窃听、公开他人的私密活动;

(四)拍摄、窥视他人身体的私密部位;

(五)处理他人的私密信息;

(六)以其他方式侵害他人的隐私权。

5. 侵权责任编

第一千一百九十四条 网络用户、网络服务提供者利用网络侵害他人民事权益的,应当承担侵权责任。**法律另有规定**的,依照其规定。

第一千一百九十五条 网络用户利用网络服务实施侵权行为的,权利人有权通知网络服务提供者采取删除、屏蔽、断开链接等必要措施。通知应当包括构成侵权的初步证据及权利人的真实身份信息。

网络服务提供者接到通知后,应当及时将该通知转送相关网络用户,并根据构成侵权的初步证据和服务类型采取必要措施;未及时采取必要措施的,对损害的扩大部分与该网络用户承担连带责任。

权利人因错误通知造成网络用户或者网络服务提供者损害的,应当承担侵权责任。**法律另有规定**的,依照其规定。

后记
POSTSCRIPT

2019年年初和北京大学出版社确定继续推出第四版的时候，陆建华编辑在微信中跟我开玩笑说，本书"作者简介"中笔者的执业经历已经从十余年变成二十余年了。突然感觉时间过得好快，十年似乎就是一眨眼的工夫，心中有很多感触和感动。在这十余年里，本书从第一版更新到第三版，每一版都加印多次，说明还是很受读者欢迎的。在这十余年里，以这本书为媒介，我也通过微信、微博、电子邮件等各种联系方式结识了全国各地的律师朋友，让我既感受到了大家学习的热情，也感受到我们国家的法学院教育、律师培训的内容、方式、方法和体系都存在很多不足。比如，法学院教育缺乏实际案例和法律实务技能的培养，无论是本科生还是研究生，毕业实习基本流于形式，并没有真正做到在实践中学习；又如中华全国律师协会虽然规定了通过国家统一法律职业资格考试后须实习满1年才能申请律师执业，但是在实习过程中，大多数律所并没有对实习律师进行系统的培训。据我观察，实习结束后，很多律师使用的法律文书的格式、律师写作技能、律师思维方式、律师在现行法律框架下解决问题的能力等方面都存在明显的欠缺。这些不足导致很多律师在诉讼业务中不能清晰、准确、完整地表达诉讼/上诉请求或者答辩意见、抗辩观点，不能熟练、恰当地运用现行法律规定处理案件；甚至存在连基本的法律关系、请求权基础都不加以区分，只是将委托人的想法一股脑地罗列在所谓的诉状之中，把问题推给法院，推给法官的情况。

从本书第一版推出至今的十余年时间里，法律相关行业，特别是律师行业正在经历着恢复律师制度以来最为深刻、最为明显、最为激烈的变化，笔者刚刚开始执业时那种一位律师一本书一个包就能办理案件的模式已经落伍了，在"无讼""法信""威科先行""北大法宝"等以互联网和大数据为基础的法律技术的推动下，思维导图、图表、可视化、法律检索、案例检索、案件策略分析报告等令人眼花缭乱的律师服务方式的出现，既冲击着法律服务市场，也给律师们造成了一定的恐慌。甚至有律师感叹，现在不会法律检索、不会做PPT，好像就低人一等。在我看来，这种担忧大可不必，再先进的技术也只是工具，它可以提高效率，但不能代替我们思考，更不能代替我们从事需要用心、用感情去付出的工作。所以,只有不断地切实提高执业技能,才是做好律师的正道。

从2016年开始,笔者每年都要为全省参加执业前培训的实习律师们授课,主题是律师执业基本素养,2019年变成了律师职业伦理。无论主题如何变化,笔者都一直向年轻律师们强调,只有业务精,才能在行业中立于不败之地,而不必担心什么低价竞争、定向招标、关系案源等业务拓展手段。

十年前,本书第一版问世的时候,笔者无论如何也不会想到会有第二版、第三版、第四版。虽然本书在不断地补充、修订,但是碍于法律更新速度之快,导致有些内容不能及时出现在读者视野中。为弥补传统出版物的不足,我将通过微信公众号、微信朋友圈和微博的头条文章不断推出即时更新的律师实务方面的内容,敬请各位留意。

期待着能有越来越多的同行们投身于律师实务方面的培训和经验分享,为推动整个律师行业执业技能和职业能力的提升贡献一份力量。

牟　驰

2022年7月